COMENTARIOS BÍBLICOS CON APLICACIÓN

2CORINTIOS

del texto bíblico
a una aplicación
contemporánea

COMENTARIOS BÍBLICOS CON APLICACIÓN

2CORINTIOS

del texto bíblico
a una aplicación
contemporánea

SCOTT J. HAFEMANN

La misión de Editorial Vida es ser la compañía líder en comunicación cristiana que satisfaga las necesidades de las personas, con recursos cuyo contenido glorifique al Señor Jesucristo y promueva principios bíblicos.

COMENTARIO BÍBLICO CON APLICACIÓN NVI: 2 DE CORINTIOS
Editorial Vida – ©2016
Publicado en Nashville, Tennessee, Estados Unidos de América.

Este título también está disponible en formato electrónico

Originally published in the U.S.A. under the title:
    The NIV Application Commentary: 2 Corinthians
    Copyright © 2000 by Scott J. Hafemann
Published by permission of Zondervan, Grand Rapids, Michigan.
All rights reserved.

Editor de la serie: *Dr. Matt Williams*
Traducción: *Loida Viegas Fernández*
Edición: *S. E. Telee*
Diseño interior: *José Luis López González*

Reservados todos los derechos. A menos que se indique lo contrario, el texto bíblico se tomó de la Santa Biblia, Nueva Versión Internacional® NVI © 1999 por Bíblica, Inc.® Usado con permiso. Todos los derechos reservados mundialmente.

Esta publicación no podrá ser reproducida, grabada o transmitida de manera completa o parcial, en ningún formato o a través de ninguna forma electrónica, fotocopia u otro medio, excepto como citas breves, sin el consentimiento previo del publicador.

CATEGORÍA: Comentario bíblico / Nuevo Testamento

A Paul House
ἐπιστολὴ Χριστοῦ

Contenido

8
Introducción a la serie CBA NVI

12
Prefacio del editor general

14
Prefacio del Autor

16
Abreviaturas

18
Introducción

36
Bosquejo

38
Bibliografía

42
Texto y comentario de 2 Corintios

Introducción a la serie CBA NVI

Los *Comentarios bíblicos con aplicación, serie NVI*, son únicos. La mayoría de los comentarios bíblicos nos ayudan a recorrer el trecho que va desde el siglo XXI al siglo I. Nos permiten cruzar las barreras temporales, culturales, idiomáticas y geográficas que nos separan del mundo bíblico. Sin embargo, solo nos ofrecen un billete de ida al pasado y asumen que nosotros mismos podemos, de algún modo, hacer el viaje de regreso por nuestra cuenta. Una vez nos han explicado el *sentido original* de un libro o pasaje, estos comentarios nos brindan poca o ninguna ayuda para explorar su *significado contemporáneo*. La información que nos ofrecen es sin duda valiosa, pero la tarea ha quedado a medias.

Recientemente, algunos comentarios han incluido un poco de aplicación contemporánea como *una* de sus metas. No obstante, las aplicaciones son a menudo imprecisas o moralizadoras, y algunos volúmenes parecen más sermones escritos que comentarios.

La meta principal de los *Comentarios bíblicos con aplicación: serie NVI* es ayudarte con la tarea, difícil pero vital, de trasladar un mensaje antiguo a un contexto moderno. La serie no se centra en la aplicación solamente como un producto acabado, sino que te ayuda también a pensar detenidamente en el *proceso* por el que se pasa del sentido original de un pasaje a su significado contemporáneo. Son verdaderos comentarios, no exposiciones populares. Se trata de obras de referencia, no de literatura devocional.

El formato de la serie ha sido concebido para conseguir la meta propuesta. El tratamiento de cada pasaje se lleva a cabo en tres secciones: *Sentido Original*, *Construyendo Puentes*, y *Significado Contemporáneo*.

Esta sección te ayuda a entender el significado del texto bíblico en su contexto del siglo I. En este apartado se tratan de manera concisa todos los elementos de la exégesis tradicional, a saber, el contexto histórico, literario y cultural del pasaje. Los autores analizan cuestiones relacionadas con la gramática, la sintaxis y el significado de las palabras bíblicas. Se esfuerzan asimismo en explorar las principales ideas del pasaje y el modo en que el autor bíblico desarrolla tales ideas.[1]

---

1. Obsérvese que cuando los autores tratan el sentido de alguna palabra en las lenguas bíblicas originales, en esta serie se utiliza el método general de transliteración en lugar del más técnico (el que utiliza los alfabetos griego y hebreo).

Tras leer esta sección, el lector entenderá los problemas, preguntas y preocupaciones de los *primeros receptores* y el modo en que el autor bíblico trató tales cuestiones. Esta comprensión es fundamental para cualquier aplicación legítima del texto en nuestros días.

Como indica el título, en esta sección se construye un puente entre el mundo de la Biblia y el de nuestros días, entre el contexto original y el moderno, analizando tanto los aspectos circunstanciales del texto como los intemporales.

La Palabra de Dios tiene un *aspecto circunstancial*. Los autores de la Escritura dirigieron sus palabras a situaciones, problemas y cuestiones específicas. Pablo advirtió a los gálatas sobre las consecuencias de circuncidarse y los peligros de intentar justificarse por la ley (Gá 5:2-5). El autor de Hebreos se esforzó en convencer a sus lectores de que Cristo es superior a Moisés, a los sacerdotes aarónicos y a los sacrificios veterotestamentarios. Juan instó a sus lectores a "someter a prueba a los profetas" de quienes enseñaban una forma de gnosticismo incipiente (1Jn 4:1-6). En cada uno de estos casos, la naturaleza circunstancial de la Escritura nos capacita para escuchar la Palabra de Dios en situaciones que fueron *concretas* y no abstractas.

No obstante, esta misma naturaleza circunstancial de la Escritura también crea problemas. Nuestras situaciones, dificultades y preguntas no siempre están relacionadas directamente con las que afrontaban los primeros receptores de la Biblia. Por tanto, la Palabra de Dios para ellos no siempre nos parece pertinente a nosotros. Por ejemplo, ¿cuándo fue la última vez que alguien te instó a circuncidarte, afirmando que era una parte necesaria de la justificación? ¿A cuántas personas de nuestros días les inquieta la cuestión de si Cristo es o no superior a los sacerdotes aarónicos? ¿Y hasta qué punto puede una "prueba" diseñada para detectar el gnosticismo incipiente ser de algún valor en una cultura moderna?

Afortunadamente, las Escrituras no son únicamente documentos circunstanciales, sino también *intemporales*. Del mismo modo que Dios habló a los primeros receptores, sigue hablándonos a nosotros a través de las páginas de la Escritura. Puesto que compartimos la común condición de humanos con las gentes de la Biblia, descubrimos una *dimensión universal* en los problemas a los que tenían que hacer frente y en las soluciones que Dios les dio. La naturaleza intemporal de la Escritura hace posible que nos hable con poder en cualquier momento histórico y en cualquier cultura.

Quienes dejan de reconocer que la Escritura tiene una dimensión circunstancial y otra intemporal se acarrean muchos problemas. Por ejemplo, los que se sienten apabullados por la naturaleza circunstancial de libros como Hebreos o Gálatas pueden soslayar su lectura por su aparente falta de sentido para nuestros días. Por otra parte, quienes están convencidos de la naturaleza intemporal de la Escritura, pero no consiguen percibir su aspecto circunstancial, pueden "disertar elocuentemente" sobre el sacerdocio de Melquisedec ante una congregación muerta de aburrimiento.

El propósito de esta sección es, por tanto, ayudarte a discernir lo intemporal (y lo que no lo es) en las páginas del Nuevo Testamento dirigidas a situaciones temporales. Por ejemplo, si la principal preocupación de Pablo no es la circuncisión (como se nos dice en Gá 5:6), ¿cuál es entonces? Si las exposiciones sobre el sacerdocio aarónico o sobre Melquisedec nos parecen hoy irrelevantes, ¿cuáles son los elementos de valor permanente en estos pasajes? Si en nuestros días los creyentes intentan "someter a prueba a los profetas" con una prueba diseñada para una herejía específica del siglo I, ¿existe alguna otra comprobación bíblica más apropiada para que podamos cumplir hoy este propósito?

No obstante, esta sección no solo descubre lo intemporal de un pasaje concreto, sino que también nos ayuda a ver *cómo* lo hace. El autor del comentario se esfuerza en tornar explícito lo que en el texto está implícito; toma un proceso normalmente intuitivo y lo explica de un modo lógico y ordenado. ¿Cómo sabemos que la circuncisión no es la principal preocupación de Pablo? ¿Qué claves del texto o del contexto nos ayudan a darnos cuenta de que la verdadera preocupación de Pablo se halla a un nivel más profundo?

Lógicamente, aquellos pasajes en que la distancia histórica entre nosotros y los primeros lectores es mayor requieren un tratamiento más extenso. Por el contrario, aquellos textos en que la distancia histórica es más reducida o casi inexistente demandan menos atención.

Una clarificación final. Puesto que esta sección prepara el camino para tratar el significado contemporáneo del pasaje, no siempre existe una distinción precisa o una clara división entre esta y la siguiente. No obstante, cuando ambos bloques se leen juntos, tendremos la fuerte sensación de haber pasado del mundo de la Biblia al de nuestros días.

Esta sección permite que el mensaje bíblico nos hable hoy con el mismo poder que cuando fue escrito. ¿Cómo podemos aplicar lo que hemos aprendido sobre Jerusalén, Éfeso o Corinto a nuestras necesidades contemporáneas en Los Ángeles, Lima o Barcelona? ¿Cómo podemos tomar un mensaje, que se expresó inicialmente en griego y arameo, y comunicarlo con claridad en nuestro idioma? ¿Cómo podemos tomar las eternas verdades que en su origen se plasmaron en un tiempo y una cultura distintos, y aplicarlos a las parecidas pero diferentes necesidades de nuestra cultura?

Para conseguir estas metas, la presente sección nos ayuda en varias cuestiones clave.

En primer lugar, nos permite identificar situaciones, problemas o preguntas contemporáneas verdaderamente comparables a las que la audiencia original hubo de hacer frente. Puesto que las situaciones de hoy rara vez son idénticas a las que se dieron en el siglo primero, hemos de buscar escenarios semejantes para que nuestras aplicaciones sean relevantes.

En segundo lugar, esta sección explora toda una serie de contextos en los que el pasaje en cuestión puede aplicarse en nuestro tiempo. Buscaremos aplicaciones personales, pero también nos veremos estimulados a pensar más allá de nuestra situación personal, considerando cuestiones que afectan a la sociedad y la cultura en general.

En tercer lugar, en esta sección tomaremos conciencia de los problemas o dificultades que pueden surgir en nuestro deseo de aplicar el pasaje. En caso de que existan varias maneras legítimas de aplicar un pasaje (cuestiones en las que no exista acuerdo entre los cristianos), el autor llamará nuestra atención al respecto y nos ayudará a analizar a fondo las implicaciones.

En la consecución de estas metas, los colaboradores de esta serie intentan evitar dos extremos. El primero, plantear aplicaciones tan específicas que el comentario se convierta rápidamente en un texto arcaico. El segundo, evitar un tratamiento tan general del sentido del pasaje que deje de conectar con la vida y cultura contemporáneas.

Por encima de todo, los colaboradores de esta serie han realizado un diligente esfuerzo para que sus observaciones no suenen a perorata moralizadora. Los *Comentarios bíblicos con aplicación: serie NVI* no pretenden ofrecerte materiales listos para ser utilizados en sermones, sino herramientas, ideas y reflexiones que te ayuden a comunicar la Palabra de Dios con poder. Si conseguimos ayudarte en esta meta se habrá cumplido el propósito de esta serie.

Los editores

Prefacio del editor general

Si queremos entender la segunda carta de Pablo a los Corintios, es necesario reconciliar entre sí tres elementos: la debilidad, la suficiencia y el Espíritu Santo. La debilidad es la incapacidad personal del apóstol de tener éxito; la suficiencia es que lo consigue (es decir, glorifica a Dios) a pesar de su debilidad, y el Espíritu Santo es el poder que faculta esta suficiencia a pesar de la debilidad.

Lo que Scott Hafemann nos muestra en su excelente comentario en las páginas siguientes es que, tanto en la época de Pablo como en la nuestra, este argumento es novedoso. Uno podría incluso definirlo como radical. Nosotros rara vez consideramos que la debilidad sea precursora de la suficiencia, y esta última casi nunca se explica como la glorificación de otra persona; y si alguna vez se ha analizado el tema del Espíritu Santo, se le considera un poder oculto que, si lo engatusamos de la forma adecuada, nos facilita salud, riqueza y fama, y no el tipo de crecimiento espiritual proclamado en el evangelio.

Tanto en la época de Pablo como en la nuestra, la definición de cada uno de estos elementos ha cambiado y se ha sesgado la relación entre ellos. La debilidad, por ejemplo, se menosprecia a la vez que se adora a su opuesto, la fuerza. Consideramos que los dones que Dios nos ha dado han de estar guardados en vasijas de barro, de fácil rotura y considerados comunes según los estándares mundanos.

O consideremos la suficiencia. Al colocar el prefijo "auto" delante de suficiencia, el orgullo y la avaricia sustituyen algo que Dios proporciona fielmente por un sentido adecuado de uno mismo y de la satisfacción. El mensaje es fuerte y autodependiente, no subordinado al Espíritu Santo. El argumento de Pablo y la forma que adquiere dependen totalmente del Espíritu Santo como nuestra fuente de fuerza.

Con todo, al defender su propio apostolado y su autoridad, el apóstol parece violar una postura cada vez más sagrada en aquellos días. Afirma, con no poco vigor, que esto es correcto y aquello no. Y llega más lejos aún, dice: "Yo tengo razón y ustedes están equivocados". En una época y siglo en el que cualquier argumento enérgico se tacha casi siempre de arrogante, triunfalista e imperialista, Pablo pisotea lo que contaba con la aceptación total; traza en el suelo líneas morales y doctrinales.

Sin embargo, Pablo no es arrogante ni triunfalista. Es débil y sufre. ¿Qué clase de argumento es este? Hace varios años, un colega y yo entrevistamos a un gran pastor de Brooklyn, Gardner Taylor. El Dr. Taylor fue seleccionado

Prefacio del editor general

por la revista *Time* como uno de los siete predicadores más importantes de Estados Unidos, de modo que le preguntamos qué era la predicación. Contestó que era uno de los gozos más extraordinarios de su vida y también una de sus mayores agonías. Acabamos titulando la entrevista "La dulce aflicción del domingo por la mañana".

Lo que Pablo hace en 2 Corintios es decirnos cómo el ministerio cristiano puede ser, al mismo tiempo, uno de los mayores gozos de la vida y una de las peores aflicciones. Lo que hace es ordenar de forma adecuada lo que se podría denominar "sentimientos mal archivados": gozo, patetismo, enojo, ansiedad, dolor. Todos nosotros los experimentamos al completo. No se pueden evitar. Intentamos, pues, entenderlos evaluándolos ante algún principio o estándar lógico. Con demasiada frecuencia escogemos el estereotipo equivocado. Archivamos mal nuestros sentimientos.

Algunos de estos patrones inadecuados que usamos son el bienestar personal, el éxito social y hasta la salud psicológica. Según estos principios, si un sentimiento contribuye al bienestar personal, al éxito social o a la salud psicológica, es bueno. Si no parece contribuir a estas tres cosas, es malo. Pablo no afirma que el bienestar personal, el éxito social y la salud psicológica sean malos. De hecho, en muchos sentidos, el apóstol respalda estas tres cosas. Pero lo que sí dice es que son herramientas de evaluación secundarias, no las principales. Insiste en que la vara de medir primordial es glorificar a Dios por medio del ministerio que tengamos. Cuando se usa esta herramienta externa y suprema, podemos ver que tanto el gozo como la ansiedad son colaboradores positivos en el ministerio. Una vez en orden nuestro sistema de archivar sentimientos, podemos entender los sentimientos aparentemente ambiguos de Gardner Taylor sobre su gran don de predicación.

Pablo puede decir "yo tengo razón y ustedes están equivocados" sin ser arrogante, porque entiende que es débil, que solo es suficiente porque el Espíritu Santo obra en y a través de él y de su debilidad para revelar la gran gloria de Dios. Este es un mensaje del que hay gran necesidad y que todos precisamos escuchar más a menudo.

Terry C. Muck

Prefacio del autor

En un sentido muy real, debo la redacción de este comentario, con la ayuda de Dios, a mi supervisor de tesis doctoral, el profesor y doctor Peter Stuhlmacher, quien, a última hora de una tarde de 1980, me dirigió a escribir mi tesis sobre "2 Corintios 3". En aquel momento, eso fue todo lo que dijo. Poco sabía yo entonces que esto me lanzaría a un estudio de esta carta que duraría veinte años. También descubrí lo que había leído con frecuencia de otros autores y experimenté yo mismo desde entonces: que de todas las cartas de Pablo, 2 Corintios es probablemente la más difícil de entender. Llegar a conclusiones en cuanto a su significado y su relevancia no ha resultado fácil. En parte se ha debido a que el "corazón de pastor" de Pablo sale a la superficie en estas páginas. Esta carta es, sin lugar a duda, la más personal de las epístolas paulinas. En ella, la teología del apóstol se incrusta en su pasión por el evangelio y en su gozo y angustia por aquellos que lo aceptan y por aquellos que no.

Segunda de Corintios es una carta manchada con la sangre, el sudor y las lágrimas de Pablo. Conocerla es dejarse conmover por la vida del apóstol. Sin embargo, lo más impresionante no es lo que esta carta revela sobre el apóstol, sino lo que afirma sobre Dios. Aun hoy, después de veinte años leyendo estos trece capítulos, me sigue afectando la forma tan radical en que Pablo lo evalúa todo teológicamente. Para él, todo deriva y se vuelve a relacionar con la buena mano soberana de Dios. Esta orientación "hacia Dios" sigue siendo válida, ya esté hablando de su intenso sufrimiento o de su cambio de planes en un viaje, en la llegada de la nueva creación del nuevo pacto o en el arrepentimiento y rebeldía de los corintios, en la ofrenda recogida para Jerusalén o en el futuro de su propio ministerio. De ese modo, la carta más personal de Pablo, en la que cada párrafo rezuma sus luchas y triunfos, se convierte en una epístola sobre Dios. Al escribir este comentario, descubrí que se podía aplicar a mi propio "ateísmo práctico".

A diferencia del apóstol Pablo, no se me da bien expresar mi gozo y gratitud por aquellos que, por dirección de Dios, me dieron su apoyo y su ayuda. Permítanme aprovechar esta oportunidad para hacerlo. En primer lugar, me gustaría dar las gracias a los muchos eruditos y pastores que han dedicado su vida al estudio de esta carta y de la Biblia en general, sin los cuales me habría perdido tantas cosas de las que Pablo está diciendo. En las páginas siguientes podría haber un millar más de notas al pie; como suele ocurrir con frecuencia, estos eruditos son los héroes ignorados de la iglesia.

Quiero, asimismo, tener una palabra especial de agradecimiento para mi anterior ayudante, el profesor Chris Beetham. Él leyó cuidadosamente el manuscrito y verificó las referencias. También tuvo palabras de aliento durante los largos meses en que luché por plasmar mis pensamientos en papel. El amable espíritu de Chris y su profunda fe, junto con su amor genuino por las Escrituras siguieron recordándome por qué merece la pena semejante tarea.

Otro de los regalos llegó de parte de los editores de esta serie, que mostraron gran paciencia con mi lento progreso y no tiraron la toalla conmigo. Jack Kuhatschek me ayudó con su valioso consejo al final; Terry Muck me alentó y Verlyn Verbrugge le dio al trabajo los toques editoriales finales. Por encima de todo, estoy en deuda con Klyne Snodgrass, cuyas páginas repletas de preguntas en poco espacio me obligaron a volver a pensar en mis conclusiones, una por una. Las limitaciones y perspectivas de este comentario siguen siendo mías, pero mis pensamientos son más claros, por su crítica amigable y constructiva.

Tengo una gran deuda con la administración de Wheaton College y con los donantes que apoyan a la Cátedra de Griego y Exégesis del Nuevo Testamento Gerald F. Hawthorne, que tengo el honor de ocupar, por su generoso respaldo de mi investigación y mi obra escrita. Siento una gratitud diaria por esta asombrosa provisión. Gracias a Mark Talbot, un alma gemela de nuestra facultad, por nuestros debates sobre 3:15 y nuestros almuerzos. También le doy las gracias a John Armstrong y a su ministerio, Reforma y Avivamiento, por su amistad y estímulo en el evangelio, y por la oportunidad de compartir aspectos de este trabajo en sus conferencias.

No es una mera cuestión de costumbre decir que mi esposa, Debara, merece más que una simple palabra de agradecimiento. Ella ha apoyado mi obra en tantos sentidos que este proyecto, como mi vida misma, jamás habría sido posible sin ella. Sus dones artísticos y pedagógicos me inspiran en el intento de ser creativo en mis propias y limitadas formas. Mis dos hijos, John y Eric, ahora jóvenes adultos, siguen enriqueciendo mi vida al forjar la suya. Y estoy seguro de que le debo más a las oraciones diarias de mi madre de lo que nunca sabré a este lado de la eternidad.

Finalmente, este libro está dedicado, con profunda admiración, a mi amigo Paul House, catedrático de las Escrituras en y para la iglesia. En su vida y en el trabajo de su vida he visto la encarnación de lo que significa ser "llevado a la muerte" por causa del evangelio (*cf.* 2 Co 2:14). La amistad es un raro don de gracia. Nuestras innumerables llamadas telefónicas y el tiempo pasado juntos a lo largo de los años (sobre todo en la agotadora tercera semana de noviembre) han sido herramientas de estímulo en las manos de Dios. ¡Gracias, Paul, por todo!

Scott J. Hafemann
Wheaton College
Wheaton, Illinois

Abreviaturas

AB	Anchor Bible
ABD	*Anchor Bible Dictionary*
ASV	American Standard Version
BAGD	*A Greek-English Lexicon of the New Testament,* ed. W. Bauer, trad. y rev. W. F. Arndt, F. W. Gingrich, y F. W. Danker, 2ª ed.
BDF	*A Greek Grammar of the New Testament,* F. Blass y A. Debrunner, trad. y rev. R. W. Funk
BETL	Bibliotheca ephemeridum theologicarum lovaniensium
CTJ	*Calvin Theological Journal*
DPHL	*Dictionary of Paul and his Letters,* ed. G. F. Hawthorne, R. P. Martin, y D. G. Reid
HNTC	Harper New Testament Commentary
HTR	*Harvard Theological Review*
ICC	International Critical Commentary
JSNTSup	Journal for the Study of the New Testament Supplement Series
LXX	Septuaginta
MT	Texto masorético del Antiguo Testamento en hebreo
NIBC	New International Biblical Commentary
NIV	New International Version
NVI	Nueva Versión Internacional
NICNT	New International Commentary on the New Testament
NIVAC	NVI Application Commentary
NovT	*Novum Testamentum*
NRSV	New Revised Standard Version
RevExp	*Review and Expositor*
RSV	Revised Standard Version
RVR1960	Reina Valera, revisión de 1960
SBJT	*Southern Baptist Journal of Theology*
SBLDS	Society of Biblical Literature Dissertation Series

SNTSMS	Society of New Testament Studies Monograph Series
TDNT	*Theological Dictionary of the New Testament* TynBul *Tyndale Bulletin*
WBC	Word Biblical Commentary
WMANT	Wissenschaftliche Monographien zum Alten und Neuen Testament
WUNT	Wissenschafliche Untersuchungen zum Neuen Testament
ZNW	*Zeitschrift für die neutestamentliche Wissenschaft*

Introducción

"Pasión, movida por la teología, por la pureza del pueblo de Dios". En pocas palabras, esto sintetiza la motivación subyacente al escrito que llamamos "2 Corintios". Al mismo tiempo, la carta que tenemos delante de nosotros es, sin lugar a duda, la más personal de toda la correspondencia de Pablo. Como resultado, su última misiva a la iglesia de Corinto es, más que ninguna otra, "teología encarnada". Aunque bajo grave ataque por su sufrimiento y debilidad, incluso cuando su identidad como cristiano está siendo cuestionada (*cf.* 10:7), Pablo se ve ahora forzado a defender, con todas sus fuerzas, su autoridad apostólica y su estilo de vida. Al hacerlo, su carga consiste en dejar claro que en su sufrimiento él es el aroma del Cristo crucificado (2:14b-16b); que en la "vasija de barro" que era su debilidad, Pablo llevaba el tesoro de la gloria de Dios (4:6-7).

Pablo lucha, pues, por su autoridad como apóstol, no por su propia conveniencia, sino porque el evangelio en sí, y por tanto la vida misma de los corintios, están en juego (12:19). Rechazar el ministerio apostólico paulino equivale a rechazar a Cristo (2:14-16a); negarse a ver la gloria de Dios en el sufrimiento del apóstol es revelar la propia ceguera (4.4; 11:1-4). Aquí vemos, pues, en el más autobiográfico de los términos, que el mensaje, el ministerio y la forma de vida de Pablo son una sola cosa.

Sin embargo, no todo es confusión. En medio de su autodefensa, el apóstol está encantado, porque la mayoría de Corinto que había menospreciado a Pablo durante un tiempo ahora se ha arrepentido (7:2-16). Pero, bajo la continuada presión de sus oponentes, los que están con el apóstol deben perseverar en amar solo a Dios (6:17–7:4) y a su prójimo como a sí mismos (caps. 8–9). De no ser así, también ellos habrán "recibido la gracia de Dios en vano" (6:1). Por tanto, al defenderse a sí mismo, Pablo no solo está luchando por ganar de nuevo a los rebeldes, sino también por apoyar a los que se arrepienten. La profunda emoción de esta carta refleja la convicción de Pablo en cuanto a que la eternidad está insertada entre las líneas de lo que escribe (*cf.* 4:13–5:10). El corazón de Pablo está desgarrado entre el gozo y el temor por el futuro (2:4; 4:13-15; 5:11; 6:11-13; 7:2-4; 12:21), ya que los riesgos no podían ser más altos en su "guerra" por la legitimidad como apóstol (7:1; 10:1-6; 13:10). "La redacción de 2 Corintios debió de haber estado a punto de quebrar a Pablo y [...] una iglesia que está preparada a leerla con él, y entenderla, puede encontrase también quebrantada".[1]

---

1. C. K. Barrett, *Second Epistle to the Corinthians*, vii.

El propósito de 2 Corintios

La carta que llamamos "2 Corintios" se reconoce ampliamente como la más difícil de entender entre las cartas de Pablo. En realidad, es como poco la *cuarta* misiva que el apóstol le escribió a su iglesia de Corinto, junto con las iglesias de la región circundante de Acaya (1Co 1:2; 2Co 1:1; *cf.* Ro 16:1): la carta anterior mencionada en 1 Corintios 5:9, la carta canónica de 1 Corintios misma, la grave carta llena de lágrimas aludida en 2 Corintios 2:3-4, y la 2 Corintios[2] canónica. Más importante aún es que estas cartas reflejan que Pablo se ha mantenido en contacto con sus iglesias de Corinto y de sus alrededores, y que conocía bien su historia, su carácter y sus problemas. Tras su estancia inicial en Corinto, que duró año y medio, y durante la cual fundó la iglesia (*cf.* 1Co 4:14-15; 2Co 10:13-14; *cf.* Hch 18:1-17), Pablo siguió desde entonces en adelante como "padre" de ellos en la fe. Primera de Corintios es producto de su preocupación pastoral. Escrita en la primavera del 54 o 55 A.D., aproximadamente tres años después de la visita fundacional de Pablo, proporciona el ejemplo más detallado de la forma en que el apóstol aplicó sus convicciones teológicas a los problemas prácticos de la iglesia (para Pablo, ¡la práctica y la profesión de la fe están inextricablemente vinculadas!).

En la época en que escribió 1 Corintios, Pablo pretendía regresar a Corinto tras su estancia en Éfeso, y después pasar por Macedonia, para seguir desde Corinto hasta Jerusalén con la ofrenda recogida (*cf.* 1Co 16:5-9). Mientras tanto, envió a Timoteo a visitar a los corintios en su nombre (16:10-11; *cf.* Hch 19:22). A su llegada, Timoteo descubrió que los problemas de Corinto habían escalado, con toda probabilidad como resultado de la reciente aparición de oponentes de Pablo desde fuera de la ciudad. En respuesta, Pablo decidió visitar de inmediato esa ciudad para reforzar a la iglesia, tras lo cual seguiría hasta Macedonia y después regresaría en una segunda visita de camino a Jerusalén (el doble "beneficio" de 2Co. 1:15-16). En este punto, el apóstol suponía que, una vez en Corinto, su santa y sincera conducta hacia los corintios sería vindicada (1:15a). Nada más lejos de la verdad.

Cuando llegó la que pronto se convertiría para él en una "visita que causaba tristeza" (2:1), la iglesia cuestionó la autoridad de Pablo y del evangelio, mientras que uno de sus líderes atacó gravemente al apóstol mismo (*cf.* 2:1, 5-8; 7:8-13; 11:4). Ciertamente, la falsa enseñanza de los oponentes de Pablo había llevado a un gran número, si no a la mayoría, de los corintios a aceptar otra visión de Jesús, un espíritu contrario y, por tanto, ¡un evangelio diferente en general (*cf.* 11:4)! Por tanto, viendo esta confrontación de su ministerio, abandonó Corinto y regresó a Éfeso en medio de una rebelión a gran escala contra

---

2. Lo que sigue es una adaptación de mi "Corinthians, Letters to the", *DPHL*, 164-79, que incluye un resumen de los contenidos de 1 y 2 Corintios, sección por sección. Ver también la útil introducción de Craig Blomberg, *1 Corintios* (Miami: Vida, 2012), pp. 17-29.

su autoridad apostólica (1:23–2:5; 7:12), determinó no hacer otra "visita que les causara tristeza" (2:1-2).

La partida de Pablo no fue, sin embargo, el acto de un cobarde débil, tal como los falsos apóstoles la describirían sin duda (*cf.* 10:10-11; 11:20-21). Lejos de sentir miedo de sus oponentes, Pablo sufrió humillación sin contraatacar, con el fin de extender misericordia a los corintios (1:23-24). Ya en Éfeso, y aún consternado por la difícil situación de sus hijos espirituales, Pablo envió a Tito de nuevo a Corinto con una carta llena de lágrimas e intensa en la que advertía a los corintios del juicio de Dios y los llamaba al arrepentimiento (2:3-4, 7:8-16).

Después de que Tito partiera para Corinto, Pablo mismo prosiguió hasta Troas para seguir su propio ministerio y aguardar el regreso de Tito con noticias sobre la iglesia. Pero cuando este se demoró en volver, el apóstol temió por la seguridad de su mensajero y por la condición de los corintios. Lleno de ansiedad, dejó abierta la puerta que tenía en Troas y siguió hasta Macedonia para encontrarse con Tito (2Co 2:12-13). Allí se reunió con él y recibió las gozosas nuevas de que Dios había usado su carta escrita "con muchas lágrimas" (2:4) para producir el arrepentimiento de la mayoría de la iglesia (2:5-11; 7:5-16). Desafortunadamente, Pablo también se enteró de que, bajo la continua influencia de sus oponentes, seguía habiendo una minoría rebelde que aún rechazaba su autoridad. En respuesta, el apóstol escribió "2 Corintios" desde Macedonia, más o menos un año después de 1 Corintios (aprox. 55/56 A.D.), y empezó a hacer planes definitivos para volver a Corinto en su "tercera visita" (2Co 12:14; 13:1).

Como resultado, mientras que en 1 Corintios vemos a Pablo el pastor, luchando por llenar las grietas que había en la forma de vivir de los creyentes, en 2 Corintios nos encontramos con Pablo el apologeta, que pelea por la legitimidad de su propio ministerio apostólico. Por su confianza en el poder del Espíritu en aquellos en los que Cristo mora (*cf.* 2Co 3:18; 5:17; 13:1-5), su objetivo consiste en darle a los rebeldes una oportunidad más de arrepentirse, mostrando así que son de verdad una nueva creación (5:16–6:2). Como la anterior carta llena de lágrimas de Pablo, 2 Corintios aspira, una vez más, al arrepentimiento de quienes han aceptado un evangelio con el fin de evitarles el juicio de Dios (*cf.* 2:9; 10:6; 12:19; 13:1-10). Al mismo tiempo, la disculpa del apóstol proporciona una oportunidad para los que ya se han arrepentido de demostrar la naturaleza genuina de su fe (6:14–7:4). Llama específicamente a los penitentes a apartarse de los incrédulos que están entre ellos y a participar en la colecta para Jerusalén (6:14–7:4; 8:1–9:15).

Este propósito dual explica la naturaleza variada de 2 Corintios. En ella, Pablo fortalece a la mayoría arrepentida, mientras que a la vez procura recuperar a la minoría que se resiste. Además, detrás de los corintios están los oponentes del apóstol, a los que él se dirige de forma indirecta a lo largo de su carta como fuente inmediata del problema de ese momento. Su objetivo al escribir es preparar su inminente visita a los corintios; en ese momento castigará a los que persistan en rechazarlo a él y su evangelio (6:1; 10:6-8; 13:1-10). Es su única oportunidad de arrepentirse, así como la carta del apóstol también es una ocasión concreta para que los que ya se han arrepentido demuestren su fe.

Como parte de la historia en curso de la relación tormentosa entre la iglesia corintia y Pablo, su apóstol, 2 Corintios es todo menos un tratado abstracto dirigido a nadie en particular. Tampoco es una mera expresión de "teología práctica" dirigida a la "conclusión". Resulta sencillamente imposible divorciar a Pablo el teólogo *de* Pablo el pastor misionero. Pero tampoco es adecuado hablar de Pablo como teólogo y misionero, como si su reflexión teológica y su ministerio pastoral funcionaran desde dos esferas separadas. Como veremos a lo largo de esta carta, su ministerio apostólico y sus reflexiones sobre la historia de la redención forman una unidad inseparable. Como ha observado Peter O'Brien:

> La noción de que Pablo era misionero y teólogo a la vez ha ganado terreno entre los eruditos bíblicos [...] Sin embargo, la teología y la misión del apóstol no se relacionan simplemente entre sí como "teoría" y "práctica". No es como si su misión fuera el resultado práctico de su teología. Más bien su misión está "íntegramente relacionada con su identidad y pensamiento", y su teología es teología misionera.[3]

Pablo era un misionero impulsado por la teología y un teólogo dirigido por la misiología. Su teología era misiológica y sus esfuerzos misioneros eran teológicos.

La historia y el pueblo de Corinto

La Corinto del siglo I estaba situada al pie de una colina de 575 metros llamada el "Acrocorinto", en el lado sur del istmo de 7 km que conectaba el Peloponeso con el resto de Grecia, separando así los golfos Sarónico y de Corinto. La ciudad controlaba, pues, parte del movimiento terrestre entre Italia y Asia, así como el tráfico entre los dos puertos de Lequeo, a 2,5 km hacia el norte, y Cencrea, a unos 9 km hacia el este, un transporte que hacía posible que se evitara navegar por las traicioneras aguas alrededor del Peloponeso. Como resultado, su ubicación era estratégica en lo militar y beneficiosa en lo comercial. Desde el siglo VI A.D. existía una carretera pavimentada a través del istmo, convirtiendo a Corinto en una ciudad rica, por sus aranceles y su comercio, y en una intersección para las ideas y el tráfico del mundo (*cf.* Strabón, *Geografía* 8.6.20-23).

---

3. Peter T. O'Brien, *Consumed by Passion, Paul and the Dynamic of the Gospel* (Homebush West, NSW: Lancer Books, 1993), 62.

La historia de la antigua Corinto es, en realidad, la historia de dos ciudades. Como entidad política se remonta al siglo VIII a.c., y floreció como ciudad estado griega hasta el 146 a.c., cuando fue destruida por Roma. Corinto estuvo más de un siglo en ruinas, hasta que Julio César restableció la ciudad en el 44 a.c. como colonia romana, después de lo cual volvió a elevarse hasta la prominencia (*cf.* Apiano, *Historia romana* 8.136). Hacia el siglo I, "la Corinto romana tenía aproximadamente ochenta mil habitantes, con unos veinte mil en las zonas rurales cercanas [...]. En la época de Pablo, era probablemente la ciudad más rica de Grecia y un importante centro urbano multicultural".[4] Empezando en el 27 a.c., también fue la sede del procónsul de la región y fue la capital de la provincia senatorial de Acaya hasta el 15 a.d., cuando la región se convirtió en una provincia imperial. Así fue como muy pronto Corinto se convirtió en la tercera ciudad más importante del imperio, con un estatus solo inferior al de Roma y Alejandría.

Después de que Corinto fuese restablecida como ciudad romana, experimentó una rápida afluencia de personas. Además de los veteranos militares y los de clases inferiores que se mudaron allí por la nueva economía y las oportunidades sociales de la recién nacida ciudad, los mayores grupos de los nuevos colonos procedían de entre los "libertos" de Roma, cuyo estatus como siervos liberados quedaba justo por encima del de los esclavos. La repoblación de Corinto le proporcionó, pues, a Roma la forma de aliviar su aglomeración y ofreció a los colonos nuevas oportunidades para una movilidad ascendente. Esta ciudad se jactaba, asimismo, de una relevante comunidad de judíos que ejercían el derecho de gobernar sus propios asuntos internos (*cf.* Hch 18:8, 17). Filón enumera a esta ciudad como una de las localidades de la diáspora judía (*cf. Embajada a Gayo* 281-282), y los eruditos han descubierto un dintel con la inscripción: "Sinagoga de los hebreos", en las ruinas de una sinagoga de la ciudad, aunque no se puede determinar con certeza su fecha.[5]

Corinto se había convertido, pues, en la época de Pablo, en un crisol pluralista de subculturas, filosofías, estilos de vida y religiones. Esto se refleja en los diversos nombres judíos, romanos y griegos mencionados en 1 y 2 Corintios (p. ej., los judíos: Aquila, Priscila, Crispo; los romanos: Fortunato, Cuarto, Justo, etc.; los griegos: Estéfanos, Acaico, Erasto). Y gracias a 1 Corintios 7:20-24 sabemos que algunos de los creyentes corintios seguían siendo esclavos. No obstante, ya que no existía aristocracia terrateniente en la Corinto romana,

---

4. Blomberg, *1 Corintios*, 19 (siguiendo la obra de Donald Engels, *Roman Corinth* [Chicago: Univ. of Chicago Press, 1990], 84). Este se convertirá en un punto importante cuando Pablo use la generosidad de los macedonios, más pobres, como ejemplo para los corintios (*cf.* 8:1-7; 9:1-5)!
5. Jerome Murphy-O'Connor, *St. Paul's Corinth: Texts and Archaeology* (Wilmington, Del.: Michael Glazier, 1983), 79. Este texto es la recopilación más accesible del material relevante concerniente a la historia y la cultura de Corinto en la época de Pablo.

pronto se desarrolló una "aristocracia de dinero" (¡tanto entre los que tenían riqueza como entre aquellos que la querían poseer!), con un espíritu tremendamente independiente.

Las distinciones de clase resultantes basadas en la riqueza adquirida, y no en el linaje, se reflejan en las tensiones sociales, que alcanzaban un punto crítico durante la celebración de la Santa Cena (1Co 11:17-34). Corinto era una ciudad nacida de la prosperidad, sin preocupaciones, llena del materialismo, del orgullo y de la autoconfianza que produce el haberla convertido en un nuevo lugar y con una nueva identidad social. La mentalidad de "sal adelante por ti mismo", que llegó a ser tan característica en las fronteras de los Estados Unidos, lo impregnaba todo.

La ciudad de Corinto y sus habitantes se combinaron, pues, para crear una vida pública diversa que palpitaba con todo lo que el mundo antiguo tenía que ofrecer. Aunque la ley, la cultura y la religión romanas dominaban en ella, y el latín era el idioma oficial de la ciudad, las tradiciones y las filosofías griegas, junto con los cultos mistéricos de Egipto y Asia, también estaban fuertemente representadas (*cf.* 1Co 1:20-22). Por ejemplo, Diógenes, el fundador de los cínicos, estaba relacionado con Corinto y Cranón, una zona residencial próxima a ella. De hecho, se considera que Corinto era "la ciudad más absolutamente helenista del NT".[6]

Además de esto estaba el entretenimiento siempre presente de la ciudad y la cultura al deporte, con su amor por la retórica pública y el logro humano. El teatro corintio de la época de Pablo tenía un aforo de entre 14.000 y 18.000 personas, el auditorio 3.000, mientras que las vías públicas de la ciudad veían la constante marea de filósofos de esquinas que iban y venían. Entre los trescientos torneos atléticos que se celebraban cada año por toda Grecia, también estaban los Juegos Ístmicos que tenían lugar dos veces al año en Corinto a los que solo superaban en envergadura y prestigio los Juegos Olímpicos. Al mismo tiempo, como se puede esperar de una ciudad que era un puerto de mar, un centro de entretenimiento y capital de los deportes, todo en uno, con sus turistas y viajeros que pululaban por allí, también tenía su dosis de inmoralidad sexual y de vicio.[7] En 1 Corintios 5:1-2; 6:9-2 y 2 Corintios 12:21 se refleja exactamente este tipo de ambiente.

---

6. Gordon D. Fee, *The First Epistle to the Corinthians* (NICNT; Grand Rapids: Eerdmans, 1987), 4n.12.

7. Esto no era nada nuevo. Como rico centro para el comercio y los marineros, la Corinto griega era famosa por sus vicios, en especial su corrupción sexual. En vista de la reputación de la ciudad, Aristófanes (450–385 a.c.) incluso acuñó el término *korinthiazo* (es decir, actuar como un corintio, lo que significaba cometer fornicación), y Platón usó el término "muchacha de Corinto" como eufemismo para prostituta (Murphy-O'Connor, *St. Paul's Corinth*, 56). Aunque se discute su precisión histórica, el relato que hace Estrabón de mil prostitutas en el templo de Afrodita refleja la imagen de la ciudad, en la

Justo en medio de todo esto se encontraban los omnipresentes enclaves religiosos que llenaban la Corinto del siglo I (*cf.* 1Co 8:4-6; 10:14, 20-30). Pausanias (muerto en el 180 A.D. aprox.), que nos proporciona nuestra primera guía de Corinto en su *Descripción de Grecia*, libro II, hace referencia a unos veintiséis lugares sagrados, como mínimo, tan solo para el panteón grecorromano y los cultos mistéricos. Los arqueólogos han desenterrado pruebas físicas de no menos de treinta y cuatro deidades diferentes de entre las ruinas de la ciudad. En la época de Pablo, esto incluía un templo de Fortuna y templos o santuarios de Neptuno, Apolo, Afrodita (sobre el Acrocorinto), Venus, Octavia, Asclepio, Deméter (o Demetra), Perséfone y Poseidón. El pluralismo de Norteamérica palidece en comparación con la experiencia de Pablo en Corinto.

Cristo se enfrenta a la cultura de Corinto

Contra este telón de fondo, Timothy Savage ha analizado cómo se habría considerado a Pablo y su ministerio en Corinto, perfilando las formas en las que la cultura grecorromana contemporánea valoraba el estatus social y la relevancia de la religión para la vida cotidiana.[8] Con respecto a evaluar a sus coetáneos, Savage observa que, en los días de Pablo, la sociedad grecorromana hacía hincapié en (1) un fuerte individualismo que valoraba la autosuficiencia; (2) la riqueza como clave para el estatus dentro de la sociedad; (3) la exhibición de los logros y de las posesiones propias con el fin de ganar los elogios de otros; (4) una competición por el honor que consideraba la jactancia como su consecuencia natural; y (5) el orgullo por el vecindario propio como reflejo de la posición social de la que se gozaba. Estos valores se combinaban para crear un populacho para el cual el aprecio personal se convirtió en la meta y la autogratificación, en la recompensa.

Además, dado que un tercio de la población urbana del tiempo de Pablo estaba formado por indigentes o esclavos, y que solo el uno por ciento pertenecía a la aristocracia por nacimiento, la amplia "clase media" podía ascender en la escala social principalmente mediante la adquisición de riqueza. De ahí que el impulso para subir socialmente a través del progreso económico se convirtió en la obsesión de la clase media. Hasta se podría decir que adoraba la riqueza. Y es que con el dinero llegaban otros indicativos relevantes de progreso social, como la reputación, la ocupación, el vecindario, la educación, el estatus religioso, la implicación política y los logros atléticos. En resumen, la cultura era abiertamente materialista en su búsqueda del elogio y la estima.

---

que los muchos templos jugaban su propio papel en el tenor de su vida (*cf. Geografía* 8.6.20, escrito por primera vez en el 7 A.C. y ligeramente revisada en el 18 A.D.). Aunque los textos que reflejan la generalizada inmoralidad sexual que caracterizaba a la Corinto griega no puedan aplicarse directamente a la Corinto de la época de Pablo, ciertamente era un problema que también predominaba en la nueva ciudad romana.

8. Ver su *Power Through Weakness*, 19-58.

Introducción a 2 Corintios

Desafortunadamente, al leer tal descripción no estamos seguros de que se esté hablando de la Corinto del siglo I o de la vida en el mundo occidental de hoy, ¡incluso entre la mayoría de las iglesias evangélicas de clase media!

La consecuencia de esta búsqueda de estatus era que la superstición y la magia dominaban la práctica religiosa grecorromana. Había poco énfasis en la doctrina o en el aprendizaje en el tiempo de Pablo y poca mención de la vida después de la muerte. La "salvación" se definía principalmente en términos de provisión y protección para el presente. La motivación para participar en la "religión organizada" era la promesa que suponía para la salud, la riqueza y la posición social. A su vez, el valor de una religión se medía por la cantidad de "poder" manifestado por la deidad, como se ve a través del consiguiente poder cultural, físico y económico de sus seguidores. Las diversas religiones atraían seguidores proporcionando demostraciones visibles de sus dioses en acción, como se veía en el "éxito" de sus miembros. "Cuanto más poderoso era el dios personal, más fuerza esperaba uno recibir y manifestar".[9] Del mismo modo, a nivel popular, los oradores no ganaban seguidores principalmente en virtud de sus ideas, sino por su capacidad de cautivar a sus audiencias con poderosas y entretenidas entregas. En palabras de Savage, "honraban a aquel que predicara con estilo, fuerza y orgullo".[10]

En semejante entorno, la inmensa mayoría de personas religiosas tenía poca o ninguna teología y ningún interés por conseguir más. A todos los efectos, su religión seguía sin contenido, al margen de los rituales necesarios para influir en la deidad. Por consiguiente, como la religión no estaba impulsada por ideas, sino por la experiencia, había poca fricción entre los diversos cultos y templos. Se practicaba la tolerancia, ya que toda experiencia religiosa era fundamentalmente la misma. La mayoría de las personas buscaban salvarse del sufrimiento en el momento, procuraban el poder en la vida diaria y el entretenimiento.

Como grupo e independientemente de su afiliación religiosa, los adoradores del siglo I querían "salud, riqueza, protección y sustento, y no una transformación moral".[11] Los cultos religiosos, como otras reuniones sociales, eran simples formas de ganar camaradería, en especial cuando giraban en torno a opulentos banquetes. En realidad, al margen de la religión propia elegida, "los cultos parecían exigir poco cambio apreciable en la manera de vivir de un converso [...] la religión no servía de crítica de la sociedad, sino de justificante

---

9. *Ibíd.*, 29.
10. *Ibíd.*, 34,
11. *Ibíd.* El propósito de los cultos no era la doctrina de la religión. Como lo explica Savage: "Poco importaba quiénes fueran los dioses o lo que enseñaran los cultos. Lo importante era … si los deseos cotidianos de salud, riqueza y seguridad, y, lo más importante, de poder y estima, se estuvieran cumpliendo" (52).

para la misma. Ensalzaba, consideraba, prosperaba y confirmaba a aquellos para cuyo servicio había sido designada".[12]

Todas estas corrientes culturales se intensificaban en Corinto (como ocurre en el mundo occidental), ya que esta ciudad era la joven y próspera "Nueva York, Los Ángeles y Las Vegas del mundo antiguo",[13] donde el pertenecer a una familia de dinero y los contactos familiares tenían poco valor y donde la ubicación social y el estatus lo significaban todo. Los "libertos" romanos "que se habían hecho a sí mismos", que habían aplicado la dura labor de su antiguo estado de esclavos al negocio de salir adelante en aquella nueva colonia romana, eran famosos por ser burdamente materialistas, autoconfiados y orgullosos. La atmósfera deportiva que llenaba el aire con su orgullo, la competición y la exaltación de los héroes, por no mencionar que Corinto era el centro de entretenimiento de Grecia, exacerbaron todo esto.

> Corinto se había convertido en la envidia del imperio, una ciudad de placer, un tributo al esplendor creado por el hombre, un lugar donde la autoafirmación y el orgullo cosechaban gran recompensa [...] Por consiguiente, [los corintios] daban *mayor* valor a la prominencia social y a exhibirse, al poder personal y a la jactancia [...] En Corinto, quizá más que en cualquier otro lugar, se recurría a los cultos para la satisfacción y esta, para ellos, suponía la exaltación y la gloria personales.[14]

Dios envió a Pablo a este mundo para sufrir como apóstol del Cristo crucificado, llevando su tesoro en una "vasija de barro" (4:7). Como tal, el mensaje y la vida de Pablo era una afrenta para los judíos helenistas y los gentiles. El materialismo y el individualismo interesado que dominaban Corinto, junto con el pluralismo reinante y la religión civil de la época, orientada al estatus, todo ello alimentado por el entretenimiento que proporcionaba la gloria propia y la subcultura de los deportes, presentaban un frente formidable para el evangelio de la cruz y para su mensajero cruciforme (*cf.* 1Co 1:17-19 con 2Co 2:14-17).

Al fundar la iglesia y pastorearla después, Pablo tuvo que tratar, pues, de frente con la identidad social que la historia de Corinto había creado. Aunque culturalmente Pablo era corintio, ya no consideraba a los cristianos de allí "según criterios meramente humanos" (2Co 5:16). En vez de ello, eran "nuevas criaturas" de Cristo, que "ya no viv[ían] para sí, sino para el que murió por ellos y fue resucitado" (5:15, 17). Pero los corintios procedían de una cultura poderosamente atractiva que, con toda su diversidad, se centraba en el deseo mundano de seguridad y de estatus social. Como dejan claro tanto 1 como 2 Corintios, la iglesia de esa ciudad pasó por grandes dificultades por estar en el mundo, pero no ser de él.

---

12. *Ibíd.*, 34.
13. Blomberg, *1 Corintios*, 20 (citando a Fee, *First Corinthians*, 1987, 3).
14. Savage, *Power Through Weakness*, 52 (el énfasis es suyo).

Llevados por su cultura, la cuestión clave en la iglesia corintia era qué significaba ser "espiritual".[15] Los corintios habían sido llenos del Espíritu, pero seguían estando fuertemente influenciados por su sociedad, y eran propensos al orgullo intelectual. En vez de buscar una conformidad, facultada por el Espíritu, al carácter abnegado de Cristo, le daban un alto valor a su recién descubierto "conocimiento" y sus experiencias espirituales (*cf.* 1Co 1:5; 4:7; 8:1, 7, 10, 11; 12:8; 13:2; etc.).

El resultado era una actitud interesada de jactancia y de laxitud moral, alimentada además por la admiración de su cultura por el poder público, la imagen pública y el brillo de la tradición retórica sofista.[16] Respaldaban esta cautividad cultural del evangelio con una exagerada y triunfalista "escatología realizada". Desde esta perspectiva, los corintios malinterpretaban la venida del reino de Dios, el poder de resurrección del Espíritu Santo y el amanecer de la *nueva* era de la *nueva* creación bajo el *nuevo* pacto en términos de una superespiritualidad en la que los creyentes consideraban que *ya* estaban participando de la plenitud de la realidad celestial que aún estaba por llegar. Semejante criterio inflaba todavía más la estimación que los corintios hacían de su conocimiento, dones y experiencias espirituales, en especial el de lenguas, que se contemplaba como el indicador de que ya estaban participando de la existencia espiritual de los ángeles (*cf.* 1Co 13:1). También minimizaba la necesidad de una trasformación moral, ya que en el plano "espiritual" ya habían resucitado por completo con Cristo.

La situación en Corinto

Como resultado, la vida en Corinto y los problemas espirituales previos de los corintios proporcionaron el semillero cultural y religioso para la posterior y trágica influencia de los oponentes de Pablo. Con su "salud y su riqueza", el evangelio y la imagen pública de fuerza y poder, esos "falsos apóstoles" y "siervos de Satanás" (11:13-15) escribieron con mayúsculas en la "clase media" corintia el amor por el dinero y el prestigio, su "superespiritualidad" según su propio entendimiento, y su deseo de magnificar sus experiencias espirituales.

---

15. *Cf.* el uso que Pablo hace de *pneumatikos* ("espiritual") catorce veces solo en 1 Corintios, frente a solo cuatro veces en las demás cartas aceptadas como paulinas, y la crucial importancia del "ministerio del Espíritu" del nuevo pacto, como se perfila en 2Co 3:1-18, para el argumento de esta carta.
16. Los sofistas eran un movimiento que hacía hincapié en la filosofía para las masas y sacaba gran provecho de la forma y el poder persuasivo de la retórica como expresión de su "sabiduría", enorgulleciéndose de la atención pública, el estatus social, la influencia y el aplauso acumulados por hacer un despliegue magistral de pericia retórica. Para dos importantes estudios de este trasfondo y su impacto en los problemas de Corinto y en la respuesta de Pablo, ver Duane Litfin, *St. Paul's Theology of Proclamation: 1 Corinthians 1–4 and Greco-Roman Rhetoric* (SNTSMS 79; Cambridge: Cambridge Univ. Press, 1994), y Bruce W. Winter, *Philo and Paul among the Sophists* (SNTSMS 96; Cambridge: Cambridge Univ. Press, 1997).

Otra razón por la que resultaba tan difícil afrontar el reto que suponía el evangelio en Corinto era que "la iglesia" de aquella ciudad y de los pueblos circundantes de Acaya se reunía en pequeños grupos y en varias casas (*cf.* 1Co 16:19; también Ro 16:5, 23; Col 4:15; Fil 2). No había posibilidad de que un movimiento religioso, recién constituido y que todavía carecía de reconocimiento por parte del gobierno, consiguiera un lugar público de reunión. Aunque en la actualidad se suelen idealizar esas iglesias domésticas, dificultaban el que pudieran responder con una sola voz a las diversas preocupaciones y rumores que se dispersaban por todos los diferentes grupos.[17]

Como se ha indicado más arriba, el propósito de Pablo al escribir la presente carta de 2 Corintios a esta red de pequeños grupos era enormemente distinto de la motivación subyacente a 1 Corintios. A diferencia de 2 Corintios, la intención de Pablo en 1 Corintios no era principalmente apologética, sino *didáctica*.[18] Pablo escribe 1 Corintios y sigue contando con que los corintios lo reconocen como su fundador y como un apóstol legítimo, aunque otros pudieran no hacerlo (1Co 4:15; 9:1-2). De modo que Pablo escribe para "recordarles" a los corintios "mi manera de comportarme en Cristo Jesús" (4:17) y para llamar su atención a que, como "padre" de ellos (4:15) lo que tienen que imitar es su camino (4:16; 11:1), que es el camino de la cruz.

Lo adecuado del sufrimiento de Pablo no se defiende, pues, en ningún lugar de 1 Corintios. Más bien, su sufrimiento, que incluye el que viene de su compromiso de quedarse en Corinto, funciona como premisa fundamental para sus argumentos,[19] que se aplican a los corintios sobre la base de su autoridad parental sobre ellos en Cristo (1Co 4:14-21; 9:3-23; 11:1). A lo largo de 1 Corintios, el enfoque de los argumentos de Pablo está en los corintios y su

---

17. Basándose en la excavación de cuatro casas en Corinto de la época romana (una del tiempo de Pablo) y en el listado de catorce miembros varones de la iglesia en 1 y 2 Corintios, Murphy-O'Connor, *St. Paul's Corinth*, 158, estima que la cifra base de la iglesia corintia era de cincuenta miembros, aunque podría haber sido mayor, ya que ciertamente existían grandes residencias en la ciudad.
18. Contra Fee, cuyo excelente comentario representa una presentación completa de la visión "apologética" del problema subyacente a 1 Corintios. En esta visión, la situación histórica detrás de 1 Corintios, como la de 2 Corintios, también era fundamentalmente de conflicto entre Pablo y la iglesia en conjunto. De ahí que se comprenda que el núcleo central del problema es el rechazo de los corintios a la autoridad de Pablo como fundador de la iglesia. La carta, en su totalidad, se percibe combativa y las referencias de Pablo a su apostolado se consideran apologéticas (*cf.* esp. 1Co 4:1-21; 9:1-27; 15:8-11).
19. El argumento de Pablo parece ser el siguiente: él es un apóstol verdadero; predica la cruz del Cristo resucitado y sufre por causa de otros; por tanto, su experiencia deja claro que el reino de Dios, aunque presente en poder, no está aquí aún en toda su plenitud y que la verdadera espiritualidad implica la disposición a renunciar a los propios derechos de uno por el bien de otros. De ahí que el consejo más básico de Pablo sea "imítenme" (1Co 4:16; 11:1; *cf.* 1:17-19; 8:1-3, 11-13; 9:15-23; 10:23-24; 10:31–11:1; 13; 14:4-5, 18-19).

conducta, y no en su propia legitimidad. La forma de su discurso es directiva y no apologética. Los problemas que trata 1 Corintios son básicamente de *dentro* de la iglesia y no entre esta y su apóstol.

En la época de 2 Corintios, sin embargo, los oponentes de Pablo habían llegado desde fuera de Corinto, predicando una imagen de Cristo y del Espíritu que los corintios querían escuchar (2Co 11:4). En vez de llamarlos a una vida de fiel resistencia y amor en medio de la adversidad, los oponentes del apóstol les prometían liberación del sufrimiento y una dieta constante de experiencias espirituales. En lugar de demostrar el fruto del Espíritu en sus propias vidas, respaldaban sus afirmaciones de ser verdaderos apóstoles con cartas de recomendación de otras iglesias (*cf.* 3:1), anunciando a son de trompeta su herencia étnica como judíos (3:4-18; 11:21-22), exhibiendo una destreza retórica profesional (10:10; 11:6) y jactándose de sus experiencias espirituales y señales sobrenaturales (10:12; 11:12, 18; 12:12).

Además, la apologética de Pablo en 3:3-18 sugiere que también vinculaban de algún modo su ministerio al de Moisés, aunque, a diferencia de Gálatas, las cuestiones de la pureza ritual, la circuncisión y la ley misma no se mencionan de forma explícita en 2 Corintios. Finalmente, los oponentes de Pablo sellaban sus afirmaciones exigiéndoles dinero a los corintios como prueba del valor de su mensaje (2:17; 11:19-21). Para poder hacer estas afirmaciones y presentar estas exigencias tenían que atacar al apóstol, ya que su mensaje y su forma de ministerio cuestionaban el "evangelio" que ellos exponían, su estilo de vida, sus razones para jactarse, su demanda de dinero y su deseo de recibir cartas de recomendación de los corintios (*cf.* 2:14–3:3; 10:12-18; 11:10-12; 12:11-16).

Por tanto, cuando Pablo está escribiendo 2 Corintios se encuentra en una nueva situación: su propia legitimidad como apóstol está siendo gravemente cuestionada y todavía hay una relevante minoría dentro de la iglesia que duda de ella. Bajo la influencia de sus oponentes, muchos creyentes han llegado a pensar que Pablo sufre demasiado en su persona, que es demasiado débil y que no impresiona en su manera pública para ser un apóstol lleno del Espíritu. Y, para colmo, la aparente vergüenza que ha recaído sobre la iglesia por culpa de la práctica de Pablo al procurarse su propio sustento (*cf.* 11:7-9), su cambio de planes que les parece voluble —no una, sino tres veces (*cf.* 1:12–2:4; 2:12-13)— y la sospecha de que predicaba gratis como parte de un fraude en el que usaba la colecta para llenarse sus propios bolsillos (*cf.* 8:16-24; 12:16-18), todo parece respaldar esta conclusión. Por consiguiente, en el momento en que el apóstol escribe esta epístola, su autoridad apostólica ya no es un punto de acuerdo entre él y la totalidad de su iglesia. Esta sigue dividida en cuanto a Pablo y a su legitimidad como apóstol.

Algunas preguntas críticas

Autoría

Por las salutaciones y todas las pruebas históricas y literarias, 1 y 2 Corintios se atribuyen a Pablo como autor. Aunque 2 Corintios no se documenta claramente hasta el canon de Marción (140 A.D.), no hay debate en cuanto a que forma parte del corpus paulino. Incluso los eruditos más críticos han aceptado de manera sistemática que 2 Corintios es genuina. La única excepción es 6:14–7:1, cuyo vocabulario distinto y su tema de discusión han llevado a algunos a la conclusión de que deriva de una fuente judía (a menudo asociada con los documentos de Qumrán), o de una tradición judeocristiana. Sin embargo, lo más probable es que su carácter único se determinara sencillamente por la serie de textos veterotestamentarios que Pablo cita en esta sección (ver comentarios sobre este pasaje). Aunque se tratara de una interpolación, el apóstol o cualquier otro editor han integrado este pasaje por completo en el hilo de pensamiento de 2 Corintios.

La unidad de 2 Corintios

Al margen de la cuestión de 6:14–7:1, la unidad literaria de 2 Corintios en conjunto también se ha debatido por las abruptas transiciones y los cambios de temas en el contenido de la carta. La mayoría de los eruditos argumentan que esta epístola es un documento que se compone, como mínimo, de dos o más fragmentos paulinos escritos en momentos diferentes que más tarde se amalgamaron para formar una sola misiva. Las cuestiones clave son los aparentes cortes en el hilo de pensamiento entre 2:13 y 2:14, entre 7:4 y 5, entre 6:13 y 14 y entre 7:1 y 2; los tratamientos aparentemente distintos que se dan a la colecta en los capítulos 8 y 9; y la naturaleza dispareja de 10:1–13:14. Si cada una de estas transiciones señala un documento separado, ¡2 Corintios se convierte en una composición de hasta seis fragmentos: 1:1–2:13 y 7:5-16; 2:14–6:13; 6:14–7:1; el capítulo 8; el capítulo 9; y los capítulos 10–13!

De acuerdo con esta teoría de partición, los eruditos han procurado asignar estos diversos fragmentos a la historia de la interacción de Pablo con los corintios. Por ejemplo, algunos consideran que los capítulos 10–13 forman parte de la "carta de muchas lágrimas"; 2:14–6:13 sería parte de una carta de defensa que se ha perdido; 1:1–2:13 y 7:5-16 sería la carta de reconciliación tras el informe de Tito; y 6:14–7:1 sería un fragmento de otro escrito extraviado de Pablo, parte de la "carta con muchas lágrimas" o incluso de la "carta anterior" de 1 Corintios 5:9. El creciente consenso, sin embargo, es que 2 Corintios 1–9 (menos 6:14–7:1, quizá) es una composición unificada que se escribió después del encuentro entre Pablo y Tito (*cf.* 7:5-13). Los capítulos 10–13 se toman como parte de una obra posterior, que se habría perdido, y que se escribiría tras un nuevo brote de problemas en Corinto o en respuesta a alguna otra información que Pablo recibiera sobre la situación. Más tarde se agregaría a la sección anterior en algún momento temprano de la historia de estas tradiciones.[20]

Sin embargo, una minoría de eruditos sigue manteniendo la unidad literaria de toda la carta. Y esta es la postura que adoptamos aquí. No existe manuscrito alguno que demuestre que el contenido de 2 Corintios fuera nunca menor o mayor que el que tenemos o que sus secciones estuvieran dispuestas en otro orden distinto al actual. No obstante, la cuestión de la integridad de la carta es, al fin y al cabo, exegética. Con el fin de defender la unidad de la carta, debemos ser capaces de explicar la naturaleza de las transiciones en cada punto de la misiva. Al hacerlo, argumentaremos que dichas transiciones tienen sentido de forma interna y que los cambios de tema a lo largo de 2 Corintios son el resultado de la naturaleza diversa de la comunidad corintia.[21] Además, James Scott ha observado una progresión cronológica básica en 2 Corintios: los capítulos 1–7 reflexionan sobre acontecimientos pasados, los capítulos 8–9 preparan para terminar la colecta en el presente, y los capítulos 10–13 esperan la tercera visita de Pablo en el futuro.[22]

Dentro de esta estructura, Pablo empieza con un prólogo que expone el tema principal y los puntos de la carta (1:3-11), revisa su historia pasada con los corintios (1:12–2:11), y, entonces, presenta la apologética más extensa de todas sus cartas a favor de la legitimidad de su ministerio apostólico (2:12–7:1). Sobre esta base, Pablo saca las implicaciones de su apologética, primero para los arrepentidos (7:2–9:15), y después para los rebeldes (10:1–13:10). Así, aunque cada una de las tres secciones principales prepara, en cierto modo, para la tercera visita del apóstol, en los capítulos 10–13 Pablo confronta sin ambages el persistente problema que supone la llegada de sus oponentes. El embajador de

---

20. De ahí que, al considerar V. Furnish, *II Corinthians*, 397, los capítulos 10–13 como una respuesta a acontecimientos posteriores, deba concluir que el estímulo de Pablo y el gozo de Tito por los corintios del capítulo 7 fueran "probablemente una percepción falsa, tal vez debida al informe demasiado optimista de Tito o a la interpretación demasiado optimista que Pablo hizo de dicho informe". Según Furnish, 7:16 no podría encontrarse en la misma carta que la "preocupante polémica de los caps. 10–13" (p. 398).
21. Contra la teoría de que, originalmente, los caps. 10–13 formaban parte de la carta con muchas lágrimas, esta sección no contiene instrucción alguna de castigar a los ofensores, como tampoco los capítulos 1–7 anticipan que todos estos ya hayan sido juzgados, como dan a entender los caps. 10–13. Contra la teoría de que los caps. 10–13 fueran escritos después de 1–9, no se hace mención alguna en los caps. 10–13, que los que sostienen esta opinión deban asumir en cuanto a que Pablo hubiera recibido más información de Corinto, de que hubiera habido un periodo de tiempo significativo entre los caps. 1–9 y 10–13, o de que la situación hubiera empeorado. Por tanto, Scott, *2 Corinthians*, 7, tiene razón al decir que, como cuestión de principio, "la reconstrucción histórica que puede funcionar con la unidad de 2 Corintios tiene ventaja sobre las teorías de partición, ya que opera con pocas incógnitas".
22. *Ibíd.* 208-9.

la reconciliación (*cf.* 5:18–6:2) se convierte en un guerrero contra aquellos que siguen en rebeldía (*cf.* 10:1-6). Así como 8:1–9:15 es la aplicación de Pablo de sus argumentos anteriores a los arrepentidos (con un ojo puesto en los rebeldes), los capítulos 10–13 presentan la llamada final del apóstol a los rebeldes (con un ojo puesto en los arrepentidos).[23] El complejo carácter de 2 Corintios deriva de que en los capítulos 1–9 se dirige directamente a los que se han arrepentido y a los rebeldes de forma indirecta, mientras que en los capítulos 10–13 es el caso opuesto.

Los oponentes de Pablo

Es evidente que la identidad y la teología de los oponentes de Pablo jugaron un papel estratégico en que se escribiera 2 Corintios. Los pasajes clave para identificar a estas personas han sido, tradicionalmente, 3:1-18; 11:4 y 11:22-23. Estos textos dejan claro que eran judíos familiarizados con el mundo helenístico y sus valores, y que confiaban en su propia herencia étnica y espiritual como judíos. Más allá de este boceto básico, sin embargo, la identidad y la teología exactas de los oponentes deben seguir siendo cuestión de reconstrucción erudita, ya que 2 Corintios nos proporciona la única prueba de que disponemos y es de segunda mano.

Los eruditos han ofrecido tres teorías básicas en cuanto a la identidad de los oponentes de Pablo en 2 Corintios, a las que se ha llegado en su mayor parte como "leyendo en un espejo" su carta. Es decir, que los argumentos paulinos han de verse como un contraste directo, o la imagen en un espejo, de las posturas adoptadas por sus oponentes. Como resultado, los contrincantes del apóstol han sido identificados como gnósticos, judaizantes legalistas a la par con aquellos contra los que Pablo luchó en otros lugares, o como supercarismáticos u "hombres divinos" que representaban a una mezcla de elementos legalistas y espiritualistas de diversas tendencias.

---

23. En apoyo de esta interpretación, Ben Witherington III, *Conflict and Community in Corinth*, 430-32, ofrece un argumento retórico a favor de la unidad de 2 Corintios. Witherington señala que la cuestión de los oponentes de Pablo y sus acusaciones que se retoman directamente en los caps. 10–13 ya se insinuaron en los caps. 1–9 (la acusación de volubilidad en cap. 1; 2:17; 3:1; el uso de Moisés por parte de sus oponentes, como se refleja en 3:7-18; 4:2; 5:12; 6:3; 6:4-10; 7:2). De ahí la disputa de que la situación descrita en los caps. 1–9 *difiere* de la de los caps. 10–13 (p. 1 n. 5). Además, la diferencia de tono entre los caps. 1–9 y 10–13 refleja meramente una estrategia retórica común en la que uno invoca una fuerte emoción al final para tener una impresión duradera en su audiencia. Finalmente, Witherington señala la obra de Bjerkeland que observó que aquellas secciones de las cartas de Pablo en las que exhorta a sus lectores usando el verbo *parakaleo* suelen ir después de las acciones de gracias o doxologías (*cf.* Ro 11:33-36 a 12:1; 1Ts 3:11-13 a 4:1). De acuerdo con este patrón, la exhortación de Pablo en 10:1 es el resultado natural de la alabanza de 9:12-15.

Introducción a 2 Corintios

Dada la circularidad y la subjetividad de estos planteamientos pasados y de su resultante estancamiento en la reciente erudición, acogemos la propuesta de Sumney de un "acercamiento minimalista" para identificar a los oponentes de Pablo. El escritor enfatiza correctamente un "método centrado en el texto", con una aplicación "rigurosamente" limitada de la "técnica del espejo", que rechaza todos los intentos de acercarnos a 2 Corintios con una reconstrucción de la naturaleza de la oposición de Pablo,[24] previamente determinada y basada en lo externo. Debemos empezar por lo que tenemos (es decir, el texto paulino), antes de intentar reconstruir aquello de lo que no disponemos (es decir, una imagen de los oponentes de Pablo). La ausencia de pruebas directas sobre los contrincantes del apóstol hace que todo intento de *empezar* por reconstruir la identidad de esos adversarios, basándose en unos pocos datos de 2 Corintios misma, y, a continuación, usar esta reconstrucción para interpretar que 2 Corintios sea incontrolablemente indirecta o circular.

Siguiendo la amonestación de Sumney, la cuidadosa lectura de 2 Corintios misma conduce, como poco, al siguiente hecho fundamental: la preocupación de los oponentes de Pablo con su herencia judía estaba inextricablemente vinculada a su promesa de proveer lo que consideraban una experiencia más poderosa del Espíritu que la que se encuentra en el evangelio del apóstol. Se debe vencer el divorcio artificial entre la ley y el Espíritu, que condujo a los estudiosos a plantear dos tipos distintos de oponentes detrás de las cartas paulinas (p. ej. judaizantes detrás de Gálatas y algún tipo de espirituales detrás de 1 Corintios). La pregunta suscitada por los adversarios de Pablo, basada en su herencia judía, era básicamente la misma que la que formulaban los corintios y que se apoyaba en su cosmovisión helenística: ¿cómo participa uno plenamente en el poder del Espíritu?

La respuesta de los oponentes a esta pregunta se basaba en una teología de "gloria entendida con exageración"; decían que la participación en su evangelio, con sus vínculos con el antiguo pacto, concedía libertad del sufrimiento. Desde su perspectiva, ser miembro del nuevo pacto *y judío* era la clave para experimentar la bendición espiritual completa que Dios tiene para su pueblo. Esto significaba que, para que los gentiles se convirtieran en miembros incondicionales del pueblo de Dios, tenían que confiar en Jesús como el Mesías judío *y* convertirse en parte del pueblo escogido de Dios, Israel, según el pacto del Sinaí. Solo entonces podían esperar experimentar por completo las promesas del pacto de Dios. Lo que confería tanto atractivo a semejante llamamiento al

---

24. Jerry L. Sumney, *Identifying Paul's Opponents*. Cuando Sumney aplica su propio método al texto, acaba estando de acuerdo con la anterior sugerencia de Käsemann en cuanto a que los oponentes detrás de 2Co 10–13 eran espirituales y no judaizantes, gnósticos u "hombres divinizados" por designación propia. Además, el breve espacio de tiempo entre los fragmentos de la carta de 1–9 y 10–13 nos lleva a "concluir por lógica" que los contrincantes son, en ambos casos, parte del mismo grupo (p. 183).

judaísmo era, por tanto, su promesa de recibir más del Espíritu. Como resultado, el debate entre Pablo y sus contrincantes se centraba en la relación entre el antiguo y el nuevo pacto, como llegó a definirse el ministerio de Moisés en comparación con el de Pablo como apóstol de Cristo y mediador del Espíritu (*cf.* 2:16b; 3:4-18).

El tema central de 2 Corintios

Como consecuencia de esta reconstrucción, la minuciosa lectura del texto también deja claro que el tema teológico central de 2 Corintios es la relación entre el sufrimiento y el poder del Espíritu en la experiencia apostólica de Pablo. La idea del apóstol con respecto a este tema es tan simple como profunda. En lugar de cuestionar su suficiencia, su sufrimiento es el vehículo revelador por medio del cual se desvela[25] el conocimiento de Dios, manifestado en la cruz de Cristo y en el poder del Espíritu. Las declaraciones más claras y directas de este concepto se encuentran en las afirmaciones, a modo de tesis, de 1:3-11; 4:7-12; 6:3-10; 11:23b-33; 12:9-10; 13:4, y, en forma de metáfora, 2:14-17. En estos pasajes, el sufrimiento del apóstol, como encarnación del Cristo crucificado, es el instrumento mismo que Dios usa para desplegar el poder de su resurrección (*cf.* también 1Co 2:2-5; 4:9; 1Ts 1:5).

Esta revelación tuvo lugar en dos formas. O bien Dios rescató a Pablo de la adversidad cuando ya era demasiado para que pudiera soportarla, como en 2 Corintios 1:8-11 (*cf.* Fil 2:25-30), o lo fortaleció en medio de ella para que pudiera resistir su sufrimiento *con acción de gracias para la gloria de Dios* (2Co 4:7-12; 6:3-10; 12:9; 13:4; *cf.* 2Ti 2:10). Por tanto, el llamado de Pablo a sufrir como apóstol es el medio mismo por el cual Dios da a conocer su amor y su poder en el mundo *para la proclamación y la alabanza de su gloria* (2Co 1:3, 11, 20; 3:9-11; 4:4-6, 15; 9:11-15). Si el sufrimiento de Pablo es el medio de la autorrevelación de Dios, entonces la manifestación de la gloria de Dios es su objetivo supremo. Además, Pablo afirma que, cuando el pueblo de Dios soporta los mismos sufrimientos a los que él fue llamado como apóstol, también manifiesta el poder y la gloria de Dios en medio de su adversidad (*cf.* 1:7). Como respaldo de estos puntos, Pablo perfila la naturaleza del nuevo pacto en relación con el antiguo (3:6-18), la naturaleza de la nueva creación en medio de la antigua (4:6–5:21) y el llamado, por causa de Cristo, a encarnar la nueva creación del nuevo pacto, viviendo por amor a los demás (5:15; 8:1–9:14).

---

25. Para esta tesis, con 2Co 2:14 como pieza central, ver mi *Suffering and the Spirit, An Exegetical Study of II Cor 2:14–3:3 Within the Context of the Corinthian Correspondence* (WUNT 2.19; Tübingen: J.C.B. Mohr [Paul Siebeck], 1986), ligeramente abreviado como *Suffering and Ministry of the Spirit, Paul's Defense of His Ministry in II Corinthians 2:14–3:3* (Grand Rapids: Eerdmans, 1990).

Aplicación de 2 Corintios a nuestra época

Como disculpa por el ministerio apostólico de Pablo, 2 Corintios está lleno de desafíos para el pueblo de Dios en el siglo XXI. La experiencia que Pablo tiene de Dios, su comprensión de Cristo, su autoridad como apóstol y su disposición a sufrir por causa del evangelio, por su amor por el pueblo de Dios, cuestiona la creencia fácil de nuestra cultura cristiana contemporánea. Su evangelio desenmascara la gracia barata del perdón sin arrepentimiento de hoy, del legalismo de quienes intentan remediar este problema llamando a una mayor "obediencia a Dios" y de la autocomplacencia que sentimos ante la condición espiritual de otros. Además, la carta de Pablo revela que ministrar a Cristo a otros no es cuestión de técnica, de programa y de actuación, sino de ser para otros los mediadores de la misma verdad, misericordia y consuelo que hemos experimentado al confiar en el Dios "que resucita a los muertos" (1:9).

La disculpa de Pablo nos hace, pues, dolorosamente conscientes de que el principal problema al comunicar hoy 2 Corintios es que no abarcamos que su teología y su experiencia están determinadas por Dios, basadas en las Escrituras y empapadas de amor. Son duras realidades para aplicarlas a una iglesia dominada por una cultura de tecnología impulsada por la ciencia, de incultura bíblica y de culto del "yo". De ahí que, en un simposio sobre "Volver a captar la mente evangélica" celebrado en honor de la reedición de la obra magistral de Carl F. H. Henry, *God, Revelation, and Authority*, el Dr. Henry mismo dijo, con gran sabiduría, que lo que se necesita al principio del siglo XXI es "la articulación de una vida cristiana perdurable y una cosmovisión con pasión reveladora que trasciende la ciencia tecnológica e introduce una afirmación no revisable de la verdad, y que responde a los críticos que condenan la razón".[26] Esto es precisamente lo que la esmerada aplicación de la segunda carta de Pablo a los Corintios nos proporciona y nos exige hoy.

---

26. Pronunciado en presencia del autor por Carl F. H. Henry el 22 de enero de, 1999, con ocasión de su ochenta y seis cumpleaños, en la Conferencia de la Cumbre Inaugural del The Carl F. H. Henry Institute for Evangelical Engagement, Seminario Teológico Bautista del Sur, Louisville, Kentucky. Crossway Books, Wheaton, 1998, publica ahora la obra de Henry.

Bosquejo

I. Apertura de la carta: la identidad de Pablo y de su iglesia (1:1-2)

II. Prólogo (1:3-11)

    A. Oración de alabanza de Pablo por el consuelo de Dios (1:3-7)

    B. La "sentencia de muerte" de Pablo como patrón de su sufrimiento (1:8-11)

III. Cuerpo de la carta (1:12–13:10)

    A. La historia de Pablo con los corintios (1:12–2:11)
        1. Contenido de la jactancia de Pablo (1:12-14)
        2. Razón del primer cambio de planes de Pablo (1:15-22)
        3. Razón para el segundo cambio de planes de Pablo (1:23–2:4)
        4. Aplicación del ejemplo de Pablo a los corintios (2:5-11)

    B. Apologética de Pablo a favor de su ministerio apostólico (2:12–7:1)
        1. Razón del último cambio de planes de Pablo (2:12-13)
        2. La suficiencia de Pablo como apóstol (2:14–3:3)
            a. "Conducido a la muerte" en el ministerio (2:14-16a)
            b. La suficiencia de Pablo para el ministerio (2:16b-17)
            c. La carta de recomendación de Pablo para el ministerio (3:1-3)
        3. La valentía de Pablo como ministro del Nuevo Pacto (3:4-18)
            a. La confianza de Pablo como ministro (3:4-6a)
            b. El ministerio del Nuevo Pacto de Pablo (3:6b)
            c. El ministerio del Espíritu, no de la letra (3:6c)
            d. El ministerio de muerte del Antiguo Pacto (3:7 a-b)
            e. La gloria del ministerio de Moisés (3:7c)
            f. La gloria del ministerio del Espíritu (3:8)
            g. El contraste entre ambos ministerios (3:9-11)
            h. La valentía del ministerio del Nuevo Pacto
            i. El continuo endurecimiento de Israel (3:14-15)
            j. La conversión del remanente (3:16-18)
        4. La confiada valentía de Pablo a pesar del rechazo (4:1-6)
        5. La confiada valentía de Pablo en medio del sufrimiento (4:7-12)
        6. La confiada valentía de Pablo a la luz de la experiencia de los justos (4:13-15)
        7. La confiada valentía de Pablo a la luz de la resurrección (4:16-18)
        8. El confiado "suspirar" de Pablo por el futuro (5:1-5)
        9. Consecuencia de la confianza de Pablo (5:6-10)
        10. La motivación de Pablo para el ministerio (5:11-15)

11. Las consecuencias del ministerio de Pablo (5:16–6:2)
   12. Mención del ministerio de Pablo (6:3-13)
   13. Llamamiento al ministerio de Pablo (6:14–7:1)
      a. El mandato (6:14a)
         i. Respaldo 1. La identidad de la iglesia (6:14b-16b)
         ii. Respaldo 2. Historia de la redención (6:16c-18)
      b. Se vuelve a repetir el mandamiento y su respaldo (7:1)
   C. Aplicación de la apologética de Pablo a los arrepentidos (7:2–9:15)
      1. Mandamiento de Pablo a los arrepentidos (7:2-3)
      2. Disposición de Pablo por causa de los arrepentidos (7:4-16)
         a. Consuelo y gozo de Pablo por causa de Dios (7:5-7)
         b. Consuelo y gozo de Pablo por causa de los corintios (7:8-13b)
         c. Consuelo y gozo de Pablo por Tito (7:13b-15)
         d. En conclusión: confianza y gozo (7:16)
      3. Expectativas de Pablo en cuanto al arrepentimiento de ellos (8:1-15)
         a. El ejemplo de los macedonios (8:1-7)
         b. El ejemplo de Jesús (8:8-10)
         c. Expectativas de Pablo en cuanto los corintios (8:11-15)
      4. La necesidad de la colecta (8:16–9:15)
         a. La necesidad de enviar la delegación (8:16-24)
         b. La necesidad de completar la colecta con antelación (9:1-5)
         c. La razón teológica y el propósito de la colecta (9:6-15)
   D. La aplicación de la apologética de Pablo a los rebeldes (10:1–13:10)
      1. La autoridad apostólica de Pablo (10:1-18)
         a. La guerra de Pablo en nombre de su autoridad (10:1-6)
         b. El propósito de la autoridad apostólica (10:7-11)
         c. La base de la autoridad apostólica (10:12-18)
      2. La jactancia apostólica de Pablo (11:1–12:13)
         a. La necesidad de la jactancia de Pablo (11:1-21a)
         b. La jactancia de Pablo en su debilidad y la jactancia del necio. Parte 1 (11:21b-33)
         c. La jactancia de Pablo en su debilidad y la jactancia del necio. Parte 2 (12:1-6)
         d. La fuerza de Pablo en su debilidad (12:7-10)
         e. La naturaleza superflua de la jactancia de Pablo (12:11-13)
      3. Apelación final de Pablo (12:14–13:10)
         a. Apelación final de Pablo en cuanto a su legitimidad como apóstol (12:14-21)
         b. Apelación final de Pablo al arrepentimiento de los rebeldes (13:1-10)
IV. Final de la carta. Exhortación y bendición (13:11-14)

Bibliografía extendida de comentarios y monografías escogidas

Comentarios escogidos sobre 2 Corintios

Barnett, Paul. *The Second Epistle to the Corinthians*. NICNT. Gran Rapids: Eerdmans, 1997. Basado en la NIV, con referencias al griego en las notas al pie; de perspectiva evangélica; considera la carta como una unidad; exégesis detallada del flujo del argumento y de todas las cuestiones interpretativas individuales; de los cuatro principales comentarios en lengua inglesa (es decir, junto con Furnish, Martin y Thrall), el de Barnett presenta la combinación más coherente de un concienzudo análisis textual y un desarrollo teológico general; proporciona, asimismo, sugerencias para la aplicación contemporánea.

Barrett, C. K. *A Commentary on the Second Epistle to the Corinthians*. HTNC. Nueva York: Harper & Row, 1973. Basado en su propia traducción; moderadamente crítico; considera que los caps. 1–9 y 10–13 son dos cartas separadas; lleno de un profundo conocimiento teológico e histórico; ofrece una visión de conjunto más general y medianamente técnica del argumento.

Betz, Hans Dieter. *2 Corinthians 8 and 9: A Commentary on Two Administrative Letters of the Apostle Paul*. Hermeneia: Filadelfia: Fortress, 1985. Basado en el texto griego; de perspectiva crítica; considera ambos capítulos como cartas independientes; abundante material de referencia de fuentes grecorromanas sobre el significado de los términos clave; se centra en el bosquejo básico del argumento de Pablo desde el punto de vista de la retórica antigua; de planteamiento no teológico ni técnico.

Furnish, Victor Paul. *II Corinthians*. AB 32A. Garden City, N.Y.: Doubleday, 1984. Basado en su propia traducción, con griego transliterado; moderadamente crítico; considera que los caps. 1–9 y 10–3 forman dos cartas separadas; tratamiento concienzudo y exhaustivo de las cuestiones interpretativas; toma el texto frase a frase, con útiles síntesis del argumento; de los cuatro principales comentarios en lengua inglesa, más temático que Martin y Thrall, aunque no tan teológico como Barnett.

Hughes, Philip Edgcumbe. *Paul's Second Epistle to the Corinthians*. NICNT. Grand Rapids: Eerdmans, 1962. Basado en la versión ASV; planteamiento evangélico y exegético; considera la carta como una sola unidad; se centra en las frases y las palabras, así como en los temas; excelente

Bibliografía comentada

tratamiento del curso del argumento; aunque ya antiguo, sigue siendo un enfoque útil de la teología paulina.

Lambrecht, Jan. *Second Corinthians*. Sacra Pagina 8. Collegeville, Minn.: Liturgical Press, 1999. Basado en la propia traducción del autor; de planteamiento exegético y teológico; considera que la carta es una sola unidad; se centra en la exposición del texto sin un debate extenso de la literatura secundaria; presenta una visión de conjunto concisa de las cuestiones interpretativas y de los temas de la carta; escrito por uno de los principales expertos sobre 2 Corintios.

Martin, Ralph P. *2 Corinthians*. WBC 40. Waco, Tex.: Word, 1986. Basado en el texto griego, con su propia traducción; de perspectiva evangélica; considera que los caps. 1–9 y 10–13 forman cartas separadas; una enciclopedia de detalle exegético, con una relato casi exhaustivo de la literatura secundaria; se centra en las diversas opciones interpretativas de cada palabra y frase, aunque la estructura general del argumento no se desarrolla igual de bien; de los cuatro principales comentarios en lengua inglesa (con Furnish, Thrall y Barnett), Martin proporciona la obra de referencia estándar para la historia de la interpretación.

Scott, James M. *2 Corinthians*. NIBC 8. Peabody, Mass.; Hendrickson, 1998. Basado en la NIV; de perspectiva evangélica; considera que 2 Corintios es una sola unidad; especialmente útil, porque saca material de referencia del Antiguo Testamento y del judaísmo; su presentación no es técnica, y se centra en la relevancia del argumento de Pablo de su propia forma de entender las cosas como apóstol; de alcance reducido, pero lleno de un profundo y útil conocimiento exegético y teológico.

Thrall, Margaret E. *The Second Epistle to the Corinthians. Vol. 1: Introduction and Commentary on II Corinthians I-VII*. ICC. Edimburgo: T & T, 1994: Basado en el texto griego; se centra en la gramática y la sintaxis; moderadamente crítico; interpreta el texto versículo a versículo; fuerte énfasis a la hora de perfilar las opciones interpretativas para cada versículo; histórico y exegético en su planteamiento, pero no demasiado teológico; de los cuatro principales comentarios en lengua inglesa (con Barnett, Furnish y Martin), el de Thrall proporciona el tratamiento más cercano al texto griego.

Witherington, Ben III. *Conflict and Community in Corinth: A Socio-Rhetorical Commentary on 1 and 2 Corinthians*. Grand Rapids: Eerdmans, 1995. Importante comentario complementario a otros planteamientos más tradicionales; se centra en el trasfondo social y cultural del pensamiento de Pablo y su interacción con los corintios; trata el texto en términos de categorías retóricas en lugar de por su argumento intrínseco.

Bibliografía comentada
Monografías selectas sobre 2 Corintios

Fitzgerald, John T. *Cracks in an Earthen Vessel: An Examination of the Catalogues of Hardships in the Corinthian Correspondence.* SLBDS 99. Atlanta: Scholars, 1988. Un estudio de los textos sobre este tema a la vista de la tradición grecorromana con respecto al sufrimiento de los sabios y filósofos.

Georgi, Dieter. *Remembering the Poor: The history of Paul's Collection for Jerusalem.* Nashville: Abingdon, 1992 (1965). Una reconstrucción crítica de la historia que hay tras los capítulos 8-9.

Hafemann, Scott J. *Suffering and Ministry in the Spirit: Paul's Defense of His Ministry in II Corinthians 2:14–3:3.* Grand Rapids Eerdmans, 1990. Un estudio exegético de los temas del sufrimiento y del poder del Espíritu en el ministerio de Pablo.

_____. *Paul, Moses, and the History of Israel. The Letter/Spirit Contrast and the Argument from Scripture in 2 Corinthians 3.* WUNT 81. Tübingen: J. C. B. Mohr (Paul Siebeck), 1995 [publicado en EE. UU. por Peabody, Mass.: Hendrickson, 1996]. Un estudio exegético de 3:4-18 teniendo en cuenta Éxodo 32–34, Jeremías 31, Ezequiel 36, y el desarrollo de estos temas en el judaísmo postbíblico.

Harvey, A. E. *Renewal Through Suffering: A Study of 2 Corinthians.* Studies of the New Testament and Its World. Edimburgo: T. & T. Clark, 1996. Un desarrollo de este tema a lo largo de 2 Corintios, que toma 1:3-9 como clave de su significado y unidad.

Pate, C. Marvin. *Adam Christology As the Exegetical and Theological Substructure of 2 Corinthians 4:7–5:21.* Lanham: Univ. Press of America, 1991. Un planteamiento útil a la polémica cuestión del significado de 5:1-10 en su contexto y teniendo en cuenta el trasfondo del Antiguo Testamento y el judaísmo postbíblico.

Peterson, Brian K. *Eloquence and the Proclamation of the Gospel in Corinth.* SBLDS 163: Atlanta: Scholars, 1998. Un análisis de los capítulos 10–13 desde el punto de vista de la antigua teoría y práctica retóricas.

Savage, Timothy B. *Power through Weakness: Paul's Understanding of the Christian Ministry in 2 Corinthians.* SNTSMS 86. Cambridge: Cambridge Univ. Press, 1996. Un estudio útil de 4:7-18 dentro de su contexto cultural y teológico.

Sumney, Jerry L. *Identifying Paul's Opponents: The Question of Method in 2 Corinthians.* JSNTSup 40. Sheffield: Sheffield Academic, 1990. Un análisis de los obstáculos hallados al intentar determinar la identidad y la teología de los oponentes de Pablo, junto con una presentación de su propio y útil método basado en el texto.

Young, Frances, y David F. Ford. *Meaning and Truth in 2 Corinthians*. Grand Rapids: Eerdmans, 1987. Un estudio temático de varias cuestiones hermenéuticas suscitadas por el argumento de 2 Corintios mediante la exégesis, sin perder de vista su relevancia teológica.

2 Corintios 1:1-2

Pablo, apóstol de Cristo Jesús por la voluntad de Dios, y Timoteo nuestro hermano, a la iglesia de Dios que está en Corinto y a todos los santos en toda la región de Acaya: ²Que Dios nuestro padre y el Señor Jesucristo les concedan gracia y paz.

En el siglo I, los comienzos de las cartas seguían el típico patrón "(remitente) a (destinatario): ¡Saludos!". Pablo siguió esta forma con regularidad, pero amplió estos elementos estándares con el fin de indicar su propia autoridad para escribir, la cualificación del o los destinatarios para recibir lo escrito, y la perspectiva cristiana sobre lo que deseamos los unos para los otros.[1] En 2 Corintios, sin embargo, Pablo prescinde de una elaboración detallada de su propia autoridad y de la situación de los creyentes de Corinto (cf. 1Co 1:1-3) en favor de una salutación casi estándar. Sus únicas expansiones son los recordatorios de que él es "un apóstol de Cristo Jesús por la voluntad de Dios" y que los corintios son la "iglesia de Dios", que existe junto con "todos los santos de toda Acaya".

Esta simplicidad inusual sirve para enfatizar que Pablo *es* un "apóstol" (gr. *apostolos*) y que le debe su llamamiento como apóstol a la "voluntad *de Dios*". Un *apostolos* es un emisario autorizado y comisionado para llevar a cabo una misión personal en nombre de otra persona.[2] El uso que Pablo hace del genitivo, "apóstol de *Cristo Jesús*", indica que Cristo es quien lo ha enviado de forma *directa* y *definitiva*, mientras que la referencia "por la voluntad de Dios" asevera que Dios es el agente *intermediario* del apostolado de Pablo.[3] Cristo es el único responsable de enviar al apóstol, pero Dios es aquel que

---

1. Para los ejemplos de cartas antiguas y sus formas, y un análisis de este género en el Nuevo Testamento, ver John L. White, *Light From Ancient Letters* (Filadelfia: Fortress, 1986), y Stanley K. Stowers, *Letter-Writing in Greco-Roman Antiquity* (Filadelfia: Westminster, 1986).
2. La discusión que sigue está en deuda, en varios puntos, con el útil resumen de P. W. Barnett, "Apostle", *DPHL*, 45-51, y el artículo considerado estándar de Karl H. Rengstorf, "αποστέλλω", *TDNT* 1:398–447.
3. Ver Daniel B. Wallace, *Greek Grammar Beyond the Basics, An Exegetical Syntax of the New Testament* (Grand Rapids: Zondervan, 1996), 92n. 30, 434n. 79. Este uso de "por la voluntad de Dios" (*dia thelematos theou*) para expresar la agencia intermediaria de una acción —aquí, el agente intermediario de la acción pasiva implicada en el nombre "apóstol"— aparece exclusivamente en los escritos de Pablo; *cf.* Ro 15:32; 1Co 1:1; 2Co 8:5; Ef 1:1; Col 1:1; 2Ti 1:1).

posibilita que sea enviado. En otras palabras, Cristo envía a Pablo de acuerdo con la voluntad divina.

Al margen de la tradición y de la cultura paulinas, resulta fácil perderse el significado de la autodesignación del apóstol. No existe paralelo alguno en el mundo grecorromano para el uso del nombre "apóstol" en alusión a un emisario que realizara un encargo autorizado, por cuestión de nombramiento soberano. Más bien, el concepto neotestamentario deriva del Antiguo Testamento, donde el verbo *apostello* aparece unas 696 veces en la LXX, para referirse a enviar a alguien con una misión o tarea especial (el nombre *apostolos* solo aparece en el libro de 1 Reyes 14:6 de la versión LXX. En todos estos pasajes, a excepción de doce de ellos, vierte el verbo hebreo *šalaḥ* (= "comisionar con una misión o una tarea"; *cf.* Gn 32:4; Nm 20:14; Jos 7:22; Jue 6:35; 2Cr 36:15; Mal 3:1).[4]

Aunque *apostello* no es un término específicamente religioso, en la LXX se convierte en una designación técnica para "el envío de un mensajero con una tarea especial" en la que "quien es enviado solo tiene interés porque, en cierta medida, encarna en su existencia como tal a aquel que lo envía".[5] Este significado anticipa el aforismo rabínico posterior de que "aquel que es enviado por un hombre es como el hombre mismo" (*m. Ber.* 5:5). Rengstorf concluye, entonces, que en contextos en los que se tiene en vista enviar con un propósito religioso, *apostello* empieza a convertirse en "un término teológico que significa 'enviar a alguien para que sirva en el reino de Dios con plena autoridad (basada en Dios)'".[6]

En línea con este desarrollo, el propio uso que Pablo hace del término corresponde más estrechamente a la utilización de *apostello* con respecto a Moisés y a los profetas, donde indica que habían sido enviados con una comisión oficial como representantes de Yahvé y, por tanto, estaban subordinados de un modo incondicional a la voluntad de Dios (*cf.* Éx 3:10; Jue 6:8, 14; Is 6:8; Jer 1:7; Ez 2:3; Hag 1:12; Zac 2:8-9; 4:9; Mal 3:1; 4:5). Esto se confirma por el empleo del verbo en el conjunto del Nuevo Testamento, donde aparece 135 veces, y solo doce de ellas figura fuera de los Evangelios y de Hechos.[7] Aunque en la literatura secular no se hace una distinción básica entre *pempo* (enviar) y *apostello*,

---

4. Como observa Rengstorf ("ἀποστέλλω", 400), las excepciones solo aparecen cuando el modismo hebreo no lo permite (*cf.* Gn 3:22; 22:12). Señala que el matiz de *apostello*, frente a *pempo* (enviar), no está en la naturaleza de enviar como tal, sino en el hecho de que *apostello* "une a aquel que envía o la persona o el objeto enviado" (398). De ahí que, tanto en los contextos seculares como religiosos, *apostello* implica una comisión y una "autorización asociada", normalmente de un rey o de una deidad. "Los hombres así descritos son representantes de su monarca y de la autoridad de este", o llevan la autorización divina que les concede un "poder religioso y ético pleno" (399, *cf.* su uso por parte de los cínicos y los estoicos, p. ej., Epícteto, *Disc.* 1.24.6; 3.22.23, 69; 3.23.46; 4.8.31).
5. *Ibíd.*, 400-401.
6. *Ibíd.*, 406.
7. *Cf.* Ro 10:15; 1Co 1:17; 2Co 12:17; 2Ti 4:12; Heb 1:14; 1P 1:12; 1Jn 4:9, 10, 14; Ap 1:1; 5:6; 22:6.

en el NT suele aparecer *pempo* cuando el énfasis está en el envío como tal (*cf.* Ro 8:3; 2Ts 2:11), mientras que *apostello* conlleva el matiz de una comisión.[8]

Este mismo énfasis en ser enviado con una comisión se encuentra en los setenta y nueve usos incontestados, en el Nuevo Testamento, del correspondiente nombre "apóstol" (*apostolos*), diez de cuyas apariciones en los Evangelios aluden a los doce "apóstoles" que fueron comisionados y enviados por Cristo.[9] De ahí que, aunque las cartas de Pablo son los escritos más tempranos del Nuevo Testamento, y aunque él usa la palabra *apostolos* más que cualquier otro escritor neotestamentario, el origen de su uso específico para los emisarios cristianos se remonta ciertamente a Jesús, ya que él mismo fue "enviado" (*apostello*) por el Padre (*cf.* Mr 9:37; Lc 4:43; Jn 5:36) y puede, por tanto, ser llamado también "apóstol" (Heb 3:1).

Además, la transición del ministerio de Jesús al de los apóstoles se refleja en que en los Evangelios y los Hechos se enfatiza la acción de "enviar" (*apostello*), mientras que en las cartas se hace hincapié en aquel a quien se envía (*apóstolos*). Estas estadísticas señalan el único significado de "apóstol" dentro del cristianismo primitivo, como designación de aquellos comisionados para predicar y actuar en la *autoridad* del nombre de Cristo (*cf.* Mt 10:1, 7-9; Mr 3:14; 6:30; Lc 9:1-2). En 2 Corintios, Pablo señala que la voluntad de Dios que envió a Jesús es la misma voluntad implementada por Cristo para enviar a Pablo en representación suya como su "apóstol".

La simple declaración en 1:1 les recuerda, pues, a los lectores de Pablo su papel, por designación divina, y su autoridad entre el pueblo de Dios, abriendo así el camino para la defensa de su ministerio apostólico, que será el enfoque de gran parte de 2 Corintios (ver Introducción). De hecho, la autodesignación de Pablo en 1:1 es la primera andanada en la batalla para reafirmar su legitimidad apostólica (*cf.* 10:1-6). No puede haber transigencia entre la afirmación que Pablo hace aquí y las aseveraciones de aquellos a los que el apóstol desenmascara como "falsos apóstoles", "obreros estafadores" y "servidores" de Satanás (*cf.* 11:13-15). Lo más probable es que esta afirmación de la propia autoridad de Pablo como apóstol sea la razón de por qué también menciona a Timoteo, su "hermano", como corremitente de la carta.[10] Al asociar a Timoteo

---

8. *Cf.* Rengstorf, "ἀποστέλλω", 402, 404, para los puntos concernientes al uso de los dos verbos. En el Evangelio de Juan, *pempo* aparece treinta y tres veces, y adopta un significado teológico exclusivo de este Evangelio, con respecto a que el Padre envió a Jesús.
9. *Cf.* Mt 10:2; Mr 3:14 [textualmente incierto]; 6:30; Lc 6:13; 9:10; 11:49; 17:5; 22:14; 24:10; Jn 13:16.
10. Que se identifique a Timoteo como "nuestro hermano" (lit., "el hermano") indica que se considera colaborador junto con Pablo, pero no un colega "apóstol" de igual estatus que Pablo. "Por el contrario", Ralph Martin sugiere que "es más probable que se mencione a Timoteo en el comienzo de la carta porque necesitaba el respaldo de Pablo en todo lo que él había procurado hacer al emprender una misión intermediadora

consigo de esta forma, Pablo reafirma la legitimidad del ministerio de Timoteo entre ellos, tanto en haber ayudado a Pablo a establecer la iglesia (cf. Hch 18:5) como en sus visitas recientes en nombre del apóstol (cf. 1Co 4:17; 16:10). Esto también subraya la validez del evangelio que los corintios han recibido por medio de los colaboradores de Pablo (cf. 2Co 1:19).

Habiendo afirmado su propia autoridad y la validez del anterior ministerio de Timoteo entre ellos, Pablo se vuelve a los corintios y se dirige a ellos (v. 1b). Su justificación para escribir (es decir, él es "un apóstol de Jesucristo") va emparejada con la razón de ellos para recibir la carta (es decir, son la "iglesia de Dios"). A pesar de sus problemas pasados y de su rebeldía reciente, el arrepentimiento de la mayoría de los corintios (cf. 2:6; 7:2-16) ha demostrado que siguen siendo el pueblo de Dios (cf. 7:2-16). La designación "iglesia" (*ekklesia*) es uno de los dos términos usados en la LXX para definir la reunión local del pueblo escogido de Dios (cf. p. ej. Dt 9:10; Jue 20:1-2; 1R 8:14; Sal 22:22; 26:5; 35:18; 40:9).[11] Así, del mismo modo en que Pablo le debía su vida como apóstol a la misma voluntad de Dios que había llamado a Moisés y a los profetas (cf. 2Co 2:16b; 3:4-5), así también le debían los corintios su existencia como cristianos a la misma misericordia del Dios que había escogido a Israel.

De ahí que estas dos designaciones gemelas "apóstol ... por la voluntad de Dios" e "iglesia de Dios" connotan una continuidad con el pueblo de Dios y sus líderes bajo el antiguo pacto. Al mismo tiempo, también recalcan la realidad del *nuevo* pacto, ya que Pablo es un apóstol "de Cristo [es decir, Mesías] Jesús" y son la *iglesia* de Dios, no la sinagoga (cf. 3:14-18). Además, los corintios forman parte de una congregación más amplia de "todos los santos" (*hagioi*; es decir, "los que son santos") dispersados por toda la provincia romana de Acaya, una zona equivalente, *grosso modo*, a la Grecia actual. Corinto era su capital y el hogar de la primera de las iglesias interrelacionadas de la región (cf. Hch 18:1-11; 1Co 16:15).

La referencia específica de Pablo a Corinto, en relación con esta red más amplia de iglesias, refleja la prioridad y la relevancia de esta ciudad como centro de la misión paulina en la región desde la cual se expandió el evangelio como los radios de una rueda (cf. 10.15-16). Por consiguiente, al escribirle a Corinto,

---

    entre las visitas de Hechos 19:3 y 20:4" (*2Co 2*). Sobre Timoteo, ver Hch 16:1-3; 17:13-15; 18:5; 19:22; 20:4; Ro 16:21; Fil 1:1; 2:19-23; Col 1:1; 1Ts 1:1; 3:2, 6; 2Ts 1:1; 1Ti 1:2, 18; 6:20; 2Ti 1:2; Flm 1; Heb 13:23.

11. Se usaba exclusivamente para traducir el término hebreo *qahal*, también se vierte con el término griego "sinagoga" (*synagoge*). Pero, a diferencia de *ekklesia*, *synagoge* también se utilizaba para traducir el término hebreo *'edah*, que se traslapa en significado con *qahal*, pero que también podía usarse como palabra más general para referirse a los no israelitas o israelitas impíos. En contraste, *qahal*, con su equivalente griego *ekklesia*, era el término más específico que siempre se usaba para Israel en un sentido positivo o neutral. El uso judío de *synagoge* llevó, sin lugar a duda, a los cristianos judíos primitivos a usar *ekklesia* como su designación de elegidos.

Pablo se está dirigiendo a *todas* las iglesias de Acaya, no solo porque consideraba que se pertenecían las unas a las otras, sino también porque sabía que lo mismo que ocurría en Corinto también sucedía en Acaya (*cf.* 9:2; 11:10). Los problemas de Corinto, pasados y presentes, estaban destinados a impactar a las iglesias de su alrededor.

Dados estos problemas, el uso que Pablo hace de "santos" para describir a los creyentes de Acaya, incluidos por implicación los corintios (¡!), suele sorprender con frecuencia a los lectores modernos, dado que nuestro término "santo" ha llegado a designar a aquellos que han logrado tal grado de espiritualidad que se les aparta del nivel y la categoría de cristianos "normales". Ciertamente, ser "santo" es ser "diferenciado". Pero Pablo lo usa para referirse a *todos* los creyentes como quienes han sido apartados porque le pertenecen a Dios. Lejos de describir una clase especial de cristianos como santos, todos los creyentes han de vivir vidas "santas" (para las raíces veterotestamentarias del llamamiento a ser "santos", ver Éx 19:5-6; Lv 11:44; 20:24-26; Nm 23:9; Dt 7:6; 14:2; Sal 147:20).

De ahí que, así como la autodesignación de Pablo como apóstol inició la batalla por su propia legitimidad, describir a los corintios como santos también establece el fundamento para sus posteriores llamados a lo largo de la carta (*cf.* 2Co 6:13; 6:14–7:1; 7:2-3; 13:1-10). Los que son verdaderamente *santos* demostrarán serlo respondiendo positivamente a la autodefensa de Pablo. Y es que, en realidad, no es su apostolado lo que está ahora en evidencia, sino la fe de aquellos que siguen rechazando su evangelio y la encarnación de este en su llamado a sufrir en nombre del pueblo de Dios (*cf.* 5:20–6:2; 10:8; 12:19).

Finalmente, el juego de palabras que existe en griego entre el término normal para "hola" (*charein*) y el término cristiano para "gracia" (*charis*) se pierde en la traducción de la salutación de Pablo (*cf.* Ro 1:7; 1Co 1:3). En el punto en que los oyentes de Pablo habrían esperado escuchar "¡hola!" (*charein*), Pablo les desea "gracia" (*charis*). Pablo desea a sus lectores una continuada experiencia de los dones misericordiosos de Dios, desde el perdón y la justificación a la liberación del poder del pecado y la vida eterna. Pablo puede hacerlo, porque la muerte de Cristo en la cruz por aquellos que solo merecen la ira de Dios hace que dicha gracia sea posible.

En consecuencia, el deseo de Pablo de que experimenten "paz" no es principalmente que anhele circunstancias sin problemas. Más bien, les desea el *shalom* que todo lo abarca, o el bienestar que caracteriza la vida de los creyentes, de forma individual y corporativa, cuando todo está bien con Dios, una posibilidad también concedida por la gracia de Dios, por medio de Cristo. Los dos deseos de Pablo están, por tanto, inextricablemente interrelacionados. "Paz" es una expresión de la "gracia" de Dios en la vida del creyente. La relevancia de esta gracia y la paz de la reconciliación que engendra se detallarán en 5:11–6:2. Pero, en vista de la controversia que sigue rugiendo en Corinto, el deseo del apóstol, por lo demás estándar, asume desde el principio un sentido añadido de aflicción y dolor. Solo aquellos que acepten el saludo de Pablo como expresión de su genuina autoridad apostólica recibirán lo que "Dios nuestro Padre y el Señor Jesucristo" desean para ellos.

Pablo es un "Apóstol" y un "apóstol". Al aplicar este texto, es importante tener en mente que había dos tipos de apóstoles dentro de la iglesia primitiva. Por una parte estaban los "doce Apóstoles" originales, que fueron enviados por Jesús mismo durante su ministerio terrenal y que fueron más tarde confirmados en su llamamiento, al ser testigos del Cristo resucitado (cf. Mr 3:14; 6:7, 30; 9:35; 10:32; 11:11; cf. Hch 1:2, 22; 1Co 15:5). Como resultado, su autoridad derivaba *directamente* de Cristo mismo. La sustitución de Judas por Matías, según los requisitos recogidos en Hch 1:12-26, indica que esta clase de apóstoles tenía un número fijo y eran de un tipo concreto para mantener el paralelismo entre los doce Apóstoles y las doce tribus de Israel (cf. Lc 6:13; Hch 8:1; Ap 21:12-14).

Estos Apóstoles de Cristo formaban el núcleo del pueblo de Dios del nuevo pacto, estableciendo la continuidad entre Israel y la iglesia. Pero, mientras que fue el linaje físico el que determinó a los doce patriarcas, los doce Apóstoles, como el fiel remanente en el seno de la nación de Israel, existieron en virtud del llamamiento de Cristo. El papel de los doce Apóstoles no consistió en iniciar y recibir una bendición por sus descendientes físicos, sino en representar a Cristo proporcionando el liderazgo autoritativo y la enseñanza fundamental para la iglesia, los "hijos" de *Dios* (cf. Hch 2:42; 6:2; 15:2, 22-23; 1Co 12:28; Gá 1:18-19; Ef 2:20; 3:5; 4:11; 2P 3:2; Jud 17; Ap 18:20; 21:14). Estos eran "Apóstoles" con "A" mayúscula.

Por otra parte estaban aquellos "apóstoles" que pudieron no haber visto al Cristo resucitado, pero que fueron enviados por las iglesias primitivas a predicar y administrar en su nombre. No todos los que vieron al Cristo resucitado fueron enviados como apóstoles (cf. 1Co 15:6), como tampoco todos los que fueron enviados como apóstoles por las iglesias habían visto al Cristo resucitado (cf. 2Co 8:23). Además, independientemente de cuánta autoridad poseyeran estos apóstoles comisionados por las iglesias, seguían distinguiéndose de los "doce Apóstoles" (p. ej. Santiago [o Jacobo]; cf. 1Co 15:7; Gá 1:19). En contraste con estos últimos, su número no era fijo y tampoco tenían la misma autoridad *intrínseca*. Más bien, estos misioneros apostólicos derivaban su autoridad de los otros apóstoles y de las iglesias que los enviaban (ver, p. ej., Hch 14:4, 14; Ro 16:7; Fil 2:25).

Teniendo esto en cuenta, resulta impresionante que Pablo se halle en *ambas* categorías; o, mejor dicho, *entre* ambas clases. Como a los "doce Apóstoles", el Cristo resucitado mismo lo comisionó como apóstol. Era, pues, un "apóstol *de Cristo Jesús*" (1:1). Como el *último* (¡!) de los que fueron comisionados en este sentido (*cf.* 1Co 15:8), él también representaba a Cristo de forma directa y autoritativa (ver también Ro 1:1, 5; 1Co 1:1; 9:1; Gá 1:1; Ef 1:1; Col 1:1; 1Ts 2:6; 1Ti 1:1; 2Ti 1:1; Tit 1:1). De modo que, como los "doce", él también reivindicaba una autoridad intrínseca. Además, así como los "doce" simbolizaban a los judíos y fueron llamados principalmente para ellos (y de ahí que tuvieran que estar con Jesús durante su ministerio terrenal a Israel), como "decimotercer" apóstol (*cf.* 1Co 15:9), Pablo fue llamado a los gentiles (Gá 1:16; 2:7-9; *cf.* Ro 11:13; 15:14-22).

Así pues, a diferencia de los "doce Apóstoles", Pablo no había estado con Jesús durante su ministerio terrenal; de hecho, antes del llamado a su conversión en el camino de Damasco, había sido un enemigo de la iglesia. También era diferente de los "doce" en que, además de haber sido comisionado por Cristo, una iglesia local lo envió (ver Hch 13:1-3). Esta combinación de haber sido llamado por el Cristo resucitado para ser "el Apóstol a los gentiles" y su comisión por parte de la iglesia para que fuera un misionero entre los gentiles hacía que Pablo fuera único en la iglesia primitiva. Como veremos, esto también le causó problemas (ver 2Co 3:1-6). Los que rechazaban su autoridad apostólica negaban también que hubiese sido llamado por el Cristo resucitado, ya que no estaba entre los discípulos originales de Jesús; asimismo, condenaban su condición misionera, por negarse a proporcionar cartas de recomendación de sus iglesias. No obstante, la convicción de Pablo era firme. Era "un apóstol de Cristo Jesús por la voluntad de Dios", es decir, por el claro llamado de Dios en su vida en el camino de Damasco (*cf.* Hch 9:15; 1Co 9:1-2; Gá 1:1-2, 11-12). Su "carta de recomendación" era la existencia misma de sus iglesias (2Co 3:1-3; 10:12-18).

Sin este contexto histórico, los lectores modernos ignoran a menudo que la brevedad comparativa de la salutación presente de Pablo conlleva un emotivo mensaje en y por sí mismo. En vista de todo lo ocurrido desde que escribió la carta que llamamos "1 Corintios" (ver Introducción), Pablo perfeccionó sus palabras de apertura para centrar la atención de los corintios en el origen divino de su apostolado y en la identidad propia de ellos y su responsabilidad como cristianos. En ambos casos, lo que está en juego es mucho más que la mera reparación de la reputación de Pablo. Como Apóstol, Pablo es consciente de que está hablando con una *autoridad* que le viene por comisión divina y de que, al representar a *Cristo*, su ministerio apostólico es la manifestación adecuada de su autoridad en el mundo. Tal como lo expresa James Scott:

> Pablo quiere recalcar desde el principio que no escribe como persona privada que haya escogido una "profesión" ministerial, sino

más bien en su capacidad oficial de apóstol, una posición para la que Dios mismo lo ha nombrado. Esto muestra que el apóstol no habla ni actúa en su propia autoridad, sino en la comisión y la autoridad de aquel que le envió.[12]

De ahí que rechazar a Pablo sea rechazar a Cristo, lo que a su vez equivale a rechazar a Dios.

Desde nuestra distancia actual, resulta fácil leer más allá del breve principio de esta carta sin entender la solemnidad de las afirmaciones que Pablo está haciendo. La batalla por la legitimidad de Pablo como apóstol puede parecernos hoy extraña y exagerada, pero refleja la convicción cristiana primitiva de que los apóstoles formaban el fundamento autoritativo de la iglesia. Estaba, y sigue estando, edificada sobre su proclamación del evangelio, su enseñanza de las Escrituras y su preservación de las tradiciones en cuanto a Jesús (*cf.* 1Co 12:28; Ef 2:20; 3:5; 4:11; Ap 21:14; *cf.* 2P 3:2; Jud 17).[13] Por consiguiente, fue el apostolado el que hizo posible la continuación de la comunidad cristiana primitiva, ya que los Apóstoles "se convirtieron en los representantes de [Cristo] en el sentido de que tomaron su lugar y, de este modo, asumieron una posición autoritativa", siendo su llamado misionero y su autoridad las marcas esenciales de su identidad.[14]

Bajo el nuevo pacto, los Apóstoles pueden, por tanto, ser mejor entendidos como los equivalentes de los profetas del antiguo pacto. Por consiguiente, como Jan-A. Bühner ha señalado, el significado de apóstol debe incluir tanto *su función representativa* como su *oficio autoritativo*, con el papel profético que lo acompaña de mediar entre Dios y su pueblo.[15] Y es que, como Barnett nos ha advertido:

> Algunos eruditos modernos han intentado ampliar la definición de "apóstol" de tal manera [p. ej. como "misionero" o "establecedor de iglesias"] que la autoridad distintiva de Pablo se disipa. Él

---

12. *2 Corinthians*, 17.
13. Las cinco apariciones de "apóstol" en los pseudoepígrafos confirman esto. *Cf. ApGrEsdras* 2:1, donde se alude a los Apóstoles cristianos, junto con Miguel y Gabriel, como mensajeros de Dios; *Apoc. Sedrach* 14:10, donde se considera a los Apóstoles, junto con los Evangelios, como depósitos de la Palabra de Dios, y 15:4, 7, donde su conversión se equipara a la de los escritores del Evangelio; y *Paraleipomena Jeremiou* 9:18 (9:20), donde la misión del Hijo de Dios se resume en términos de su muerte en la cruz y su elección de los doce Apóstoles para proclamar las buenas nuevas entre las naciones.
14. Regstorf, "ἀποστέλλω", 431.
15. Ver su *Der Gesandte und sein Weg im 4. Evangelium* (WUNT 2, Reihe Bd. 2; Tübingen: J. C. B. Mohr [Paul Siebeck], 1977), 285-314. Bühner argumenta a favor de esto basándose en la literatura postbíblica y rabínica, y también en vista del uso que la LXX hace de *apostello* para referirse a Moisés como enviado por Dios en Éx 3:10, 12; 4:13, 28.

resistió rotundamente los intentos de degradarlo de este modo. Si el apostolado de Pablo no significaba y no significa más que eso, entonces tuvo y sigue teniendo poca autoridad real en las iglesias.[16]

Sencillamente, no existe equivalente en el mundo grecorromano antiguo en general ni en el mundo moderno de hoy de la autoridad inspirada ni de la función fundacional de los Apóstoles. Con la muerte de los "trece Apóstoles" (los "doce" más Pablo), la era apostólica llegó a su fin, como también ocurrió con su función autoritativa y su inspiración, aunque el papel misionero de los apóstoles continúa hasta nuestros días.

Los corintios son la iglesia de Dios. La consecuencia de que Pablo se vea como un apóstol es su convicción de que la iglesia corintia es una congregación local del pueblo de Dios. Al aplicar 2 Corintios a nuestra época, es primordial que mantengamos en mente que esta carta es la Palabra perdurable de Dios para su pueblo y no un tratado general sobre la naturaleza del conflicto religioso en el mundo antiguo. Al mismo tiempo, es evidente que nadie discutiría que nuestras expresiones culturales de la iglesia son inmensamente distintas de las de las iglesias de Corinto en el siglo I. No podemos ser descuidados a la hora de establecer puentes entre los contextos, como si todavía viviéramos en el siglo I.

No obstante, sí debemos aplicar el texto, porque la continuidad entre la iglesia de Corinto y la nuestra no deriva de nuestra cultura común. Más bien se basa en nuestra identidad común como pueblo del mismo Dios, que vive bajo el señorío del mismo Cristo. Como pueblo de Dios, la iglesia universal está constituida por la gracia y la paz que ha recibido de Dios en Jesús como su Mesías y Señor (1:2). En este sentido, a través de los siglos la iglesia no ha sido una institución, sino una familia orgánicamente relacionada con el mismo "Padre" (1:2).

Al tender un puente entre este texto y el siglo XXI debemos, pues, tener en mente que, aunque nuestras identidades culturales son radicalmente diferentes, el carácter inmutable de Dios y la naturaleza permanente de su pacto nos unen a los "santos" de Corinto y Acaya. Esto es lo que hace posible que pasemos del contexto de Pablo al nuestro. Como él explicó anteriormente a los corintios, "no hay más que un solo Dios, el Padre, de quien todo procede y para el cual vivimos; y no hay más que un solo Señor, es decir, Jesucristo, por quien todo existe y por medio del cual vivimos" (1Co 8:6). Por esta razón, como Pablo lo expresó en Efesios 4:4-6, "Hay un solo cuerpo y un solo Espíritu, así como también fueron llamados a una sola esperanza; un solo Señor, una sola fe, un solo bautismo; un solo Dios y Padre de todos, que está sobre todos y por medio de todos y en todos".

---

16. Barnett, "Apostle", 50.

Interpretación de la Biblia en un mundo postmoderno. Debemos tener cuidado de no hacer una montaña de un grano de arena cuando aplicamos los textos bíblicos. Por profunda que sea la comprensión que Pablo tiene de su propia identidad como apóstol y de la identidad de la iglesia como pueblo de Dios, esta advertencia es ciertamente verdad aquí. Por forma y función, este texto es simplemente el saludo inicial de Pablo a su iglesia.[17] Es, pues, importante que nos resistamos a la tentación de usar este pasaje, por ejemplo, como plataforma desde la cual exponer todo lo que conocemos de Dios, su voluntad, la naturaleza de la santificación, los contornos de la gracia y la necesidad de paz.

Al mismo tiempo, no deberíamos subestimar su relevancia. Una cosa es esforzarse por entender el significado y la importancia de la afirmación que Pablo hace aquí de ser un "apóstol de Cristo Jesús por la voluntad de Dios". Otra bien distinta es, sin embargo, someterse a semejante afirmación del pasado, ya que confronta nuestra identidad misma y las suposiciones fundamentales como hombres y mujeres "modernos" y "postmodernos". Con respecto a lo primero, la afirmación paulina de hablar con autoridad en nombre de Cristo cuestiona la "moderna" propensión a adorar (es decir, depender de) "el progreso científico" como solución a nuestros problemas. Desde la Ilustración, la mentalidad moderna ha dado por sentado que, debido al éxito con el que nos ha conducido la ciencia a un futuro más saludable y próspero, las personas también están siendo mejores. Por consiguiente, al final, el último descubrimiento científico nos salvará. Bajo el poder de este sistema de creencias, se confía en que el progreso de la tecnología suponga un progreso en el desarrollo moral. Se cree que un mayor control de nuestro entorno, una medicina más eficaz, una comprensión científica siempre en expansión y sus nuevos sorprendentes inventos deben ser el resultado de personas superiores con pensamientos más elevados. ¡Un mundo lleno de computadoras personales y teléfonos celulares debe implicar que se está mejorando!

Irónicamente, el mundo moderno suele creer al mismo tiempo en un progreso "negativo". Si lo "bueno" está mejorando, lo "malo" también está empeorando; así como se supone que nuestro potencial bienestar es mayor de lo que ha sido nunca, también se debe entender que nuestro potencial para el infortunio no se puede comparar con nada que los antiguos pudieran imaginar y, por tanto, entender. Tenemos la promesa de la medicina nuclear y también el peligro de la guerra nuclear. Por tanto, dado que se considera que el objetivo de la vida consiste, sencillamente, en supervivencia para el futuro y placer en el presente, el listón parece estar mucho más alto ahora y las elecciones morales

---

17. Ver las sabias palabras de Blomberg en cuanto a la aplicación de la apertura de Pablo en 1Co 1:1-2 en *1 Corinthians*, 37-39.

son más dramáticas que nunca. Los "buenos tiempos de antaño" son pintorescos y nos llenan de nostalgia, pero, al final, son irrelevantes. Estamos convencidos de que nuestros problemas son mucho más profundos que en aquellos días "más simples", y que las respuestas que requieren deben ser mucho más sofisticadas, científicas, tecnológicas y "actualizadas". En esta cultura, la afirmación de Pablo en cuanto a que habla por Cristo de acuerdo con la voluntad de Dios parece pequeña y obsoleta, ingenua y anticuada, una reliquia religiosa del pasado con poca relevancia para hoy.

Estas suposiciones modernas están, por supuesto, abiertas a una crítica seria incluso por parte de quienes comparten la perspectiva científica.[18] Pero el orgullo del paradigma moderno ha atraído a muchos partidarios. La mayoría de las personas de Occidente suponen que nuestro siglo es superior al pasado, tanto en lo positivo como en lo negativo, en especial al pasado precientífico. Como resultado, cuando nos encontramos con una afirmación de autoridad como la que se halla en este pasaje, hasta los cristianos tienen problemas para tomarla en serio. Nuestros valores culturales chocan con nuestras confesiones. Aunque como cristianos rechazamos el antisupernaturalismo modernista que considera el universo como un continuo cerrado y evolutivo de causa y efecto, no somos inmunes a la penetrante influencia de la fe del modernismo en el futuro en lugar de la fe en Dios.

Podemos aseverar la importancia histórica de Pablo y hasta asentir a su autoridad apostólica, pero damos un respingo ante la idea de someternos a su enseñanza y tomarla como algo vinculante en todas las cuestiones de fe y práctica contemporáneas. *Sola scriptura* puede no ser un problema en el ámbito de la religión, ¡pero la suficiencia de las Escrituras sí que lo es cuando se trata de la esfera de la "vida real"! ¿De verdad puede ser adecuada la enseñanza paulina para las preguntas que formulan las complejidades éticas, sociales y científicas de hoy? ¿Acaso las palabras de Pablo, dirigidas a un grupo de iglesias domésticas de la antigua Corinto, tienen realmente algo que decirle a la era del SIDA y de las bombas nucleares, de la inteligencia artificial, de la clonación y del viaje por el espacio, del psicoanálisis, del nacionalismo y del pluralismo religioso?

Esta es, claro está, una pregunta *moderna*. Da por sentado que se puede entender y evaluar a Pablo para después aceptarlo o rechazarlo basándonos en nuestro análisis de sus opiniones en comparación con las nuestras. Sin embargo, para muchos, estas mismas suposiciones y las preguntas que suscitan están anticuadas, son ingenuas e irrelevantes. De hecho, este escepticismo con respecto a la validez de la mentalidad "moderna" está produciendo un cambio cultural masivo, al menos por el momento. La cosmovisión *moderna*, con su confiada

---

18. Para una visión crítica de estas suposiciones, ver la obra de Neil Postman, *Technopoly: The Surrender of Culture to Technology* (Nueva York: Vintage, 1992).

creencia en el descubrimiento y en el progreso, está siendo cada vez más rechazada a favor de una evaluación *postmoderna* de la historia y de la sociedad.

Bajo la influencia del idealismo kantiano y del paradigma de la relatividad cultural de la ciencia social, la búsqueda de la Verdad por parte del modernismo están siendo remplazado por la afirmación postmodernista de que todas las verdades "científicas" y "universales" de la razón son, de hecho, meras interpretaciones locales y privadas que derivan de la socialización y de las experiencias del "yo". En lugar de que el mundo "objetivo" nos condicione, es nuestro "yo" quien supedita al mundo en el que vivimos, pudiendo ser este "yo" el individuo o el grupo étnico, el género, la clase social, el partido político o la subcultura religiosa individual a los que pertenezcamos. La búsqueda moderna de los principios universales se ve así sustituida por una celebración postmoderna de lo particular; el enfoque moderno para analizar el mundo "de ahí afuera" da paso a una fijación por articular la propia ubicación social. Como resultado, la "verdad" no es objetiva y universal (algo que es un mero mito moderno), sino personal y relativa.

En otras palabras, los postmodernos no ven una Verdad, sino tan solo "verdades" distintas desde diferentes perspectivas y con propósitos dispares. "La" Verdad ha sido remplazada por "mi verdad" o "nuestra verdad". De hecho, para muchos de los que pertenecen al ala postmoderna, la afirmación de que algo es verdad en cualquier sentido objetivo y universal es una mera herramienta política de conquista usada por los que están en el poder para imponer sus opiniones sobre otros. Además, el énfasis sobre la propia ubicación social como fuente de la verdad ha conducido a cuestionar si la comunicación relevante entre individuos y grupos sociales es tan siquiera posible. Después de todo, si el significado no deriva de la realidad, sino que se impone sobre ella de acuerdo con nuestros propios marcos de referencia relativos, entonces nunca podremos entender de verdad a nadie, ya que cuando otra persona habla o escribe somos *nosotros* quienes determinamos lo que esta quiere decir.

De ahí que las únicas palabras que podemos escuchar y entender realmente son las que nos decimos a nosotros mismos. En el campo de los estudios bíblicos, esto ha significado que la antigua máxima de que "la interpretación sin presuposiciones es imposible" se está sustituyendo por el nuevo dicho de que la interpretación no es nada *sino* presuposiciones. A diferencia del antiguo axioma que servía como llamada necesaria a evaluar de forma crítica el "yo" propio y sus interpretaciones, esta nueva "verdad" lo entroniza como único intérprete existente.

> Cuando los críticos modernos hurgan en el texto para sacar algo de él, ahora reconoceremos que el significado —en la medida de que exista tal cosa— ya no es inherente al texto como tampoco

podría serlo a un sueño ... El significado es lo que nosotros hacemos del texto y no un ingrediente de los textos.[19]

Muchos eruditos han desafiado seriamente la intrusión del postmodernismo en los ámbitos de la teología y la exégesis.[20] Sin embargo, la falsa humildad del paradigma postmoderno, con su relativismo en cuanto a la naturaleza de la verdad y su escepticismo en cuanto a la validez del proceso interpretativo, ha ganado muchos conversos, incluso entre los evangélicos.[21] De hecho, como consecuencia de la creciente influencia del postmodernismo, hasta los que afirman que los escritos de Pablo son apostólicos empiezan a preguntarse si *de verdad* podrán entenderlos, y, en el caso de comprenderlos, si la verdad paulina tiene alguna relevancia para su propia situación social particular, su identidad racial, su género o su experiencia de vida. "Pablo tiene su cultura y su verdad, y nosotros las nuestras".

A este respecto, el modernismo y el postmodernismo acaban siendo extraños compañeros de cama en lo tocante a aceptar una autoridad del pasado. Para el modernismo, el advenimiento de la ciencia, con su descubrimiento del mundo "real", nos separa del mundo antiguo; para el postmodernismo, el ascenso del "yo", con su descubrimiento de su propio mundo "cultural", nos separa de *todos* los demás. Por tanto, se lea desde las nobles alturas del progreso o bajo la sombra del "yo", la Segunda Carta de Pablo a los Corintios (como la Biblia en su conjunto) funciona cada vez más como un mero estímulo a reflexionar sobre nuestra propia experiencia. En ambos casos, nos protegemos suponiendo que nuestra perspectiva es mejor o simplemente diferente de la de Pablo.

Sin embargo, el apóstol afirma que habla de forma autoritativa y como representante de Cristo, y esto cuestiona la adoración postmodernista del "yo" como fuente de la verdad, con la misma contundencia con que discute la adoración moderna del progreso científico. Pablo dio por hecho que, aun siendo él un judío de la diáspora de Cilicia, los corintios debían aceptar su experiencia y

---

19. A. K. M. Adam, *What Is Postmodern Biblical Criticism?* (Minneapolis: Fortress, 1995), 33.
20. Para respuestas recientes sobre el "postmodernismo", desde dentro del sector evangélico, ver David S. Dockery, ed., *The Challenge of Postmodernism: An Evangelical Engagement* (Wheaton: Victor, 1995); Millard J. Erickson, *The Evangelical Left: Encountering Postconservative Evangelical Theology* (Grand Rapids: Baker, 1997); y D. A. Carson, *Amordazando a Dios: el cristianismo frente al pluralismo.* (Barcelona: Publicaciones Andamio, 1999). Para una valoración más técnica, ver Brian D. Ingraffia, *Postmodern Theory and Biblical Theology: Vanquishing God's Shadow* (Cambridge: Cambridge Univ. Press, 1995) y Keven J. Vanhoozer, *Is There a Meaning in This Text? The Bible, the Reader, and the Morality of Literary Knowledge* (Grand Rapids: Zondervan, 1998).
21. Ver, por ejemplo, el debate en Stanley Grenz, *Revisioning Evangelical Theology: A Fresh Agenda for the 21st. Century* (Downers Grove, Ill.: InterVarsity, 1993).

sus perspectivas como normativas, aunque fueran predominantemente gentiles urbanos en una cultura griega. Pablo entiende que escribirles a los corintios como apóstol fluye de su convicción de hablar autoritativamente de parte de Dios, con la plena confianza de que su verdad se comprenderá de la manera adecuada y que resonará en aquellos en los que Dios está obrando.

Cuando predicamos y enseñamos desde las cartas paulinas, nosotros tampoco debemos encogernos y retroceder de su autoridad intrínseca y perdurable (Pablo es un *apóstol*) ni de su capacidad de comunicar de forma persuasiva al pueblo de Dios (Pablo *escribe* a los corintios como *iglesia*). Por esta razón, los *Comentarios con aplicación: serie* NVI adoptan como supuesto de trabajo que la intención de Pablo es accesible y que es relevante y autoritativa para hoy. Dada nuestra confianza en la autoridad y la suficiencia de las Escrituras, procuramos pasar *del* significado original del texto *a* su significado contemporáneo. La Segunda Carta a los Corintios no se presenta aquí como un mero e interesante ejemplo clásico de la piedad cristiana del siglo I. Se interpreta y se aplica como un escrito que nos imparte una verdad de Dios que confronta nuestras ideas y nuestras formas de vida más apreciadas.

Así, que Pablo se desvíe de los elementos estándares en las aperturas de las cartas antiguas revela importantes aspectos de su comprensión de sí mismo, de la naturaleza de sus destinatarios y de sus razones para escribir. A este respecto, es imperativo que insistamos en la naturaleza única del oficio apostólico y su autoridad para la iglesia de hoy. En resumen, Pablo escribe con la autoridad de Dios mismo. Como apóstol, no representa su propia voluntad, sino la de Dios y el carácter de Cristo. Rechazar a Pablo es, por tanto, rechazar al Mesías que lo envió. Estas verdades fundamentales, implícitas en el uso que Pablo hace del título "apóstol", no pueden asumirse simplemente en nuestro tiempo. Deben recuperarse en una época en la que el impulso natural sea el de huir de la autoridad externa para dirigirse a la autonomía del "yo" y de su experiencia, ya sea el "yo científico" o el "yo cultural" postmoderno.[22]

Queda, pues, claro que leer 2 Corintios sin reflexionar en los supuestos de autoridad con los que Pablo escribió sería perderse uno de los puntos básicos del texto. Al estudiar esta carta, estamos estudiando la Palabra de Dios, y al estudiar la Palabra de Dios, nos vemos obligados a someternos a su verdad y su relevancia para nuestras vidas. La autoridad apostólica de Pablo no era producto de su propia iniciativa, inteligencia, aptitudes de las personas, experiencia política o educación. En 2 Corintios, Pablo no es el gerente general de una empresa que lucha por mantener su puesto ni un jefe de personal que lidia con la administración de sus recursos humanos. Aunque 2 Corintios contiene

---

22. Para un desarrollo de las raíces filosóficas de este impulso cultural, ver Jeffrey Stout, *The Flight From Authority: Religion, Morality, and the Quest for Autonomy* (Notre Dame: Univ. of Notre Dame Press, 1981).

una poderosa polémica en cuanto al ministerio de Pablo, la urgencia de su autodefensa deriva de que, como "apóstol de Cristo Jesús", representa a Cristo mismo y no sus propios intereses personales. Pablo no está sufriendo una subida de ego. No se está defendiendo con tanta vehemencia por el bien de su propia carrera o reputación, sino por amor a la verdad del evangelio que predica y encarna, y, por tanto, en beneficio del bienestar eterno de los corintios (cf. 5:20–6:2; 10:8; 12:19; 13:9-10).

El llamado a ser santo. Nuestra responsabilidad de someternos a la enseñanza de Pablo deriva de nuestra identidad como parte de la iglesia de Dios. Como miembros de su pueblo, nosotros también somos "santos", "santificados en Cristo Jesús" por el Espíritu como "santos" (1Co 1:2; cf. Hch 20:32; 26:18; Ro 15:16). En griego, el término para "santo" (*hagios*) y el verbo "santificar" (*hagiazo*; es decir, hacer santo) forman parte de la misma familia. Ser un santo significa que Dios ya nos ha hecho suyos por medio de su gracia redentora (cf. 2Co 5:16-19), que ha comenzado por gracia el proceso de transformarnos a su propia imagen (cf. 3.18), y que, por esa misma gracia, nos llevará a su presencia por toda la eternidad (cf. 4:13–5:18, esp. 4:13-15).

Por consiguiente, Pablo puede hablar de los creyentes corintios como *ya* santificados, es decir, *hechos* santos, aunque al mismo tiempo son llamados *a llegar a ser* santos (1Co 1:2; 6:11). Ser llamado "santo" no es decir algo sobre nuestro propio carácter intrínseco, sino declarar lo que han hecho, y están haciendo, por nosotros el amor y el poder de Dios, que es quien "santifica" (cf. Ro 8:29; 2Co 5:17; Ef 1:4; 5:26-27; Fil 1:6; 1Ts 4:3-7). De ahí que, al reflejar la realidad de haber sido llamados, perdonados, redimidos y capacitados por Cristo, el término *santos* (gr. *hagioi*) se convierte en una de las designaciones más comunes para el pueblo de Dios en el Nuevo Testamento.[23] Dirigido a los santos, el deseo de apertura para sus lectores retiene su poder durante los siglos a la vez que nos recuerda que, en última instancia, lo que necesitamos en la vida para ser profundamente felices no son meros descubrimientos científicos ni celebraciones del "yo", sino una creciente experiencia de la gracia y la paz de Dios en todos los ámbitos de nuestras vidas. Fue esta simple, aunque profunda, percatación la que llevó a Pablo a trabajar en nombre de la iglesia de Dios como "apóstol de Cristo Jesús".

---

23. Ver, p. ej. Mt 27:52; Hch 9:13; Ro 1:7; 15:25-26; 1Co 1:2; 6:1-2; 14:33; 2Co 8:4; 13:12; Ef 1:18; 2:19; 5:27; Fil 1:1; 4:21; Col 1:26; 3:12; 1Ts 3:13; Heb 3:1; 13:24; 1P 1:15-16; 3:5; Ap 5:8; 13:7; 20:9.

2 Corintios 1:3-11

Alabado sea el Dios y Padre de nuestro Señor Jesucristo, Padre misericordioso y Dios de toda consolación, **4** quien nos consuela en todas nuestras tribulaciones para que con el mismo consuelo que de Dios hemos recibido, también nosotros podamos consolar a todos los que sufren. **5** Pues así como participamos abundantemente en los sufrimientos de Cristo, así también por medio de él tenemos abundante consuelo. **6** Si sufrimos, es para que ustedes tengan consuelo y salvación; y si somos consolados, es para que ustedes tengan el consuelo que los ayude a soportar con paciencia los mismos sufrimientos que nosotros padecemos. **7** Firme es la esperanza que tenemos en cuanto a ustedes, porque sabemos que así como participan de nuestros sufrimientos, así también participan de nuestro consuelo.

8 Hermanos, no queremos que desconozcan las aflicciones que sufrimos en la provincia de Asia. Estábamos tan agobiados bajo tanta presión, que hasta perdimos la esperanza de salir con vida: **9** nos sentíamos como sentenciados a muerte. Pero eso sucedió para que no confiáramos en nosotros mismos sino en Dios, que resucita a los muertos. **10** Él nos libró y nos librará de tal peligro de muerte. En él tenemos puesta nuestra esperanza, y él seguirá librándonos. **11** Mientras tanto, ustedes nos ayudan orando por nosotros. Así muchos darán gracias a Dios por nosotros a causa del don que se nos ha concedido en respuesta a tantas oraciones.

En las cartas antiguas era habitual que a las primeras líneas de apertura les siguiera una breve acción de gracias a una deidad. Pablo suele seguir este patrón en sus cartas; pero, como en el caso de las aperturas, amplía su contenido con el fin de introducir las principales perspectivas y propósitos de su misiva. Como ha mostrado O'Brien, las razones que se enumeran en las epístolas paulinas y por las que se da gracias sirven de función epistolar, instructiva y directiva que establece "el tono y los temas de lo que viene después".[1]

---

1. Peter Thomas O'Brien, *Introductory Thanksgivings in the Letters of Paul* (Leiden: Brill, 1977), 263.

Segunda de Corintios 1:3-7 no es ninguna excepción.[2] La oración de alabanza de Pablo presenta, pues, el tema principal de su carta (su función "epistolar"), expresa su perspectiva dominante (su función "instructiva") y conlleva una llamada implícita a sus lectores para que se unan a él en sus convicciones (su función "directiva"). En otras palabras, en lugar de ser un estallido espontáneo de piedad irreflexiva, la oración del apóstol en 1:3-7 es una expresión cuidadosamente elaborada de sus ideas principales que proporciona una clave crucial al tema, a la perspectiva y al propósito de su carta. Además, la declaración de apertura, "Alabado sea el Dios ..." (1:3), sigue a la fórmula de bendición (*berakah*) que se encuentra en las oraciones judías de agradecimiento, en las que se declara a Dios bendito por unos beneficios en los que el orador *mismo* ha participado.[3] Por tanto, desde el principio, el punto focal de la carta de Pablo está en sí mismo, reflejando así el carácter apologético de la epístola en conjunto.

Aunque centrado en su propia experiencia como apóstol, la oración de alabanza con la que Pablo abre su carta refleja que esta, en su conjunto, tiene una orientación teológica. Se alaba a Dios Padre en el versículo 3, y él es el sujeto de la acción a lo largo de los versículos 4-6. Se califica como cristológica. El Dios que consuela en el sufrimiento es "el Dios y Padre *de nuestro Señor Jesucristo*", así como los padecimientos y el consuelo experimentados se asocian explícitamente con Cristo (*cf.* v. 5). Este doble énfasis refleja la convicción fundamental de Pablo en cuanto a que Dios es soberano y que se le debe conocer básicamente en Cristo, por medio de quien llegamos a conocer la "compasión" (o "misericordia") y el "consuelo" (o "consolación") que caracterizan al Padre. En realidad, el vocabulario de esta sección confirma que el tema principal de 2 Corintios es el "consuelo" que viene de Dios en medio de la aflicción y del sufrimiento (*cf.* el clímax de este tema en 12:7-10).

El concepto de "consuelo" (*paraklesis*) y "consolar" (*parakaleo*) aparece 10 veces en este breve pasaje. La densidad de esta concentración es incluso más sorprendente por cuanto de las 31 veces, aproximadamente, que estas dos palabras se encuentran con este sentido en la totalidad del Nuevo Testamento, 25 de ellas se hallan en los escritos de Pablo.[4] De estas 25 apariciones,

---

2. Esta sección y las secciones del comentario sobre 1:8-11 y 1:12–2:11 se basan en el análisis presentado en mi "The Comfort and Power of the Gospel: The Argument of 2 Corinthians 1–3", *RevExp* 86 (1989): 325-44.
3. Ver el análisis de O'Brien de la forma y la función de las acciones de gracias de Pablo, *Thanksgiving*, 233-40.
4. El verbo *parakaleo* aparece, en realidad, 109 veces en el NT, 54 de las cuales son en los escritos de Pablo, aunque el sustantivo *paraklesis* figura 29 veces, 20 de las cuales están en los escritos de Pablo; ver Kurt Aland, ed., *Vollständige Konkordanz zum Griechischen Neuen Testament, Band II: Spezialübersichten* (Berlin: Walter De Gruyter, 1978), 208-11. Pero, al margen de "consolar" y "consuelo", el verbo y el

17 figuran en 2 Corintios y 10 en esta breve introducción. Si Pablo es el *apóstol* del consuelo en el Nuevo Testamento, 2 Corintios es la *carta* del consuelo, y 1:3-7 es el *párrafo* del consuelo.

Como contrapartida, el tema del consuelo va emparejado con el tema del sufrimiento. El término griego para "tribulaciones" (*thlipsis*) aparece 45 veces en el Nuevo Testamento, pero Pablo es quien la menciona con mayor frecuencia que ningún otro autor neotestamentario (24 veces en las siete cartas indiscutidas), aunque más a menudo en 2 Corintios que en cualquier otra epístola (9 veces), y aún más en 1:3-11 que en cualquier otra sección (3 veces, más 1 aparición del verbo "estar afligido" [*thlibo*] en 1:6). De manera similar, el término relacionado "sufrimiento" (*pathema*) se encuentra 16 veces en el Nuevo Testamento, 9 veces en Pablo y 3 en 2 Corintios, todas ellas en 1:3-7.[5]

En otras palabras, Pablo habla del consuelo más que cualquier otro autor, porque habla del sufrimiento más que cualquier autor, y lo hace con mayor frecuencia en 2 Corintios que en ninguna otra carta, y de forma más densa en 1:3-11 que en ninguna otra sección de esta carta. No hay duda de que la pasión con la que escribe 2 Corintios va acompañada del dramatismo del tema a debatir que caracteriza claramente a esta carta. Desde el principio mismo, la atención del lector se fija en el problema del sufrimiento y la promesa del consuelo de Dios.

El enfoque en el debate de Pablo no está, sin embargo, en el sufrimiento y el dolor en general; ni tan siquiera en el sufrimiento de los cristianos en particular. El uso que hace Pablo de la fórmula *berakah* en 1:3, la estructura del argumento en los versículos 4-6 y la continuación de su pensamiento en los versículos 8-11, todo indica que se está refiriendo principalmente a su *propio* sufrimiento como apóstol. El uso que Pablo hace de los pronombres de la primera persona del plural a lo largo de esta sección es parte de su costumbre de emplear un "plural literario" (con frecuencia denominado "nosotros apostólico") para reflejar su conciencia de que no está hablando meramente como un individuo, sino como representante del oficio apostólico. El propósito de Pablo en 2 Corintios no consiste en reflexionar filosóficamente sobre el problema del mal (aunque sus percepciones no sean menos profundas). Tampoco pretendo describir el carácter de la experiencia cristiana en general (en 1:7, el sufrimiento del cristiano que se tiene en vista es el que sigue el patrón del sufrimiento de Pablo). El deseo de Pablo es, más bien, defender su ministerio

---

sustantivo tienen un amplio abanico de significados: "llamar al lado de uno", "apelar a", "exhortar a", "pedir" y "conciliar" para el verbo, y "aliento", "exhortación", "apelación" y "petición" para el sustantivo (*cf.* BAGD, 617-18). Por consiguiente, solo he contado los significados verbales y nominales que, según sus contextos, significan "consolar" y "consuelo" respectivamente.

5. Aland, *Vollständige Konkordanz*, 130-31, 206-7.

apostólico frente a los que cuestionaron su legitimidad, principalmente por su debilidad y su sufrimiento (10:10; 11:7; 13:3).

El objetivo supremo del apóstol al actuar así no es protegerse a sí mismo, sino fortalecer a los fieles (*cf.* 5:12) y volver a ganar a los obstinados (*cf.* 12:19). Su perspectiva en esta carta no es, pues, abstracta, sino concreta. Pablo entiende que el evangelio mismo está encarnado en su propia experiencia como apóstol de Cristo, de manera que al defender su legitimidad está luchando por la salvación de los corintios. Como resultado, la esperanza de Pablo es que estos lleguen a entender el papel divinamente ordenado que el sufrimiento juega en la vida de aquel sobre quien Jesús dijo: "Ese hombre es mi instrumento escogido para dar a conocer mi nombre tanto a las naciones y a sus reyes como al pueblo de Israel. Yo le mostraré cuánto tendrá que padecer por mi nombre" (Hch 9:15-16).

Dado su tema y su perspectiva, las exhortaciones de Pablo a los corintios son a veces directas y enérgicas (*cf.* 2:5-11; 5:20–6:2; 7:2; 12:11; 13:5). Pero su ruego básico de que acepten su legitimidad como apóstol también recorre la carta de forma implícita, empezando ya en 1:3-11. Pablo empieza su carta alabando a Dios por aquello mismo que mantienen sus oponentes para cuestionar su ministerio: su sufrimiento. Al actuar así, la alabanza misma de Pablo contiene la llamada principal de la carta. En lugar de rechazar al apóstol por su sufrimiento, los corintios deberían unirse a Pablo en su alabanza a Dios por las aflicciones que sigue experimentado en nombre de Cristo y de la iglesia (1:3, 11).

El tono de Pablo en 2 Corintios es, pues, no solo apologético, sino también controversial. La motivación para sus súplicas es clara: el juicio de Dios en Cristo está en el horizonte (5:10-11), y se llevará a cabo por adelantado cuando Pablo realice su tercera y decisiva visita a Corinto (13:1-10). La única esperanza para los que siguen rebelándose contra él es el arrepentimiento, como ya ha hecho la mayoría (*cf.* 2:5-11; 7:2-16). En cuanto a esa mayoría, deben demostrar la validez de su arrepentimiento apoyando todavía a Pablo, apartándose de los que no se arrepientan y participando en la colecta como parte de los frutos de justicia que caracterizan al pueblo de Dios (*cf.* 2:5-11; 3:18; 5:17; 6:1; 6:14–7:1; 8:1–9:15).

La oración de alabanza de Pablo por el consuelo de Dios (1:3-7)

Pablo empieza alabando a Dios, porque es el "Padre misericordioso y Dios de toda consolación". Como aclararán los versículos 8-11, el "consuelo misericordioso" que se tiene aquí a la vista no es meramente un sentimiento subjetivo de alivio o de apoyo psicológico. Pablo se está refiriendo más bien a un estado presente de paz en medio de la adversidad, por su confianza en la disposición y la capacidad de Dios para liberar a su pueblo. La esperanza de la liberación de Dios en el *pasado* y la correspondiente seguridad de su liberación en el *futuro* (*cf.* 1:10) es el "consuelo" de su pueblo en el *presente*. Dios es el Dios de todo consuelo, porque es "nuestro amparo y nuestra fortaleza, nuestra ayuda segura en momentos de angustia" (Sal 46:1; *cf.* también 23:4-6; 71:20-21; 94:17-18; Is 12:1; 40:1; 49:13; Jer 31:13; 38:9). Nuestro consuelo emocional no viene de nuestro interior, sino del compromiso de Dios de sustentar y salvar a su pueblo, de una forma u otra.

Por esta razón, Pablo pasa de una declaración sobre quién *es* Dios, en el versículo 3, a otra sobre qué *hace* Dios, en el versículo 4a, al *objetivo* de Dios para hacerlo en 4b. Porque Dios es "el Dios de *todo* consuelo" (es decir, el verdadero consuelo viene de Dios), consuela a Pablo en todas sus dificultades para que, a su vez, este tenga la capacidad ("podamos") de consolar a otros, independientemente de lo que se cruce en su camino. El recurso que Pablo usa para consolar a otros es el mismo consuelo que él mismo ha experimentado de Dios. Es la fidelidad divina hacia el apóstol lo que lo capacita para transmitirles a otros la misma seguridad del compromiso de Dios para liberarlos también. Por esta razón, *Dios* es el único al que hay que adorar (1:3), aunque *Pablo* sea aquel por medio de quien otros son consolados (1:4).

Aquí existe una especie de "algebra espiritual". La medida del consuelo de Dios es pareja a la medida del sufrimiento de Pablo, con el resultado de que otros pueden ser consolados hasta ese mismo grado ("sufrimiento de Pablo + consuelo de Dios = consuelo para otros"). Esta es la idea del versículo 5 que sirve para respaldar el principio establecido en el versículo 4. Independientemente de lo grande que sea la aflicción, nunca ha superado el consuelo que Pablo ha recibido de Dios. Esto es verdad, porque, como indica explícitamente ahora el versículo 5, la dificultad de Pablo puede *equipararse* a los "sufrimientos de Cristo" supervisados soberanamente (para ver cómo se da el caso, 1:8-11; 2:14-16a; 4:7-12).

La palabra traducida "tribulaciones" (*thlipsis*) en el versículo 4 puede referirse a la aflicción o dolor producido por circunstancias externas (*cf.* Ro 2:9; 5:3; 8:35; 1Co 7:28; 2Co 4:17; Ef 3:13; Col 1:24) o por estados de ánimo mentales y espirituales (*cf.* 2Co 2:4; 7:4-5; Fil 1:17), mientras que el "sufrimiento" (*pathema*) del versículo 5 se refiere al infortunio, al dolor físico y a la muerte (*cf.* Ro 8:18; Fil 3:10; Col 1:24). De manera que Pablo considera sus aflicciones de toda clase como una expresión del mismo tipo de sufrimientos que Cristo experimentó bajo la mano de Dios.

Del mismo modo, el consuelo divino que el apóstol experimenta también viene "por medio de Cristo", es decir, a través de la propia experiencia del compromiso y la capacidad divina de liberarlo incluso de la muerte. Así como las experiencias de sufrimiento de Cristo se repiten en la vida de Pablo, el apóstol también se siente grandemente consolado por su confianza de participar en la resurrección de Cristo (*cf.* 2Ti 3:11). En este sentido, Pablo participa en la muerte y en la resurrección de Cristo, los pilares gemelos de su evangelio. Pablo confía, además, en que el consuelo que procede de estar convencido de la capacidad de Dios y de su compromiso para liberar a su pueblo, que se podía ver en Cristo y que ahora experimenta él mismo, se puede transmitir a los demás. Pablo confía en que aquello que Dios hizo por Jesús en su sufrimiento, lo hará también por él; y lo que Dios hará por Pablo, lo hará por todos los que confían en Dios. Este es el consuelo que el apóstol tiene "por medio de Cristo" y que transfiere a los demás.

El versículo 6 aplica el principio de "de consuelo a consuelo" directamente a los corintios. El resultado de la aflicción de Pablo y su consuelo es el mismo: los corintios son consolados. Es importante observar que este movimiento no es recíproco. El apóstol no dice que cuando ellos sufren, él *los* consuela, y que cuando él sufre, *ellos* lo consuelan a él. Aunque el consuelo de los corintios viene por medio de Pablo, el del apóstol no llega por medio de los corintios, sino de Cristo. Tal como señala Barnett: "Según los vv. 4-5, el 'consuelo' no se media directamente a ambas partes, sino que es Pablo quien lo recibe en primera instancia para que pueda 'consolarlos' a ellos, cosa que hace a través de su ministerio ...".[6]

Esta "calle en un solo sentido" de Dios hasta Pablo y hasta los corintios se desarrollará a lo largo de la carta (*cf.* 1:8-11; 2:14–3:3; 4:7-15; 6:3-10; 11:7-22, 12:7-13). Sin embargo, aquí vemos una clave importante para su relevancia. La identificación de las aflicciones de Pablo (v. 4) con los sufrimientos de Cristo (v. 5), como forma de mediación del consuelo de la resurrección a los corintios (v. 6), revela que consideraba que sus sufrimientos como apóstol eran un vehículo soberanamente ordenado para mediar la presencia de Dios en la vida de su pueblo, así como Cristo sufrió en la cruz y fue resucitado de los muertos por causa de la iglesia.

La máxima consecuencia del sufrimiento y del consuelo de Pablo se describe en los versículos 6b-7. A un primer nivel, la experiencia que Pablo tiene del consuelo divino es para producir "resistencia" entre los corintios, cuando quiera que pasen por los mismos sufrimientos que recaen sobre Pablo (*cf.* 4:10-12). Como Pablo, ellos también pueden depender de Dios para que los "consuele". Por el contrario, la capacidad de los corintios para soportar con paciencia los mismos sufrimientos que Pablo resiste será la prueba de que han experimentado de verdad el consuelo de Dios por medio de Pablo. Esta capacidad de soportar en medio de la adversidad, por el consuelo que ha recibido, es la "esperanza" de Pablo para los corintios.

---

6. Paul Barnett, *The Second Epistle to the Corinthians*, 80.

Además, la esperanza de Pablo para los Corintios es cierta, *porque* sabe que su participación en su sufrimiento, como la de él en los padecimientos de Cristo, jamás sobrepasará su participación común en el consuelo de Dios (v. 7b).[7] Donde Dios está presente, existe un sentido de seguridad y paz en medio de nuestras aflicciones que deriva del compromiso de Dios de liberar a su pueblo, ya que Dios es, por la definición misma de su naturaleza, el "Dios de todo consuelo" (v. 3c). Por consiguiente, el propósito máximo del argumento de Pablo en los versículos 3b-7 no es consolar a los corintios, sino dar honor a Dios como aquel que se revelado como el fiel Padre del Señor Jesucristo por medio de las aflicciones de Pablo (v. 3a). El final de toda experiencia y teología es doxología.

La "sentencia de muerte" de Pablo como patrón de su sufrimiento (1:8-11)

El argumento de Pablo en 1:3-7 suscita la pregunta de cómo su sufrimiento y su consuelo producen, en realidad, esta resistencia entre los corintios para que él pueda equiparar de una forma justificable su experiencia a la de Cristo. Contra el telón de fondo de la acusación de sus oponentes en cuanto a que su sufrimiento descalifica su ministerio, es impresionante que responda esta pregunta en los versículos 8-11 no solo llamando la atención sobre su sufrimiento en Asia,[8] sino también revelando con exactitud lo drástica que era verdaderamente la situación. Sabía que, humanamente hablando, se sentía sobrepasado tanto en lo físico como en lo emocional (v. 8).

De hecho, el sufrimiento de Pablo era tan grave que no veía más salida que la muerte (*cf.* 1:9). En otras palabras, el apóstol se sentía como si hubiera recibido una "sentencia de muerte" (v. 9a); lo más probable es que esto se refiriera a una decisión oficial con respecto a su destino.[9] Pero el propósito de Dios no era matar a Pablo. En vez de ello, llevó al apóstol a lo que este creía ser el final de su vida *para que* (ver *hina*, v. 9) no confiara en sí mismo en modo alguno, sino solo "en Dios, que resucita a los muertos" (*cf.* el resultado de esta lección

---

7. Es importante tener en mente que, en el Nuevo Testamento, "esperanza" (*elpis*) y el verbo relacionado "esperar" (*elpizo*) no se refieren a una "ilusión", sino a una certeza y confianza con respecto al futuro.
8. Aunque muchos han sugerido que esto se refiere al sufrimiento pasado de Pablo en Éfeso como se recuerda en 1 Corintios 15:32, la situación precisa dentro de la provincia romana de Asia y la naturaleza exacta de sus "dificultades" nos son desconocidas, pero los corintios sí las conocerían.
9. Ver Margaret E. Thrall, *The Second Epistle to the Corinthians,* 1:18-19, quien señala que *apokrima* (en la NVI "sentencia") significa con frecuencia "informe oficial" o "decisión", en respuesta a una petición. Si esta connotación de respuesta ha de ser enfatizada aquí, entonces "cabría suponer que Pablo está diciendo que se había preguntado cuáles eran sus expectativas y que había recibido la respuesta interna [...] de que debía morir" (p. 119).

en 4:7-9, esp. v. 8). Basándose en la identificación que con anterioridad hace en el versículo 5 de su sufrimiento con los padecimientos de Cristo, esta especie de confesión judía estándar se convierte, por consiguiente, en una alusión intencionada a la resurrección de Cristo.[10]

Al hacer esta conexión, Pablo toma el paso decisivo de interpretar la muerte de Cristo como un tipo de su propia experiencia de "muerte" en Asia, para que el "consuelo" de Cristo en la cruz como resultado de esperar en la resurrección se convierta en un tipo de la propia experiencia de Pablo. Como Cristo, Pablo también fue llamado en su "muerte" (es decir, su abrumador sufrimiento en Asia) a confiar en el Dios que resucita a los muertos. Y, así como Dios resucitó a Cristo, también liberó a Pablo (1:10a).

Por tanto, así como la resurrección de Cristo señala y asegura nuestra esperanza en que Dios liberará finalmente a todo su pueblo (*cf.* 1Co 15:20-28), que hubiera liberado a Pablo en el pasado establece la confianza del apóstol en la liberación que está por llegar (2Co 1:10b). Así, esta repetición de la muerte y de la resurrección de Cristo en la propia vida de Pablo lo lleva a confiar en que puede esperar que Dios lo libere en el futuro. Esta confianza para el futuro es la noción bíblica de la "esperanza", una esperanza que el apóstol seguirá manteniendo con la ayuda de las oraciones de los corintios (1:10-11a).

Lejos de cuestionar su apostolado, queda claro que la pasada liberación de Pablo y su resistencia actual en medio del sufrimiento son los medios por los cuales Dios sigue manifestando que está dispuesto y que es capaz de liberar y sustentar a su pueblo. La experiencia de Pablo en Asia fue una lección práctica de la misma fidelidad y poder divinos retratados en la cruz y en la resurrección de Cristo. Como tal, debería atraer a otros para unirse a Pablo y confiar en Dios y alabarlo en el presente, mientras miran al futuro. Así pues, como el sufrimiento de Pablo es la plataforma para que Dios manifieste su poder de resurrección, los corintios no deberían rechazar a Pablo por su debilidad. Más bien deberían orar por el apóstol para que, habiendo aprendido a esperar en Dios, pueda seguir haciéndolo en medio de sus adversidades. Y, como resultado de las muchas oraciones que se elevan por Pablo, otros se unirán y alabarán a Dios por exhibir su gran misericordia y consuelo a su apóstol (v. 11).

En el versículo 11, Pablo acaba, pues, lo que empezó en el versículo 3, con acción de gracias y alabanza a Dios. Esto no es accidental ni el mero resultado

---

10. *Ibíd.*, 119. Siguiendo a Windisch, Barrett, Furnish y Martin, Thrall indica que la descripción de Dios como aquel que levanta a los muertos "procede, con toda probabilidad, de la liturgia de la sinagoga judía, ya que figura en las Dieciocho Bendiciones". Allí, en la segunda bendición, leemos: "Tú eres poderoso, fuerte, vives para siempre, levantas a los muertos, sustentas a los vivos, despiertas a los muertos. ¡Bendito eres tú, Oh Señor, que avivas a los muertos!" (p. 119 n. 275; citado de W. Förster, *Palestinian Judaism in New Testament Times* [Londres: Olives and Boyd, 1964], 228).

de una cuidadosa estrategia retórica. La meta del ministerio de Pablo, que es la de su vida misma e incluye su sufrimiento, es producir agradecimiento a Dios, ya que este esto es lo más opuesto al corazón de pecado (*cf.* Ro 1:21). Al apelar a los corintios para que se unan a él en agradecimiento a Dios, los está llamando a expresar el corazón de gratitud que viene de vivir una vida de fe en el Dios que crea y vuelve a crear de nuevo. En resumen, los convoca como santos dentro de la iglesia de Dios (2Co 1:1) a invertir los efectos de la pecaminosa autodependencia y de la autoglorificación en sus vidas (*cf.* Ro 1:22).

Al volver a alabar a Dios, Pablo ha cumplido los tres propósitos de la acción de gracias con que abre la carta. (1) En cumplimiento de su propósito epistolar, Pablo deja claro que el consuelo de Dios, en medio de la adversidad, es el tema principal de la carta. (2) Mediante la instrucción, Pablo ha establecido su tesis correspondiente, a saber, que, lejos de cuestionar su legitimidad, su sufrimiento es el medio mismo para llevar el consuelo divino a los demás. (3) Al organizar su consecuente llamado, Pablo invita a los corintios a que se unan a él y den gracias a Dios por su sufrimiento y su liberación, cumpliendo así el llamado inicial del apóstol a alabar a Dios en el versículo 3. Si los corintios desdeñaban esta invitación, su negativa misma se convertiría en una acusación de su rebeldía contra el evangelio (*cf.* 12:19-21; 13:1-10).

Cómo ve Pablo a Dios. Con el fin de pasar del contexto de Pablo al nuestro, debemos mantener en mente al menos tres perspectivas fundamentales, todas ellas cada vez más extrañas para nuestra cosmovisión. Observamos primero cómo ve Pablo a Dios.[11] El movimiento del pensamiento de Pablo del versículo 3a a los versículos 3b-11 demuestra que, aunque Dios es conocido por sus actos, estos derivan de su carácter y no a la inversa. *Porque* Dios es el Dios de *todo* consuelo, reconforta a Pablo y este consuelo que el apóstol experimenta debe proceder de Dios.

Esto tiene como mínimo dos importantes implicaciones: (1) el carácter de Dios no es algo que fluya ni que esté en proceso de desarrollo en respuesta al despliegue de sus propias acciones, ni como consecuencia de los actos de otros. Aunque conocemos el carácter de Dios a través de sus actos *en* la historia, este no deriva *de* ella. Más bien, Pablo enseña que la historia en sí depende de la manifestación de la absoluta soberanía de Dios y de su libertad de cualquier coacción, ya sea en la creación (*cf.* Ro 1:18-25; 1Co 11:9; Col 1:16;

---

11. Estoy convencido de que las opiniones de Pablo están en consonancia con los criterios del conjunto del canon bíblico. Como tal, también se les puede denominar "criterios bíblicos". Pero nuestro propósito aquí consiste en limitarnos al desarrollo del pensamiento de Pablo en particular.

1Ti 2:13), en la providencia (*cf.* Hch 17:24-31; Ef 1:9-11; Col 1:17) o en la redención (*cf.* Ro 11:33-36; 1Co 10:11; Ef 1:3-8). Aún más impresionante es la convicción de Pablo en cuanto a que el carácter de Dios también se manifiesta en y a través de las circunstancias de la propia vida personal del apóstol (*cf.* Gá 1:15; Ef 3:1-6; Fil 1:12-26).

(2) El máximo propósito, no solo de la historia en general, sino también de nuestra propia historia en particular consiste en revelar el carácter majestuoso de Dios, al que su pueblo responde con la alabanza y el agradecimiento debidos a su nombre (1:3, 11). Además, el énfasis de Pablo en este pasaje sobre el "consuelo" divino refleja su convicción en cuanto a que la gloria de la soberanía de Dios se exhibe de forma más profunda en su misericordiosa bondad para con aquellos que confían en su "compasión", independientemente de las circunstancias (*cf.* Ro 8:28-39; 9:22-29). Al pasar de la cosmovisión de Pablo a la nuestra, debemos mantener, por tanto, la "Bondad" y el "Dioscentrismo" de Dios en un mundo propenso a situar a la humanidad en el epicentro del universo. La teología popular contemporánea no suele contener tal énfasis en la centralidad y la soberanía de Dios, pero traer la perspectiva de Pablo a nuestro propio siglo es prácticamente imposible sin ellas. Y es que cuando el apóstol habla de "Dios" lo hace a la luz de su convicción, que los corintios conocen muy bien, con respecto a lo siguiente:

> ... [que] solo hay un Dios. Aunque haya pretendidos dioses, en el cielo o en la tierra (ya que, de hecho, hay muchos "dioses" y muchos "señores"), aunque para nosotros solo hay un Dios [*cf.* Dt 6:4; 10:17], el Padre, de quien proceden todas las cosas y para quien vivimos; y solo hay un Señor, Jesucristo, a través de quien vienen todas las cosas y por medio de quien vivimos. (1Co 8:4-6)

Cómo ve Pablo el sufrimiento. La segunda perspectiva dominante es cómo ve Pablo el sufrimiento. El apóstol desarrollará su comprensión del propósito del sufrimiento de una forma más completa, a medida que la carta se va desarrollando. Pero ya hemos visto que las palabras que escoge para aludir a sus aflicciones (*thlipsis* y *pathema*) eran términos generales que se podían usar tanto para el sufrimiento físico como emocional, y también para el causado por la persecución.

De ahí que la definición completa que Pablo hace del sufrimiento vaya en contra de aquellos que, en la época del apóstol o en la nuestra, intenten limitar los tipos de padecimientos que pueden experimentar legítimamente quienes estén llenos del Espíritu. En semejante "evangelio de salud y riqueza [o prosperidad]", quienes viven verdaderamente por fe pueden ser perseguidos, pero no estar sujetos a enfermedades emocionales o físicas ni a aflicción financiera. Con todo, la terminología general que Pablo usa en este contexto para describir la aflicción, junto con sus propias experiencias de sufrimiento físico, persecución, privaciones naturales, dificultades económicas y la aflicción emocional de la angustia (ver 1Co 4:11-13; 2Co 2:12-13, 17; 4:8-9; 6:4-10; 11;23-28; 12:7; Gá 4:12-16) hacen que tal limitación sea imposible.

Al mismo tiempo, Pablo nunca glorifica el sufrimiento por el sufrimiento. No hay pruebas de que lo busque ni de que aliente a que otros lo hagan, como si fuera señal de una espiritualidad especial. Por tanto, el énfasis que algunos de los padres de la iglesia primitiva hacían sobre procurar el martirio de forma activa, como la forma más elevada del testimonio cristiano, es una aplicación incorrecta y peligrosa del criterio de Pablo sobre el sufrimiento.[12] Para el apóstol, el sufrimiento no es intrínsecamente bueno ni tampoco es una virtud cristiana. Más bien es una página del libro de texto utilizado en la escuela de fe de Dios (*cf.* vv. 8-10). No es el sufrimiento *en sí* lo que nos enseña a tener fe, sino *Dios* que lo usa como plataforma donde desplegar su poder de resurrección en nuestras vidas, ya sea por medio de la liberación del sufrimiento o por consolarnos en medio de él (vv. 4-6. 10).

Cómo ve Pablo el ministerio. En tercer lugar, y lo más importante para el propósito actual de Pablo, debemos mantener ante nuestros ojos la opinión del apóstol sobre el ministerio. Este tema también se desarrollará en el transcurso de la carta (*cf.* 2:14–3:3; 4:1-6, 10-12; 5:11–6:2; 10:7-18). Aquí, la llamada implícita de Pablo consiste en que sus lectores alaben a Dios por el sufrimiento mismo que, según sus oponentes, cuestionará el ministerio del apóstol. Lejos de avergonzarse de su padecimiento, testifica que sus aflicciones son el medio concreto que Dios usa para revelarse en y a través de su vida como apóstol. Como los justos que sufrían en el Antiguo Testamento y *el* Justo Sufriente, Jesucristo, Pablo es conducido a situaciones de sufrimiento para que Dios pueda desplegar su poder de resurrección a través de él y *hacia otros*.

Por medio del ministerio de Pablo, caracterizado como está por su experiencia de la liberación divina pasada y el consuelo presente en medio de su sufrimiento, los creyentes llegan a experimentar la paz que viene de esperar en el poder de la resurrección de Dios. La esperanza para el futuro es el motor que crea consuelo en el presente. Como resultado, el sufrimiento de Pablo es una característica esencial que legitima su ministerio como apóstol (*cf.* de nuevo Hch 9:16). No es *a pesar de,* sino *en y por medio del* sufrimiento de Pablo como se establece su legitimidad. Como hemos visto, este es el tema principal de 2 Corintios.

Uno de los aspectos más difíciles al leer esta epístola consiste, pues, en saber cómo aplicar el sufrimiento de Pablo como apóstol a la experiencia general cristiana. Para empezar, debemos recordar que la mediación del consuelo de

---

12. *Cf.* el deseo de Ignacio (m. en el 115 A.D. aprox.) de ser devorado por las fieras de Roma para poder "ser un verdadero discípulo de Jesucristo", citando 1Co 15:32 en su *Carta a los romanos,* 4–5.

Dios no es recíproca entre Pablo y su iglesia. El movimiento es "una calle de un solo sentido" desde Dios y por medio del apóstol a los corintios (*cf.* 1:6). Esto refleja que Pablo estaba convencido de que, como apóstol, y a diferencia de los creyentes en general, había sido *llamado* al sufrimiento como medio revelador por el cual se representa el poder divino en Cristo para que los demás lo vean (*cf.* también Fil 1:12; 3:10-11; Col 1:24; 1Ts 3:3-4, 7; 2Ti 2:9; 3:10-11). A cambio, Dios consuela a Pablo por medio de la respuesta positiva de los corintios a su ministerio (*cf.* 7:6-7; *cf.* Ro 1:11-12).

Además, habiendo aprendido la lección de fe, cuando los creyentes sufren de verdad (y Pablo les promete que así será), ellos también deben manifestar la misma resistencia impulsada por la esperanza que se manifestaba en la vida de Pablo, uniéndose a él por este medio y llegando a ser un ejemplo para los demás (1:6-7; *cf.* Hch 14:22; Fil 1:29; 2Ti 3:12). Existe, pues, una diferencia cualitativa y cuantitativa entre el sufrimiento que les llegará de forma periódica (*cf.* Fil 2:26-27; 1Ts 1:6; 2Ts 1:4-7; 1P 1:6-9; 4:12-19; Heb 10:32-34; 12:4-13) y la experiencia diaria del padecimiento, que era un aspecto esencial del llamado de Pablo como apóstol.

Hemos de ser, pues, cuidadosos y no pasar de estas páginas que conciernen el sufrimiento de Pablo como apóstol a nuestro padecimiento como creyentes. No debemos concluir, basándonos en su llamado, que todos los cristianos deben sufrir por igual. Tampoco deberíamos asignar un papel revelador o un más alto grado de espiritualidad a quienes sufren más que otros. Además, cuando trazamos un paralelismo entre el sufrimiento de Pablo y el nuestro (como en 1:6-7), no deberíamos trivializar el sufrimiento del apóstol por el evangelio igualándolo a nuestras experiencias molestas, a las que desinflan nuestro ego o las que carecen de las comodidades materiales de clase media. No obstante, todos los cristianos deben enfrentarse al último enemigo: la muerte.

Y Dios llama a todos los creyentes a experimentar la carencia que resulta de considerar cada día que las necesidades de los demás son más importantes que las propias (*cf.* Mr 8:34-35; 10:43; Fil 2:3-5).

> A decir verdad, la forma de vida que procede de vivir por fe en la gracia futura (*cf.* el énfasis de Pablo en su esperanza en el rescate futuro de Dios en 1:10) implicará, con toda probabilidad, *más* sufrimiento y no *menos*. Cuando sabes que tu futuro está en las manos de un Dios todopoderoso, omnisapiente y omnisciente que promete que todo obrará para tu bien, eres libre de asumir cualquier riesgo que el amor exija, te cueste lo que te cueste. Es una verdad bíblica que cuanto más serios nos volvamos en cuanto a ser la sal de la tierra y la luz del mundo, y cuanto más nos entreguemos a alcanzar a las personas no alcanzadas del mundo,

a sacar a la luz las obras de las tinieblas y a soltar los lazos del pecado y de Satanás, más sufriremos.[13]

De manera que los que no están sufriendo no deberían buscar sufrir. Más bien, deberían procurar ser fieles a Dios, contar con la fe en sus promesas para que suplir las necesidades de los demás se convierta en algo más importante que asegurar el futuro propio. Aunque, sin lugar a duda, este tipo de llamado implicará sufrimiento, las circunstancias que rodean esta vida de fe dependen de Dios.

Al aplicar el ejemplo de Pablo también es importante insistir en que la era apostólica ha acabado. Cuando se establecen paralelismos entre la relación de Pablo con sus iglesias y el ministerio de los pastores contemporáneos, debemos distinguir entre las *funciones* y el *oficio* de Pablo como apóstol. Los pastores y los misioneros de hoy llevan a cabo muchas de las mismas funciones que Pablo realizaba y, por ello, podemos preguntar con razón si ellos también podrían ser llamados a sufrir por su gente básicamente en la misma forma que Pablo. Ciertamente, el viejo dicho de que la sangre de los mártires es la semilla de la iglesia suele ser a menudo verdad.[14]

Pero ni nuestros pastores ni nuestros misioneros, y ni siquiera los mártires contemporáneos, ocupan el oficio intrínsecamente autoritativo que desempeñaba Pablo como apóstol (ver comentarios sobre 1:1). La autoridad del pastor y del misionero sigue siendo derivativa de las Escrituras y está subordinada a ellas como depósito del testimonio profético y apostólico. Aunque el sufrimiento de una persona puede revelar, en sí mismo y de por sí, la pureza de los motivos propios (*cf.* 1:12-14), nunca debería usarse como razón para aceptar la autoridad de su enseñanza. Solo la revelación de la Palabra de Dios en las Escrituras puede ser la plomada de la verdad.

El carácter de la adoración. Como hemos visto, Pablo emplea la fórmula estándar judía de la *berakah* en 1:3-11, basando su alabanza de 1:3 con razones obtenidas de su propia experiencia, una experiencia impregnada de la voluntad y la presencia de Dios. El uso que Pablo hace de esta forma conlleva una importante lección para la naturaleza de la oración. Como indica esta estructura, la alabanza es la expresión de nuestro elogio del carácter de Dios que

---

13. John Piper, *Future Grace: The Purifying Power of Living by Faith in Future Grace* (Portland: Multnomah, 1995), 341–42 [*Gracia venidera* (Miami: Vida, 2008)].
14. Se encuentra originalmente en Tertuliano, *Apologeticus* 50, quien se convirtió en el 193 A.D. mediante el testimonio del valor de los cristianos que se enfrentaban a la tortura y a la muerte por su fe.

fluye de una seria reflexión sobre la forma en que él trabaja para cumplir sus propósitos por el bien de su pueblo. Debe haber razones para la oración.

Además, la transición de los versículos 3-7 a 8-11 indica que un propósito principal para la oración corporativa, incluso cuando se centra en la experiencia de un individuo, es la incorporación de los demás a nuestra alabanza. La acción de gracias de Pablo en los versículos 4-7 conduce a que los corintios se unan a él en el versículo 11, algo que a su vez es el cumplimiento de la amonestación de Pablo a declarar la alabanza de Dios en el versículo 3. La adoración bíblica evita, por tanto, dos extremos: las expresiones vacías de alabanza por una parte, y, por otra, los "testimonios" centrados en los seres humanos. La alabanza genuina no es un acto irreflexivo designado para eludir pensar sobre nuestra vida diaria ni tampoco un medio para suavizar nuestras circunstancias. Nuestra alabanza a Dios no debería transformarse jamás en una especie de "mantra" cristiano ni usarse para hacer que las cosas parezcan mejores de lo que son en realidad. Alabamos a Dios en medio de nuestra adversidad, no porque las cosas no son tan malas como parecen (¡podrían ser peores!), sino por quién es Dios y por lo que hace en y por medio de la realidad en la que vivimos.

No es el mandamiento de alabar a Dios en sí lo que da lugar a la verdadera adoración, sino el encuentro con el Dios vivo. Como ilustra 1:3-11, el camino para producir alabanza a Dios es, por tanto, la razón de nuestro llamado a la alabanza (1:3), con declaraciones e ilustraciones del carácter de Dios mismo que es digno de alabar (1:4-11). Por el mismo motivo, los testimonios no deberían degenerar en informes de prensa sobre lo malas que fueron las circunstancias en realidad (observa la falta de detalles en los versículos 8-11), o en vehículos sutilmente velados para exhibir los "logros" propios, buenos o malos (cf. 11:18, 23). Tampoco debería la "adoración dirigida" prestar atención a las capacidades de los líderes de la alabanza. En vez de ello, quienes testifican de las misericordias de Dios deberían presentar una exposición, centrada en Dios, de su carácter y de sus atributos tal como se ven en las obras que hace a favor de su pueblo (1:11; cf. Is 64:4). Después de todo, el objetivo de la adoración no es exhibir nuestra conducta o experiencia, sino ampliar el círculo de los que disfrutan del consuelo y, por tanto, alaban la gloria de Dios (cf. 2Co 1:3, 11).

El carácter de Dios. Como oración de acción de gracias, aunque se refiere al sufrimiento de Pablo como apóstol, este pasaje de apertura trata en última instancia sobre Dios. Un momento de reflexión revelará lo contracultural que es esto en nuestro tiempo y en nuestra era. Una perspectiva tan teocéntrica es difícil de recuperar y mantener en nuestro entorno cultural. Pocos centran hoy la atención principalmente en el carácter de Dios; hacerlo no parece tener relevancia para nuestra vida cotidiana.

Por ejemplo, en la iglesia contemporánea, la popularidad de las conversaciones de actualidad concernientes a nuestras "necesidades percibidas" pesan más que cualquier interés por contemplar la naturaleza de Dios tal como la revelan las Escrituras. ¿Cuándo fue la última vez que escuchaste una serie de sermones sobre los atributos y los propósitos de Dios como se revelan en la historia de la redención? La "teología", como estudio de la naturaleza y de los propósitos del Dios trascendente, se considera arcaica, abstracta y desfasada. En vez de esto, y rodeada por un gnosticismo de la "nueva era" que defiende la iluminación personal a través de "experiencias espirituales" privadas como senda para conocer al dios que hay dentro de cada uno de nosotros,[15] hasta la iglesia se encuentra ensimismada.

Por tanto, con el fin de recuperar la relevancia de la cosmovisión de Pablo, hemos de rescatar su afirmación en cuanto a que el consuelo de Dios, que tanta falta hace en nuestra época, no deriva del interior, sino de conocer al Dios trascendente como aquel que ha liberado y liberará a su pueblo. Con el fin de restaurar el evangelio paulino, Dios mismo debe convertirse en el tema central de nuestra adoración, de nuestra conversación y de nuestra teología. Solo entonces seremos capaces de combatir la tiranía de la subjetividad que se está filtrando en nuestras iglesias por medio de las grietas de nuestra teología, a medida que se extiende por toda nuestra cultura. Y es que, tal como ha documentado David Wells, hemos "comprado una aceptabilidad cultural mediante el vaciado [de nosotros mismos] de un pensamiento, una teología, una adoración y una práctica serios ...". De ahí que "el problema fundamental en el mundo evangélico de hoy es que Dios descansa de una forma demasiado inconsecuente sobre la iglesia. Su verdad es demasiado distante, su gracia demasiado corriente, su juicio demasiado benigno, su evangelio demasiado fácil y su Cristo demasiado común".[16]

Irónicamente, pues, dada la penetrante influencia de nuestra propia cultura, una de las mejores formas de lograr relevancia contemporánea es regresar a las reflexiones teológicas de periodos anteriores. Escuchar una palabra del pasado suele capacitarnos para ganar perspectiva sobre nuestra propia situación cultural, con sus formas particulares de idolatría. Con respecto a recobrar el sentido de estar centrado en Dios en todo lo que hacemos y experimentamos, incluido nuestro sufrimiento, una reflexión seria sobre el capítulo 2 de *La Confesión de Fe de Westminster* (1646) es extremadamente útil:

---

15. Para una mirada concisa a los paralelismos entre el gnosticismo antiguo y las religiones de la "nueva era" de hoy, ver Peter Jones, *The Gnostic Empire Strikes Back: An Old Heresy for the New Age* (Phillipsburg, N.J.: Presbyterian & Reformed, 1992).
16. D. Wells, *God in the Wasteland: The Reality of Truth in a World of Fading Dreams* (Grand Rapids: Eerdmans, 1994), 27, 30.

I. Solo hay un Dios vivo y verdadero, infinito en ser y perfección, el espíritu más puro, invisible, sin cuerpo, partes ni pasiones, inmutable, inmenso, eterno, inabarcable, todopoderoso, omnisciente, absolutamente santo, libre, absoluto, que hace todas las cosas según el consejo de su propia voluntad inmutable y supremamente justa, para su propia gloria; el más amoroso, lleno de gracia, misericordia, paciencia, abundante en bondad y en verdad, que perdona la iniquidad, la transgresión y el pecado; el que recompensa a los que lo buscan con diligencia; y, sin embargo, el más justo y terrible en sus juicios; aborrece todo pecado y de ninguna manera pasará por alto la culpa.

II. Dios tiene toda la vida, la gloria, la bondad, la bienaventuranza en sí mismo y de por sí; es único y autosuficiente, no necesita a ninguna de las criaturas que ha hecho ni deriva gloria alguna de ellos, sino que solo manifiesta la suya propia en, por, hacia y sobre ellos: es el único fundamento de todo ser; de él, a través de él y para él son todas las cosas; tiene el dominio más soberano sobre ella, para hacer por ellas, para ellas o sobre ellas lo que le plazca. A su vista, todas las cosas están abiertas y son manifiestas; su conocimiento es infinito, infalible e independiente de la criatura; nada es contingente para él ni incierto. Es santísimo en todos sus consejos, en todas sus obras y en todos sus mandamientos. A él deben ángeles y hombres, y cualquier otra criatura, toda adoración, servicio u obediencia que a él le plazca exigirles.

La relevancia contemporánea de tal enfoque sobre Dios mismo se ilustra bien en la vida y el pensamiento de Karl Barth, a quien la mayoría consideran el mayor teólogo del siglo XX. Su renovado énfasis en la doctrina divina apartó a toda una generación de líderes eclesiales del liberalismo protestante de finales del siglo XIX y principios del XX. Como lo expresó Eberhard Jüngel, el intérprete más relevante del pensamiento de Barth:

> La libertad de Dios: para Barth, era Dios mismo. La inequívoca grandeza de su teología surge de su intención inquebrantable de pensar en Dios mismo. El aspecto polémico de su teología va dirigido contra todos los sustitutos. Ninguna idea, ideología, postulado piadoso y, sobre todo, ningún concepto teológico puede tomar el lugar de Dios. Él no le hace confidencias a nadie. Habla por sí mismo. Se revela a sí mismo. ¡Barth exigía firmemente que pensemos en Dios mismo![17]

---

17. Eberhard Jüngel, *Karl Barth: A Theological Legacy* (Filadelfia: Westminster, 1986), 21, de la conferencia de Jüngel "A Tribute at His Death", presentada en la Universidad de Zurich el 11 de diciembre de 1968, el día después de la muerte de Barth.

Lamentablemente, la nueva escalada de una epistemología centrada en el hombre, producida por el surgimiento del pensamiento postmoderno, ha convertido la experiencia personal, ya sea la del individuo o la de la clase social, el género o la cultura, en la base totalmente determinante por la que se establece la verdad (ver la sección Significado Contemporáneo de 1:1-2). Esto ha transformado nuestra visión de Dios en una visión de nosotros mismos y ha moldeado lo que pensamos de Dios hasta convertirlo en un ejercicio de autodescubrimiento. Quienes más necesitan el consuelo de Dios se ven así apartados de su única fuente, el "Dios de todo consuelo".

El llamamiento de Pablo en 1:3 a alabar a Dios como el único que nos consuela no es una fórmula teológica fría y sin vida, sino el medio mismo por el cual hallamos el descanso que viene de conocer el compromiso soberano de Dios de liberar a su pueblo. La oración de alabanza de Pablo en 1:4-7 no solo representa, pues, el correctivo necesario para las corrientes culturales de nuestro tiempo, sino también, y de forma más crítica, la senda que conduce a experimentar de verdad la consoladora presencia divina. Buscar nuestro consuelo en Dios es glorificarlo como el Dios de todo consuelo. De ahí que nuestra búsqueda de consuelo sea, al final, buscar la gloria de Dios, quien manifiesta su gloria al consolar a su pueblo.

Visto bajo este prisma, el llamado de Pablo en 1:3 a alabar el carácter de Dios es, en efecto, un llamado a ser consolado, ya que al actuar así estamos afirmando en medio de nuestra adversidad que Dios es el único que puede hacerlo. El compromiso divino de manifestar su gloria es, por tanto, el consuelo de su pueblo. Lo más consolador que Dios puede hacer es invitarnos a alabarle como el único merecedor de nuestra honra. La exposición que John Piper hace de la relevancia de esta crucial perspectiva también es útil:

> ¿Pero es un acto amoroso de Dios que exalte su propia gloria? Sí, lo es [...] *Dios se glorifica más en nosotros cuando más satisfechos estamos en él* [...] Por consiguiente, que Dios busque su propia gloria no va en contra de mi gozo y esto significa que el que actúe así no es cruel, inmisericorde ni falto de amor. En realidad, significa que cuanto más apasionado sea Dios por su propia gloria más lo será por mi satisfacción en dicha gloria [...] Por consiguiente, cuando leemos centenares de textos en la Biblia que muestran cómo Dios exalta su propia gloria de forma apasionada, ya no los entendemos como las pasiones de un ego arrogante e insensible [...] Dios es absolutamente único. Es el único ser del universo digno de adoración. Por tanto, cuando se exalta a sí mismo dirige así a las personas al gozo verdadero y

perdurable. "Me llenarás de alegría en tu presencia, y de dicha eterna a tu derecha" (Sal 16:11).[18]

El carácter de la soberanía de Dios en el sufrimiento. La otra razón por la que Pablo alaba a Dios en este pasaje es por su confianza en que los corintios también recibirán el consuelo divino en medio de sus sufrimientos (1:6-7, 11). La base para esta confianza es su propia experiencia pasada del consuelo de Dios (aquí experimentado como una verdadera liberación de su sufrimiento). Sin embargo, todo el argumento de Pablo está basado en su convicción de que la soberanía de Dios se extiende sobre *todas* las circunstancias. Restringir la extensión del poder o de los propósitos divinos en el mundo es cortar la posibilidad de consuelo en medio de la adversidad.

Para Pablo no existe la "suerte" ni lo "accidental". Para seguir su pensamiento debemos resistirnos a limitar la soberanía de Dios frente al sufrimiento. El consuelo divino, en este texto, no es su empatía hacia nosotros como alguien que siente la tragedia del mal, pero que se ve impotente en ella. Tampoco reside el consuelo de Dios en sus actos como un "último *quarterback*" al que se recurre cuando todo se ha venido abajo para salvar la situación antes de que suene el silbato. No hay consuelo en el sufrimiento si Dios no es soberano sobre este. Reducir la soberanía divina es convertir el padecimiento en un triunfo del mal y del pecado contra la voluntad limitada y el poder de Dios. Pero, para Pablo, *Dios* es el único que le conduce al sufrimiento, lo sostiene en medio de él y lo libra, todo para la gloria de Dios mismo y por el bien eterno de su pueblo (*cf.* 2:14; 4:7-18; 12:9-10).

Contra toda "reducción" de Dios para lidiar con el "problema del mal", Pablo confiesa que uno de los propósitos divinos en el sufrimiento es la gloria de Dios (1:3, 11) *por medio* de la santificación de su pueblo (1:4-10). Aunque no podemos entender por completo la intención final de Dios en los sucesos trágicos de la vida (¡o incluso en los asuntos normales y rutinarios!), *es* posible decir que una parte esencial del propósito de Dios en todas las cosas es honrarse a sí mismo creando un pueblo que, como Cristo, confíe en él en toda circunstancia (1:9-10; *cf.* Ro 8:28-30; Fil 3:10 con Heb 5:8). Como resultado, la esperanza de Pablo deriva de su confianza en la capacidad divina de rescatar a su pueblo en su aflicción con el propósito de crear fe en su consoladora soberanía y amor. Y es esta confianza la que lleva a Pablo a orar y alabar en vez de resignarse y autocompadecerse.[19] En términos similares, escuchemos la

---

18. John Piper, ¡*Alégrense las naciones! La supremacía de Dios en las misiones* (Barcelona: Clie, 2007), pp. 16-28 de la edición en inglés.
19. Para una aplicación útil de la soberanía de Dios a las situaciones de sufrimiento, ver Jerry Bridges, *Trusting God* (Colorado Springs: NavPress, 1988). Para un trato excelente de los textos bíblicos concernientes al sufrimiento, ver D. A. Carson, ¿*Hasta*

confesión de Dietrich Bonhoeffer tomada del Día de Año Nuevo de 1943, que nos recuerda la propia experiencia de Pablo narrada en 1:8-11:

> Creo que Dios puede sacar algo bueno de lo malo, e incluso del mayor mal, y así lo hará. Para ello, necesita que los hombres hagan el mejor uso de todo. Creo que Dios nos dará toda la fuerza que necesitamos para ayudarnos a resistir en todo tiempo de aflicción. Pero nunca nos lo da por adelantado, no sea que confiemos en nosotros mismos y no en él solamente. Una fe como esta debería aliviar todos nuestros temores para el futuro. Creo que hasta nuestras equivocaciones y nuestros defectos pueden ser de provecho y que a Dios no le resulta más duro tratar con ellos que con nuestras supuestas buenas obras. Creo que Dios no es un destino atemporal, sino que espera y responde las oraciones sinceras y las acciones responsables.[20]

Fue esta sólida convicción la que capacitó a Bonhoeffer para que soportara su posterior encarcelamiento y, finalmente, su muerte a manos de los nazis.[21]

El carácter de la resistencia en vista del consuelo de Dios. Nuestra respuesta al consuelo de la soberana presencia de Dios es soportar el sufrimiento que se cruza en nuestro camino, confiados en que es un aspecto divinamente orquestado de nuestra escuela de fe. Bajo la soberanía divina, el "aguante" del que se habla en 1:6 como objetivo del sufrimiento apostólico de Pablo no puede reinterpretarse como una especie de autodisciplina estoica en la que intentamos vencer el padecimiento mediante el control de nuestras emociones. En este pasaje, Pablo no se está refiriendo a la fuerza de voluntad. Tampoco debería pervertirse el pensamiento del apóstol hasta el "poder del pensamiento positivo", en el que intentamos "prepararnos mentalmente" para creer que las cosas no son en realidad tan malas como parecen (por lo general suelen ser peores), para que podamos vencer nuestras circunstancias con "solo abocarnos a ello". Además, nada podría estar más lejos del pensamiento de Pablo que la convicción de la "nueva era" de que lo único que tenemos que hacer es ponernos en contacto con "el dios que hay en nuestro interior".

En fuerte contraste con todas estas estrategias de autoayuda, por "resistencia" Pablo quiere decir que confiar en el poder *de Dios* y en sus propósitos en medio de la adversidad se expresa en una firme permanencia firme, sin abandonar. Sus palabras de 1:6 debe haberles recordado a los corintios lo que les había dicho con anterioridad en 1 Corintios 10:13: soportamos en fe, gracias a nuestra confianza de que "Dios es fiel" y "no permitirá que ustedes

---

cuándo, Señor? Reflexiones sobre el sufrimiento y el mal (Barcelona: Publicaciones Andamio, 1995).
20. D. Bonhoeffer, *Resistencia y sumisión* (Salamanca: Sígueme, 2008) 13.
21. *Cf.* su poema "¿Quién soy yo", de julio de 1944, en *Resistencia y sumisión*, 201.

sean tentados más allá de lo que puedan aguantar. Más bien, cuando llegue la tentación, él les dará también una salida a fin de que puedan resistir". Obsérvese que en este versículo, Pablo vuelve a dejar claro que Dios está activo tanto antes de que golpee la tentación como en medio de esta. Nótese también que la "salida" no es necesariamente una liberación inmediata de la tentación, dado que Dios provee la "salida" con el fin de que podamos perseverar, no escapar.

Esto significa que, cuando ataca el sufrimiento, podemos estar seguros de que Dios nos liberará de él para mostrar su poder y también para enseñarnos la fe, como lo hizo con Pablo en Asia; o, a medida que crece nuestra fe, nos dará la fuerza de soportar con el fin de manifestarse aún *más* poderoso, como lo hizo en el caso del apóstol con respecto a su "aguijón en la carne" (2Co 12:7-10; *cf.* 4:7-12; 6:3-10). En cualquier caso, Dios no nos permitirá sufrir más de lo que podamos soportar. De hecho, Pablo sabía que Dios había salvado la vida de Epafrodito, no solo por amor a él, sino por causa de Pablo, ya que este no habría podido resistir que muriera (*cf.* Fil 2:27).

No obstante, nuestro pasaje deja claro que Dios no rescató a Pablo en Asia ni salvó la vida de Epafrodito para alentar a otros a buscar un milagro. La intención de liberar al apóstol de su sufrimiento en Asia era animar a los corintios a aguantar el sufrimiento en sus propias vidas (1:6). A este lado del regreso de Cristo (*cf.* la liberación futura de 1:10) Dios *no* se glorifica en nuestras vidas principalmente mediante la realización de milagros, sino capacitándonos a perseverar por la confianza que tenemos en él como aquel que resucita a los muertos. Dios rescató a Pablo en el *pasado* para que pudiera confiar en el rescate divino en el *futuro*, mientras que sufría en el *presente* (1:10). Dios protegió a Epafrodito, colaborador y compañero soldado en las causas de Cristo para que Pablo pudiera aprender a estar contento en cualquier situación, sabiendo que el Señor estaba comprometido a hacer lo que hiciera falta para suplir sus necesidades reales (Fil 2:30; 4:12, 19).

Cualquiera puede adorar a Santa Claus. Pero estar pendiente de Dios en medio del sufrimiento intenso, como Cristo pendía de la cruz, magnifica el mérito de Dios como aquel que nos sustenta. La meta divina en el padecimiento consiste, por tanto, en enseñarnos que en la vida y en la muerte, como en toda la eternidad, él mismo es todo lo que necesitamos en última instancia. Dios nunca pretende destruir a su pueblo, ni permitirá que nadie ni nada lo haga. Nada puede separarnos del amor de Dios en Cristo (Ro 8:31-39). Al colocar a Pablo en una situación en la que llegó a desesperar hasta de la vida misma (2Co 1:8), lo único que destruyó fue la autoestima del apóstol. A cambio, este recibió a Dios mismo. En respuesta, lo alabó. Regresando de nuevo al pasado, este enfoque y fundamento de consuelo halla una expresión duradera en la primera pregunta del *Catecismo de Heidelberg* (1563):

1. Pregunta: ¿Cuál es tu único consuelo tanto en la vida como en la muerte?

Respuesta: Que yo, con cuerpo y alma, tanto en la vida como en la muerte, no me pertenezco a mí mismo, sino a mi fiel Salvador Jesucristo, que me libró del poder del diablo, satisfaciendo enteramente con preciosa sangre por todos mis pecados, y me guarda de tal manera que sin la voluntad de mi Padre celestial ni un solo cabello de mi cabeza puede caer, antes es necesario que todas las cosas sirvan para mi salvación. Por eso también me asegura, por su Espíritu Santo, la vida eterna y me hace pronto y aparejado para vivir en adelante según su santa voluntad.[22]

La prioridad que Pablo otorga a la resistencia como nuestra respuesta al poder y la voluntad soberanos de Dios señala dos importantes implicaciones para la cultura moderna occidental. (1) Por una parte, al contrario que en el movimiento popularizado por Elisabeth Kubler-Ross, debemos resistirnos a "aceptar" la aflicción y "dar la bienvenida a" la muerte como una parte meramente normal de la vida.[23] Para Pablo, la muerte es aún "el último enemigo" (1Co 15:26) y el resultado del pecado en el mundo (Ro 5:12). El evangelio no es un mecanismo de superación del duelo, sino la promesa de la vida de resurrección en el futuro, cuya inauguración es el poder de Dios para una nueva vida en el presente. Al destruir el control absoluto del pecado, Cristo vence al "aguijón" de la muerte. (2) Por otra parte, también debemos resistir a toda costa al "evangelio de la salud y la riqueza" (sobre este "evangelio" como una perversión del verdadero evangelio, ver comentarios de 4:7-12 y 11:1-6, más adelante). La gloria del evangelio es su declaración de que el mensaje de la cruz es el poder de Dios.

El anterior intento por censurar el sufrimiento y la muerte espera *demasiado poco* de Dios, como si su reino no se hubiera inaugurado (es decir, como si operara con una "escatología *infra*rrealizada"). En este sentido, lo único que podemos esperar en la vida es lo establecido. Por tanto, debemos tener fe para aceptar las cosas como son. El intento de quitar el sufrimiento de la vida del cristiano espera *demasiado* de Dios en el presente, como si el reino de Dios hubiera sido inaugurado en toda su plenitud (es decir, que operase con una "escatología *sobre*rrealizada"). Según este criterio, los verdaderos creyentes pueden esperar experimentar casi todas las glorias del cielo ya en la tierra. Debemos, pues, tener fe para ignorar cómo son las cosas.

---

22. Citado [en inglés] de Mark A. Noll, ed., *Confessions and Catechisms of the Reformation* (Grand Rapids: Baker, 1991), 137 (siguiendo la traducción inglesa de Miller y Osterhaven de 1962).
23. Ver su *Death, The Final Stage of Growth* (Englewood Cliffs, N. J.: prentice Hall, 1975).

En contraposición, Pablo proclama una resistencia de fe que vive en la tensión de la "superposición de las eras", en el que el reino de Dios está ciertamente aquí, pero todavía no en toda su plenitud (es decir, que operamos con una "escatología *inaugurada*"). En opinión de Pablo, debemos tener fe en la soberanía *y* la bondad de Dios en y a través del modo en que son las cosas: expectantes, resistiendo, llenos de alabanza, confiando que Dios se glorifica mediante el consuelo que, en sí mismo, le da a su pueblo.

El carácter del pastor. Finamente, la experiencia de Pablo como apóstol conduce a la conclusión de que los llamados a proclamar y encarnar el reino de Dios son llamados a desempeñar un papel único en el seno de la iglesia. A través de sus vidas de confianza (1:9), integridad (ver la siguiente sección, 1:12–2:4) y misericordia (2:5-11), *en medio de la adversidad,* los santos encomendados a su cuidado verán la realidad de la muerte y la resurrección de Cristo desplegada ante ellos. Esto implica que la vida del pastor se caracterizará, por lo general, por una calidad (¿y hasta cantidad?) de sufrimiento que no suelen experimentar aquellos que tienen talento para otros roles igualmente importantes dentro de la iglesia (ver esp. 11:28). Si producir la resistencia de la fe en la vida del pueblo de Dios es la meta del ministerio paulino, su propia vida de fe como siervo del nuevo pacto (3:4-6), vivida de forma pública delante de ellos (4:7-15; 6:3-10), es el medio para ese fin.

Al observar a su apóstol, los corintios ven el consuelo divino encarnado en la experiencia de Pablo. Así que el paso en este texto *de* Dios *a* Pablo y *a* los corintios ilustra que Dios llama a los que están en el ministerio, sobre todo llevándolos a todo tipo de aflicciones, para que sean un ejemplo para la iglesia de una forma que no se puede decir de la iglesia en su conjunto. El sufrimiento del pastor o misionero funciona como vehículo principal que sirve de intermediario entre la verdad del evangelio y el pueblo de Dios (*cf.* 2:14–3:3; 4:7-12; 6:3-10; 12:9-10). Citando de nuevo a Barnett:

> La experiencia paulina de sufrimiento y consuelo en el curso de su ministerio se replica en cada generación de la vida de piadosos misioneros y pastores en sus interrelaciones con sus congregaciones. Aunque tanto el ministro como su gente sufren al testificar de Cristo en una cultura extraña, sigue quedando un papel distintivo y, por tanto, un sufrimiento particular, del líder cristiano. Al experimentar el consuelo de Dios en la vida del líder, así se transmitirá por medio del ministerio a las personas.[24]

En medio de una iglesia contemporánea que, con frecuencia, se ve atrapada en técnicas y tecnologías como forma de crecimiento, el mensaje de Pablo en 1:3-11 nos recuerda que, así como la redención tuvo lugar a través de la venida

---

24. Barnett, *Second Corinthians,* 80.

de Cristo, también el plan divino para fortalecer la fe de su pueblo es, no un programa, sino una persona. La vida y la proclamación del pastor, reproducidas en la vida de su gente en medio de sus propios sufrimientos, es la forma principal en que Dios hace crecer a su iglesia.

Uno de los mensajes fundamentales de 2 Corintios es la centralidad y la relevancia del oficio pastoral. Y en el corazón del oficio pastoral está el sufrimiento del pastor, así como Cristo vino como siervo sufriente y obediente hasta la muerte. En una era en la que los pastores se ven cada vez más como terapeutas profesionales, gerentes de negocios y entrenadores para las vicisitudes de la vida, esta manera de entenderlo parece tan extraña como necesaria. Esta alta visión del ministerio en particular, así como el carácter sorprendente de ese mismo oficio, es lo que conforma las siguientes secciones de la carta de Pablo.

2 Corintios 1:12–2:11

Para nosotros, el motivo de satisfacción es el testimonio de nuestra conciencia: Nos hemos comportado en el mundo, y especialmente entre ustedes, con la santidad y sinceridad que vienen de Dios. Nuestra conducta no se ha ajustado a la sabiduría humana sino a la gracia de Dios. [13] No estamos escribiéndoles nada que no puedan leer ni entender. Espero que comprenderán del todo, [14] así como ya nos han comprendido en parte, que pueden sentirse orgullosos de nosotros como también nosotros nos sentiremos orgullosos de ustedes en el día del Señor Jesús.

[15] Confiando en esto, quise visitarlos primero a ustedes para que recibieran una doble bendición; [16] es decir, visitarlos de paso a Macedonia, y verlos otra vez a mi regreso de allá. Así podrían ayudarme a seguir el viaje a Judea. [17] Al proponerme esto, ¿acaso lo hice a la ligera? ¿O es que hago mis planes según criterios meramente humanos, de manera que diga «sí, sí» y «no, no» al mismo tiempo?

[18] Pero tan cierto como que Dios es fiel, el mensaje que les hemos dirigido no es «sí» y «no». [19] Porque el Hijo de Dios, Jesucristo, a quien Silvano, Timoteo y yo predicamos entre ustedes, no fue «sí» y «no»; en él siempre ha sido «sí». [20] Todas las promesas que ha hecho Dios son «sí» en Cristo. Así que por medio de Cristo respondemos «amén» para la gloria de Dios. [21] Dios es el que nos mantiene firmes en Cristo, tanto a nosotros como a ustedes. Él nos ungió, [22] nos selló como propiedad suya y puso su Espíritu en nuestro corazón, como garantía de sus promesas.

[23] ¡Por mi vida! Pongo a Dios por testigo de que es sólo por consideración a ustedes por lo que todavía no he ido a Corinto. [24] No es que intentemos imponerles la fe, sino que deseamos contribuir a la alegría de ustedes, pues por la fe se mantienen firmes.

[2:1] En efecto, decidí no hacerles otra visita que les causara tristeza. [2] Porque si yo los entristezco, ¿quién me brindará alegría sino aquel a quien yo haya entristecido? [3] Les escribí como lo hice para que, al llegar yo, los que debían alegrarme no me causaran tristeza. Estaba confiado de que todos ustedes harían suya mi alegría. [4] Les escribí con gran tristeza y angustia de corazón, y con muchas lágrimas, no para entristecerlos sino para darles a conocer la profundidad del amor que les tengo.

⁵ Si alguno ha causado tristeza, no me la ha causado sólo a mí; hasta cierto punto —y lo digo para no exagerar— se la ha causado a todos ustedes. ⁶ Para él es suficiente el castigo que le impuso la mayoría. ⁷ Más bien debieran perdonarlo y consolarlo para que no sea consumido por la excesiva tristeza. ⁸ Por eso les ruego que reafirmen su amor hacia él. ⁹ Con este propósito les escribí: para ver si pasan la prueba de la completa obediencia. ¹⁰ A quien ustedes perdonen, yo también lo perdono. De hecho, si había algo que perdonar, lo he perdonado por consideración a ustedes en presencia de Cristo, ¹¹ para que Satanás no se aproveche de nosotros, pues no ignoramos sus artimañas.

Esta sección inicia el cuerpo de la carta de Pablo (cf. Bosquejo). Los dos primeros temas a discutir son los recientes cambios en los planes de viaje del apóstol (1:12–2:4) y la situación a la que se enfrenta ahora la iglesia con respecto al ofensor arrepentido (2:5-11). A primera vista, estos dos asuntos no parecen relacionados. Sin embargo, en realidad están íntimamente conectados. Pablo vuelve su atención a la motivación que subyace a lo que parece ser un cambio de opinión arbitrario por su parte, de manera que aplicando esta misma lógica a sus lectores pueda alentarlos a responder del mismo modo a aquel que le ha causado tanto dolor a la comunidad. En lugar de cuestionar su propia legitimidad, su repentino cambio de planes (1:12–2:4) se convierte en un *modelo* para el cambio de conducta que él espera de los corintios (2:5-11).

En esta carta, Pablo tiene tres frentes abiertos (ver la Introducción). Principalmente le preocupan los corintios mismos, porque están divididos entre los que ya se habían arrepentido por su rebeldía contra Pablo (cf. 2:5, 8-9; 5:12; 7:7-16) y los que siguen cuestionando su legitimidad como apóstol (caps. 10–13). Al dirigirse al conjunto de los corintios, procura alentar a los primeros mientras intenta recuperar a los últimos. Al mismo tiempo, Pablo debe contrarrestar la influencia de los "falsos apóstoles", recientemente llegados a Corinto (cf. 2:17; 10:12-18; 11:1-15), entre los que siguen cuestionando su legitimidad.

En ningún sitio es más evidente este triple diálogo que en esta sección de la carta. Contra sus oponentes y los que siguen bajo la influencia de estos, Pablo debe responder a la objeción de que su cambio de planes de viaje revela su debilidad general porque carece de la dirección del Espíritu. Pero Pablo también debe aclarar sus motivos a aquellos que le apoyan, para que no solo confíen en su conducta, sino que la imiten. Para llevar a cabo esta tarea, los argumentos del apóstol se dividen, de manera natural, en cuatro partes: 1:12-14; 1:15-22; 1:23–2:4 y 2:5-11.

El contenido de la jactancia de Pablo (1:12-14)

Pablo efectúa la transición a esta siguiente sección indicando otra razón para la confianza con la que llama a los corintios a alabar a Dios por su vida de fe en medio de la adversidad (*cf.* 1:3-11). En 1:8-11, su confianza derivaba de la obra de Dios al rescatar a Pablo con el fin de sustentar su esperanza de forma personal. En 1:12-14, deriva de la obra de Dios al establecer la base para que Pablo se jacte en público. De manera específica, la conciencia de Pablo es limpia en cuanto a su conducta en el mundo en general y hacia los corintios en particular, ya que en ambos aspectos ha actuado "con la santidad[1] y sinceridad que vienen de Dios" (v. 12a).

"Santidad" (*haplotes*) y "sinceridad" (*eilikrineia*) son conceptos que tienen la connotación de pureza moral. De su uso en otros lugares de los escritos paulinos es evidente que, dada la naturaleza arruinada de la humanidad y el dominio del pecado en las vidas de los que están fuera de Cristo (ver, p. ej. Ro 6:16-20; 8:5-8), la presencia de semejante santidad y sinceridad no puede atribuirse a la propia capacidad moral de Pablo (para *haplotes*, ver esp. 2Co 1:3, así como Ro 12:8; Ef 6:5; para *eilikrineia,* 1Co 5:8; 2Co 2:17). Donde existen tales atributos, son "de Dios", el resultado de la obra transformadora del Espíritu de Dios en las vidas de su "nueva creación" (2Co 5:17; *cf.* 3:18).

El contraste en 1:12 entre la conducta ajustada a la "sabiduría humana [lit. carnal]" y la que deriva de la "gracia de Dios" refleja, pues, la diferencia entre la propia condición de Pablo aparte de Cristo y su nueva posición como apóstol (*cf.* 1:1; 3:4-6; 5:20; 6:1). Aparte de la gracia de Dios, el único recurso que tenemos es la sabiduría que viene de los valores, de la cosmovisión y de las estructuras sociales asociadas a la vida desprovista del poder y de la dirección del Espíritu. A esto se refiere Pablo como vivir o pensar según "la carne" (*cf.* 1:17; 5:16; 10:2; también Ro 8:3-17; Gá 5:13-26; Ef 2:1-3) o según este "mundo" (*cf.* 1Co 1:20; 2:12; 3:19; Ef 2:2; Tit 2:12)

Por esta razón, la NVI suele traducir el uso paulino de "carne" (*sarx*) como "naturaleza pecaminosa" (*cf.* Ro 8:3, 4, 5, 8, 9, 12, 13; Gá 5:13, 16, 17, 19; Ef 2:3; Col 2:11), mientras que entiende que la "mente de la carne" se refiere

---

1. La NVI sigue la variante textual *hagiotes* ("santidad"), en lugar de los que usan *haplotes* ("rectitud" o "simplicidad"). La evidencia externa se divide equitativamente entre las dos posibilidades, pero el contexto favorece la utilización de *haplotes* por dos razones. (1) Pablo no emplea *hagiotes* en ningún otro lugar (el único uso adicional neotestamentario se encuentra en Heb 12:10), pero utiliza *haplotes* las siete veces que aparece en el Nuevo Testamento, cinco en 2Co (1:12; 8:2; 9:11, 13; 11:3; ver también Ro 12:8; Ef 6:5). El tema de la "rectitud" u "honestidad" es clave en esta carta y se presenta aquí. Esto significa que *hagiotes* es una interpretación más difícil, y también demasiado complicada para este contexto. (2) El contraste con "sabiduría humana", en el v. 12b y el énfasis de Pablo sobre la franqueza en el v. 13 favorecen que esté insistiendo en su honestidad en el v. 12a, y no en su santidad (ver Martin, *2 Corinthians,* 18).

a "la mentalidad pecaminosa" (Ro 8:6-7). En 1:12, la NVI capta bien el significado de la frase "sabiduría carnal" con su "sabiduría *humana*").

La idea de Pablo en el versículo 12 es que lo que confirma la gracia del llamado de Dios en su vida es su conducta externa, y no el cuestionamiento de su llamamiento al ministerio. En su "jactancia" sobre una conciencia limpia, el apóstol no se está entregando a la autoglorificación y la autodependencia que él mismo condena con tanta firmeza (*cf.* Ro 3:27; 1Co 1:29; 3:21; 4:7; 5:6; 2Co 5:12; 11:12, 16, 18; 12:1-5; Ef 2:9). Gloriarse en la propia honestidad y sinceridad, o en cualquier otra evidencia de la gracia de Dios es jactarse o gloriarse de forma adecuada en lo que *Dios* ha hecho en y a través de la vida de uno, es decir, "jactarse en el Señor" (1Co 1:31; 15:9; 2Co 10:17; *cf.* 10:8; 11:10; Ro 5:2; 15:17; 1Co 9:15; Gá 6:4; Fil 3:3). Es el contenido de la jactancia y no el sentimiento como tal lo que determina si es legítima o no.

De ahí que la referencia de Pablo al testimonio de su conciencia sea en realidad una alusión a la obra objetiva de Dios en su vida, como manifiesta su conducta externa; no significa retirarse a un sentido privado y escondido que nadie más pueda juzgar. El apóstol sabe, evidentemente, que la conciencia puede engañar, por lo que en última instancia es el Señor quien juzga (*cf.* 1Co 4:4-5; 2Co 5:10). Al mismo tiempo, el Señor testifica de su gracia en las vidas de su pueblo, cambiando su conducta. El testimonio de la conciencia de Pablo hallará, por consiguiente, un eco en la conciencia de aquellos en los que el Espíritu también está obrando (*cf.* 2Co 4:2; 5:11).

La confianza de Pablo en que sus actos reflejan la obra de Dios en su vida queda respaldada por su disposición a escribir abierta y claramente, es decir, a "jactarse" sobre su reciente cambio de planes, algo que hace en 1:15-24. La transparencia de su informe refleja la gracia de Dios manifestada en la honradez de sus acciones (1:13a). No tiene de qué avergonzarse. Pablo tiene, pues, confianza (es decir, "esperanza") en que cuando los corintios oigan el resto de la historia tampoco sigan dudando de su credibilidad, sino que se unan a él y se jacten de lo que Dios ha hecho en su vida como apóstol de ellos. Al actuar así, testificarán de la gracia de Dios en sus propias vidas. Como resultado, su jactancia en *Pablo* se aúna con el gloriarse del apóstol en la genuina naturaleza espiritual de ellos en el día del juicio final, es decir, "en el día del Señor Jesús" (v. 14; para la jactancia de Pablo en y sobre su pueblo, *cf.* 7:4, 14; 8:24; 9:2-3; 1Co 15:31; Fil 2:16; 1Ts 2:19).[2]

---

2. James Scott, *2 Corinthians*, 54 señala con razón que al usar la expresión profética del Antiguo Testamento "el día del Señor" (= Yahvé), que se refiere a ese tiempo en el que Dios juzgará a Israel y las naciones, y establecerá su propio reino de justicia (*cf.* Jl 1–3; Zac 12–14), para referirse al "día del Señor *Jesús*", Pablo equipara la obra de Cristo a la de Dios (*cf.* 1Co 1:8; 5.5; Fil 1:6; 1Ts 5:2).

No exageramos, pues, al concluir que la aceptación de Pablo por parte de los corintios se convierte en el criterio por el cual se medirá la propia conversión genuina de ellos. Si se jactan en Pablo como apóstol genuino, él podrá gloriarse en ellos como creyentes verdaderos (1:14). En ambos casos, sin embargo, la prueba de su respectiva legitimidad ha de hallarse en su estilo de vida. Para Pablo, esto implicaba su forma de comportarse con los corintios como apóstol de ellos; para estos, significaba la forma en que le respondieran a Pablo como "hijos amados" en el Señor (*cf.* 1Co 4:14-15).

Razón del primer cambio de planes de Pablo (1:15-22)

Evidentemente, los oponentes de Pablo habían señalado su aparente cambio de planes en cuanto a su viaje a Corinto como una prueba más de su ilegitimidad como apóstol. Al parecer, también habían argumentado que el primer cambio de planes, en el que decidió ir dos veces a aquella ciudad en lugar de hacer una sola visita más larga, formaba parte de una elaborada argucia para usar la colecta para los creyentes de Jerusalén como tapadera para estafar a los corintios (*cf.* 1Co 16:5-7 con 2Co 7:2; 8:20-21; 11:7s.; 12:13-18). Después de todo, si Pablo fuera un verdadero apóstol, lleno del Espíritu, y no persiguiera solamente el dinero de ellos, dependería de la dirección de Dios y no cambiaría de idea en cuanto a su itinerario; ¡además no lo hizo una sola vez, sino hasta en tres ocasiones! Los planes de Pablo deberían ser tan fiables como el Dios que nunca miente y su autoridad debería ser tan irrefutable como la de Dios mismo. De ahí que sus oponentes consideraran que su incapacidad por llevar adelante su plan original era una indicación de que el Espíritu no estaba obrando en su ministerio y que él tomaba sus decisiones según "criterios meramente humanos" (1:17; lit., "según la carne", es decir, sin el Espíritu).

No obstante, a pesar de la crítica de los oponentes de Pablo, las preguntas retóricas del versículo 17 esperan una respuesta negativa. Les recuerda, pues, a los corintios que su primer cambio de planes no derivó de la falta de dirección de Dios, sino de la confianza en que sus actos se estaban desarrollando en repuesta a la gracia divina en su vida (si tomamos el "esto" del v. 15 como una referencia a los vv. 12-14). Los motivos por los que actuaba eran puros y su conciencia estaba limpia. Dado que procedía según la gracia de Dios, no necesitaba hacer juramento alguno para demostrar la veracidad de su palabra, declarando "sí, sí" y "no, no" (1:17).[3] Dada la "inconstancia de la naturaleza

---

3. El "de manera que diga 'sí, sí' y 'no, no' al mismo tiempo" de 1:17 en la versión NVI añade la idea de una acción simultánea (es decir, "a la vez"), para que este difícil pasaje tenga sentido. Pero semejante idea no queda explícita en el texto. Sencillamente dice "para que mi 'sí sea sí' y mi 'no sea no'". Esta era una fórmula de juramento que solía usarse entre los judíos, sobre todo en aquellos casos que se pretendía evitar jurar por el nombre de Dios. Ver L. L. Welborn, "The Dangerous Double Affirmation: Character and Truth in 2Co 1:17", *ZNW* 86 (1995): 34-52, 41-48.

humana", en la tradición judía la repetición "garantiza que el 'sí' de quien habla sea verdaderamente 'sí' y su 'no' un 'no' real, mientras que "el 'sí' de los justos debería ser un 'sí' y el 'no' un 'no'".[4]

Con esto a modo de telón de fondo, el cambio de planes de Pablo no era la expresión de un carácter vacilante, sino la manifestación de la fidelidad de Dios (1:18). Basados en la gracia divina tal como se proclama en el evangelio, el discurso y la predicación del apóstol eran directos y puros, de manera que su mensaje y sus planes no eran más que un "sí" (1:19; *cf.* 1:12-14).[5] En lugar de ir a Corinto una sola vez de camino a Jerusalén, desde Macedonia (*cf.* 1Co 16:1-9), Pablo visitaría Corinto en dos ocasiones, una cuando fuera *a* Macedonia y, de nuevo, cuando regresara desde allí a Jerusalén (2Co 1:15-16). Que este cambio de planes no reflejaba que carecía del Espíritu es evidente en los propósitos del apóstol para la visita adicional: que los *corintios*, y no Pablo, "recibie[ran] bendición" dos veces (v. 15).

La palabra vertida aquí como "bendición" (*charis*) es el mismo término usado en alusión a la "gracia" y sus dones. El propósito del apóstol al querer visitar a los corintios dos veces era que pudieran tener (lit.) "una segunda [expresión de] gracia". Como aclaran los capítulos 8–9, esta doble experiencia de gracia se refiere a que los corintios puedan tener dos oportunidades de contribuir económicamente a la colecta. En 8:1, 4, 6-7, 19, "gracia" se emplea para describir el acto de contribuir a la ofrenda, ya que, según 9:6-11, la capacidad de dar a otros es una manifestación de la clemente aptitud divina de suplir las propias necesidades de uno. La disposición y la posibilidad de los corintios para dar a los que no pueden devolver lo recibido es una demostración de que ellos también han obtenido "gracia". Por eso, cuando Pablo planeó esta segunda visita inesperada, no era un acto de la "carne" (es decir, "planificar de una forma humana") por el que esperaba beneficiarse personalmente (v. 17). Lo hizo por los corintios, con el pleno conocimiento de que proporcionarles la oportunidad de dar dos veces los beneficiaría doblemente, ya que "Dios ama al que da con alegría" (9:7).

Visto bajo este prisma, los cambios de planes del apóstol no eran un falso acto de indecisión, sino el reflejo de la propia fidelidad de Dios (1:8-19). Aquí también, Pablo respalda su audaz contragolpe con el relato de su experiencia con la revelación de Dios en Cristo (*cf.* 1:9). Así como Dios había demostrado ser fiel cumpliendo sus promesas en Jesucristo, también Pablo había actuado según este mismo evangelio, como les fue predicado y confirmado a los corintios por varios testigos (v. 20a).

---

4. *Ibíd.*, 46.
5. Para un análisis de 1:17-18 teniendo en cuenta Mt 5:37 y Stg 5:12 que ilustra cómo la prohibición de Jesús contra los juramentos podría haberse utilizado de forma errónea por los oponentes de Pablo contra este, ver David Wenham, "2 Corinthians 1:17, 18: Echo of a Dominical Logion", *NowT* 28 (1986): 271-79.

La descripción abierta que Pablo hace en el versículo 20 de estas promesas ("independientemente del número de promesas que Dios haya hecho") refleja su convicción de que Jesús es, a la vez, el punto central y culminante de la historia redentora. No hay acontecimiento en la historia de Israel ni promesa que Dios le hiciera a su pueblo que no tengan su significado o su cumplimiento en Cristo. El invariable compromiso divino de derramar su gracia sobre su pueblo, supliendo sus necesidades, alcanzó su clímax cuando envió a Cristo por los pecados de ellos (*cf.* 5:21). Por tanto, la promesa de Dios de liberar a su pueblo del pecado y del diablo, cuyo cumplimiento supremo es la resurrección de su pueblo de los muertos, también tuvo lugar en Cristo (*cf.* 4:14). Del mismo modo, Cristo es también quien propicia la intención divina de juzgar al mundo (*cf.* 5:10). Por consiguiente, el aparente cambio de planes de Dios al enviar primero a Cristo a la cruz (*cf.* Mr 20:45) antes de que venga a juzgar (*cf.* 1:14; 5:10) fue, en realidad, el cumplimiento coherente de sus promesas de bendecir a las naciones (*cf.* Gn 12:1-3; Ro 3:21-26; 4:11, Gá 3:13-14).

La naturaleza inesperada de la primera venida de Cristo fue, en realidad, la revelación del plan global y de la promesa de Dios de derramar su gracia sobre su pueblo. De manera similar, el compromiso de Pablo en Cristo de satisfacer las necesidades de los corintios lo condujo a cambiar sus planes para que pudieran experimentar la gracia divina o "beneficio" todo lo posible (no una vez, sino dos). En otras palabras, ¡porque la intención del apóstol siguió siendo la *misma*, sus planes *cambiaron*! Pablo pronuncia su asentimiento (su "amén") a lo que Dios ha hecho en Cristo (es decir, suplir sus necesidades), no solo de palabra mediante la predicación del evangelio, sino también de obra actuando como Cristo hacia los corintios.

"Amén" es la forma transliterada de un término hebreo que significa "confirmar" o "establecer". Los judíos solían declarar "amén" en respuesta a las oraciones o declaraciones con las que estaban de acuerdo. Por su propio cambio de planes en cuanto a los corintios, Pablo dice, pues, "amén" a la demostración que Dios hizo en Cristo de su divina fidelidad hacia su pueblo. Al actuar así, expresa el propio compromiso divino de cumplir sus promesas en y por medio de Cristo.

El objeto del "amén" de Pablo es "para la gloria de Dios" (v. 20b). De nuevo, les recuerda a los corintios que el propósito de todas las cosas es glorificar a Dios (*cf.* 1:3, 11). Dios es aquel que debe ser honrado por las buenas obras de ellos (*cf.* Mt 5:16), ya sea por la decisión del apóstol de visitarlos dos veces o porque los corintios decidan ofrendar para la colecta. La razón de darle el crédito a Dios se expresa en las tres imágenes expuestas en los versículos 21-22, que se entienden mejor como alusiones tanto a Pablo como a los corintios (nótese la explícita inclusión de los corintios en 1:21a). (1) Dios debe ser alabado, porque es aquel que "nos [a Pablo y a los corintios] mantiene firmes en

Cristo, tanto a nosotros como a ustedes". Es una alusión a su conversión, por la cual Dios los establece firmemente como cristianos.

(2) Dios es aquel que los ha "ungido". Estar en Cristo, "el Ungido", conduce a su vez a ser ungido por Dios.[6] Es una referencia a su llamado como cristianos por el cual Dios los ha apartado y equipado mediante el don del Espíritu para cumplir su propósito especial para ellos.

(3) Dios es aquel que, como un rey antiguo, "ha puesto su sello de propiedad" sobre ellos y "ha puesto su Espíritu en el corazón de ellos como depósito que garantiza lo que ha de venir". Aquí, Pablo se está refiriendo al compromiso divino de la consumación de ellos, sellados y certificados mediante la entrega de su Espíritu como *arrabon*. Es un término técnico financiero que tiene que ver con un "primer plazo" o "depósito" que se paga como prueba de fidelidad a un compromiso. En este contexto se refiere al derramamiento del Espíritu como promesa de Dios de "pagar por completo" la promesa que ya ha empezado a cumplir mediante la concesión de su presencia y poder a su pueblo. La alabanza de Pablo en 1:20 refleja, por consiguiente, su teología trinitaria y su entendimiento de la promesa divina de salvar, santificar y glorificar a su pueblo: se alaba a *Dios* por su obra en y por medio de *Cristo* tal como la efectúa y la asegura el don del *Espíritu*.

Ya hemos visto que la alabanza de Pablo conlleva un propósito polémico (*cf.* 1:3-11). Como aclara 1:20b, la experiencia de la conversión, del llamado y de la consumación perfilados en los versículos 21-22 se produce por medio del ministerio apostólico. En otras palabras, el "amén" pronunciado para la gloria de Dios surge *a través* (lit., "a través de nosotros", como plural apostólico). Esto significa, a su vez, que la existencia misma de los corintios como creyentes autentifica el carácter y la conducta en la vida de Pablo, ya que es su ministerio como apóstol el que media la presencia y el poder de Dios a los corintios (*cf.* 3:7-18). Por tanto, si ellos dudan de sus motivos, estarán sembrando la duda sobre la realidad de la propia vida que tienen en Cristo (para el desarrollo explícito de esta idea, ver 3:1-3).

Razón del segundo cambio de planes de Pablo (1:23–2:4)

Por si el cambio de planes original de Pablo no fuera lo bastante desconcertante, volvió a alterarlos de nuevo tras la primera visita que había planeado. Ir a verlos de camino a Macedonia resultó extremadamente difícil, por la rebelión en contra de su autoridad que tuvo lugar en ese tiempo (ver Introducción). En lugar de seguir directamente a Macedonia y, a continuación, arriesgarse a

---

6. En 1:21 hay un juego de palabras basado en la derivación del título "Cristo" (*Christos*, es decir, "el ungido") del verbo "ungir" (*chrio*) que se pierde en la traducción. El versículo 21 dice: Dios los estableció "en Cristo" (*eis Christon*) y los ha "ungido" (*chrisas*).

otra "visita que les causara tristeza" (2:1), el apóstol decidió regresar a Éfeso. Una vez allí, escribió una carta "con gran tristeza y angustia de corazón, y con muchas lágrimas, no para entristecerlos [a los corintios] sino para darles a conocer la profundidad del amor que les tengo" (2:4). Para los que se oponían a Pablo, este nuevo cambio de planes parecía ser motivado por su temor al rechazo en Corinto. En su opinión, el apóstol era un cobarde que se negaba a enfrentarse a sus acusadores.

Sin embargo, el mismo principio cristológico que provocó el primer cambio de planes motivó en realidad el segundo, a saber, el deseo de extender misericordia a los demás. Pero así como Pablo había querido anteriormente proporcionar a los corintios una doble oportunidad de extender gracia a *otros* (al ofrendar dos veces), esta vez actúa para extender misericordia a los corintios *mismos*. Pablo les recuerda en 13:1-10 que está dispuesto y es capaz de ejercer su autoridad para juzgar a los que profesan a Cristo, pero viven en pecado (*cf.* 1Co 4:21; 5:1-13). No obstante, antes del juicio viene la misericordia. Dios es paciente. Así como él ha brindado una oportunidad adicional para el arrepentimiento y la restauración del mundo, separando las dos venidas de Cristo, Pablo también quiso proporcionar esta misma oportunidad a los corintios.

La gravedad de lo que el apóstol está diciendo en esta sección se refleja en su disposición a confirmarlo mediante un juramento solemne que apela a Dios para que sea su "testigo", como si estuvieran en un tribunal, invocando así el juicio divino sobre sí mismo si estuviera mintiendo (1:23a). De hecho, Pablo es tan serio en esta aseveración que incluso arriesga su propia vida para respaldarla (la NVI no traduce el texto completo que dice: "Mas yo invoco a Dios por testigo sobre mi alma" [RVR1960]).[7] En 1:23 Pablo está testificando de la forma más seria posible que no fue su temor al rechazo lo que le impidió regresar a Corinto, sino su deseo de "evitarles" el juicio de Dios. En 13:2 emite la misma advertencia de que no será indulgente con aquellos que sigan en rebeldía cuando él regrese (la segunda venida de Cristo). Si hubiera ido a ellos en medio de su rebeldía, no le habría quedado más remedio que pronunciar la condenación de Dios y expulsarlos de la iglesia (*cf.* de nuevo 1Co 5:1-5 y el principio en 5:12-13).

Al explicar sus motivos, Pablo no está intentando tener mano dura ni alardear de su autoridad. ¡Es justo lo contrario! Su decisión de no ir a Corinto por segunda vez era un acto de humilde autocontención en que no quiso ejercer su autoridad sobre ellos, incluso cuando esto pudiera significar su propia vindicación. En lugar de pelear por su propia reputación, su propósito consistía en

---

7. Ver de nuevo James Scott, *2 Corinthians*, 55-56, para el desarrollo del tema de Dios como testigo a favor y en contra de las acciones de las personas (*cf.* Gn 31:44, 50; 1S 12:5-6; 20:23, 42; 1R 17:12; Is 43:10, 12; Jer 42:5).

"contribuir [con ellos] a la alegría de ustedes" (1:24a). El objetivo de Pablo, como apóstol, no era establecer su autoridad de por sí, sino instituir la fe de ellos para que pudieran permanecer "firmes" como pueblo de Dios (1:24b).

De manera que Pablo canceló su visita de regreso (2:1), porque reconoció que su propia felicidad como apóstol estaba envuelta en el progreso de los corintios en la fe, y no en su juicio y el dolor posterior (2:2). Pablo estaba dispuesto a negarse a sí mismo el inmediato placer de su propia vindicación a favor de la satisfacción mayor de ver cómo los corintios experimentaban el gozo de la fe renovada. En este sentido, el apóstol no solo cambió de planes por amor a los corintios, sino también por su propio bien (2:3). Además, al tomar esta decisión, tuvo la confianza de que su misericordia hacia los corintios tendría el resultado deseado: los corintios se arrepentirían y, de nuevo, compartirían el gozo de Pablo en Cristo (2:3b). La existencia de 2 Corintios es, en sí misma, un testimonio de que la confianza de Pablo, aun si no se materializó por completo (nótese su énfasis sobre "todos ustedes" en 2:3), al menos no era inadecuada. Su amor por los corintios, expresado en las severas advertencias y las llamadas al arrepentimiento de su propia carta (2:4), fue el instrumento que Dios usó para llevar a la mayoría de los corintios de nuevo a Pablo (*cf.* 7:8-12). La esperanza del apóstol es que la carta que está escribiendo haga lo mismo por los restantes (*cf.* 13:5-7).

La aplicación del ejemplo de Pablo a los corintios (2:5-11)

Una vez explicada su lógica para cambiar de planes, Pablo vuelve ahora su atención de nuevo a los corintios. Su objetivo consiste en exhortarlos a usar el mismo razonamiento al tratar con aquel que no solo le causó tristeza a Pablo, sino también "hasta cierto punto" al conjunto de la comunidad (2:5). La inclusión que hace el apóstol de la iglesia en este punto es crucial. De haberse tratado de una ofensa solo contra su persona, se habría sentido obligado a seguir su propio consejo de 1 Corintios 6:7 y "dejar que [lo] defrauden" en lugar de perseguir la vindicación personal. Pero, al oponerse a él, la integridad de la congregación estaba en juego, ya que la legitimidad de los corintios está inextricablemente ligada a la de Pablo como apóstol suyo (*cf.* 2Co 3:1-3). Por tanto, Pablo sintió que asumir esta ofensa era algo justificado (*cf.* 2:3-4; también 1Co 4:14-21).

Aunque no menciona en ninguna parte los detalles específicos de la ofensa en sí, debió de haber implicado algún tipo de calumnia en contra suya y de su relación apostólica con los corintios. Tal vez el ofensor había sido alguien de influencia que se había puesto de parte de los oponentes de Pablo y que había liderado la oposición contra él. Cualquiera que sea el caso, la mayoría de los corintios habían cerrado filas con este difamador. Más tarde, después de que la mayoría se hubiese arrepentido como resultado de su carta "con muchas lágrimas" (2:4; 7:8-13), sufrieron con Pablo por la influencia que el ofensor tenía sobre ellos. Por consiguiente, castigaron al ofensor (2:6), probablemente excluyéndolo de la comunión de la comunidad cristiana, de acuerdo con el precedente establecido en 1 Corintios 5:2, 5, 13.

El castigo tuvo su pretendido impacto saludable. El ofensor se había arrepentido. Estaba listo para volver a unirse a la congregación. En respuesta, Pablo insta a los corintios a seguir sus pisadas, no solo derramando castigo sobre aquellos que lo merecen, sino también demostrando misericordia para con los arrepentidos. El propósito del apóstol es redentor, no el restablecimiento de las reputaciones. El mismo deseo de extender misericordia a los demás que guio la relación de Pablo con los corintios debe dirigir las relaciones de estos los unos con los otros. La preocupación del escritor es que si no hacemos llegar perdón, consuelo y amor al ofensor, esa persona "no sea consumida por la excesiva tristeza" (2:7-8). Como observa Victor Furnish, "cualquier disciplina adicional sería estrictamente punitiva y solo podría conducir a un dolor de tipo mundano que no podría aliviarse con ningún valor redentor" (*cf.* 7:9-11, donde dicho "dolor mundano" conduce a la muerte).[8]

Por esta razón, Pablo aclara que su polémica carta pretendía ponerlos "a prueba" para determinar si serían "obedientes en *todo*" (2:9). Esta obediencia no solo incluye una disposición a arrepentirse y juzgar al ofensor según sea necesario (2:6), sino también una avidez por perdonarlo una vez que él también se ha arrepentido (2:7, 10). Al ejercer dicha obediencia, estarán siguiendo el ejemplo de Pablo, que extendió misericordia a los corintios, siguiendo el ejemplo de Cristo (1Co 11:1). A su vez, la disposición del apóstol a someterse a la extensión de perdón de los corintios al ofensor es una expresión más de esta obediencia semejante a la de Cristo (2Co 2:10a).

Aunque Pablo era quien sufrió en primer lugar, considera que los corintios son los primeros perjudicados en esta rebeldía contra su autoridad apostólica, de manera que deben tomar la iniciativa en la reconciliación. En otras palabras, al seguir el ejemplo del ofensor y rechazar a Pablo se estaban perjudicando en realidad a *sí mismos*. Ahora, cuando le dan la bienvenida al pecador

---

8. *II Corinthians*, 162. Con respecto a las razones persuasivas contra el planteamiento tradicional con el que se suele entender que 2:5-11 se refiere al ofensor de 1Co 5:5, de manera que la carta "con lágrimas" acaba identificándose con 1 Corintios misma, se puede ver la exposición de Furnish en sus pp. 163-68. De los nueve argumentos que detalla, los más elocuentes son: (1) en 1Co 5, el lamento en cuestión es por el pecado del ofensor; en 2Co 2:5-11 y 7:7-8 es por el suyo propio y conduce al arrepentimiento de ellos, así como al del ofensor; (2) en 1Co 5:3-5, el papel de Satanás es castigar al ofensor; en 2Co 2:5-11 es amenazar a la congregación misma; en 2Co 2, Cristo es el juez escatológico; y (4) en 1Co 5 la preocupación es por la pureza moral de la congregación; en 2Co 2, el motivo de preocupación es la armonía en el seno de la congregación.

arrepentido (Pablo espera que superen por completo la prueba), también él, consciente de estar actuando "en presencia de Cristo", es decir, bajo el juicio de Cristo y en aras de recibir su aprobación (2:10b). Como Cristo, la preocupación de Pablo no es por su propia reputación, sino por el bien de los corintios (*cf.* 1:24; 12:19). El perdón del apóstol se extiende "por consideración [a ellos]" (2:10), y no por su propio bien. A lo largo de 1:15–2:10, el modelo de Cristo motiva la relación de Pablo con los corintios.[9]

Al concluir Pablo esta sección, su seriedad es impresionante. Acaba indicando que el propósito supremo de sus exhortaciones consiste en impedir que Satanás use esta situación contra la iglesia (nótese la cláusula de finalidad en 11a). Las "artimañas" de Satanás (v. 11b) giran en torno a destruir la aceptación y el perdón mutuos que deben caracterizar al pueblo de Dios, ya que son la evidencia de la obra redentora divina en Cristo y de la unidad del Espíritu que crea (1:19-22; *cf.* 1Co 12:3, 12-13). Ninguna iglesia del primer siglo había luchado con la unidad del Espíritu en Cristo más que los corintios. De hecho, la mayoría de los mandamientos a lo largo de 1 Corintios se centran en algún aspecto de la unidad de la iglesia (p. ej. 1Co 1:10; 3:1-3; 4:14, 16; 5:4a, 5a, 7a, 8b; 6:1, 4, 6-7, 18, 20; 8:9, 13; 10:14; 11:33-34).

Por tanto, Pablo vuelve a recordarles a los corintios, una vez más, la batalla espiritual que está en marcha mientras pelean contra la tentación de guardar rencor y transformar su castigo en un acto de venganza, extendiéndola más allá de lo necesario. La mayoría de los corintios han demostrado su renovada lealtad a Pablo, mostrando un justo enfado contra aquel que les causó dolor y perjudicó a la iglesia. Ahora es tiempo de pasar la prueba suprema que determine si su arrepentimiento es legítimo. En el llamado a perdonar a los demás lo que está en juego es, ni más ni menos, la validez de su propia salvación. Los que se han arrepentido y han experimentado la misericordia de Dios no tienen otra elección que extender la misma misericordia a aquellos que han actuado del mismo modo (Mt 6:12, 14-15).

Hemos visto que a lo largo de este pasaje Pablo responde teológicamente a los problemas que tiene a mano. En 1:12–2:4, describió cómo su propia toma de decisiones se basaba en principios derivados de la forma en que Dios mismo ha actuado en la historia redentora. Al cambiar sus planes con respecto a los corintios, el

---

9. Ver también Jan Lambrecht, *Second Corinthians,* 32, que comenta sobre 2:10: "A través de la redacción un tanto extraña de este versículo uno siente la sensibilidad de Pablo, pero también su entusiasmo cristiano y apostólico: minimizar la injusticia que experimenta personalmente, su perdón, su preocupación por los corintios (ellos deberían seguir su ejemplo) y su unión con Cristo (*cf.* 'en presencia de Cristo')".

apóstol estaba practicando lo que predicaba, cuando exhortó a otros a ser "imitadores de Dios" (Ef 5:1). Luego, en 2 Corintios 2:5-11, Pablo aplicó estos mismos principios a los corintios.

Esto no era nada nuevo por parte de Pablo. Tal como les aconsejó a los corintios antes, esperaba que ellos "imit[aran] a mí, como yo imito a Cristo" (1Co 11.1). Ellos también habían visto esta imitación de Cristo ilustrada en la disposición de Pablo a renunciar a sus derechos por amor a los demás (*cf.* 9:1-23; 10:33), que después aplicó a los corintios (8:1-13; 10:23-32). Del mismo modo, las convicciones teológicas del apóstol en cuanto a la obra de Dios en Cristo, y no los detalles de sus circunstancias, proporcionan la dirección que necesitamos al pasar de este contexto al nuestro. La clave para aplicar este pasaje es, pues, aislar los principios teológicos que Pablo aduce para justificar sus actos.

Teología (1:12-14). La base de la jactancia de Pablo en 1:12-14 era su clara conciencia en cuanto a su conducta. Su apoyo teológico para esta confianza era su doctrina de Dios (*teo*logía), dado que era la gracia divina la que hacía posible su conducta ética. Para Pablo, existe un vínculo directo entre teología y ética, entre la naturaleza dinámica de la presencia de Dios en la vida de la persona y la forma en que esta vive de verdad. En lugar de copiar el comportamiento de Pablo per se, al aplicar su ejemplo nosotros también deberíamos evaluar si nuestro modo de vida refleja o no la sinceridad y la rectitud que fluyen de la presencia de la gracia de Dios en nuestras vidas.

La decisión del apóstol de ser transparente en cuanto a su sufrimiento (1:8-11), y ahora sobre su cambio de planes (1:12-14), refleja una confianza en cuanto a la gracia transformadora de Dios que sigue siendo relevante en cualquier contexto. Si nuestras decisiones fluyen del sincero intento de reflejar la obra de Dios en nuestras vidas, y no de los caminos del mundo, no necesitaremos ocultar nuestras acciones o motivos bajo una capa de secretismo, incluso cuando estemos equivocados (1:13). Esta combinación de humildad delante de los demás y confianza delante de Dios se convierte en la fuerza y la jactancia de los que saben que Cristo es su juez (1:14).

Cristología (1:15-22). En 1:15-22, Pablo explica su conducta apelando a la historia de la salvación, en la que la fidelidad y el propósito supremo de Dios hacia su pueblo se demuestran al haber enviado a Jesús como el Cristo. Por tanto, si la teología proporciona la base para nuestra conducta, la cristología se convierte en la clave para evaluar su contenido. La venida de Cristo como verificación y cumplimiento de las promesas divinas es el punto de inflexión en la historia del mundo (1:20). Como tal, es el dato más importante para la ética cristiana.

Pero, como ilustra el argumento paulino, esto no significa que nos limitemos a preguntar: "¿Qué pensaría o haría Jesús en nuestra situación?". Cuando abordamos cuestiones tratadas en las advertencias morales de Jesús y sus afirmaciones teológicas, podemos extender estas enseñanzas a nuestras circunstancias en forma de correspondencia o implicación. Pero cuando se trata de discernir la voluntad de Dios en las situaciones ambiguas, como los planes de viaje de Pablo, casi siempre resulta imposible transportar a Jesús desde su contexto del siglo I en la Palestina ocupada por los romanos a nuestras propias circunstancias. Tampoco podemos suponer que, en nuestro estado finito y pecaminoso, debiéramos hacer todo lo que Jesús hizo como el mesiánico Hijo del Hombre y el Verbo divino encarnado.

Además, la mayoría de los intentos por descubrir "lo que Jesús habría hecho" degenera en una tentativa de adentrarse en los textos de los Evangelios para entrar en la "mente de Cristo". Para ello, uno debe interpretar el texto intentando recrear lo que Jesús "sintió" o deseó en aquel tiempo, o caer presa de la falacia de lo que E. D. Hirsch llamaba "intuicionismo".[10] En cualquier caso, el lector le ha quitado a las palabras el significado de lo dicho por Cristo y las ha hecho cautivas de su propia imaginación subjetiva. Sin embargo, en la aplicación de textos no debemos perder de vista que la única intención que se puede recuperar de un pasaje es la que se expresa de forma explícita en el lenguaje del texto mismo, que se entiende dentro de su propio contexto histórico y literario. No podemos adentrarnos en el texto para saber qué pensaba o sentía el autor al margen de lo que este mismo nos cuenta sobre esos pensamientos o sentimientos.

Así pues, al apelar a Cristo en este pasaje, Pablo no intenta reconstruir sus pensamientos ni imaginar qué planes habría hecho si hubiera estado en Éfeso. El apóstol no dice que cambiara sus planes pensando en lo que Cristo hubiera hecho en su lugar, sino por lo que ya había llevado a cabo como Hijo de Dios (1:19). En lugar de proporcionar un atajo para discernir la voluntad divina, que Pablo justifique sus acciones refiriéndose a Cristo, a quien había predicado como cumplimiento de las promesas de Dios, nos lleva a reflexionar en la naturaleza de la historia redentora como marco para tomar las decisiones éticas.

Cuando Pablo les recordó anteriormente a los corintios que tenía "la mente de Cristo" (1Co 2:16), no les estaba prometiendo un canal hasta los pensamientos y los sentimientos internos de Cristo. Les estaba asegurando que la venida de Jesús aclara ahora lo inescrutable de los caminos de Dios en la historia (*cf.* la cita de Is 40:13 en 1Co 2:16). Como ha señalado Craig Blomberg:

---

10. Para los problemas de subjetividad y las inherentes reivindicaciones de poder que residen en la tan asumida "comunión espiritual directa con un dios o con otra persona", para que el lector empiece con las palabras del texto pero luego las trasciende basándose en una certeza intuitiva incontrolable, ver E. D. Hirsch, *The Aims of Interpretation* (Chicago: Univ. of Chicago Press, 1976), 20ss.

> [los versículos 2:13-16] Tampoco justifican los intentos de interpretar la voluntad de Dios, incluyendo su revelación en las Escrituras, aparte de los principios normales y juiciosos de la hermenéutica.
>
> [...] Pero el Espíritu nunca enseña aquello que es contrario al sencillo significado de pasajes interpretados en su contexto histórico y literario original. Y este significado es accesible para cualquiera —creyente o no— dispuesto y capaz de invertir el necesario tiempo de estudio [...] que estos no cristianos no poseen es lo que la Biblia considera sistemáticamente la clase más completa de sabiduría: una disposición *a vivir según* la Palabra de Dios y *a obedecerla* (*cf.* v. 14a).[11]

Por tanto, con el fin de actuar de forma ética en una situación compleja para la que no existe un mandato bíblico directo, en nuestro pasaje Pablo realiza la ardua tarea de reflexionar teológicamente sobre la relevancia de Cristo en el plan divino de redención.

Semejante estrategia para tomar decisiones no es exclusiva de este pasaje. Por ejemplo, en Romanos 15:2-3 Pablo dice que, en asuntos de libertad personal cristiana, los que son fuertes en su fe deberían agradar a su prójimo antes que a sí mismos, y basa este principio ético en que Cristo no se agradó a sí mismo al ir a la cruz. De manera similar, en 15:7, el apóstol exhorta a los romanos que se acepten unos a otros "así como Cristo los aceptó a ustedes para gloria de Dios". En Filipenses 2:1-18, las advertencias éticas de 2:2-5 y 2:12 están cimentadas en la encarnación, crucifixión y exaltación de Cristo como se resume en 2:6-11. Esta misma orientación cristológica se encuentra en 2 Corintios 1:20 y puede multiplicarse a lo largo de las cartas de Pablo.

Esto significa que la pregunta clave que se ha de preguntar al evaluar situaciones morales ambiguas no es principalmente "¿Qué haría Jesús en mi lugar?", sino "¿Qué curso de acción refleja mejor lo que Cristo ha llevado a cabo por nosotros en la historia redentora, de forma que el Dios trino sea honrado por sus actos misericordiosos hacia nosotros?" (*cf.* Ro 12:1). En la situación de Pablo, esto significaba cambiar sus planes originales para que los corintios tuvieran la oportunidad de contribuir dos veces a la colecta que se estaba recogiendo para los creyentes pobres en Jerusalén (1:15). Como veremos en los capítulos 8-9, semejante oportunidad encaja en el criterio perfilado más arriba, ya que al mostrar misericordia con los de Jerusalén, los corintios estarán extendiendo a otros la misma misericordia que ellos mismos han recibido de Dios en Cristo (*cf.* 8:9).

---

11. Blomberg, *1 Corintios*, 74-75.

En otras palabras, el cambio de planes de Pablo estaba motivado por su deseo de capacitar a los que habían recibido tan abundante misericordia a ser abundantemente misericordiosos con otros, para la gloria de Dios. Así también, nuestras acciones deberían reflejar el carácter de la gracia de Dios tal como hemos llegado a conocerla en Cristo. De manera específica, nuestras decisiones deberían estar motivadas por un deseo de ver el beneficio de la iglesia extendiendo a otros la misma misericordia que ella ha experimentado de Dios.

Soteriología (1:23–2:4). En 1:23–2:4, Pablo aclara que, a diferencia de su primer cambio de planes, el segundo no fue impulsado por su deseo de que los corintios fueran misericordiosos *con otros*, sino que él mismo pretendía tener esa misericordia para con los corintios *mismos*. Aunque estos se habían rebelado contra el apóstol y su evangelio durante la primera de sus dos visitas sugeridas, Pablo estaba dispuesto a darles el beneficio de la duda en cuanto a que los oponentes los estaban confundiendo de manera temporal, y no llegar a la conclusión de que estaban rechazando de forma definitiva a Cristo. En consecuencia, el principio teológico que dirige los actos de Pablo en este punto era una extensión de su cristología de 1:15-22 hasta su soteriología correspondiente.

El intervalo entre la venida de Cristo para morir en la cruz y su regreso para juzgar al mundo demuestra que el propósito de Dios consiste en extender el evangelio hasta los confines de la tierra mediante la creación de una misericordiosa oportunidad final. Además, el instrumento de la misericordia divina entre las dos venidas de Cristo es la proclamación misma del evangelio. En ella, las buenas nuevas de la gracia divina toman forma teniendo muy en cuenta la advertencia de que el juicio de Dios vendrá con toda seguridad contra aquellos que no confían en Cristo, provocando así arrepentimiento y reconciliación con Dios en aquellos en los que el Espíritu está obrando (*cf.* 3:3-6; 4:3-6; 5:6–6:2).

De la misma manera, la decisión de Pablo de no regresar a Corinto de inmediato, después de su "visita que causó tristeza", fue un acto de misericordia por su parte (1:23). No actuó como un cobarde ni fue la expresión de ira o la respuesta protectora de alguien cuyos sentimientos han sido heridos. Más bien lo hizo para evitarles la ira de Dios, permitiendo la predicación del evangelio contenida en la "carta con muchas lágrimas" escrita durante su ausencia (2:3-4). Ambos retrasos y su reafirmación en las implicaciones del evangelio pretendían producir arrepentimiento en los corintios con el fin de que pudieran salir airosos en el juicio final de Dios (*cf.* 13:1-10). Pablo modificó sus planes para actuar con los corintios del mismo modo en que Dios está actuando ahora entre la primera y la segunda venida de Cristo. Como los actos de Cristo, los de Pablo se convierten de forma consecuente en el canal para la revelación de la gloria de la misericordia divina.

A este respecto, efectuar la transición del contexto paulino al nuestro significa, por tanto, que debemos seguir al apóstol y hacer dos evaluaciones fundamentales. (1) Al tratar con la oposición en el seno de la iglesia, debemos discernir si hay alguna razón para mantener abierta la posibilidad de que aquellos que ahora rechazan el evangelio pudieran no ser en realidad "enemigos de la cruz de Cristo", cuyo destino es "destrucción" (Fil 3:18-19), sino meramente discípulos engañados. Cuando hacemos esta valoración, es importante tener en mente que Pablo se equivocó al pensar lo mejor de los corintios y no lo peor (*cf.* 2Co 2:3). Y lo hizo aun cuando el perjuicio era para él.

(2) Debemos discernir si extender de nuevo misericordia expresa el carácter de Dios en Cristo o si llega a ser una burla de dicho carácter por abusar de su gracia. Pablo insiste en el capítulo 13 en que para preservar el honor del carácter propio de Dios, su paciencia puede llegar a su fin. Cuando esto ocurre, la paciencia de Dios se convierte en la razón misma de su ira contra aquellos que son persistentemente incapaces de confiar en él (ver Nm 14:10-35 para la expresión paradigmática de este principio). Frente a la incredulidad, incluso entre los que afirman seguir a Cristo, nuestra respuesta debe ser, pues, advertir siempre sobre el juicio de Dios y no ofrecer un falso consuelo en medio del pecado (*cf.* 13:1-10). Al mismo tiempo, el ofrecimiento de perdón y reconciliación a quienes regresan a Cristo debe ser igualmente fuerte. Tan grave y clemente llamada será el medio mismo que Dios use para llevar a su pueblo al arrepentimiento (*cf.* 7:8-13). Además, debemos también examinarnos nosotros mismos, asegurarnos de no estar sacando conclusiones sobre la gracia de Dios frente al pecado flagrante.

Eclesiología (2:5-11). En 2:5-11, el principio dominante que guio la aplicación de Pablo de su propia experiencia a los corintios era su manera de entender la iglesia. La teología, la cristología y la soteriología que dieron forma a las acciones de Pablo (1:12–2:4) condujeron a una eclesiología que exigía actos y actitudes similares de los corintios. En particular, existen al menos cuatro principios eclesiológicos que dirigen las exhortaciones de Pablo en este pasaje.

(1) El argumento de Pablo da por sentada la interconexión esencial del cuerpo de Cristo. Una de las implicaciones de esta unidad ya ha sido expresada en 1 Corintios 12:26: "Si uno de los miembros sufre, los demás comparten su sufrimiento; y si uno de ellos recibe honor, los demás se alegran con él" (*cf.* 2Co 11:29 para otra consecuencia de este mismo principio). En el pasaje que tenemos entre manos, la preocupación de Pablo también deriva de su convicción de que el dolor, el castigo y el perdón que tienen lugar en la iglesia no son asuntos individuales de conciencia y experiencia privadas. El dolor de Pablo es el de ellos (2:5), y la disposición de ellos a perdonar a los demás debe ir acompañada de la misma voluntad del apóstol (v. 10). Nosotros, como los corintios, también debemos entender que formar parte de la comunidad

cristiana no solo es un eslogan. Nuestra reunión local del pueblo de Dios es la base y la extensión de nuestra propia identidad. Como una familia (somos hermanos y hermanas en Cristo), nuestros destinos están inextricablemente entretejidos. Semejante manera de concebir la identidad propia no es fácil de mantener en Occidente, con sus comunidades transitorias y su individualismo aislante.

(2) Pablo supone que habrá juicio, y el castigo subsiguiente, dentro del cuerpo de Cristo, así como hay perdón y reconciliación. Debemos recuperar la seriedad que conlleva el ser miembro del pueblo de Dios. Ser parte de la comunidad de fe entraña una responsabilidad de hacernos responsables unos de otros delante de Cristo como juez, bajo el cual y en cuyo nombre somos llamados a una creciente obediencia y a una aceptación franca de nuestras faltas. Una responsabilidad como esta también implicará el castigo de aquellos cuyo pecado continuo y flagrante provoca la burla sobre el llamado y el carácter de Cristo como Señor de la iglesia.

Este tipo de castigo requerirá, por supuesto, un discernimiento sabio y humilde. Si queda alguna duda sobre la necesidad de tal castigo, nuestra vida colectiva requiere la paciencia deliberada que le concede al ofensor una oportunidad más para que se arrepienta (ver más arriba sobre 1:23-24). En la época de Pablo, los corintios luchaban con saber cuándo *cesar* el castigo; en nuestro tiempo, lidiamos pensando si deberíamos *empezarlo* alguna vez. La mención misma de la "disciplina eclesial" nos hace sentir incómodos (por no hablar de sentirnos preocupados por litigios seculares). Vivir de acuerdo con las expectativas paulinas en nuestros días será, pues, difícil dada nuestra visión de la iglesia como club al que nos hemos "unido", más que como una familia en la que hemos nacido de nuevo.

(3) Pablo opera sobre la suposición de que el ejercicio de fe genuina no solo incluía el valor para castigar al ofensor, sino también la disposición a perdonar al arrepentido. Como demuestran los requisitos de Jesús para la oración (*cf.* Mt 6:12, 14-15), esta doble prueba de fe está íntimamente entrelazada. No perdonar al arrepentido es prueba de que no ha habido arrepentimiento en nosotros ni hemos experimentado el perdón (*cf.* la parábola de Jesús sobre el siervo inmisericorde de Mt 18:21-35). Este principio es tan relevante hoy como lo ha sido siempre, en especial en una sociedad litigante como la nuestra. Pero su aceptación como forma de vida dependerá de recuperar un sentido de nuestro propio pecado y de la necesidad del arrepentimiento, el reconocimiento de lo que significa ser perdonado por un Dios justo y la apreciación de la forma en que nuestras actitudes hacia los demás reflejan nuestra conducta para con el Señor.

(4) Más fundamental aún es el recordatorio de Pablo en el versículo 10 en cuanto a que el señorío de Cristo nos lleva a perdonar a otros para beneficio de

ellos, y no a buscar venganza para el bien propio. El poder para perdonar viene de un reconocimiento dado por Dios con respecto a que el único que cumplió las promesas divinas siendo el medio de la misericordia de Dios es también aquel que cumple los propósitos divinos convirtiéndose en el agente del juicio de Dios. Aquel que ha tenido misericordia de nosotros será quien nos juzgue, con el propio carácter justo y misericordioso de Cristo como criterio imprescindible para la evaluación. Los que han recibido misericordia *en Cristo* serán misericordiosos para con los demás, recibiendo clemencia *de* Cristo en el día de juicio.

De ahí que, motivados por nuestra esperanza en Cristo para el *futuro* (1:21-22), por lo que él ha hecho por nosotros en el *pasado* (1:19-20), disciplinamos y perdonamos a otros en el *presente*, tanto para beneficio de nuestra salud espiritual como por el bien de la iglesia (2:10-11). Y es que la verdadera fuente de gozo para los que están siendo conformados a la imagen de Cristo (*cf.* Fil 2:1-2) es el crecimiento espiritual de otros y la unidad de la iglesia. Como resultado, el plan de Dios para su pueblo es convertir el castigo en la senda al arrepentimiento, para que, en lugar de conducir a una "excesiva tristeza" (2:6-7), la disciplina purifique nuestra devoción. Este es el mensaje contracultural del evangelio. El castigo en pro del arrepentimiento y de la renovación está en directa oposición con lo que en nuestra cultura parece ser solo "natural", a saber, castigar por venganza.

Lo extraño de la justificación teológica de Pablo para sus actos revela lo mundana que se ha vuelto la iglesia. Como indica David Wells, "la mundanalidad es ese sistema de valores y creencias, de conductas y expectativas, en una cultura determinada, que tiene en su centro al ser humano caído y que relega cualquier pensamiento sobre Dios a su periferia. La mundanalidad es lo que hace que el pecado parezca normal en cualquier época y que la justicia parezca extraña".[12] Qué raro nos parece, en nuestro pragmatismo o piedad privada, entender que, para Pablo, la revelación de Dios en Cristo, la relevancia de Cristo para la historia, su ejemplo de misericordia y juicio son los principios que guían su toma de decisiones. Necesitamos con desesperación recuperar una visión centrada en Dios de nuestra propia vida, en la que lo que hacemos se mida por lo que él ha hecho y hará en y por medio de Cristo.

La preocupación de Pablo no consistía en si este u otro itinerario correspondía a alguna "voluntad de Dios" escondida que él debiera exponer para

---

12. David Wells, *God in the Wasteland: The Reality of Truth in a World of Fading Dreams* (Grand Rapids: Eerdmans, 1994), 29.

descubrir si su itinerario reflejaba el carácter y los propósitos de Dios en Cristo. En medio de los muchos manuales para descubrir el plan divino para nuestra vida, debemos redescubrir la Biblia misma como punto central para hallar los propósitos de Dios para ella. Sin embargo, al acudir a la Biblia no debemos pervertirla y hacer de ella una especie de "tabla güija" llena de mensajes secretos para nuestro futuro. La Biblia no trata fundamentalmente sobre nosotros, sino sobre Dios. Su mensaje no es acerca de mi futuro, sino acerca *del* futuro. No deberíamos leerla para desenterrar un nuevo mensaje para esta tarde, sino para llegar a conocer el carácter y los propósitos de Dios para la eternidad. Cuando nos vemos frente a importantes decisiones de la vida, la pregunta no es: "¿Tengo una palabra de Dios que me ha sido revelada a mí, de forma personal, sobre esta situación?", sino "¿Qué dice la Palabra sobre el Dios de esa situación?". La perspectiva de Pablo nos llama a preocuparnos menos por hallar la voluntad de Dios para nuestras circunstancias y más en cuanto a descubrir el carácter divino como patrón para nuestra vida.

La mundanalidad de la facilidad de creer. Con el surgimiento del relativismo moderno, nuestra cultura da cada vez más por sentada una separación radical entre las esferas privada y pública, es decir, entre las convicciones meramente personales y el comportamiento en público. El argumento de Pablo en este pasaje aclara que es imposible hacer semejante distinción entre quiénes somos en lo personal (nuestra "moralidad privada") y lo que hacemos en público. La experiencia genuina de la gracia de Dios, con el Espíritu a modo de depósito, impactará de forma inevitable en nuestra forma de vivir revolucionando aquello en lo que esperamos para nuestro futuro. Conocer a Dios convierte los objetivos y los propósitos de nuestra vida a medida que va transformando nuestros valores.

Así, como ilustra tan gráficamente este pasaje, ser creados de nuevo por Dios para "estar firmes en Cristo" (1:21) cambia lo que nos hace felices y lo que provoca nuestro dolor, porque transforma lo que amamos (2:2-4). Por consiguiente, frente a las presiones culturales de nuestro entorno, debemos resistir esa falsa "facilidad de creer" que recorta la fe bíblica hasta convertirla en una decisión de la voluntad basada en un consentimiento intelectual a las verdades de la historia. Debemos mantener el entendimiento que Pablo tiene de la *fe* como la dependencia o la confianza en Dios en el *presente*, por lo que él hizo en el *pasado*, y esto conduce inevitablemente a depositar nuestra *esperanza* en sus promesas para el *futuro* (*cf.* 1:20-22). Además, los que esperan en las promesas divinas *se aman* unos a otros (2:4-11). Esto significa que debemos luchar contra lo que Stephen Carter ha señalado como el poco sutil supuesto de nuestra sociedad: lo que se espera, cuando nuestras convicciones religiosas "entran en conflicto con lo que tenemos que hacer para seguir adelante, es que se ignoren las exigencias religiosas y se actúe ... *racionalmente* ... bien".[13] En la sociedad occidental en general, actuar según los principios religiosos es, sencillamente, irracional

> En la cultura contemporánea estadounidense, las religiones se tratan cada vez más como creencias pasajeras —casi como modas relámpago, versiones más antiguas y conservadoras, y menos liberales, de la pretendida Nueva Era— y no como los fundamentos sobre los cuales edifican su vida los piadosos ... Si no puedes volver a casarte, porque tienes la creencia religiosa equivocada, bueno, ¡cree en otra cosa! Si no puedes hacer un examen por ser un Día Santo, ¡búscate otro Día Santo! Si el gobierno decide destruir tus tierras sagradas, ¡cambia de tierras y conságralas! Si tienes que trabajar en tu día de reposo, ¡no pasa nada! ¡Solo es un día libre! ¡Escoge otro! Si no te pueden hacer una transfusión de sangre, porque crees que Dios lo prohíbe, ¡no hay problema! ¡Búscate otro Dios! Y, a lo largo de esta retórica trivializadora, se va transmitiendo el sutil aunque inequívoco mensaje: ora si te apetece, adora si debes hacerlo, pero, hagas lo que hagas, no te tomes tu religión en serio bajo ningún concepto.[14]

Qué perspectiva tan diferente impregna el pasaje que tenemos entre manos. Aunque "con frecuencia parecemos sentirnos más cómodos con personas cuya religión solo consiste en unas pocas sesiones de adoración y oración, pero que están demasiado secularizadas como para dejar que su fe influya en el resto de la semana",[15] Pablo luchó por evaluar toda su conducta teniendo en cuenta el carácter de Dios. Estaba convencido de que solo aquellas acciones que corresponden a los actos divinos en Cristo tienen sentido. Sin embargo, en nuestro contexto contemporáneo, hacer lo que "tiene sentido" en relación con Cristo irá siendo, en realidad, cada vez más "raro".

En vista de esta presión cultural, necesitamos una nueva valentía para una conducta teológicamente documentada dentro de la iglesia, sobre todo para la demostración de misericordia para con los que luchan (1:15–2:4), para tener el valor de separarnos de los que siguen reivindicando el nombre de Cristo, pero lo niegan con su estilo de vida (2:6), y para extender el perdón con buena disposición a aquellos que se arrepienten (2:7-11). Esto entrañará el rechazar el intento de nuestra cultura por privatizar la moralidad. Debemos resistir todos los intentos por crear una división entre un pragmatismo público con el fin de poder "convivir" en el mundo y la conciencia privada y los valores personales

---

13. Stephen Carter, *The Culture of Disbelief: How American Law and Politics Trivialize Religious Devotion* (Nueva York: BasicBooks, 1993), 13.
14. *Ibíd.*, 14-15.
15. *Ibíd.*, 29.

que uno tenga. En ningún lugar es tan evidente esta privatización como en los valores reflejados en la política estadounidense de finales del siglo XX.[16] En radical contraste, el ejemplo de Pablo en este texto ilustra que nuestros compromisos teológicos y morales, a nivel de carácter, determinan directamente nuestra conducta.

La mundanalidad de la competencia y la corrupción. Estrechamente relacionado con el punto anterior tenemos el ejemplo de Pablo y sus expectativas para los corintios que confrontan directamente la competencia por la posición y el prestigio que existen en tantos rincones de la iglesia contemporánea. En lugar de manifestar la franca transparencia que viene de conocer la realidad de la gracia de Dios, la avaricia y la inmoralidad de muchas de nuestras figuras públicas han escandalizado a la iglesia alrededor del mundo.[17] En lugar de operar en secreto para preservar el poder propio, la práctica del apóstol, en este pasaje, llama a los líderes y administradores cristianos a que hagan una declaración sincera de los motivos de sus decisiones.[18]

Esto es especialmente necesario en una época en la que las personas "que ostentan una alta posición se engañan con gran facilidad, creyendo que están protegiendo la confidencialidad de su alto cargo, cuando en realidad solo están tapando su corrupción encubierta".[19] Demasiados líderes nuestros se han preocupado más de su propia reputación que de la restauración del pueblo de Dios. La práctica de Pablo es un sobrio recordatorio de que lo que cuenta en la iglesia es edificar la fe de otros, y no construir una "trayectoria" propia (1:24).

La mundanalidad del gozo autogenerado y egocéntrico. En firme contraste con el mantra de nuestra cultura, el "primero yo", la motivación de Pablo para actuar deja claro que, dentro del cuerpo de Cristo, el gozo o el dolor de uno es el gozo o el dolor del otro (2:2-4, 5-10). De hecho, como ilustra este pasaje, Pablo se ocupó de su propia justificación tan solo hasta el punto en que la fe de los demás estaba en juego. Lo que lo impulsó no fue su propio estatus,

---

16. A este respecto, ver la evaluación de los pros y los contras de la idea del presidente Clinton en cuanto al "arrepentimiento" en Gabriel Fackre, ed., *Judgment at the White House: A Critical Declaration Exploring Moral Issues and the Political Use and Abuse of Religion* (Grand Rapids: Eerdmans, 1999).
17. Por ejemplo, el 32% de los estadounidenses piensan que un pastor les ha mentido; ver James Patterson y Peter Kim, *The Day America Told the Truth: What People Really Believe About Everything That Really Matters* (Nueva York: Prentice Hall, 1991), 48-19.
18. Existen, por supuesto, situaciones en las que lo correcto es guardar silencio con el fin de evitar el riesgo de violencia o de daño personal a otros, o evitar violar una confianza creada por el bien de otros; para estos y otros principios útiles para evaluar cuándo debe decirse la verdad y cuándo no, ver Lewis B. Smedes, "On Being Truthful", periódico publicado por el Centro para la Ética Cristiana Aplicada, Wheaton College, Wheaton, Ill., 1991.
19. *Ibíd.*, 17.

sino la participación de los corintios en el gozo que viene de la fe (1:24). A su vez, el objetivo del ministerio paulino era edificar la fe de los corintios porque esto, y no la magnificación de su propio ministerio, era también su propia fuente de gozo. Lo que alegraba al apóstol era el gozo *de ellos* (2:2). Pablo actuó como lo hizo porque sabía que esto formaría parte de la restauración de los corintios que haría que él "se regocijara" (2:3a). En resumen, el gozo de Pablo estaba envuelto en el progreso de fe de los corintios. Canceló, pues, su segunda visita, porque juzgarlos en ese momento no habría honrado el propósito de Cristo en sus vidas y habría destruido su propio gozo.

Sin embargo, lo contrario también es verdad. Pablo escribió la dolorosa carta en vez de visitarlos, porque también sabía que el gozo de los corintios estaba envuelto en el suyo propio. Su amor por ellos se veía impulsado por su deseo de que compartieran su gozo, completando así el suyo propio (*cf.* Fil 2:1-4). Esta es la idea de 2 Corintios 2:3b. Así como el gozo de Pablo está vinculado con la restauración de la fe de los corintios, la felicidad de estos está íntimamente enlazada con la restauración del honor del apóstol y, de este modo, con su gozo como apóstol, ya que, como hijos espirituales, ellos han sido unidos con él a Cristo. Como aclara 2:4, los cambios de planes de Pablo y su carta llena de lágrimas son, pues, expresiones de su amor por los corintios, así como el arrepentimiento de ellos es una manifestación de su amor por él.

En ambos casos, el gozo mutuo está en juego. Cuando sufre un miembro del cuerpo de Cristo, todos sufren; cuando uno es honrado, todos se regocijan (1Co 12:26). Es lo contrario a ser egocéntrico, en cuyo caso usamos a los demás como medio para nuestros propios fines, sin pensar en su bienestar. En vez de ello, la persona amorosa busca la felicidad de los demás, porque sabe que su propio gozo va inextricablemente envuelto en el bienestar de ellos. Ser amoroso no requiere, por tanto, que perdamos interés en nosotros mismos, como si el amor fuera una benevolencia desinteresada. Pero sí exige reconocer que mis propias necesidades se satisfacen, a fin de cuentas, de un modo más profundo cuando suplo las de otros.

> Por tanto, ¿qué es el amor? El amor abunda entre nosotros cuando vuestro gozo es mío y mi gozo es vuestro. No amo sólo porque busco vuestro gozo, sino porque lo busco como algo mío.
>
> [...] el amor es lo que existe entre las personas cuando encuentran su gozo en el gozo del otro [...]. La gracia de Dios se deleita en conceder arrepentimiento (2 Timoteo 2:25) y se goza en el pecador que se arrepiente (Lucas 15:7)..
>
> Así que el versículo 3 es inverso al 2. En el 2, el punto principal es que el gozo *de ellos* es su gozo; es decir, cuando ellos están contentos se siente contento por su alegría. Y el punto principal

del versículo 3 es que *su* gozo es el gozo de ellos; es decir, cuando él está contento, ellos se sienten contentos por su alegría.[20]

La profunda comprensión de Pablo en cuanto a que la senda de nuestra felicidad se encuentra en trabajar por la felicidad de otros se opone a la suposición común actual de que el verdadero amor significa abandonar nuestro bienestar por amor a los demás. La percepción básica de que todos luchamos de manera natural por ser felices, y que esta lucha no se frustra, sino que se cumple trabajando por la genuina felicidad de los demás, revitalizará la caridad cristiana eliminando la falsa culpa que se hace sentir a aquellos que quieren ser felices. Procurar el bienestar de otros no entraña renunciar a nuestro deseo de ser feliz; en realidad, es la forma de satisfacerlo. Sin esta manera de entenderlo, el llamado paulino a extender misericordia y perdón a los demás seguirá siendo una meta idealista e ininteligible que parece estar mucho más allá del alcance de personas "normales" con "necesidades reales". El argumento de Pablo no tiene sentido, claro está, a menos que tenga razón en cuanto a que solo Dios puede suplir nuestras necesidades más profundas. De ahí que solo "por fe" podamos "estar firmes" en gozo, ya que la verdadera y perdurable felicidad procede de conocer a Dios íntimamente, para que podamos confiar por completo en él (1:24).

Aunque las exhortaciones del apóstol en este pasaje demandan ciertamente actos serios de abnegación, no hay indicio de un sacrificio triste en nada de lo que dice. Solo el deseo de deleitarse en Cristo, y no el cumplimiento del deber, puede motivar la extensión de la gracia y del perdón a otros frente al constante dolor y a la ofensa. Al aplicarse a fondo en la restauración de los corintios, incluso a un gran coste de su propia reputación, Pablo no es un héroe ni un mártir. Al sufrir por los corintios, el apóstol es un receptor de consuelo de Dios (*cf.* 1:4-6, 11). Su pureza es el producto de la gracia que recibió (1:12). Ha renunciado a todo lo que el mundo valora profundamente, pero ha ganado un mayor tesoro (*cf.* Mt 6:19-21). El único héroe digno de alabanza es Dios, ya que él es quien hace posible nuestra vida de gracia y amor al amarnos con misericordia.

Por esta razón, la teología y la ética de Pablo llevan a la doxología (*cf.* 1:3, 11, 20). Como ha indicado Piper, el "objetivo de Dios es cautivar nuestros afectos con manifestaciones irresistibles de gloria. La única sumisión que refleja por completo el mérito y la gloria del Rey es la sumisión alegre [...] Cuando el reino es un tesoro, la sumisión es un placer".[21] Y cuando la sumisión es

---

20. John Piper, *Sed de Dios. Meditaciones de un hedonista cristiano,* (Barcelona: Andamio, 2001), 122, 123, 122. También le debo a Piper la manera de entender los párrafos circundantes.
21. John Piper, *The Supremacy of God in Preaching* (Grand Rapids: Baker, 1990), 25 [*La supremacía de Dios en la predicación* (México: Faro de Gracia, 2008)].

un placer, su mayor acto de "servicio" es la alabanza. Por esta razón también, Pablo no actúa con timidez cuando dice que su propia motivación para actuar como Cristo con los corintios es el gozo que deriva de proceder así (*cf.* 2:3). Piper vuelve a expresarlo bien:

> La alegría y la gravedad deberían ir entretejidas en la vida y en la predicación de un pastor, de manera que pueda calmar el alma descuidada y dulcificar las cargas de los santos [...]. El amor por las personas no se toma a la ligera las preciosas realidades (de ahí la llamada a la gravedad), y el amor por las personas no les impone la carga de la obediencia sin proporcionar la fuerza del gozo para ayudarles a llevarla (de ahí el llamado a la alegría).[22]

Nuestras aplicaciones de este pasaje deben reflejar, pues, que los actos de Pablo en el ministerio no eran una serie aleatoria de respuestas *ad hoc* dictadas por sus circunstancias, sino el resultado de principios teológicos y convicciones bien asentados. A este respecto, Ben Witherington ha resumido un importante aspecto de la amplia relevancia de este pasaje:

> Es esencial que los ministros cristianos estudien la situación con cierta regularidad y tengan claro en su propia mente las adecuadas prioridades en su ministerio, sobre todo para esas ocasiones en que dos obligaciones importantes entren repentina e innegablemente en conflicto entre sí. No solo se trata de ser cuidadoso y no prometer demasiado, sino también de aclararle a la congregación la identidad del ministro como persona bajo autoridad y preparada para hacer, en cualquier situación concreta, aquello hacia lo que el Espíritu Santo lo guíe por medio de la palabra de Dios, la circunstancia, la conciencia o un consejo piadoso. Tampoco es cuestión de proveer una cláusula de escape para uno mismo que justifique cualquier tipo de acción. Si un ministro deja claras cuáles serán las prioridades en el ministerio en una situación concreta, la congregación entenderá mejor lo que puede, o debería, esperar del ministro.
>
> En ocasiones, una necia coherencia nos aparta de aquello a lo que Dios está instando en una situación particular. El ejemplo de Pablo sugiere que uno debe aprender cuándo seguir un plan y cuándo alejarse de él. Esta sabiduría llega, en parte, por medio de la experiencia, y en parte de conocer de antemano cuáles son las prioridades del ministerio propio.[23]

---

22. *Ibíd.*, 52.
23. Witherington, *Conflict and Community in Corinth*, 363-64 n. 10.

Sin embargo, ninguno de los principios para establecer un puente entre los contextos o las sugerencias en cuanto a las aplicaciones específicas perfiladas más arriba será relevante o posible, a menos que reconstituyamos la iglesia como una comunidad cristiana. Todas las actitudes y las exhortaciones de Pablo en este pasaje se predican basándose en su suposición de que los corintios son el único pueblo de Dios cuya vida conjunta constituye la plataforma para los resultados de los propósitos de Dios en la historia y sus primicias. A lo largo de esta sección "uno vuelve a ver la renuencia del apóstol a reconocer que el perjuicio ha sido para él como individuo. A cada paso y de todas las maneras es extraordinariamente insistente en que el verdadero peligro no había sido para él, sino para toda la iglesia corintia".[24]

En última instancia, lo que está en juego no es la reputación personal de Pablo como apóstol, sino la obra y el testimonio de Dios en el mundo. Por esta razón, su advertencia debe ser igualmente atendida hoy: la argucia de Satanás es destruir la unidad de la iglesia de Cristo (2:11), una unidad forjada por gracia (1:12) y perdón (2:7). Este es su blanco, ya que la unidad de los pecadores perdonados que se perdonan unos a otros es lo que encarna y manifiesta el amor de Cristo "el mundo [...] con la santidad y sinceridad que vienen de Dios" (1:12).

---

24. Furnish, *II Corinthians*, 163.

2 Corintios 2:12–3:3

Ahora bien, cuando llegué a Troas para predicar el evangelio de Cristo, descubrí que el Señor me había abierto las puertas. ¹³ Aun así, me sentí intranquilo por no haber encontrado allí a mi hermano Tito, por lo cual me despedí de ellos y me fui a Macedonia.

¹⁴ Sin embargo, gracias a Dios que en Cristo siempre nos lleva triunfantes y, por medio de nosotros, esparce por todas partes la fragancia de su conocimiento. ¹⁵ Porque para Dios nosotros somos el aroma de Cristo entre los que se salvan y entre los que se pierden. ¹⁶ Para éstos somos olor de muerte que los lleva a la muerte; para aquéllos, olor de vida que los lleva a la vida. ¿Y quién es competente para semejante tarea? ¹⁷ A diferencia de muchos, nosotros no somos de los que trafican con la palabra de Dios. Más bien, hablamos con sinceridad delante de él en Cristo, como enviados de Dios que somos.

³:¹ ¿Acaso comenzamos otra vez a recomendarnos a nosotros mismos? ¿O acaso tenemos que presentarles o pedirles a ustedes cartas de recomendación, como hacen algunos? ² Ustedes mismos son nuestra carta, escrita en nuestro corazón, conocida y leída por todos. ³ Es evidente que ustedes son una carta de Cristo, expedida por nosotros, escrita no con tinta sino con el Espíritu del Dios viviente; no en tablas de piedra sino en tablas de carne, en los corazones.

Sentido Original

En 2:12–3:18, Pablo establece el fundamento para la defensa más sostenida de su ministerio apostólico que se pueda hallar en cualquier otro lugar de sus cartas (es decir, 2:14–7:16 y 10:1–13:10). La importancia de 2:14–3:18, que trataremos de acuerdo con sus tres secciones (2:12–3:3; 3:4-6; 3:7-18), se refleja además en que marca la transición en el argumento del apóstol desde su trato pasado con los corintios a las cuestiones a las que se enfrenta la iglesia en ese momento. Segunda de Corintios 2:14–3:18 es, por tanto, el corazón teológico y el punto de inflexión estructural de la carta (ver Bosquejo).

Su interpretación, sin embargo, es altamente polémica, ya que su pasaje se encuentra entre los más densos y difíciles de comprender de todos los escritos de Pablo.[1] Se refuta el significado de casi todas las cláusulas. Esta dificultad se agrava porque el apóstol desarrolla su argumento ofreciendo la interpretación más extensa de un texto del Antiguo Testamento de cualquiera de sus cartas. Será, pues, necesario dedicar más tiempo a nuestra exposición de su significado original del que le concederíamos si fuera de otro modo, sobre todo porque las aplicaciones que hagamos de ello solo serán tan sólidas como el fundamento exegético sobre el cual se construyen.

La cantidad de espacio desproporcionalmente grande que se dedica al sentido original de 2:14–3:18 en comparación con su aplicación es, por tanto, intencionada. Refleja la propia estrategia de Pablo en la que comienza la apología de su ministerio apostólico dirigiendo un argumento bíblico y teológico considerable que respalde unas cuantas ideas fundamentales. La aplicación de 2:14–3:18 no es difícil de comprender, una vez convencidos de la realidad que la respalda. Además, en un sentido real, todas las aplicaciones a lo largo de la carta de Pablo derivan de este pasaje fundamental.

La razón del último cambio de planes de Pablo (2:12-13)

Al hacer la transición desde el pasado al presente, la reciente experiencia de Pablo en Troas (2:12-13) vuelve a suscitar la pregunta sobre la relevancia de su sufrimiento para la difusión del evangelio en general (2:14-16a) y para la vida de los corintios en particular (2:17). La vuelta repentina a sus planes de viaje en 2:12 realiza, pues, una doble función. Materialmente proporciona el último ejemplo del apóstol de cómo sus cambios de planes eran expresiones de un sufrimiento como el de Cristo en nombre de los corintios. En lo estructural proporciona la transición a su respuesta directa a las cuestiones que se están suscitando ahora en Corinto.

En realidad, el último cambio de planes parece ser el peor. En anticipación de su reunión con Tito, con el fin de recibir noticias de cómo habían respondido los corintios a la carta "con muchas lágrimas" del apóstol (*cf.* 2:4), Pablo se traslada de nuevo a Macedonia viajando desde Éfeso a Troas. Luego, cuando Tito no apareció, su ansiedad (lit. Pablo no tenía "descanso en [su] espíritu") por él y por los corintios lo obligaron a partir de Troas a pesar de la puerta abierta para el evangelio que encontró allí. El apóstol estaba sencillamente demasiado preocupado por Tito y por la condición espiritual de los corintios para seguir con su ministerio. Sin duda, los oponentes de Pablo pudieron apuntar a esta decisión llena de angustia como prueba aparentemente irrefutable de que

---

1. La comprensión del significado original de esta sección se basa en mis obras anteriores, *Suffering and Ministry in the Spirit*, y "Paul's Argument From the Old Testament and Christology en 2Co 1–9: The salvation-History/Restoration Structure of Paul's Apologetic", en R. Vieringer, ed., *The Corinthian Correspondence* (BETL 125; Leuven: Leuven Univ. Press, 1996), 277-303.

carecía del poder del Espíritu. ¿De qué otra forma se podría explicar que la ansiedad de Pablo le apartara de una clara oportunidad de predicar el evangelio?

A estas alturas, no es de sorprender la respuesta de Pablo. Su angustia por Tito, que debía traer noticias de si los corintios se habían arrepentido o no de su rebeldía, era otro ejemplo concreto del sufrimiento al que Dios había llamado a Pablo a soportar. Según 11:28, el clímax de la letanía de sufrimiento que caracterizaba la vida del apóstol es la "presión" diaria que impone sobre él "la preocupación por todas las iglesias". Así como la inquietud por Tito y los corintios lo llevaron originalmente a Troas, también su preocupación por ellos lo condujo a Macedonia (*cf.* 7:5-7). Nada era más importante para Pablo que el bienestar de ellos, ¡ni siquiera la oportunidad de ampliar su propio ministerio!

Por ello, Pablo enfatiza en 2:13 que se despidió antes de abandonar Troas. No se avergonzaba por marcharse. No intentó escabullirse de noche, cuando nadie le vería. Más bien lo hizo de forma pública, aclarando sin duda sus razones por tener que irse. De ahí que, rellenando el resto del itinerario reciente de Pablo, 2:12-13 nos lleva de vuelta al tema central de su carta: su sufrimiento como apóstol. Al hacerlo, estos versículos también preparan el camino para la poderosa reafirmación de la tesis central paulina en 2:14.

Llevados a la muerte en el ministerio (2:14-16a)

La mayoría de los estudiantes de este pasaje mantienen que es imposible pasar suavemente de la angustia de Pablo por Tito en 2:12-13 a su alabanza de Dios en 2:14. La transición de la ansiedad y la aparente incapacidad de alabar parece demasiado abrupta. Por tanto, se sugiere con frecuencia que la alabanza del apóstol en 2:14 anticipa de forma prematura las buenas noticias que Pablo recibió de Tito, como se describe en el capítulo 7. Otros argumentan que 2:14–7:4 es un fragmento de una carta totalmente distinta, que por lo general se considera escrita antes que el resto de los capítulos 1–7 y que más tarde se insertó entre 2:13 y 7:5.

Sin embargo, una vez determinadas con claridad las razones de la alabanza de Pablo en 2:14, se hace evidente que 2:14 no supone en absoluto una interrupción en el pensamiento de Pablo. Más bien presenta la respuesta necesaria y lógica al sufrimiento introducido en 2:12-13. Sin 2:14, la continuada sinceridad del apóstol en 2:12-13 jugaría a favor de sus oponentes como una prueba más de su debilidad. De modo que, antes de que estos puedan pronunciar una palabra contra él, al verlo angustiado por Tito, Pablo alaba a Dios por ello como parte integral de su vida apostólica de sufrimiento, por medio de la cual se revelan el poder y la presencia de Dios.

En 2:14, Pablo empieza alabando a Dios con una fórmula de agradecimiento característica: "... pero gracias a Dios que ..." (*cf.* 1Co 15:57; 2Co 8:16). Peter O'Brien ha demostrado que estas fórmulas de acción de gracias, como sus equivalentes en otros textos de oración judía de la antigüedad, sirven a un doble propósito: establecer un tono y establecer los temas de lo que está por venir.² La fórmula de agradecimiento en 2 Corintios 2:14 realiza, pues, la misma función a modo de tesis que la fórmula de bendición de 1:3. En ambos casos, las razones dadas para la alabanza presentan los temas principales que vienen a continuación. Como 1:3, 2:14 no es una explosión inesperada de gratitud, sino una declaración cuidadosamente elaborada que presenta una nueva e importante sección en su carta, sintetizando los puntos principales por venir. Al recurrir a la alabanza a Dios, Pablo vuelve su atención al punto principal de su defensa contra aquellos que han cuestionado su ministerio, por causa de su sufrimiento.

El contenido de la tesis paulina, introducido por primera vez en 1:3-11, se resume en los dos participios que siguen a su acción de gracias: "lleva triunfantes" (*thriambeuonti*) y "difundir el conocimiento" (RVR 1960; *phanerounti*). Pablo le da gracias a Dios, porque (1) Dios "en Cristo siempre nos lleva triunfantes" y, al hacerlo, (2) "por medio de nosotros [da a conocer] esparce por todas partes la fragancia de su conocimiento". Como indica muy acertadamente la NVI, el verbo que a menudo se traduce como "lleva triunfantes" (*thriambeuo*) es, en realidad, un término técnico que se refiere a la institución romana del desfile triunfal. Este retrato de Dios llevando a Pablo en semejante desfile es la clave del significado de 2:14 y, por tanto, de lo que sigue.

La procesión triunfal era un espléndido desfile que se realizaba en Roma para celebrar grandes victorias en relevantes campañas militares. Como el desfile del día de San Patricio en Chicago, eran importantes acontecimientos culturales y cívicos. Todos en el Imperio romano sabían de esos desfiles que se representaban en los arcos romanos, relieves, monedas, estatuas, medallones, pinturas y camafeos, por no hablar de los aproximadamente 350 desfiles de victoria que se recogen en la literatura antigua.³ Eran ostentosas celebraciones, llenas de valientes soldados, el botín de guerra y la pompa y el boato más teatral que Roma pudiera exhibir.

Además, la procesión triunfal demostraba la proeza de Roma como vencedora, no solo mostrando los botines de guerra en los desfiles, sino llevando triunfantes a los líderes más importantes y a los guerreros más intimidatorios del enemigo, ahora presentados como esclavos vencidos. El más alto honor que cualquier César o general romano podía recibir era conducir uno de esos desfiles. Por el contrario, ser llevado como prisionero en semejante procesión triunfal señalaba la más completa derrota. Una vez comprendemos el verbo *thriambeuo* como referencia a conducir o ser conducido en el desfile triunfante, nos enfrentamos al incómodo hecho de que, en esos desfiles, "se dice que

---

2. Este tipo de agradecimiento también aparece en una forma modificada en Ro 7:25; 2Co 9:15; 1Ti 1:12ss; 2Ti 1:3ss. Ver Peter T. O'Brien, *Introductory Thanksgivings in the Letters of Paul*, NovTSup 49 (Leiden: Brill, 1977), 100-101, 233-240.
3. Ver Scott, *2 Corinthians*, 90-91.

los prisioneros son llevados en triunfo cuando, para su desgracia, están sujetos a cadenas y son llevados a rastras delante del carro del conquistador".[4]

Este hecho es tan sorprendente porque en 2:14 Pablo es el objeto directo del verbo y no su sujeto. No es él quien lidera la procesión triunfante; ¡lo llevan a él como prisionero de guerra! Esta imagen es tan espantosa que Calvino no podía imaginar que Pablo pudiera alabar a Dios por algo así. Por razones teológicas, pues, Calvino cambió el sentido del verbo, declarando que "Pablo quería decir algo *diferente* al significado común de su frase".[5] En lugar de traducir 2:14a: "Gracias a Dios que en Cristo *siempre nos lleva triunfantes*", Calvino le dio al verbo un sentido causativo y vertió el texto: "Gracias a Dios *que nos hace triunfar*". Para él tenía más sentido pensar que el apóstol alabara a Dios por participar del triunfo divino, como el general que camino junto al carro, y no imaginar que lo hacían desfilar como enemigo vencido.

La traducción de Calvino ganó la partida durante casi trescientos años. Se sigue conservando en la KJV y en las muchas exposiciones populares de este pasaje que hablan sobre nuestro "triunfo" en Cristo.[6] Sin embargo hoy se reconoce ampliamente que la interpretación de Calvino es lingüísticamente imposible. La declaración de Pablo solo puede significar: "Gracias a Dios, que ... siempre nos lleva triunfantes [en procesión triunfal]". La única pregunta que queda es qué pretendía recalcar el apóstol con esta metáfora.

Frente a la imagen de la procesión triunfal de nuevo, la solución para entender la metáfora paulina no consiste en suavizar la ilustración de algún modo, sino en reconocer por completo lo que significa ser "llevado triunfante". Los retratos que el mundo antiguo hacía de estas procesiones dejan claro que en este tipo de desfile se llevaba, en realidad, a aquellos que se conducía a la *muerte*.[7] Cuando acababa la procesión, los romanos mataban en público a aquellos prisioneros que habían hecho desfilar en la procesión (o al menos a una muestra representativa de ellos, y vendían el resto como esclavos) en sacrificio a su(s) dios(es). Aunque para nosotros sea un pensamiento espantoso, ¿qué mejor forma de magnificar la victoria propia, a la vez que se ofrece un

---

4. Como ya reconoció Calvino en su comentario sobre 2 Corintios; esta cita está tomada de *The Second Epistle of Paul the Apostle to the Corinthians and the Epistles to Timothy, Titus and Philemon*, trad. T. A. Smail (Grand Rapids, Eerdmans, 1964), 33.
5. *Ibíd*.
6. Ver la nota de 2Co 2:14 en *The NIV Study Bible*, ed. Kenneth Barker, et al. (Grand Rapids: Zondervan, 1985), 1765, para el ejemplo de una interpretación de este pasaje en términos de la "fe triunfante" de Pablo: "Así el cristiano, llamado a una guerra espiritual, es llevado triunfante por Dios en Cristo". Semejante interpretación se salta la idea del simbolismo que tenemos aquí, así como que el enfoque del texto está en el ministerio de Pablo como apóstol y no en la experiencia cristiana en la guerra espiritual.
7. Para la historia y el significado de la procesión triunfal, ver H. S. Versnel, *Triumphus: An Inquiry Into the Origin, Development and Meaning of the Roman Triumph* (Leiden: Brill, 1970).

sacrificio de gratitud a los dioses, que matar públicamente a los líderes y los más valientes de los guerreros vencidos, como acto final de triunfo sobre ellos?

Irónicamente, pues, la imagen de Pablo de "ser llevado triunfante" es incluso más difícil de aceptar de lo que se suele reconocer. El papel de los que son llevados en triunfo consistía en revelar la gloria de aquel que los había vencido, en última instancia, por medio de su ejecución pública y su muerte. Al utilizar este célebre acontecimiento cultural para describir su propia vida como apóstol, Pablo indica que, como aquel que es "llevado triunfante", Dios le está llevando a su muerte. Este significado de la metáfora se confirma por el uso paralelo que se hace en Colosenses 2:15, el único otro pasaje donde se emplea *thriambeuo* en el Nuevo Testamento. Allí, habiendo desarmado a los gobernantes y autoridades de esa era, Dios, como vencedor, los ha llevado en procesión triunfal y el resultado es su despliegue público de la derrota y la destrucción de ellos.

Interpretada sobre el telón de fondo de la procesión triunfal, la metáfora paulina de 2:14 se puede "decodificar" como sigue: como enemigo del pueblo de Dios, Pablo fue vencido por él en el llamamiento de su conversión en el camino de Damasco y ahora lo llevaba, como "esclavo de Cristo" (su término favorito para sí mismo como apóstol), a morir en Cristo con el fin de que pudiera manifestar o revelar la majestad, el poder y la gloria de Dios, su vencedor.

¿Pero por qué utilizar una metáfora tan horrenda para describir su vida apostólica? ¿Y por qué usarla aquí? La respuesta se aclara a la luz de los demás pasajes dentro de la correspondencia corintia en la que Pablo habla de sus experiencias como apóstol. Allí también usa sistemáticamente la imagen de haber sido entregado o sentenciado a muerte como metonimia de su sufrimiento (1Co 4:8-13 [*cf.* 4:9], 2Co 1:3-11 [*cf.* 4:10]; 6:3-10 [*cf.* 6:9]). Una metonimia es una figura retórica en la que el nombre de una cosa se usa para otra con la que se la asocia generalmente. Por ejemplo, usamos "corona" como metonimia para la reina de Inglaterra, la familia real y todo lo que esa tradición implica cuando decimos: "Esta tierra pertenece a la corona". Del mismo modo, Pablo podía usar la "muerte" y las imágenes de muerte como metonimia de sus padecimientos, ya que es una parte esencial del sufrimiento y el resultado que lo corona. Por ello, y en el contexto del peligro y los tormentos que soportó en Éfeso, incluida la lucha contra bestias salvajes, el apóstol podía declarar en 1 Corintios 15:31: "Cada día muero".

Además, en todos esos pasajes, como en 2:14, como corolario y encarnación de su mensaje de la cruz, el sufrimiento de Pablo es aquello mismo que Dios usa para darse a conocer (junto con los textos enumerados más arriba, *cf.* 1Co 2:2-5). Lejos de cuestionar su apostolado, la idea de Pablo en 2:14 es que su sufrimiento, aquí descrito como ser llevado a la muerte en el desfile triunfante romano, es el medio a través del cual Dios se está revelando a sí mismo. Esta manifestación del poder y de la gloria divinos tuvo lugar en dos formas. O Dios rescató a Pablo de la adversidad cuando ya era demasiado para soportarla (*cf.* 1:8-11), o, habiendo fortalecido la esperanza del apóstol por medio de tales experiencias de liberación, lo capacitó para soportar su adversidad con acción de gracias a Dios (*cf.* 4:7-12; 6:3-10). Esta última forma era incluso más gloriosa que la primera (*cf.* 12:9). En otras palabras, Dios conducía continuamente a Pablo *a la muerte* en una procesión triunfante y, de este modo y en todo lugar, revela el conocimiento que el apóstol tiene de él (2:14a).[8]

En 2:14b-16a, Pablo sigue describiendo la naturaleza y la función de su ministerio metafóricamente, esta vez bajo las imágenes de una "fragancia" y "aroma". A través de su sufrimiento, la "fragancia" del conocimiento de Dios se esparce por doquier (v. 14b), porque el apóstol es el "aroma de Cristo" para Dios (v. 15; de nuevo tomamos el "nosotros" como plural literario que alude a Pablo en su papel de apóstol). Muchos han sugerido que estas referencias continúan la imagen de la procesión triunfal describiendo el incienso que se solía llevar por las calles como parte de la celebración. Pero tanto en el judaísmo como en otros lugares de los escritos paulinos, las imágenes de "fragancia" y "aroma" se utilizan en ocasiones juntas o por separado, como sinónimos (como en este caso) para aludir en un sentido técnico al olor de un sacrificio agradable a Dios.[9]

---

8. Esta interpretación no ha convencido a todo el mundo. Ha tenido dos críticas sustanciales. Jens Schrörer, *Der versöhnte Versöhner: Paulus als unenthehrlicher Mittler im Heilsvorgang swischen Gott und Gemeinde nach 2 Kor 2:14–7:4* (Tübingen: Franckle Verlag, 1993), ha argumentado que esta opinión llega demasiado lejos. Sugiere que al usar metafóricamente la procesión triunfante Pablo solo se está refiriendo a la revelación de la gloria del vencedor y que esto no implica una alusión a la muerte de aquellos que son llevados en triunfo. Aquí, lo único que el apóstol tiene en mente es su ministerio como mediador apostólico del conocimiento de Dios en un sentido general. Schröter propone, pues, traducir 2:14a: "Dios triunfa *con respecto a* Pablo" (p. 21). Por el contrario, James M. Scott (*2 Corinthians*, 60-64, 90-92) critica esta opinión por tener en poco la metáfora. Argumentó que, en ella, la parte más importante no es que Pablo sea llevado a la muerte como esclavo, sino que Dios va en el carro como general vencedor. Como aquel que es conducido en la procesión, Pablo mira al carro que tiene delante de él. Scott equipara esto, pues, al misticismo del trono de Dios en forma de carro (p. ej. Ez 1:4-28; posiblemente, Sal 68:17-18; también el misticismo judío del *merkabah*). De ahí que, en 2Co 2:14, Pablo no esté hablando principalmente de su sufrimiento. Más bien se está refiriendo a ser llevado a las experiencias místicas de la gloria de Dios. La declaración del apóstol aquí debería relacionarse, pues, con aquellos textos que hablan de sus visiones de Cristo y de Dios (p. ej. 2Co 12:1-5). Pero tiene mucho más sentido cuando uno considera el contexto inmediato y el contenido de mayor alcance de las cartas paulinas, ver que 2:14 es una referencia a su sufrimiento como apóstol.

9. *Cf.* Gn 8:21; Éx 29:25, 41; Lv 1:13, 17; Nm 15:3; Ez 16:19; 20:40-41; Judit 16:16; esp. Sir. 24:15, donde ambos términos se separan y se usan como sinónimos, como en 2:14-15. Para los paralelos en Pablo, ver Fil 4:18; Ef 5:2. Scott, *2 Corinthians*, 64, extiende el simbolismo del misticismo *merkabah* a la imagen de los aromas, pero su explicación carece de pruebas convincentes.

A la vista de esos paralelismos y dado el marco bíblico de referencia de Pablo, es mejor leer 2:14b-16 como referencia al sacrificio del Antiguo Testamento. Tomado de esta forma, él está practicando una comunicación intercultural eficaz. Primero presenta la imagen familiar de la procesión triunfal romana con el fin de describir el papel que desempeña su padecimiento como apóstol, y, a continuación, usa el simbolismo sacrificial de las Escrituras con el fin de desvelar su relevancia.

Como aclara 2:15, el conocimiento que se esparce a través del sufrimiento de Pablo es la "fragancia" de Cristo mismo que se eleva desde su propia vida hacia Dios. De forma más específica, se describe a Cristo como el sacrificio y a Pablo como el aroma que surge de este. El conocimiento de Dios, que se manifiesta en la cruz de Cristo, está siendo ahora revelado por medio del sufrimiento de Pablo entre aquellos a los que es enviado (*cf.* Col 1:24). Encontrarse con Pablo en su padecimiento por sus iglesias es toparse con una imagen del Cristo crucificado que murió por su pueblo. Por esta razón, el apóstol respalda su alabanza del versículo 14 señalando en los versículos 15-16b al doble impacto que la revelación de Dios en Cristo produce por medio de los sufrimientos de Pablo. Los que están siendo salvos acogen su sufrimiento como expresión de la gloria de Dios revelada en el Cristo crucificado, mientras que los que perecen rechazan el padecimiento del apóstol catalogándolo de locura, exactamente del mismo modo en que repudiaron la cruz de Cristo.

Además, 2:16a declara que el carácter de la disposición moral de la persona determina la naturaleza de su respuesta (v. 16a dice lit.: "para estos últimos, un aroma de muerte para muerte; para los primeros, un aroma de vida para vida"). Pablo es un mero instrumento que, como la prueba del papel de tornasol, manifiesta la verdadera naturaleza del corazón de una persona. La advertencia implicada para los corintios en este pasaje es, pues, impresionante. La forma en que respondan a la declaración de Pablo en 2:14 es una clara indicación de dónde se hallan con respecto a la división entre la vida y la muerte creada por la cruz de Cristo y puesta de manifiesto a través del ministerio paulino.

Esta interpretación del argumento de Pablo se confirma mediante los paralelismos entre 1 Corintios 1:17-18 y 2 Corintios 2:14-16a. El ministerio del apóstol y el mensaje eran uno; lo que Pablo podría decir sobre la cruz de Cristo en 1 Corintios 1:17-18, podía confirmarlo con su propia vida como apóstol en 2 Corintios 2:14-16. De ahí que, como "aroma de Cristo", su sufrimiento produce el mismo efecto doble causado por su proclamación de la cruz:

1. Se envía a Pablo a predicar de un modo que se corresponde con la cruz de Cristo (1:17; *cf.* 2:1, 4).

1. Pablo está "siendo llevado a la muerte", que es un modo de existencia que revela la cruz de Cristo (2:14).

2. Porque (*gar*) (18a)

2. Porque (*hoti*) (15a)

3. el mensaje de la cruz (15a)	3. somos un aroma de Cristo para Dios
4. es una locura para los que se pierden (18a)	4. entre los que se pierden ... para estos, somos olor de muerte que los lleva a la muerte (15c, 16a)
5. para nosotros, los que se salvan, es el poder de Dios (18c).	5. entre los que se salvan ... olor de vida que los lleva a la vida (15b, 16a).

Por tanto, para Pablo, la cruz de Cristo determinaba tanto su manera de vivir como el contenido de su mensaje. Por el contrario, su estilo de vida encarnaba y exhibía su mensaje. Como resultado, Pablo reconoció que su vida y su ministerio servían para promover el proceso de salvación ("vida") y el juicio ("muerte") en la vida de otros. Rechazar a Pablo y su mensaje por considerarlo "locura" confirmaba que uno ya estaba "pereciendo". Aceptarlos demostraba que el poder divino ya estaba obrando para salvar. Como extensión de la cruz de Cristo, son el medio que Dios usa para propagar el proceso de salvación y juicio en el mundo, mediante la revelación del carácter del corazón de las personas.

La suficiencia de Pablo para el ministerio (2:16b-17)

Difícilmente se podría poner mayor énfasis en el significado que Pablo le atribuye a su ministerio en 2:14-16a. Su ministerio se manifiesta y se mueve a lo largo del destino eterno de la persona. La magnitud de semejante llamado conduce, de forma natural, a la pregunta retórica de 2:16b: "¿Y quién es competente [suficiente] para semejante tarea?". En vista del elevado llamamiento del apóstol, con frecuencia se sugiere que la respuesta implicada a esta pregunta es "nadie", como si el interrogante de Pablo indicase una humilde resignación frente a tal responsabilidad.[10] Otros suponen que Pablo responde de forma negativa a la pregunta, porque tiene la *auto*suficiencia a la vista, incluso cuando no hay indicio alguno de dicho concepto en la palabra *hikanos* ("suficiente"). Aunque estas opiniones pueden parecernos normales, la contestación de Pablo implícita en la pregunta "¿quién es competente para semejante

---

10. Esta opinión se hizo popular mediante el influyente comentario de Hans Windisch, *Der zweite Korintherbrief* (KeK 6; Göttingen: Vandenhoeck & Ruprecht, 1970), 100, quien, basándose en la obra de Loesner de 1777, sugirió un paralelismo entre 2:16b y Jl 2:11, y entre este versículo y Mr 10:26; Ro 11:34; Ap 6:17. Sin embargo, resulta difícil vincular la resignación de Joel frente al juicio de Dios con la confianza de Pablo en su suficiencia como apóstol (*cf.* 2Co 3:4-6, 12; 4:1) o su confiada esperanza para la salvación de aquellos, en general, que están en Cristo (*cf.* p. ej. Ro 1:16-17; 8:1; 2Co 4:13-17; 5:14-21; Fil 1:6; 1Ts 3:11-13). Del mismo modo, la resignación de Ap 6:17 no es la de los fieles, sino de los que se enfrentan a "la ira del Cordero" (*cf.* 6:15-16). Lo mismo se puede decir de Marcos 10:26, aunque el paralelismo entre Ro 11:34 y 2Co 2:16b es difícil de establecer.

tarea?" se entiende mejor como "¡Yo!". Al ser "llevado a la muerte" como "aroma de Cristo", confía en que Dios se *está* dando a conocer.

Esta interpretación se confirma por medio de dos factores. (1) El lenguaje de "suficiencia" usado aquí alude al llamado de Moisés en Éxodo 4:10, cuando en la LXX Moisés responde al llamado de Dios declarando que no es "suficiente" (*hikanos*) para la tarea. En el contexto de Éxodo 4, Dios mismo *lo hace suficiente*. Pablo también ve que su suficiencia procede de Dios (*cf.* 2Co 3:4-6). Aludiendo al llamado de Moisés, la idea del apóstol es que, como en el caso del legislador, Dios es el único que lo ha hecho suficiente para su ministerio (*cf.* 1Co 15:9-10, donde se utiliza el mismo motivo de la "suficiencia"). El argumento de 3:4-6, basado en el llamado de Pablo como apóstol, solo tiene sentido si esperara una respuesta positiva a 2:16b, es decir, "Yo lo soy, por la gracia de Dios".

(2) La relación lógica entre la respuesta insinuada a la pregunta de 2:16b y la declaración del versículo 17 confirma esta interpretación. El versículo 17 pretende apoyar la respuesta implicada del versículo 16b (lamentablemente, la NVI no traduce la conjunción *gar* ["y es que, porque"] que presenta el v. 17). Este tipo de movimiento solo tiene sentido si Pablo acaba de declarar que él, y no sus oponentes, es aquel que es suficiente para el ministerio apostólico. El sufrimiento mismo que, según el argumento de sus oponentes cuestiona su ministerio, es el medio por el cual se muestra suficiente o competente como apóstol. De haber negado Pablo su suficiencia para el ministerio apostólico, la comparación del versículo siguiente no tendría sentido.

Por tanto, en el versículo 17, el apóstol respalda su suficiencia para el ministerio comparando su práctica de predicar el evangelio gratuitamente con la de los "muchos" que aceptan, y hasta exigen, dinero para su ministerio. A diferencia de estos, Pablo no "trafica con la Palabra de Dios". Aunque es objeto de debate que Pablo se compare negativamente con este grupo, junto con la imagen que utiliza para hacerlo, indica que no se está refiriendo a los apóstoles mencionados en 1 Corintios 9:5 ni a sus colegas, los "superapóstoles" de 2 Corintios 11:5 y 12:11. En cada uno de estos casos, Pablo se compara *de forma positiva* con aquellos otros apóstoles genuinos y en ningún sitio cuestiona que recibieran apoyo económico para su ministerio (en 1Co 9, Pablo defiende explícitamente el derecho que tienen a hacerlo). Por el contrario, se está refiriendo aquí a aquellos oponentes que han llegado hace poco a Corinto (es decir, los "falsos apóstoles" de 2Co 11:4, 13-15).

Sin duda, los oponentes de Pablo habían interpretado su práctica de predicar el evangelio de manera gratuita como señal de la inutilidad de su mensaje (si fuera valioso, cobraría un alto precio por él; después de todo, lo que se obtiene es lo que se paga).[11] En 2:17, Pablo responde recordándoles a los corintios que había renunciado libremente a su derecho al apoyo económico en Corinto por amor a los corintios, para evitar levantar una piedra de tropiezo para el evangelio (*cf.* 1Co 9:1-23; 2Co 11:7-15; 12:13-16). Que la decisión de Pablo de predicar en Corinto gratuitamente estaba motivada por amor se puede ver en los muchos sufrimientos que estuvo dispuesto a soportar como resultado directo de esta decisión (*cf.* 1Co 4:11-13; 2Co 6:4-5; 11:26-27). Solo un amor genuino por los corintios y el compromiso de Pablo con el evangelio podrían conducir a semejante padecimiento voluntario. Los actos del apóstol testifican de la sinceridad de su discurso.

En contraposición, la elección de palabras de Pablo en 2:17 indica que esta era la práctica de sus oponentes, como la del minorista en el comercio, que se tenía por sospechosa (gr. *kapeleuo* significa traficar para sacar beneficio como un vendedor detallista). En la época de Pablo, comparar a sus oponentes con quienes vendían mercancías en el mercado no era un cumplido. En el mundo antiguo, los minoristas eran infames por su deshonestidad. Este tipo de comparación era, pues, una forma común de sembrar la duda sobre el carácter y los motivos de alguien, sin cuestionar el hecho de ser pagado, algo legítimo para quienes eran dignos de su salario.[12]

Presumiblemente, los oponentes de Pablo afirmaban y se jactaban de que su práctica de recibir dinero por su ministerio está en paralelo con la de los primeros apóstoles mismos (*cf.* 1Co 9:3-6). Pablo contraargumenta y no los compara con estos apóstoles, sino con los traficantes. Al proceder de este modo, usa su propia jactancia contra ellos. Al recibir dinero, como los minoristas del mercado, sus propios motivos y no los de él, eran los que tenían pinta de "negocio sucio", una "farsa" construida alrededor del evangelio mismo (*cf.* 2Co 11:20). Si alguien está intentando estafar a los corintios, no puede

---

11. Anticipando el contraargumento de Pablo, sus oponentes también alegaron que, proporcionando una pantalla de humo para tapar su intención de sisar de la colecta, la práctica de sostenimiento personal del apóstol formaba parte de su plan de estafar a los corintios (*cf.* 2Co 11:8-9; 12:14-18).
12. Para un estudio de la evidencia de estas ideas, ver mi *Suffering and Ministry in the Spirit,* 106-25. *Cf.*, p. ej., Platón, *Protágoras* 313CD; *Sofista* 223D-235a; Isócrates, *Contra los sofistas* 4, que no critica a los sofistas por "vender" su mensaje *per se*, sino por presentarse con su habilidad retórica para vender lo que no tienen, a saber, la verdadera sabiduría. Platón, *Leyes* XI.915D-920C, advierte contra la tentación de la avaricia que rodea el negocio minorista. Isaías 1:22; Eclo. 26:29; 27:1-3; Filón, *Sobre los gigantes* 39; *Vida de Moisés* II.212; Josefo, *Ant.* 3.276; Luciano, *Filosofía de Nigrino* 25; *Hermotimus* 59; y Filóstrato, *Vida de Apolonio* 1.13-14 todos usan "vender como minorista" como metáfora para cuestionar los motivos de alguien, explotando la connotación negativa que rodea a los mercaderes en el antiguo mundo. La *Didajé* 12:5 advierte a la iglesia primitiva contra aquellos que desean vivir de su generosidad sin trabajar, es decir, los que "trafican con Cristo".

ser Pablo. Su forma de vivir, incluido su sufrimiento por amor a los corintios, es una ventana a sus sinceros motivos que, a su vez, son la manifestación de la gracia de Dios en su vida (*cf.* 1:12).

Además, como apóstol, Pablo es consciente (es decir, habla "en Cristo") de que predica el evangelio bajo el juicio de Dios (a saber, habla "delante de Dios"), ya que él es quien lo ha llamado (habla como aquel "enviado por Dios"). ¡Toda su vida de apóstol está contenida en estas frases preposicionales! Así como el llamado de Dios es el fundamento de su ministerio apostólico, también la realidad de sus juicios es su fuego purificador. Pablo, como todos los creyentes, vive delante de Dios, que es su clemente proveedor y, a la vez, su rey soberano. La motivación de la predicación del apóstol es, por tanto, la misma: Dios como fuente (*cf.* 1Co 1:30; 7:7; 8:6; 11:12; 12:7ss.; 2Co 5:18) y juez (*cf.* 2Co 4:2; 5:9-11; 12:19) de todas las cosas. La práctica de Pablo de automantenerse, y no la insistencia de sus oponentes en recibir dinero por su predicación, es la verdadera expresión de la gracia y del llamado de Dios. Y es su ministerio, y no el de ellos, el que será justificado delante del juicio de Dios. Hablar no cuesta dinero. Pero la declaración de Pablo con respecto a su suficiencia está respaldada por su disposición a predicar gratuitamente.

Entendida como una referencia a su práctica de mantenerse a sí mismo, el versículo 17 sigue el argumento paulino a favor de la legitimidad de su ministerio presentado en 2:12-13. En otras palabras, la descripción de su ministerio en 2:14-16 está encuadrada por dos ejemplos de su amor por los corintios: su disposición a abandonar Troas y a predicar el evangelio en Corinto sin cargo alguno. Ambas cosas ocasionaron gran sufrimiento por su parte, pero lo aceptó por amor a ellos y al evangelio en respuesta al llamado divino en su vida. En resumen, Pablo ministra como alguien "enviado por Dios" (2:17c).

Al mismo tiempo, lejos de cuestionar su apostolado, el sufrimiento apostólico de Pablo "en Cristo" como encarnación de su proclamación es lo que muestra que ha sido aprobado por Dios. En palabras del apóstol, sabe que habla "delante de Dios" como juez, lo hace con la "sinceridad" que viene de la gracia de Dios mismo (2:17b; *cf.* 1:12). Como resultado, su aseveración de no ser como sus oponentes es un argumento probatorio para el origen y aprobación divinos de su ministerio apostólico.

Carta de recomendación de Pablo para el ministerio (3:1-3)

El argumento de Pablo describe ahora un giro decisivo. Hasta el momento, ha argumentado a favor de la legitimidad de su ministerio basándose en su sufrimiento, como medio ordenado por Dios para mediar el consuelo divino a los creyentes (1:3-11) y el conocimiento divino al mundo (2:14-17). Empezando en 3:1-3, Pablo compite por la validez de su apostolado basándose en la presencia y el poder del Espíritu como contenido específico de su mediación.

Si el medio del ministerio apostólico de Pablo es su sufrimiento, el Espíritu es su contenido como aquel que convierte y consuela a los cristianos y condena al mundo (1:21-22; 2:15-16a). Al encarnar el evangelio, Pablo media el Espíritu.

La transición en el hilo de pensamiento paulino está marcada por las dos preguntas retóricas de 3:1, que anticipan ambas una respuesta negativa (las presenta en 3:1 con la partícula negativa *me*). A la vista de su sufrimiento y debilidad, era evidente que los oponentes de Pablo habían descartado sus exaltadas afirmaciones como apóstol considerándolas como un mero "aire caliente" sin sustancia. Sus preguntas retóricas y la insinuada respuesta de ellos anticipan una vez más esta acusación. Pablo no se está embarcando en un simple autoelogio cuando afirma que su sufrimiento es el vehículo planificado por Dios para dar su revelación por medio de él, como si no tuviera pruebas para respaldar lo que decía.[13] Después de todo, que dejara Troas y que se proveyera su propio sostenimiento son una clara evidencia de su naturaleza genuina como apóstol

Por las mismas razones, tampoco tiene por qué apoyarse en cartas de recomendación de otros para validar sus afirmaciones, como sus oponentes hacen con las suyas. En el mundo antiguo, como en nuestros días, la necesidad de cartas de referencias indicaban que alguien carecía de una prueba propia que apoyara lo que aseveraba. Este tipo de cartas son una fuente de credibilidad sustituta. Pero la obra de Pablo como apóstol habla por sí misma, sobre todo al fundar la iglesia en Corinto (10:12-18; *cf.* 1Co 4:14-17; 15:10). Los corintios mismos son, pues, la "carta de recomendación" de Pablo (2Co 3:2; *cf.* 1Co 9:1-2). Es esta "carta" (es decir, los corintios mismos como cristianos) la que Pablo lleva "escrita en nuestro corazón", de manera que puede ser "conocida y leída por todos".

Que los corintios estén "escritos" (lit. grabados) en el corazón del apóstol no significa que tuviera cálidos sentimientos hacia ellos, sino que está comprometido a actuar en beneficio de ellos como su "padre" en la fe (*cf.* 1Co 4:15). La disposición de Pablo a procurar su propio sustento por amor al evangelio (1Co 4:11-12; 9:12-23; 2Co 2:17; 6:3, 11-13; 12:14-15), su preocupación por el bienestar de los corintios (1Co 4:14-15; 2Co 11:2-4), y su angustia por

---

13. En 3:1 Pablo adelanta el pronombre reflexivo en la expresión gr. "elogiarse" (*heauton sunistano*), enfatizando así que tiene en mente un "*auto*elogio" negativo. Cuando Pablo habla de elogiarse en un sentido positivo, usa el orden normal de palabras, *sunistano heauton* (*cf.* 4:2; 6:4; 12:11). Le debo esta comprensión de la diferencia de énfasis entre ambas formas de expresión en 2 Corintios a J. H. Bernard, *The Second Epistle to the Corinthians, The Expositor's Greek Testament, Vol. 3*, ed. W. Robertson Nicoll (Grand Rapids: Eerdmans, 1979 reed.), 52. Mi traducción de 3:1 como "autoelogio" en vez de "elogio a uno mismo" es un intento de reflejar esta distinción. Para resolver el aparente conflicto entre el hecho de que Pablo niegue tres veces implicarse en el autoelogio (*cf.* 3:1; 5:12; 10:18), solo para dar la vuelta y elogiarse a sí mismo tres veces (*cf.* 4:2; 6:4; 12:11), ver comentarios sobre 10:12-18.

la salvación de ellos (2Co 1:12–2:13; 7:4; 11:28) hacen que resulte obvio a la vista de todos que estos creyentes están en su corazón como hijos suyos (*cf.* 7:3). Una vez más, su modo de vida revela el contenido de su corazón.

Por contra, la existencia misma de los corintios como cristianos testifica del poder del Espíritu en y por medio del ministerio de Pablo. Esta es la idea de 3:3. Ellos son la "carta de recomendación" de Pablo (3:1), *porque* ellos demuestran ser "una carta de Cristo", es decir, aquellos que Cristo ha "escrito", una metáfora que se refiere a su conversión (3:3a). La fuerza del argumento paulino no reside en que se hayan convertido al cristianismo *per se,* sino en haberlo hecho como "resultado de nuestro ministerio" (3:3b; lit., "habiendo sido ministrados[14] por nosotros, ustedes son una carta de Cristo"). Dado que la iglesia de Corinto es un resultado directo del ministerio de Pablo, renegar de él ahora equivaldría a negar su propia experiencia espiritual como cristianos (algo a lo que los corintios, tan propensos al orgullo, no se sienten inclinados).

La declaración de Pablo en 3:2 lo lleva a referirse, en 3:3a-b, al estatus de los corintios como creyentes, algo que a su vez lo conduce en 3:3c a describir la nueva identidad de ellos en términos del Antiguo Testamento, y utilizando el simbolismo de Ezequiel 11:19 y 36:26-27: como "carta" de Cristo, los corintios no han sido escritos "con tinta, sino con el Espíritu del Dios viviente" ni "sobre tablas de piedra, sino en tablas de carne, en los corazones". Pablo establece aquí *dos* contrastes, y no uno: el primero entre los dos *medios* de escritura (la intervención humana de la tinta frente al Espíritu) y el otro entre las dos *esferas* de escritura (las tablas del antiguo pacto de la ley frente a las "tablillas" del corazón humano del nuevo pacto).[15] El ministerio del apóstol "escribe" con el Espíritu que está obrando en el corazón humano, y se contrasta con el ministerio de "escritura" que, en el antiguo pacto, se hizo sobre las tablas de piedra de la ley (*cf.* Éx 24:12; 31:18; 32:15; 34:1; Dt 9:10).

Es crucial que veamos que este contraste no es singular, sino que es antiguo en la historia de la redención.[16] Bajo el antiguo pacto, la ubicación de la

---

14. El uso que Pablo hace del verbo *diakoneo* ("servir, ministrar") en 3:3, para describir su actividad de presentarles a Cristo a los corintios, indica que es mucho más que un simple mensajero que entrega una carta (*cf.* 1Co 4:15; 9:1-2; 2Co 10:14; 11:2). *Cf.* cómo emplea el apóstol las palabras de la misma raíz para referirse a la colecta como expresión del evangelio en 2Co 8:4; 9:1, 12, 13; asimismo, Ro 15:25, 31; a su "ministerio" en general en 3:6, 7-9; 4:1; y a su ministerio del evangelio entre los gentiles en Ro 11:13; 2Co 5:18; 6:3; 11:8.
15. Esta interpretación difiere del intento común de ver en 3:3c un único contraste entre la escritura con tinta sobre tablillas de piedra (¡!) frente al Espíritu que escribe sobre el corazón. Proceder de este modo mezcla las metáforas de Pablo hasta el punto de la autodestrucción.
16. Esto se aclara una vez que tomamos nuestro punto de partida en los textos del Antiguo Testamento y no en nuestras propias opiniones sobre la naturaleza de los contrastes

actividad de Dios estaba en la ley; en la nueva era prometida por Ezequiel, Dios obrará en corazones humanos por el poder del Espíritu. El ministerio de Pablo es nada más y nada menos que el cumplimiento de la promesa del nuevo pacto tal como lo predijo este profeta. Los corintios tenían que mirarse a sí mismos para tener la prueba de que la nueva era del nuevo pacto había amanecido (cf. Is 32:15; 44:3; 59:21; Jl 2:28-29; también el uso de Jer 31:31-34 en 2Co 3:6). Por tanto, si rechazaban el ministerio de Pablo, no solo equivaldría a negar su propia existencia genuina como creyentes, sino también a repudiar la obra de Dios en Cristo como cumplimiento de la esperanza profética.

Rechazar el apostolado de Pablo resultará, pues, en situarse fuera de la obra de Dios en el mundo (cf. 2Co 13:5, 10). Si Moisés es el "legislador" que media en el pacto del Sinaí, como resultado del Éxodo, Pablo es el "dador del Espíritu" que media en el nuevo pacto como resultado del "segundo éxodo" que se ha producido a través de Cristo. *Como* Moisés, Pablo está llamado a ser el mediador entre Dios y su pueblo. *A diferencia* de Moisés, el contenido esencial de la mediación de Pablo no es la ley, sino el Espíritu.

Aunque esta sección desarrolla el tema y la tesis de 1:3-11, aquí entran en juego los mismos principios que rigieron la anterior exposición de Pablo. Sin embargo, aunque 1:3-11 se centraba en el sufrimiento de Pablo como vehículo para exhibir el *poder* de Dios para *consuelo* de los creyentes, 2:12–3:3 se centra en ellos como medio para revelar el *conocimiento* de Dios para la *proclamación* del evangelio. En línea con este cambio de enfoque, este pasaje que estamos tratando revela cinco convicciones sólidas que afianzan aún más la comprensión que el apóstol tiene de sí mismo y el apoyo a la legitimidad de su ministerio apostólico. Estos pilares del pensamiento paulino deberían reforzar cualquier aplicación de esta parte.

---

entre "tinta" y "Espíritu", "piedra" y "carne". El contraste que Pablo establece no es uno abstracto entre "externo" e "interno", entre la "externalidad" y la "interioridad", entre "ritual" y "una experiencia viva del Espíritu", o entre la "rigidez" y la "espontaneidad", etc., como se suele sugerir. Tampoco está haciendo Pablo una declaración negativa sobre la naturaleza o el contenido de la ley, asociándola con "piedra", que parece ser el denominador común que sostiene estas interpretaciones. La referencia de 3:3 a las "tablas de piedra" forma parte de una larga tradición en la que esta designación es, como mínimo, una forma normal y neutral de aludir a la ley, y lo más probable es que funcione para enfatizar su permanencia, su divina autoridad, su honor y su gloria (¡cf. 3:7, 9, 11!). Ver Éx 24:12; 31:18; Dt 9:10; 1R 8:9; 2Cr 5:10, etc. y mi exposición sobre esta idea central dentro del judaísmo postbíblico en *Suffering and Ministry in the Spirit*, 214-20. Que la ley se grabara sobre piedra no se asocia en Ezequiel ni en ningún otro lugar a "corazones de piedra" como algo de lo que haya que deshacerse bajo el nuevo pacto.

(1) Pablo está convencido de que Dios es soberano sobre las circunstancias de su vida, incluido su sufrimiento. *Dios* es quien "lo lleva [a la muerte] triunfante" (2:14a).

(2) Pablo entiende que, para los creyentes, y en especial para su propio llamado como apóstol, el sufrimiento de su vida se convierte en el canal para la revelación de la presencia y el poder de Dios (2:14b). Lejos de cuestionar su apostolado, por la "oportunidad perdida" que supuso para Troas (2:12-14), su angustia es el medio mismo que Dios ordenó para expresar la suficiencia de Pablo para el ministerio del evangelio (2:16a). Pablo es competente para la proclamación de la cruz que produce vida y muerte, porque en sus padecimientos encarna la "fragancia" de la muerte de Cristo. Precisamente a través del sufrimiento del apóstol se dan a conocer la realidad de la persona de Cristo, la fiabilidad de la Palabra de Dios y la restauración del Espíritu. La vida de Pablo es una encarnación del evangelio que predica. Resulta, pues, que quienes rechazan la cruz de Cristo como poder de Dios (*cf.* 1Co 1:17-25) también repudiarán a Pablo a causa de su sufrimiento (2:15-16a). De ahí que la reacción de uno hacia Pablo sea un reflejo de la propia condición espiritual.

(3) Pablo confía en que su suficiencia como apóstol pueda verse también en su disposición a soportar el inevitable sufrimiento que procede de predicar el evangelio de forma gratuita en Corinto (2:17). Los motivos del corazón se manifiestan en el estilo de vida de la persona (3:2).

(4) Pablo puede señalar la experiencia cristiana corintia como prueba de su propia legitimidad como apóstol, porque la presencia del Espíritu es innegable en la vida del creyente (3:2-3). Por consiguiente, no pueden rechazar a Pablo sin rechazar, al mismo tiempo, su propia espiritualidad. Por el contrario, el apóstol es suficiente para el ministerio de vida y muerte (2:16), no por sus aptitudes naturales, sino por la obra del Espíritu en él y a través de él (3:3b). Por tanto, su confianza deriva en última instancia del amanecer de la nueva era del nuevo pacto (3:3), una realidad que impacta todo lo que hace y espera.

(5) Aunque el enfoque de este pasaje esté sobre la propia legitimidad de Pablo como apóstol, el objetivo supremo del texto era hacer que los corintios confiaran en su propia posición como creyentes (*cf.* 1:24). La idea no era justificar a Pablo *per se*, sino vindicarlo *en aras de* defender a aquellos que han confiado en su evangelio y su ministerio. Por tanto, en un sentido real, al centrarse en sí mismo, el apóstol está llamando a sus lectores a que se concentren en su propia situación "delante de Dios" (2:17). Pablo y su mensaje se convierten en el instrumento de medida para saber en qué punto se encuentra uno con Dios.

De ahí que, dada la naturaleza fundamental del argumento paulino, nosotros también podemos apropiarnos de las mismas perspectivas empleadas en este pasaje cuando discernimos la validez de nuestras afirmaciones cristianas.

Para ello, las cinco convicciones de Pablo pueden expresarse en una serie de preguntas, que, en conjunto, nos ayudan a exponer la naturaleza de nuestra condición espiritual: (1) ¿Mostramos una creciente confianza en la soberanía de Dios sobre las circunstancias de la vida? (2) ¿Reflejamos cada vez más la paz y la alabanza que vienen de entender el papel del sufrimiento en la vida de los cristianos? (3) ¿Demostramos progresivamente el tipo de acciones amorosas que fluyen de la disposición a renunciar a nuestros derechos por amor a otros? (4) ¿Damos pruebas de la obra transformadora del Espíritu en nuestra disposición a defender, como pueblo de Dios, la verdad? (5) ¿Es nuestra vida un modelo para otros de lo que significa imitar a Cristo?

En última instancia, es evidente que Pablo no es en modo alguno la cuestión. Como él mismo indica, la perspectiva dominante que rige todas estas evaluaciones es la conciencia de que *Dios* es el juez, ya que solo él conoce la verdadera naturaleza de nuestros actos y los motivos que los impulsan (*cf.* 2:17). Pablo no nos está llamando a juzgarnos los unos a los otros, según nuestros propios estándares y experiencias, sino a vivir en el conocimiento de que todos compareceremos delante del juicio justo de Dios. Al final, todos somos medidos por *su* carácter tal como se revela en su Palabra y se encarna en su Hijo.

Significado Contemporáneo

La naturaleza del ministerio cristiano. El argumento paulino para su legitimidad como apóstol cuestiona la visión del ministerio que domina en nuestros días. El carácter de la vida de Pablo y la obra transformadora del Espíritu, y no su personalidad ni su "éxito" al hacer que las iglesias crecieran, eran su recomendación como verdadero representante de Jesucristo. En directo desafío a la crítica de sus oponentes, su argumento en 2:12–3:3 refleja su persuasión con respecto a que la condición del corazón, y no la actuación del predicador, es la que determina la respuesta de una persona a la proclamación del evangelio (2:14-15a; *cf.* 1Co 1:17-19; 2:1-5; 2Co 4:3-4; 10:10; 11:6).

La comprensión que Pablo tiene de la naturaleza del ministerio cristiano da un duro golpe a todos los intentos, ya sea en su época o en la nuestra, de los ministerios y los mensajes de moda que giran en torno a técnicas y tecnología. Como hijos de la era del entretenimiento, nuestro reflejo culturalmente condicionado es convertir en prioridad la creación de entornos adecuados para escuchar el evangelio, en lugar de confiar principalmente en el poder del Espíritu para llamar a las personas al arrepentimiento. Nuestra tendencia consiste en concentrarnos en "explotar las circunstancias" en lugar de confiar en Cristo para trabajar. En lugar de ver al pastor como mediador del Espíritu junto con la proclamación de la Palabra, el ministro se convierte en un "profesional" cuyo trabajo es administrar la vida corporativa de la congregación y supervisar la creación de "acontecimientos" de adoración con significado. David Wells ha indicado, con dolor, las peligrosas consecuencias de este movimiento en la cultura estadounidense contemporánea:

> A medida que el mundo tecnológico ha ido menoscabando el pastorado, la administración mediante la técnica ha venido a sustituir la administración por medio de la verdad ...
>
> Según Stanley Hauerwas y William Willimon, el resultado es el ateísmo práctico [...]. Es un ateísmo que reduce la iglesia a los meros servicios que ofrece o los buenos sentimientos que el ministro puede generar. En otras palabras [...] el ministerio se verá típicamente desprovisto de su trascendencia y reducido a poco más que una profesión de ayuda [...]. Bajo este disfraz de piedad —o, mejor dicho, de profesionalización—, vive el resto de su vida la incredulidad pastoral.[17]

En respuesta, nuestras congregaciones ya no se ven como aquellos que han sido llamados por Dios en Cristo para buscar y adorar al Señor en el poder del Espíritu. Tampoco se ven, a través de la lente de la historia redentora, como el pueblo llamado a mediar la gloria divina hasta los confines de la tierra (tómese nota del argumento a partir del cumplimiento de la Escritura en 3:3). En vez de todo esto, se convierte en un conglomerado de consumidores que solo se mantiene junto por su opinión común de que esta o aquella iglesia en particular resulta ser la institución mejor diseñada de la zona para proporcionar los servicios que se buscan. Ir a la iglesia es más parecido a ir al supermercado que a reunirse con la familia. Como en la época de Pablo, y también hoy día, los predicadores populares son a menudo quienes dan a las personas lo que estas "quieren", religiosamente hablando, confirmándolos en su propio modo de concebirse y en su autosuficiencia. Como indica Wells:

> Lo que esto significa en la práctica es que el ministro [...] se ha vuelto vulnerable a una multitud de peligros. En el seno de la iglesia soplan fuertes vientos desde una gama de consumidores religiosos que acuden a las iglesias y a los ministros para satisfacer sus necesidades, y que no tardan en irse si sienten que no es así. Básicamente, estos consumidores están buscando lo que ofrece el movimiento del yo; solo que lo quieren con ropaje evangélico. Un ministerio genuinamente bíblico y teocéntrico tiene casi todas las papeletas para colisionar de frente con el egocentrismo y el enfoque antropocéntrico que son ahora lo normativo

---

17. David Wells, *No Place for Truth or Whatever Happened to Evangelican Theology* (Grand Rapids: Eerdmans, 1993), 248-49, siguiendo a Hauerwas y Willimon, "Ministry As More Than a Helping Profession", *Christian Century* (15 de marzo, 1989), 282.

en tantas iglesias evangélicas. Las colisiones ocurren en el alma del ministro y a costa de su carrera.[18]

La naturaleza de ser cristiano. Como corolario a su propio sufrimiento *y* al poder del Espíritu Santo en su vida (no al sufrimiento *frente* al Espíritu), el retrato que Pablo hace de su ministerio también cuestiona nuestra imagen de cristiano lleno del Espíritu. Como los oponentes del apóstol, a nosotros también nos parece difícil sacudir el "evangelio de la salud y la riqueza" con su promesa de bendición divina física y económica para los fieles. En nuestra era de materialismo nos resulta casi imposible imaginar que Dios no solo usaría el sufrimiento como vehículo para manifestar la presencia y el poder de su Espíritu, sino que también conduciría realmente a alguien a la muerte para revelar su gloria y difundir el evangelio (2:14). En vez de ello nos esforzamos por dar la impresión de que los cristianos vencen el sufrimiento y la necesidad, en lugar de descubrir que Cristo es fuerte en su debilidad más que evidente.

Aunque no lo expresemos a menudo con franqueza, deberíamos ser capaces de vencer o evitar la adversidad que nos rodea. De alguna manera creemos que los verdaderos seguidores de Cristo no deberían haber soportado el tipo de problemas y la angustia que conocen nuestros vecinos. Al menos nuestro matrimonio debería funcionar y todos nuestros hijos tendrían que ser cristianos. Esta suposición de "salud y riqueza" es incluso más evidente en lo que respecta a los pastores, tanto en lo tocante a nuestras expectativas para ellos como en su concepción de sí mismos. De manera natural suponemos que los guapos y sanos son fuertes en el Señor, sobre todo si son hábiles en la retórica. Sin embargo, desde la perspectiva de Pablo, la característica dominante de aquellos en quienes Dios está trabajando poderosamente es su confiada resistencia en medio de la adversidad. Nuestros pastores han de ser modelo de perseverancia y no de personalidad; de moralidad y no de milagros.

Además, teniendo en Pablo su ejemplo, los pastores no deberían sorprenderse cuando la dirección de Dios los lleva a aguas de sufrimiento más profundas que las que experimenta su congregación. Esto es especialmente así en lo que respecta al sufrimiento causado por la angustia que experimentarán por la salud espiritual de sus iglesias (*cf.* 2:12-13; *cf.* 6:3-10; 11:28). El corazón del pastor es un corazón roto.

Aunque en Occidente la iglesia no está sufriendo en la actualidad la persecución tan común en cualquier otro lugar del mundo, muchos pastores de hoy, como Pablo en Corinto, han soportado el sufrimiento inferior, aunque desalentador, que viene de la incertidumbre financiera, de una remuneración insuficiente y del desdén cultural. Esto podría conducir, a su vez, a la carga innecesaria de tener que trabajar para vivir, además de seguir con la obra del ministerio. Considerando que Pablo se procuraba su propio sostén de forma

---

18. *Ibíd.*, 256.

voluntaria con el fin de evitar ser piedra de tropiezo en el camino del evangelio, hoy, esa "fabricación de tiendas" en el mundo occidental suele ser consecuencia del materialismo de los creyentes y de su falta de estima por el ministerio.

La incapacidad de muchas congregaciones para mantener a sus pastores de forma adecuada o para respaldar el establecimiento de iglesias en otros lugares suele ser la consecuencia de la falta de disposición de las personas a la hora de separarse de su dinero en beneficio del ministerio. En otros casos, estas pocas ganas vienen causadas por el poco valor que se asocia al ministerio mismo. Esto deriva, en parte, de que el ministro haya permitido que le vean como un jefe de personal de grado inferior, una alternativa gratuita a una terapia cara, un proveedor de valores morales para los niños, un programador de actividades saludables para los jóvenes y un animador emocional en tiempos de crisis. En este sentido, pagamos a nuestros pastores lo que creemos que merecen de verdad.

La naturaleza de la fe. La capacidad de Pablo en 2:17 para determinar los motivos de sus oponentes por sus actos, junto con su insistencia en 3:2 en cuanto a que su propio amor por los corintios se puede ver en su disposición a sufrir por ellos, confronta la "creencia fácil" que tanto marca a la iglesia de hoy. En vista de la enseñanza de Pablo, sencillamente no debemos seguir engañándonos y pensar que los estilos de vida de la avaricia que tiene sus propios objetivos, la impureza sexual, la deshonestidad autoprotectora y el arribismo que solo busca prestigio no son más que el resultado de "no convertirnos aún en quienes somos en Cristo". En nuestra forma de vivir lo que está en juego es ni más ni menos que la integridad de nuestro mensaje. Nuestros actos son la manifestación de nuestra condición moral.

No hay dicotomía alguna entre las esferas privada y pública de nuestra vida. Pablo no aceptaría que aquellos que usan la buena voluntad y la caridad cristiana de los demás para su ganancia, privilegio y prestigio personal estén predicando y viviendo el evangelio de Cristo, por fuertes que sean sus afirmaciones. Al mismo tiempo, la propia disposición de Pablo a perdonar a los ofensores y su exhortación a los corintios a que hagan lo mismo en 2:5-11 demuestran que no es un perfeccionista. Su énfasis en 3:18 sobre el proceso continuo de transformación muestra que sus expectativas no son la perfección de la noche a la mañana, sino la evolución a lo largo de toda una vida. La senda para ser más como Cristo está pavimentada de arrepentimiento (*cf.* 2Co 7:9-12).

Nuestra manera de vivir, incluido el arrepentimiento, debe encajar cada vez más con el carácter del evangelio que profesamos. La necesidad de madurar en este asunto es especialmente verdad para quienes afirman ser líderes del pueblo de Dios. Debería ser obvio que los pastores deben practicar aquello que predican, incluido el arrepentimiento. Que muchos sigan sin hacerlo es una acusación de nuestro tiempo. Como lo expresó Richard Baxter (1615–1691) en su obra clásica de 1656, *The Reformed Pastor*, y dio ejemplo con su vida: "Miren por ustedes mismos, no sea que su ejemplo contradiga su doctrina y pongan piedras de tropiezo delante de los ciegos, llegando a ser la ocasión de su perdición; no sea que su vida no diga lo que ustedes dicen con su lengua".[19] En realidad, como observa J. L. Packer: "Los puritanos eran *hombres del Espíritu*; amantes del Señor, cumplidores de su ley y derrochadores de sí mismos en su servicio, que son los tres elementos principales de una vida verdaderamente llena del Espíritu, en todas las épocas".[20]

La naturaleza de la presencia del Espíritu. El reverso de la insistencia de Pablo en cuanto a que quienes predican el evangelio deben vivir sus virtudes, incluidos el arrepentimiento y el perdón de los arrepentidos, es su expectativa de que la presencia del Espíritu en el mundo no sea invisible ni privada, sino palpable y poderosa. La teología paulina de la "santidad" no es un llamado a levantarnos espiritualmente sin ayuda de nadie. La vida de fe es la obra del Espíritu. ¡Pero este no invade nuestra vida para pasar unas vacaciones! Y es que aquellos en los que mora el Espíritu debemos ser capaces de gustar el "fruto del Espíritu" (Gá 5:22) o "el fruto de justicia" (Fil 1:11) en nuestras actitudes y actos.

Pablo no aceptaría jamás el intento moderno de relegar la religión al asunto privado de los pensamientos y las creencias más internas de la persona. Aclara el propósito de su ministerio como desvelar y alabar la gloria de Dios (*cf.* 1:3, 11, 20; 2:14). Hacerlo refleja que da por sentado que Dios no es una Idea que se ha de creer, sino una Persona con la que encontrarse y en quien confiar; o mejor aún, una Persona que se encuentra con nosotros con el mismo poder que resucitó a Jesús de los muertos (1:9, 22; 2:14b; 3:3). El Espíritu nos levanta de la inercia de nuestra vida pecaminosa y nos convierte en "una carta de Cristo" que habla de su gracia transformadora en nuestras propias palabras y exhibe su poder por medio de nuestros actos. Y es que, como hemos visto, el argumento de Pablo en 3:1-3 se basaba en su certeza de que la promesa de Ezequiel 36:25-26 se está cumpliendo en y a través de su propio ministerio del evangelio. Sin lugar a duda, este sigue siendo hoy el caso.

El énfasis de Pablo en este pasaje sobre el poder transformador del Espíritu respalda, pues, el enfoque recién renovado en muchos círculos sobre la formación del carácter cristiano en el seno de la comunidad de fe como tarea central de la ética cristiana. Como argumenta Stanley Hauerwas, la ética cristiana debería considerarse bajo la metáfora de la vida como un "viaje", en contraste con la visión luterana prevaleciente de la vida como un "diálogo". Este último criterio hace hincapié en "la naturaleza dual del yo, el divorcio del yo 'interno' y justificado del yo pecaminoso y 'externo', el yo pasivo del activo. Esta ha sido una descripción teológica más que justa, porque con frecuencia ha implicado que lo que el hombre hace

---

19. Richard Baxter, *The Reformed Pastor*, ed. William Brown (Edimburgo: The Banner of Truth Trust, 1974; de la ed. 1862), 63.
20. J. I. Packer, *A Quest for Godliness: The Puritan Vision of the Christian Life* (Wheaton: Crossway, 1990), 75.

y cómo actúa tienen relativamente poco que ver con su verdadero yo real 'interno' y justificado".[21] Semejante dicotomía no puede mantenerse en vista del argumento de Pablo en este pasaje concerniente a la relevancia de su propio sufrimiento y el testimonio de la experiencia corintia del Espíritu.

Al final, la idea de Pablo es lo que convierte a alguien en un miembro del pueblo de Dios, ya sea Moisés en la tienda de reunión o Suzie y Jim en la iglesia de la esquina, es un encuentro transformador de vida con la gloria de Dios (1:18-22; cf. 3:16-18). Esta es la base para la siguiente fase del argumento de Pablo: "Con el rostro descubierto" (3:18) somos irresistiblemente arrastrados a la belleza y la majestad del Señor soberano, cuya imagen adoptamos confiando en su total suficiencia, hasta tal punto que somos libres de amar a otros en obediencia sus mandamientos. Esta es la "carta de recomendación" producida por medio del evangelio, por el Espíritu del Dios viviente (3:2), quien, en cumplimiento de la promesa de Ezequiel, nos hace caminar en los estatutos de Dios como "una carta de Cristo" (3:3).

Por tanto, los que ministran el evangelio no son técnicos entrenados para proporcionar servicios (ni siquiera servicios de adoración). Son mediadores del Espíritu que predican a Cristo, de acuerdo con las Escrituras, y que encarnan su carácter en su propia resistencia fiel y en el amor por los demás. La relevancia contemporánea de la perspectiva de Pablo es su llamado a recuperar nuestra conciencia de la realidad del Espíritu y nuestra dependencia de ella, convencido de que el Espíritu es vital, y no suplementario, para la vida y el testimonio de la iglesia (3:1-3).

Junto con esto, el concepto que tiene Pablo de sí mismo debe hacer que nosotros, sobre todo como líderes cristianos, oremos pidiendo una disposición renovada a sufrir por amor a los demás y, en fidelidad al llamado de Dios, ser llevados al sufrimiento en aras del evangelio. Solo de esta manera se dará a conocer a cada generación el conocimiento de Dios en la cruz y por el Espíritu (2:12-17). No podemos "gestionar" el tipo de sufrimiento, la revelación de Dios y la transformación que Pablo concibe en este texto. Es el resultado de una invasión milagrosa de nuestra vida, por el poder y la presencia de Dios mismo. Solo la gloria de Dios puede expulsar el destello y el oropel de este mundo. Y es que la confianza y la esperanza del apóstol no residen en su propio poder como orador motivacional, sino en el poder del Espíritu (3:4, 12; cf. de nuevo 1Co 2:1-5).

---

21. Stanley Hauerwas, *Character and the Christian Life: A Study in Theological Ethics* (Notre Dame: Univ. of Notre Dame Press, 2ª ed., 1994), 4; ver esp. su nueva introducción, xiii-xxxiii.

2 Corintios 3:4-6

Ésta es la confianza que delante de Dios tenemos por medio de Cristo. **⁵** No es que nos consideremos competentes en nosotros mismos. Nuestra capacidad viene de Dios. **⁶** Él nos ha capacitado para ser servidores de un nuevo pacto, no el de la letra sino el del Espíritu; porque la letra mata, pero el Espíritu da vida.

En 2:12–3:3, Pablo señaló su ministerio de sufrimiento y el Espíritu como dos argumentos para su suficiencia como apóstol. Esta prueba, sin embargo, no era la *fuente* de su ministerio ni la *base* de su competencia, como si su idoneidad derivara en última instancia de sus propias experiencias. Más bien, en 2:16b, Pablo basaba la legitimidad de su ministerio en su *llamado* a ser apóstol describiendo su competencia en función del llamamiento de Moisés. Como el profeta, él también había sido llamado por Dios. De ahí que sus sufrimientos y su sinceridad deriven de que habla "en Cristo", "delante de Dios", y "de Dios" (2:17). Pero Pablo es un apóstol de Cristo y no un profeta del antiguo pacto. Por tanto, en 3:3, Pablo también contrastó su llamamiento con el de Moisés, recalcando que su ministerio del Espíritu es parte del nuevo pacto prometido por los profetas.

En 3:4-6, el apóstol regresa al tema de su llamado "mosaico" ya presentado antes en 2:16b-17 con el fin de dejar claro que el origen y el fundamento de su ministerio es Dios mismo. Al hacerlo, completa su autodefensa recordándoles a los corintios que los resultados genuinos de su ministerio (3:1-3) arman su "confianza" *como* apóstol (3:4), precisamente porque su ministerio, y por ende sus resultados, se basan en su anterior llamado *a ser* apóstol (3:5). El sufrimiento del apóstol y la presencia del Espíritu son apoyos gemelos de su suficiencia, ya que son también la prueba de que Dios es aquel que le ha "hecho suficiente" (NVI "competente", 3:5). Por tanto, para Pablo, su confianza en cuanto a su competencia (2:16b; 3:4) se basa en el llamado de Dios a su vida (2:17b; 3:5-6a), como evidencia la obra del Espíritu en y a través de su sufrimiento apostólico (3:2-3; 3:6b).

La confianza de Pablo como ministro (3:4-6a)

Segunda de Corintios 3:4 marca una transición en el argumento de Pablo mediante el resumen de su anterior afirmación en cuanto a que su sufrimiento

(2:14-17) era el vehículo por medio del cual Dios vertía su Espíritu (3:1-3). Esto, en una palabra, es la "confianza" que Pablo tiene "delante de Dios por medio de Cristo".[1] La "confianza" de Pablo es la seguridad subjetiva que posee, por el contenido objetivo de lo que Dios está haciendo por medio de su vida como apóstol (*cf.* 10:18). El apóstol quiere aclarar que, aunque confía en ser competente para el ministerio (2:16b; 3:4), su suficiencia (NVI competencia) procede de Dios, no de sí mismo (3:5), ya que Dios es quien le hace suficiente como ministro del nuevo pacto (3:6a).

Este requisito es de suma importancia. Así como Pablo fue cuidadoso en 2:17 para enfatizar que su competencia para predicar la palabra de Dios se produjo como resultado de su llamamiento "de Dios", ahora también recalca en 3:5 que no es competente para considerar este aspecto de su ministerio ni ninguna otra cosa que se origine en él mismo (nótese de nuevo el uso del plural apostólico en 3:1-6 para enfatizar que Pablo representa el oficio apostólico).

Para subrayar esta idea, Pablo vuelve a aludir al llamado de Moisés (*cf.* 2:16b), ahora presentado de una forma que también evoca el llamamiento de los profetas. Empezando por el propio llamado de Moisés en Éxodo 4:10 (*cf.* Éx 3:1–4:17), los llamados subsiguientes de Gedeón (Jue 7:11-24), Isaías (Is 6:1-8), Jeremías (Jer 1:4-10) y Ezequiel (Ez 1:1–3:11) reflejan todos ellos el mismo patrón: el profeta no es suficiente (competente) en sí mismo (por un obstáculo que debe ser vencido), sino que a pesar de ello es hecho suficiente por la gracia de Dios.

Desde una perspectiva canónica, que esos "relatos de llamamiento" proféticos sean todos ellos paralelos al llamamiento del profeta Moisés conlleva una fuerza apologética implícita. Dado que el profeta es llamado como Moisés, puede afirmar la misma "competencia-a-pesar-de-la-incompetencia-por-la-gracia-de-Dios" que este tuvo. Si Yahvé llamó y usó al profeta a pesar de su defecto en el habla, nadie puede señalar la insignificancia militar de Gedeón, el pecado de Isaías, la juventud de Jeremías, o la timidez de Ezequiel como razones para dudar de la validez de sus llamamientos respectivos. A pesar de la insuficiencia de ellos, Dios los hizo suficientes. De hecho, el llamado de Moisés demuestra que estos mismos obstáculos son una parte esencial del llamado mismo, ilustrando claramente que la gracia de Dios, y no la fuerza del profeta, es la fuente de su competencia.

Cuando Pablo dice que Dios "nos ha capacitado para ser servidores de un nuevo pacto" (3:6a) se está refiriendo, pues, a su llamado semejante al de Moisés en el camino de Damasco como principio legitimador. Como Moisés y los

---

1. El detallado respaldo de la comprensión del significado original de 3:4-18, aquí presentado, se encuentra en mi obra anterior *Paul, Moses, and the History of Israel: The Letter/Spirit Contrast and the Argument From Scripture en 2 Corinthians 3* (Peabody, Mass.: Hendrickson, 1996).

profetas del Antiguo Testamento después que él, Pablo también fue "capacitado, a pesar de su incompetencia, por la gracia de Dios". En lugar de cuestionar su ministerio, la insuficiencia del apóstol provee, pues, la contrapartida a la gracia electora de Dios. Semejante estrategia tenía precedente. Este uso de Moisés con el fin de legitimar la propia autoría era un movimiento común en el judaísmo de la época de Pablo. Que tuviera este tema en mente es algo que se confirma en Gálatas 1:15-16, donde describe su llamamiento en términos "mosaicos" como quedaron cristalizados en el llamado de Jeremías.[2]

No obstante, aunque Pablo ha sido llamado siguiendo el mismo patrón de Moisés como profeta, no es profeta, sino apóstol de Jesucristo. En las palabras de 3:6a, Pablo ha sido capacitado para ser "ministro [o siervo; gr. *diakonos*] de un nuevo pacto". Al presentarse como ministro del *nuevo* pacto y no como profeta del antiguo, el apóstol declara que su ministerio cumple el oficio veterotestamentario de profeta. En un sentido fenomenológico, el ministerio paulino es como el de profeta, aunque escatológicamente es un apóstol de Cristo Jesús (1:1).[3]

Con todo, aquí Pablo no se refiere a sí mismo como apóstol, sino como "ministro". El estudio del uso paulino deja claro que el énfasis en el término *diakonos* no está en el cargo,[4] sino en la función o el acto de mediación y representación asignado por Dios con respecto a una tarea particular de servicio (*diakonia*).[5] Al usar aquí esta designación, Pablo no está abusando de su

---

2. Para la confirmación de este punto fundamental, ver Karl Olav Sandnes, *Paul—One of the Prophets? A Contribution to the Apostle's Self-Understanding* (WUNT 2, Reihe 43; Tübingen: J. C. B. Mohr [Paul Siebeck], 1991), 7-8, 16n.6, 64-65, 68-69. Sandnes demuestra que, en los pasajes centrales en los que Pablo presenta su concepto de sí mismo como apóstol, lo hace sistemáticamente en términos de temas *proféticos* comunes (Ro 1:1-5; 10:14-18; 1Co 2:6-16; 9:15-18; 2Co 4:6; Ef 2:19–3:7; 1Ts 2:3-8). De ahí que, aunque Pablo nunca se refiere a sí mismo como profeta, entendía que su apostolado era una continuación del llamado profético del Antiguo Testamento, conducido bajo el mismo tipo de discurso forzado e inspirado que caracteriza a los profetas (*cf.* pp. 2-3, 15, 18, 20, 115, 129, 152).
3. *Ibíd.*, 18.
4. Cuando Pablo quiere enfatizar su oficio, usa el término "apóstol", que señala directamente a la autoridad de su ministerio, concedida por Dios (*cf.* Ro 1:1; 11:13; 1Co 1:1; 9:1-2; 2Co 1:1; Gá 1:1; Ef 1:1; Col 1:1; 1Ti 1:1; 2:7; 2Ti 1:1, 11; Tit 1:1).
5. Con respecto al uso que Pablo hace de la terminología de *diakonos* para describir su ministerio apostólico al servicio del evangelio, *cf.* Ro 11:13; 2Co 3:3, 6, 8-9; 4:1; 5:18; 6:3-4; 11:8; Ef 3:7; Col 1:23, 25; 1Ti 1:12. Acerca del trato de esta terminología en el Nuevo Testamento dentro de su entorno histórico y lingüístico, ver John N. Collins, *DIAKONIA: Re-interpreting the Ancient Sources* (Nueva York: Oxford Univ. Press, 1990), esp. 195-215 sobre el uso paulino. La tesis central de Collins consiste en que la terminología de Pablo se refiere a la función de proclamar el evangelio ("portavoz") y, de forma específica, en 2Co 2:14–6:13, al papel de Pablo como medio (*medium*) de la revelación y la gloria de Dios, y no a un servicio cristiano general experimentado por el conjunto de la iglesia o a la tarea de los "diáconos" (*cf.* 197-98, 203-5). Además, Pablo

autoridad, sino que llama la atención a la forma en que su ministerio funciona en realidad como prueba de su autoridad. Porque es un apóstol (es decir, su cargo, *cf.* 1:1), es un ministro del nuevo pacto (es decir, su función). Como ministro, media el Espíritu en el establecimiento de la iglesia (*cf.* el uso del verbo correspondiente "ministrar" [*diakoneo*] en 3:3 y la referencia al "ministerio" [*diakonia*] del Espíritu de Pablo en 3:8). Este ministerio, como resultado de su oficio, es su confianza "por medio de Cristo delante de Dios". En otras palabras, Cristo es quien hace posible la confianza del apóstol y Dios es aquel delante de cuyo juicio ministra Pablo (*cf.* 2:17).

El ministerio paulino del nuevo pacto (3:6b)

El contenido de la actividad de Pablo como ministro es el "nuevo pacto" (3:6a). Como es bien sabido, el único uso explícito de la expresión "nuevo pacto" en el Antiguo Testamento se encuentra en Jeremías 31:31.[6] Aunque algunos disienten, la mayoría acepta la conclusión de que Pablo está aludiendo aquí a este antecedente. El marco para entender la concepción que Pablo tiene de la iglesia es su convicción de que constituye la comunidad del nuevo pacto. Su única otra referencia explícita al "nuevo pacto" (1Co 11:25) aparece en relación con la muerte de Cristo como fundamento de la iglesia, una tradición que deriva de Jesús mismo.

La referencia de Pablo a la tradición de la iglesia en 1 Corintios 11:23 y 15:1-3, junto con su introducción de la terminología del nuevo pacto sin explicación en 3:6, indica que los corintios eran muy conscientes de la relevancia del nuevo pacto. De manera específica, comprendieron que la muerte de Jesús había inaugurado el nuevo pacto y que, como creyentes, ellos eran miembros de él (*cf.* 1Co 1:2, 17-18, 23-24, 26-31; 2:2; 3:16; 6:19; 7:23; 12:13, 27; 2Co 6:14–7:1). Como ha observado William Lane, "la respuesta pastoral de Pablo a la perturbadora situación en Corinto" entrañaba "una apelación al nuevo pacto y a la administración de sus provisiones". Como un profeta del Antiguo Testamento, llamado a ser "mensajero de la causa del pacto de Dios",

---

puede compartir este título de forma más amplia con aquellos que están predicando el evangelio o representando a la iglesia: Ro 16:1 (con Febe); 1Co 3:5-8 (con Apolos); 16:15 (con la familia de Estéfanas); 2Co 11:23 (irónicamente, con sus oponentes); col 1:7 (con Epafras); Ef 6:21; Col 4:7 (con Tíquico); Col 4:17 (con Arquipo); 1Ti 4:6 (con Timoteo). De hecho, en 2Co 11:15, hasta Satanás tiene sus "siervos" (*diakonoi*), mientras que un gobernante pagano usado por Dios para cumplir sus propósitos puede recibir el nombre de "siervo" (*diakonos*) de Dios en Ro 13:4. A Cristo mismo, en la función de su ministerio terrenal, se le describe como un *diakonos* para los circuncisos en Ro 15:8, y el ministerio de la ley de Moisés se define como *diakonia* en 2Co 3:7, 9.

6. Gran parte de esta sección y de Construyendo Puentes, más abajo, está tomada de mi anterior intento de resumir mi obra en "The 'Temple of the Spirit' As the Inaugural Fulfillment of the New Covenant Within the Corinthian Correspondence", *Ex Auditu* 12 (1996): 29-42.

Pablo fue llamado a proclamar la "queja divina contra los rebeldes corintios y a llamarlos para que regresaran a las estipulaciones del pacto".[7]

Esto queda confirmado en el retrato que Pablo hace de su ministerio en 2 Corintios 10:8 y 13:10 (*cf.* Gá 2:18) en términos de tareas del pacto de "construir" y "derribar" (ver Jer 1:10; 31:28). Nuestra forma de entender el concepto que el apóstol tiene de sí como ministro del "nuevo pacto" (2Co 3:6) quedará documentada principalmente por cómo entendamos el significado del nuevo pacto mismo, tal como se encuentra en Jeremías 31:31-34 (ver la sección Construyendo Puentes).

El ministerio del Espíritu y no de la letra (3:6c)

Si la autoridad de Pablo como apóstol se basa, en parte, en el paralelismoo entre su suficiencia y la de Moisés (3:4-6a), también le sirve de apoyo el contraste entre su "ministerio" (*diakonia*) y el "ministerio" (*diakonia*) de Moisés (3:6, según se desarrolla en 3:7-18). Pablo recibe un llamamiento, como ocurrió con Moisés, pero con una función distintivamente diferente. Al final, el carácter del ministerio de Pablo como apóstol, comparado y contrastado con el ministerio de Moisés, se convierte en la clave para entender su concepto de sí mismo y su defensa. El corazón de esta comparación y contraste es la famosa oposición letra/Espíritu de 3:6.

El uso del contraste "letra/Espíritu" a modo de versículo suelto para una interpretación literal (= "letra") de las Escrituras frente a otra alegórica (= "Espíritu") cuenta ya con una larga historia en la iglesia, y se remonta incluso a Orígenes (m. 254). Incluso ha sobrevivido a los tiempos modernos, como si de un modismo se tratara, para considerar que el "espíritu" de una ley es más importante que su "letra". Sin embargo, desde la Reforma, los intérpretes han reconocido que el contraste letra/Espíritu no representa dos formas distintas de interpretar las Escrituras (con la iglesia misma determinando el significado "espiritual" del texto). Más bien se refiere a la distinción entre la ley y el evangelio, ya sea como dos maneras de relacionarse con Dios o como dos épocas dentro de la historia redentora.

Bajo la influencia del contraste ley/evangelio tan fundamental en el pensamiento de la Reforma, este contraste suele entenderse como alusión a la ley (= "letra") y el evangelio (= "Espíritu") mismos. Interpretado de este modo, se dice que la ley "mata" por su exigencia de una perfección sin pecado como medio de obras de justicia y su correspondiente condenación de todos aquellos que no la observan perfectamente (¡que son todos!). No obstante, no está todo

---

7. William Lane, "Covenant: The Key to Paul's Conflict with Corinth", *TynBul* 33 (1982): 3-29, 6, 10. La "causa del pacto" de Dios contra los corintios proporciona, pues, la clave necesaria para comprender el carácter, el contenido y la unidad de 2 Corintios.

perdido, porque la ley fuerza al pecador a desesperarse bajo sus demandas y su juicio, llevando así a la persona a la promesa de perdón y poder, que da vida, que se halla en el evangelio. La "letra" (= ley) mata *para que* el "Espíritu" (= evangelio) pueda vivificar. Se aprecia la unidad del mensaje de Dios en la Biblia en que la exigencia de obras de justicia conduce, a través de nuestro fracaso, a la promesa del evangelio.

Con todo, muchos estudiantes de la Biblia se han sentido muy incómodos atribuyendo semejante función negativa a la ley misma al entender que, dentro de la estructura de pacto del Antiguo Testamento, la ley era una expresión de la elección y la salvación de Israel y no una condición previa para ello. Como respuesta a los actos de liberación de Dios y su compromiso de provisión para su pueblo, la obediencia a sus mandamientos se convirtió en una expresión externa de confianza en sus promesas. Cumplir las estipulaciones del pacto es la forma en que el pueblo de Dios demuestra que le pertenece a él, y no una manera de convertirse en su pueblo. Además, la ley del Antiguo Testamento misma proveyó para el perdón, ya que su llamado a la obediencia se da claramente dentro de las disposiciones del sistema sacrificial. Es decir, que la ley misma reconoce que, dada nuestra pecaminosa naturaleza, un componente clave de nuestra obediencia es el arrepentimiento.

Por consiguiente, muchos argumentan hoy que la "letra" no se refiere a la ley como tal, sino a su posterior perversión en legalismo por el judaísmo del periodo postexílico. No es la ley la que mata, sino el legalismo. Otros sostienen que la terminología de la "letra" es la referencia de Pablo a algún subconjunto menor de la ley, como las normas de la pureza, las leyes alimentarias, el calendario o la circuncisión. Interpretado de este modo, no fue la ley como conjunto, sino el énfasis inadecuado sobre algún aspecto de la misma (por lo general con el fin de mantener un separatismo judío o una autosuficiencia) lo que mataba, mientras que el Espíritu, dado tanto a judíos como a gentiles por igual, vivifica. En ambos casos, el Espíritu lo lleva a uno de regreso a una comprensión adecuada de la verdadera intención de la ley.

Pero esta interpretación tampoco satisface por completo, dado que resulta difícil demostrar que Pablo tenga en mente semejante subconjunto de la ley o tal perversión de la misma en sus cartas, mientras que otros observan que el judaísmo no fue siempre tan legalista como muchos suponen. Para Pablo, la ley es un todo, y, al final, se trata de la relación entre la obra de Dios en Cristo y su obra salvífica bajo el pacto del Sinaí, y no lo que esta o aquella comunidad judía puede haber pensado.

La clave para el significado del contraste letra/Espíritu es, pues, su contexto inmediato. En 3:3b, Pablo ha establecido un contraste entre la obra de Dios en el pasado, bajo el viejo pacto, cuando grabó el documento de su pacto en tablas de piedra, y su obra presente, bajo el nuevo pacto, en el que graba su "carta de

Cristo" sobre los "corazones humanos". Además, se entendía que la obra presente de Dios, por medio del Espíritu, era el cumplimiento de Ezequiel 11:19 y 36:26-27. Contra este telón de fondo, la preocupación de Pablo no tiene que ver con dos mensajes distintos, sino con los dos materiales sobre los que Dios escribió y que corresponden a las dos eras básicas dentro de la historia de la salvación. Si algo hay que suponer como implícito en el contraste paulino con respecto a la ley, es que quienes han recibido el Espíritu están ahora cumpliendo la ley, tal como profetizó Ezequiel.

El flujo del argumento de Pablo desde 3:3 hasta 3:6 demuestra que Pablo entendió que la venida del Espíritu, como prometió Ezequiel, ha de equipararse a la promesa del nuevo pacto de Jeremías. La alusión del apóstol a Ezequiel 11.19 y 36:26-27 en 2 Corintios 3:3b, cuya idea principal es que Dios derramará el Espíritu sobre aquellos cuyo corazón estaba hecho anteriormente de piedra *para que pueda hacer que observen sus estatutos y ordenanzas,* llama la atención a la correspondiente promesa del nuevo pacto de Jeremías 31:31-34 en 2 Corintios 3:6a. La "ley escrita en el corazón" de Jeremías 31:33 equivale a la obediencia de los estatutos de Dios que, según Ezequiel, el Espíritu producirá en el momento de la restauración final del pueblo de Dios. Para Ezequiel, como ocurrió con Jeremías, esta promesa de un nuevo corazón, con su obediencia a la ley causada por el Espíritu, es también una inversión de la dureza de corazón que caracterizó a Israel desde el éxodo (*cf.* el simbolismo del corazón de piedra en Ez 11:19b; 36:26b con Ez 2:1-8; 20:1-31). Finalmente, para Ezequiel como para Jeremías, esta nueva relación con la ley de Dios solo será posible por un acto divino de redención y de perdón que, para el profeta, se describe en los términos sacerdotales: la purificación que Dios hace de su pueblo para limpiarlo de su impureza e idolatría (Ez 36:25, 29).

Una vez considerados Ezequiel 26:25-26 y Jeremías 31:31-34 como las claves al pensamiento de Pablo en 2 Corintios 3:6, el significado del contraste letra/Espíritu aflora de inmediato. Los pasajes de Ezequiel le proporcionan referencias a Pablo para la obra del Espíritu en 3:3b, mientras que el pasaje de Jeremías proporciona el enfoque de la nueva obediencia a la ley en 3:6. Dentro de la infraestructura creada por estos dos textos, el papel de Pablo como siervo del nuevo pacto implica mediar el Espíritu que, a su vez, produce la transformación del "corazón" que posibilita la obediencia a la ley.

Por esta razón, en 3:6 el apóstol pone especial cuidado de *no* establecer un contraste entre la ley misma y el Espíritu. Tampoco se debe leer el término Espíritu como equivalente del evangelio, de manera que el contraste letra/Espíritu se transforme en un contraste ley/evangelio. El problema con el pacto del Sinaí no fue la ley misma, sino, como Ezequiel y Jeremías testifican, el pueblo cuyo corazón siguió endurecido bajo su vigencia. Para Pablo, como para las tradiciones judías de su época, la ley sigue siendo la expresión santa, justa y buena de la voluntad de pacto de Dios (Ro 7:12). De hecho, el apóstol caracteriza la ley en sí misma como "espiritual" (7:14). Como expresión de la voluntad divina perdurable, no es la ley *per se* la que mata ni ningún aspecto o perversión de la misma, sino la ley *sin el Espíritu*, es decir, la ley como "letra". Desprovista del Espíritu de Dios, la ley sigue siendo, para los que se encuentran con ella, una declaración rechazada de los propósitos y las promesas salvíficos de Dios, incluidas sus correspondientes llamadas al arrepentimiento y a la obediencia de fe. Aunque la ley declara la voluntad divina, no tiene poder para capacitar a las personas en cuanto a su cumplimiento. Solo el Espíritu "vivifica" cambiando el corazón humano. A este respecto, Pablo puede afirmar ¡que el evangelio también mata cuando se encuentra con los que se pierden (*cf.* 2:16)!

El contraste "letra/Espíritu" sintetiza esta distinción entre el papel de la ley en el pacto del Sinaí, donde efectúa y pronuncia juicio sobre Israel, y su nuevo papel dentro del nuevo pacto en Cristo en el que cumple por el poder del Espíritu. El contraste no es aquí entre la ley y el Espíritu, como si este remplazara ahora esa expresión de la voluntad de Dios, sino entre la ley *como letra* y el Espíritu. Escogiendo la designación "letra" (*gramma*), Pablo resalta el matiz de la ley bajo el viejo pacto (*cf.* 3:14) como aquello que siguió expresado meramente por escrito, reconocido como Palabra de Dios pero sin cumplirla, en lugar de obedecerla con todo corazón por el poder del Espíritu. La ley sin el Espíritu sigue siendo mera "letra" sin vida.

Bajo el viejo pacto, Israel, como conjunto, recibió la ley, pero solo el remanente recibió el Espíritu (ver comentarios sobre 3:7-18). De acuerdo con el establecimiento del nuevo pacto, el derramamiento del Espíritu de Dios sobre todos aquellos dentro de la comunidad del pacto invierte este estado de cosas. En Cristo ya no es posible ser miembro del pueblo del pacto de una forma étnica o corporativa, sino espiritual. Los que son miembros de la comunidad del nuevo pacto lo son solamente en virtud de haber sido vivificados por el Espíritu. De ahí que el contraste letra/Espíritu sea un contraste entre *la ley misma sin el Espíritu*, como la experimentaron la mayoría de los israelitas bajo el pacto del Sinaí, y como sigue siendo (*cf.* 3:14-15), y *la ley con el Espíritu*, como la están experimentando ahora los que están bajo el nuevo pacto en Cristo. En el centro de este contraste se halla el papel determinante que juega el Espíritu como marca de la realidad del nuevo pacto.

En consecuencia, la aseveración de Pablo en 3:6b con respecto a que Dios lo hizo suficiente para ser un siervo del Espíritu, en contraste con servir a la letra, apunta a su suposición de que así como Moisés fue llamado para ser el mediador entre Dios e Israel, Pablo ha sido llamado a ser un apóstol de Cristo para la iglesia. Por consiguiente, la función de sus ministerios es radicalmente diferente. Moisés fue llamado a mediar la ley a un pueblo obcecado que no podía obedecerla, mientras que Pablo ha sido llamado a mediar el Espíritu a un pueblo transformado que está siendo capacitado para cumplir la ley como es adecuado bajo el nuevo pacto. La impresionante implicación del contraste letra/Espíritu es, por tanto, que la prometida restauración de Israel está empezando ahora a ocurrir en y por medio del ministerio paulino del nuevo pacto en el seno de la iglesia.

La naturaleza del pacto. Nuestra exposición de este pasaje aclara que la forma en que uno entienda Jeremías 31:31-34 determinará, en gran medida, cómo se interprete y, por tanto, cómo se aplique este pasaje. Y es que todos están de acuerdo en que nuestras expectativas y el concepto que tenemos de nosotros mismos como pueblo del nuevo pacto deben derivar de los contornos bíblicos de esa relación de pacto. La pregunta decisiva es: ¿cuáles son esos contornos en realidad? Al plantear esta pregunta es importante aclarar que en este comentario trabajamos bajo el supuesto de que Pablo no sacaba pasajes bíblicos de sus contextos originales para usarlos como versículos sueltos para su propia teología al servicio de sus propios fines apologéticos. Más bien, Pablo derivaba su pensamiento y su concepto de sí mismo desde las Escrituras mismas, interpretadas seriamente en sus propios contextos literarios y canónicos. Para establecer un puente entre contextos no podemos, pues, leer las cartas de Pablo aislándolas de ese contexto canónico. En vez de ello, debemos volver a las fuentes bíblicas de la propia teología paulina. Para comprender y aplicar el llamado de Pablo a ser un apóstol del "nuevo pacto" en nuestro propio contexto es necesario, por tanto, que entendamos el nuevo pacto dentro de su propio entorno original.

¿Cuáles son, pues, los contornos de Jeremías 31:31-34? Se podrían bosquejar en cuatro ideas principales. (1) El nuevo pacto es la respuesta prometida por Dios al problema perenne de la rebeldía de Israel, por su duro corazón, contra Yahvé, que, al margen del remanente, sigue caracterizando al pueblo en su conjunto.[8] Lo que se necesita es ni más ni menos que un nuevo comienzo, un nuevo (o renovado) pacto, en el que la relación de Israel con Dios cambiará decisivamente.

---

8. Para la testarudez del malvado corazón de Israel y su desobediencia perpetua como pueblo, en Jeremías, ver, p. ej. Jer 2:21-22; 3:17; 5:20-25; 7:24-26; 8:7; 9:12-16; 11:14; 13:10, 23; 14:11, 22; 15:1; 16:12; 17:1, 23; 18:12-15a; 19:15; 23:17. Para la idea correspondiente de que el pueblo del pacto y sus líderes han seguido quebrantando el pacto, ver Jer 2:8; 5:31; 6:13, 17; 10:21; 14:18; 23:13-14; 27:16; 28:2.

(2) La naturaleza de este nuevo pacto se describe en Jeremías 31:32-33 mediante el contraste con el pacto mosaico/Sinaí (*cf.* 11:1-11; *cf.* 22:9-10), un pacto que tanto los padres (11:7) como el Israel y el Judá de la época de Jeremías (11:9-10; *cf.* 22:9-10) habían quebrantado en "la terquedad de su malvado corazón" (11:8). De ahí que, según 31:32, la diferencia básica entre el pacto del Sinaí y el nuevo pacto es que este último no se romperá (aunque, por supuesto, Dios ha permanecido fiel a los compromisos de *su* pacto bajo el pacto del Sinaí; el problema estaba en el pueblo; *cf.* 2:5-8). El nuevo pacto es un "pacto eterno, que ya no olvidarán" (50:5). Jeremías 31:33 proporciona la razón para esta confianza: en este nuevo pacto, Dios pondrá su ley (LXX interpreta el plural "leyes") dentro de ellos ("en su mente") y "la escribirá en su corazón".

Al hacerlo, Dios producirá la inversión de la situación presente en la que, en vez de la ley, "el pecado de Judá está escrito con cincel de hierro; grabado está con punta de diamante sobre la tabla de su corazón" (Jer 17:1). En vista del énfasis de Jeremías sobre la obcecada rebeldía de Israel, empezando desde el éxodo, esta inversión de lo que está escrito en el corazón implica que, en el nuevo pacto, la naturaleza rebelde de Israel será transformada de manera fundamental. Como resultado, su desobediencia será sustituida por el abierto cumplimiento de las estipulaciones del pacto divino en su ley. Al describir la ley como escrita "en sus corazones", Jeremías está describiendo a un pueblo que acepta la ley de Dios como propia y la obedece de buen grado, en lugar de limitarse a servirla de boca para afuera, observándola a regañadientes, o a rechazarla por completo (*cf.* Dt 6:4-5; 10:16; 11:18; Sal 40:8; Is 51:7). En las palabras de la fórmula del pacto, Yahvé "ser[á] su Dios y ellos serán [su] pueblo" (Jer 31:33c).

(3) El curso del pensamiento de Jeremías 31:32 a 31:33 revela que la relación de pacto entre Dios y su pueblo, ya sea bajo el pacto del Sinaí o del nuevo que ha de venir, se mantiene cumpliendo la ley *en respuesta al* acto anticipado de redención divina. Debe enfatizarse que esto no es más cierto en el caso del nuevo pacto de lo que fue con respecto al pacto del Sinaí anterior a este (*cf.* Dt 6:20-25). En lugar de sugerir que en cierto modo el nuevo pacto niega o sustituye la ley, Jeremías 31:31-33 enfatiza que la capacidad de observar la ley como resultado de tener una naturaleza transformada, y no su abolición, es lo que distingue a este nuevo pacto del que tuvo lugar en el Sinaí. El contraste entre ambos sigue siendo un contraste entre dos condiciones diferentes del pueblo y sus respuestas correspondientes también distintas a la misma ley. Los israelitas quebrantaron el pacto del Sinaí siendo incapaces de cumplirlo por su corazón perverso y obcecado; el pueblo del nuevo pacto cumplirá la ley de Dios por su naturaleza transformada.

(4) Jeremías 31:34 describe el resultado de la transformación del pueblo de Dios prometida bajo el nuevo pacto y su fundamento supremo. Como resultado

de tener la ley de Dios escrita en su corazón, *todo* el pueblo del nuevo pacto le conocerá directamente. A diferencia del papel jugado por los profetas y el remanente en el seno de Israel, ya no habrá más necesidad de exhortar a otros a "conocer al Señor". Dejará de ser necesario emitir una llamada al arrepentimiento dentro de la comunidad, y, en vez de ello, saldrá de esta hacia el mundo.

Contra el telón de fondo del pacto del Sinaí, esto también apunta a un tiempo en el que el papel de Moisés, como mediador de la voluntad, el conocimiento y la presencia de Dios ya no será necesario. En el nuevo pacto, Dios renovará la capacidad del pueblo para encontrarse directamente con él, mientras que bajo el pacto del Sinaí, que empezó con el pecado del becerro de oro, la presencia divina tenía que mantenerse completamente apartada del pueblo con el fin de protegerlos de la destrucción, a causa de su estado de "obstinación" (*cf.* Jer 7:26; 19:15 con Éx 32–34 [esp. 33:3, 5]; Dt 9:6, 13). Esto indica, asimismo, que bajo el nuevo pacto ya no habrá distinción entre los que forman parte de la comunidad y tienen un corazón transformado, y los que no. Por definición, todos los que pertenecen a la comunidad del nuevo pacto son miembros de ella en virtud de su naturaleza transformada.

En otras palabras, el pueblo del nuevo pacto es una extensión del fiel remanente dentro de Israel que conocía al Señor, y no la prolongación de la "multitud mezclada" que constituía la vida de Israel como nación y pueblo étnico (*cf.* Ro 11:1-24). Todo esto está basado en que, a pesar de la pasada rebeldía israelita, Dios "nunca más [se] acordar[á] de sus pecados" (Jer 31:34). La condición nueva del pueblo de Dios y su resultante obediencia al pacto, junto con su renovado acceso al conocimiento de Dios, se basa en el perdón divino que hace posible el nuevo pacto.

Por consiguiente, al pasar de la época de Pablo a la nuestra, es crucial tener presente la estructura del pacto y la promesa de Jeremías 31:31-34 que, ambas, documentaban la manera que el apóstol tenía de entender el evangelio: El fundamento del pacto es el perdón; la provisión del pacto es el Espíritu; la consecuencia del pacto es la obediencia; la promesa del pacto es estar en la presencia de Dios para siempre, como pueblo suyo fiel.

> Haré con ellos un pacto eterno: Nunca dejaré de estar con ellos para mostrarles mi favor; pondré mi temor en sus corazones, y así no se apartarán de mí. (Jer 32:40)

Significado Contemporáneo

Dios como fuente y suministro de nuestra vida. El sentido contemporáneo de nuestro pasaje gira en torno a una idea central y absolutamente determinante: Dios es la fuente y el sustento de nuestra vida, como lo demuestra su llamado y el que haya equipado a su pueblo para el servicio, en una relación de pacto con él. El llamamiento de Dios tiene lugar en Cristo; el servicio se realiza mediante el Espíritu. Esto es verdad ya sea uno apóstol llamado a ser ministro del nuevo pacto, en el siglo I, o un creyente llamado a ser fiel en el servicio a los demás, en el siglo XXI. Aunque inherentemente ofensivo para la autosuficiencia y la autoglorificación, que suponen una parte tan grande de la cultura moderna (y de todas las culturas desde la Caída), el riguroso recordatorio de Pablo es que no podemos afirmar que algo proceda de nosotros mismos (*cf.* Ro 11:36; Ef 2:8-10). *Todas* las cosas vienen de Dios (*cf.* 1Co 8:6; 2Co 1:21). Nada de lo que tenemos nos lo hemos ganado; todo es un regalo (1Co 4:7).

Esta realidad fundamental está incrustada en la naturaleza de la relación de pacto que siempre ha existido entre Dios y su pueblo. Al referirse a su propia identidad como ministro del nuevo pacto, Pablo está aplicando su comprensión propia de la historia de la relación del pacto de Dios con su pueblo. Del mismo modo, como llamado por Dios y sellado por el Espíritu, esta relación del pacto también se vuelve determinante para nuestra vida. "En Cristo", somos el pueblo del nuevo pacto.

Para nuestra relación con Dios es, pues, imperativo que mantengamos en mente que el "nuevo pacto" (*kaine diatheke*) al que se alude en 3:6 no es un "acuerdo" o "tratado" (*syntheke*) mutuamente iniciado, concertado o dispuesto. No somos, por así decirlo, los socios menores de Dios llamados a hacer nuestras contribuciones a sus planes. No hay sinergia en el pacto en el que Dios pone su parte y nosotros llevamos a cabo la nuestra para realizar algo, de forma conjunta, algo que es mayor que cualquiera de nosotros. Dios no está buscando ayuda. Más bien, el énfasis de Pablo sobre la prioridad de la cruz en la salvación y en la obra del Espíritu en la justificación y la santificación pone de manifiesto que la iniciativa, la inauguración y el sustento del nuevo pacto, como ocurrió en el pacto anterior del Sinaí, se debe exclusivamente a la obra unilateral y misericordiosa de Dios a favor de su pueblo (*cf.* 1Co 1:17-31; 2:1-5; 15:3-4; 2Co 1:19-20; 3:5-6; 4:1-3; 5:18-19).

Es el Espíritu quien, al llevarnos a Cristo para perdón de los pecados, hace nacer la nueva vida de la "nueva creación" (2Co 5:17; *cf.* 1Co 2:6-16 a la luz de la sabiduría de Dios en la cruz; 12:13 a la luz del bautismo en el cuerpo de Cristo por el Espíritu; y 15:17 a la luz del testimonio que el Espíritu da del señorío de Cristo). Solo se puede jurar lealtad a Cristo y permanecer fiel por el poder de este mismo Espíritu (*cf.* 1Co 2:9-13; 6:11; 12:3, 13; 2Co 3:3, 17-18; 4:13-14). Nuestra relación de pacto con Dios está basada, de principio a fin, en el acto divino *previo* de la redención y en los *continuos* actos de provisión, ya sea que estén anclados en el éxodo de la esclavitud de Egipto o en el "segundo éxodo" de nuestra esclavitud al pecado. Esta es la gran realidad indicadora del evangelio.

La obediencia generada por la fe. Al mismo tiempo, el recordatorio de Pablo en cuanto a que somos el pueblo del nuevo pacto explica la absoluta necesidad de vivir en obediencia a los mandamientos divinos como expresión de nuestra fe en sus promesas. La forma de que se vea esa confianza en Dios como fuente y sustento de nuestra vida en el día a día es mediante el cumplimiento de los mandamientos de Dios. En respuesta a los divinos actos misericordiosos de liberación, ambas partes están obligadas a permanecer fieles a sus compromisos del pacto. Por su parte, Dios seguirá glorificándose liberando y protegiendo a su pueblo y proveyendo para él (*cf.* 4:13–5:10). El Dador recibe la gloria. Habiéndose comprometido libremente con su pueblo, Dios no puede romper sus promesas del pacto sin deshonrar su carácter. El compromiso de Dios con su propia gloria le da, pues, a su pueblo la confianza necesaria para perseverar en medio de la adversidad (1Co 1:8-9; 10:13; 2Co 1:7; 6:16; *cf.* Fil 1:6; 4:10-19; 1Ts 5:9).

Por su parte, los corintios deben cumplir las estipulaciones del pacto como expresión natural de su continua dependencia de Dios (*cf.* 1Co 3:1-3; 6:9-11; 2Co 5:10; 13:5). En el nuevo pacto, "lo que importa" no es la identidad étnica (es decir, si uno está físicamente circuncidado), sino "cumplir los mandatos de Dios" (1Co 7:19; es decir, que uno haya experimentado la circuncisión espiritual del corazón; *cf.* Lv 26:41; Dt 10:16; 30:6; Jer 4:4; 9:23-26). Desde la perspectiva de Pablo, dada la obra justificadora y santificadora de Dios en la vida de su pueblo *tal como garantiza y produce la presencia y el poder del Espíritu,* no hay excusa para dejar de confiar de forma habitual en las clementes provisiones de Dios y en las promesas de Cristo (*cf.* 1Co 1:20; 5:7; 6:11, 19-20; 10:13; 13:1-3; 2Co 1:22). La fe que confía en Dios para suplir las necesidades propias "se expresa invariablemente a través del amor" como cumplimiento de la ley (Gá 5:6, 14; *cf.* Ro 13:10).

Los *indicativos* de lo que Dios ha hecho, está haciendo y hará por su pueblo están, por tanto, inextricablemente vinculados a los *imperativos* que fluyen de ellos. Por ejemplo, Dios le ordena a su pueblo que no robe, porque él se ha comprometido a suplir sus necesidades. Robar es no creer la promesa divina a este respecto. Dios le manda a su pueblo que no codicie, porque ya ha prometido satisfacer sus más profundos anhelos en última instancia en sí mismo (nótese cómo equipara Pablo la idolatría con la codicia en Ef 5:5; Col 3:5). Decir: "Lo único que necesito para ser feliz es a Jesús y algo que tiene mi prójimo" es cometer idolatría por no confiar en el compromiso de pacto de Dios con respecto a que él será suficiente para nosotros. La idolatría es recurrir a algo o alguien que no es Dios como fuente de nuestra felicidad y contentamiento para el futuro.

Del mismo modo, Dios le ordena a su pueblo que no se vengue del mal, porque él vindicará al justo y procurará su venganza. Les manda que se amen los unos a los otros, porque él los amó primero. En resumen, Dios les demanda a los corintios que huyan de la vida de pecado descrita en 1 Corintios 6:9-11, porque han sido "lavados ... santificados ... justificados en el nombre del Señor Jesucristo y por el Espíritu de nuestro Dios" (v. 11). En síntesis, Dios nos llama en todos los ámbitos de nuestra vida, sencillamente para que confiemos en él como Dios nuestro, la fuente y provisión de todas las cosas.

La idea fundamental en cuanto a nuestra relación de pacto con Dios a este respecto es que todo mandamiento suyo es una llamada a confiar en sus promesas y su provisión, lo que culmina en su mayor provisión, a saber, la purificación y el profundo deleite que viene de disfrutar de su presencia.[9] Por esta razón, aunque la provisión y las promesas divinas son todas inmerecidas como dones de gracia incondicionales, están condicionadas al mismo tiempo a la "obediencia que viene de la fe" (Ro 1:5; *cf.* 15:18; 16:26).

La descripción del trabajo de Pablo como apóstol del nuevo pacto consistía en producir esta vida de obediencia generada por la fe. Y es que, como les advirtió a los corintios, "¿No saben que los malvados no heredarán el reino de Dios?" (1Co 6:9). Somos salvos "por gracia ... mediante la fe" como "regalo de Dios", un don que incluye el ser re-creado en Cristo Jesús con el fin de que podamos hacer las "buenas obras, las cuales Dios dispuso de antemano a fin de que las pongamos en práctica" (Ef 2:8-10). La necesidad de obedecer los mandamientos divinos como expresión de fe en sus promesas no son, por tanto, las obras de justicia, ya que tanto las promesas divinas como el poder de confiar en ellas son dones de la inmerecida gracia salvífica de Dios. Él da lo que exige, y lo que demanda es la obediencia que fluye de la fe (Ro 1:5; 16:26). La triple estructura del pacto puede bosquejarse, pues, como sigue:

El acto divino incondicional de redención para establecer la relación de pacto (las provisiones y las promesas indicativas del pacto, dadas como acto de gracia en el *pasado*)

que conduce a

las estipulaciones o "condiciones" de pacto sobre las que se mantiene la relación de pacto (los imperativos del pacto que se han de cumplir en el *presente*)

que conduce al

cumplimiento de las promesas de pacto del pacto (la consumación de las promesas o maldiciones de pacto que se han de impartir en el *futuro*)

---

9. Esta perspectiva se ha expuesto con gran perspicacia en la importante obra de Daniel P. Fuller, *The Unity of the Bible: Unfolding God's Plan for Humanity* (Grand Rapids: Zondervan, 1992).

En el nuevo pacto, como en el que con anterioridad se hizo en el Sinaí, la obediencia a la voluntad de Dios es la inextricable manifestación de confiar en las promesas divinas. Las advertencias éticas de Pablo se basan tanto en el indicativo pasado de la justificación como en el indicativo futuro del juicio escatológico y la vindicación, que, en lugar de estar en conflicto, fluyen de forma indisoluble el uno del otro (*cf.* 2Co 5:11-16). Dios juzga según nuestras obras, porque la forma en que expresamos que hemos sido perdonados, justificados y sellados en el Espíritu (1:22) es la vida creciente de obediencia de fe que mana de la presencia y del poder del Espíritu en nuestra vida. Nuestra obediencia demuestra públicamente la validez del acto justificador de Dios y de sus acciones salvíficas a nuestro favor. Todo esto viene de Dios. El fruto en nuestra vida es el fruto del Espíritu.

Por esta razón, si los corintios persisten en su infidelidad, sufrirán el juicio supremo de Dios. La desobediencia constante, sin preocuparse por el arrepentimiento, es la vida de incredulidad. La ira divina se reparte sobre todos los que deshonran a Dios mediante un rechazo reincidente a reconocer sus provisiones y a confiar en sus promesas (*cf.* Ro 1:18-21), y esto se manifiesta en la incapacidad de obedecer y la insensibilidad hacia sus mandamientos (*cf.* 1Co 4:7, 19-21; 5:9-13; 6:9-11; 11:27, 30-32; 15:1-2; 16:22; 2Co 5:10-11; 6:1-3; 12:19-21; 13:2-10). Por el contrario, como "Juez justo", Dios recompensará a aquellos que "pelean la buena batalla" con la "corona de justicia", prometida a todos los que "con amor hayan esperado su [del Señor] venida", y que confían en Dios para "preservar[me] para su reino celestial" (2Ti 4:7-8, 18). En ambos casos, si Dios no juzgara a los impíos o no vindicara a los justos, sería como si denigrara su propia gloria como Creador y Redentor soberano.

Por consiguiente, la iglesia de los corintios era muy consciente del vínculo indisoluble del nuevo pacto entre la obra redentora de Cristo en la cruz y las advertencias éticas del evangelio. Entendían, asimismo, que la suposición dominante del nuevo pacto es que los que poseen el Espíritu como su "sello" y "garantía" de salvación (2Co 1:22; 5:5; *cf.* Ro 8:23) crecerán en fe dejando de ser "inmaduros, niños en Cristo" para convertirse en personas "espirituales" (1Co 3:1; *cf.* 6:20; 9:24; 10:7-10, 14; 15:58; 16:13-14; 2Co 7:1; 8:7-8; 9:13). Para Pablo, hablar sobre el poder salvífico del nuevo pacto es hablar del Espíritu. Consideradas desde esta perspectiva, las advertencias de Pablo a lo largo de 2 Corintios son ejemplos de la unidad esencial que existe entre la justificación por fe (indicativo del evangelio) y el juicio escatológico basado en obras (imperativo del evangelio). Y es que Pablo argumenta sistemáticamente, a lo largo de sus cartas, desde la evidencia del Espíritu a la legitimidad de la fe propia.[10]

---

10. Para abundar en este mismo argumento, desde la evidencia de la obra de Dios en la vida de los creyentes hasta la naturaleza genuina de su fe, ver Ro 1:5; 8:3-4; 15:18; 2Co 13:5; Gá 5:16-26; Fil 1:6; 2:12-13; 1Ts 1:3-6.

La relevancia contemporánea de su pasaje es, por tanto, tan directa como turbadora. ¿Acaso hemos minimizado las realidades indicativas del nuevo pacto y las hemos convertido en nociones abstractas sobre las actividades divinas en el pasado, o reconocemos la suficiencia divina para suplir todas nuestras necesidades, desde el perdón de los pecados a la liberación de la muerte? ¿Hemos canjeado la obra del Espíritu bajo el nuevo pacto por nuestros mejores esfuerzos y nuestros débiles intentos de hacer lo correcto para Dios? ¿Quebrantamos el vínculo entre la fe y la obediencia en nuestra vida diaria, como si los mandamientos de Dios ya no se aplicaran a nosotros siempre y cuando "creamos" en Jesús? ¿Oramos para que el poder del Espíritu cambie más y más nuestra vida, o estamos satisfechos con nuestro estancamiento espiritual actual? ¿Nos ofrecemos gracia barata a nosotros mismos cuando pecamos, o peleamos la batalla de la fe, desarraigando el pecado de nuestra vida mediante un dolor y un arrepentimiento serios por nuestra incredulidad? ¿Qué pruebas tenemos de pertenecer a Cristo como miembros de la comunidad del nuevo pacto?

2 Corintios 3:7-18

El ministerio que causaba muerte, el que estaba grabado con letras en piedra, fue tan glorioso que los israelitas no podían mirar la cara de Moisés debido a la gloria que se reflejaba en su rostro, la cual ya se estaba extinguiendo. ⁸ Pues bien, si aquel ministerio fue así, ¿no será todavía más glorioso el ministerio del Espíritu? ⁹ Si es glorioso el ministerio que trae condenación, ¡cuánto más glorioso será el ministerio que trae la justicia! ¹⁰ En efecto, lo que fue glorioso ya no lo es, si se le compara con esta excelsa gloria. ¹¹ Y si vino con gloria lo que ya se estaba extinguiendo, ¡cuánto mayor será la gloria de lo que permanece!

¹² Así que, como tenemos tal esperanza, actuamos con plena confianza. ¹³ No hacemos como Moisés, quien se ponía un velo sobre el rostro para que los israelitas no vieran el fin del resplandor que se iba extinguiendo. ¹⁴ Sin embargo, la mente de ellos se embotó, de modo que hasta el día de hoy tienen puesto el mismo velo al leer el antiguo pacto. El velo no les ha sido quitado, porque sólo se quita en Cristo. ¹⁵ Hasta el día de hoy, siempre que leen a Moisés, un velo les cubre el corazón. ¹⁶ Pero cada vez que alguien se vuelve al Señor, el velo es quitado. ¹⁷ Ahora bien, el Señor es el Espíritu; y donde está el Espíritu del Señor, allí hay libertad. ¹⁸ Así, todos nosotros, que con el rostro descubierto reflejamos como en un espejo la gloria del Señor, somos transformados a su semejanza con más y más gloria por la acción del Señor, que es el Espíritu.

Una vez más, debemos invertir una cantidad sustancial de tarea exegética con el fin de llegar a la idea principal de este pasaje. Aunque la relevancia misma de 3:7-18 puede parecer leve en comparación con la montaña de reflexión histórica y teológica sobre la que se asienta, no debemos perder de vista que en este pasaje Pablo está poniendo en su lugar la tercera y última plancha del fundamento que ha estado colocando para el conjunto de su apología (*cf.* 2:12–3:3; 3:4-6). De hecho, el resto de la carta se apoya en el argumento de 2:14–3:18, el corazón teológico y punto de inflexión estructural de la carta (ver comentarios sobre 2:12–3:3).

Además, el comentario de Pablo sobre las Escrituras en los dos párrafos que tenemos delante y su aplicación (su propio "comentario con aplicación" sobre Éx 32–34) eran necesarios para el argumento que ha estado exponiendo hasta ahora, a la vez que apunta a su siguiente razonamiento. En este sentido, 3:7-18 es una bisagra entre la argumentación del apóstol a favor de su legitimidad en 2:14–3:6 y su reanudación en 4:1, ofreciendo respaldo en ambas direcciones. Mirando en retrospectiva, Pablo mantuvo que la *similitud* entre su llamado y el de Moisés, que *legitimó* su ministerio apostólico (*cf.* 2:16b; 3:4-5), iba acompañada por la *diferencia* entre sus respectivos ministerios, formulada en el contraste letra/Espíritu (*cf.* 3:6) que forma el inconfundible *contenido* de su ministerio apostólico. Llamado para ser mediador del pacto, Pablo fue un ministro del nuevo pacto y no del antiguo.

Ahora, Pablo tiene que aclarar y confirmar su tesis. Y es que, como demuestra la historia de la iglesia, la dramática declaración que hace en 3:6 —cuya naturaleza es como una tesis— estaba abierta a una mala interpretación. De hecho, Romanos 7:6-7 (¡escrito desde Corinto!) ilustra que desde el principio mismo había quienes entendían que el contraste de Pablo entre letra/Espíritu significaba que la ley era pecado. Por tanto, con el fin de apoyar su tesis, el apóstol pasa en 3:7-18 a la narración del Antiguo Testamento en Éxodo 32–34 para explicar la diferencia esencial entre los ministerios del antiguo y el nuevo pacto. Debemos, pues, revisar este telón de fondo veterotestamentario, antes de dirigir nuestra atención al uso que Pablo hace de él.[1]

Éxodo 32–34 como telón de fondo para 3:7-18

Que Moisés rompiera las tablas de la ley en respuesta al pecado de Israel con el becerro de oro demostró que el pacto del Sinaí estaba quebrantado desde el principio (*cf.* Éx 32:7-9, 19). Aunque Israel había sido rescatado de la esclavitud, su idolatría reveló que seguía siendo "terco", esclavizado al pecado (32:9; 34:9; *cf.* Dt 29:1-4). Como resultado, el pacto del Sinaí fracasó en su propósito: que la continuada experiencia que los israelitas tuvieron de la gloria de Dios los purificara para convertirlos en un santo "reino de sacerdotes" (*cf.* Éx 19:5-6; 20:20). En vez de ello, enfrentado al pecado de la nación, Dios proclamó el deseo de destruir al pueblo y de volver a empezar con Moisés (*cf.* 32:10). Sin embargo, basándonos en el inmutable compromiso de Dios por mantener su propia gloria (32:11-13), Moisés intercedió tres veces a favor de Israel para impedir que fuera destruido, para recuperar la promesa de Dios de conducir a su pueblo a la tierra prometida, y para asegurarse de que la presencia divina los acompañara (32:11–33:17).

---

1. Hay un detallado respaldo de la interpretación de Éx 32–34 y 2Co 3:7-11 aquí presentada en mi *Paul, Moses, and the History of Israel.*

Dios responde de forma positiva a la petición de Moisés de salvaguardar el honor de su reputación ya que, en virtud de sus propias promesas a los patriarcas, ahora está entrelazado con el destino de Israel (*cf.* Éx 2:24-25; 9:16; 14:4, 17-18, 25; 15:1, 6, 11, 21; 16:6-7, 10; 32:13). Al mismo tiempo, la gloria de Dios consiste en su libertad soberana de todas las afirmaciones humanas, una libertad que manifiesta mostrando misericordia a quien él desee (33:19). Por tanto, aunque Dios le conceda a Moisés la petición de conservar a Israel como nación, el pueblo en conjunto siguió espiritualmente endurecido. Por consiguiente, de acuerdo con las estipulaciones del pacto y las maldiciones de la ley, el juicio de muerte recae sobre los 3.000 directamente implicados en la idolatría, de manera que, en palabras de Pablo, la "letra mata" (2Co 3:6; *cf.* Éx 32:26-28).

Irónicamente, un fiel remanente, los hijos de Leví, es quien ahora ejecuta el juicio de Dios contra la nación infiel. Los levitas, que ahora se convertirán en sacerdotes *en medio* del pueblo, provocan el juicio divino *sobre* las mismas personas que una vez fueron llamados a ser sacerdotes. Desde ahora en adelante, la presencia de Dios traerá el castigo para Israel mismo, y no transformación, ya que permanece "terco" (Éx 33:3, 5). Cuando Yahvé venga a visitar a su pueblo, esa visita ya no será para bendecir a Israel, sino para juzgarlo (*cf.* 3:16; 4:31; 13:19 con 32:34).

Esto conduce al apremiante problema teológico del pasaje: ¿cómo puede seguir morando la gloria de Dios en medio de Israel sin destruirlo? Inicialmente, la gloria de Dios se vio obligada a habitar fuera del campamento en la "tienda de reunión", para que la presencia divina no destruyera al pueblo (*cf.* Éx 33:7-11). Solo Moisés, como parte del "remanente" fiel, podía acercarse a la presencia de Dios. Sin embargo, él no estaba contento con esta solución. Reconocía que la presencia de Dios en medio de Israel era lo único que distinguía a este de las naciones que lo rodeaban (33:16). De modo que Moisés no desea entrar en la tierra prometida sin el Dios de la promesa en medio de ellos.

Con todo, Moisés también sabe que Dios no puede morar en medio de un pueblo terco. En su petición final, el legislador suplica de manera consecuente que él mismo, como mediador del pacto, pudiera experimentar la gloria divina como la solución para el dilema israelita (33:18-23). Por haber hallado favor (gracia) delante de Yahvé, este concede la sorprendente petición de Moisés. Al final, Moisés se convierte, pues, en la respuesta a sus propias oraciones y el pacto se restaura (34:1-10). Moisés recibe la ley por segunda vez y, con la gloria de Dios resplandeciendo en su rostro, media la presencia de Dios a su pueblo (34:11-35).

La narración aclara, sin embargo, que aunque el pacto del Sinaí se renueva en una segunda entrega de la ley (Éx 34:1-28), el pueblo permanece en su obcecación (34:9). Como resultado, aunque se restablecen los Diez Mandamientos (*cf.* 34:1, 27-28), esta vez, la declaración pública de las estipulaciones del pacto se centra en los pretendidos "mandamientos del culto", ya que el pecado israelita con el becerro de oro fue un pecado de culto relacionado con la idolatría (34:12-26). Las leyes de Éxodo 34 destacan la propensión de Israel al pecado, en vista de su condición pecaminosa. El pueblo que debía ser un "reino de sacerdotes", mediando la gloria de Dios a las naciones, debe ahora ser consciente de la idolatría de su propio corazón y de que Dios ha pronunciado juicio contra ellos.

El pacto de Dios con Israel se ha restaurado, pero su contexto se ha alterado de manera significativa. Por tanto, cuando Moisés desciende de la presencia de Dios en el monte Sinaí, con el rostro irradiando la gloria divina, Aarón y el pueblo *temen* su llegada (Éx 34:29-30). Esta reacción se explica mejor como reflejo de la declaración anterior de Dios, en 33:3, 5, que dice que la presencia de la gloria de Dios supone la muerte de Israel. En respuesta, después de transmitir al pueblo lo que Dios ha dicho, Moisés vela su rostro, no para ocultar que la gloria se está desvaneciendo (no hay pruebas para semejante suposición en el texto), sino *para proteger a Israel de ser destruido* (34:32-33). Dada la "terquedad" de Israel, Moisés siguió haciéndolo desde ese momento en adelante (34:34-35).

La velada mediación que Moisés hace de la gloria de Dios permite que su presencia permanezca en medio de Israel sin destruirlo. A este respecto, que Moisés se cubra con un velo es un acto de misericordia. Al mismo tiempo, el hecho mismo es un acto de juicio, por la dureza del corazón de Israel. Este velo no solo protege a los israelitas de ser destruidos; también impide que sean transformados. Y es que, como aclara Éxodo 20:20, el temor de Dios en respuesta a la revelación de su gloria pretendía purificar a la nación y evitar que pecara.

Desde el comienzo mismo Israel fue, pues, separado de la gloria transformadora de Dios: primero en el monte Sinaí (¡aunque para gran sorpresa de Moisés!), luego en la tienda de reunión, después tras el rostro velado de Moisés, y, finalmente, dentro del Lugar Santísimo, en el tabernáculo y en el templo. Por último, en cumplimiento de las maldiciones del pacto, la continua idolatría de Israel conduce a una separación incluso de la tierra prometida misma, por medio de la destrucción del reino del norte en el 722 A.C. y el exilio del reino del sur en el 586 A.C. (*cf.* Dt 27:1–29:29; 31:16–32.44). Por tanto, la necesidad de un "nuevo pacto" articulado en Jeremías 31:31-34 desde el umbral del exilio, aflora desde el principio mismo de la historia de Israel (*cf.* Dt 30:1-20).

El ministerio de la muerte en el antiguo pacto (3:7a-b)

Contra este telón de fondo veterotestamentario, el argumento de Pablo en 3:7-18 se divide naturalmente en dos partes: la interpretación de Éxodo 32–34 en los versículos 7-11 y su aplicación en los versículos 12-18. La primera sección se construye alrededor de una serie de tres comparaciones, que siguen el estilo de argumento *qal wahomer* (hebreo) o *a fortiori* (latín). Este tipo de comparación era bien conocido tanto en la literatura judía como en la helenística de la época de Pablo. En él, la verdad de una aseveración mayor se basa en una correspondiente realidad inferior, sobre la que ambas partes concuerdan mayoritariamente (es decir, "*si* esto es así, *cuánto más* ..."; *cf.* vv. 7-8, 9-10, y 11).

Aquí, el enfoque de estas comparaciones es entre la "gloria" de los ministerios del antiguo y del nuevo pacto. El término "gloria" aparece ocho veces en cinco versículos y "glorificar", su verbo correspondiente, dos; y, en cada ocasión, en aras del énfasis, están colocados en la redacción griega del texto al final de sus respectivas frases. No hay lugar a duda: el tema principal de este texto es la gloria de Dios.

Al introducir este tema, 3:7-11 respalda la apología de Pablo en dos direcciones: mirando en retrospectiva, basa la declaración de tesis de 3:6b; mirando en retrospectiva, afianza la afirmación de la confianza de Pablo en 3:12 que, a su vez, apoya el que el apóstol no se desalentara en 4:1. Además, aquí también, como en 2:16b–3:3, Pablo argumenta a favor de su suficiencia como apóstol sobre la base de su "ministerio del Espíritu" como cumplimiento de las Escrituras. El argumento del apóstol expone, de este modo, la siguiente estructura paralela:

2:16b: la suficiencia de Pablo　　　　2:16b: la suficiencia de Pablo

　2:17: primer respaldo　　　　　　　3:6bc: primer respaldo
　(el sufrimiento de Pablo)　　　　　 (el ministerio paulino del nuevo
　　　　　　　　　　　　　　　　　　 pacto)

　　3:1-3: respaldo posterior　　　　　　3:7-11: respaldo posterior
　　(El ministerio paulino del　　　　　　(el ministerio paulino del
　　Espíritu a la vista de las　　　　　　 Espíritu a la vista de las
　　Escrituras)　　　　　　　　　　　　Escrituras)

Así como 3:1 empezó con una pregunta retórica en apoyo de 2:17, también 3:7-8 comienza con una pregunta retórica que respalda 3:6. Pero esta vez, Pablo espera una respuesta positiva: dado que el ministerio de Moisés llegó en gloria, el del Espíritu existe indudablemente mucho más en gloria. Con esta comparación, Pablo no está denigrando el carácter del ministerio mosaico. ¡Justo lo contrario! En vista de su modo de argumento *a fortiori*, la conclusión paulina es tan fuerte como la premisa sobre la que está construida, es decir, que el ministerio de Moisés también "vino con gloria". En lugar de atribuir alguna cualidad inferior o una cantidad inferior a la gloria asociada al ministerio de Moisés, Pablo basa todo su argumento en la similitud entre la gloria del ministerio de Moisés y la del "ministerio paulino del Espíritu".

Lo que *resulta* inquietante aquí es que, aunque glorioso, el ministerio mosaico está asociado con la *muerte*. ¿Cómo puede Pablo afirmar que el ministerio de Moisés era de gloria y, al mismo tiempo, afirmar que "acarreaba la muerte"? El fundamento del argumento paulino parece contradecirse y, por tanto, uno diría que se autoinvalida. Con el fin de exponer su razonamiento, Pablo debe, pues, respaldar la validez de ambas declaraciones.

En apoyo de su primer pronunciamiento, Pablo les recuerda a sus lectores que la ley llegó "grabada con letras en piedra". Esta referencia a la ley como "letra" recuerda 3:6, indicando de nuevo a la función de la ley como aquello que resalta las estipulaciones del pacto de Dios, mientras que, a la vez, "mata" a aquellos que no teniendo el Espíritu no pueden cumplirlas. La referencia a que la ley está "grabada sobre piedra" nos remonta a la expresión más completa "tablas de piedra" de 3:3, una descripción que recalca el origen divino, la autoridad y la permanencia de la ley (*cf.* Éx 24:12; 31:18; Dt 4:13; 5:22; 9:9-11).

Pero ahora, en 2 Corintios 3:7, Pablo se está refiriendo de manera específica a la *segunda* entrega de la ley en Éxodo 32-34, que contiene la otra única mención en el Pentateuco a la naturaleza de piedra de las tablas (*cp.* Éx 34:1, 4). Allí, la ley se describe así tres veces, con el fin de recalcar que la segunda entrega de la ley es como la primera. Además, 34:1-28 empieza y acaba con una alusión a las tablas. Así como Moisés recibió la ley por primera vez dentro de la nube de la gloria de Dios (*cf.* 24:15-18), la segunda vez que recibe el conjunto de tablas de piedra proporciona la estructura para la renovada manifestación de la gloria de Dios.

En apoyo de su segunda idea fundamental —a saber, que el ministerio de la gloriosa ley, no obstante, "produjo muerte"—, Pablo les recuerda a sus lectores el resultado de la ley venidera: "… tanto que los hijos de Israel no pudieron fijar la vista en el rostro de Moisés a causa de la gloria". Contra el telón de fondo de Éxodo 34:29-35, la relevancia de esta declaración es evidente. Pablo se esmera en resaltar que, aunque el pueblo vio la gloria de Dios durante breves periodos de tiempo, sin duda para autentificar el mensaje de Moisés (*cf.* 34:34-35), fue imposible que "fijaran la vista" (*atenisai*)[2] en el rostro de Moisés, ya que hacerlo supondría su destrucción (33:3, 5). Aquí Pablo sigue la traducción que la LXX hace de Éxodo 34:29-30, 35, donde la referencia hebrea al "resplandor" del rostro de Moisés se vierte como la "gloria" (*doxa*) de Dios. Esta traducción indica, con razón, que en su incapacidad de mirar cara a cara a

---

2. El uso que Pablo hace de *atenisai* (mirar fija, continua o directamente) en 3:7 refleja su cuidadosa lectura contextual del Antiguo Testamento; para su significado, *cf.* Lc 4:20; 22:56; Hch 3:4, 12; 6:15; 11:6; 13:9; 14:9; 23:1. En Hch 1:10 y 7:55 se usa con referencia a la gloria de Dios también (ahora en la forma del Cristo glorificado), y en 10:4 en referencia a un ángel de Dios.

Moisés hay mucho más en juego que la condición de sus ojos. Como "pueblo terco", Israel no puede soportar la gloria de Dios (32:9-10, 22; 33:3, 5; 34:9).

Desde esta perspectiva, el cambio de terminología con la descripción que en 3:6 se hace de la ley bajo el antiguo pacto, como "letra", porque tiene la función de matar, a la que se hace en 3:7a como "el ministerio que causaba muerte", está motivado por el deseo de Pablo de expresar con cuidado el punto exacto de la comparación entre el antiguo y el nuevo pacto. Lo que está en juego no es un contraste entre la ley y el evangelio entendidos como dos medios cualitativamente distintos de salvación. No son la ley ni el evangelio en sí mismos lo que mata o lo que da vida, sino la ausencia o la presencia del Espíritu (3:6c). Al margen de Espíritu, el evangelio también trae muerte a aquellos cuyo corazón está endurecido (*cf.* 2:16; 4:1-6). Se trata de las distintas consecuencias producidas por los respectivos "ministerios" de Moisés y Pablo. Este último asocia el ministerio mosaico, y no la ley como tal, con la "muerte", ya que fue la mediación que Moisés hizo de la gloria de Dios lo que provocó el juicio de Dios sobre un pueblo rebelde. Darse cuenta de esto conduce a Pablo a su idea final concerniente a la gloria del ministerio de la muerte en 3:7.

La gloria del ministerio de Moisés (3:7c)

La declaración final de Pablo en 3:7 consiste en describir la gloria en el rostro de Moisés con el participio pasivo *katargoumenen*, que, por lo general, se traduce aquí y en otros lugares del pasaje como "ya se estaba extinguiendo" (*cf.* 3:7, 11, 13). Se entiende, pues, que Pablo está diciendo que Moisés usaba el velo para evitar que Israel descubriera que la gloria de Dios se iba extinguiendo, con el fin de proteger su propia autoridad. Cuando Moisés regresaba después a la tienda de reunión, se quitaba el velo, "recargando" así la gloria en su rostro. En lugar de proteger a Israel del juicio divino que habría resultado de encontrarse con la gloria de Dios, que Moisés se cubriera el rostro era un acto de duplicidad. Vertido de este modo, es obvio que los lectores habrían llegado a la conclusión de que Pablo reinterpreta Éxodo 34:29-35, de forma radical, *en contra* de su contexto original, porque no hay indicación alguna en 34:29-35 de que la gloria en el rostro de Moisés se estaba desvaneciendo o que Moisés se cubría con un velo para esconderle algo a Israel.

La evidencia, sin embargo, no garantiza semejante traducción y conclusión, con respecto al argumento de Pablo. Un estudio de *katargeo* a lo largo de los escritos de Pablo revela un estrecho campo semántico para su significado y un contexto uniforme para su uso. Su contexto paulino es sistemáticamente escatológico y su significado se traduce mejor de acuerdo con su raro pero invariado uso en otros textos en el mundo antiguo: "hacer que algo quede inoperativo, sin efecto y sin poder", o "anular (algo) con respecto a sus efectos o impacto".[3]

La coherencia de este uso es llamativa. De hecho, que Pablo utilice este verbo garantiza que se le considere un *terminus technicus* (término técnico) paulino, que se suele usar para expresar la relevancia de la venida y del regreso de Cristo para las estructuras de este mundo.[4] En la mayoría de los usos de Pablo, *katargeo* expresa aquello que el evangelio aboleo no y lo que sigue o no en vigor como resultado del amanecer de la nueva era del nuevo pacto. El uso característico que el apóstol hace de esta palabra suscita, pues, en sí mismo la cuestión de la continuidad y la discontinuidad entre esta era y la venidera.

No obstante, *katargeo* no se refiere en modo alguno a la "extinción" gradual de algún aspecto de la realidad. La única prueba a la que se apunta en los diccionarios griegos del NT y por parte de los eruditos que adoptan esta interpretación se encuentra en 2 Corintios 3 mismo. Sin embargo, cuando se lee contra el trasfondo de Éxodo 32–34, no hay indicación de que Pablo mismo estuviera creando un nuevo significado para el término, es decir, "extinguirse". En vez de ello, si a 3:7c se le asigna el sentido universalmente reconocido de *katargeo*, la cláusula paulina de resultado se convierte en "para que los israelitas no pudieran mirar fijamente el rostro de Moisés, a causa de su gloria, *que se estaba quedando inoperativa* (teniendo especialmente en cuenta los efectos de semejante acción)".

Esta traducción concuerda por completo con la intención de Éxodo 34:29-35, a la que Pablo se está refiriendo y que también tiene sentido dentro de 2 Corintios 3. No hay, pues, necesidad de sugerir que aquí, y solo aquí, *katargeo* significa "extinguirse". La idea de Pablo consiste en que, en el rostro de Moisés, la gloria se acababa o se cortaba con respecto a su impacto (nótese la voz pasiva del verbo). En el contexto de Éxodo 32–34, esta referencia a tapar la gloria del rostro de Moisés indica que, de no haberse ocupado de ello, la mediación de la gloria de Dios por parte del legislador habría destruido a Israel por culpa de su condición de "terquedad" (*cf.* de nuevo 33:3, 5).

---

[3]. Esta es mi propia definición. El verbo aparece 27 veces en el Nuevo Testamento, 25 de las cuales se encuentran en escritos de Pablo (las excepciones son Lc 13:7 y Heb 2:14). Por el contrario, el verbo aparece menos de 20 veces en toda la literatura anterior o ajena al Nuevo Testamento y su círculo de influencia, incluidos los 4 usos en 2 Esdras 4:21, 23; 5:5; 6:8. *Katargeo* es una extraña palabra con un significado específico, que Pablo introdujo en el vocabulario de los cristianos primitivos (*cf.* los 250 usos aprox. en los padres de la iglesia primitiva; ¡todos ellos derivan de alusiones a Pablo o de citas suyas!). Para un estudio detallado de este término, ver mi *Paul and Moses*, 301-9.

[4]. Aparte de las cuatro veces que aparece en 2Co 3:7, 11, 13, 14; *cf.* esp. Ro 3:3, 31; 7:6; 1Co 1:28; 2:6; 6:13; 13:11; 15:24, 26; Gá 3:17.

Una vez adoptada esta interpretación, la pregunta natural formulada por la declaración de Pablo en 3:7 es la identidad del agente no expresado de esta acción pasiva. ¿Quién o qué estaba haciendo que la gloria fuera inoperativa? En el contexto de Éxodo 32–34 y a la vista de la explícita afirmación del apóstol en 2 Corintios 3:13, la respuesta debe ser el hecho de que Moisés se cubriera con un velo. De ahí que, en lugar de ir más allá del texto, y desde luego sin ponerse en su contra, la interpretación paulina de Éxodo 34:29-35 sigue fiel a su sentido original. Que Moisés se velara el rostro en 34:34-35 recalca la idea paulina: la naturaleza endurecida de Israel, tal como manifestaba su pecado con el becerro de oro, era la causa de que la mediación de la gloria de Dios por parte de Moisés fuera un ministerio de muerte. En sí misma, la necesidad que Moisés tenía del velo expone el juicio de Yahvé contra su pueblo rebelde.

Que los israelitas no pudieran mirar fijamente la cara de Moisés y la consecuente necesidad del velo proporcionan las pruebas precisas que respaldan lo adecuado de la descripción que Pablo hace del ministerio mosaico como un glorioso ministerio de muerte, en apoyo de su afirmación anterior de que la "letra mata". Es evidente que la gloria de la letra "mata", porque Moisés tuvo que cubrirse el rostro con un velo. Además, esta interpretación de Éxodo 34:29-35 no es una novedad. Se halla al final de una larga línea de interpretaciones canónicas de Éxodo 32–34 en la que no solo se interpretaba el ministerio mosaico como acto de divina misericordia y gracia, sino también como un ministerio de juicio sobre un pueblo rebelde (*cf.* p. ej., Nm 14:26-35; Dt 1:3, 34-46; 2:14-16; 9:6-8; 29:4; Sal 78:21-22; 95:10; 106:23, 26; Jer 7:24-26; Ez 20:21-26).

La gloria del ministerio del Espíritu (3:8)

Al llamar la atención sobre el juicio de Dios, encarnado en el velo de Moisés, la interpretación que Pablo hace de Éxodo 32–34 en la cláusula de resultado de 2 Corintios 3:7 proporciona el punto de comparación al que se dirige ahora su argumento del versículo 8. La comparación en 3:7-8 está basada en la *similitud* entre la gloria del ministerio mosaico de muerte y el ministerio paulino del Espíritu. Lo que dirige el argumento no es, sin embargo, la similitud entre ambos ministerios, sino sus *diferencias*. Para que funcione el argumento, la gloria del ministerio de Moisés no puede ser la idea principal del versículo 7, sino más bien su función como aquello que acarreaba muerte. Esto se refleja en la sintaxis del versículo 7 mismo, donde la cláusula de resultado ("que los israelitas ...") es el punto principal. La aseveración del versículo 8 se basa en que el ministerio mosaico era un ministerio de muerte, *de manera que* los hijos de Israel no podían mirar fijamente la gloria del rostro de Moisés, que, por causa de la endurecida condición de ellos, tenía que estar cubierto con un velo para impedir que fueran destruidos. Dada la experiencia de "muerte" de

Israel bajo el ministerio de Moisés, Pablo concluye en 3:8 que el ministerio del Espíritu media "aún más" la gloria de Dios.

La estructura del argumento de Pablo en 3:7 aclara, pues, que la idea de la comparación "aún más" de 3:8 no consiste en que el ministerio paulino posea la gloria divina en mayor calidad o cantidad, como si esta se diera en varios grados. El argumento del apóstol es más bien que si el ministerio del antiguo pacto, que producía muerte, vino en gloria, como testifica el hecho de que estuviera velado, "entonces cuánto más debe existir el ministerio del Espíritu en *gloria*" (3:8, trad. lit.),[5] ya que produce vida (3:6c). Pablo está argumentando a favor de la existencia misma de la gloria en el ministerio del nuevo pacto, a pesar de la ausencia de manifestación visible de la presencia de Dios, y no de su grado o su tipo. La base de su argumentación es la consecuencia (es decir, la vida) producida por el ministerio del Espíritu, en contraste con el del ministerio de la letra (es decir, la muerte).

De este modo, la comparación de Pablo en 3:7-8 refleja la diferencia entre el viejo y el nuevo pacto. Así como la *incapacidad* de Israel respalda la gloriosa naturaleza del ministerio de Moisés (si no hubiera gloria en el ministerio de este, no habría sido necesario el velo), la *capacidad* de la iglesia apoya la gloriosa naturaleza del ministerio de Pablo (de no haber gloria en el ministerio paulino, no habría nueva vida entre los corintios). Dados los distintos propósitos del antiguo y del nuevo pacto, tal como se sintetiza en el contraste letra/Espíritu, las *diferentes* consecuencias de sus respectivos ministerios demuestran que Moisés y Pablo median la *misma* gloria.

Por tanto, con el fin de respaldar sus afirmaciones en 3:7-8, Pablo apela a dos fuentes de incontestable validez. Para su descripción del ministerio de Moisés, Pablo apoya su argumento sobre la experiencia de muerte de Israel en respuesta a la segunda entrega de la ley. Para su descripción de contraste de su propio ministerio, el apóstol señala la experiencia de vida de los corintios en respuesta a la mediación apostólica del Espíritu. La base del argumento paulino para el pasado es el relato del Antiguo Testamento; para el presente, lo es la realidad que se está experimentando en la iglesia. En ambos casos, su audiencia no puede negar ninguna de estas presuposiciones. De ahí que el propósito supremo de Pablo al establecer esta comparación no resida en demostrar la superioridad del nuevo pacto sobre el antiguo (aunque esta sea la base implícita de su argumento), sino demostrar sus propias cualificaciones para ser su ministro. Lo que está en juego es la legitimidad de Pablo como apóstol y la realidad de la gloria del nuevo pacto de la que él es mediador.

---

5. La traducción que la NVI hace de 3:8, 9, 11 se presta a confusión, ya que indica incorrectamente que el punto de comparación en cada caso es la *extensión* cualitativa o cuantitativa de la gloria. Sin embargo, en cada caso, la comparación modifica el verbo "ser" (3:8, 11) y "abundar" (3:9; trad. "será" en la NVI), y no la naturaleza de la gloria *per se*.

El contraste entre ambos ministerios (3:9-11)

El versículo 9 apoya el versículo 8 recordándoles a los lectores de Pablo por qué el Espíritu puede ahora vivir en medio de ellos en sus vidas sin destruirlos (aunque no se traduce en la NVI, el versículo 9 empieza con *gar*, "porque"). El ministerio de Moisés produce muerte a los que recibieron la ley (v. 7), porque declaró y efectuó la sentencia de condenación divina para quienes quebrantaron el pacto (v. 9a). Por el contrario, el ministerio paulino del Espíritu trae vida (v. 8), porque declara y efectúa la "justicia" de Dios a aquellos que cumplen el nuevo pacto por el poder de ese mismo Espíritu (vv. 6b, 8, 9b). El ministerio del Espíritu en 3:8 es paralelo al ministerio de justicia en 3:9, y el último respalda al primero. Del mismo modo, el ministerio de condenación en 3:9 secunda al ministerio de la muerte de 3:7.

Por consiguiente, si la gloria de Dios se asociaba al ministerio que producía condenación (v. 9a), cuánto más *abunda* en gloria el ministerio que trae la justicia divina (v. 9b; la traducción que la NVI hace de *perisseuei* como "será" es demasiado floja). Si la presencia de Dios es el instrumento de condenación, también es con toda seguridad el medio de salvación. La gloria en el rostro de Moisés, en virtud de tener que cubrirse con un velo, era el medio usado para llevar a cabo la condenación de Dios sobre Israel por su obcecada idolatría. Del mismo modo, la gloria que ahora abunda en el nuevo pacto, en virtud de ser ahora desvelada, es el instrumento por el cual se declara la justicia de Dios en Cristo y se efectúa en la iglesia. La justicia otorgada al pueblo de Dios como resultado de la muerte de Cristo hace posible que Dios more en medio de su pueblo sin destruirlo, produciendo así su justicia.

A través de la experiencia de la facultadora gloria de Dios, la justicia de Dios concedida al creyente también produce la creciente transformación del creyente en esa misma justicia (*cf*. 3:12, 18). La experiencia real de la gloria de Dios, asociada aquí al ministerio del Espíritu (3:8) y la justicia (3:9) es un aspecto esencial de la predicación apostólica de la cruz de Cristo (*cf*. Ro 5:1-5; 8:2-10; 14:17; Gá 2:20-21; 3:1-5; 1Co 1:17-19; 2Co 2:15-16a). La presencia de la gloria de Dios en la vida del creyente, evidenciada por su nueva vida en y por medio del Espíritu (2Co 3:8) es al mismo tiempo una expresión de la justicia de Dios revelada en la muerte de Cristo por los impíos (3:9; *cf*. Ro 3:21-26; 2Co 5:14-21).[6]

---

6. Hughes, *Paul's Second Epistle to the Corinthians*, 104-5 resume bien este vínculo inextricable entre la rectitud jurídica y ética del pensamiento de Pablo, que afianza este texto, al comentar sobre 3:9: "Cristo es la justicia del creyente (1Co 1:30): lo primero de todo en la justificación, por medio de la cual la obediencia de Cristo se le computa al pecador sobre la base de que Cristo, que sufrió, el Justo por los injustos (1P 3:18), ha llevado la culpa por la desobediencia del transgresor, y, después, en la santificación por medio de la cual el Espíritu Santo hace que el creyente crezca más y más en obediencia y semejanza a Cristo (Ef 4:13, 15; Gá 4:19). De acuerdo con las promesas del nuevo

Antes de introducir la tercera de estas tres comparaciones, Pablo hace una pausa en el versículo 10 para explicar el significado de la comparación establecida en el versículo 9. Al volver nuestra atención a esta declaración debemos tener en mente que, para Pablo, la gloria de Dios sigue siendo la gloria de Dios, ya sea revelada en relación con la ley o con el evangelio. No es como si la gloria del ministerio del nuevo pacto fuera una sustancia mejor, más fuerte o más brillante que la revelación de esa gloria en el rostro de Moisés, como se suele sostener. Más bien, la clave del pensamiento de Pablo es su elección, en el versículo 10, de resumir la designación neutra "lo que fue glorioso" (*to dedoxasmenon*). Esta calificación denota que el apóstol no se está refiriendo a la ley (que, en griego, es masculino) o a la gloria del antiguo pacto mismo (que, en griego, es femenino), o incluso al ministerio de la gloria como tal (también femenino). En lugar de esto, el uso abstracto o colectivo del neutro indica[7] que la referencia del apóstol es al ministerio del antiguo pacto en su totalidad, en especial a su propósito teológico (v. 9a), sus resultados (v. 7) y su función (v. 6b).

Traducido de forma literal, el versículo 10 dice: "En efecto, lo que fue glorioso ya no lo es, si se le compara con esta excelsa gloria". La idea de Pablo no es que el ministerio del antiguo pacto en su totalidad, que ha sido glorificado, ahora se ve finalmente menos glorioso en vista de la mayor gloria que ha llegado. Esta opinión suele respaldarse interpretando la declaración de Pablo en términos de analogía tomada del sol y la luna. Como resultado, se dice que la gloria del antiguo pacto se ve eclipsada por el nuevo, así como la luz reflejada de la luna palidece ante la luz directa del sol. En vez de ello, la comparación que se hace aquí es del propósito divino dentro de la historia redentora, no de cualidad ni de cantidad. La gloria del nuevo pacto supera la del antiguo en tiempo e intención, no en clase.

Como en 3:3, 6, la idea del versículo 10 es escatológica (en cuanto al significado de "excelsa" como referencia a la calidad de la nueva era, *cf.* 9:12-15). Pablo no está diciendo que la gloria del antiguo pacto palidece en comparación con el nuevo, sino que la "excelsa gloria" del nuevo pacto lleva ahora a su fin "lo que fue glorioso", es decir, el antiguo pacto. Cuando uno compara los propósitos y los resultados de los dos pactos, *a este respecto* (la NVI dice, de un modo erróneo: "si se le compara") el primero no tiene gloria en absoluto. El significado de 3:10 puede, por tanto, parafrasearse como sigue: "*Porque* el propósito de Dios y sus resultados en el nuevo pacto van más allá de lo que

---

pacto [...] la ley de Dios está escrita en el corazón que cree y se concede el poder [...] para cumplirla".

7. Así A. T. Robertson, *A Grammar of the Greek new Testament in the Light of Historical Research* (Nashville. Broadman, 1934), 1109, que toma *to dedoxasmenon* en 3:10 como ejemplo del uso del participio neutro como sustantivo abstracto (*cf.* también Lc 8:56; 9:7; Jn 16:13; Hch 24:25; 1Co 1:28; 14:7).

Dios ha cumplido hasta ahora en el antiguo pacto; *por tanto,* lo que anteriormente había sido el vehículo de la revelación de la gloria de Dios ya no es, a este respecto, el medio por el cual Dios está revelando su gloria. Una vez que llega el nuevo pacto con su propósito principal de conceder nueva vida en el Espíritu, el antiguo pacto, con su primordial objetivo de condenación, ya no es el lugar de la gloria de Dios en el mundo".

En el versículo 11, Pablo lleva a su fin esta sección de su argumento, introduciendo una tercera comparación. Al hacerlo, continúa con su uso de las designaciones neutras presentadas en el versículo 10. El foco del apóstol sigue sobre el propósito y los resultados del antiguo y del nuevo pacto respectivamente, con los neutros refiriéndose en un sentido amplio y global a lo que "ya se estaba extinguiendo" (*to menom*). La introducción del versículo 11, con otro *gar* ("porque"), sigue la tendencia estilística paulina de coordinar afirmaciones con el fin de afianzar su idea principal con una serie de respaldos paso a paso (la NVI traduce esto sencillamente "y").[8] La afirmación en los versículos 7-8 se respalda en el versículo 9, que a su vez, queda apoyado por el versículo 11. ¿Pero cómo secunda el versículo 11 la aseveración de Pablo en cuanto a que su ministerio como apóstol es el vehículo por medio del cual la excelsa gloria del nuevo pacto se está revelando ahora (3:10)?

La respuesta se encuentra en los dos nuevos elementos interrelacionados en el versículo 11. (1) Pablo transfiere la terminología *katargeo* de su uso en el versículo 7 como referencia directa a la gloria en el rostro de Moisés al ministerio del viejo pacto concebido en conjunto. La mediación que el pacto del Sinaí hace de la gloria de Dios, que tuvo que quedar inoperativa por el velo (3:7) como resultado de la "terquedad" de Israel, se describe ahora a sí misma como aquello que el velo tuvo que dejar inoperativo permanentemente (3:11). Que Moisés cubriera su rostro con un velo (v. 7) demuestra que, *desde el principio mismo,* el pacto del Sinaí se vio obstaculizado para cumplir su propósito de establecer la presencia inmediata y permanente de Dios entre un pueblo santificado (v. 11; *cf.* Éx 19:5-9; 20:20).

(2) Pablo describe el ministerio del nuevo pacto como aquello que "permanece", "dura" o "persiste" (*meno*). Este verbo recuerda su uso anterior en 1 Corintios 3:14, donde se refería a la obra que "permanece" en la era escatológica futura. En este último contexto, como en 2 Corintios 3:11, *katargeo* vuelve a formar la contrapartida de *meno* como descripción de aquellas cosas que son abolidas o que no "permanecen" escatológicamente (*cf.* 1Co 13:8, 10, 11).

Además, la cita que Pablo hace de Salmos 111:9 (LXX) en 2 Corintios 9:9 indica que puede vincular la noción de ser abolido (*katargeo*) o de permanecer

---

8. *Cf.* las cadenas de *gar* en Ro 1:16-21; 2:11-14; 4:1-3, 13-15; 5:6-7; 7:14-15, 18-19; 8:1-6, 1215, 18-24; 1Co 1:18-21; 3:2-4; 9:16-17; 12:12-14; 2Co 5:1-4; 13:4; etc.

(*meno*) en el juicio escatológico a la declaración del salmista en cuanto a que la "justicia perdura [*meno,* permanece] para siempre". Solo las cosas basadas en la justicia de Dios pueden superar la prueba de su "justo juicio" (Ro 2:5; *cf.* 3:4-5; 2Co 5:10; 2Ts 1:5). Lo que permanece escatológicamente en 1 Corintios 3 y 13 lo hace porque corresponde a la "justicia" que "permanece". El nuevo pacto "sigue", pues, en vigor ya que revela la justicia de Dios que dura para siempre (*cf.* Jer 32:37-40).[9] Es ese nuevo pacto (3:10) del Espíritu (3:8) "que permanece" (2Co 3:11), basado en la justicia de Dios (3:9), el que Pablo estaba llamado a ministrar (3:4-6).

La confianza del ministerio del nuevo pacto (3:12-13)

En 3:12-18, Pablo prolonga las implicaciones de su argumento de 3:7-11 concerniente a la "gloria" de los dos ministerios. Al hacerlo, cambia su enfoque, que pasa de una *comparación* entre los ministerios del antiguo y el nuevo pacto a su *diferencia* esencial. Pablo deriva esta divergencia de la necesidad del velo de Moisés frente a su propio ministerio apostólico "desvelado". En consecuencia, las afirmaciones de Pablo en cuanto a su audacia (v. 12), la dureza de mente de Israel (v. 14a), la relación actual de Israel con el viejo pacto y Moisés (vv. 14b-15), y el contraste entre la situación de Israel y la experiencia de los cristianos (vv. 16-18) están basados en el significado y la relevancia del velo de Moisés.

Como indican la conclusión ("Así que"; gr. *oun*) y la expresión resumidora "como tenemos tal esperanza" en 3:12, Pablo saca la conclusión a la que conduce literalmente 3:7-11. Basada en 3:8, la idea principal de 3:7-11, la confiada expectación de Pablo (es decir, su "esperanza"; *cf.* el paralelismo entre 3:4 y 3:12) es que a través de su propia vida y mensaje como ministro del nuevo pacto (3:6) la gloria de Dios está siendo mediada al pueblo de Dios en el Espíritu (3:11). Gracia a que tiene esta "esperanza", Pablo es "muy atrevido" (nótese la continuación del plural apostólico "nosotros" en 3:12).

La palabra traducida como "confianza" (*parresia*) en 3:12 es un término técnico de la esfera política que se asoció a la libertad y la verdad. En contextos morales como este, se refiere a no tener vergüenza de la propia conducta,

---

9. Ver F. Hauck, "μένω", *TDNT* 4:574-88, esp. 574-76, para el uso del verbo en los textos religiosos judíos y no judíos, donde, en ambos casos, "μένειν" es una marca de Dios y lo que es proporcional a él" (574). Hauck también perfila el trasfondo escatológico clave del término en el Antiguo Testamento (*cf.* Sal 102:12; Is 40:8; 66:22; Dn 4:26; 11:6; Zac 14:10; *Sab.* 7:27; *Eclo.* 44:13; *4 Esd* 9:37). Luego indica que, en el Evangelio de Juan, la promesa escatológica de lo que permanece se realiza en que Dios "permanece" en Cristo, Cristo "permanece" en los creyentes, y los creyentes "permanecen" en Cristo (*cf.* Jn 6:56; 8:35; 15:4-7, 9-10; 14:10; 1Jn 2:26-28; 3:6, 24; 4:16).

de un modo que conduce a una forma de hablar libre, valiente y franca.[10] El poder del Espíritu en el ministerio de Pablo (3:8) ha hecho que no tenga temor y que sea directo en su proclamación del evangelio (3:12; *cf.* Ro 1:16-17). En última instancia, esta audacia surge de la seguridad de que su vida y su trabajo derivan de la gracia de Dios en su vida, que se están llevando a cabo en la presencia divina y que serán justificados ante el juicio de Dios (*cf.* 2Co 1:12; 2:17b–3:3, 7-11; *cf.* 1Co 4:1-5; Fil 1:20).

En 3:13, Pablo ilustra el carácter audaz de su ministerio estableciendo un contraste entre su propio ministerio y la necesidad de Moisés de cubrirse con un velo. Aquí también, como en 3:7, el planteamiento dominante ha sido tomar el versículo 13 para aludir a la práctica de Moisés de ocultarle a Israel que la gloria de su rostro se estaba acabando (*to telos*) por su carácter menguante (*katargeo*). Interpretado de este modo, se describe a Moisés como menos sincero con Israel, mientras que Pablo es capaz de decirle la verdad a la iglesia con valentía. Al no hacerse mención alguna en Éxodo 34:29-35 de semejante propósito en la acción de Moisés o de que la gloria se estuviera desvaneciendo, es normal concluir que, al exponer esta idea, Pablo va deliberadamente más allá, o incluso en contra del texto del Antiguo Testamento. El contraste en 3:13 suele considerarse, por consiguiente, como el inteligente intento del apóstol de denigrar la postura de sus oponentes, devaluando el ministerio de Moisés.

No obstante, cuando se interpreta dentro del contexto de Éxodo 32–34 ya tocado por Pablo en 3:7-11, y con una comprensión más adecuada de *katargeo* (ver comentarios más arriba), la afirmación del apóstol es diferente de lo que se suele expresar. Como 3:7, 3:13 alude a la práctica de Moisés de velarse como resultado de la terquedad de Israel. Ahora, sin embargo, Pablo aparta su atención de las consecuencias del ministerio mosaico que formaba el núcleo central de la comparación en 3:7-11 para dirigirla a la distinción de *propósito* entre el hecho de que Moisés se cubriera con un velo y el propio ministerio de Pablo de predicar el evangelio abiertamente.

En 3:7a, la gloria del ministerio de Moisés en sí, con su efecto de muerte, resultó en la incapacidad de Israel de mirar fijamente su rostro (gr. *hoste* más infinitivo). Como consecuencia, en 3:13 la práctica de Moisés de cubrirse con un velo es la que produce la incapacidad de Israel (gr. *pros to* más infinitivo). Al no ser capaz Israel de mirar fijamente el rostro de Moisés (3:7), él se cubría para que no pudieran hacerlo (3:13). Considerando que en 3:7-11 Pablo basó

---

10. Para pruebas de este significado, ver mi *Paul, Moses, and the History of Israel*, 338-47, y textos como el de Filón, *Los sacrificios* 35; *La confusión de las lenguas* 165; *El heredero de los bienes divinos* 5-6; *Sobre los sueños* II.83, 85; Plutarco, *Demóstenes* 12,14; Catón 33, 35; *Ep. Arist.* 125; *José y Asenet*, 17:9; 23:10; *T. Reub.* 4:2; Sab. 5:1; y Mr 8:32; Jn 7:13, 26, 10:24; 11:14; Hch 2:29; 4:13, 29, 31; 9:28; 13:46; 14:3; 26:26; 28:31; Ef 6:19-20; Fil 1:20.

sus comparaciones en sus diferentes resultados, en 3:13 lo hace en sus distintas intenciones u objetivos. En el primer caso, Israel no era capaz de mirar continuamente la gloria en el rostro de Moisés, porque en su "terquedad" habría sido destruido (3:7). En el caso presente, Moisés se cubría para encarnar este juicio y, a la vez, para mediar la misericordia del pacto renovado.

En el versículo 13b, Pablo expresa este propósito de forma explícita llamando la atención sobre la intención de Moisés al velar la gloria de Dios (trad. pers.): "... con el fin de impedir que los israelitas contemplaran fijamente *el resultado* [gr. *to telos*[11]] de lo que se estaba volviendo inoperativo en términos de sus consecuencias [*tou katargoumenou*; de nuevo en el neutro como referencia abstracta al antiguo pacto en su totalidad]". En nuestro contexto, este resultado o *telos* solo puede referirse al juicio mortífero de la gloria de Dios sobre su "terco" pueblo.

En 3:12, Pablo no está declarando que él sea abierto y sincero en contraste con el engaño consciente o inconsciente de Moisés. En vez de ello y a diferencia de este último, él es libre de predicar el evangelio en el conocimiento de que la presente revelación de la gloria divina no necesita ser velada ante aquellos a los que es enviado, ya que su resultado (*telos*) es vida, y no muerte (*cf.* 3:6). Moisés tuvo que cubrirse con un velo como acto de juicio hacia un pueblo rebelde, pero Pablo no necesita "ponerse un velo" delante de un pueblo cuya disposición hacia Dios ha sido radicalmente cambiada por el Espíritu (3:3-6).

Pablo es profundamente consciente de las implicaciones de lo que acaba de decir, no solo por la relevancia de su propio ministerio, sino también para aquellos con los que se encuentra (*cf.* 2:15-16a). El contraste establecido entre Moisés y Pablo en 3:12-13 significa que solo los que están aceptando el valiente mensaje del apóstol se cuentan entre el pueblo de Dios a quien se está revelando ahora su gloria. El argumento de Pablo suscita, pues, algunas preguntas inquietantes. Si Pablo está mediando abiertamente la gloria de Dios entre su pueblo, en cumplimiento de las promesas del nuevo pacto, ¿por qué no aceptan los "israelitas" el ministerio paulino? ¿Acaso el rechazo por Israel del mensaje de Pablo no cuestiona su legitimidad como apóstol? Si no es así, ¿por qué no respondió Israel al evangelio? ¿Ha dejado de ser Israel el lugar de la presencia de Dios en el mundo?

---

11. La bien establecida gama de significados para *telos* incluye la idea de "final", tanto en el sentido de la "abolición" o "terminación" como en el de "resultado", "consecuencia", "objetivo" o incluso "propósito". Aquí lo último es más adecuado de acuerdo con el contexto. Ver BAGD, 811-812, y su confirmación en W. Bauer, K. Aland y B. Aland, *Griechisch-deutsches Wörterbuch* (Berlin/Nueva York: Walter de Gruyter, 1988), 1617-18. La traducción que algunas versiones hacen, "aquello", para el griego *to telos* no capta el sentido. *To telos* no es un pronombre que vuelve a referirse al rostro de Moisés, sino un sustantivo que se traduce mejor como "el objetivo".

El continuo endurecimiento de Israel (3:14-15)

Los comentaristas han luchado desde hace tiempo con la transición de 3:13 a 3:14. Donde cabría esperar una declaración de respaldo (es decir, "Moisés, quien se ponía un velo sobre el rostro para que los israelitas no vieran el fin del resplandor que se iba extinguiendo, *porque* su mente estaba embotada"), Pablo introduce un fuerte contraste (*cf. alla* en el v. 14a; "sin embargo" en la NVI).[12] Esta dificultad deriva del intento de relacionar el firme contraste de 3:14 directamente con 3:13b. Aunque es posible, gramaticalmente existe otra opción. En lugar de relacionar 3:14a directamente con la cláusula de propósito de 3:13b, el contraste se puede remontar a 3:12-13a como parte de una construcción negativa-positiva "no ..., sino" (*ou... alla*). Interpretado así, 3:13b se convierte en una reflexión parentética de la relevancia de 3:7.

El discurrir del argumento desde 3:12-14 se lee, pues, como sigue: "Somos muy valientes. Es decir, *no* somos como Moisés (que se cubría el rostro con un velo ...), *sino* que la mente de ellos estaba endurecida [NVI embotada[13]]...". Dado que el Espíritu está siendo derramado a través de su ministerio, Pablo solo puede concluir que "los israelitas" siguen rechazando el evangelio, porque, desde el principio de su historia del pacto, "la mente de ellos se embotó" (3:14a). A pesar de su valiente proclamación, Israel no le está respondiendo a Pablo, por la misma razón que no lo hizo a Moisés: ¡Desde el Sinaí en adelante, Israel ha sido endurecido [por Dios] a la revelación de la gloria de Dios en medio de él (tomando el aoristo "se embotó" como gnómico[14] y pasiva divina)!

La prueba de esta valoración se proporciona en 3:14b-15, donde Pablo vuelve al velo de Moisés de Éxodo 34:29-35. Esta vez lo usa como metonimia.[15] La naturaleza endurecida de Israel, como se manifiesta en su pecado con el becerro de oro, está representada por el velo de Moisés, empleando la

---

12. Ha habido numerosos intentos por solventar esta dificultad sugiriendo nuevas interpretaciones para la conjunción misma o proporcionando afirmaciones supuestamente ausentes entre 3:13 y 3:14 (p. ej. "no que Moisés procurara engañar, sino que la mente de ellos estaba endurecida"; o, "la gloria debería haber tenido un impacto positivo sobre Israel, pero la mente de ellos estaba endurecida").
13. El verbo traducido "se embotó" en la NVI se vierte mejor como "fue endurecido", aludiendo a Éx 32–34 como se recoge en Jer 5:21 y Ez 12:2 en paralelo a Is 6:9 y contra el trasfondo de Dt 29:3-4. *Cf.* Ro 11:7-10 y Hch 28:26-27, donde el mismo verbo se usa con el mismo telón de fondo veterotestamentario para explicar el rechazo de los judíos por el ministerio de Pablo y los pasajes relacionados en Mt 13:15 y Mr 4:12.
14. Es decir, el uso del aoristo para representar "un acto válido para todo el tiempo [...] porque (al menos originalmente) el autor tenía un caso específico en mente en el que el acto se ha realizado", BDF, §333. El caso específico que se tiene aquí en mente es el pecado de Israel con el becerro de oro.
15. La metonimia es una figura retórica en la que una cosa se llama por el nombre de otra asociada con ella; p. ej., podemos usar "botella" para referirnos a la embriaguez, como en "ha dejado la botella".

consecuencia para su causa subyacente.¹⁶ Como resultado, el velo puede moverse ahora, en el argumento de Pablo, pasando de aquello que originalmente se hallaba en el rostro de Moisés a lo que cubre la lectura del antiguo pacto en 3:14 y a lo que tapa el corazón de Israel en 3:15.

Una vez descodificado, el simbolismo de Pablo es claro. Dado que la condición de endurecimiento de Israel solo puede quedar inoperativa con respecto a su impacto (NVI "se quita"; gr. *katargeo*) "en Cristo" (3:14d), el rechazo generalizado del evangelio indica que sigue estando en la misma situación de embotamiento que ha caracterizado su historia desde el becerro de oro (3:14c, 15a). Ese mismo a quien rechazan es el único que puede eliminar su ceguera. Solo "en Cristo" puede el Espíritu quitar el corazón de piedra (*cf.* 3:2-3, 8-9). Esto tiene consecuencias para Israel, tanto a la hora de leer las Escrituras como en su propio estado espiritual.

(1) La primera implicación de la condición endurecida de Israel es hermenéutica. Aunque la era del nuevo pacto ha amanecido, "hasta el día de hoy" Israel sigue llevando un velo, es decir, sigue endurecido a la relevancia de la ley misma que pretendía llevarlo al Mesías (vv. 14b, 15a). Como aclaran 3:14b y 15a, esto no se debe a que el significado real del pacto del Sinaí está un tanto escondido o cubierto, sino a que Israel lleva un velo (= está endurecido) "siempre que lee a Moisés". Aquí también tenemos una metonimia. Así como el "velo" de Moisés representa ahora a Israel en su estado endurecido, "Moisés" mismo representa el antiguo pacto como algo codificado en la ley.

Una vez más, el significado es claro. Cuando Israel lee las Escrituras en su condición endurecida, se niega obcecadamente a ir donde el texto bíblico lleva. Y es que, como la metonimia del "velo" indica, "el problema hermenéutico" de Israel no es intelectual, sino moral. El "velo [que] cubre el corazón [de Israel]" (v. 15b) no se refiere a una incapacidad cognitiva, por una falta de dotación espiritual especial, sino a una incapacidad volitiva como resultado de una disposición endurecida. El significado y la relevancia del antiguo pacto no son un secreto esotérico que ha de ser liberado mediante una revelación "cristiana" especial. En otras palabras, la cuestión en 3:14-15 no es que Israel *no puede* entender intelectualmente las implicaciones de su historia bajo el antiguo pacto y su consiguiente necesidad de la muerte del Mesías. Más bien, el problema es que *no* lo aceptará como cierto para él. La "terquedad" israelita sigue cubriendo su respuesta al pacto del Sinaí con un "velo".

(2) La segunda implicación de la condición endurecida de Israel es espiritual. La descripción de la situación israelita en 3:14-15 indica que su rechazo

---

16. Para una explicación de este uso de la metonimia, ver G. B. Caird, *The Language and Imagery of the Bible* (Filadelfia: Westminster, 1980), 136-37, con muchos ejemplos bíblicos.

generalizado de Cristo no cuestiona la legitimidad del propio ministerio apostólico de Pablo ni la validez de su evangelio como la revelación de la gloria de Dios. Para exponer esta idea, el apóstol ha utilizado el patrón bíblico de considerar el actual repudio de Israel por la obra de Dios como prueba de que sigue estando en el mismo estado de endurecimiento que lo caracterizó desde el principio.[17] Esta interpretación del actual estado de Israel como reflejo de su pasada historia de rebeldía se refleja en la incorporación que Pablo hace de la frase bíblica "hasta el día de hoy" (3:14-15) a su propio argumento. Estas frases recuerdan la designación paralela en Deuteronomio 29:4 (v. 3 en LXX), donde Moisés declara que, a pesar de que el Señor los liberara de Egipto, "*hasta este día* el Señor no les [a Israel] ha dado mente para entender, ni ojos para ver, ni oídos para oír".

En su contexto original, esta prerrogativa divina no solo explica la pasada desobediencia de Israel, sino que también fundamenta la proclamación de Moisés en cuanto a que los israelitas seguirán quebrantando el pacto en el futuro, y sufriendo el juicio del exilio como resultado. En Jeremías y Ezequiel hallamos la confirmación adicional de que el uso que el apóstol hace de la frase "hasta el día de hoy" es una referencia al patrón bíblico de considerar el presente de Israel en términos de su pasado. Ambos profetas usan la misma designación para recalcar que la difícil situación de Israel en su tiempo era prueba de que su rebelión seguía siendo la misma desde los días de sus padres.[18] También en la época de Pablo, como en la de Moisés y los profetas, el problema no es con respecto al evangelio de Pablo, sino a Israel mismo.

Por tanto, al respaldar la legitimidad de su ministerio, Pablo amplía de nuevo su argumento sobre el testimonio de la ley y los profetas (nótese que su lenguaje en 3:14-15 viene de Moisés y de los dos mismos profetas aludidos en 3:2-6). En lugar de cuestionar el ministerio y el mensaje de Pablo, el rechazo de Israel al evangelio es una prueba de que permanece en el mismo estado endurecido con el que se encontró Moisés y que predijo que continuaría hasta el exilio, y con el que, por consiguiente, se encontraron los profetas durante su vida. Por ello, como expone Pablo de forma explícita y por primera vez en la

---

17. Acerca del patrón de argumentar a partir de la actual rebeldía (y consiguiente juicio en el exilio) de Israel que fue endurecido desde el principio, ver Neh 9:16-31; Sal 78:5-8, 54-64; 106:6-39; Is 63:7-19; 65:2-7; Jer 3:25; 7:18-26; 11:7-10; 15:1 (cuando ni siquiera Moisés pudo evitar el consiguiente juicio de Dios); 16:11-13; 17:23; 19:15; 44:9-10; Lm 5:7; Ez 2:3; 20:8-36; Am 2:4; Zac 1:2-4; 7:11-14; Mal 3:7. Ver también la propia cita mezclada de Dt 29:3 e Is 29:10 en Ro 11:8, donde el último texto profético concerniente al endurecimiento de Israel en la época de Isaías se explica en términos del endurecimiento en los días de Moisés.

18. Para el uso de este tema central ver Jer 3:25; 7:25; 11:7 (MT); 32:20-21 (MT); 44:10 (MT); Ez 2:3.

literatura cristiana, Israel sigue subscribiéndose al "antiguo pacto", aunque el nuevo ya se haya establecido (3:14).

La introducción por parte de Pablo de la terminología "antiguo pacto" es una declaración de su escatología, no una denigración de la ley. Alude al pacto del Sinaí como "antiguo", solo porque está convencido de que Jesús, como el Cristo, ha inaugurado el "nuevo pacto" de Jeremías 31:31-34 y Ezequiel 36:26-27 (cf. de nuevo las alusiones a estos dos textos en 2Co 3:3, 6). La designación "antiguo" no es una valoración peyorativa del contenido del pacto del Sinaí, sino una designación escatológica de su cumplimiento. Hablar de él como "antiguo" es considerar el pacto ministrado por Moisés a través de las lentes del amanecer del "nuevo pacto" ministrado por Pablo.

La conversión del remanente (3:16-18)

Una vez tratada la cuestión del rechazo por Israel del evangelio en 3:14-15, en 3:16-18 Pablo regresa, una vez más, a la experiencia de Moisés con el velo. Ahora, sin embargo, saca a relucir su relevancia no para el Israel incrédulo, sino para aquellos que han respondido a Cristo. Pablo empieza parafraseando Éxodo 34:34a, que contrasta el hecho de que Moisés se cubriera con un velo delante del pueblo con su práctica de quitar el velo cuando hablaba con el Señor en la tienda de reunión. Esto vuelve a destacar la comparación entre la incapacidad de Israel de encontrarse con la gloria de Dios por su estado de "terquedad", que necesitaba el uso del velo, y la capacidad de Moisés de encontrarse con la gloria de Dios sin velo como alguien cuyo corazón ha sido transformado por el Espíritu. No obstante, mientras que en Éxodo 34:34 era Moisés quien entraba delante del Señor sin velo, en 2 Corintios 3:16 cuando "alguno se vuelve al Señor" el velo se quita. Y, aunque en Éxodo 34:34 Moisés quita el velo, en 2 Corintios 3:16 "el velo es quitado" por Dios (nótese la pasiva divina).

El cambio de sujeto en 3:16 indica que Pablo considera la experiencia de Moisés como el prototipo de los creyentes bajo el nuevo pacto que siguen a este para ir "al Señor". Esta interpretación se confirma mediante la connotación de la conversión introducida por el uso del verbo "volver"[19] y el énfasis sobre la naturaleza pasiva de la eliminación del velo. Para los creyentes, como para Moisés, el velo ha sido quitado de su entendimiento endurecido (3:14) como resultado de que el Espíritu quitara su "corazón de piedra" (cf. 3:6).

En el contexto de Éxodo 34, el "Señor" (*kyrios*), en vista del versículo 16, no es Cristo, *en quien* se quita el velo del endurecimiento de corazón (2Co 3:14b),

---

19. *Cf.* el uso de este mismo verbo, *epistepho*, para referirse a "regresar al Señor" en el sentido de la conversión en Lc 1:16-17; Hch 3:19; 9:35; 11:21; 14:15; 15:19; 26:18 (en el contexto del ministerio de Pablo a los judíos y los gentiles en cumplimiento de Is 42:7, 16; *cf.* Is 35:5); 26:20; 1Ts 1:9; 1P 2:25.

sino Yahvé, *a quien* uno acude una vez que se ha eliminado el velo. Aunque en los escritos de Pablo *kyrios* se refiere en general a Cristo, este no es el caso cuando Pablo está citando las Escrituras o trabajando con el contexto bíblico.[20] El uso que Pablo hace de "el Señor" para referirse a Yahvé en 3:16 corresponde a las otras diez veces en que, en citas paulinas del Antiguo Testamento, *kyrios* refleja el uso que la Septuaginta hace de este término para traducir Yahvé en el texto hebreo.[21] En este punto de su argumento, el apóstol está pensando de forma teológica y no cristológica. Como Moisés, así también la persona que "vuelve al Señor" en conversión encuentra la gloria de Dios sin temor a la destrucción. El duro corazón de rebeldía ha sido quitado (3:3, basado en Ez 11:19; 36:26-27) y el perdón se ha recibido (2Co 3:6, basado en Jer 31:31-34), todo ello basado en la justicia que viene de Cristo (2Co 3:9).

El problema milenario de la aparente identificación de Jesús con el Espíritu en 3:17a puede considerarse ahora como la creación, en gran medida, de interpretar esta declaración al margen de su trasfondo veterotestamentario. Como desarrollo adicional de 3:16, no hay indicación de que en el versículo 17a Pablo haya sustituido de repente a Cristo por Yahvé. Dado que el *kyrios* de 3:17a sigue siendo Yahvé, el "hay" de 3:17a se traduce mejor como "significa".[22] En 3:17, Pablo no está identificando a Cristo y al Espíritu. Más bien está aclarando con todo detalle que la experiencia que Moisés tenía de Yahvé en la tienda de reunión es equivalente a la experiencia presente del Espíritu en el ministerio paulino, exactamente del mismo modo en que se refirió con anterioridad al Espíritu mediado por medio de su ministerio como el "Espíritu del Dios vivo" (3:3). La idea de Pablo es que los que ahora viven bajo el nuevo pacto en Cristo están en continuidad directa con la revelación de Yahvé comenzada en el Sinaí.

En este contexto, la "libertad" de la que se habla en 3:17b implica la liberación del velo de la dureza de corazón que no puede entrar en la presencia del Señor (3:7, 9, 13-14). No obstante, esta interpretación *negativa* de la libertad de 3:17a como "liberación *de*" no es, probablemente, el énfasis principal de la declaración de Pablo. En contextos como este, donde no se está refiriendo al estatus político y social de ser "libre",[23] Pablo usa el concepto de "libertad" principalmente para referirse a los resultados *positivos* de haber sido

---

20. Siguiendo a Furnish, *II Corinthians*, 211.
21. Ver Ro 4:8; 9:28, 29; 10:13; 11:34; 14:11; 15:11; 1Co 2:16; 3:20; 10:26. A estos se puede añadir 2Co 8:21, en el que la LXX dice *kyrios*, pero el TM usa *elohim* ("Dios").
22. Para este mismo uso del verbo "ser" en el sentido de "significar" o "implicar" cuando se refiere a una interpretación de las Escrituras, ver 1Co 10:4; Ro 10:6-8; Gá 3:16; 4:24.
23. Para el estatus social de uno como "libre" frente a ser un esclavo, *cf.* 1Co 7:21-22; 12-13; Gá 3:28; Ef 6:8; Co 3:11. *Cf.* Gá 4:22-31, donde el estatus social de la "mujer libre" está cargado de relevancia teológica como representación de los "hijos de la promesa" a lo largo de la historia de Israel y hasta el presente.

"liberado" del pecado (cf. Ro 6:16-23; 1Co 7:39; 9:1; 10:29). En el pasaje que estamos tratando, este resultado positivo es una libertad *para* una obediencia a la ley que fluye del poder del Espíritu, como prometieron Jeremías y Ezequiel (2Co 3:3, 6).

Como tal, esta libertad es la inversión del estado de cosas ilustrado en Éxodo 32–34. La fuerza del argumento de Pablo en 2 Corintios 3:17 puede descubrirse ahora. Así como el endurecimiento persistente de Israel a las exigencias del antiguo pacto podían aducirse en 3:14-15 como prueba de su separación continua de Dios, también la "libertad" de los cristianos para obedecer la ley puede alegarse como evidencia de estar en la presencia de Yahvé.

En 3:18, Pablo cierra su argumento sacando la conclusión que sigue naturalmente de su identificación de Yahvé con el Espíritu, que es el poder de la nueva vida (3:6b). El significado de las declaraciones de Pablo en 3:18, a pesar de su complicado modo de expresión, se puede parafrasear como sigue. Dado que el Señor es el Espíritu, como lo demuestra la libertad (del velo) para la obediencia que el Espíritu crea (v. 17), "todos nosotros"[24] —es decir, todos los miembros de la comunidad del nuevo pacto, tanto judíos como gentiles— "estamos siendo transformados en la misma imagen". En otras palabras, por el poder del Espíritu estamos experimentando, en un sentido progresivo, más y más de esta libertad para obedecer a Dios, y, como resultado, estamos siendo cambiados a la propia imagen de Dios volviéndonos obedientes a su voluntad. Tener la imagen de Dios es manifestar su "semejanza" actuando de acuerdo con sus mandamientos como expresión de la propia naturaleza divina.

Esta transformación moral del pueblo de Dios marca la diferencia decisiva entre el ministerio del antiguo pacto y el del nuevo. Además, la alusión en 3:18 a la imagen de Dios desde Génesis 1:26-27 apunta a la posterior identificación que Pablo hace del nuevo pacto con la nueva creación (cf. 4:6; 5:17). Así como los que están en Adán desobedecen la voluntad de Dios, los que están en Cristo, el segundo Adán, están siendo llevados de regreso a la relación de obediencia generada por la fe que caracterizó a Adán y Eva antes de la caída. Como en el Jardín del Edén antes de la caída y en el éxodo antes del becerro de oro, la nueva creación está caracterizada por encontrarse con Dios mismo.

En palabras de Pablo, esta transformación está teniendo lugar "con más y más gloria" (lit., "de gloria en gloria"). Decir que estamos siendo transformados a su semejanza "*de* gloria" significa que el crecimiento progresivo del

---

24. La NVI traduce esto sencillamente como "nosotros", perdiéndose así la transición de Pablo que pasa de hablar de su propio papel apostólico (el nosotros apostólico) al de todos los creyentes. Este cambio de sujeto se indica por el uso explícito que hace de "todos nosotros" (*hemeis pantes*) en 3.18a (que es la mejor forma de interpretarlo), en contraste con el uso de los plurales de la primera persona sola en los párrafos anteriores.

creyente en obediencia, descrito en 3:18, ocurre en respuesta a la presencia de Dios. Decir que estamos siendo transformados a su semejanza "*en* gloria" quiere decir que el resultado final de ser más y más como él en anticipación de la consumación final de esta era es que un día participaremos en su gloria en toda su plenitud. Nuestra vida con Dios empieza y acaba entrando en su gloriosa presencia, ahora en el Espíritu y después cara a cara.

Por esta razón, la transformación presente del pueblo de Dios "viene del Señor, que es el Espíritu", ya que este último es el depósito de la presencia y el poder divinos en nuestra vida (1:20-22; 3:3-6, 8). Finalmente, esta transformación tiene lugar porque, de principio a fin —es decir, de gloria en gloria— "contemplamos como en un espejo" (no "reflejamos", como dice la NVI)[25] la gloria del Señor sin ser destruidos por ella, ya que lo hacemos "con el rostro descubierto".

La transformación espiritual y moral reseñada en 3:18 es el respaldo final de la anterior afirmación del apóstol en cuanto a que Israel sigue endurecido "hasta el día de hoy" (3:14a, 15b), que, a su vez, corrobora la validez del audaz ministerio paulino a pesar de su falta de éxito entre sus paisanos judíos (3:12-13). Si el pueblo de Israel de la época de Pablo no hubiera seguido embotado como sus "padres" antes que ellos, también serían capaces de contemplar la gloria de Dios en el rostro de Cristo y ser transformados por ella. Además, que Moisés proporcione el tipo de la experiencia del creyente (3:16-17), en contraste con la continua experiencia de Israel en su condición de terquedad (3:14-15), demuestra que un remanente de judíos y gentiles siguen siendo salvados (3:18; 5:17).

Más aún, esta restauración del pueblo de Dios en Cristo se está produciendo por medio del evangelio tal como lo encarna y lo proclama Pablo en su propio ministerio. Como mediador de la gloria de Dios en el rostro de Cristo (*cf.* 4:4, 6), el "ministerio del Espíritu" del apóstol (3:6, 8) es el medio por el cual la expectación profética de la nueva creación bajo el nuevo pacto ya está empezando a acaecer. En el centro de la "nueva creación" se halla la manifestación de la presencia de Dios en medio de su pueblo, tanto judío como gentil, en anticipación de la redención final de toda la creación[26].

---

25. En la voz activa, el verbo aquí utilizado (*katoptrizo*) significa "mostrar como en un espejo o por reflejo", y en la pasiva, "ser reflejado o reproducido", mientras que la voz media quiere decir "contemplar (algo) como en un espejo" (H. G. Liddell, R. Scott y H. S. Jones, *A Greek-English Lexicon* [Oxford: Clarendon, 1940], 929). Aquí se usa la voz media. Como Furnish, *II Corinthians,* 214, ha señalado, leer esta forma media con el significado de "reflejar como en un espejo" va claramente en contra de la evidencia lingüística.

26. *Cf.* Is 2:2-3; 24:23; 25:6-9; 43:21; 56:6-8; 60:1-3; 65:19, 24; 66:18-21, 23, para la revelación de la gloria de Dios en medio de Israel y entre las naciones, y 43:19-20; 65:25 para su revelación entre los animales y el orden creado.

El resultado de esta revelación presente de la gloria de Dios es una vida de creciente obediencia a los mandamientos divinos, en firme contraste con la rebeldía actual de Israel y la continua maldad de las naciones. Esta transformación "de gloria en gloria" es lo que respalda la legitimidad de Pablo, de manera que no necesita otra "carta de recomendación" aparte de los corintios mismos (3:1-3). Como nuevas criaturas en Cristo (*cf.* 5:17) bajo el nuevo pacto (3:6; *cf.* 6:16-18), los corintios testifican por su obediencia inducida por el Espíritu que la gloria de Dios se está revelando ahora en medio de ellos, con el rostro descubierto, por medio del ministerio apostólico de Pablo.

Recuperar el propósito teológico de este pasaje es la clave para su aplicación. El peligro con el que nos encontramos al toparnos con un pasaje tan cuidadosamente argumentado y conceptualmente rico como este es que no invertiremos el tiempo y el esfuerzo necesarios para entenderlo en sus propios términos. En lugar de ello, en nuestra premura por ser "prácticos" y "relevantes", caemos presa de la tentación de aislar declaraciones individuales de su contexto y extrapolar de ellos principios teológicos abstractos que "predicarán" (como si se tratara de un contraste "ley/evangelio", "la gloria del ministerio" o un grito de guerra para la "libertad en el Espíritu"). Actuando así con este pasaje pasaremos por alto que el propósito de su argumento en 2:14–3:18 constituye el corazón mismo de la apología paulina por la legitimidad de su ministerio apostólico, y, por tanto, debe respaldar sus declaraciones de confianza y esperanza en 3:4 y 3:12.

Para aplicar este pasaje de manera adecuada debemos, pues, convertir las ideas principales de Pablo en las nuestras. Por un lado está seguro de que, como ministro del evangelio, media el Espíritu por medio de sus sufrimientos (3:3-6, 8). Por otro, su esperanza como siervo del nuevo pacto es que su ministerio del Espíritu transformará al pueblo de Dios en el carácter de Dios mismo (3:9, 16-18). Pablo es plenamente consciente, por tanto, de que su suficiencia no deriva de sí mismo, sino de Dios por medio de Cristo (3:5-6). Por el contrario, la prueba de su legitimidad no son sus propias capacidades y logros, sino la obra transformadora del Espíritu en la vida del pueblo de Dios (3:3, 18). Esto significa que quienes rechazan su evangelio lo hacen por la dureza de su propio corazón (3:13-15).

Estas realidades tienen una aplicación universal. Nosotros también debemos derivar del poder del Espíritu de Dios en nosotros y por medio de nosotros el sentido de suficiencia para las tareas a las que él nos ha llamado. La confianza que afianza el ministerio del pastor y la vida del creyente no procede de técnicas o de una formación, sino del llamado divino y de la realidad del Espíritu de Dios. Estas son las extraordinarias nuevas del evangelio y el fundamento de nuestra "esperanza", es decir, de nuestra absoluta confianza para el futuro.

Traer el mensaje de Pablo en este pasaje desde su época a la nuestra es, pues, más una cuestión de paciente interpretación que de la recuperación de apreciaciones históricas o culturales, ya sea del tiempo del apóstol o del nuestro. Esta sección es de exposición teológica y no de aplicación teológica. El argumento de Pablo alcanza su apogeo con indicativos, no con imperativos. Las implicaciones son, por tanto, implícitas y no explícitas, y tienen que ver con obtener las perspectivas correctas y no con desarrollar prácticas específicas. No obstante, los puntos de vista que el apóstol desarrolla en este pasaje, siendo fundamentales para toda su carta, tienen una relevancia crucial en y por sí mismos, tanto teológicamente como con respecto al método de argumento de Pablo.

Además, que el apóstol recurra a la historia de Israel *como enseñan las Escrituras* y su reconocimiento de una "hermenéutica del corazón" en la que solo los que quieren aceptar el mensaje bíblico irán allí donde el texto conduce restringe nuestra propia fuente y medio de aplicación. Nosotros también, como Pablo, debemos luchar por considerar nuestro contexto presente a través de la lente de la historia de la redención, empezando por la historia de Israel tal como se interpreta en la Biblia. Dios ha revelado su Palabra autoritativa en un espacio y en un tiempo que no son los nuestros. Las Escrituras, y no nuestras propias experiencias místicas y privadas, constituyen la revelación. De ahí que nosotros también, como Pablo, debamos hallar la justificación de nuestra propia autocomprensión en el mensaje de la Escritura misma. A la vez, debemos permanecer conscientes de que sin la obra del Espíritu que ablanda nuestro corazón, nosotros también podemos distorsionar las palabras del apóstol, con frecuencia difíciles de entender, con tal de justificarnos, para nuestra propia destrucción (*cf.* 2P 3:16).

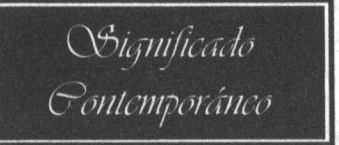

El significado contemporáneo de este texto se halla, por tanto, en el sentido original del texto mismo, ya que diseña la estructura histórica para entender quién fue Pablo como apóstol de Cristo y quiénes somos nosotros como pueblo del nuevo pacto. Al recuperar esta perspectiva, obtenemos un sentido de nuestro propio lugar y privilegio en el mundo y en la historia de la redención, sin el cual estamos condenados a ahogarnos en las corrientes huidizas de la cultura contemporánea. El pasaje que tenemos ante nuestros ojos fundamenta, en particular, las aplicaciones específicas que el apóstol sacará de él a lo largo de su carta, mediante el establecimiento de dos perspectivas fundamentales, una teológica y otra metodológica, ambas de crucial relevancia para hoy.

Las implicaciones de la cosmovisión teológica de Pablo: vivir en medio de una escatología inaugurada. Aunque nos encontramos casi dos mil años más adelante en el camino de la historia redentora, también vivimos bajo el mismo "nuevo pacto" que señaló el ministerio de Pablo y determinó la vida de su iglesia (ver la sección Significado Contemporáneo de 3:4-6). En consecuencia, también nosotros vivimos en la tensión que existe ahora entre la inauguración del nuevo pacto y su consumación. En Cristo, la liberación del pueblo de Dios ha dado un paso de gigante hacia su clímax, pero este no ha sucedido aún. El reino de Dios está aquí, pero no del todo, no en toda su plenitud. La era de la nueva creación ha amanecido (2Co 5:17), pero el "presente siglo malo" todavía continúa (*cf.* Gá 1:4). Como resultado, los creyentes se encuentran entre la primera y la segunda venida de Cristo.

En el pasaje que estamos analizando, existen dos consecuencias negativas de este solapamiento de eras. (1) El rechazo presente de Israel hacia Cristo quiere decir que, como nación, sigue estando bajo la misma condición que ha caracterizado su historia desde el becerro de oro (3:13-15). A este respecto, las promesas de Dios en cuanto a la restauración de Israel siguen esperando su cumplimiento, mientras la iglesia sufre el dolor de estar separada de sus propios antepasados espirituales. Y todavía es más doloroso que el rechazo de Israel hacia Cristo cuestione en ocasiones la verdad del evangelio mismo, en este caso, tal como se enseñaba y se encarnaba en el ministerio de Pablo. Frente a la incredulidad de Israel, los cristianos suelen preguntarse si el evangelio de salvación en Cristo solamente como Mesías es tan veraz y necesario para los judíos, los descendientes de Israel, como para los gentiles. El argumento paulino a favor de la legitimidad de su valentía en 3:12-15, por duro que pueda parecer en nuestro siglo de pluralidad, pretende silenciar tales dudas.

(2) También existe el entendimiento de que el remanente del pueblo de Dios de entre judíos y gentiles sigue en el proceso de ser transformado a la imagen divina (3:18). A este respecto, las promesas de Dios en cuanto a la redención de su pueblo sigue aguardando su cumplimiento, mientras la iglesia sufre el dolor de su propio pecado, tanto personal como corporativo. Sin embargo, lo que es más trágico es que en muchos casos los que están en nuestras iglesias no demuestran en absoluto este dolor por su pecado, sino que han sucumbido sencillamente a una creencia fácil en la que el servicio de labios ha sustituido el estilo de vida como marca del cristiano. Frente a la impotencia de la iglesia misma, los cristianos suelen preguntarse si las promesas de la nueva vida en Cristo se aplican en realidad y de alguna manera a este día y a esta era, o si nuestra única esperanza de liberación del poder del pecado es la muerte. El argumento de Pablo a favor de la legitimidad de su valentía, en 3:16-18, por mucho que nos pueda resultar convincente en nuestra era de cristianismo sin arrepentimiento, recuerda a sus lectores el llamado ascendente en Cristo "de gloria en gloria".

De ahí que sea importante entender que la fuerza principal del argumento de Pablo no sea negativo, sino positivo. Su sentido es su confianza y valentía como apóstol, por la realidad transformadora de vida del Espíritu. Aunque la antigua era sigue, la era del nuevo pacto está aquí. Aunque los que nos rodean tangan un velo sobre su corazón, todos nosotros, como Moisés, podemos entrar en la presencia de Dios a cara descubierta. Aunque algunos hayan caído presa de Satanás, ahora disfrazado de ángel de luz, quienes conocen a Cristo están siendo transformados por la gloria de Dios a la gloria de la semejanza divina.

En vista de estas tensiones, la iglesia de hoy, como los corintios de la época de Pablo, suele sentir a menudo la tentación del señuelo de una "escatología a la que se le presta una atención exagerada", que promete una escapatoria a las consecuencias de vivir en medio de un mundo pecaminoso. Como los oponentes de Pablo, nosotros también nos convencemos con frecuencia de que sufría demasiado para ser un apóstol de Cristo lleno del Espíritu. No obstante, Dios *está* creando un "remanente" de entre los judíos y los gentiles que, por su continua transformación moral, testifica de la presencia y del poder del Espíritu de Dios en su vida. Para los que se han beneficiado del "ministerio del Espíritu" y de su "justicia", la prueba principal de que el reino de Dios está aquí es la conformidad a Cristo en medio de la adversidad (1:7; 2:12-14; 3:18) y no los milagros y la minimización de la gloria en el evangelio. Su "obediencia que viene por la fe" (Ro 1:5) manifiesta que solo "en Cristo" puede ocurrir esa salvación, ya que solo la muerte de Cristo puede hacer posible que el Espíritu *Santo* de Dios invada nuestra vida con misericordia en lugar de juicio (3:15-16).

Como la "carta de Cristo" escrita "con el Espíritu del Dios viviente" (3:3), la iglesia es, por tanto, un puesto de avanzada del reino de Dios y su justicia en medio de este siglo malo. Como tal, vive en confiada anticipación de su redención final; habiendo recibido el Espíritu, el creyente también ha recibido la revelación de la justicia de Dios (*cf.* 3:8 con 3:9). Esta justicia es su carácter justo, como demuestra la coherencia de sus actos hacia su creación. De manera específica, esta justicia consiste en su compromiso inquebrantable de glorificarse a sí mismo manteniendo sus principios morales a la hora de juzgar, revelando su soberanía a la hora de elegir y mostrando su misericordia que suple las necesidades de su pueblo pecaminoso.

Gracias a la vida y la muerte de Cristo, estos despliegues de la justicia de Dios no están en conflicto entre sí. En Cristo, la justicia divina hacia su pueblo pecaminoso puede empezar por su elección, se efectúa en el perdón de sus pecados y culmina en su liberación del pecado. La manifestación de la justa actividad de Dios hacia su pueblo pecaminoso incluye, pues, tanto su redención a causa de Cristo como su transformación en él, así como la restauración final a la imagen de Cristo en la era venidera (*cf.* 3:18; 4:4-6; 5:21; 8:9). La muerte de Cristo posibilita la justicia de Dios en estas tres formas.

De ahí que la otra cara y la expresión de la justicia divina manifestada a nuestro favor es nuestra transformación a la semejanza de Dios mismo. La prueba de que hemos sido sellados en el Espíritu es la vida creciente de la obediencia de fe que fluye de la presencia y del poder del Espíritu en la vida propia. Todo esto es de Dios. Nada de esto produce justicia, ya que en ningún lugar Dios pide ni anticipa que alguien pueda o deba intentar merecer la gracia. Nunca dice: "Muestren un poco de compostura durante seis semanas y luego los bendeciré". Los indicativos siempre preceden a los imperativos. Pero no hay meros indicativos desnudos sin los imperativos que fluyen de ellos. Por esta razón y desde nuestra perspectiva, la obra de Dios para transformarnos a su imagen es evidente en la perseverancia de los santos, incluso frente al sufrimiento y a la muerte. Este es, por tanto, el tema central que se ha de desarrollar a lo largo de la carta.

Del contenido del argumento paulino y de la estructura del pacto subyacente emerge, pues, un principio fundamental. A pesar de las inmensas diferencias culturales entre la época de Pablo y la nuestra, su convicción de que la obra del Espíritu en la transformación del pueblo de Dios es *la* característica que distingue a la iglesia, incluido su ministerio apostólico del evangelio, sigue siendo una constante. En contraste con el variado carácter de Israel bajo el antiguo pacto, los apóstoles y el pueblo del nuevo pacto son, por definición, aquellos cuyos valores y forma de vida correspondiente están siendo convertidos por el poder y la presencia de Dios. La confianza de Pablo en cuanto a que el Espíritu está siendo derramado sobre el pueblo de Dios bajo el nuevo pacto (3:4) conduce directamente a su convicción de que el pueblo de Dios será cada vez más como Dios mismo (3:12, 16-18; *cf.* Ef 5:1).

Las implicaciones del método de Pablo: una llamada de regreso a la Biblia. Además de lo *que* Pablo dice, un principio clave para hacer teología surge de *cómo* se encarga el apóstol de decirlo. No solo su mensaje, también su método es instructivo para nuestro contexto contemporáneo. En resumen, el modo de argumentación de Pablo en este texto estratégico deja claro que, aunque apoyó su argumento en la presencia y el poder del Espíritu en su ministerio, las Escrituras son la corte de apelación final para fallar a favor o en contra en las disputas. Por esta razón, vuelve a la ley mosaica y a los profetas del Antiguo Testamento en 3:3-18 para establecer el criterio por el cual define el carácter y los propósitos de su ministerio del nuevo pacto, así como lo que significa ser miembros de este pacto.

Por esta misma razón, seguir adelante desde la época de Pablo hasta la nuestra implica regresar a las mismas Escrituras que el apóstol leyó como libro de consulta para su identidad y su entendimiento cristianos (hoy debemos añadir el Nuevo Testamento). En cualquier contexto, el ministerio del evangelio debe derivar su ímpetu y sus contornos del poder y de la presencia del Espíritu *en conjunción con la intención de las Escrituras.* El Espíritu (3:8) y la Palabra (3:14-15) son uno. Las convicciones en cuanto a su ministerio en 3:7-18 están, todas ellas, basadas en su interpretación de las Escrituras.

De manera natural, el regreso de Pablo a las Escrituras como fundamento de su apología no solo proporciona un modelo para nosotros; también suscita la pregunta de cómo deben leerse. Como hemos visto, el contraste "letra/Espíritu" en 3:6 no son versículos sueltos para un método alegórico a la hora de leer las Escrituras, sino una descripción abreviada de las dos épocas dentro de la historia redentora. Pablo no recurre a un tipo de lectura "cristiana" especial del Antiguo Testamento que solo estuviera disponible para quienes tenían el Espíritu. Tampoco el uso que hace de las Escrituras en este pasaje (y a lo largo de sus escritos) es un ejemplo de exposición especial basada en presuposiciones cristianas en defensa de una postura cristiana. Pablo no derivó "la doctrina correcta del texto incorrecto", no legitimó las lecturas no contextuales atribuyéndolas al Espíritu.[27] Más bien, nuestro estudio de 3:7-18 ha demostrado que Pablo ofreció una interpretación sobria y contextual de la intención original de las Escrituras, considerada desde la perspectiva de la venida de Cristo como punto de inflexión en la historia de la redención.

Al pensar en nuestro propio contexto cultural, el argumento paulino desde las Escrituras nos recuerda que la intención original de estas es el lugar de revelación divina. La intención de Dios no puede descubrirse al margen de la intención de los autores bíblicos. Esta es una sobria verdad en vista de los retos contemporáneos del postmodernismo (ver la sección Significado Contemporáneo de 1:1-2). La presuposición de Pablo en cuanto a la autoridad divina y la accesibilidad de las Escrituras y su método de interpretación, aquí y en otros lugares, no ofrece respaldo alguno para la versión postmoderna del método alegórico, con su propio contraste "letra/espíritu". Y es que, bajo la influencia del postmodernismo, el significado supuestamente veraz y espiritual del texto vuelve a determinarse, no por las declaraciones del autor leídas dentro de su propio contexto, sino por la propia experiencia espiritual, étnica, de género o sociopolítica de cada uno.

El postmodernismo justifica este traslado de significado del autor al lector, insistiendo en que el intento de recuperar la intención expresada del autor es, a fin de cuentas, un acto de autoengaño. Según los postmodernistas, el intento de someterse uno mismo al texto no reconoce la ambigüedad inherente de la percepción humana, del carácter penetrante y de la naturaleza controladora de

---

27. Para una presentación útil de las diversas opiniones contemporáneas sobre la naturaleza del uso del Antiguo Testamento en el Nuevo, incluida la idea de que el Espíritu guio a los apóstoles a leer las Escrituras en formas que son ilegítimas hoy para nosotros, ver G. K. Beale, ed., *The Right Doctrine From the Wrong Texts? Essays on the Use of the Old Testament in the New* (Grand Rapids: Baker, 1994).

nuestro condicionamiento cultural, la polivalencia de las palabras y de los símbolos, la existencia de motivos ideológicos ocultos detrás de todas las declaraciones universales de verdad, supuestamente neutrales, y el endeudamiento que la razón tiene con una tradición particular para la definición de lo que es "razonable". Por tanto, en el postmodernismo, lo necesario para entender la Biblia no es un concienzudo conocimiento del mundo antiguo y sus idiomas, sino una reflexión inhibida del estatus social, de las relaciones de género, de las tradiciones de comunidad y de las aspiraciones políticas de cada uno. Y es que, al final, el propósito de leer la Biblia es entendernos mejor a nosotros mismos desde nuestra propia perspectiva. Desde el punto de vista del postmodernismo, no hay nada más subjetivo o impulsado por motivos ideológicos que el acto violento de la lectura.

Los evangélicos pueden aprender cosas mucho más positivas del postmodernismo, en tanto que destaca acertadamente la influencia de la cultura, la ideología y el lugar social de la interpretación. Supone un desafío necesario a lo que con frecuencia es (aunque no siempre) una arrogancia irreflexiva dentro de la erudición. La disposición del postmodernismo a reconsiderar hasta las conclusiones interpretativas más preciadas es un estímulo agradable para contemplar textos demasiado familiares con nuevos ojos. Y no existe duda de que una lectura negra o feminista, socialista o de libre albedrío del texto *puede* descubrir aspectos de la intención original del autor que mi lectura blanca, masculina y calvinista ha pasado por alto (¡aunque esto pudiera oscurecerla aún más!). Dos cabezas, culturas o perspectivas son a menudo mejor que una. La advertencia suscitada por el postmodernismo en cuanto a que las interpretaciones de un texto son, con frecuencia, expresiones finamente veladas de nuestras propias ideologías es una sobria llamada de atención para que seamos autocríticos en la lectura de la Biblia.

Sin embargo, como indican mis títulos, el relativismo hermenéutico postmodernista y, a menudo, el rechazo radical de una distinción sujeto/objeto no pueden asimilarse en el concepto bíblico de la revelación dentro de la historia. Aunque el postmodernismo se exaspera ante la mera mención de la posibilidad de asegurar una intención original del autor, el hecho mismo de que Dios haya escogido revelarse en una colección de escritos sujetos al espacio y al tiempo significa que la comunión entre dos culturas, lenguas y épocas es posible.

El postmodernismo es, en esencia, ateísmo aplicado a la literatura. Muchos evangélicos han gravitado hacia él, creyendo que su celebración de diversidad, su escepticismo en cuanto a los paradigmas científicos reinantes y su apertura a todas las formas de hermenéutica basada en la comunidad nos capacitan, una vez más, para sentarnos a la mesa académica sin sentirnos avergonzados de creer en la Biblia. Sin embargo, una vez compartimos nuestras convicciones de que nuestra reivindicación de la verdad particular, históricamente revelada, derivada por medio de la lectura de un libro antiguo, es universalmente válida, nos encontramos marginados como socios silenciosos que deben ser tolerados, pero a los que no se les puede permitir hablar. La fuerza destructora del pluralismo postmoderno es tan fuerte como el antisupernaturalismo del modernismo secular.

Además, como el postmodernismo, Pablo también es dolorosamente consciente de que las personas creen lo que *quieren* creer, y lo que quieren creer es a menudo un producto de su historia o de su identidad social, determina lo que *pueden* creer. En 3:14-15, les recuerda por tanto a los corintios "su hermenéutica del corazón". El problema de Israel no era intelectual, sino una cuestión de disposición espiritual. Pablo reconoce que solo quienes han sido redimidos por Cristo aceptarán su argumento de las Escrituras en 3:7-13. Aunque cualquiera que realiza el arduo trabajo de leer la Biblia cuidadosamente puede entender su mensaje de forma adecuada, solo aquellos en los que el Espíritu está obrando recibirán sus verdades en su vida (*cf.* 1Co 2:14). Aunque estar dispuesto a ir donde el texto lleve no es, en sí mismo, garantía alguna de que la interpretación propia sea sólida (uno debe seguir siendo un lector cuidadoso e informado), sin esta disposición las posibilidades de que la interpretación esté seriamente desviada aumentan extraordinariamente. La empatía por el autor es un ingrediente esencial en la comprensión, aunque conlleva sus propios peligros.

Este entendimiento es especialmente importante para quienes, como Israel en 3:14-15, ya están comprometidos en principio con las Escrituras como Palabra de Dios. A diferencia de los de afuera, que sencillamente rechazan su autoridad divina, los que están comprometidos con la verdad de la Biblia se sienten obligados a someterse a sus enseñanzas. De ahí que, cuando las Escrituras cuestionan nuestra cosmovisión o nuestro estilo de vida, nuestra primera respuesta no será rechazarlas rotundamente. En vez de ello, nuestra inclinación como creyentes en la Biblia consistirá en "reinterpretar" el texto en línea con nuestras convicciones más apreciadas.

El reconocimiento que Pablo hace del problema raíz, que se esconde tras el rechazo del evangelio por parte de Israel, demuestra que el Espíritu debe crear en nosotros la disposición de aceptar la Palabra de Dios para que, siendo receptivos a su mensaje, seamos más aptos para asimilar su significado. El argumento de Pablo a partir de las Escrituras, como base común con sus oponentes, da por sentado que el papel del Espíritu Santo en la interpretación bíblica no es proporcionar al pueblo de Dios una información oculta o conocimiento de las Escrituras, sino cambiar su disposición moral (*cf.* 3:14).

Una iluminación privada no es lo que se necesita para abrir nuestros ojos al significado secreto del texto, como si el evangelio fuera una verdad gnóstica que solo los iniciados pueden entender. No es una cuestión de contenido, sino de carácter.[28] El "velo" en 3.14-15 es una metonimia para un corazón duro, y no una incapacidad intelectual. En palabras de Fuller:

> Al margen de la regeneración [...] los hombres no acogen bien la razonabilidad de la enseñanza que dice que el cumplimiento de sus más profundos anhelos viene de deleitarse en la bondad de Dios confiando en sus promesas y, por medio de ello, rendirle honor. Las personas prefieren llevar a cabo cosas que, supuestamente, proporcionan razones para deleitarse en lo mucho que pueden confiar en sí mismas.
>
> [...] Solo Dios, obrando por medio del Espíritu Santo, tiene el poder de sustituir el propio deseo necio del cumplimiento del ego por el deseo razonable y sensato de hallar paz y gozo en depender de Dios para que cumpla sus promesas.[29]

Finalmente, el método de Pablo de montar un cuidadoso argumento a partir de las Escrituras para respaldar sus afirmaciones de autoridad apostólica pone en claro relieve el menguante énfasis de la iglesia contemporánea sobre la exégesis del lenguaje original y la predicación expositiva. En lugar del serio estudio y proclamación de las Escrituras como fundamento e idea principal del ministerio, los pastores están recurriendo cada vez más a las "charlas" sobre temas generales, salpicados de palabras de consejo redactadas al estilo bíblico con el fin de responder a las "necesidades percibidas" de sus congregaciones.[30] En respuesta al clamor por la relevancia cultural (suponiendo que las personas

---

28. Para estas ideas y una de las exposiciones más claras del papel del Espíritu en la interpretación bíblica, incluidas las declaraciones clave en 1Co 2:13-14 como referencia a "recibir de buen grado" o "aceptar con placer lo que la Biblia enseña", ver Daniel P. Fuller, "The Holy Spirit's Role in Biblical Interpretation", en *Scripture, Tradition, and Interpretation: Essays Presented to Everett F. Harrison by His Students and Colleagues in Honor of His Seventy-fifth Birthday,* ed. W. Ward Gasque and William Sanford LaSor (Grand Rapids: Eerdmans, 1978), 189-98. Como observa Fuller (p. 190), el problema de depender de la iluminación del Espíritu como medio de entender la Biblia "es que las palabras del texto no pueden jugar un papel esencial a la hora de transmitir su pretendido significado, incluso cuando esas sean las palabras mismas que los escritores fueron inspirados para utilizar en la transmisión del mensaje de Dios".
29. *Ibíd.,* 196-97.
30. Nótese, p. ej. el sondeo patrocinado por el Lilly Endowment entre 205 alumnos del Gordon Conwell Theological Seminary, South Hamilton, Massachusetts. Aunque los que respondieron clasificaron la "proclamación de la Palabra de Dios" como el "don espiritual personal" número uno necesario para la efectividad en el ministerio, ¡catalogaron la "capacidad de hacer una exégesis del griego y del hebreo" en el onceavo puesto de importancia en lo tocante a las "capacidades académicas" necesarias para el ministerio! Las únicas cosas estimadas menos importantes de conocer eran "los temas principales de los ciclos de la vida adulta" y los "temas principales de la educación cristiana".

saben mejor lo que necesitan), la mayoría de los seminarios se han inclinado ante la presión de su electorado (es decir, estudiantes que pagan su matrícula e iglesias importantes), relajando o eliminando por completo el requisito de obtener un conocimiento práctico de los idiomas bíblicos.[31]

Esta crisis en nuestros seminarios tiene consecuencias directas para nuestras iglesias.[32] Aunque muchos estén acogiendo lo anterior como el currículo para el próximo milenio, el rechazo de una educación teológica clásica ha producido una crisis de confianza en el oficio pastoral en el que los pastores están obligados a convertirse en proveedores de segunda mano de las opiniones de "expertos", nuestra nueva clase sacerdotal. En la medida en que son incapaces de entrar en el debate exegético, los pastores acaban ofreciendo inevitablemente a sus congregaciones un bufé de puntos de vista en respuesta al panorama de opiniones con el que son confrontados. Al final, dado que "ni los expertos se pueden poner de acuerdo", el conocimiento de la Biblia se ha trivializado. En su lugar, la experiencia subjetiva del individuo, del pastor o de la comunidad, a menudo bautizada como "el movimiento del Espíritu", se vuelve determinante.

En otras palabras, aunque denunciando la influencia del postmodernismo sobre nuestra ética, nos convertimos en los postmodernos supremos en nuestro manejo de la Biblia, esperando que nuestras tradiciones teológicas nos mantengan alejados del error. Frente a esta corriente, la valentía de Pablo procedía de su experiencia del Espíritu, entendida dentro de la estructura de la historia redentora que obtuvo de la lectura de las Escrituras y de aplicarlas a su propio contexto.

A menos que recuperemos un serio estudio de las Escrituras en nuestros púlpitos y en nuestros bancos de iglesia, acabaremos redefiniendo por completo el papel del pastor protestante negando en la práctica la autoridad de la Biblia misma que estamos pretendiendo predicar. Si el pastor, por no mencionar a aquellos de nosotros que estamos en la congregación, ya no lucha por decidir

---

31. Por ejemplo, un sondeo de 1994 patrocinado por el Murdock Charitable Trust entre más de 800 personas laicas, pastores y profesores de seminario reveló que la primera prioridad de los pastores, según las personas laicas, era la "espiritualidad", aunque los pastores respondieron que su primera prioridad era "las habilidades relacionales" (*Christianity Today* [24 octubre 1994], 75). Por el contrario, para los profesores era el "conocimiento teológico". Por otro lado, tanto laicos como pastores catalogaron el "conocimiento teológico" como la última de sus cinco prioridades, aunque los profesores enumeraron las "aptitudes en la consejería" como su quinta prioridad. En su mayoría, los seminarios no han podido resistir la presión provocada por esta discordancia en cuanto a las prioridades en el pastorado.
32. Ver, p. ej., el revelador ensayo de Dennis Johnson, "The Peril of Pastors Without the Biblical Languages", *Presbyterian Journal* (10 septiembre 1986), 23-24. Como indica Johnson, el hebreo y el griego son, de hecho, "temas *prácticos* para pastores" (23). Efectivamente, dado "el laberinto de traducciones modernas" y la falsa enseñanza que acosa a la iglesia, "este es un tiempo en el que la iglesia necesita pastores que puedan estudiar la Palabra de Dios en las lenguas en que él la dio" (*Ibíd.*).

por sí mismo lo que significa el texto, la autoridad para predicar residirá una vez más en nuestro papa, dondequiera que le encontremos. El pastor estará reduciendo su papel al de un revisor de libros. Y, lo que es peor, dado que va a seguir "predicando" de la Biblia, la autoridad para hacerlo reside ahora en el poder retórico de la presentación y no en su contenido. Por tanto, en vez de lidiar con el texto, invierte tiempo buscando ilustraciones para un mensaje básico, temático, general, para que suene piadoso. Este planteamiento produce pastores populares y entretenidos, pero pierde la Biblia por completo.

Esto no significa que debamos ser todos capaces de ser más expertos que los expertos. Todos tenemos diferentes dones y llamados. Significa que tenemos que poder explicarnos a nosotros mismos y a los demás por qué las personas discrepan, cuáles son las cuestiones reales y cuáles los puntos fuertes de nuestras propias conclusiones sometidas a consideración. Debemos tener razones por las que creer y predicar, sin necesidad de recurrir al papado de la erudición o al papado de la experiencia personal.

Un serio estudio del texto reafirma la naturaleza de la revelación bíblica y comunica a la iglesia que el lugar de significado y autoridad de las Escrituras no reside en nosotros, sino en el texto que tanto luchamos por entender. En su debilidad, Pablo argumentó a favor de su autoridad a partir de las Escrituras, en contraste con sus oponentes, que confiaban en su poder personal, sus experiencias místicas, sus proezas retóricas y su reputación pública. También acudimos a las Escrituras, porque estamos convencidos de que la autoridad de nuestro evangelio deriva de la inerrancia, la suficiencia y el poder de la Palabra de Dios.[33]

Además de todo lo que Pablo dice verdaderamente en este pasaje, el fundamento bíblico de su argumento llama a la iglesia a recuperar su compromiso con una seria exégesis del texto bíblico como la base de su autoridad y su ministerio en el mundo moderno. Como expresa Daniel Fuller, el papel esencial del Espíritu Santo en la interpretación bíblica insta "al exégeta a reconocer siempre su completa dependencia del Espíritu Santo y, al mismo tiempo [...] a desarrollar su habilidad al usar medios exegéticos válidos para determinar los significados pretendidos por las palabras que el Espíritu Santo inspiró al escritor bíblico".[34]

---

33. Para estas ideas y las razones prácticas y teológicas de por qué los pastores deberían aprender las lenguas bíblicas como base para la predicación, ver mi "Why Use Biblical Languages in Preaching?" *SBJT* 3 (1999): 86-89.
34. "The Holy Spirit's Role in Biblical Interpretation", 190. La obra del Espíritu Santo es esencial en la interpretación de la Biblia, porque, como observa Fuller con gran perspicacia, nuestro deseo profundamente arraigado de ensalzarnos y de gloriarnos en nuestras propias capacidades y logros nos apartará de la verdad fundamental de la Biblia en cuanto a que todo lo que tenemos lo hemos recibido (*cf.* 1Co 4:7).

Debemos orar para que nuestra disposición, inspirada por el Espíritu para ir allí donde el texto nos conduzca, se vea acompañada por la voluntad correspondiente de asumir la tarea de estudiar las Escrituras bajo la convicción de que Dios ha hablado a su pueblo solamente en estos escritos. Dada la subjetividad que reina tanto en nuestra cultura como en la iglesia, esta segunda inclinación necesitará la impresionante obra del Espíritu de no menos magnitud que la primera.[35]

---

35. Para un análisis de la crisis de autoridad causada por nuestra cultura de subjetividad y sus implicaciones por nuestra falta de disposición a procurar una seria exégesis del texto, ver mi "Seminary, Subjectivity, and the Centrality of Scripture: Reflections on the Current Crisis in Evangelical Seminary Education", *JETS* 31 (1988): 129-43.

2 Corintios 4:1-18

Por esto, ya que por la misericordia de Dios tenemos este ministerio, no nos desanimamos. ² Más bien, hemos renunciado a todo lo vergonzoso que se hace a escondidas; no actuamos con engaño ni torcemos la palabra de Dios. Al contrario, mediante la clara exposición de la verdad, nos recomendamos a toda conciencia humana en la presencia de Dios. ³ Pero si nuestro evangelio está encubierto, lo está para los que se pierden. ⁴ El dios de este mundo ha cegado la mente de los incrédulos, para que no vean la luz del glorioso evangelio de Cristo, el cual es la imagen de Dios. ⁵ No nos predicamos a nosotros mismos sino a Jesucristo como Señor; nosotros no somos más que servidores de ustedes por causa de Jesús. ⁶ Porque Dios, que ordenó que la luz resplandeciera en las tinieblas, hizo brillar su luz en nuestro corazón para que conociéramos la gloria de Dios que resplandece en el rostro de Cristo.

⁷ Pero tenemos este tesoro en vasijas de barro para que se vea que tan sublime poder viene de Dios y no de nosotros. ⁸ Nos vemos atribulados en todo, pero no abatidos; perplejos, pero no desesperados; ⁹ perseguidos, pero no abandonados; derribados, pero no destruidos. ¹⁰ Dondequiera que vamos, siempre llevamos en nuestro cuerpo la muerte de Jesús, para que también su vida se manifieste en nuestro cuerpo. ¹¹ Pues a nosotros, los que vivimos, siempre se nos entrega a la muerte por causa de Jesús, para que también su vida se manifieste en nuestro cuerpo mortal. ¹² Así que la muerte actúa en nosotros, y en ustedes la vida.

¹³ Escrito está: "Creí, y por eso hablé". Con ese mismo espíritu de fe también nosotros creemos, y por eso hablamos. ¹⁴ Pues sabemos que aquel que resucitó al Señor Jesús nos resucitará también a nosotros con él y nos llevará junto con ustedes a su presencia. ¹⁵ Todo esto es por el bien de ustedes, para que la gracia que está alcanzando a más y más personas haga abundar la acción de gracias para la gloria de Dios. ¹⁶ Por tanto, no nos desanimamos. Al contrario, aunque por fuera nos vamos desgastando, por dentro nos vamos renovando día tras día. ¹⁷ Pues los sufrimientos ligeros y efímeros que ahora padecemos producen una gloria eterna que vale muchísimo más que todo sufrimiento. ¹⁸ Así que no nos fijamos en lo visible sino en lo invisible, ya que lo que se ve es pasajero, mientras que lo que no se ve es eterno.

Como el "por esto" de 4:1 indica, Pablo comienza esta nueva sección extrayendo de nuevo una conclusión basada en su razonamiento anterior (*cf.* 3:4, 12), que resume como "este ministerio". Gracias a "este ministerio", Pablo no se "desanima". El apóstol volverá a esta misma conclusión en 4:16, enmarcando así esta unidad de su carta entre dos declaraciones de su buen ánimo. A pesar del rechazo que experimenta (4:1-6), el sufrimiento que debe soportar (4:7-15) y la muerte a la que se enfrenta (4:16-18), Pablo sigue sin desanimarse (4:16).

El apóstol respalda esta determinación esbozando una vez más el fundamento, el propósito y la seguridad de su ministerio apostólico. Sin embargo, ahora, su centro de atención no es su *sufrimiento* como una materialización del *conocimiento* de Dios revelado en la cruz (*cf.* 2:14-16a), sino su *resistencia* como una expresión del *poder* de Dios revelado en la resurrección (*cf.* 4:7-12). Así pues, el sufrimiento de Pablo manifiesta el evangelio de la muerte y resurrección de Cristo de dos formas: como un corolario de la cruz que representa y como una antítesis de la gloria de Dios revelada por medio del mismo.

La valentía confiada de Pablo a pesar del rechazo (4:1-6)

En 3:4, la "confianza" de Pablo se basaba en que Dios revela el conocimiento de sí mismo a través del sufrimiento de Pablo (2:14–3:3). En 3:12, su valentía tenía su fundamento en su seguridad de que la gloria de Dios seguiría desvelándose en su ministerio del Espíritu (3:8). En 4:1, su ánimo se basa por tanto en este mismo "ministerio" (*diakonia*) de sufrimiento y del Espíritu (*cf.* esta misma terminología en 3:3, 6, y 7-11 como un resumen de las ideas principales de 3:3-18). Pablo no se desanima porque *Dios* lo ha recomendado por medio del derramamiento del Espíritu en cumplimiento de las promesas del nuevo pacto a través de la vida de sufrimiento del apóstol "en Cristo".

Así pues, el evaluar su ministerio, Pablo recuerda a los corintios que, como antiguo perseguidor de la iglesia, debe su apostolado únicamente a "la misericordia de Dios" (*cf.* 1Co 15:9-10). Dentro de su contexto, se hace referencia específicamente a la experiencia de Pablo de la gracia de Dios tanto en su llamado a predicar (2:14-16a; 3:4-6; *cf.* 1Co 9:16-17) como en su ministerio del Espíritu (*cf.* 2Co 2:17; 3:1-3, 7-18; *cf.* 1Co 9:18). La propia existencia de su ministerio constituye una prueba de la realidad de Dios en su vida, de la que deriva su gran ánimo. La misericordia concedida a Pablo en el pasado refuerza su confianza para el futuro.

Pablo ya ha mostrado que la conducta de una persona revela el contenido de su carácter (*cf.* 2:17; 3:1-2). Consecuentemente, la prueba de que Pablo no se está desanimando es que renuncia a "lo vergonzoso que se hace a escondidas", actos que llevaban a cabo sus oponentes, que trataban de esconder sus verdaderas motivaciones tras una apariencia de supuesta piedad y un poder espiritual falso (4:2a; *cf.* 11:1-15). Como Pablo se siente confiado en sus motivaciones generadas por la misericordia y en el carácter de su ministerio guiado por el Espíritu, no tiene necesidad de ocultar sus tácticas (*cf.* 1:12-14).

Este hecho viene confirmado por el paralelismo existente entre 4:2 y 2:17b, que deja claro que la predicación sincera de Pablo es consecuencia del llamado del Señor a la conversión en su vida y del conocimiento de que comparece "en la presencia de Dios", esto es, delante de él como juez. El apóstol prosigue delineando tres formas en las que ha renunciado a las maniobras engañosas de sus adversarios, dos negativas y una positiva. En negativo, Pablo no necesita "actuar con engaño" (lit., andar de forma taimada) ni "torcer la palabra de Dios" (4:2b). En positivo, "mediante la clara exposición de la verdad", el apóstol puede "recomendarse a toda conciencia humana"[1] (4:2c). Debido a su propia conciencia clara (*cf.* 1:12), puede hacer un llamamiento a la de los demás (*cf.* 3:12). Todos aquellos cuyas conciencias están igualmente limpias por la misericordia de Dios aceptarán esta recomendación divina del ministerio de Pablo (*cf.* 2:15-16a).

Por esta razón, Pablo *no* cae en la recomendación de *sí mismo*, ya que es *Dios* quien lo hace con la propia existencia de los corintios como cristianos (3:1-3). Sin embargo, el apóstol *sí se* recomienda al señalar la evidencia de que el Señor ha tenido misericordia de él, concretamente a su vida abierta y su presentación pura del evangelio (4:1-2).[2] La diferencia entre estos dos tipos de recomendación es si existe o no una prueba concreta de la misericordia de Dios en la vida de la persona. Como las motivaciones de los oponentes de Pablo siguen siendo impuras, estos exigen que los corintios les paguen, predican un "evangelio diferente" de salud y riqueza, y viven jactándose y autopromocionándose (*cf.* 11:4). Debido a que sus motivaciones son puras como consecuencia de la misericordia de Dios, Pablo predica de forma gratuita, proclama la cruz y vive una vida de sufrimiento por su causa (*cf.* 2:17; ver también 1Co 4:8-13; 9:12-23).

Dadas las evidencias que respaldan la recomendación de Pablo, que haya quienes no puedan responder positivamente a su proclamación de la palabra de Dios no pone en entredicho la validez de su ministerio. Más bien, "si nuestro evangelio [el de Pablo] está encubierto, lo está para los que se pierden" (4:3a; *cf.* 2:15-16a; *cf.* 1Co 1:18). Esta valoración de la razón del rechazo de la

---

1. Aquí también, como en 2:14–3:17, el uso de los plurales en 4:1-18 se refiere a Pablo en su oficio apostólico, como continuación de su apología por la validez de su ministerio.
2. Las cursivas son un intento de resaltar la diferencia de contenido entre la autorrecomendación de 3:1 y la recomendación positiva de uno mismo en 4:2, que se indica con claridad en el texto griego mediante la ubicación del pronombre. En el primer caso negativo precede al verbo (*heatous synistanein*), en el segundo lo sigue (*synistanein heautous*). Ver comentarios sobre 3:1 para más información sobre este punto gramatical.

vida y el mensaje de Pablo es la idea principal de 2 Corintios 4:1-6. El problema no está en el apóstol, sino en aquellos que lo desdeñan. En la exposición de esta idea, Pablo sigue empleando el velo de Moisés como una metonimia de la dureza de corazón de la persona (*cf.* 3:14-15). Así pues, aquellos que son incapaces de ver la gloria de Dios en el ministerio de Pablo lo son por culpa de su ceguera espiritual.

La causa de este endurecimiento de corazón se da en 4:4. Aquellos que rechazan el evangelio lo hacen por su incapacidad de aceptar que deben su existencia al gobierno de Satanás sobre el presente siglo malo (*cf.* Gá 1:4; Ef 2:1-3). Como Israel en 2 Corintios 3:13-15a, no pueden ver "la luz del glorioso evangelio de Cristo, el cual es la imagen de Dios" (4:4; *cf.* Col 1:15). El ser humano no es cegado por decidir renunciar al evangelio; más bien, eligen hacerlo porque están ciegos. Y no lo están porque decidan estarlo, sino porque Satanás los ha vuelto así.

La descripción que Pablo emplea en 4:4 para representar la gloria que está siendo velada ahora a aquellos que están pereciendo es una de las afirmaciones cristológicas más importantes del Nuevo Testamento. Como en el Antiguo Testamento, el concepto de "imagen" no puede entenderse sin una connotación de representación física, "el concepto de Cristo como el *eikon tou theou* [la imagen de Dios] tanto en 2 Corintios 4:4 como en Colosenses 1:15 transmite claramente el sentido de que Cristo es la manifestación [visible, y por tanto material] de Dios [invisible], de manera que se da a entender con fuerza su semejanza a él".[3] Cristo es la personificación del propio carácter de Dios, el prototipo y la representación de lo que todos aquellos que ven la gloria de Dios llegarán a ser (3:18).

Toda la historia de la redención se sintetiza en esta declaración. Adán fue creado en la imagen gloriosa de Dios, pero cayó de ella. En consecuencia, el Señor apartó a Adán y Eva de su presencia. Israel halló la gloria de Dios en el monte Sinaí, pero cayó de ella. Entonces, Moisés ocultó su rostro tras un velo. Cristo no cayó, sino que es la revelación de la gloria de Dios a su pueblo. Pablo, como apóstol, halló la gloria de Dios en Cristo en el camino a Damasco y se convirtió. Como consecuencia, media la gloria de Dios en Cristo, desvelada, a fin de invertir los efectos de la caída manifestados en la historia de endurecimiento de corazón de Israel. La experiencia y el ministerio de Pablo forman parte por tanto del "segundo éxodo" y de la "nueva creación" a los que Cristo dio lugar como el "segundo Adán".

---

3. Seyoon Kim, *The Origin of Paul's Gospel* (WUNT 2. Reihe, Vol. 4; Tübingen: J. C. B. Mohr [Paul Siebeck], 1981), 219. El estudio de Kim es el más definitivo que hay sobre 2Co 4:4, 6 a la vista de la "cristofanía" que Pablo vio en el camino de Damasco (ver esp. 6-13, 137-268).

Este hecho explica el acento de Pablo en 4:4 sobre la incapacidad de una persona. Llega a esta conclusión porque está convencido de que aquellos que "ven" la gloria de Dios por el poder del Espíritu serán inevitablemente transformados por ella (3:8, 18). Dios libera a su pueblo eliminando su ceguera a su gloria (*cf.* 2:16b; 3:9-11). En cambio, la causa subyacente de la incapacidad moral de mirar la gloria es Satanás, que "ha cegado la mente de estos incrédulos" (para la forma en la que lo logra, ver 11:3).

Sin embargo, Pablo no está enseñando un dualismo en el que dioses rivales luchan entre sí por la vida de hombres y mujeres. El apóstol describe a Satanás como limitado, esto es, él es únicamente "el dios de este mundo". Cuando se considera junto al uso de la "pasiva divina" de 3:14 y el énfasis de Pablo en la obra activa del Espíritu en la eliminación del "velo" en 3:17, la obra de Satanás se ve claramente subordinada a la soberanía del "único Dios" (*cf.* 1Co 8:6; también Ro 11:36). "Los que se pierden" (2Co 4:3) lo hacen porque Dios los deja en su estado de ceguera, cortados de su gloria y sin el poder del Espíritu necesario para escapar del reinado de Satanás sobre su vida.

El razonamiento final de Pablo de que aquellos que rechazan su ministerio no están revelando su insuficiencia sino su propia "ceguera" se da en 4:5 (nótese "porque" [*gar*] en v. 5a), omitido en la NVI que a su vez es respaldado por 4:6 (nótese "porque" [*gar*] en v. 6a). Los corintios no se sorprenderán al oír que Pablo no se predica a sí mismo (ni a ningún otro líder humano) como fundamento u objeto de la fe. Jesús, el Mesías, es el único Señor, tanto sobre la iglesia como sobre el mundo (para la primera, ver, p.ej., 1Co 1:13; 2:5; 3:4-9; 4:1; para el segundo, ver, p.ej., 1Co 1:2, 3, 7, 23; 5:4; 6:11; 8:6; 9:1; 11:26-27; 12:3; 15:11-12, 31, 57; 16:22; 2Co 1:2-3, 19). Lo sorprendente es que Pablo también se predica como "siervo" de los creyentes (gr. *doulos*, esclavo). ¡Él mismo es un aspecto esencial de su predicación! Y así es porque el evangelio que predica se plasma en su propia disposición, similar a la de Cristo, a considerar las necesidades de los demás más importantes que sus propios "derechos".

Como "esclavo" de los corintios, Pablo está dispuesto a renunciar al apoyo económico como apóstol (1Co 9:12-18; 2Co 2:17) y someter su propia libertad en Cristo a sus distintivos étnicos religiosos y al nivel de madurez en la fe (1Co 9:19-23; *cf.* 8:9-13). Pablo lo hace "por causa de Jesús" (lit., "debido a Jesús"), esto es, de acuerdo con el patrón de la cruz en la que el propio Jesús consideró más importantes las necesidades de su pueblo que su propia posición como Hijo de Dios (*cf.* Mr 8:34-38; 10:45 tal como se aplica en Fil 2:1-3). Por Jesús, Pablo también debe ser un "esclavo" de aquellos a los que es enviado. Como extensión de la cruz de Cristo, es llamado a sufrir en servicio a los corintios (ver comentarios sobre 1:3-11; 2:14-16a). Por esta razón, Pablo puede y, dada la polémica situación en la que se encuentra ahora, *debe* incluir su propio ministerio apostólico como una parte esencial de su mensaje. Rechazar a Pablo es rechazar el evangelio de Jesucristo como Señor, el mensaje que predica.

El hecho de que muchos estuviesen rechazando a Pablo a pesar del modelo de Cristo exhibido en su ministerio constituye una evidencia más de su naturaleza endurecida. Lo que es cierto para Israel como un pueblo (3:14-15) también lo es para los gentiles (4:3-5). Su rechazo de Pablo expone su propia ceguera espiritual, ya que su legitimidad se ha establecido siguiendo los criterios de 1 Corintios 12-13 para determinar la auténtica naturaleza de los dones espirituales. Por un lado, "nadie que esté hablando por el Espíritu de Dios puede maldecir a Jesús; ni nadie puede decir: 'Jesús es el Señor' sino por el Espíritu Santo" (12:3). Por otro, el propósito de un don espiritual es el bien común de la iglesia (12:7, 13; 14:12).

Por consiguiente, tanto el contenido del mensaje de Pablo (predica a Jesús como Señor) como su tipo de ministerio (su cambio de planes y la práctica de procurarse su propio sustento, ambos consecuencia de su amor por los corintios como su "esclavo") ya han demostrado la autenticidad y el origen divino de su llamamiento. Por el contrario, los oponentes de Pablo han hecho de los corintios *sus* esclavos (*cf.* 2Co 11:4-20). Además, la negativa de sus adversarios a tomar su cruz en favor de los corintios revela sin duda que predican otro Jesús (11:4, 18-20). De hecho, suavizan el evangelio por el bien de sus propias ganancias económicas (4:1-2 en vista de 2:17).

En 2:16b y 3:4-6a, Pablo sostuvo la legitimidad de su sufrimiento en favor de los corintios apuntando a su llamado de conversión. De la misma forma, el apóstol reafirma en 4:6 su papel como "esclavo" de los corintios señalando su llamamiento. Pablo ha pasado a ser un esclavo de los demás porque Cristo lo llevó cautivo en el camino a Damasco, donde encontró el conocimiento "de la gloria de Dios que resplandece en el rostro de Cristo". Como consecuencia, Pablo media a través de su sufrimiento el mismo "conocimiento" de la gloria de Dios en Cristo como la "imagen de Dios" que lo convirtió. Así pues, "el acontecimiento de Damasco es la base tanto de su teología como de su existencia como apóstol".[4]

En 2:16b y 3:4-5, Pablo describe su llamado en términos del llamamiento de Moisés y los profetas, destacando de este modo el marco del "segundo éxodo" para su propio ministerio del nuevo pacto en cumplimiento de Jeremías 31:31-34 y Ezequiel 36:25-27. Este tema profético se continúa en 4:6 en la referencia de Pablo a ver "la gloria de Dios que resplandece en el rostro de Cristo", que recuerda la visión de Ezequiel de la gloria de Dios en forma humana (*cf.* Ez 1:26, 28; *cf.* 2:1-7; 3:12, 23; 8:2-4; 9:3; 10:1-4; 11:22-23;

---

4. Kim, *Origin*, 31. Esta es la tesis central de la obra de Kim.

43:2-5; 44.4).⁵ Ahora, sin embargo, Pablo retrata este llamamiento en términos tomados de la creación de la luz en Génesis 1:3 ("¡Que exista la luz!"), tal como se recoge en Isaías 9:2. Esta última es una profecía de redención en la que la nueva creación venidera se representa como una "luz" que brillará sobre los que viven en tinieblas.

La idea de Pablo es que su propio llamado a la conversión en el camino a Damasco y el ministerio apostólico resultante expresan el amanecer de la nueva creación que está teniendo lugar en Cristo ahora (tomando una vez más los plurales de 4:6 como plurales apostólicos que se refieren al propio Pablo).⁶ Como tal, la experiencia del apóstol es un paradigma de la de todos los creyentes. Puesto que "el dios de este mundo" ha cegado a las personas a la gloria de Dios en Cristo, solo el Dios de la creación, aquel que sacó la luz de las tinieblas, puede acabar con esa ceguera. El mismo poder que creó el mundo se está soltando ahora, volviendo a crear el pueblo de Dios al brillar en su "corazón".

Frente al trasfondo del velo en 3:16-18 y 4:3-4, este brillo en el corazón se refiere de forma más natural a la obra de Dios de cambiar la disposición moral y la condición espiritual de su pueblo. Pablo es un ejemplo vivo de esta nueva creación. Solo una nueva creación en Cristo puede explicar semejante conversión de perseguidor a perseguido (*cf.* Hch 9:15-16; 1Co 15:8-10; Gá 1:13-16; 1Ti 1:12-16; 2Ti 1:11-12). El hallazgo de la gloria de Dios en Cristo cambió la vida de Pablo.

Esta circunstancia puede verse en el paralelismo entre 3:18 y 4:4, 6. La "gloria" de la "imagen/semejanza de Dios" de Génesis 1:26 que se equipara con Cristo en 4:4, 6 es la misma que provee tanto la base como el objetivo de la transformación en 3:18. Ser transformado por el Espíritu en la imagen de la gloria de Dios (3:18) es conformarse a la "imagen de Dios", manifiesta en Cristo como el segundo Adán (4:4; *cf.* 1Co 15:42-49; Ro 5:12-21; 8:28-30). En la primera creación fuimos creados en la imagen de Dios; en la nueva, lo somos en la de Dios en Cristo. Esta es la razón por la que la "luz" de la nueva creación utilizada por el Señor para transformar a su pueblo no es la gloria de

---

5. Le debo esta idea a Kim, *Origin,* 205-7, 212, 230. Ver también James Scott, *2 Corinthian,* 82-83, 88-89, que lo toma como indicativo de una interpretación mística de la experiencia de Pablo en 3:18 y 4:6, en línea con el "*merkabah*" judío (= "carro"), misticismo que usaba Ezequiel 1 como texto base. Pero el encuentro de Pablo con Cristo en el camino de Damasco no encaja en el patrón de la experiencia mística.
6. Así ya Anton Fridrichsen, *The Apostle and His Message* (Uppsala: Lundequistska Bokhandeln, 1947), 16, quien, escribiendo sobre 4:6 dijo que Pablo "no puede hallar una expresión más fuerte para su convicción de que ha recibido una revelación de importancia exclusiva y de espectro cósmico, un conocimiento que es un elemento principal en el desarrollo de la situación escatológica. Es muy significativo que el pensamiento paulino se remonte aquí a la creación, en el principio. Él mismo está activo con su evangelio en la nueva creación y al final de los tiempos".

Dios vista en el firmamento (*cf.* Sal 19:1-2), sino la luz del conocimiento de "la gloria de Dios que resplandece en el rostro *de Cristo*" (2Co 4:6b).

Como en las teofanías bajo el antiguo pacto, fue una revelación cegadora de la gloria de Dios, ahora "en el rostro de Cristo", la que acabó con la ceguera espiritual de Pablo.[7] Frente al trasfondo de Génesis 1:3 interpretado a través de la lente de Isaías 9:2, el conocimiento de la gloria de Dios revelado a Pablo en el rostro de Cristo es el medio y el objetivo de la nueva creación (2Co 4:6) en cumplimiento del nuevo pacto (3:3, 6). "Ver" la gloria de Dios en Cristo (4:4, 6) con un "rostro descubierto" (3:16-18) es comenzar a estar cara a cara con la presencia de Dios de la misma forma que Adán disfrutó antes de la caída. "Así pues, el evangelio de la fe simplemente repite con una nueva apariencia la palabra hablada en la creación (1Co 1:28; *cf.* Ro 4:17; 2Co 4:6)".[8] El razonamiento de Pablo es por tanto decididamente *teo*céntrico.[9] La "gloria de *Dios*" está siendo revelada en "la gloria de Cristo" como "la imagen de *Dios*".

Esta gloria, mencionada en la palabra de Dios en la creación y encarnada en Jesús, es la que se proclama en el evangelio (2Co 4:4 a la vista de 4:6; *cf.* Fil 4:19), representada en el sufrimiento de Pablo (2Co 1:3-11; 2:14 a la vista de 4:6; 4:7-12; 6:3-10; 7:2-16), y experimentada en la iglesia (3:18; 4:13-18; 6:14–7:1). Así pues, los paralelismos antitéticos entre 4:4 y 4:6[10] no solo demuestran la redención de Pablo, sino también que su consiguiente ministerio es el medio por el cual la nueva creación del nuevo pacto se está inaugurando en medio de este presente siglo malo (*cf.* Gá 1:4):

El dios	Dios
de este mundo	[de la creación] que ordenó que la luz resplandeciera en las tinieblas
ha cegado la mente de estos incrédulos	hizo brillar su luz en nuestro corazón

---

7. *Cf.* los relatos del llamado de conversión de Pablo en Hechos 9:1-19; 22:3-16; 26:9-18. Nótese en especial el juego sobre la ceguera de Pablo frente a su llamamiento a "ver" al Justo en 22:14 (*cf.* 2Co 3:16-18) y a abrir los ojos de otros en Hechos 26:17-18, llevándolos de las tinieblas a la luz y del poder de Satanás a Dios (*cf.* 2Co 4:4-6).
8. Günther Bornkamm, *Paul* (Nueva York: Harper & Row, 1971), 161.
9. Esto lo ve claramente Philip Hughes, *Paul's Second Epistle to the Corinthians*, 133, con respecto a 4:6: "En el amanecer de la creación, la oscuridad fue dispersada por la palabra del Dios Todopoderoso (*cf.* Gn 1:2-3); y es el mismo Dios quien, en la esfera espiritual, retira la oscuridad del pecado y de la incredulidad del corazón de los hombres". A continuación, Hughes equipara la luz de Hechos 26:13 a la "luz del evangelio de la gloria de Cristo" y la "luz del conocimiento de la gloria de Dios en el rostro de Jesús" de 4:4-6, tomando 4:6 como referencia a la conversión de Pablo.
10. Para estos paralelos ver Timothy B. Savage, *Power Through Weakness*, 127, cuya obra ofrece un análisis profundo de 4:1-18 contra su trasfondo cultural (ver más abajo).

para que no vean la luz del glorioso evangelio de Cristo el cual es la imagen de Dios.	para que conociéramos la gloria de Dios que resplandece en el rostro de Cristo.

El evangelio de Pablo declara la luz de la nueva creación exponiendo cómo el propio Cristo manifiesta la gloria de la imagen de Dios, esto es, su carácter justo y misericordioso (4:4). Cuando junto con este evangelio Dios hace resplandecer su presencia en la vida de aquellos que están volviendo a crear en Cristo, deja claro cómo este personifica la misma gloria de Dios en su muerte y resurrección en favor de los que estaban viviendo en las tinieblas del pecado (4:6). Debido a la realidad de esta misericordia, tanto en la vida del apóstol como en la de aquellos a los que ha sido enviado, Pablo no se desanima (4:1). Los que rechazan a Pablo lo hacen porque siguen estando ciegos a la realidad de Dios en Cristo. Porque la propia gloria de Dios está siendo revelada ahora por medio del ministerio de Pablo.

La valentía confiada de Pablo en medio del sufrimiento (4:7-12)

Como la confianza de Pablo (4:1-2) se basa en la realidad de la gloria de Dios en su vida y a través de ella (4:5-6), el apóstol contrarresta la influencia de sus oponentes sobre los corintios recordándoles de nuevo que el evangelio y el estilo de vida de "la salud y la riqueza" no median esta gloria. En su lugar, Pablo llevaba este "tesoro" en una "vasija de barro", una referencia a su debilidad y sufrimientos (1:3-11; 2:14-16a; 6:3-10; 11:23-33), especialmente su preocupación por sus iglesias (2:12-13; *cf.* 11:28). Este es el designio de Dios a fin de hacer evidente que el poder del evangelio no reside en Pablo, sino que pertenece a Dios (4:7). El poder del evangelio es tan grande y su gloria tan profunda que deben llevarse en una vasija, para que las personas no depositen su confianza en el propio Pablo (*cf.* 1Co 2:1-5).

Dentro de este contexto, el "tesoro" mencionado en 4:7 hace referencia de forma más directa al conocimiento de "la gloria de Dios que resplandece en el rostro de Cristo" de 4:6. Sin embargo, el vínculo entre 4:6 y 4:4, donde se considera que la gloria de Cristo es el contenido del evangelio, indica que también puede referirse al ministerio de Pablo, ya que todo ello está representado en su vida de sufrimiento. La idea de describir a las personas como "vasijas de barro" como metáfora de la debilidad humana era habitual en el mundo antiguo, incluyendo los escritos de Qumrán (*cf.* las referencias a los recipientes de barro como débiles y propensos a romperse en Sal 31:12; Is 30:14; 1QS 11:22; 1QH 1:21-22; 3:20-21; 4:29). Interpretada de esta forma, la imagen de Pablo apunta a un contraste entre su propia debilidad y sufrimiento y el poder de Dios.

Otros, sin embargo, consideran que "vasijas de barro" es una metáfora de algo de escaso valor, por Lamentaciones 4:2 (Septuaginta), estableciendo de este modo un contraste entre la poca importancia o valía de Pablo y el incalculable valor del tesoro. Otros argumentan que ambas ideas están presentes aquí, de forma que 4:7 provee un contraste tanto con el "tesoro" como con el "poder de Dios". Como Timothy Savage lo expresa, "el glorioso evangelio es transmitido por aquellos que son comparativamente inferiores; el poderoso evangelio, por aquellos que son débiles".[11] De todas estas opciones, la cláusula de propósito de 4:7b parece indicar que el punto de contraste es el poder de Dios, de forma que la intención de la imagen es destacar la debilidad de Pablo (para este mismo contraste, pero sin el componente metafórico, *cf.* 1Co 2:3-5).

La cláusula de propósito en 4:7b se traduce frecuentemente con la idea de "hacer manifiesto" o "demostrar" (*cf.* NVI: "para que se vea que ... viene"). Pero literalmente dice: "para que la excelencia del poder *sea* de Dios, y no de nosotros". Como señala Savage, si entendemos el verbo "venir" en este sentido formal, el concepto de Pablo es aún más impactante: "Únicamente en la debilidad puede el poder *venir* de Dios, la debilidad [de Pablo] sirve en cierto sentido como base para el poder divino".[12] Así como 3:1-18 hace hincapié en la gloria de Dios y el poder del Espíritu, Pablo recalca ahora que su mediación del Espíritu tiene lugar en la "vasija de barro" de su sufrimiento. Lo hace con el fin de que el poder y la gloria que él media no se relacionen de ningún modo con su propia persona o con su talento. La debilidad del apóstol garantiza que el poder *viene* de Dios y no de Pablo (*cf.* 12:1-10).

La serie de cuatro contrastes adversativos en 4:8-9 modifica 4:7 ilustrando *cómo* llega a expresarse este poder divino en la vida de Pablo. A pesar de estar "atribulado", el apóstol no está "abatido"; está "perplejo, pero no desesperado", etc. El hecho de que Pablo no se vea superado por sus circunstancias, su sufrimiento o la persecución debe atribuirse directamente a la capacidad o el "poder" de Dios para sostenerlo en medio de su adversidad. En la exposición de esta idea, estos cuatro contrastes confirman que el "poder" manifestado en el "tesoro" del ministerio del evangelio pertenece a Dios. Dadas las debilidades de Pablo, su perseverancia solo puede atribuirse al Señor. El sufrimiento del apóstol provee la plataforma para exhibir el poder de Dios.

En 4:10-11, Pablo interpreta las experiencias de 4:8-9 en términos de la muerte *y* resurrección de Jesús a fin de indicar el propósito cristológico de su sufrimiento. El poder de Dios revelado en el sufrimiento de Pablo es, en realidad, el mismo poder revelado en la experiencia de Jesús. Del mismo modo que este fue clavado en la cruz para resucitar de los muertos, Pablo también está "llevando en su cuerpo la muerte de Jesús" (4:10), "siempre entregado a la

---

11. *Ibíd.*, 165-66 (cita de 166).
12. *Ibíd.*, 166.

muerte por causa de Jesús" (4:11), *a fin de que* la "vida de Jesús se manifieste en su cuerpo" mortal. Aquí, también, las categorías de la muerte y la resurrección de Jesús se utilizan para interpretar la experiencia de Pablo de sufrimiento y sustento, demostrando de esta forma que su vida media el conocimiento de Dios al mundo, personificado en Cristo (*cf.* 2:14-16a):

La muerte de Jesús	*La vida de Jesús*
Atribulado	pero no abatido
Perplejo	pero no desesperado
Perseguido	pero no abandonado
Derribado	pero no destruido

Además, el verbo traducido como "no desesperado" en 4:8 es la misma palabra que encontramos en 1:8, donde Pablo cuenta que en el pasado *llegó* a desesperarse de su vida. Este movimiento de 1:8 a 4:8 muestra que Pablo aprendió su lección en Asia. Dios demostró ser fiel a la hora de rescatar a su pueblo. El rescate de Pablo por parte del Señor en el *pasado* le ayudó a confiar en que Dios podía hacerlo de nuevo en el *futuro* y lo haría, con lo que esta esperanza permitiría al apóstol resistir en el *presente* (*cf.* 1:8-10). Dentro de este marco, la referencia a no ser "abandonado" en 4:9 es especialmente significativa. Sus antecedentes en la Septuaginta indican que se trata de una "pasiva divina", que habla de ser abandonado por Dios (*cf.* Gn 28:15; Dt 31:6, 8; 1Cr 28:20; Sal 16:10; 37:25, 28; *Sir.* 2:10).[13] Del mismo que Dios no abandonó a Jesús en el sepulcro de forma definitiva, el poder de resurrección del Señor sustenta a Pablo en sus propias experiencias de "muerte".

Los contrastes de 4:8-9 subrayan que, durante este siglo malo, la resistencia en medio de la adversidad, no la liberación inmediata y milagrosa de la misma, revela de forma más profunda el poder de Dios. La liberación de Pablo en Asia (1:8-10) conduce a la resistencia cotidiana de 4:8-9. Este hecho se confirma con el hecho de que Pablo emplee *nekrosis* (que se muere) en 4:10, en lugar de *thanatos* (muerte), lo que indica que está pensando en el proceso de morir en lugar de en su condición final (*cf.* 1:9, 10; 2:16; 3:7; 4:12; 7:10; 11:23). Pablo hace hincapié en la resistencia en medio de la adversidad, lo que también puede explicar que ponga su acento en *Jesús* en este pasaje, recordando su vida terrenal que culminó en la cruz, en lugar de hacerlo en su título real, *Cristo*.[14] Él lleva la "muerte de Jesús" (4:10) cuando es entregado a la "muerte" (4:11). Finalmente, los participios presentes de 4:8-9, junto con el énfasis

---

13. Le debo esta manera de entenderlo a Savage, *Power Through Weakness*, 169.
14. Pablo usa "Jesús" sin más (es decir, no como en la expresión común "Jesucristo" ni con el título "el Señor"), seis veces en este pasaje (4:5, 10, 11, 14). En todo el resto de los escritos de Pablo combinados, únicamente se usa nueve veces así solo (Ro 3:26; 1Co 12:3; 2Co 11:4; Gá 6:17; Ef 4:21; Fil 2:10; 1Ts 1:10; 4:14 [2x]).

en "siempre" en 4:10, intensifican esta insistencia en el proceso continuo de "morir" que tiene lugar en su vida como apóstol.

En 4:11, Pablo expone la base teológica para su convicción de que su sufrimiento, como la "muerte de Jesús", media el poder de resurrección de Dios, esto es, la "vida de Jesús". Con la utilización de la pasiva divina, "siempre se nos entrega a la muerte" (por Dios), Pablo afirma de nuevo que sus sufrimientos no se producen por mera coincidencia, sino que forman parte del plan divino para la propagación del evangelio. Como Jesús, Pablo también es entregado a su propia muerte (*cf.* 2:14; con respecto a Jesús, ver Mr 10:33; Ro 4:25; 8:32). En el versículo 10, Pablo "lleva" la muerte de Jesús en su propio cuerpo; en el versículo 11, el propio apóstol es el que vive y a quien Dios entrega a la muerte. No obstante, esta circunstancia no lleva a Pablo a la conclusión de que la "vida" que media es la suya propia, sigue siendo "la vida de *Jesús*" (4:11b).

Como en 1 Corintios 4:12-13, aquí también vemos que el poder de Dios se expresa por tanto *por medio* de las debilidades de Pablo. Además, como en 1 Corintios 4:9 y 2 Corintios 2:14, el sufrimiento de Pablo en 4:11 se retrata de nuevo bajo la imagen de la muerte. En los dos primeros pasajes, esto se hizo empleando una metáfora (1Co 4:9: sentenciado a muerte en la arena; 2Co 2:14: conducido a la muerte en la procesión triunfal). Aquí, Pablo relaciona explícitamente su sufrimiento con la muerte del propio Jesús (4:10-11). En todo caso, el apóstol considera que su sufrimiento es una muerte preparada por Dios que, como la cruz de Cristo, lleva a cabo una función reveladora. Los paralelismos exactos entre 1 Corintios 4:9; 2 Corintios 2:14; y 4:11 no solo demuestran que nuestra interpretación de la procesión triunfal de 2:14 es precisa, también proveen una clave temática para que Pablo pueda entender su papel como apóstol:

2Co 4:11a	*2Co 2:14a*	*1Co 4:9a*
1. Pasiva divina	1. Gracias a Dios	1. Dios
2. siempre (*cf.* "siempre" en v. 10a)	2. siempre	2. (*cf.* "hasta el momento", v. 11, y "hasta el día de hoy", v. 13)
3. los que vivimos	3. nos	3. nosotros los apóstoles
4. se nos entrega a la muerte	4. lleva triunfantes	4. nos ha hecho desfilar en el último lugar, como a los sentenciados a muerte
5. por causa de Jesús	5. en Cristo	5. (*cf.* "por causa de Cristo", v. 10)

2Co 4:11b	*2Co 2:14b*	*1Co 4:9b*
1. para que también su vida se manifieste	1. esparce la fragancia de su conocimiento	1. Hemos llegado a ser un espectáculo
2. en nuestro cuerpo mortal	2. por medio de nosotros	2. _____
3. _____	3. por todas partes	3. para todo el universo, tanto para los ángeles como para los hombres

Sin embargo, a diferencia de 1 Corintios 4:8-14, donde el propósito de Pablo era de enseñanza, en 4:7-18 el mismo es apologético. En lugar de proveer un ejemplo a seguir por los corintios, el apóstol debe defender ahora por qué la gloria de su ministerio debe contenerse en su debilidad.[15] Como consecuencia, el contexto dentro del cual Pablo interpreta su ministerio también ha cambiado. En 1 Corintios 1:4–4:13, el sufrimiento de Pablo se muestra como el medio a través del cual Dios atestigua (*cf.* 1:17-18; 2:1-5) y da a conocer (4:9-13) su sabiduría y su poder *tal como se revelaron en la cruz*. En 2 Corintios 4:7-12, el sufrimiento del apóstol da testimonio (4:7) y revela (4:11) el poder de Dios *tal como se reveló en la resurrección* (4:10-11). De este modo, en lugar de que la "muerte" de Pablo se vinculase con la cruz de Cristo como su corolario, ahora se contrasta con la resurrección de Cristo como su antítesis.

Entendidos conjuntamente, estos elementos gemelos de la "teología de la cruz" y la "teología de la gloria" de Pablo no son contradictorios, sino complementarios. El apóstol no está combatiendo una teología de la gloria con otra de la cruz, sino poniendo de manifiesto su unidad fundamental. En 2 Corintios 1–4, la tarea de Pablo ha sido mostrar cómo respalda su experiencia apostólica de ser "entregado a la muerte" a su predicación tanto de la cruz como de la resurrección de Cristo. Su sufrimiento representa la cruz como una revelación del conocimiento de Dios (2:14-16a), pero también demuestra que el poder de la resurrección en el evangelio no es suyo, sino de Dios (4:7-11). Si el sufrimiento de Pablo es una señal de que el reino de Dios *aún no* ha sido consumado, su resistencia es una prueba de que *ha sido* inaugurado. El sufrimiento de Pablo (4:7-11) está mediando el poder de la nueva creación (4:6) en medio de este siglo malo (4:3), y es en sí mismo una expresión del triunfo de Dios sobre Satanás.

En 4:7, Pablo declaró el propósito de su debilidad: a fin de que el poder pueda ser de Dios; en 4:8-11, ilustró la forma en que se cumple ese propósito: por

---

15. Para una delineación de las similitudes y diferencias entre 1Co 4:8-13 y 2Co 4:7-12, que reflejan la diferencia esencial entre las situaciones subyacentes a las dos cartas, junto con los paralelismos entre 1Co 4:9; 2Co 2:14 y 4:11 bosquejados más arriba, véase mi *Suffering and Ministry in the Spirit*, 59-71.

medio de su acto de llevar "la muerte de Jesús" (4:10) en su propia "muerte" (4:10b) a fin de que la "vida de Jesús" pueda ser revelada en su cuerpo (4:10b, 11b). En 4:12, Pablo expone la consecuencia de este propósito para los corintios: es entregado a la muerte en el presente de forma que el poder de resurrección de Dios pueda obrar en la vida de aquellos (*cf.* 1:3-6, 10-11).

La relación entre Pablo y su iglesia no es recíproca en cuanto al llamamiento de él como apóstol a participar intensamente en los sufrimientos de Cristo (*cf.* 4:15). Pablo es llamado a sufrir en favor y por causa de los corintios; ellos no están llamados a sufrir por él. Sin embargo, el sufrimiento y la experiencia de la liberación de Dios por parte de Pablo nunca son originales, ya que la muerte y la resurrección de Jesús proveen el modelo a seguir por la experiencia de Pablo y el contenido de su proclamación. La vida de Pablo no es una "segunda expiación", sino una mediación de la muerte y la vida de Jesús. En su predicación y su sufrimiento, Pablo se encuentra entre la gloria de Dios y la vida de su congregación como un instrumento en la mano del Señor para dar lugar a una nueva vida entre su pueblo.

La valentía confiada de Pablo a la luz de la experiencia de los justos (4:13-15)

Traducida de forma literal, la primera cláusula de 4:13 dice: "... teniendo el mismo espíritu de fe, conforme a lo que está escrito ...". Esta construcción es la misma que encontramos en 3:4; 3:12; 4:1; y 4:7 (la NVI esconde esta correspondencia). En cada caso, Pablo resume lo que se acaba de decir con la expresión "tenemos [o teniendo] esto ..." a fin de proveer una transición hacia una nueva unidad de pensamiento. Aquí, Pablo comienza su nuevo párrafo haciendo referencia a lo que se acaba de decir en 4:7-12 como el "mismo espíritu de fe". Su idea es que el profundo carácter de su vida como apóstol descrito en 4:7-12 no es nuevo. Pablo se encuentra en la larga línea de justos que sufrieron en el pasado, expresada aquí en términos de Salmos 116:10.[16]

---

16. Que Pablo describe su proclamación y sufrimiento en 4:13 en términos de la tradición bíblica del sufrimiento del justo queda confirmado por el uso que hace de pasajes veterotestamentarios relacionados con dicho sufrimiento en 1Co 1.39, 31; 2:9; 3:19-20. Acerca de las fuentes del Antiguo Testamento para la visión que Pablo tiene de su sufrimiento, véase Karl Theodor Kleinknecht, *Der leidende Gerechtfertigte: Die alttestamentlich-jüdische Tradition vom 'leidenden Gerechten' und ihre Rezeption bei Paulus* (WUNT 2.Reihe 13; Tübingen: J. C. B. Mohr [Paul Siebeck], 1984), 242-84. Kleinknecht señala a la tradición veterotestamentaria del justo sufriente, ahora interpretado de forma cristológica, como telón de fondo del pensamiento de Pablo en 2Co 1:3-11 (*cf.* Sal 71:20-21; 94:19; 23:4-5; 69:33-4; Jer 16:7); 2Co 4:7-18 (además de 116:10, *cf.* Jer 19:11; Sal 2:9; esp. 31.12; 37:28; *4 Esdras* 4:11; 7:88-89; *Test. Jos.* 1.3-7; 2:3-7); 2Co 6:1-10 (*cf. 1 Enoc* 66:6; Sal 139; 118; Is 49:8a; además de Sal 118:17-18); y 2Co 8:9 (*cf.* Is 53:5).

Además, como el Espíritu es quien crea la fe y conforma a la persona a la fidelidad de Cristo en medio de la adversidad, el "espíritu" a la vista aquí es más probablemente el Espíritu Santo como fuente de fe, no el "espíritu" como una referencia a la "esencia" o "naturaleza" de la fe (*cf.* 1Co 12:9). Como ocurre con el salmista, el Espíritu es quien da a Pablo el poder de creer y por tanto también de predicar (2Co 4:13b; *cf.* 3:3, 6). Porque, al igual que en el caso del salmista, la predicación de Pablo no solo tiene lugar en medio de la adversidad, sino que conduce también a más adversidad en sí (Sal 116:10b). Así pues, no resulta sorprendente que en 116:3-4 el salmista esté también en una situación de "muerte", para acabar siendo rescatado por el Señor en respuesta a su clamor desesperado pidiendo ayuda (*cf.* 116:1-2, 4-9). La respuesta del salmista es cumplir una "promesa" correspondiente de acción de gracias (116:12-14) como su "sacrificio" de adoración (116:17).

Un aspecto fundamental de esta adoración es la conclusión a la que llega el salmista tras esta experiencia de sufrimiento y rescate divino: él es realmente un siervo de Dios (Sal 116:16). Así pues, la experiencia de Pablo en la que el Señor lo ha rescatado de la muerte lo lleva a esta misma respuesta de alabanza (*cf.* 2Co 1:3, 11; 2:14; 4:8-9, 15) en respuesta a la misma conclusión relativa a su propia validez como siervo de Dios (3:1-6; 4:1-7). Las citas de Pablo de las Escrituras no son "textos probatorios" aislados, sino "notas al pie" para su contexto original, a partir de las cuales estructura su propio razonamiento. Mucho más que una mera explosión de piedad o de colorido espiritual, el salmo 116 provee una lente interpretativa a través de la cual el apóstol entiende el sentido de su experiencia en Cristo, *el* Justo que sufrió.

(1) La primera razón por la que Pablo debe perseverar en su predicación, a pesar de la adversidad que lo rodea y en medio de ella, es su conocimiento de que el Dios que levantó de los muertos al Señor Jesús haría lo propio con Pablo junto a él, y a todos los que comparecerán igualmente resucitados en la presencia de Dios (4:14). Esta es la seguridad que viene del Espíritu como "depósito" o "garantía" de la salvación que ha de venir (*cf.* 1:22; 5:5). Independientemente de cuáles sean las circunstancias, el compromiso de Pablo de predicar deriva de su seguridad para el futuro, el cumplimiento inicial de lo que ya ha experimentado en el Espíritu. Como en Salmos 116:9, la experiencia de la protección de Dios en el pasado lleva a uno a declarar atrevidamente: "Por eso andaré siempre delante del Señor en esta tierra de los vivientes" (*cf.* 2Co 1:8-11).

Pero más allá de su propia experiencia y la del salmista, Pablo puede señalar aún más a la tumba vacía de Jesús como el fundamento sólido de la confianza en la soberanía, el amor y el poder de Dios para el futuro, a pesar del sufrimiento del presente. Si la cruz de Cristo explica por qué sufre Pablo, su resurrección es la que da al apóstol la esperanza necesaria para perseverar mientras sufre.

(2) El segundo respaldo de Pablo para su perseverancia en la predicación es su seguridad en relación con el impacto presente de su ministerio (4:15). El apóstol sigue predicando, sin importarle nada, porque sabe que el propósito de su vida se exhibe en la de otros. Como en 1:3, 11 y 2:14, Pablo recuerda aquí también a sus lectores que el propósito de su ministerio es exponer la gloria de Dios por medio de la acción de gracias que se ha incrementado entre muchos como consecuencia del ministerio de Pablo. La causa y el objeto específicos de su agradecimiento es la misericordia de Dios experimentada en Cristo por medio de Pablo. Cuantas más personas experimenten la gracia, mayor será la acción de gracias. Una vida rescatada por Dios produce un corazón lleno de gratitud, revirtiendo así el pecado fundamental de la ingrata glorificación propia que se encuentra en la raíz de todos los pecados (*cf.* Ro 1:21; 3:23).

Así pues, Pablo sigue predicando porque confía en que esta misma redención está teniendo lugar ahora por medio de su ministerio del Espíritu bajo el nuevo pacto (3:3-6). A través de su abierta valentía (3:12), un encuentro al descubierto con la "excelsa gloria" de Dios está transformando al pueblo del Señor en aquellos que alaban su gloria (*cf.* 3:10, 16-18; 4:6, 15). En 3:10, Pablo hizo referencia a la manifestación de la gloria de Dios en el nuevo pacto como "excelsa" (*hyperballouses*), mayor que la del antiguo, ya que la era del nuevo ha comenzado. Esta idea se confirma con la utilización por parte de Pablo del término relacionado "sublime" (*hyperbole*) en 4:7 para describir el poder de Dios que se ve en la luz del conocimiento de "la gloria de Dios que resplandece en el rostro de Cristo" (4:6).

Sin embargo, esta experiencia presente de la gloria de Dios es simplemente el comienzo de la consumación que ha de venir. De ahí que en 4:17 Pablo emplee la misma terminología para referirse a la futura "gloria eterna que vale muchísimo más" (*kath' hyperbolen eis hyperbolen*) que todas las aflicciones. En consecuencia, como en 3:10 y 4:7, en 4:17 la futura revelación de la gloria de Dios también permanece explícitamente unida al sufrimiento de Pablo, soportado por el poder del Espíritu (*cf.* 4:1, 7, 13 con 2:14–3:13). En cumplimiento del propósito de Dios en la historia redentora, la proclamación del evangelio por parte de Pablo revela la gloria de Dios en Cristo y, al hacerlo, la gracia del Señor está provocando que la acción de gracias sobreabunde entre otras muchas personas (4:13, 15; *cf.* 9:12-15 para estos mismos temas). Como consecuencia, siguiendo los pasos de los justos que sufrieron antes que él, incluyendo al mismo Cristo, el deleite de Pablo en la manifestación de la gloria de Dios es la razón definitiva por la que no se desanima en el ministerio.

La valentía confiada de Pablo a la luz de la resurrección (4:16-18)

En 4:16, Pablo vuelve al punto en el que empezó 4:1. Allí, estableció un paralelismo entre no desanimarse y ministrar con integridad a pesar de su sufrimiento (*cf.* 4:1-2). Aquí, lo hace entre no desanimarse y la renovación diaria de su "interior" (NVI: "por dentro") en lugar de "desgastarse" en su "exterior" (NVI: "por fuera"). La correspondencia entre 4:1 y 16 deja claro que el "exterior" y el "interior" no hacen referencia a la dicotomía dualista cuerpo/alma. Más bien, apuntan a la transformación moral de la vida de Pablo como creyente (su "ser interior") en medio de su vida dentro del sufrimiento y el pecado de este presente siglo malo (su "hombre exterior").[17] En ambos casos, el hombre "interior" y el "exterior" hacen referencia a Pablo en su *totalidad* como alguien que vive escatológicamente en este "solapamiento de las eras".[18]

El estudio que Pate hace de este texto, teniendo en cuenta el concepto judío habitual de que en la era venidera la gloria perdida de Adán se restauraría a los justos sufrientes, ha confirmado esta interpretación escatológica del contraste entre el ser interior y el exterior.[19] Considerando este trasfondo, la alusión a Génesis 1:26-28 en 2 Corintios 4:4, 6 se retoma en 4:16, relacionada ahora con Salmos 8:5-6. El ser exterior se refiere a la existencia del creyente bajo la mortalidad y descomposición heredada de Adán, mientras que el interior es la existencia del creyente en la nueva era ya inaugurada por Cristo como el "último Adán".[20] "En Cristo", Pablo pertenece a la era venidera ("por dentro") al mismo tiempo que sigue viviendo en medio de este siglo malo ("por fuera"). Por tanto, no se desanima, sino que cobra aliento por la forma en que su vida

---

17. Acerca de la distinción "interna"/"externa" como categorías morales del "viejo yo"/"nuevo yo", *cf.* Ro 6:5-6; Ef 3:16; 4:20-24; Col 3:5-14. La mayoría de los estudiosos de Pablo ya no creen que tenga un concepto dualista de la naturaleza de la humanidad (para los textos a los que se suele aludir para apoyar dicho criterio, véase Ro 7:22-25; 1Co 5:5; 7:34; 2Co 7:1).
18. Hay tambien una presentación concisa de este concepto central y escatológico de la enseñanza de Jesús en George Eldon Ladd, *The Gospels of the Kingdom, Scriptural Studies in the Kingdom of God* (Grand Rapids: Eerdmans, 1959). Acerca de su aplicación en el pensamiento de Pablo, véase William J. Dumbrell, *The Search for Order: Biblical Eschatology in Focus* (Grand Rapids: Baker, 1994), 259-316, y C. Marvin Pate, *The End of the Age Has Come: The Theology of Paul* (Grand Rapids: Zondervan, 1995). Para la escatología inaugurada y la nueva creación como centro unificador de la teología del Nuevo Testamento en conjunto, véase Greg K. Beale, "The Eschatological Conception of New Testament Theology", en *"The Reader Must Understand:" Eschatology in Bible and Theology,* ed. K. E. Brower y M. W. Elliott (Leicester: Apollos, InterVarsity, 1997), 9-52.
19. C. Marvin Pate, *Adam Christology,* 62, 106, 126. Para las implicaciones del estudio de Pate para 5:1-10, véase comentarios sobre estos versículos.
20. Siguiendo a Pate, *Ibíd.,* 110, 112.

está siendo renovada en el carácter de Cristo (*cf.* Ro 8:28-30, dentro del contexto del sufrimiento descrito en 8:18-25 y 8:35-39).

La consecuencia de esta renovación es que Dios utilizará estos "sufrimientos ligeros y efímeros" con el fin de conseguir para Pablo "una gloria eterna que vale muchísimo más que todo sufrimiento" (4:17; *cf.* Ro 8:18). En lugar de destruir al apóstol, sus sufrimientos "por fuera" son justo el instrumento que Dios emplea para revelar la gloria de su presencia y poder en el "interior" de la vida de Pablo. Así pues, 2 Corintios 4:17 respalda a 4:16 (ver el "pues" en 4:17a), de forma que el propio apóstol es un beneficiario de lo que media para los demás. La propia experiencia de Pablo da testimonio de que la revelación presente de la gloria del Señor (*cf.* 4:4, 6) constituye el medio por el cual se llega al futuro disfrute del incomparable peso eterno de gloria (*cf.* 4:17) que está siendo preparado para el pueblo de Dios, que entretanto debe soportar pacientemente "los mismos sufrimientos que nosotros [Pablo] padecemos" (1:6; *cf.* 3:18; Fil 3:11, 20-21; Col 1:27; 3:3-4; también Ro 5:2; 8:18, 21).

Esta perspectiva y esta seguridad no vienen de forma natural. Pablo tuvo que aprender esta profunda verdad (*cf.* 1:8-11), el proceso de lo que es en sí una parte esencial de su renovación interior (4:16). El hecho de que Pablo pueda testificar de esta convicción en 4:17 afianza por tanto de forma implícita su ánimo, ya que está siendo renovado en la imagen de Cristo. Los incrédulos no experimentan la gloria de Dios o la fe que esta engendra (4:3-4). Esto nace del paralelismo entre 4:17 y 1:8. Vimos que la descripción de Pablo de no desesperar cuando estaba perplejo en 4:8 se remonta a 1:8. Así pues, Pablo emplea también la imagen del "sufrimiento" como peso (*baros*) para describir la gloria de Dios en 4:17 que es la misma que utiliza previamente en 1:8 para describir que se encontraba "agobiado bajo tanta presión" (*bareo*) por su sufrimiento.[21] Del mismo modo que ha crecido hasta llegar a confiar en que Dios lo sustentará bajo la "presión" de sus aflicciones, Pablo ha podido ver que el "peso" de su gloria sobrepasa de largo el de todas sus aflicciones. "La aflicción que una vez sintió como un peso letal alrededor de su cuello parece ahora ligera en comparación con su eterno peso de gloria".[22]

Este cambio de perspectiva provocado por el encuentro de Pablo con el incomparable valor de la gloria de Dios evidencia que el Señor está renovando al apóstol en su sufrimiento y por medio del mismo. Esta "perspectiva eterna" lleva a Pablo a su conclusión final en 4:18. En vista de la gloria futura que anuncia que heredará, Pablo ya no se centra en las cosas visibles y temporales del presente, esto es, el sufrimiento y la adversidad del siglo malo en el que sigue viviendo (*cf.* Ro 8:24-25). En lugar de ello, lo hace en las cosas invisibles

---

21. La NVI oscurece este vínculo al no traducir este nombre por separado en 4:17 ni el verbo de una forma relacionada en 1:8.
22. Timothy Savage, *Power Through Weakness*, 183.

venideras, es decir, en su participación creciente y dotada de poder por el Espíritu en la imagen de Dios, que culmina en su transformación final en la semejanza de Dios tal como se manifiesta en Cristo (*cf.* 3:18; 4:4, 6).

Esta es la respuesta de Pablo a la presencia de Dios en su vida. El poder de Dios que sustenta al apóstol en su debilidad (4:7-12) hace que permanezca confiado en su proclamación (4:13) y en su sufrimiento por causa de los demás (4:16). Todo lo que Dios ha hecho y está haciendo a través de las adversidades de su vida (4:1-15) lo lleva a centrarse en todo lo que el Señor hará (4:16-18), algo que a su vez le da confianza para resistir las consecuencias cotidianas del pecado (4:1-15). Este es el ciclo de la fe.

Lo secular y lo sagrado: siglo I y siglo XXI. Trasladarnos del contexto de Pablo al nuestro exige una comprensión de ambos. En cuanto al primero, Savage ha provisto un importante estudio de los valores culturales e ideales religiosos habituales en la sociedad grecorromana de la época de Pablo, particularmente en Corinto.[23] Al hacerlo, Savage pinta un cuadro de cómo habría percibido la iglesia de Corinto el patrón del "poder por medio de la debilidad" relacionado con el ministerio cristiano en 4:7-18.

Es importante tener en mente, ante todo, que en la época de Pablo no existía un muro de distinción consciente entre lo sagrado y lo secular. Los valores de la sociedad penetraban en las muchas religiones de Corinto, del mismo modo que las expectativas religiosas de esos días, definidas de forma más estricta, lo hacían en la cultura. Como Savage observa, "los cultos alimentaban la raíz de la vida cotidiana. Organizaban lo social, inspiraban lo cultural, estimulaban el comercio y asistían en la esfera política [...] culto y sociedad eran inseparables, muy difíciles de distinguir".[24]

Así pues, Pablo tuvo que luchar contra la cultura general a fin de establecer la contracultura de la iglesia. Eso significaba pelear contra el concepto cultural de lo que significaba ser "religioso" como "corintio", ya que el ministerio de Pablo, representado en su sufrimiento, ponía en entredicho ambas identidades. La defensa que el apóstol hace de su ministerio era, en realidad, una defensa

---

23. *Ibíd.*, 19-53. Lo que sigue con respecto a la cultura corintia es un resumen de su útil estudio. Las reflexiones sobre la sociedad contemporánea y el cristianismo evangélico son de mi propia cosecha, excepto donde se indique otra cosa.
24. *Ibíd.*, 34. Como indica Savage (51), los cultos no ofrecían una perspectiva sagrada en un mundo secular, sino que formaban el núcleo mismo de aquel mundo. Los valores sociales, culturales, comerciales, políticos, deportivos y médicos de la sociedad se reunían, todos ellos, en su experiencia religiosa.

de los valores y la visión del mundo del evangelio de Cristo frente a la cultura de su época, ya que ser corintio y ser religioso eran una misma cosa. Por tanto, para los corintios resultaba difícil, si no imposible, separar lo que entendían como normal en relación a su cultura de lo que aprendían religiosamente, ya que ambos aspectos formaban parte de una realidad e identidad propias.

A primera vista, la mayoría de los cristianos evangélicos contemporáneos del Occidente "poscristiano" parecen vivir en un contexto cultural muy diferente, al menos en un nivel formal. La distinción entre lo sagrado y lo secular, entre iglesia y estado, está incrustada en nuestra identidad cultural. De hecho, a nivel formal, las iglesias evangélicas de Norteamérica derivan frecuentemente su identidad de su contraste con la cultura secular que las rodea. En el mundo moderno (e incluso más en el postmoderno), a diferencia del de la época de Pablo, nuestro punto de partida es determinar una distinción entre el "mundo" y el "reino de Dios". Este hecho se vuelve aún más cierto cuando los valores existentes alrededor de la iglesia van consiguiendo ser cada vez más dominantes y secularizados en su perspectiva y práctica, mientras el espacio religioso dentro de la sociedad se retira más y más a nuestro mundo privado de la opinión personal. En este contexto, la diferencia entre el mundo secular y la iglesia se defiende como un asunto de ortodoxia teológica.

En el nivel formal de la autodefinición, esta conciencia de las diferencias inherentes entre la iglesia, las religiones alternativas y la sociedad secular es en sí misma un indicativo de lo lejos que hemos llegado para dar forma a una identidad y visión del mundo específicamente cristianas. La mayoría de los creyentes entienden en el nivel intelectual que ser cristiano implica una forma diferente de pensar y de vivir. Afirmamos, con Pablo en 4:18, que nuestra razón de vivir es radicalmente diferente de la ofrecida por la cultura a nuestro alrededor. De esta forma, tras casi dos mil años de historia cristiana, estamos muy por delante de los corintios. Al ministrar a los nuevos convertidos, la primera batalla de Pablo era hacer ver a los corintios que existía una diferencia con la que tenían que comenzar (*cf.* 1Co 5–7).

Al mismo tiempo, la capacidad de reflexionar sobre nuestra identidad única nos hace conscientes de que nuestros intentos de definirnos frente a nuestra cultura fracasan a menudo en nuestra valoración y en cómo actuamos. Aunque seguimos sin tener conciencia de muchos de nuestros valores culturales (la objetividad con uno mismo nunca es perfecta), conocemos demasiado bien que muchos de los valores impíos de la cultura dominante nos impactan como cristianos. En este contexto, el estudio de Savage es muy significativo. Su sondeo de los valores culturales dominantes en la sociedad corintia revela una similitud inquietante con los valores frecuentemente adoptados de forma implícita y explícita dentro de la iglesia actual. A pesar de nuestros intentos de apartarnos de la cultura moderna/postmoderna a nuestro alrededor, nos parecemos sorprendentemente a los corintios de la época de Pablo en nuestra forma de vida y nuestros valores. Cuando iniciamos la transición del contexto de Pablo al nuestro, nos disgustamos por lo inmediatamente relevante que el mensaje central de Pablo sigue siendo para nosotros (ver Introducción: "Cristo se enfrenta a la cultura de Corinto")

La raíz del problema en Corinto. Aun así, debemos ser cautos a la hora de aplicar este texto en nuestro contexto. Debemos ser cuidadosos para poder distinguir entre la explicación del evangelio por parte de Pablo y su ejemplo de sufrimiento como su materialización. La primera es universalmente cierta en todo momento; la segunda debe seguirse solo si el propio Dios dispone las circunstancias de nuestra vida. Dado el entendimiento de Pablo de la soberanía del Señor y la distinción en el llamamiento entre su papel como apóstol y la vida de los corintios, Pablo no instaba a estos a intentar sufrir más. No existe una teología del martirio en los escritos de Pablo, en los que la cruz se aplica literalmente a la vida de la iglesia como el camino del verdadero discipulado. Para los creyentes en general, el sufrimiento tendrá lugar en su vida (*cf.* 1:6-7), pero ellos no son llamados a una vida de sufrimiento en sí misma.

La raíz del problema en Corinto no era que los corintios no estuviesen sufriendo lo suficiente, aunque sin duda rechazaron rápidamente el papel necesario del sufrimiento en la vida del cristiano. Más bien, su problema básico era su negativa arrogante a considerar que todo lo que tenían era un regalo de Dios (1Co 4:7), de forma que sus experiencias espirituales, sus líderes y sus dones constituyeron la base de su jactancia y soberbia (*cf.* 3:3, 18, 21; 4:6-7; 8:1; 12-14). En consecuencia, en 1 Corintios Pablo apuntó a su propio sufrimiento como apóstol para ilustrar que los corintios deberían imitarle considerando con humildad las necesidades de los demás más importantes que las propias (*cf.* 4:15-17; 10:31–11:1). Adoptar la actitud de Pablo, similar a la de Cristo, no significaba necesariamente andar sin comida ni cobijo, como Pablo hacía, aunque podría significarlo. Sin embargo, debería empujar a servir a los demás, en lugar de jactarse y utilizar a otros para conseguir los objetivos propios (*cf.* caps. 12–14).

Si sufrir por causa del evangelio es la característica esencial del ministerio apostólico, que constituye el fundamento de la vida de los corintios, ¡cuánto más deberían estos renunciar a sus propios derechos por el bien de los demás (*cf.* 1Co 9:1-27 dentro del argumento de 8:1–11:1)! La vida de Pablo llevando la "muerte de Jesús" por causa de los corintios debería dar lugar a que muriesen a su propio ego y viviesen para los demás en cualquier circunstancia en la que Dios los colocase. Haber resucitado con Cristo en esta vida no se refiere a la capacidad de escapar del sufrimiento, sino al poder para soportarlo por causa de Cristo y su iglesia. Como hijos de Pablo, la vida de los corintios no podía caracterizarse por la jactancia en sus propios logros, líderes o estatus espirituales (1:10-13; 3:21).

Sin embargo, en la época de 2 Corintios, Pablo ya no podía llamar a estas personas a imitarlo. En su lugar, tenía que abogar por la legitimidad de su ministerio en sí, tanto para apuntalar a los arrepentidos como para rescatar a los rebeldes. Entre la redacción de 1 y 2 Corintios, la propensión de los corintios a alardear, alimentada por el aprecio de su cultura al estatus relacionado con la salud y la riqueza, los había llevado a aceptar a los oponentes de Pablo y su falso evangelio. Estos no solo prometían esa "gloria" en la tierra, sino que hacían alarde de sus propios "logros" religiosos, pedigrí étnico, habilidad retórica y materialismo como prueba de su validez.

Durante un tiempo, su estilo de vida y su mensaje demostraron ser demasiado difíciles de resistir para la mayoría de la iglesia. La supuesta superespiritualidad de los enemigos de Pablo, con su evangelio de la salud y la riqueza, entró en juego en la propensión cultural de los corintios a confiar y gloriarse en sí mismos. El único obstáculo en su camino era el propio Pablo, ya que la vida y el ministerio del apóstol que había fundado la iglesia y por medio del cual habían recibido el poder del Espíritu en Cristo estaban marcados por el sufrimiento, la debilidad y una disposición a predicar de forma gratuita. Si los falsos profetas querían ganar en Corinto, tenían que destruir la credibilidad del ministerio de Pablo.

Es en este punto cuando podemos aplicar el mensaje de Pablo directamente a nuestro contexto presente manteniendo nuestra lealtad a su modelo y mensaje por medio de la resistencia ante cualquier intento de redefinir el evangelio en términos de éxito y serenidad en esta vida. Pablo no llama a todos los cristianos a sufrir tanto. Sin embargo, los que abracen el evangelio *sufrirán* cuando sean testigos de Cristo y renuncien a las comodidades de la cultura contemporánea en respuesta al llamado a servir a otros allá donde Dios los lleve a hacerlo y de la forma que él muestre.

El llamamiento de Pablo. Al final, por tanto, el sufrimiento de Pablo no debe buscarse sino aceptarse como la materialización válida y necesaria del evangelio de la gloria de Dios, tal como se dio a conocer "en el rostro de Cristo" (4:6). A través del ejemplo del ministerio apostólico de Pablo y los escritos que ha dejado tras él, Dios santificará a su pueblo y seguirá haciendo su llamamiento al mundo a través de él (*cf.* 5:20).

En la raíz de este llamamiento encontramos la declaración de que la gloria de Dios en Cristo, ahora y en el futuro, "vale muchísimo más" que todos los "sufrimientos ligeros y efímeros" de esta vida (4:17). Creer en este evangelio de gracia es "fijar [los ojos]" en "lo invisible" (4:18), de forma que, incluso en medio de la aflicción, reaccionemos con el agradecimiento desbordante que honra a Dios por concedernos su "excelsa" gloria en su misericordia (4:15). Porque esa gratitud refleja el conocimiento de que experimentar la gloria de Dios en Cristo tiene un valor infinitamente mayor que cualquier otra cosa que este mundo tiene que ofrecer, positiva o negativa. Esto solo puede significar que rechazar a Pablo y su mensaje es manifestar la propia ceguera ante el poder y la gloria de Dios, revelados ahora en "el rostro de Cristo" (4:1-6; *cf.* 1Co 1:17-29; 2Co 2:15-16a).

Estas reflexiones sobre lo que significa traer este pasaje a nuestra cultura contemporánea, comenzando y culminando como lo hace en los pensamientos de Pablo acerca de la gloria de Dios, llevan a una conclusión aleccionadora. Meditar sobre este texto, interpretarlo y predicarlo nunca debería verse reducido a algún tipo de "teología de sillón", en la que se busca la controversia por causa del debate o la charla intelectual. Al final, la gloria de Dios, que es tanto el fundamento como el objetivo final de las reflexiones de Pablo, no es un teorema que deba analizarse. Está en juego nada más y nada menos que la eternidad. En cuanto al significado contemporáneo de este pasaje, merece la pena detenerse en la perspectiva de J. I. Packer, que dijo haber aprendido de los puritanos:

> Toda teología es también espiritualidad, en el sentido de que ejerce una influencia, buena o mala, positiva o negativa, en la relación de sus destinatarios o la falta de relación con Dios. Si nuestra teología no despierta la conciencia ni ablanda el corazón, acaba endureciendo a ambos; si no insta al compromiso de fe, refuerza la indiferencia de la incredulidad; si es incapaz de promover la humildad, inevitablemente alimenta la soberbia. Por tanto, quien teologice en público, formalmente en el púlpito, en la tarima o escribiendo, o informalmente desde el sillón, debe detenerse a pensar en el efecto que sus pensamientos tendrán sobre las personas, el pueblo de Dios y los demás. Los teólogos son llamados a ser los ingenieros de saneamiento o encargados de aguas residuales de la iglesia; su trabajo es comprobar que la verdad pura de Dios fluya abundantemente donde es necesaria, así como filtrar cualquier polución exterior que pueda dañar la salud.[25]

Desde la perspectiva de Pablo, el poder y la gloria de Dios no son postulados teológicos abstractos, sino realidades que deben experimentarse. La conversión y la transformación no se producen atando cabos y tomando la decisión correcta, sino a través de un encuentro con el Dios viviente (3:3, 7-11, 16-18; 4:1-6). Hombres y mujeres son creados de nuevo cuando se están cara a cara con la presencia del

---

25. J. I. Packer, *A Quest for Godliness: The Puritan Vision of the Christian life* (Wheaton: Crossway, 1990), 15.

Espíritu de Dios (1Co 1:26-31; 2:5, 12-16; 3:16; 5:4-5; 6:19; 2Co 3:17-18; 4:6; 5:17). Nuestros intentos de interpretar psicológicamente el pensamiento de Pablo o relegarlo al ámbito de los sentimientos no reflejan la perspectiva del apóstol, sino que constituyen una reacción ante la pobreza de nuestro propio conocimiento de Dios.

La gloria de la piedad. Así pues, al establecer el significado contemporáneo de la visión teocéntrica del mundo por parte de Pablo, debemos seguir centrándonos en las formas en que el apóstol ve la gloria de Dios en Cristo obrando en la iglesia. De lo contrario, resulta simplemente demasiado fácil quedar prendado de la falsa gloria del evangelio de la salud y la riqueza. En nuestra época, como en la de Pablo, la transformación moral en el carácter de Dios representada en 3:18, así como la resistencia en medio de la adversidad presentada en 4:1-8 parecen demasiado mundanas para ser milagrosas. Sin embargo, considerar más importante la salud que la santidad es despreciar al propio Dios y a su obra de dar lugar a la nueva creación en medio de nosotros. Para Pablo, la realidad de la resurrección ya está siendo inaugurada en la conversión de los creyentes en el cuerpo de Cristo.[26]

Como consecuencia, el poder de Cristo al establecer su reinado como el Hijo de Dios (1Co 15:25) ya está asentándose en la vida de los creyentes que, como hijos de Dios, libran una guerra contra la carne (3:9, 16-18; 6:14–7:1; *cf.* Ro 8:14 en el contexto de 8:9-16; Gá 5:17). Y el retorno de Cristo consumará el reino de Dios con la resurrección de aquellos que pertenecen al Señor, como indica la garantía del Espíritu santificador en su vida (1Co 15:23; 2Co 1:23; 3:18; 4:14-18). Así pues, vivimos en el solapamiento de las eras (el reino está aquí, pero aún no en toda su plenitud). Por tanto, la vida de fe tiene lugar dentro del contexto del sufrimiento del pueblo de Dios que, "salvado en esperanza" (Ro 8:17-25), vive y resiste por el poder del Espíritu mientras espera la consumación futura.

En vista de este hincapié en el crecimiento en santidad y la resistencia de la fe como demostración presente del poder de Dios, existe una doble aplicación del pensamiento de Pablo a la experiencia de los cristianos en general. (1) La descripción de Pablo de su ministerio apostólico nos llama a aceptar su autoridad y representación del evangelio como legítima. Entre los cristianos, existe una peligrosa tendencia a elegir sus autoridades religiosas según sus propias simpatías y antipatías. Para muchos actualmente, Pablo ya no es popular. Sin embargo, su declaración de autoridad a lo largo de estos capítulos es inequívoca. Rechazar al apóstol y su mensaje es hacer lo propio con el evangelio de Cristo. El mensaje de Pablo es muy desafiante, y si nos apartamos de él nos ponemos en peligro (*cf.* 13:1-10).

---

26. 1Co 12:12-13; 15:45; 2Co 1:18-22; *cf.* Ro 1:4; 8:11; cómparese a Jesús como "primicias" de la resurrección en 1Co 15:20, 23 con los creyentes que poseen el Espíritu como las "primicias" de la restauración futura en Ro 8:23.

(2) El entendimiento de Pablo del plan soberano de Dios para la aflicción, una vez aceptado, transformará de forma espectacular nuestra propia experiencia siempre que nos veamos en situaciones de sufrimiento. Cuando los cristianos sufren, como Pablo, también cobran aliento por el hecho de que su vida mediará para los demás el poder de la resurrección, a través del acto de liberación de Dios o, de forma incluso más profunda, del testimonio de su resistencia y santidad. Aunque el sufrimiento circunstancial que constituía una parte fundamental del llamamiento de Pablo puede ser un aspecto ocasional de la voluntad de Dios para todos los creyentes, todos nosotros podemos seguir el ejemplo de Pablo de provocar el sufrimiento que se produce cuando consideramos las necesidades de los demás más importantes que las nuestras.

Además, entre nosotros están aquellos a los que Dios llamará al ministerio y la misión del evangelio, en los cuales la proclamación de la cruz y la resurrección de Cristo se materializarán necesariamente en una disposición a sufrir por causa de los demás. En cualquier caso, nosotros también, como Pablo, somos llamados a confiar en que Dios nos sustentará en medio de nuestra adversidad (4:8-15) en la confianza de que él nos liberará definitivamente (4:16-18), de forma que el poder de Dios pueda ser manifiesto en nuestra debilidad (4:7; *cf.* 12:7-10).

La gloria del mundo venidero. El reino de Dios ya ha irrumpido en este "presente siglo malo" (Gá 1:4; *cf.* 2Co 1:20-22). Sin embargo, aún no está aquí en toda su plenitud. Eso significa que nuestro disfrute de la plenitud de la presencia de Dios y las bendiciones que incluye siguen siendo una realidad futura. Nuestra experiencia actual del Espíritu, tan maravillosa como es, es únicamente una "garantía" de las glorias venideras. Solo una visión del reino del tipo "ya/aún no", con su esperanza en la consumación que está por llegar, puede resistir la tentación de caer presa del evangelio de la salud y la riqueza. Debemos resistir a todas las formas de "escatología sobrerrealizada", en la que las promesas de Dios para el futuro se trasladan al presente.

Al mismo tiempo, debemos hacer hincapié en que el sufrimiento en y por sí mismo no es la revelación del poder de Dios. Pablo nunca glorifica la aflicción. Aunque la revelación del poder de Cristo tiene lugar en la paradoja del sufrimiento del apóstol, esta no es absoluta. La cruz no es gloria en sí misma, la muerte no es vida en sí misma, la debilidad no es poder (*cf.* 4:8-11, 16-18). En lugar de ello, Pablo propone que la liberación, el poder y la renovación también existen en, por medio y después del sufrimiento. El sufrimiento del apóstol no es la gloria de Cristo; esta es mediada *por medio* del sufrimiento de Pablo. Por tanto, los creyentes deben evitar el sufrimiento circunstancial y la persecución siempre que ello no obstaculice ni comprometa su llamado, así como orar por la curación y la liberación cuando estén enfermos (*cf.* Ro 12:17-18; 1Co 7:15; Fil 4:4-7; 1Ti 5:23).

Pero los justos sufren (*cf.* Sal 116:10 en 2Co 4:13). Y algunos, como Pablo, son incluso llamados a hacerlo por causa del evangelio. Dios da a conocer su soberanía y amor entregando al apóstol "a la muerte por causa de Jesús" (4:11-12; *cf.* 1Co 4:9; 2Co 2:14), y sosteniéndolo seguidamente a través de la misma de forma que pueda ser capaz de resistir en fe (2Co 4:8; *cf.* 1Co 10:13; Fil 2:15-28). La capacidad de Pablo de resistir y regocijarse en medio de la adversidad revela "la vida de Jesús" a los demás. Cualquiera puede adorar a Santa Claus. En un marcado contraste, el testimonio definitivo del poder de Dios es la alabanza que brota en medio de la aflicción debido a nuestra convicción de que el Señor está obrando en y por medio de nuestro sufrimiento para un bien futuro tan maravilloso que todas las dificultades presentes parecen "ligeras y efímeras" (4:14-17).

Las palabras de Pablo en 4:14 y 4:16-18 nos recuerdan que este enfoque futuro en nuestra fe es la clave para resistir a la "corintización" de la iglesia. La estructura del pensamiento de Pablo en este pasaje deja claro que cualquier cosa que anhelemos y esperemos en el futuro determina inevitablemente cómo vivimos en el presente. La esperanza y sus deseos son el motor que nos empuja. La búsqueda de un mayor bien en el futuro es la única motivación lo suficientemente fuerte para producir una negación del ego dispuesta y perseverante en el presente. Solo la "gloria eterna" puede pesar más que las cargas de este mundo. Si lo que consideramos bueno sigue identificado con lo que este mundo tiene que ofrecer, quizá incluso racionalizado como la bendición de Dios, nuestra vida se volverá inevitablemente mundana. No hay forma de escapar a esta consecuencia. Como Pablo lo expresó desde la perspectiva de su propia cultura, si todo lo que esperamos es la vida en la tierra, entonces "comamos y bebamos, que mañana moriremos" (1Co 15:32).

Sin confianza en nuestra futura resurrección y un anhelo creciente por lo que significará la exaltación con Cristo, el llamamiento del evangelio pierde su poder transformador. Nuestras esperanzas determinan nuestros hábitos. A fin de no desanimarnos ahora, el mundo venidero, no este, debe cautivar nuestra mente. Solo aquellos que se centran en el cielo son buenos en la tierra.

> Pablo está dispuesto a llevar en su cuerpo la muerte de Jesús en el presente (4:10-11) en parte porque cree en una futura resurrección de los muertos. Se somete a la condición de un "esclavo" (4:5) porque confía en una futura exaltación. Está dispuesto a morir cada día (1Co 15:30) porque espera una futura vida celestial. Es capaz de hablar de forma tan atrevida en el presente (2Co 4:13) porque espera reinar con Cristo en el futuro. Sin fe en una futura resurrección, el sufrimiento presente de Pablo no solo sería intolerable, tampoco tendría sentido (1Co 15:30-32).

Según él mismo reconoce, sería el más desdichado de los hombres (1Co 15:17-19).[27]

La cultura moderna y postmoderna gira en torno a una orientación hacia este mundo; el único futuro a largo plazo que nuestra cultura considera lo suficientemente importante como para planificar consistentemente es la jubilación. Esta preocupación generalizada por vivir lo máximo posible, lo más saludablemente posible y con la mayor riqueza posible ha impactado fuertemente en la iglesia de Occidente. Nuestro conocimiento y experiencia de Dios son tan débiles, y nuestro deseo de los placeres del presente tan intenso, que nos resulta casi imposible imaginar que la vida con Dios en el mundo venidero podría ser incomparablemente mejor de lo que esperamos experimentar en este mundo.

Esta mundanalidad se refleja en nuestra adoración, ya que las personas siempre alaban aquello que valoran. Aunque tenemos una multitud de cánticos de adoración que celebran la presencia de Dios en nuestra vida aquí y ahora, ¿cuándo fue la última vez que un cántico sentido y reflexivo sobre las glorias del cielo le emocionó profundamente? ¿Cuándo fue la última vez que entonó uno de ellos? ¿Se escriben actualmente ese tipo de himnos o coros en Occidente? Estamos simplemente demasiado felices con el mundo como para pensar seriamente en el mundo venidero. El anhelo expresado en Salmos 42:1-2 y 84:1-12 es extraño para nosotros. Rechazamos por defecto la realidad de la resurrección que los corintios negaban explícitamente (*cf.* 1Co 15:12). En ambos casos, la consecuencia es la misma: una vida vivida en busca de las recompensas temporales de este mundo.

Las ovejas van donde sus pastores las llevan. Las congregaciones adoptan la visión y los valores de sus pastores. El razonamiento de Pablo en este pasaje, centrado en su propio ministerio como apóstol, provee así el antídoto contra la cortedad de miras mundana de la iglesia. En lugar de representar la imagen del líder exitoso, los pastores deben tomar la delantera en el sufrimiento por causa del evangelio debido a su confianza en la excelsa valía de la gloria que "vale muchísimo más que los sufrimientos ligeros y efímeros" (4:18). Desgraciadamente, en muchos estamentos de la iglesia actual, los líderes cristianos han pervertido el evangelio en un intento mágico de obtener una curación física y comodidades materiales por medio de fórmulas de fe del tipo "nómbralo y reclámalo" así como de "confesiones positivas" de curación a pesar de los aparentes "síntomas" de uno. Como D. R. McConnell observa:

> [este llamado "evangelio de la fe"] es sin duda el mensaje más atractivo predicado actualmente y, por ende, en toda la historia de la iglesia. Rara vez ha existido un evangelio que haya prometido tanto y exigido tan poco. El evangelio de la fe es un mensaje

---

27. Savage, *Power Through Weakness*, 181.

> preparado para encajar idealmente con el cristiano americano del siglo XX. En una época caracterizada en América por la complejidad, el evangelio de la fe provee respuestas simples, si no reveladoras. En una economía alimentada por el materialismo y enardecida por las ambiciones del "ascenso", el evangelio de la fe predica la riqueza y la prosperidad [...] en un entorno internacional caracterizado por la anarquía [...] el evangelio de la fe confiere una autoridad con la cual el creyente puede supuestamente ejercer un control total sobre su propio entorno.[28]

De hecho, los valores culturales del materialismo que nos rodea son tan penetrantes que incluso aquellos que no abogan explícitamente por esta perversión del evangelio creen que las circunstancias deberían ser favorables para los seguidores piadosos de Jesucristo. Cualquier otra cosa que no sea la paz (al menos dentro del núcleo familiar), la prosperidad (al menos un estilo de vida de clase media) y la salud (al menos la mayor parte del tiempo) se vuelve una decepción con Dios. Dentro de este contexto, es imperativo que nos recordemos constantemente que la resistencia con alabanza, no la evitación del dolor, es la prueba de que el reino de Dios está aquí (4:8-9).

La gloria de la negación del ego. Semejante resistencia en la fe no es una ilusión. No es ser de un optimismo ingenuo con nuestras circunstancias. No es el acto heroico de personas dotadas de una gran fortaleza y fuerza de voluntad, tampoco simple resignación. Para aquellos que pueden ver la gloria venidera, es la única cosa que tiene sentido. La evaluación que Pablo hace de su sufrimiento presente a la luz de su esperanza futura deja claro que seguir a Jesús implica tanto perseverancia en medio del sufrimiento como negación de uno mismo por causa de los demás, y quizá incluso sufrir por Cristo. Sin embargo, ese sufrimiento nunca es un sacrificio. Como creyentes, nunca entregamos más de lo que recibimos en Cristo.

La "comparación de precios" entre el sufrimiento en la tierra y la gloria del cielo, entre perder este mundo y ganar el venidero, lleva a la conclusión de que

---

28. D. R. McConnell, *A Different Gospel: A Historical and Biblical Analysis of the Modern Faith Movement* (Peabody, Mass.: Hendrickson, 1988), xvii. McConnell (15-76) demuestra que el origen de este movimiento se puede remontar hasta las enseñanzas metafísicas de E. W. Kenyon (1867–1948), esp. tal como deriva de la Ciencia Cristiana y como la popularizó Kenneth E. Hagin (n. 1917). En el centro de esta perversión del evangelio se encuentra una doctrina de Dios en la que él "no es un Dios personal que gobierna soberanamente el universo", sino "una fuerza impersonal" que gobierna por medio de leyes espirituales que pueden hacerse operar mediante la "fe" o la "mente" del creyente (*cf.* 136-37). En última instancia, este falso evangelio ha colocado una fe en la "fe", redefinida como el poder del pensamiento adecuado y un "núcleo de fuerza" de palabras, en el lugar de una dependencia humilde en las promesas definidas bíblicamente y en la dirección de Dios (140-41).

nadie sirve o da excesivamente a Dios. Cualquier cosa que entreguemos en el presente, incluso la propia vida, palidece en comparación con lo que el Señor nos concederá en el futuro (4:17-18). Lo peor que el mundo puede hacer por nosotros es matarnos. No obstante, desde el punto de vista de Pablo, morir en Cristo es "ganancia" (Fil 1:21). Solo aquellos que deseen obtener una vida con Dios serán capaces de perder la suya por Cristo y el evangelio (Mr 8:34-35). De este modo, a fin de seguir los pasos de Jesús y de Pablo, una relación íntima con Dios ("Padre nuestro que estás en el cielo"), un deseo de que la gloria de su carácter se manifieste ("santificado sea tu nombre"), y un anhelo por la venida de su reino en toda su plenitud ("venga tu reino, hágase tu voluntad en la tierra como en el cielo") deben sustituir nuestras ansias de obtener lo que el mundo tiene que ofrecer.

Los deseos cambiados vienen por medio de la alteración de los apetitos. Lo que cada generación necesita es gustar quien es Dios en toda su majestad y lo que significará vivir y reinar eternamente con Cristo. Para vivir vidas santas aquí y ahora, debemos hacer todo lo posible en nuestra predicación, adoración y vida para volver a tener un sentido de la gloria de estar en la presencia de Dios (Mt 6:19-24). Solo de esta forma puede romperse el control absoluto del materialismo que nos impide andar un maravilloso camino junto a Cristo. Como Richard Sturch ha observado:

> [Cuando la Biblia utiliza imágenes para hablar sobre el cielo] hay imágenes de una poderosa realidad. El cielo es como el literal; es como un jardín; como una ciudad, una ciudad *ajardinada* incluso; como la música; como una solemne liturgia de alabanza; como un gran banquete; como la meta del peregrinaje; como la realeza, el sacerdocio y una celebración de victoria. Tratar de reducir esas imágenes a un nivel literal y prosaico es un disparate no solo en el plano artístico, sino también en el teológico [...]. Y en el centro de cada imagen está aquel que es núcleo y fuente de toda realidad, Dios mismo [...]. La presencia de Dios con su pueblo es lo mejor de su recompensa [...]. Y como Dios es la bondad suprema, verlo y conocerlo es sin duda nuestra felicidad absoluta ...[29]

Dios mismo, y solo él, ha hecho del cielo el cielo. No tolera rivales con el fin de honrar su nombre y proteger a su pueblo de un gozo de segunda clase.

---

29. Richard Sturch, "On Being Heavenly Minded", en Anthony N. S. Lane, ed., *The Unseen World: Christian Reflections on Angels, Demons and the Heavenly Realm* (Carlisle, Eng.: Paternoster; Grand Rapids: Baker, 1996), 65-74, 65-68. Sturch (66-70) desvela las imágenes bíblicas del "cielo" como algo que indica el poder superior de Dios, su omnisciencia, la bondad (las asociaciones positivas de la luz; *cf.* Stg 1:17), la dicha (*cf.* 2Co 12:2), y el estado final de los redimidos, incluido un estado de mente en sintonía con la presencia de Dios, con un deseo consciente y completo (*cf.* Jn 17:3; 1Co 13.12; 1Jn 3:2; Ap 21:3-4).

Como ministro del evangelio, Pablo medió esa gloria y felicidad del cielo en medio de las realidades de este mundo, empapadas de pecado. La afirmación correspondiente de que su ánimo procedía del valor eterno de su ministerio es particularmente conmovedora para los pastores actuales, que deben resistir a la invasión de nuestras iglesias por el "síndrome del éxito" de nuestra cultura. La obra de David Hansen, *The Art of Pastoring: Ministry Without All the Answers*, es una útil contraofensiva. Hansen provee una emotiva descripción en primera persona de la visión de Pablo del ministerio, aplicada al pastorado actual y por extensión a todos los cristianos utilizados por Dios en aspectos pastorales. Reflexionando de forma teológica sobre sus propias experiencias, Hansen demuestra cómo obran en la vida contemporánea de un pastor los siguientes principios de 2 Corintios 1–4:

1. Leer estudios bíblicos, teología e historia de la iglesia es más "práctico" y útil en el ministerio que la montaña de libros existentes en el mercado que hablan de cómo conseguir o realizar una determinada cosa, ya que nuestra necesidad principal es tener un mayor sentido de quiénes somos y por qué actuamos, no más habilidades ...

2. El ministerio es una forma de vida, no una tecnología ...

3. Los llamados a ministrar sirven a la iglesia, pero no trabajan para ella. Su jefe es Jesús ...

4. El ministerio no debe verse dirigido por empleadores, tendencias o tareas. Es seguir a Jesucristo, que es quien llama a sus pastores, de forma que el acto de seguir a Jesús *es* el acto del ministerio pastoral ...

5. El Jesús a quien seguimos tiene una "dirección narrativa general" en su vida, concretamente, el camino de la cruz ...[30]

---

30. David Hansen, *The Art of Pastoring: Ministry Without All the Answers* (Downers Grove, Ill.: InterVarsity, 1994), 10, 11, 17, 20, 22-23, 27. Hansen (19) destaca que la teología en sí misma es muy culpable de la crisis actual en el ministerio por haber separado la "teología práctica" de las demás disciplinas y definir la tarea ministerial en términos de lo que los pastores "hacen". En sus propias palabras, "los teólogos profesionales se preguntan por qué los pastores no leen teología. El fallo está en ellos. Dado que los teólogos describen a los pastores como personas que hacen cosas en la iglesia, estos no tienen tiempo de leer teología. Como a los pastores se les enseña a ser realizadores de tareas, la teología académica los ha dirigido a manuales prácticos de pocas páginas. Si los teólogos se lamentan de que los pastores no estén bastante interesados en la escatología, esto se debe a que la administración del tiempo se ha convertido en la nueva escatología. El venerable 'ya, pero aún no' de la teología se ha convertido en 'lo que tiene que hacerse hoy y lo que se puede dejar para mañana'" (19-20).

No sorprende que Hansen concluya estas observaciones apuntando a las palabras de Pablo en 2 Corintios 4:10-11:

> Jesús nos ordenó específicamente seguirle en la dirección general de su vida, el Camino de la cruz. Para no negarnos a llevar la cruz por pensar que es un sinsentido en un mundo de principios de gestión "científicos" y de método psicológico, observemos simplemente que todos los problemas en los que se ven inmersos los mejores y más talentosos pastores vienen provocados por no haber seguido el Camino de la cruz. Los más preparados y más capaces dentro del ministerio pastoral y en las jerarquías denominacionales hacen daño a la iglesia y a sí mismos por su ego incontrolado y su nula disposición a abandonar las posiciones elevadas. El pecado sexual sale en la prensa, pero el ego mata a la iglesia. Jesús nos indicó exactamente la dirección que debe tomar nuestra vida: "Si alguien quiere ser mi discípulo, que se niegue a sí mismo, lleve su cruz y me siga" (Marcos 8:34).
>
> El poder de llevar a cabo el ministerio pastoral y su enfoque central [...] reside específicamente en seguir cada día a Jesús de forma concreta, dirigidos por él en el Camino de la cruz [...]. Pablo reconoció este hecho cuando dijo a los corintios: "Siempre llevamos en nuestro cuerpo la muerte de Jesús, para que también su vida se manifieste en nuestro cuerpo. Pues a nosotros, los que vivimos, siempre se nos entrega a la muerte por causa de Jesús, para que también su vida se manifieste en nuestro cuerpo mortal" (2Co 4:10-11).[31]

La gloria de la gracia futura. Como hemos visto, lo que sostenía a Pablo no era principalmente su gratitud por lo que Cristo había hecho por él en el pasado (aunque sin duda estaba profundamente agradecido), sino su esperanza para el futuro (*cf.* 4:14). En nuestra generación del "ahora", la orientación del apóstol hacia el futuro, que constituye un aspecto tan esencial de la visión bíblica del mundo, es un remedio desesperadamente necesario. Lo que Dios ha hecho por nosotros en el pasado es el fundamento de nuestra fe, no su centro de atención. No vivimos en el pasado. Cuando miramos atrás, adquirimos confianza en Dios para el futuro. Esta esperanza para el futuro, sea para esta misma tarde, confiando en que el Señor nos proteja en medio de las tentaciones y el sufrimiento que llegarán, sea en nuestro lecho de muerte, esperando que él nos deje en su presencia para toda la eternidad, fortalece al pueblo de Dios para que no desfallezca y viva como Cristo.

---

31. *Ibíd.*, 27-28.

La fe que Pablo exhibe en 4:13 no es una aceptación mental de la verdad de unos hechos históricos, aunque sin duda se basa en ellos. Tampoco es una fórmula mágica diseñada para obtener cosas de Dios, aunque sin duda él recompensa la fe llevando a su pueblo ante su presencia para toda la eternidad. Más bien es una confianza cada vez mayor en las promesas de Dios debida a que él ha demostrado ser digno de confianza. Esta fe comienza cuando depositamos nuestra esperanza en la promesa de Dios de perdón en Cristo. Continúa a través de los altibajos de la vida conforme vamos confiando cada vez más en la sabiduría y el poder de Dios de dirigirnos, sustentarnos y santificarnos. Y culmina en ese día en que esperamos que el Señor nos lleve con él a nuestro hogar. Hemos sido salvados por fe desde el principio hasta el final, y la fe también es eterna, porque dependemos de Dios para todo lo que somos y esperamos ser a lo largo de toda le eternidad (*cf.* 1Co 13:13).

John Piper detalla para nosotros la raíz del asunto.[32] Como Pablo (*cf.* 4:15), Piper es consciente de que el objetivo de la vida cristiana es:

> [Que] Dios sea *valorado* sobre todas las cosas. Podría decir también que el propósito absoluto es la *alabanza* de la gloria de la gracia de Dios. La razón por la que ambas cosas son objetivos definitivos es que *valorar* es la esencia autentificadora de la *alabanza*. No podemos alabar a aquello que no apreciamos. O, expresado de otra forma, *glorificamos más a Dios cuando estamos más satisfechos en él* [...]

> El pecado es lo que hacemos cuando nuestro corazón no está satisfecho con Dios. Nadie peca por obligación. Lo hacemos porque trae consigo alguna promesa de felicidad. Esa promesa nos esclaviza hasta que creemos que debemos desear más a Dios que la propia vida (Sal 63:3). Esto significa que el poder de Dios destruye el de la promesa del pecado. Todo lo que el Señor promete que será para nosotros en Jesús supera a lo que el pecado promete darnos sin él. Esta gran perspectiva de la gloria de Dios es lo que llamamos *gracia futura*. Estar satisfechos con eso es lo que llamamos *fe*. Por tanto, la vida de la que escribo en este libro se llama: *Gracia Futura: el poder purificador de vivir por fe en la gracia futura* [...]

> Las promesas de gracia futura constituyen las claves para una vida cristiana que imita a Cristo [...]. Cuando digo *futura* no me refiero simplemente a la gracia del cielo y del siglo venidero.

---

32. Para una descripción profunda de las implicaciones "prácticas" de la orientación futura de Pablo en 4:16-18 a la vista de 4:7-12, véase la importante obra de Piper, *Gracia venidera* (Miami: Vida, 2008).

> Hablo de la gracia que comienza ahora, en este mismo segundo, y sustenta nuestra vida hasta el final de este párrafo. Cuando digo *gracia* no me refiero simplemente al perdón de Dios al borrar nuestros pecados, sino también al poder y la belleza del Señor que evitan que pequemos. Cuando digo *fe* no me refiero simplemente a la confianza en que Jesús murió por nuestros pecados, sino también en que Dios nos dará "generosamente, junto con él, todas las cosas" (Ro 8:32). La fe es principalmente una "garantía de lo que se espera" orientada al futuro (Heb 11:1). Su esencia es la profunda satisfacción con todo lo que Dios promete ser para nosotros en Jesús, ¡empezando ahora mismo![33]

Esta expectativa de la "gracia futura" se encuentra en el meollo de cómo hacía frente Pablo a su propio desgaste en esta vida. Al fin y al cabo, ¿por qué no se desanimaba el apóstol? ¿Qué hacía posible la renovación del "hombre interior" de Pablo? La respuesta es la orientación hacia el futuro de 4:16-18. Como Piper lo expresa de nuevo:

> La renovación de su corazón procede de algo muy extraño: viene de mirar lo que no puede ver [...]. Esta es la forma de no desanimarse: mirar lo invisible. ¿Qué veía él? Unos pocos versículos después en 2 Corintios 5:7, dice: "Vivimos por fe, no por vista". No quiere decir que salte en la oscuridad sin saber lo que hay en ella. Significa que las realidades más preciosas e importantes del mundo se encuentran más allá de nuestros sentidos físicos. "Miramos" esas cosas invisibles a través del evangelio. Por la gracia de Dios, vemos lo que Pablo llamaba "la luz del glorioso evangelio de Cristo, el cual es la imagen de Dios" (2Co 4:4). Fortalecemos nuestro corazón, renovamos nuestra valentía, fijando nuestra mirada en la verdad invisible y objetiva que vemos en el testimonio de aquellos que miraron a Cristo cara a cara.[34]

Esta "realidad invisible" que sostiene la fe de Pablo es la gloria de Dios que vio representada en el Cristo crucificado y resucitado (*cf.* 4:5-6). La confianza de Pablo en la promesa de Dios de que un día él también participaría sin medida en esta gloria eterna lo mantuvo perseverante en la fe en medio de la adversidad. Como consecuencia, estaba siendo transformado "con más y más gloria" (3:18). El Señor había abierto los ojos de Pablo a la gloria del propio Dios en Cristo, de forma que acabó siendo consciente de que conocer a Dios valía más que cualquier cosa que el mundo pueda ofrecer. Así pues, veamos de nuevo lo que dice Piper:

---

33. *Ibíd.*, 9-13.
34. *Ibíd.*, 359.

Esto significa que la decadencia de su cuerpo tenía un sentido. El dolor, la presión, la frustración y la aflicción no estaban produciéndose en vano. No estaban desvaneciéndose por un agujero negro de sufrimiento inútil. En su lugar, esta aflicción estaba produciendo "una gloria eterna que vale muchísimo más que todo sufrimiento".

La cosa invisible a la que Pablo miraba para renovar su hombre interior era el inmenso peso de gloria que estaba siendo preparado para él, no solo *después de*, sino también *por medio de* y *por*, el desgaste de su cuerpo [...]. Cuando se siente dolorido, no solo fija sus ojos en lo fuerte que es el dolor, sino en lo que pesará la gloria debido al mismo.[35]

El entendimiento de Pablo de lo "pesada" que es realmente esta "gracia futura" prometida y de su significado para el ministerio del evangelio pasa a ser el tema de 5:1–6:2.

---

35. *Ibíd.*, 359-60.

2 Corintios 5:1-10

De hecho, sabemos que si esta tienda de campaña en que vivimos se deshace, tenemos de Dios un edificio, una casa eterna en el cielo, no construida por manos humanas. ² Mientras tanto suspiramos, anhelando ser revestidos de nuestra morada celestial, ³ porque cuando seamos revestidos, no se nos hallará desnudos. ⁴ Realmente, vivimos en esta tienda de campaña, suspirando y agobiados, pues no deseamos ser desvestidos sino revestidos, para que lo mortal sea absorbido por la vida. ⁵ Es Dios quien nos ha hecho para este fin y nos ha dado su Espíritu como garantía de sus promesas. ⁶ Por eso mantenemos siempre la confianza, aunque sabemos que mientras vivamos en este cuerpo estaremos alejados del Señor. ⁷ Vivimos por fe, no por vista. ⁸ Así que nos mantenemos confiados, y preferiríamos ausentarnos de este cuerpo y vivir junto al Señor. ⁹ Por eso nos empeñamos en agradarle, ya sea que vivamos en nuestro cuerpo o que lo hayamos dejado. ¹⁰ Porque es necesario que todos comparezcamos ante el tribunal de Cristo, para que cada uno reciba lo que le corresponda, según lo bueno o malo que haya hecho mientras vivió en el cuerpo.

La relación entre 4:16-18 y 5:1-5 es objeto de debate, principalmente debido a los diversos significados de la conjunción griega *gar*, que introduce 5:1 (la NVI traduce "de hecho").[1] Pablo se refiere frecuentemente a algo conocido que respalda otras afirmaciones que hace.[2] Así pues,

---

1. Véase BAGD, 151-52. Esta conjunción suele introducir una causa o razón (que significa "de hecho"), pero también puede indicar una interpretación adicional (que significa "es decir"), una conclusión ("por tanto"), o sencillamente una continuación de lo que se está diciendo ("en realidad", "pero entonces").
2. Con respecto a los demás usos que Pablo hace de *gar* ("de hecho") además de algo que se dice para que se sepa, véase Ro 7:14, 18; 8:26; 2Co 9:2; Ef 5:5; Fil 1:19; 1Ts 2:1; 3:3; 4:2; 5:2; 2Ts 3:7; 2Ti 1:12; para saber más del uso relacionado que Pablo hace del participio "sabiendo" en apoyo de lo que se acaba de decir, véase Ro 5:3; 6:9; 13:11; 1Co 15:58; 2Co 1:7; 4:14; 5:6, 11; Gá 2:16; Ef 6:8, 9; Fil 1:16; Col 3:24; 4:1; 1Ts 1:4; 1Ti 1:9; 2Ti 2:23; 3:14; Tit 3:11; Flm 21; acerca del uso paralelo de "saber" (*oida*) con *de* ("pero") para introducir respaldo, véase Ro 2.2; 3:19; 8:28; 1Ti 1:8; y para su uso de "saber", con sentido retórico, en apoyo de lo que acaba de decir (a saber, "¿Acaso no saben ustedes ...?"), véase Ro 6:16; 1Co 3.16; 5:6; 6:2-3, 9, 15, 16, 19; 9:13, 24.

"sabemos" en 5:1 indica que *gar* introduce la base o razón de lo que acaba de afirmar en 4:16-18. La traducción ambigua de *gar* en 5:1, "de hecho", se traduce mejor "porque": "ya que lo que se ve es pasajero, mientras lo que no se ve es eterno [4:18], *porque* [*gar*] sabemos que si esta tienda de campaña en que vivimos se deshace, tenemos de Dios un edificio, una casa eterna en el cielo, no construida por manos humanas [5:1]". La naturaleza eterna del mundo invisible se basa en el hecho de que Dios lo ha construido para que sea nuestra morada eterna en su presencia. Cuando entendemos 5:1 de esta forma, se hace evidente que el tema del capítulo 4, la confianza de Pablo en el presente basada en sus convicciones relativas al futuro, continúa en 5:1-10.

Tan importante como la conjunción en 5:1 para trazar el razonamiento de Pablo en 5:1-10 es la clave de la comprensión de su pensamiento aquí para determinar el tema del párrafo en sí. La aparente simplicidad de este texto se disipa tan pronto como uno descubre que el significado del contraste en 5:1 entre lo que es "terrenal" y lo "eterno" no queda claro en absoluto de forma inmediata. ¿A qué se refiere la figura de una "tienda de campaña" (lit., "una casa terrenal, esto es, una tienda") que es destruida, en contraste con un "edificio [de Dios], una casa eterna en el cielo, no construida por manos humanas"? ¿Cómo puede esta casa o edificio eterno "revestirnos", de forma que no nos hallen "desnudos", *a fin de que* "lo mortal sea absorbido por la vida" (5:2-4)? ¿Cuál es la "desnudez" que Pablo quiere evitar? ¿Qué está anhelando Pablo, que lo hace "suspirar" mientras espera, y cuándo se cumplirá ese anhelo (5:2, 4)? De las muchas respuestas que se han dado a estas preguntas, estas dos interpretaciones son las que más respaldo han recibido.[3]

(1) La interpretación más común es que Pablo está expresando su certeza con respecto a la resurrección (5:1) y su anhelo de estar vivo cuando Jesús vuelva, de forma que pueda pasar directamente de esta vida presente (= la "tienda de campaña" terrenal o vivir "en este cuerpo") a su estado resucitado (= el "edificio de Dios", la "casa eterna", la "morada celestial"; 5:2, 4) sin experimentar la muerte. Sin embargo, si uno tiene que morir, Pablo reconoce la existencia de un "estado intermedio", incorpóreo (= ser hallado "desnudos" o ser "desvestidos"), que tiene lugar entre la muerte de un creyente (= perder su tienda/cuerpo terrenal o ser "desvestido") y la resurrección futura del cuerpo (5:3-4). Aunque morir antes de que Cristo vuelva no es el primer deseo de Pablo, si tiene que ocurrir, se "ausentará de este cuerpo y vivirá junto al Señor" (5:8) hasta el momento en que los creyentes reciban su nuevo cuerpo resucitado en el "tribunal de Cristo" (5:10). Así pues, morir sigue siendo preferible a permanecer en esta vida, ya que significa estar con Cristo (5:8).

---

3. Para un útil análisis de la amplia bibliografía sobre este pasaje, véase C. Marvin Pate, *Adam Christology*, 1-31.

2 Corintios 5:1-10

Esta interpretación considera que el razonamiento de Pablo se debe principalmente a la escatología judía, con su creencia en una resurrección corporal, aunque también se piensa que el apóstol se ve influenciado por la dicotomía cuerpo/alma habitual en el helenismo de la época. La base de esta interpretación es el paralelismo entre este pasaje y 1 Corintios 15:50-55, donde el concepto de "ser revestido" aparece también en relación con la resurrección de los creyentes en la segunda venida de Cristo (*cf.* 2Co 5:2-4 con 1Co 15:53-54).

Hay variaciones dentro de esta primera opinión. Algunos sostienen que 5:1-5 solo habla de la resurrección final en el retorno de Cristo, mientras que el estado intermedio descrito en 5:6-10 también es de resurrección. En este punto de vista, solo hay dos tipos de existencia (el cuerpo terrenal y el resucitado), de forma que aquellos que mueran antes del regreso de Cristo ya están experimentando la resurrección de la era venidera. Al morir, los creyentes entran directamente en el estado resucitado. En contraste con el pensamiento helenístico, la idea de Pablo es *negar* que exista un período intermedio de "desnudez" sin un cuerpo resucitado, que él no desearía (5:3-4).

Sin embargo, dentro de esta perspectiva básica, otros argumentan que 5:1-5 describe el estado intermedio en sí. En esta opinión, el "edificio de Dios" o la "morada celestial" de 5:1-2 no se refieren al cuerpo de la resurrección, sino que son el intento de Pablo de describir una morada o vestido temporal en el estado intermedio que evitará que los creyentes sean hallados "desnudos" (es decir, como un espíritu incorpóreo), algo que Pablo no podía imaginar (5:3-4). En este punto de vista, Pablo sigue confirmando el estado intermedio como una forma distinta de la resurrección corporal definitiva, pero rechazando la idea de estar "desnudos" durante el mismo.

(2) En marcado contraste con esta primera opinión y sus variaciones, un influyente grupo de expertos ha seguido la dirección de Earle E. Ellis, cuyo argumento defiende que el tema tratado aquí no es en absoluto el *futuro* del *individuo*, como sí lo es en 1 Corintios 15, sino el templo judío como un símbolo de la *presente* incorporación de los creyentes en el cuerpo *colectivo* de Cristo.[4] En lugar de describir la muerte y el más allá, Pablo se está refiriendo a convertirse en cristiano en esta vida. Tomando como prueba los paralelismos en la terminología entre 5:1 y Marcos 14:58, esta opinión sostiene que el edificio eterno y celestial de Dios en 5:1-2 se refiere al pueblo de Dios como el nuevo templo en el que él mora ahora (acerca de este uso del simbolismo del edificio para el pueblo de Dios, *cf.* 1Co 3:9; Ef 2:21; 4:12, 16).

Así pues, en 2 Corintios 5:1-2, Pablo está hablando sobre aquellos que se han incorporado a la iglesia como cuerpo de Cristo, que está ahora solo, presente

---

4. Véase Earle E. Ellis, "The Structure of Pauline Eschatology (II Corinthians V:1-10)", *NTS* 6 (1959–1960): 211-24.

en el cielo. La "destrucción" de la que se habla en 5:1 no es la muerte del creyente individual, sino todo el proceso de la muerte mencionado en 4:7-11 y 4:16-18. La idea y la confianza de Pablo son que, aunque el cuerpo mortal de los creyentes sea destruido, estos son ahora miembros del cuerpo de Cristo. La imagen de ser "revestidos" en 5:2, 4 no se refiere a obtener algún tipo de existencia celestial, sino a aceptar a Cristo en el bautismo.[5] En 5:3, Pablo no está pensando en quedar "desnudo" durante el estado intermedio, sino en ser encontrado expuesto "ante el tribunal de Cristo" sin las buenas obras necesarias de las que se habla en 5:10.[6]

Pablo no está preocupado personalmente por que se sepa que anhela el día del juicio, ya que se ha incorporado al "cuerpo celestial", que es Cristo, por lo que lo convierte en su objetivo para agradar al Señor (5:9). Según esta interpretación, los suspiros y anhelos de Pablo en 5:2, 4 se refieren a la tensión que existe ahora entre estar en Cristo en medio del sufrimiento y el pecado de este mundo y el anhelo de ser "encontrado" en él en lugar de siendo juzgado por Dios. Solo en 5:6-10 Pablo se vuelve hacia el futuro, y seguidamente al retorno de Cristo, no a algún tipo de estado intermedio. En 5:8, Pablo está refiriéndose por tanto a estar en el hogar con Cristo en su segunda venida.

Esta perspectiva de la "identidad colectiva en Cristo" es reveladora en muchos aspectos. Sin embargo, solo tiene éxito completamente si uno disocia 2 Corintios 5:1-5 de sus paralelismos en 1 Corintios 15:53-55. Sin embargo, este es el trasfondo que los corintios habrían tenido ante sí al leer la carta presente de Pablo. Aunque la idea de "revestirse" está estrechamente relacionada temáticamente con nuestro contexto presente (solo se puede heredar la "morada eterna" como una "nueva naturaleza" [Ef 4:24] "en Cristo" [Gá 3:27], este punto de vista tiene problemas para gestionar el hecho de que Pablo *anhela* esta "morada" en el presente (2Co 5:2), algo difícil de conciliar con su insistencia en que *ya* estamos "en Cristo" ahora.

Además, 5:1 se interpreta mejor como un acontecimiento (*cf.* el uso del tiempo aoristo), no como un paralelismo del proceso continuo de 4:16-18, donde los verbos "desgastarse", "renovarse" y "producir" aparecían todos en un presente continuo. También es difícil de negar la orientación hacia el futuro de 5:1-5, así como de 5:6-10. Así pues, la idea de que Pablo se está refiriendo

---

5. Acerca de la imagen relacionada de "vestirse"/"ser revestido" como referencia a cubrirse de Cristo, véase Ro 13:14; Gá 3:27; Ef 4:22-24; Col 3:9-10.

6. En cuanto a la idea de "desnudez" como referencia a la vergüenza de estar condenado antes del juicio, *cf.* Gn 3:7, 10, 11; Is 20:2-5; 32:11; 47:3; Ez 16:36-39; 23:10, 26, 29; Os 2:3, 8-13; Am 2.16; 4:3 (LXX); Mi 1:8, 11; para la idea de "ser encontrado" como referencia a comparecer ante el juicio, *cf.* 1Co 4.2; 15:15; Gá 2:17; 2P 3:10. Este mismo uso metafórico de la desnudez para referirse a ser juzgado o condenado se usa en Ap 3:17; 16:15; 17:16. A este respecto, es importante apreciar la "desnudez" de Gn 3.7, 10, 11 (heb. *'rum*), con su matiz positivo de franqueza y unidad.

directamente a la incorporación del creyente en el cuerpo de Cristo representado por el templo en 5:1-4 no puede sostenerse.

En vista de tales objeciones, C. Marvin Pate ha desarrollado más esta visión de la "identidad colectiva" en un intento de superar sus puntos débiles. Siguiendo la perspectiva básica de Ellis de que Pablo está hablando de la identidad colectiva del creyente en Cristo, Pate argumenta que la "desnudez" mencionada en este pasaje es una alusión a la experiencia de Adán en Génesis 3:1-7, restableciendo así un vínculo entre este texto y la "Adán-Cristología" de Pablo en 1 Corintios 15:21-55 (*cf.* Ro 5:11-21). Frente a este trasfondo, Cristo como el "segundo Adán" forma el fundamento teológico de 2 Corintios 5:1-10, respaldado por el contexto más amplio de 4:7–5:21 (*cf.* la alusión a Gn 1:26-27 en 2Co 4:4, 6, 16). La idea fundamental de Pablo es que "la gloria primigenia que el primer Adán perdió ha sido restaurada por medio del sufrimiento como justo de Cristo, el último Adán".[7] La "desnudez" de 5:3 se refiere por tanto a nuestra participación en la desnudez de Adán tras la caída.[8] En Adán, nosotros también estamos "desnudos" de nuestra gloria corporal, una condición que continúa en el estado intermedio "incorpóreo". Pablo teme la continuación de este estado "sin gloria" después de la muerte y anhela la manifestación total de la gloria divina en su cuerpo mortal, que ya ha comenzado en su corazón.

Así pues, la interpretación de Pate corrige la visión colectiva alineándola más con 1 Corintios 15, así como manteniendo un dualismo cuerpo/alma dentro del marco escatológico judío. Sin embargo, la opinión de Pate se ve debilitada por su intento de relacionar este pasaje casi exclusivamente con la "Cristología de Adán" de Pablo, que es simplemente una alusión secundaria en este contexto. Además, estos antecedentes no pueden explicar 5:6-10. Al final, Pate cae también en la visión tradicional de la "desnudez" como una descripción del estado intermedio, en el que estar desnudo sigue entendiéndose

---

7. Pate, *Adam Christology*, 22. Para una descripción y evaluación de la tesis de Pate, véase mi revisión de su obra en *JBL* 113 (1994): 346-49. *Cf. Adam Christology*, 33-106, donde Pate se remonta en la tradición de la restauración de la gloria de Adán a lo largo del judaísmo postbíblico y el pensamiento rabínico temprano.
8. Pate, *Adam Christology*, 115-16, donde, para respaldarlo, Pate señala a *3 Apoc. Bar.* 6:16; *2 Enoc* 22:8; 30:12; *Gen. Rab.* 20:12, donde la desnudez de Adán como resultado de haberse quedado sin su gloria se interpreta en términos de vestidura o "ropaje" perdidos en la caída. En *1 Enoc* 90:28-36; *2 Bar.* 4:2-7; *3 Esdras* 10:22-55, 13:36, se usa un edificio/templo futuro y glorioso con connotaciones adámicas para describir la gloria futura de los justos. Para el motivo general de la pérdida de la gloria de Adán en la caída, ver *1 Enoc* 32:3–6; *Apoc. Mos.* 20:1. Para la idea de que antes de la caída Adán ya poseía la justicia de la edad venidera, ver *Eclo.* 49:16 (*cf.* Sal 8:5; Ez 28:11–17); Dn 12:3; *4 Esd.* 8:51; *1 Enoc* 39:9; 50:1; 58:2; 69:11, 13; 85:3; 103:2–3; *2 Bar.* 15:8; 54:15, 21; *2 Enoc* 30:10–11; *Lev. R.* 30:2.

como una referencia a estar "sin cuerpo", visto ahora en términos de la ausencia de la gloria de Dios.

Teniendo en cuenta los puntos fuertes y debilidades de estas interpretaciones, la opinión propuesta aquí tiene su punto de partida en (1) el contraste en 4:18 entre lo temporal y lo eterno que 5:1-10 tiene el propósito de respaldar, (2) la correspondiente referencia a solo dos períodos de tiempo en este pasaje, uno terrenal en el que estamos viviendo "en este cuerpo", y uno celestial en el que vivimos "junto al Señor", (3) la referencia explícita al tribunal de Cristo en 5:10 como factor decisivo que separa ambas épocas, y (4) los paralelismos directos entre 1 Corintios 15:50-54 y 2 Corintios 5:1-10. Como indican estas ideas, el marco de 5:1-10 es el concepto de Pablo de dos eras en el que la vida en la edad presente (esto es, el "mortal" de 5:4) será "absorbida" por la del siglo venidero, cuando todas las personas comparezcan delante de Cristo como juez (5:1, 4, 10).

Al contemplar este futuro, el anhelo de Pablo no es por la muerte en sí, sino por ser transformado en su cuerpo de la resurrección (5:2, 4). Por tanto, no existe una referencia explícita a un estado intermedio en este pasaje. Ellis ha razonado convincentemente que la "desnudez" mencionada es un término ético, que hace referencia a la vergüenza de la exposición ante el juicio de Dios, no uno antropológico, que habla de un estado de existencia humana (la opinión común), o material, que habla de la ausencia de la gloria de Dios (la opinión de Pate). Pablo se centra exclusivamente en la resurrección futura en el tribunal de Cristo. Finalmente, el hecho de que Pate haga hincapié en la restauración de la gloria de Dios a aquellos que están ahora "en Cristo" como el "segundo Adán" provee un importante, aunque secundario, antecedente conceptual al pensamiento de Pablo.

El "suspiro" confiado de Pablo por el futuro (5:1-5)

La idea principal de 4:13-18 era que, en medio de sus adversidades, Pablo se centra en aquellas cosas que no se ven en el presente (4:18b), porque estas cosas invisibles son las que cuentan, porque son eternas (4:18d). Pablo apoya esta convicción en 5:1: "*Porque* [*gar*] sabemos que si esta tienda de campaña en que vivimos se deshace [= la vida en el cuerpo mortal, perecedero de esta era de sufrimiento, las cosas temporales que se ven ahora de 4:18], tenemos de Dios un edificio, una casa eterna en el cielo, no construida por manos humanas [= la vida en la gloria del cuerpo imperecedero de la resurrección, las cosas eternas, invisibles de 4:18]". Estas equivalencias se ven confirmadas por los paralelismos directos entre 5:1-3 y 1 Corintios 15:50-54, así como la referencia a la resurrección en 2 Corintios 4:14 (*cp.* también Fil 3:21).

El desgaste y la aflicción que Pablo ve ahora obrando en su vida pueden llevar incluso a su destrucción en muerte, pero su confianza en la "gloria eterna" venidera (4:17) no puede tambalearse, ya que se basa en lo que Dios mismo proveerá; esto es, no está "construida por manos humanas". El cambio de metáforas de Pablo en 5:1, de una "tienda de campaña" terrenal a un "edificio", tiene el propósito de comunicar esta diferencia entre la impermanencia y la permanencia.[9] Pablo sabe que, independientemente de lo que esta vida pueda traerle en términos de sufrimiento y destrucción, la del siglo venidero estará sin duda llena de la gloria de Dios. Esta confianza, expresada en 5:1, es la idea principal de 5:1-5, con los versículos 2-5 respaldando el conocimiento confiado del futuro por parte de Pablo.

En 5:2, la confianza de Pablo en la provisión futura de Dios (4:13–5:1) hace que, como todos los creyentes, "suspire" en medio de su sufrimiento presente anhelando heredar la gloria que Dios tiene guardada para él en Cristo, esto es, ser "revestido" con nuestra morada celestial" (*cf.* Ro 8:22-25).[10] Así pues, la "morada celestial" que es objeto del anhelo de Pablo en 5:2 es el mismo "edificio de Dios" al que se hace referencia en 5:1, concretamente, la vida de resurrección en la venidera era eterna.

La idea de Pablo es que el suspiro de expectación derivado de este anhelo es en sí una evidencia de que Dios ha prometido a los creyentes que vendrán más cosas que los gemidos del sufrimiento y la muerte. Por esta razón, la traducción de *gar* de la NVI en 5:2, "de hecho", debe rechazarse en favor de "porque" o "por", indicando otra cláusula básica. Del mismo modo que 5:1 respalda a 4:18 apuntando a lo que Dios hará, 5:2 apoya la confianza expresada en 5:1 apuntando a la respuesta del creyente. A pesar del sufrimiento que Pablo experimenta en ese momento y la perspectiva de la destrucción en el horizonte, el apóstol confía en que heredará la gloria de la vida resucitada

---

9. Es en este punto en el que el simbolismo del "templo" empieza a destacar en este pasaje. Como señala James M. Scott, *2 Corinthians,* 110: "la expresión que Pablo usa para su cuerpo mortal no solo es *la tienda de campaña* terrenal (NVI), sino más bien 'nuestra casa terrenal de la tienda de campaña'. El lenguaje está sacado de 1 Crónicas 9:23 LXX, que se refiere al tabernáculo como 'tienda de campaña' (*cf.* también 1Cr 6:17 LXX). Así como el tabernáculo fue la morada temporal de Dios desde el tiempo de la peregrinación por el desierto y hasta la edificación de un templo permanente en Jerusalén, el cuerpo mortal de Pablo es meramente temporal". Scott (111) también señala que la palabra "casa" (*oikos*) se usa con frecuencia para el templo de Dios (*cf.* 1R 7:31; Mt 21:13; Mr 11:17; Lc 19:46; Jn 2:16; Hch 7:47, 49), mientras que la designación "casa eterna" es un nombre común para el templo salomónico de Jerusalén (*cf.* Josefo, *Ant.* 8.107; *Gen. Rab.* 54:4; 99:1; *Num. Rab.* 9:26, 32, 42; *b. Yoma* 44a, 53a, 67b).

10. Véase Paul Barnett, *The Second Epistle to the Corinthians,* 261, quien observa que no es el gemido del temor o tan siquiera de la mortalidad, sino del esperanzado anhelo como en el alumbramiento (*cf.* Ro 8:23-25), dado que Pablo usa el mismo verbo en 5:2 que suele usarse para expresar un deseo por los amigos ausentes en Ro 1:11; Fil 1:8; 2:26; 1Ts 3:6; 2Ti 1:4.

debido al anhelo de ello que Dios le dio. Si el Señor no hubiese plantado esta semilla de esperanza en su corazón, su sufrimiento sería todo lo que podía esperar (cf. 1:22; 4:13-16; 5:5).

Pablo anhela "ser vestido con" su morada celestial porque puede suponer que "no será encontrado desnudo" (como Adán tras la caída); esto es, que Dios no lo condenará en el juicio final (5:3). En vista de que la imagen de "ser vestido" en 5:2-3 se refiere principalmente al cuerpo de la resurrección, es importante ver que los creyentes reciben este cuerpo "en Cristo". Ser resucitado a la vida nueva por la fe en Cristo como el segundo Adán, simbolizada en el bautismo (cf. Ro 5:15–6:23), anuncia el momento en que seremos levantados a la nueva vida en Cristo en la resurrección (cf. 1Co 15:20-28, 45-49). De hecho, ser revestido de Cristo es el fundamento teológico de serlo con nuestra morada eterna procedente de Dios. La unión del creyente con el Cristo resucitado inaugurada en el bautismo se consuma en la resurrección de los muertos. O, en términos de 2 Corintios 3:18, el encuentro del creyente con la gloria transformadora de Dios en Cristo como la "imagen de Dios" (cf. 4:4, 6) culmina en la glorificación final del creyente en esa misma imagen (esto es, el creyente está siendo transformado "con más y más gloria").

El suspiro positivo de 5:2-3 se empareja con uno negativo, expresado en 5:4. La presencia del mismo respalda el anuncio de Pablo en 5:3 (nótese de nuevo *gar*, "realmente",[11] en 5:4). El anhelo confiado de Pablo de heredar la vida eterna del siglo venidero se ve apoyado por su deseo de escapar del juicio de Dios. En términos de su metáfora, el apóstol se siente "agobiado" porque no desea ser "desvestido" (esto es, encontrado desnudo o condenado en el juicio de Dios), sino "vestido" (es decir, vindicado en el juicio de Dios por su resurrección). Si la "desnudez" se considera una metáfora de estar bajo el juicio de Dios, entonces no existe referencia alguna a un estado intermedio en este versículo. Además, Pablo se centra en su anhelo en el presente, no en su paradero entre su muerte y la resurrección final. El deseo de no ser "desvestido" cuando tenga lugar el juicio constituye una prueba de que el creyente será realmente "vestido" cuando ocurra (5:5, 9-11).

Temer el juicio de Dios es una señal de que el Señor está obrando para salvar a una persona del mismo. Los incrédulos no temen ese juicio de una forma que provoque su arrepentimiento (cf. 6:14–7:1; 7:9-11). El propósito del deseo de Pablo de evitar quedar desnudo en el día del juicio se cita al final de 5:4: "… para que lo mortal sea absorbido por la vida" (una alusión a la consumación de la redención tal como se representa en Is 25:8; cf. 1Co 15:54).

---

11. Nótese cómo usa Pablo aquí una serie de cláusulas con *gar*. Para este patrón del uso de una serie semejante para respaldar sus argumentos, véase 3:9-11 y la lista de ejemplos que se da en p. 154, n. 8.

La "vida" mencionada aquí es la de la resurrección en el siglo venidero (*cf.* 2Co 4:14).

Para terminar la primera sección de su argumento, Pablo dice explícitamente en 5:5 que la base de su suspiro, tanto positivo como negativo, es el propio Dios, ya que él es quien "nos ha hecho para este fin". El Señor es quien ocasionó el anhelo de Pablo de la resurrección, ya que él es aquel que "ha dado su Espíritu como garantía de sus promesas". Además, este anhelo originado por el Espíritu tiene lugar en medio de las mismas adversidades que alimentan este mismo deseo (*cf.* 1:22; Ro 8:23).

La NVI oculta el hecho de que el mismo verbo empleado en 5:5 para referirse a que Dios había preparado a Pablo para el futuro concediéndole el Espíritu (*katergazomai*) se utiliza en 4:17 para describir que sus aflicciones presentes "producen una gloria eterna". Aquí también, como en 2:14–3:3, el sufrimiento y el Espíritu van de la mano. Sin este, las adversidades de 4:17 no parecerían temporales y ligeras, pero sin estas dificultades, la esperanza generada por la recepción del Espíritu perdería su fuerza. Por tanto, Dios prepara a su pueblo dándole un anticipo de la gloria venidera, a fin de que el sufrimiento de este siglo presente pueda ponerse en su perspectiva apropiada. Y él les da el sufrimiento para que la gloria venidera también pueda verse desde la perspectiva adecuada.

Así pues, en 5:1-5 Pablo está desarrollando lo que afirmó anteriormente. Tanto su anhelo confiado del futuro (su suspiro "positivo") como su carga por deshacerse del pecado y el sufrimiento del presente (su suspiro "negativo") derivan de la presencia y el poder del Espíritu (acerca del papel del Espíritu como "garantía" de las futuras promesas de Dios, ver 1:22; en cuanto a su papel como el poder de una nueva vida en camino al cumplimiento de estas promesas, ver 3:3, 6, 8-9, 18). Este "suspiro" no es una respuesta natural al sufrimiento y al pecado, sino el don sobrenatural de Dios. Él prepara a su pueblo para el futuro dándole un anhelo de este. Y lo hace concediéndole su Espíritu como garantía de su presencia. Solo aquellos que han comenzado a experimentar la gloria de Dios anhelan su consumación en medio de sus adversidades.

La consecuencia de la confianza de Pablo (5:6-10)

Pablo extrae ahora la primera conclusión que surge de su conocimiento sobre el futuro: la ética inherente en 5:6-10. Como Pablo sabe que su futuro con Dios es seguro, no importa lo que ocurra en el presente, incluyendo su destrucción total. "Por eso" (*oun*), Pablo mantiene su "confianza" (mejor, su "ánimo"; *cf.* 3:12; 4:1; 4:16). El apóstol sabe que "mientras vivamos en este cuerpo estaremos alejados del Señor". Su idea aquí no pretende ser una redundancia, tampoco una negación de la posibilidad de estar en comunión con Cristo mientras se está aún en la tierra. Es una advertencia contra la absolutización del sentido de nuestra "ubicación" presente, esto es, de nuestra vida en la tierra. Pablo está recordando a sus lectores que la fuente de la confianza de un cristiano es el reconocimiento de que estar viviendo "en este cuerpo" (un paralelismo con estar "en la tienda de campaña" terrenal, 5:1, 4) no es el objetivo final de la vida. Vivir en este mundo no es la realidad definitiva del creyente. Debe considerarse como lo que es realmente, concretamente estar "alejados del Señor" (como un paralelismo a la "casa eterna en el cielo" o "el edificio de Dios" en 5:1). La importancia relativa y secundaria del presente, por muy adversas que sean sus circunstancias, es lo que alienta a Pablo (*cf.* comentarios sobre 4:13-18).

Porque[12] Pablo, como todos los creyentes, vive "por fe, no por vista" (5:7). Esta es la primera consecuencia de la confianza de Pablo. La ausencia de "vista" del apóstol se refiere a lo que está experimentando ahora en esta "tienda de campaña" terrenal (*cf.* 4:18–5:1). En el presente, resulta imposible ver la plenitud de la gloria de la resurrección que aún está por llegar. Sin embargo, él confía en las promesas de Dios como la realidad definitiva y vive en consecuencia; no lo hace como si el sufrimiento presente fuese el todo de la vida. La confianza de Pablo en el futuro de Dios (esto es, la fe centrada en las promesas del Señor) determina cómo vive el presente. En otras palabras:

> [El apóstol] fija su mirada en lo invisible (4:18), su gloria interior, no su aflicción exterior (4:17), su renovación interior, no su desgaste exterior (4:16), el nuevo siglo, no el antiguo (4:18), la vida de la resurrección, no la muerte presente (4:10, 11), lo importante, no lo insignificante (4:17), lo eterno, no lo temporal (4:18), lo celestial, no lo terrenal (5:1-2). En definitiva, adopta una perspectiva de fe [...] de confiar en que, en el momento escatológico presente, la gloria se expresa realmente por medio de la aflicción.[13]

Los versículos 6-7 corrigen apropiadamente la malinterpretación relativa a lo que significaba estar "en Cristo", muy presente en la iglesia corintia. Desgraciadamente, sus experiencias espirituales los llevaron a creer que ya estaban viviendo la plenitud de la era venidera (*cf.* 1Co 4:8; 15:12).[14] A su vez, la

---

12. 2 Corintios 5:7 empieza con la conjunción *gar*, que aquí no se toma como cláusula base, sino como deducción basada en el paralelismo estructural en el argumento entre los vv. 6-7 y vv. 8-9 en el que el v. 9a empieza con *dio* ("por tanto"); la NVI omite el *gar* en 5:7.
13. Timothy B. Savage, *Power Through Weakness*, 184.
14. Así Craig Blomberg, *1 Corintios*, 103, 352, sobre la ironía y el sarcasmo de 1Co 4:8. "Este es uno de los principales textos en que se pone de relieve la "escatología excesivamente consumada" (la idea de que todas las bendiciones de la era mesiánica ya habían llegado) que afectaba a la iglesia de Corinto"; y sobre 15:12: "En consonancia con su escatología excesivamente consumada [...] y con lo que afirmarían más adelante algunos gnósticos,

superespiritualidad engreída de los corintios hacía muy atractivo el mensaje triunfalista de los oponentes de Pablo, especialmente cuando excusaba e incluso legitimaba su materialismo y laxitud moral. Sin embargo, una vez más, la imposibilidad de hacer un guiño al pecado gracias a la supuesta espiritualidad de uno (*cf.* 1Co 5:1–6:20; 2Co 12:21) se va aclarando conforme prosigue el argumento de Pablo. En lugar de minimizar el juicio de Dios, el Espíritu lo revela y nos prepara para él por medio de la transformación de nuestros deseos, lo que a su vez altera nuestros actos.

Los versículos 8-9 replantean 6-7, desentrañando las implicaciones de lo que significa saber que uno sigue "alejado del Señor" y de cómo es vivir por fe. El relación con lo primero, ver el presente desde la perspectiva del futuro significa que nuestros valores y deseos se han alterado radicalmente. En lugar de desear una vida prolongada en la tierra, preferimos estar "junto al Señor" (*cf.* Fil 1:23). En cuanto a lo segundo, vivir por fe es tener confianza en que la gloria eterna de "lo invisible" es algo cierto y seguro para los creyentes y "vale muchísimo más" que cualquier sufrimiento de este mundo (4:17-18), por lo que ellos cambiarán este mundo por el venidero en un momento (5:8). Así pues, vivir por fe también significa que, "ya sea que vivamos en nuestro cuerpo o que lo hayamos dejado", esto es, sea que vivamos o que muramos, nuestro objetivo es agradar a Dios, no a nosotros mismos (5:9; *cf.* 5:15; Fil 3:1-13; *cf.* Ro 12:1-2; 14:17-18; Ef 5:10; Fil 4:18; Col 3:20).

La base ("porque", una vez más, *gar*) de esta ambición de agradar al Señor se da en 5:10: los creyentes son conscientes de que todas las personas deben comparecer ante Cristo como juez (*cf.* 1:14). Dado que en Romanos 14:10-12 Pablo representa a Dios como el juez, esta identidad de función entre Cristo y Dios destaca la soberanía divina de Cristo de una forma elocuente. El propósito del juicio divino de Cristo es dar a cada persona lo que es debido, basándose en sus hechos mientras vivía "en el cuerpo", es decir, mientras estaba en la "tienda de campaña" de esta vida. La imagen del "tribunal" (*bema*) en 5:10 procede de la práctica de los gobernadores romanos, que se sentaban en bancos de tribunal para celebrar juicios legales. Los corintios sabían que Pablo había comparecido ante el "tribunal" del gobernador romano Galión en Corinto (*cf.* Hch 18:12, 16-17), pero el apóstol les recuerda que ellos también lo harán ante el "tribunal de Cristo".

Por tanto, la idea principal de 5:1-10 es la ambición de Pablo de agradar al Señor andando por fe (5:7a, 9). Esta ambición tiene su raíz en su valentía durante su vida (5:6a, 8a) debido a su confianza en la resurrección de los justos (5:1-5) *y* su conciencia del juicio universal que había de venir (5:10). Así pues, se ve motivado tanto por la llamada positiva de las promesas de Dios como por

---

es posible que tales personas estuvieran aplicando el lenguaje de la resurrección al estado de transformación espiritual que creían haber logrado ya en esta vida".

la perspectiva negativa del juicio de Cristo contra todo lo "malo". El uso explícito de "todos" en 5:10 indica una ampliación del foco para incluir a todos los creyentes (cf. 3:18). El propio estilo de vida de Pablo se basa en su convicción de que todos los creyentes comparecerán ante Cristo como juez. Ni que decir tiene que 5:10 también hace referencia a los creyentes.

La convicción de que todas las personas serán juzgadas según sus hechos es un tema habitual en las cartas de Pablo.[15] La afirmación de este principio en medio de su exposición sobre su esperanza de participar de la vida eterna de la resurrección de Cristo deja claro que el juicio del Señor contempla la salvación, no solo la entrega de "recompensas" a los creyentes por su fidelidad. La confianza de Pablo frente a ese juicio refleja consecuentemente la realidad del nuevo pacto, que da lugar a la salvación, con su promesa de justicia y perdón en Cristo, poder para obedecer por medio del Espíritu y liberación de la condenación de Dios y de la ira venidera (cf. 3:3, 6, 8-9).

Lo que deja a uno "desnudo" en el día del juicio es una ausencia de buenas acciones estando aún "en el cuerpo". Lo que "reviste" a la persona *en Cristo* antes del tribunal *de Cristo* es una vida llena de actos agradables a Dios (cf. Ro 2:5-11; 14:17-18; cf. 1Co 6:9-11; Gá 5:16-26; Fil 1:6, 11). Las buenas acciones de 5:10 revelan lo que se afirmó en 3:3, concretamente, que uno es "una carta de Cristo ... escrita ... con el Espíritu del Dios viviente". Por tanto, las afirmaciones de Pablo en 5:9-10 no deberían reducirse a una simple referencia a recompensas otorgadas a los creyentes por vivir de forma justa tras su conversión.

Gran parte de la "construcción de puentes" en este texto gira en torno a determinar asuntos de interpretación controvertidos. Sin embargo, una vez descifradas las poco familiares metáforas de Pablo, trasladar su pensamiento aquí a nuestra época no presenta grandes problemas en el nivel conceptual. Dada nuestra exposición del texto, podemos simplemente señalar lo que es obvio. La muerte es el problema perenne de la existencia humana. Así pues, nuestro mayor engaño sigue siendo la idea de que la vida es todo lo que hay o de que no hay juicio en la puerta hacia la eternidad. El impacto profundo y global de saber que existe una realidad futura más allá de la vida "en nuestro cuerpo" (5:9), así como un juicio venidero en la presencia de Cristo (4:14; 5:10) sigue siendo tan radical

---

15. *Cf.* Ro 2:5-11; 1Co 5:12-13; 6:9-10; Gá 6:7-10; Ef 6:8; Col 3:24-24; 1Ts 4:1-8; 2Ts 1:3-10; etc., y la afirmación positiva de Pablo en cuanto a que nuestra obra en el Señor no es en vano (1Co 15:58; Gá 6:9). Para este mismo énfasis en las enseñanzas de Jesús, véase Mt 7:16-23; 12.33-37; 16:27; 25:31-46; Mr 4:13-20; Lc 6:43-45; 19:12-27; Jn 5:28-29; 15.2, 16; Ap 2.18-25; 22:12; *cf.* también 1P 1:17; Ap 20:12.

en el siglo XXI como lo fue en el primero. Este conocimiento alimenta una vida que no se vive para el presente, sino para el Señor (*cf.* 5:1, 10).

En vista del papel central desempeñado por la esperanza de Pablo en el futuro en su vida como creyente y su ministerio como apóstol, es importante destacar que este texto no presenta un cronograma de la venida de Cristo ni un tratado relativo a los perfiles del cielo. Para Pablo, "escatología" no es principalmente una serie de doctrinas o predicciones sobre lo que ocurrirá, sino un anhelo de la resurrección, así como una certeza de la gloria eterna del cielo. Las promesas que el apóstol anhela no se hacen realidad tratando de adivinar cuándo volverá el Señor, sino con un encuentro con el Cristo resucitado y una experiencia del poder y la presencia del Espíritu. Lo que hace que el apóstol anhele estar con Dios eternamente es su conocimiento del Señor en el presente, no un calendario de los acontecimientos de los últimos días.

Además, un enfoque del futuro alimentado por un anticipo de la presencia de Dios lleva a una vida de fe cuyo objetivo es agradar al Dios ante quien ya nos encontramos. ¡El fin y la consecuencia de la escatología es la ética! Así pues, este pasaje es otra expresión de la tensión "ya/aún no" que está presente a lo largo del Nuevo Testamento: muestra experiencia de Dios en el presente crea en nosotros el anhelo de la revelación total de su gloria en el futuro, que a su vez da lugar a un profundo deseo de vivir ahora a la luz de las realidades venideras.

El obstáculo personal. Una vez interpretado nuestro texto y vista su relevancia inmediata, aún queda mucho para terminar nuestro trabajo de relacionar contextos. Aunque puede que no resulte difícil trasladar este pasaje a nuestra época en el nivel conceptual (¡el sentido del texto está muy claro!), existen varios impedimentos serios para adecuar el mensaje de Pablo en el nivel volitivo. En ocasiones, puede que tengamos que destruir viejos fundamentos personales, culturales o teológicos antes de poder construir un edificio bíblico. Este es el caso aquí.

La primera dificultad es personal. Aunque entendamos lo que Pablo está diciendo, nuestra cultura centrada en el ahora hace que nos cueste relativizar la importancia del presente midiéndolo con el significado del futuro. Como nuestras iglesias rara vez hacen frente a nuestro nivel de saturación con el presente, la visión de Pablo del valor excelso de "vivir junto al Señor" (5:8) nos impacta como algo extraño e incómodo. Gran parte de la iglesia occidental contemporánea ha perdido de vista la perspectiva del apóstol de que el cumplimiento glorioso que se obtendrá al agradar al Señor no puede compararse con los exiguos placeres que debemos luchar para obtener de esta vida si la vivimos por sí misma. Saciados con la felicidad de segunda fila de este mundo, estamos demasiado llenos para tener hambre de Dios.

Además, no llevamos a cabo el "ejercicio" espiritual necesario para tener hambre de nuevo. Llenos con las vistas y sonidos que nos rodean, pensamos poco en cultivar una visión confiada de las glorias venideras. De hecho, nos avergüenza invertir tiempo en ello. Como David Van Biema cuestiona en el ensayo de Semana Santa de 1997 de la revista *Time*, "¿Existe el cielo?": "El más allá solía ser virtualmente palpable, pero la religión americana parece tener ahora alergia a imaginarlo. ¿Se ha perdido el paraíso?".[16] La respuesta, en una palabra, es "sí". Van Biema informa que para la mayoría de las personas "el cielo genérico actual sigue liberando cuando las personas más lo necesitan [...] en la muerte de un ser querido. ¿Para qué preocuparse de él en cualquier otro momento?".[17] Él observa: "Los ataques modernistas contra el lugar de Dios en este mundo han vuelto a las personas alérgicas a las atrevidas predicciones sobre su reino en el próximo ... 'el escepticismo científico, filosófico y teológico ha anulado el cielo moderno y lo ha sustituido con enseñanzas minimalistas, exiguas y secas'".[18]

David Wells señala que este escepticismo intelectual tiene un corolario en el nivel personal: "Para algunas personas, resulta difícil concebir algo que sea realmente mucho mejor que esta vida. Sin duda se van a la cama paralizados por las noticias de las 11. Pero esos amigos del anuncio de cerveza que dicen 'No llega a ser mucho mejor que esto' están hablando con más profundidad de la que somos conscientes".[19] No es de extrañar que quede tan poca valentía moral y altruismo en nuestra cultura de la conveniencia o el amor a uno mismo. En un marcado contraste, la valiente certeza de Pablo con respecto a la resurrección y su correspondiente comparación entre los valores del presente y los del futuro le infunden aliento en este mundo (5:6, 8), precisamente porque provocan que anhele su vida "de Dios ... en el cielo" (5:1).

La ausencia de un anhelo del cielo en nuestras iglesias representa por tanto mucho más que un simple cambio en el énfasis doctrinal, como si la diferencia fuese simplemente de preferencia personal. No es que Pablo se centrase en el futuro como parte fundamental de la vida en el presente, sino que nosotros, dadas las necesidades de la época, preferimos más bien fijarnos en la cristología o la doctrina de la justificación por fe. En lugar de ello, el recordatorio de Pablo en 5:5 de que su valentía en el presente y su anhelo del futuro derivan de la "garantía" del Espíritu en su vida revela la pobreza de la experiencia contemporánea del poder de la santa presencia de Dios, que cambia vidas (ver comentarios sobre 3:16-18). Si la concesión del Espíritu nos prepara para y garantiza nuestro futuro en la presencia no mediada de Dios, nuestra tenue

---

16. *Time* (24 marzo 1997), 71-78 (p. 71).
17. *Ibíd.*, 73.
18. *Ibíd.*, 75, citando a McDannell y Lang desde su análisis social titulado *Heaven: A History*.
19. Citado por Van Biema, "Does Heaven Exist?", 76.

visión de la gloria venidera significa que tenemos demasiado poco conocimiento auténtico de Dios aquí y ahora. Al no haber probado mucho del cielo, todo lo que podemos imaginar es la tierra.

Frente a nuestros débiles deseos, la ambición de Pablo es agradar a Cristo, no porque se haya convencido de que "debería" hacerlo, sino porque está seguro que el Cristo que ya ha llegado a conocer también lo juzgará un día (5:9-10). Considerando que su experiencia de Dios ya había demostrado ser tan valiosa (5:5; *cf.* 1:22), no se arriesgará haciendo algo que pueda alejarlo de "vivir junto al Señor". En cambio, nuestros chistes sobre un cielo lleno de nuestros mayores placeres en la tierra (p.ej., "El paraíso es el gran campo de golf en el cielo"; o "Cuando llegue al cielo voy a comer toda la pizza que pueda sin preocuparme por mi colesterol") muestran simplemente lo ciegos que estamos ante la realidad de que es el propio Señor quien hace del cielo nuestro legítimo hogar, y que él mismo nos dará la bienvenida allí. Considerar el eje central del cielo cualquier cosa o persona ajena al propio Dios es ridículo; añadir algo a Dios como placer del cielo es idólatra.

El obstáculo cultural. Nuestra exposición de este pasaje deja claro que el hincapié de Pablo en la naturaleza "eterna" de la gloria que anuncia ver (4:17), en la naturaleza "eterna" de las cosas "invisibles" en las que por tanto se centra (4:18), y en la cualidad "eterna" de la morada que heredará (5:1) vincula este pasaje con 4:13-18. En el pensamiento de Pablo, "eterno" (*aionios*) no se refiere a una región etérea o a una forma de existencia atemporal, sino a un período de tiempo, en este caso, al siglo infinito venidero. "Eterno" es un término temporal para Pablo, no uno místico.[20] Lo que hace "eterno" a algo es su naturaleza infinita frente a la naturaleza finita de la era histórica en la que vivimos.

---

20. *Cf.* el resumen de esta idea que hace Scot McKnight, "Eternal Consequences or Eternal Consciousness?" en *Through No Fault of Their Own? The Fate of Those Who Have Never Heard,* ed. Por William V. Crockett y James G. Sigountos (Grand Rapids: Baker, 1991), 147-157: "Los léxicos griegos estándar dividen el significado de *aiōnios* en dos categorías principales: (1) que dura un largo pero definido periodo de tiempo (eónico), una era o la duración de una vida, y (2) un tiempo perpetuo, inmensurable (eterno), para siempre, o un periodo ilimitado temporalmente. El contexto debe decidir [...]. Pero el asunto se resuelve en gran medida cuando uno reconoce que el presente siglo está limitado en el tiempo [...] y que la era futura no lo está (porque comparte la inmortalidad de Dios. La distinción entre 'este siglo' (tiempo limitado) y 'la era venidera' (tiempo ilimitado) es fundamental para la escatología del Nuevo Testamento [...]. El tiempo de Dios es esencialmente infinito y eterno, y resulta que la era final es una era eterna (sin fin). Hay que observar esta distinción en la exégesis de los textos neotestamentarios". McKnight argumenta, pues, que la vindicación final de los justos y el juicio de los impíos son "eternos" en el sentido de ser conscientes de que no va a acabar, y no solo en sus consecuencias.

Aunque en las cartas de Pablo leemos sobre las realidades eternas, como miembros de la "generación del ahora", la dificultad de escapar de nuestro romance con el presente se vuelve aún más complicada por los valores culturales de "progreso" dominantes en los que vivimos. Citando a van Biema de nuevo: "Cuando el cielo es objeto de debate público en estos días, frecuentemente es justo una metáfora de las preocupaciones de un perfectible reino secular del hombre".[21] Por tanto, si debemos resistir esa presión cultural a fin de vivir por fe de forma que agrademos a Cristo (5:7, 9), debemos tener en mente la excepcional distinción entre la visión bíblica de la historia y la noción moderna de progreso. En esta, el mundo está "mejorando" de alguna manera conforme marcha hacia un tiempo infinito. En la visión que la Biblia tiene del mundo, la historia, bajo la providencia de Dios, se mueve hacia su final designado, que culminará con un día de juicio personal que transformará el mundo. El final de la historia es el juicio de Dios, administrado teniendo en cuenta una obediencia a la voluntad del Señor inducida por la fe. En la visión moderna del progreso, solo la ley natural gobierna el mundo; en la visión bíblica de la providencia, el mundo se encuentra bajo la gracia y la ley de Dios.

En su importante estudio, *The True and Only Heaven: Progress and Its Critics*, Christopher Lasch ha retratado con gran detalle esta diferencia entre la visión del mundo bíblica y la moderna y sus implicaciones.[22]

> Una vez reconocemos las profundas diferencias entre la visión cristiana de la historia, profética o milenarista, y el concepto moderno de progreso, podemos comprender lo que era tan original sobre la última: no la promesa de una utopía secular que llevaría a la historia a un final feliz, sino la de un perfeccionamiento constante con un final en absoluto predecible. La expectativa del perfeccionamiento indefinido, ilimitado, incluso más que la insistencia en que este solo puede producirse por medio del esfuerzo humano, provee la solución al rompecabezas que de otra forma es tan desconcertante, la resistencia de la ideología del progreso frente a los desalentadores acontecimientos que han destrozado la ilusión de la utopía [...]. El concepto moderno de la historia solo es utópico en su asunción de que la historia moderna no tiene una conclusión predecible. Tomamos nuestros indicios de la ciencia, que es al mismo tiempo la fuente de nuestros logros materiales y el modelo de investigación acumulativo que se perpetúa a sí mismo ...[23]

---

21. Van Biema, "Does Heaven Exist?", 73.
22. *Cf.* esp. 44-46.
23. Christopher Lasch, *The True and Only Heaven: Progress and Its Critics* (Nueva York: W. W. Norton & Company, 1991), 47-48.

Por tanto, aunque el pensamiento moderno ha rechazado la idea de un futuro utópico, el pueblo en general y las políticas modernas, por no mencionar nuestras ambiciones personales, siguen siendo impulsados por una convicción de que las cosas mejorarán de alguna forma, al menos para los que se encuentran en las clases poderosas privilegiadas. Lasch traza esta creencia en el progreso ilimitado, "frente a las enormes evidencias de las que se podía esperar que refutasen la idea del progreso de una vez por todas", hasta el siglo XVIII, cuando empezó a argumentarse lo siguiente:

> [...] las necesidades humanas, siendo insaciables, exigían una expansión indefinida de las fuerzas productivas necesarias para satisfacerlas. El deseo insaciable [...] llegó a verse como un poderoso estímulo para el desarrollo económico [...] una redefinición continua de [...] los modelos de comodidad y conveniencia que llevó a mejoras en la producción y el incremento generalizado de la riqueza. No había un fin predecible para la transformación de los lujos en necesidades. Cuantas más comodidades disfrutasen, más esperarían. La elasticidad de la demanda parecía dar a la idea angloamericana del progreso un fundamento sólido que no podía ser agitado por los acontecimientos subsiguientes, ni siquiera las guerras globales que estallaron en el siglo XX. Estas, de hecho, confirieron energía adicional al desarrollo económico.[24]

La idea moderna del progreso es tan resistente por estar tan íntimamente vinculada con nuestro apetito sin límites. De hecho, el progreso en sí se define como lo que ayuda a satisfacer nuestros anhelos. Nuestro amor por el dinero, con su promesa de comodidades cada vez mayores en esta vida, es el motor que empuja nuestro optimismo engañoso en un mañana mejor en la tierra. Suponemos que conseguir más dinero significará tener una vida mejor; creemos que podemos obtenerlo, y eso trae consigo una confianza en una mejor vida futura. Este es el sueño americano, plasmado aún mejor en nuestro concepto moderno y materialista de la jubilación, en el que la esperanza es vivir tanto como podamos, lo más saludablemente posible, y con tanta riqueza como podamos.

Un tiempo de vida más largo, junto con una mejor salud y más riquezas, nos engañan al hacernos creer que estamos progresando hacia lo que es bueno, correcto y agradable. Incluso los más realistas o pesimistas entre nosotros siguen aferrándose a algún tipo de noción de progreso final, a pesar de las crisis económicas, de salud y sociales que parecen amontonarse a nuestro alrededor, especialmente si consideramos la vida sobre el planeta tierra desde un punto

---

24. *Ibíd.*, 13-14. En resumen, "el concepto moderno del progreso depende de una evaluación positiva de la proliferación de las carencias" (45).

de vista global.²⁵ Después de todo, ¡el simple hecho de que más personas estén disfrutando de un estilo de vida de clase media es progreso en sí!

Sin embargo, el argumento de Pablo deja claro que la verdadera ética no deriva de un entendimiento materialista del progreso, sino de una visión del futuro expuesta en la Biblia. Esa escatología es de naturaleza profética, como una expresión de la soberanía de Dios sobre su creación, y no progresiva, como una expresión de la ingenuidad creativa y el deseo de sobrevivir de la humanidad. La visión bíblica del futuro *termina* con un juicio según el carácter de la vida de la persona, vivida por fe y medida por Cristo, no por la acumulación de bienes o el desarrollo de alguna virtud cívica aceptada por este mundo. La visión bíblica de la historia es personal, y acaba con el juicio de Cristo. No es impersonal, ni termina con el fatalismo de "o el progreso o el desastre".²⁶ La historia no es progreso ilimitado, sino la culminación de los propósitos de Dios dirigida por un objetivo.

En consecuencia, el aspecto más impactante de la perspectiva de Pablo para los modernos y los postmodernos en Occidente es que la historia está yendo hacia algún lugar más allá de sí misma y que el juicio de Dios se encuentra al final de ella. Así pues, el objetivo de la vida no es el progreso del placer en

---

25. Lasch argumenta que ya son evidentes las señales, tanto en lo económico como en lo ambiental, de que esta creencia en el progreso está mal situada, no es realista y, en última instancia, es autodestructiva (*cf.* su resumen sobre *Ibíd.,* 528-529). En palabras suyas: "El tardío descubrimiento de que la ecología de la tierra ya no sostendrá una expansión indefinida de fuerzas productivas le da el golpe final a la creencia en el progreso" (529). A pesar de ello, la fe en el progreso persiste, sobre todo entre las clases media y alta. Cuando se leen predicciones funestas como las de Lasch, me escucho decir con optimismo infundado que "la necesidad es la madre de la invención" y que "la ciencia encontrará un camino". Lasch observa, pues "que al llegar el siglo veinte a su fin, nos resulta cada vez más difícil imaginar la vida sin ella" (168). Con todo, para muchos, los desastres y las calamidades en todos los frentes han refundido el futuro en una "visión de desastre" (169). No obstante, como Lasch observa de nuevo "la opinión distópica del mundo venidero [...] ofrece tal abundancia de calamidades inevitables que las personas necesitan cada vez más aferrarse a la idea del progreso para el apoyo emocional, epese a la creciente evidencia en su contra" (169). Bíblicamente, este "curioso estado de ánimo" se explica por el hecho de que Dios creara a la humanidad para un futuro con él, ¡uno que incluye juicio y redención!

26. A este respecto, Lasch (*Ibíd.,* 15, 226-292) indica que las expresiones puritanas y calvinistas de la fe, que Lasch denomina "ciertas variedades del protestantismo radical", obraron en contra de la suposición estadounidense del "progreso". Considera, pues, a Thomas Carlyle y Raph Waldo Emerson como "calvinistas de los últimos días sin una teología calvinista" (15). El punto clave es que las personas, con toda su creciente fe en el progreso, no controlaron su propio sino o destino. Al final, Lasch argumenta para que se reconozcan los verdaderos "límites" de la vida con el fin de contrarrestar las nociones de progreso sin fin, que tanto predominan hoy. Aquí vemos que Pablo está estableciendo el "límite" supremo, el día final del juicio.

la tierra, sino luchar para agradar a Dios en el cielo. Vivimos bajo el juicio venidero de Cristo. Esta es la lente a través de la cual ve Pablo la vida, y debemos trabajar duro para ayudar a los cristianos a recuperar esta perspectiva fundamental. Nuestra vida debe verse impulsada por la certeza del reinado futuro de Cristo. Nuestra esperanza es que en él soportaremos el día del juicio, perdonados y revestidos con las buenas obras nacidas de la fe y llevadas a cabo por el poder de Dios.

El obstáculo teológico. Lo anterior nos lleva hasta el tercer obstáculo en este pasaje. Más allá de los problemas personales y culturales que dificultan la aplicación de este texto en la actualidad, este pasaje también se ocupa de dos malinterpretaciones teológicas en la iglesia contemporánea que han hecho mucho daño al progreso del evangelio en la vida del pueblo de Dios: la primera tiene relación con la naturaleza de la fe genuina (5:7), la segunda implica a la relación entre fe y obediencia (5:10).

(1) En cuanto a la primera, Pablo hace hincapié en su conocimiento confiado del futuro, lo que deja claro que la fe no es un salto irracional al vacío que insta a aceptar la verdad de algo que no tiene sentido o no tiene fundamento en la realidad. ¡Todo lo contrario! La fe es confiar en las promesas de Dios para el futuro, no a pesar de lo que sabemos, sino *debido a* lo que sabemos. La falta de visión en este pasaje no se refiere a la base dudosa de la fe, sino al hecho de que la consumación de las promesas de Dios aún no se ha materializado. La idea de Pablo en 5:7 no es epistemológica (esto es, solo podemos saber cosas "por fe", ya que no tenemos razones seguras para creer, es decir, no hay "vista"), sino escatológica (esto es, vivimos en el presente confiando en las promesas de Dios para el futuro, la garantía del cual ya estamos disfrutando en el Espíritu). Así pues, la fe es una dependencia activa en las promesas de Dios para nuestro futuro por lo que Dios ya ha hecho por nosotros en el pasado.

(2) Hacer frente a la forma de Pablo de entender la fe suscita la pregunta de lo que habitualmente se califica como la relación entre la fe y las obras, como si ambos elementos pudiesen separarse. Por un lado, este pasaje subraya que la fe no es una simple aceptación mental de la verdad de los datos del pasado. Más bien, se trata de un acto consciente de la voluntad por el cual nos confiamos a la bondad soberana de Dios de acuerdo a lo que él ha declarado y demostrado en cuanto a sus propósitos para su pueblo y el mundo. Por otra parte, este texto deja claro que el andar "por fe" de Pablo en 5:7 es el medio por el cual se producen las buenas obras de 5:10.

La suposición de Pablo es que aquello en lo que uno confía para el futuro determina inevitablemente cómo actúa en el presente. Así pues, él considera que la fe es una dependencia activa de las promesas de Dios que inevitablemente se expresa y se ve en las acciones de uno. Cuando se confía en el Señor, se le obedece. "Andamos por fe" (5:7) y somos juzgados por lo que hacemos (5:10) porque confiar en las promesas de Dios es vivir según su Palabra, siendo lo segundo la expresión pública y objetiva de lo primero y, como tal, la base del juicio de Dios. Por supuesto, nuestra fe-obediencia no es el producto de nuestro intento de obtener la bendición de Dios, ya que nuestra esperanza y obediencia presentes son consecuencia del Espíritu de Dios en nuestra vida (5:5; *cf.* 3:7-18).

En este sentido, resulta imposible separar la confianza en Dios de la obediencia a él. Sin embargo, dada nuestra propensión a considerar la fe como una aceptación mental, nos sentimos satisfechos con una "creencia" anémica conforme con la desobediencia. Frecuentemente oímos a personas decir o dar a entender que no tienen problema en creer en Dios, solo en obedecerle. Para Pablo, esa dicotomía es un sinsentido, una contradicción. Cualquier intento de separar la fe de las obras encalla en el hecho de que en un único y mismo pasaje Pablo puede hablar de vivir por fe (5:7) y de ser juzgado por las obras (5:10). De hecho, el objetivo de la vida entera de Pablo como apóstol a los gentiles es llevarlos a "la obediencia a la fe" (Ro 1:5; *cf.* 15:18; 16:26; 1Ts 1:3; 2Ts 1:11), ya que solo este tipo de fe en las promesas del Señor glorifica a Dios (*cf.* Ro 4:18-25).

Todo acto de confianza en las promesas de Dios se expresa en sí mismo como un acto de obediencia a sus mandatos; todo acto de obediencia es una manifestación de confianza. En cambio, cada vez que desobedecemos a Dios lo hacemos porque no estamos confiando en él. Así pues, cada mandato de Dios es, en esencia, una promesa del Señor enmascarada. Declarar "No tengas otros dioses además de mí" es, por tanto, esencialmente lo mismo que decir: "Dios promete ser suficiente en todas las cosas como tu soberano Proveedor, Redentor, Señor y Juez, así que confía solo en él". Del mismo modo, "No codicies nada que pertenezca a tu prójimo" es básicamente lo mismo que decir: "Dios promete proveer en el mundo y en sí mismo lo que necesitas a fin de satisfacer los anhelos más profundos de tu corazón. Por tanto, confía en él".

Este es el marco de los diez mandamientos, que comienzan y terminan así con el mismo mandato (nótese que Pablo iguala la idolatría con la codicia en Ef 5:5; Col 3:5). Todos los demás mandatos siguen este modelo. "No mates" es un llamamiento a confiar en la promesa de Dios de vindicar nuestra causa. La orden del Señor a Moisés, "Anda, vete de este lugar, junto con el pueblo que sacaste de Egipto, y dirígete a la tierra que bajo juramento prometí", es una expresión de la promesa de Dios de dar la tierra a los descendientes de Abraham (Éx 33:1). La orden de amar al extraño como a uno mismo es un llamamiento a confiar en la promesa de que Dios nos amará, aunque seamos extraños para él (Lv 19:34). "Arrepiéntase y bautícese cada uno" se construye sobre la promesa de Dios de perdón y del Espíritu (Hch 2:38).

Con un poco de reflexión, cada mandamiento puede verse como un llamamiento a confiar en su promesa correspondiente. Dios manda lo que manda porque promete lo que promete. Como consecuencia, solo debemos hacer una cosa para salvarnos en el día del juicio (esto es, "vivir por fe", que es hacer buenas obras "en el cuerpo", 5:7, 10), no dos (es decir, "confiar y obedecer", como si 5:7, 10 señalasen dos pasos diferentes en la vida cristiana). El argumento de Pablo ilustra que para que la fe sea genuina debe estar marcada por una orientación hacia el futuro que revele nuestra dependencia de las promesas de Dios (5:1), por una obediencia en el presente que ponga de manifiesto que nuestra fe está viva (5:10), y por una perseverancia en medio de las adversidades de la vida a fin de demostrar que aquella deriva de la realidad del Espíritu en nuestra vida (5:5, 9; *cf.* 1Co 15:2).[27]

Finalmente, el vínculo existente en este pasaje entre la fe, la obediencia y la presencia y poder del Espíritu deja claro que la insistencia de Pablo en el juicio por las obras en 5:10 no niega el hincapié que hace en otros pasajes en la justificación por la fe solamente, ni es una sinergia en el cual contribuimos a la obra de Dios con nuestra parte. Al menos tres realidades más dejan claro este hecho:

- La insistencia de Pablo en el vínculo indisoluble entre la justificación y la santificación, la primera de las cuales se basa en la elección predestinada de Dios y en la muerte expiatoria de Cristo, y la segunda en el poder del Espíritu (*cf.* Ro 8:28-30).

- Pablo entiende la justificación del creyente por parte de Dios como un acto legal que expresa la imputación de la propia justicia del Señor a los creyentes gracias a la muerte de Jesús en la cruz por ellos y el consiguiente compromiso de pacto de Dios de purificar a su pueblo como consecuencia de ello (5:5; *cf.* 3:7-11; 3:9; 5:21; Ro 1:16-17; 5:17; Fil 1:9-11).[28]

---

27. Para considerar esta triple delineación de fe bíblica y para una de las mejores exposiciones de su naturaleza e implicaciones, véase Daniel P. Fuller, *The Unity of the Bible,* esp. 269-323.

28. Sobre el significado de "la justicia de Dios" como concepto dinámico en referencia al compromiso soberano, de pacto, de Dios con su pueblo, véase Bruce W. Longenecker, "Defining the Faithful Character of the Covenant Community, Galatians 2:15-21 and Beyond", en *Paul and the Mosaic Law,* ed. por James D. G. Dunn (WUNT 80; Tübingen: J. C. B. Mohr [Paul Siebeck], 1996), 75-97: "The raíz *dikai* es lo suficientemente flexible como para connotar varios matices, pero todos ellos se cohesionan en el contexto más amplio de la relación de pacto entre el Dios creador y su pueblo elegido. Llevar la marca de la justicia, o ser justificado, trata principalmente de tener una membresía dentro del pueblo del pacto del Dios justo y soberano, cuya justicia será establecida de una vez y para siempre en la irrupción escatológica de su reinado" (81). Para Pablo, esta irrupción del reinado de justicia de Dios ya ha comenzado con la primera venida de Cristo, pero solo se consumará en el trono del juicio final de Cristo. Solo entonces, la naturaleza íntegra de la justicia de Dios, exhibida en la vindicación de su pueblo como resultado de la vindicación de su Hijo, se manifestará.

- La convicción de Pablo de que la obediencia es la consecuencia inevitable de la nueva vida en el Espíritu y a través de él (*cf.* Ro 6:5-7; 7:4; 1Co 5:11; 6:9-11; 7:19; Gá 5:16-26; 1Ts 1:4-5).

El amor, como cumplimiento de la ley, es la manifestación de fe auténtica y esperanza (*cf.* Ro 13:8-10; Gá 5:6, 13-14; 6:2; 1Ts 1:3). Por esta razón, el juicio tiene lugar según las obras, a fin de vindicar públicamente la obra de Dios en el corazón de aquellos que han sido transformados por el poder del Espíritu. Los hechos constituyen el medio de evaluación en el tribunal del juicio de Cristo, ya que establecen la naturaleza genuina de la declaración de confianza en Dios. En resumen, en lugar de añadirse a la *fe*, la obediencia a la voluntad de Dios es la manifestación visible *de la misma*.

A fin de trasladar este pasaje a nuestro contexto, debemos tener cuidado de no poner en entredicho el hecho más fundamental de toda la realidad: quien salva es Dios en Cristo (*cf.* 5:16-21). No podemos hacer nada para ganar o comprar nuestra salvación. Esta, incluyendo nuestra confianza en Dios por ella, es el regalo del Señor hecho posible por Cristo (Ro 4:1-8; 5:8-9; 6:23; Ef 2:8-9). Debemos rechazar todos los intentos de considerar nuestras obras como nuestra contribución a la obra salvadora de Dios en nuestro favor. Esto es así tanto en el caso de las "malas obras" que creemos nos hacen especiales o merecedores a la vista de Dios antes de ser salvos (*cf.* Ro 4:2-4), como en el de las "buenas obras" que el Señor produce en nuestra vida por medio de su Espíritu (*cf.* Ef 2:10). Todo lo que llevamos ante Dios es nuestra necesidad desesperada de perdón y liberación del pecado. Todos nuestros actos en Cristo son el fruto del Espíritu (Gá 5:22) y de su propia justicia (Fil 1:11), y por tanto redundan en la gloria de Dios, no en la nuestra (*cf.* Mt 5:16).

Legítimamente preocupado por el peligro de la "justicia de las obras", el protestantismo se ha visto sin embargo debilitado por una incapacidad de subrayar igualmente que las buenas obras del creyente, como fruto de nuestra dependencia en la suficiencia absoluta de Dios, reivindican la naturaleza genuina de nuestra salvación. La obediencia a los mandatos de Dios es el resultado de la fe en sus promesas en la vida cotidiana. Por tanto, cuando se nos juzgue por nuestras obras en el día del juicio, nuestros hechos o la obediencia de fe (Ro 1:5; 1Ts 1:3) serán el instrumento, aunque no el fundamento definitivo, de nuestra justificación final. La base de nuestra salvación es la vida y muerte de Jesús por nuestra causa, como aquello que nos perdona *nuestro pecado* y como lo que nos libera *del mismo*. Nuestros hechos constituyen el criterio público de juicio, no porque contribuyan de alguna forma a nuestra salvación, sino porque son, en sí mismos, lo que significa "vivir por fe" (2Co 5:7).

Cualquier declaración de fe que no se reivindique de esta forma no debería considerarse válida ahora, del mismo modo que no lo será delante del tribunal de Cristo. Esta es la razón por la que Pablo basa su deseo de agradar a Dios en su convicción de que también será juzgado un día por Cristo según sus hechos (cf. 1Co 4:1-5; 9:23-27). Así pues, un paso importante hacia la recuperación de una vida cristiana plena en nuestra era de insípidas experiencias religiosas es reconocer de nuevo que destacar el papel central y esencial de la obediencia en el juicio no constituye una negación de la justificación solo por fe, sino su poderosa confirmación.

Vivir a la luz del futuro. Las declaraciones de Pablo de su confianza para el futuro, o de su ambición en el presente, y del papel de Cristo como juez universal son tan significativas ahora como lo fueron en el mundo materialista y pluralista del primer siglo. En vista de la creencia de nuestra cultura en algún tipo de futuro espiritual universal para toda la humanidad, combinada con un creciente acento en la reencarnación por parte de los seguidores de la Nueva Era, considerando además el desafío del pluralismo y la ausencia de una enseñanza consistente en muchas iglesias, debemos destacar una vez más cuatro importantes marcadores distintivos de la visión cristiana del mundo:

- Se producirá un juicio universal en el futuro, no solo para algunas personas, sino para todos, incluyendo a los cristianos.

- Cristo es el único que juzga.

- Solo aquellos que han experimentado la misericordia y el poder de Dios en Cristo pueden tener confianza mientras esperan este día de juicio venidero.

- La única base de la confianza en el día de juicio son las buenas obras producidas al vivir por fe.

Estas ideas deben explicarse en una cultura en la que el ochenta y cinco por ciento de los americanos se consideran cristianos, aunque la mitad de los adultos crea que se puede vivir una vida plena y satisfactoria sin ningún tipo de espiritualidad.[29] Esta confusión se incrementa cuando se suscita la cuestión del juicio final. Como Barna expone:

> Pocos americanos dudan que Dios juzgará a cada persona. Casi nueve de cada diez personas (el 86%) afirman que "finalmente, todas las personas serán juzgadas por Dios" [una encuesta de enero de 1993].

---

29. Según los estudios de George Barna, *Index of Leading Spiritual Indicators* (Dallas: Word, 1996), 9, 101.

La mayoría de los americanos creen que la salvación espiritual es un resultado que deben conseguir por medio de su buen carácter o comportamiento. Seis de cada diez personas (el 57%) creen que "si una persona es generalmente buena, o hace suficientes cosas buenas por los demás durante su vida, conseguirá un lugar en el cielo". Esta perspectiva ha seguido vigente a lo largo de los años noventa [una encuesta de enero de 1995].

Los adultos están divididos a partes iguales sobre el papel desempeñado por las creencias religiosas en la vida que las personas experimentarán después de la muerte. El 45% afirma que las mismas tendrán impacto en su condición espiritual; otro 45% sostiene que las creencias de la persona no tienen importancia. El 10% restante no se posiciona [una encuesta de julio de 1994].

... Solo cuatro de cada diez americanos (el 39%) creen que "las personas que no acepten conscientemente a Jesucristo como su Salvador serán condenadas al infierno" [la misma encuesta de julio de 1994].

Existe una tendencia creciente a creer que "todas las personas buenas, consideren o no que Jesucristo es su Salvador, vivirán en el cielo después de morir en la tierra". La opinión pública está dividida a partes iguales sobre este asunto: el 46% está de acuerdo, el 47% no lo está [encuestas de julio de 1994; enero de 1992].[30]

Aunque una gran cantidad de personas profesa creer en algún tipo de juicio divino venidero, pocos se comportan en su vida diaria según esa convicción. También resulta sorprendente que pocos de aquellos que dicen creer en un juicio final piensan que Jesucristo desempeñe un papel decisivo en el mismo. Finalmente, pero no sorprendentemente, las personas son optimistas sobre sus propias opciones de ser juzgadas de forma positiva, del mismo modo que confían en que habrá condenación para otros. Tales respuestas muestran la forma en que se ha minimizado la fe en una simple aceptación mental que no tiene vínculo alguno con la vida, así como la creciente desconfianza en las declaraciones de Cristo, y la confianza en sí mismos de aquellos que se sienten justificados por sí solos a los ojos de Dios.

La investigación anterior también revela la esquizofrenia existente entre la confianza de nuestra cultura en su propia moral y su capacidad de condenar a otros. Este hecho fue evidente en el relato de la revista *Newsweek* de la muerte inminente y las palabras públicas finales del líder de los jemeres rojos, Pol Pot. Considerado en muchos sentidos el "Hitler" de los años setenta, Pol Pot fue responsable de la muerte de al menos un millón de sus compatriotas

---

30. *Ibíd.*, 71-72.

camboyanos. En 1997, bajo arresto domiciliario, parcialmente paralizado por una apoplejía, y ante su propia muerte con un problema cardíaco congénito, Pol Pot concedió su primera entrevista en veinte años. Durante la misma declaró en numerosas ocasiones: "Estoy acabado como ser humano. Me estoy muriendo". Sin embargo, seguía sin arrepentirse y no se disculparía por sus actos. Entonces, la "sabiduría convencional" de *Newsweek* respondió con la siguiente ocurrencia: "El asesino del millón de personas reconoce que 'se cometieron errores', pero no se arrepiente de ello. Que se queme en el infierno".[31]

¿Quién podría discutir esa actitud? ¿Por qué pensamos que nos irá mejor? ¿Por qué estamos tan seguros de que Pol Pot debería "arder en el infierno", y nosotros no? Según la interpretación de los datos por parte de Barna:

> [...] la tendencia estadounidense a la autosuficiencia, la realización y la autonomía ha invadido el ámbito del más allá. Las personas son más propensas a apoyarse en sus capacidades y su carácter como medio para agradar a Dios o para obtener la paz eterna que a aceptar un regalo [...] tal como enseña la Iglesia cristiana en relación con la muerte en sacrificio y la subsiguiente expiación por medio de Jesucristo.[32]

En segundo lugar, hemos visto que el argumento de Pablo en 5:6-8 nos recuerda que la vida en este mundo no es el fin absoluto ni el todo de nuestra existencia. Como cristiano, suena estúpido incluso decir tal cosa, ya que es muy obvia. Sin embargo, el hecho de que esta convicción haya surgido hasta llegar a ser un tópico hace que sea muy necesario confirmarla. Los clichés, aunque sean tan ciertos que se den por supuestos, no se toman en serio. No obstante, la perspectiva del apóstol en este pasaje, si se toma en serio, cuestiona en términos rotundos la preocupación cultural contemporánea con el presente que penetra en nuestras iglesias y las paraliza. Porque Pablo deja claro en 5:8-9 que la valentía del cristiano deriva de tener los deseos correctos para el futuro, lo que lleva a su vez a tener las ambiciones correctas en el presente. Los que viven para el presente solo desean lo que este mundo tiene que ofrecer. Su ambición es agradarse dentro de los confines de los exiguos placeres de este mundo. Sin embargo, aquellos que viven para su futuro con Dios desean la vida prometida por él. Su ambición es agradar al Señor, porque él es su verdadero gozo (*cf.* 4:18; 5:11-15).

En tercer lugar, la naturaleza de la ambición de Pablo, centrada en la resurrección y en Cristo, alimentada por su confianza en el juicio venidero, nos recuerda que los cristianos no deben confundirse con la aparente confianza y despreocupación que tanto caracterizan a la indiferencia moderna ante la

---

31. *Newsweek* (3 noviembre 1997), 6.
32. Barna, *Index*, 71-72.

realidad y finalidad de la muerte. En realidad, esta bravuconería cultural simplemente enmascara nuestra profunda preocupación por nuestra propia mortalidad con un impulso a actuar heroicamente frente a nuestra destrucción segura. Como Ernest Becker ha argumentado de forma tan conmovedora en su análisis de la filosofía, la religión y la psicología modernas, ganador del premio Pulitzer y titulado *The Denial of Death*:

> Lo primero que debemos hacer con el heroísmo humano es dejar al descubierto su cara oculta, mostrar lo que confiere al mismo su naturaleza e impulso necesarios. Aquí introducimos directamente uno de los grandes descubrimientos del pensamiento moderno: que, de todas las cosas que mueven al hombre, una de las principales es el terror a la muerte [...] el heroísmo es primero y ante todo un reflejo del miedo a la muerte.
>
> [...] Todas las religiones históricas han abordado este mismo problema de cómo soportar el fin de la vida. Algunas, como el hinduismo y el budismo, inventaron el ingenioso ardid de aparentar no querer nacer de nuevo, lo cual constituye una especie de magia negativa: declarar que no se desea lo que más se quiere en realidad. Cuando la filosofía tomó el relevo de la religión, también asumió el problema central de esta, y la muerte pasó a ser la verdadera "musa de la filosofía" desde sus comienzos en Grecia hasta Heidegger y el existencialismo moderno.
>
> [...] El miedo a la muerte es natural y está presente en todos ... es el miedo básico que influencia a todos los demás, un miedo al que nadie es inmune, por muy enmascarado que pueda estar. William James [...] llamó a la muerte "el gusano en el centro de las pretensiones de felicidad humanas".[33]

Su análisis de la cultura y el pensamiento contemporáneos llevó a Becker a reconocer que el problema fundamental de la vida moderna es religioso. Seguidamente, ofrece su propia respuesta final:

> ¿Cómo [...] puede uno ser un santo y aun así organizar movimientos científicos de una importancia histórica mundial? ¿Cómo puede uno apoyarse en Dios y entregarle todo, y seguir y andar por su cuenta como ser humano apasionado? Estas preguntas no son retóricas, sino cuestiones muy reales que inciden directamente en la raíz del problema de "cómo ser un hombre" [...]. Si los hombres se apoyan demasiado en Dios no consiguen lo que deben lograr en este mundo con sus propias fuerzas. Para llevar a cabo lo que sea uno debe ser primeramente un hombre, antes que cualquier otra

---

33. Ernest Becker, *The Denial of Death* (Nueva York: Free Press, 1973), 11-15.

cosa. Esta circunstancia pone en duda todo el espléndido ideal de la santidad, porque existen muchas formas de ser un buen hombre ...

Lo máximo que cualquiera de nosotros puede aparentar hacer es moldear algo, un objeto o nosotros mismos, y dejarlo caer en la confusión, hacer una ofrenda con ello, por así decirlo, a la fuerza vital.[34]

En contraste absoluto con el intento de Becker de encontrar significado en esta vida sin una esperanza clara para el futuro, la respuesta del evangelio es una resurrección *real* en la que lo que hemos "moldeado" en nuestra vida es juzgado por Aquel que ya ha vencido a la muerte. Para el incrédulo, como Becker, el objetivo de la vida es ser "un ser humano apasionado" apartado de Dios al no "apoyarse demasiado en él". Para el creyente, la meta de la vida es aprender cómo "vivir por fe" en cada circunstancia, sabiendo que todo será juzgado por el Dios que nos da "una casa eterna en el cielo, no construida por manos humanas" (5:1).

Además, la propia vida de Pablo pone de manifiesto, sin ningún género de duda, que vivir por fe conduce al tipo de profunda pasión que ofrece su vida por causa de otras personas, así como de Cristo. En lugar de destruir el impulso a vivir apasionadamente, la muerte y la eternidad, cuando somos conscientes de su realidad, confieren a la vida su verdadero significado y ambición. Carl F. H. Henry, respetado veterano de la teología evangélica, resume bien la estructura básica de la teología básica reflejada en nuestro pasaje:

> El lector de las Escrituras descubrirá que todo el universo es la creación de un Dios personal soberano, que la imagen de este eleva a la humanidad por encima de todos los órdenes de la vida finita, que un propósito divino providencial gobierna la historia y mueve a las naciones hacia un juicio final, que Dios vino personalmente en Jesús de Nazaret que conquistó a la muerte, que la humanidad pecadora se encuentra ante las opciones divergentes de condenación eterna o salvación eterna, y que el perdón de pecados y la nueva vida espiritual están disponibles incluso ahora para el penitente. Estos principios se lanzan insistentemente sobre todo lector que prueba las Sagradas Escrituras.[35]

Finalmente, la pasión de Pablo por la resurrección, definida por Cristo, orientada hacia el futuro, e impulsada por el juicio, debe contrastarse con la trivializada fascinación por el más allá que está integrándose cada vez más en la cultura popular moderna. Las observaciones de Henry proveen de nuevo un resumen clarificador:

---

34. *Ibíd.*, 259, 285.
35. Carl, F. Henry, "Christianity and Resurgent Paganism", *Gods of This Age or God of the Ages?* Ed. R. Albert Mohler (Nashville: Broadman and Holman, 1994), 1-10 (p. 1).

> A pesar de todas las necedades seculares sobre la modernidad no religiosa, una inmensa ola de religiosidad continúa, sin embargo, arrasando la vida contemporánea ...
>
> El alargamiento de la vida en la tierra conseguido científicamente por medio de hormonas que retrasan el envejecimiento y el trasplante de órganos está siendo ya demasiado rutinario como para tener impacto en los medios, por lo que Hollywood investiga la inmortalidad como el horizonte definitivo. Las películas sobre el más allá saltan por encima del SIDA y los problemas de la tercera edad, la muerte, los funerales y el dolor, para concentrarse en un mundo posterior, que frecuentemente equivale solo a un camelo incorpóreo post mórtem. Las películas anuncian cada vez más que la muerte no es el final. Nos dicen que hay un mundo espiritual esperándonos, sin Dios, sin juicio, sin necesidad de gracia, sin resurrección corporal, sin miedo al infierno. Si nos ceñimos a Hollywood y los productores cinematográficos, nuestra psique personal sobrevive al crematorio o a la tumba. Siéntete mejor con el libertinaje y la avaricia de este mundo, porque un agradable Karma nos espera en el largo futuro, según la autoridad de los guionistas de Hollywood que se encargan de reescribir las Escrituras en nuestra generación. La muerte ha perdido su aguijón [...] porque en lo íntimo somos eternos por nuestros propios medios, como dicen el cine local o el videoclub.[36]

Frente a este futuro culturalmente definido, creado a nuestra propia imagen, encontramos la insistencia de Pablo en que solo Cristo determina el carácter y la posesión de la vida de resurrección venidera, de forma que solo debemos agradarle a él en esta vida. Así pues, en contraste con la negación moderna de un futuro personal determinado por un Dios personal, que se hizo carne y sangre, veamos como conclusión la descripción de Fuller en términos paulinos de lo que significa agradar a Dios:

> Se ha observado frecuentemente que las personas adoran a aquello que esperan para un futuro feliz; e inevitablemente sirven a aquello que adoran. Así pues, Jesús, cuando fue tentado por el diablo en el desierto, contraatacó diciendo: "¡Vete, Satanás! Porque escrito está: 'Adora al Señor tu Dios y sírvele solamente a él'" (Mt 4:10). Adoramos a Dios cuando depositamos nuestra esperanza para el futuro eternamente feliz tanto en la perspectiva de ser siempre capaces de participar con él en su gozo como en su integridad para mantener sus grandes y valiosas promesas. De esta forma le damos la mayor honra posible, como hizo Abraham,

---

36. *Ibíd.*, 4-5.

que "dio gloria a Dios, plenamente convencido de que Dios tenía poder para cumplir lo que había prometido" (Ro 4:20-21). Por tanto, si nuestro corazón está lleno de gozo cuando *creemos* en el Señor, no caeremos en ningún pensamiento o conducta incoherente con nuestra esperanza en él. Y entonces la adoración de Dios llevará inevitablemente a servirle en el sentido de *obedecer sus mandamientos como leyes de fe*.

Esta obediencia que brota de la fe en las promesas de Dios es la forma en que le servimos [...]

Los que hemos visto la sabiduría de servir a Dios en lugar de al dinero encontramos el perfil al que nuestra vida debe conformarse en los mandatos y dichos sabios de la Biblia.[37]

Por tanto, en última instancia, lo más importante es que, a fin de agradar a Dios y encontrar la felicidad para la que hemos sido creados, debemos vivir por fe. La vida, muerte y resurrección de Jesucristo constituyen la única base sobre la que Dios puede perdonarnos y reconciliarnos con él para que sigamos siendo justos. Jesús es el único camino de salvación para toda la raza humana. No podemos salvarnos de cualquier manera. Como David, lo único que llevamos con nosotros cuando confesamos nuestros pecados es nuestra transgresión. Buscamos el perdón para nuestra vida, no un cheque (Ro 4:4-5).

Cuando vamos a Dios sin otra cosa que nuestro pecado, nuestra fe es una confianza en que el Señor obrará por nosotros, no un intento de mostrarle lo sinceros que somos. Esa fe revoca nuestro pecado y nos hace justos a ojos suyos, ya que le honra como Aquel en cuya palabra se puede confiar y cuya presencia debe valorarse más que las recompensas de este mundo. Esta es la razón por la que, cuando confiamos en Dios debido a lo que él ha hecho ya por nosotros, nuestra fe se nos cuenta por justicia (Ro 4:5, 22-23). Esta última idea nos lleva a la siguiente sección del argumento de Pablo, con su insistencia en nuestra reconciliación y justicia en Cristo (*cf.* 5:16–6:2).

---

37. Fuller, *Unity of the Bible*, 150-52 (el énfasis es mío).

2 Corintios 5:11–6:2

Por tanto, como sabemos lo que es temer al Señor, tratamos de persuadir a todos, aunque para Dios es evidente lo que somos, y espero que también lo sea para la conciencia de ustedes. ¹² No buscamos el recomendarnos otra vez a ustedes, sino que les damos una oportunidad de sentirse orgullosos de nosotros, para que tengan con qué responder a los que se dejan llevar por las apariencias y no por lo que hay dentro del corazón. ¹³ Si estamos locos, es por Dios; y si estamos cuerdos, es por ustedes. ¹⁴ El amor de Cristo nos obliga, porque estamos convencidos de que uno murió por todos, y por consiguiente todos murieron. ¹⁵ Y él murió por todos, para que los que viven ya no vivan para sí, sino para el que murió por ellos y fue resucitado.

¹⁶ Así que de ahora en adelante no consideramos a nadie según criterios meramente humanos. Aunque antes conocimos a Cristo de esta manera, ya no lo conocemos así. ¹⁷ Por lo tanto, si alguno está en Cristo, es una nueva creación. ¡Lo viejo ha pasado, ha llegado ya lo nuevo! ¹⁸ Todo esto proviene de Dios, quien por medio de Cristo nos reconcilió consigo mismo y nos dio el ministerio de la reconciliación: ¹⁹ esto es, que en Cristo, Dios estaba reconciliando al mundo consigo mismo, no tomándole en cuenta sus pecados y encargándonos a nosotros el mensaje de la reconciliación. ²⁰ Así que somos embajadores de Cristo, como si Dios los exhortara a ustedes por medio de nosotros: «En nombre de Cristo les rogamos que se reconcilien con Dios». ²¹ Al que no cometió pecado alguno, por nosotros Dios lo trató como pecador, para que en él recibiéramos la justicia de Dios.

⁶:¹Nosotros, colaboradores de Dios, les rogamos que no reciban su gracia en vano. ² Porque él dice:

«En el momento propicio te escuché,
y en el día de salvación te ayudé».

Les digo que éste es el momento propicio de Dios; ¡hoy es el día de salvación!

En 5:6-10, Pablo sacó la primera conclusión que procede de saber que su casa eterna estaba segura con Cristo, el juez soberano de toda la humanidad. Este conocimiento da lugar a su *propia* ambición valiente de agradar al Señor

caminando por fe (5.7a, 9). En 5:11–6:2 esta misma consciencia conduce a un compromiso igualmente valiente de persuadir a *otros* para que se unan a él viviendo de una forma que complace a Dios (5:11a, 14-15, 21). En vista de la autodefensa de Pablo (5:11b-13) y de que se ve a sí mismo como "embajador de Cristo" (5:18–6:2), esta persuasión tiene por objetivo la aceptación del evangelio *tal como se proclama y se encarna en el ministerio de Pablo*.[1]

La referencia a que Pablo persuada a otros en 5:11-12 desarrolla, pues, sus declaraciones anteriores, en 2:17 y 4:2, a modo de tesis de que pronuncia su mensaje en Cristo delante del juicio de Dios (*cf.* 12:19). Conociendo el temor del Señor, el apóstol sigue fiel al evangelio y procura persuadir a otros de la legitimidad de su ministerio apostólico con el fin de que ellos también puedan ser salvos. Estas dos cosas son inseparables. Rechazar a Pablo, "el embajador de Cristo" (5:20), equivale a rechazar a Cristo (*cf.* 2:14-17; 4:1-6, 10-12, 13-15). De ahí que, aunque Pablo siga usando el plural a lo largo de toda esta sección, su principal enfoque sigue estando en su propio ministerio. Usa el plural para indicar que no está hablando tan solo en su nombre, sino que al hacerlo representa el oficio apostólico (*cf.* 1:3-11). Su meta consiste en aclarar cómo se aplican las verdades del evangelio a su propia vida y llamado. Como resultado, al procurar convencer a otros de la legitimidad de su propio ministerio en 5:11–6:2, Pablo proporciona una de las declaraciones más profundas del evangelio que podemos encontrar en el Nuevo Testamento.

La motivación de Pablo para el ministerio (5.11-15)

El "por tanto, como" (*oun*, "por consiguiente") de 5:11 indica que el compromiso de Pablo en persuadir a otros de la verdad del evangelio se basa en su confianza de que un día Cristo juzgará a todas las personas (5:10). Saber que Cristo es el juez de todo es temer al Señor (= Cristo) por encima de todo. Aunque con frecuencia se sugiere que este "temor" (*phobos*) debería interpretarse como "sobrecogimiento reverencial" o "respeto", esta suavización de la declaración de Pablo pasa por alto la gravedad de la amenaza a la vista. Se trata ni más ni menos que del temor real, ya que en su contexto Pablo se está refiriendo a un fuerte deseo de evitar las consecuencias negativas del juicio de Cristo.

Esta es la motivación "fundamental" del ministerio de Pablo. No procura realzar su propia reputación usando una retórica fantasiosa en su predicación

---

1. Aunque Pablo nunca usa el verbo "persuadir" (*peitho*) para referirse directamente a predicar el evangelio, se utiliza en alusión a la evangelización del apóstol en Hechos 17:4; 18:4; 19:8, 26; 26:28; 28:23. Sobre este punto, ver Ralph P. Martin, *2 Corinthians*, 121: "El uso que Pablo hace de *peithomen* [en 5:11] tiene, pues, un doble matiz; intenta persuadir a hombres y mujeres de que Cristo es el medio de salvación, e intenta convencerlos de la pureza de su motivo". Mi idea es que esto último está estrechamente ligado a lo primero.

ni usar su ministerio para llenarse los bolsillos con el dinero de los demás. Más bien, lo que el apóstol busca es persuadir a otros para que se unan a él en el temor del Señor, para que ellos también escapen a su ira. El temor es la otra cara de la fe y el clemente don de Dios a su pueblo. Solo quienes conocen a Cristo temen perder una relación así, y es este temor (la motivación negativa), junto con la gloria misma de Dios (la motivación positiva; *cf.* 3:7-18; 4:13-18), el que mantiene al creyente perseverando en agradarle a Dios.

Como resultado, lo más probable es que la referencia paulina a la persuasión en 5:11 sea también un intento de golpear la confianza que sus oponentes tienen en la retórica para respaldar sus afirmaciones. La acción de "persuadir a todos" (*peitho*) era prácticamente sinónimo de la tradición retórica grecorromana en su totalidad, ya que la persuasión era "la expresión por antonomasia del objetivo de la retórica".[2] En realidad, como señala Hubbard, "la persuasión era tan importante para los griegos que se la deificó como diosa y se la adoraba".[3] Pablo no rechaza la necesidad de persuadir (5:11), sino que descarta apoyarse en las técnicas convincentes de la retórica para hacerlo, ya que su propia reputación no es lo que está en juego, sino el destino eterno del pueblo de Dios (*cf.* 1Co 2:1-5). No es el poder de la elocuencia humana lo que persuade, sino la presencia del Espíritu de Dios. Por el contrario, no es el deseo de reconocimiento por parte de los demás, sino el temor de Dios lo que motiva la persuasión de Pablo.

El apóstol sigue aclarando, sin embargo, que aunque el temor de Dios le motive, el objeto de su persuasión no consiste en justificarse delante de Dios. Dado su llamado, la integridad de su vida, su ministerio de sufrimiento y el Espíritu, la legitimidad de su ministerio ya es "para Dios es evidente" (5:11; *cf.* 1:12–2.4; 2:14-17; 3:3-6; 4:1-18). Tampoco se está justificando delante de los corintios. La legitimidad de su ministerio debería ser evidente "para la conciencia de ustedes" por medio de la evidencia de sus propias vidas (*cf.* 3:1-3).[4] Esta es la "esperanza" de Pablo en 5:11, que no señala a un "pensamiento ilusorio" (significado de "esperanza" en el uso contemporáneo estadounidense),

---

2. Para un resumen de esta idea, ver Moyer Hubbard, "Was Paul Out of His Mind? Rereading 2 Corinthians 5:13", *JSNT* 70 (1998): 39-64 (p. 52) y esp. las palabras de Kennedy, P. Marshall, Buxton, Betz, Winter y Litfin citados en pp. 50-52.

3. *Ibíd.*, 50, según R. G. A. Buxton, *Persuasión in Greek Tragedy: A Study of Peithō* (Cambridge: Cambridge Univ. Press, 1982), 31-48.

4. En 5:11, los tiempos perfectos del verbo *phaneroo*, "manifestado, revelado, dado a conocer", que la NVI traduce dos veces como "es evidente", indican un estado continuo de ser como consecuencia de una acción pasada, con el énfasis aquí en la condición actual. Este pretendido "perfecto intensivo" en el que "el perfecto enfatiza el estado presente, el resultado continuado, el producto acabado, el hecho de que una cosa sea [...]. Este uso se acerca al significado del tiempo presente" (James A. Brooks y Carlton L. Winbery, *Syntax of New Testament Greek* [Lanham, Md.: Univ. Press of America, 1979], 104).

sino su "confianza para el futuro" (el significado de "esperanza" en el Nuevo Testamento).

En otras palabras, en sí misma, la persuasión de Pablo no es un intento de volver a ganarse a los corintios, ya que confía en que la mayoría a los que está escribiendo ahora seguirán respondiendo positivamente a su polémica (*cf.* 1:13-14; 6:1; 6:11–7:16). Más bien, el fundamento para el argumento siguiente se lo proporcionan las referencias de 5:11 a su llamado para ser apóstol y a su ministerio de sufrimiento, así como el Espíritu como evidencia de su legitimidad, de todo lo cual da testimonio la existencia de los corintios mismos como cristianos (*cf.* 3:2-3).

Basándose en la afirmación de 5:11 y fundamentado en el argumento que sigue en 5:13-15, el versículo 12 es, pues, el punto principal de 5:11-15. La seguridad de Pablo delante de Dios y su esperanza en cuanto a los corintios conducen de nuevo a la insinuación de que no se trata de un autoelogio, como lo hizo en 3:1 sobre la base de 2:14-17 y 3:2-3.[5] Ahora, sin embargo, Pablo indica el propósito de apuntar a la prueba concreta de su autenticidad: se está defendiendo con el fin de que los corintios puedan tener la "oportunidad" que necesitan para refutar a aquellos que en el seno de la iglesia siguen cuestionando su ministerio (*cf.* 1:13-14).

La palabra traducida como "oportunidad" (*aphorme*) en 5:12 es un término militar usado para designar una base estratégica de operaciones empleada como plataforma de lanzamiento para montar un ataque o una defensa (*cf.* su uso en 11:12; Ro 7:8; Gá 5:13; 1Ti 5:14). Pablo quiere proporcionar semejante base de apoyo para que esos corintios que se han arrepentido de su rebeldía contra Pablo y su evangelio sean capaces de "jactarse" (NVI, "sentirse orgullosos") en el sufrimiento y la debilidad de Pablo como contraofensiva frente a los que siguen "jactándose en [NVI, se dejan llevar por] lo que se ve [*prosopon*]". Este contraste en 5:12 entre los dos objetos de jactancia refleja la situación que sigue existiendo dentro de la iglesia corintia cuando se escribió esta carta. Alude, asimismo, al principio del juicio divino de 1 Samuel 16:7: "No te dejes impresionar por su apariencia ni por su estatura, pues yo lo he rechazado. La gente se fija en las apariencias, pero yo me fijo en el corazón" [*cf.* 2Co 5:12].

La cuestión en juego no es, por tanto, una competencia de personalidad, sino una lucha por la vida de los que parecen ser cristianos externamente, pero cuyos corazones están lejos del Señor. En la batalla por el evangelio que siguió librándose en Corinto, el asunto siguió siendo si quienes se arrepintieran podían defender su fe en el ministerio de Pablo contra los ataques de quienes

---

5. *Cf.* 10:12-18 para la diferencia entre la práctica negativa del autoelogio y la práctica positiva de recomendarse a *uno mismo*.

"trafican con la palabra de Dios" (2:17). Aquí, la preocupación de Pablo consiste en proporcionarles la munición que necesitan para hacerlo.

Los oponentes de Pablo se enorgullecían de su retórica profesional, de sus cartas de recomendación de otras iglesias, del pago que recibían por su ministerio, de su etnia y de su pedigrí espiritual, y de sus experiencias espirituales extáticas. Estas son las cosas externas que "se ven" (5:12); es decir, que están en la superficie (cf. 10:7). Como en 3:2 y 4:2, Pablo mantiene aquí también que el enfoque de sus oponentes en semejantes cosas externas enmascara la verdadera naturaleza de sus motivos, mientras que sus propios actos revelan la naturaleza genuina de su "corazón".

Lejos de ser una referencia a lo que no se ve, guardado como un secreto o algo subjetivo, la alusión del apóstol al "corazón" en 5:12 retoma el asunto del vínculo indisoluble entre el carácter de las acciones de uno y la calidad de sus motivos (cf. 1:12-14; 2.4; 3:2; 4:2). Su voluntarioso compromiso de hacer lo que sea para ganar a las personas para Cristo (cf. 1Co 9:19-23), aunque entrañe sufrimiento como resultado de predicar gratuitamente, es la evidencia objetiva de su amor (1Co 4:8-13; 9:15-18; 2Co 2:17; 4:7-15; cf. 6:3-10). De esto se pueden jactar los corintios para demostrar que Pablo es el representante de Cristo de pleno derecho (cf. 2Co 5:20). La pregunta es, pues, ahora: ¿quién tiene la base real para vanagloriarse delante de Dios y de los demás, Pablo o sus oponentes?

En lo tocante a la jactancia, los oponentes de Pablo no solo cuestionaron su ministerio por su práctica de predicar sin cobrar, sino también por su sufrimiento (cf. 1:8-11; 2:12-14; 4:7-13; 6:3-10; 10:7; 11:16-33). Para empeorar las cosas, Pablo solo hizo un prudente uso público de los dones más llamativos, como hablar en lenguas (cf. 1Co 14:18-19) y rechazó rotundamente las técnicas imponentes de los oradores públicos contemporáneos (cf. 1Co 1:17; 2:1-5; 2Co 10:10; 11.6), por no mencionar su negativa incluso a aludir a sus propias experiencias espirituales (cf. 12:1-7). Todo esto combinado hacía que Pablo pareciera débil ante los ojos de los que afirmaban ser espiritualmente fuertes (cf. 10:10). Desde la perspectiva de sus oponentes, no solo sufría demasiado, sino que también manifestaba al Espíritu demasiado poco para ser un apóstol genuino. Sin embargo, desde la perspectiva de Pablo, el propósito de los dones espirituales es la edificación de los demás y no la exhibición de su propio poder (cf. 1Co 14:1-12). El objeto es el amor por los demás y no el conocimiento para uno mismo (cf. 13:1-3, 8-13).

Por esta razón, persuadir a los demás y no pavonearse de sus propias experiencias espirituales es el "centro" del ministerio paulino. El "temor del Señor", y no su propia reputación, es lo que le guía (5:11). Así, cuando Pablo está "loco" (o fuera de sí") es en privado, delante de Dios, mientras que estar "cuerdo" es algo que mantenía para los demás (5:13).

La palabra traducida "loco" (*existemi*) en 5:13 se usa de forma negativa en Marcos 3:21 para describir la reacción de la familia de Jesús a su celo aparentemente trastornado y las que parecían ser afirmaciones mesiánicas ofensivas. Pero el uso que Pablo hace de este verbo en referencia a Dios indica aquí un sentido diferente. Difícilmente diría el apóstol que está loco o que es anormal para con Dios, a causa de su celo por persuadir a otros con respecto a la necesidad de agradar a Cristo. Tampoco deberíamos suponer que los oponentes de Pablo lo acusaran de estar loco, de manera que tuvo que defenderse diciendo que si está actuando de un modo loco, como ellos alegan, es solo para con Dios. En todo caso, los oponentes del apóstol y los corintios que seguían estando de parte de estos valorarían semejante postura de éxtasis religioso como prueba del poder del Espíritu.

El contraste de 5:13 retoma más bien las declaraciones anteriores de Pablo en 1 Corintios 14:2-8, donde les recordó a los corintios que quien habla en lenguas no le habla a "los demás, sino a Dios" (14:2) y, por tanto, es "improductivo" hacia las demás personas (14:14), mientras que la profecía "habla a los demás para edificarlos" (14:3).[6] Estar "loco" se ve, pues, mejor como referencia a las propias experiencias extáticas de Pablo, en especial la de lenguas (*cf.* 14:18, 23) y las visiones (*cf.* 12:1-4).[7] La idea de Pablo es que su amor por los demás (aquí los corintios) hace que considere más importante las necesidades que ellos tienen de ser persuadidos incluso que su propia comunión espiritual y privada con Dios.

Las experiencias religiosas privadas, como hablar en lenguas, son ciertamente válidas y pueden incluso beneficiar a la iglesia si se llevan a cabo en el orden adecuado (*cf.* 1Co 14:15, 26-33). A pesar de ello, el deseo del apóstol por persuadir a otros necesita que le dé la prioridad suprema, cuando ministra a los demás, estando "cuerdo", ya que las personas y no Dios son el enfoque del ministerio (*cf.* 4:1-2). Estar "cuerdo" (*sophroneo*) se refiere a la "moderación, el buen gusto y la evitación de excesos" deseables en la oratoria seria y la exposición de la historia. Este estilo apasionado, pero comedido y sobrio, es lo que Pablo

---

6. Esto explica por qué Pablo prefiere la profecía a hablar en lenguas, sobre todo cuando estas no se interpretaban. Craig Blomberg (*1 Corintios,* 320) señala con respecto a 1Co 14:3-4: "A diferencia de las lenguas sin interpretación, que solo edifican al individuo que las habla, la profecía instruye a toda la congregación […]. Pablo precisa, pues, dos razones por las que la profecía es mayor: esta no se dirige solo a Dios, sino también a otras personas, que pueden ser afectadas de un modo más positivo".
7. Para el significado de este mismo verbo como "estar sorprendido", que se relacionaría con el tipo de impresión que hacen semejantes experiencias extáticas, ver Mt 12:23; Mr 2:12; Lc 8:56; Hch 2:7, 12; 8:13; 9:21; 10:45; 12.16. Para un estudio de estos dos puntos de vista dominantes, es decir, anormalidad frente a experiencia extática, ver Hubbard, "Was Paul Out of His Mind?" 40-42. Para profundizar en esta opinión, ver apéndice al final de este capítulo (p. 275).

practicaba en su predicación.[8] Si se lee de esta forma, el énfasis del apóstol en 5:13 en su compromiso con un ministerio *público* explica por qué alude tan solo a la evidencia objetiva para elogiar su ministerio, algo que, al mismo tiempo le proporciona a los corintios la "respuesta" que necesitan para responder a sus críticos (5:12; nótese que el *gar* ["porque"] de 5:13 no se traduce en la NVI).

La base y el propósito de esta inversión radical de sí mismo a los demás se da en 5:14-15 (ver el "porque" del versículo 14a y la cláusula de propósito en 5:15, "para que los que viven ..."). En resumen, la vida de Pablo queda ahora determinada por el evangelio tal como se perfila en estos dos versículos. "El amor de Cristo ... por todos", que vuelve a repetirse en el amor de Pablo por los corintios le "obliga" a vivir como lo hace (la NVI toma adecuadamente el genitivo de "amor de Cristo" como un genitivo subjetivo, que se refiere al amor de Cristo, y no un genitivo objetivo, aludiendo a nuestro amor por Cristo). Que el apóstol dé su vida a los corintios es la encarnación y el corolario del señorío de Cristo que expresó su propia soberanía y amor entregándose por su pueblo. Tal como lo expresa Pablo en 4:5; "No nos predicamos a nosotros mismos sino a Jesucristo como Señor; nosotros no somos más que servidores de ustedes por causa de Jesús" (*cf.* Col 1:24-29).

De manera específica, el amor de Cristo obliga a Pablo por dos razones. (1) Está convencido de que la muerte vicaria de Cristo (es decir, "uno murió por todos") es la verdadera definición de lo que significa ser "cuerdo" con respecto a la vida. En vista del juicio venidero, Cristo, movido por su amor, consideró las necesidades que los demás tienen de la reconciliación como algo más importante que su propia gloria y posición con el Padre. Como resultado, murió "por todos" con tal de salvarlos (5:14b). Por la misma razón, y obligado por el amor de Cristo, Pablo considera las necesidades del pueblo de Dios como más importante que las suyas, para hacer lo que sea preciso y persuadirlos de su legitimidad como "embajador de Cristo" (*cf.* 5:20–6:2). Las necesidades de los corintios determinan las acciones de Pablo (*cf.* 1Co 4:6-21; 9:1-27; 2Co 1:12–2:4; 2:13; 4:10; 6:3-10; 7:2-13; 11:1-12; 11:28; 12:14-21). En contraste radical con sus primeros días como perseguidor de la iglesia, Pablo sufre ahora voluntariamente por aquellos a los que un día persiguió, convencido de que Cristo no solo había muerto por los judíos, sino por todas las personas, tanto judíos como gentiles.

(2) La muerte de Cristo "por todos" produce la "muerte" de "todos" aquellos por los que él murió (*cf.* el "por consiguiente" del v. 14c). Junto con la muerte de Cristo como modelo de su propia conducta, este hecho consumado en cuanto a las consecuencias de la muerte de Cristo "obliga" a Pablo en su ministerio. El "todos murieron" de 5.14 debe, por tanto, limitarse al pueblo de Dios,

---

8. Así Hubbard, *Ibíd.,* 59, basado en la obra léxica de H. North, "The Concept of *Sophrosyne* in Greek Literary Criticism", *Classical Philology* 43 (1948): 317.

porque, de otro modo, la muerte de Cristo significaría que todas las personas son ahora una nueva creación en Cristo, viviendo para él y no para sí mismos (5:15-17). Y es que la muerte de Cristo por todos, motivada por el amor, no es meramente un *ejemplo* de lo que su pueblo debería hacer, sino también el *medio* mismo por el cual sus seguidores se ven impulsados y capacitados para hacerlo. Tampoco es la muerte de todos en 5:14c un mero potencial que deban actualizar todas las personas, sino la causa convincente que conduce a aquellos por los que Cristo ha muerto a seguirle en su vida. El rasgo impresionante de la declaración de Pablo es, pues, que todos los que murieron en 5:14 se identifican en 5:15 con aquellos que ahora viven, y esto se limita sin duda a aquellos que participan en realidad en la salvación de Dios en Cristo (*cf.* 5:21–6:1).[9] Cristo murió por su pueblo.

Sin embargo, la idea de Pablo no es definir el contenido del "todos". Aunque importante para nuestra comprensión del texto, el apóstol supone sin duda que su significado es claro. El giro de su frase en 5:15 llama la atención al hecho de que los que han muerto con Cristo a su antigua forma de vida bajo el poder del pecado resucitan a una nueva vida en él bajo el poder del Espíritu (*cf.* 3:7-18; también Ro 6:1-23; 8:1-13; Col 2:9-15). Como el segundo Adán, la muerte de Cristo por los que ahora están "en Cristo" anula las consecuencias del pecado de Adán para aquellos que permanecen "en Adán" (*cf.* Ro 5:16-19). En 2 Corintios 5:14-15 tenemos, pues, el contrapunto de Romanos 5:12. En nuestro contexto, esta nueva vida se refiere a verse obligado por el amor de Cristo a vivir para otros en lugar de buscar experiencias espirituales para uno mismo o buscar la fama y la fortuna que procede de la autopromoción. Amar como Cristo, por causa del amor de Cristo, es considerar que el crecimiento espiritual de los demás es más importante que el propio estatus o seguridad. Vivir *para* Cristo es vivir *como* Cristo. Lo que transforma al creyente es, por tanto, que el Juez (5:10-11) es también el Salvador (5:14-15).

Esto es, pues, el evangelio resumido: (1) la base del evangelio es el amor de Cristo por su pueblo (no el de su pueblo por Cristo ni ninguna otra característica, acto o distintivo humanos); (2) como resultado, Cristo murió por ellos

---

9. La interpretación de "todos" en 5:14-15a ha dado lugar a varias opiniones que giran en torno a si la declaración es real (y, por tanto, limitada a los creyentes) o meramente potencial (y, por tanto, aplicada a toda la humanidad). Como se expresa más arriba, asumo que es "real" o "efectiva". La muerte de Cristo inicia efectivamente la nueva era para todos los que participen en ella (5:14b: Cristo murió por todos), y su muerte causa la de todos los que se encuentran en él (5:14c: "todos murieron"). Esto significa que, en ambos casos, el "todos" debe limitarse a todos los que "reciben la gracia de Dios" (6:1). Los paralelismos entre nuestro texto y Ro 5:15-18 son instructivos. Allí, "el don que vino por la gracia de un solo hombre, Jesucristo", que "abundó para todos" en Ro 5:15 se califica en 5:17 por "los que reciben en abundancia la gracia". De ahí que la declaración de 5:18, "un solo acto de justicia produjo la justificación que da vida a todos", se limite contextualmente a "los muchos que reciben la gracia de Dios".

(para expiar su pecado y librarlos de su poder); (3) por consiguiente, ellos también murieron (a su antigua forma de vida bajo el poder del pecado); (4) la consecuencia de la muerte de Cristo por ellos y la muerte de ellos en Cristo es una nueva vida vivida para los demás.

Las consecuencias del ministerio de Pablo (5:16–6:2)

Pablo saca ahora las consecuencias del evangelio que acaba de perfilar en 5:14-15, esclarece su contenido y describe cómo se expresa. La primera consecuencia del evangelio es que Pablo ya no considera a nadie "según la carne" (trad. lit. de 5:16a). El concepto paulino de la "carne" (*sarx*) es notablemente difícil de traducir.[10] Dados sus diversos significados en diferentes contextos, ¡la NIV usa cuarenta y ocho términos o palabras distintas en inglés para traducir este único vocablo del Nuevo Testamento! En nuestro pasaje, la NVI traduce correctamente la frase aquí "desde un punto de vista mundano", es decir, de acuerdo con los principios y valores que derivan de vivir como si la vida física en este mundo fuera lo único que existe.

Además, la situación de esta frase en el texto griego indica que modifica los verbos y no los nombres. Aunque con sintaxis difícil, la traducción literal diría: "Conocemos según la carne a nadie, incluso si conocimos según la carne a Cristo"; y no "No consideramos a nadie según criterios meramente humanos. Aunque antes conocimos a Cristo de esta manera". El punto es el contraste entre dos perspectivas, no dos aspectos de la vida de una persona, como la existencia terrenal e histórica de Jesús frente a su identidad escatológica y cósmica como el "Cristo". Conocer a alguien "según la carne" es lo contrario a conocer a esa persona "según el Espíritu", que es la marca de la era del nuevo pacto (*cf.* 3.3, 6-18). La conversión implica un criterio transformado para evaluar lo que es valioso y verdadero. En Cristo, Pablo ya no valora a los demás según los principios o las expectativas del mundo (*cf.* Gá 3.28), así como ya no valora a Cristo de ese modo.

La declaración de Pablo en 5:16a se refiere, muy probablemente, a la práctica de sus oponentes que siguen criticando el ministerio de Pablo por su falta de estatus mundano debido a su sufrimiento y a la aparente carencia de poder

---

10. Esta dificultad deriva del hecho de que la palabra *sarx* tiene un amplio campo semántico que abarca toda la complejidad de lo que significa el ser humano. En el propio uso paulino puede tener una diversidad de matices: el sentido neutral de vivir en este mundo como una persona con descendencia humana (*cf.* Ro 1:3; 3:20; 9:3, 5, 8; Ef 6:5; Col 3:22, etc.); nuestra naturaleza física correspondiente y nuestras formas de vida (*cf.* Ro 2.28; 1Co 6:16; 2Co 6:16; 2Co 4:11; 7:11; 7:1, 5; Gá 4:13-14; Ef 2:11; 5:29; Fil 1:22, 24; Col 2:5); el yo propio o una persona (1Co 1:29; Col 2:1); y el concepto de vida con carga teológica en la esfera estrechamente humana de existencia, aparte del poder del Espíritu, es decir, la naturaleza pecaminosa (*cf.* Ro 7:5, 18, 25; 8:3-12; 1Co 5:5; Gá 5:13, 16-19; Ef 2:3; Col 2:11, 13; etc.).

espiritual (cf. 10:1-6, 10). Pablo entiende esta forma de pensar ya que él mismo "consideró a Cristo de ese modo" (es decir, "según la carne"). Aparte de la resurrección, la muerte de Jesús en la cruz solo podía significar que había sido maldecido por Dios por su propio pecado (cf. Dt 21:23; Gá 3:13). De modo que, antes de su conversión, en la que la gloria del Cristo resucitado le aclaró a Pablo que Jesús no había muerto por sus propios pecados, sino por los de su pueblo (cf. 4:6; 5:14, 21), el apóstol desdeñó la cruz como contradicción radical a las afirmaciones mesiánicas de Jesús y como un rechazo a las esperanzas nacionalistas de Israel.

Del mismo modo, los oponentes de Pablo desdeñaban su sufrimiento como "embajador de Cristo", porque lo valoraban como marca de la antigua era que queda relegada al pasado para todos los que, como ellos mismos, están verdaderamente "en el Espíritu". Evidentemente, este rechazo hacia el ministerio paulino estaba vinculado a su correspondiente apreciación de Cristo, una apreciación que podría llevar a Pablo a decir que predicaban a otro Jesús (11:4). Muy probablemente, a la luz de la cruz, habían espiritualizado sus esperanzas nacionalistas del triunfo militar y político que el Mesías llevaría a cabo en una victoria espiritual sobre este mundo. Aunque las esperanzas nacionalistas de Israel no se habían realizado aún, predicaban que Jesús había sufrido como Mesías para que su pueblo ya no tuviera necesidad de sufrir.

Pablo también predicaba que el sufrimiento de Jesús como Mesías cambió la vida de su pueblo: "Por lo tanto, si alguno está en Cristo, es una nueva creación" (5:17a). Pero, para Pablo, este cambio no conduce a una superespiritualidad en términos de experiencia espiritual, sino a las consecuencias resumidas en 5:17b. En lugar de seguir perteneciendo a este mundo y sus caminos, todos los que están en Cristo son una "nueva creación", lo que significa que ya han participado en la desaparición de la vieja era y en la llegada de la nueva (lit. "cosas nuevas"). Las "cosas nuevas" que han sucedido en Cristo no son, sin embargo, experiencias espirituales privadas, sino una nueva forma de vida que deriva de la reorientación descrita en 5:15. Convertirse en una "nueva creación" no alude a convertirse en una nueva especie de ser humano "superespiritual", sino en llegar a ser como Cristo. Los contornos de la nueva creación son morales, no extáticos.

Teniendo en cuenta el contexto de 2:14–4:18, la "nueva creación" de un pueblo que vive por Cristo, viviendo para los demás, es el comienzo de la restauración del pueblo de Dios bajo el nuevo pacto. Esto significa que la reconciliación con Dios, por medio de Cristo (5:18-21) es el principio de la redención escatológica del mundo, la irrupción en este siglo malo de la "nueva creación" que está por venir (cf. Is 43:18-19; 65:16b-23; 66:22-23). De hecho, en Isaías 43:1-21 y 65:17-25, la restauración de Israel del exilio se describe con lenguaje de la nueva creación como parte del tema del "segundo éxodo" de Israel que se desarrolla a lo largo de Isaías 40–66. Por tanto, Beale ha argumentado de forma convincente que "es plausible sugerir que 'reconciliación' en Cristo es la forma que el apóstol tiene de explicar que las promesas de "restauración" de Isaías con respecto al aislamiento del exilio han empezado a cumplirse por la expiación y el perdón de pecados en Cristo".[11]

Esta idea queda abundantemente aclarada por la alusión paulina en el v. 17b a Isaías 43:18ss (LXX): "No recuerdes las primeras cosas y no discutas *las viejas cosas. He aquí* yo hago *cosas nuevas*" (*cf.* también Is 66:17), que es una exhortación a que Israel olvide su pecado y su juicio pasados, y que mire a la obra de restauración /nueva creación de Dios.[12]

Pablo también había experimentado la realidad de esta nueva creación de primera mano, ya que fue perdonado por Cristo en el camino de Damasco. De ahí que, al equiparar el estar "en Cristo" con participar de la "nueva creación" refleja su propia experiencia de que la muerte de Cristo (5:14) inaugura la nueva creación escatológica en medio de la antigua (*cf.* 1:20).[13] Para el apóstol, el nuevo pacto hecho posible por la muerte de Cristo es la inauguración de la nueva creación.

Teniendo presente su contexto veterotestamentario, la afirmación de Pablo en cuanto a que la nueva creación se está realizando "en Cristo" no se refiere tan solo a un potencial para el futuro. Incluye asimismo la realidad transformadora de vida que ha invadido esta era, determinando la vida de aquellos que ahora son parte de ella (5:14c-15; *cf.* Gá 1:4). La nueva creación, como el reino de Dios, está ya aquí, pero todavía no en toda su gloria. En el amanecer de la nueva creación, la revelación de la gloria de Dios entre un pueblo restaurado resulta en una vida de creciente obediencia por el poder del Espíritu,

---

11. G. K. Beale, "The Old Testament Background of Reconciliation in 2Cor 5–7 and Its Bearing on the Literary Problem of 2 Corinthians 6:14–7:1", *NTS* 35 (1989): 550-81 (p. 556). Beale argumenta que la perspectiva de segundo éxodo/restauración es la base del argumento de Pablo en los caps. 5–7, de manera que el motivo de la restauración es el fundamento de su manera de entender la nueva creación *y la* reconciliación (5:17). Para confirmar esta perspectiva, ver W. J. Webb, *Returning Home: New Covenant and Second Exodus as the Context for 2 Corinthians 6:14–7:1* (JSNTup 85; Sheffield: Sheffield Academic, 1993). Webb también considera las tradiciones del Antiguo Testamento que hay detrás del argumento paulino en 2Co 2:14–7:4 "bajo la rúbrica más amplia de la teología del 'nuevo pacto y del segundo éxodo/regreso'".
12. Seyoon Kim, "2Cor 5:11-21 and the Origin of Paul's Concept of 'Reconciliation'", *NovT* 39 (1997): 360-84 (p. 380), basado en la obra de Beale (el énfasis es de Kim).
13. Los textos clave del Antiguo Testamento concernientes a la "nueva creación" escatológica son Is 43:16-21; 65:16b-23 y 66:22-23. Para el posterior desarrollo postbíblico de la expectativa de una nueva creación, ver esp. 1QH 5:1, 11-12; 7:13-17a; 11:19-23b; 19:9-14; 19:9-14:1QS 4:23b-26; 11QTemple 29:7b-10; *1 Enoc* 72:1; 91:15s.; *Jub* 1:29; 4:26; *Lib. Ant.* 3:10; 16:3; 32:17; *4 Esd.* 7:75; *2 Bar.* 32:6; 44:12; 57:2.

en contraste con la continuada dureza de corazón de Israel y la maldad de las naciones (*cf.* 2Co 3:14-18; 4:3-4). Como puesto de avanzada de la "nueva creación" en Cristo, bajo el nuevo pacto, los corintios testifican por su obediencia y su apartamiento del mal que el Espíritu está obrando verdaderamente entre ellos (*cf.* 1Co 5:1–6.20; 2Co 6:14–7:1).

De ahí que uno pueda argumentar legítimamente que la transformación personal producida por el Espíritu en 3:18 es la evidencia de que uno forma parte de la nueva creación mencionada en 5:17. Aunque la consumación de la nueva creación está aún por llegar, la transformación producida por el Espíritu descrita en 3:18 es el fundamento de la afirmación paulina de que la muerte y la resurrección de Cristo ya han inaugurado la "nueva creación" escatológica. De ahí que, cualesquiera que sean las "cosas nuevas" de 5:17, deben incluir con toda seguridad una nueva vida de creciente obediencia a Dios, producida por el Espíritu. Así como el "segundo Adán" reflejaba la imagen de Dios, Cristo lleva a sus seguidores de regreso a la gloria asociada con Adán antes de su caída en la desobediencia. Así, para Pablo, la evidencia real de la gloria de la nueva creación no es un éxtasis espiritual (5:13), sino la transformación moral (5:17; *cf.* Ef 2:10).

La magnitud de lo que Pablo acaba de decir lo lleva a declarar en 5:18a que el origen de todo esto no puede ser otro que Dios mismo. Solo el poder creador de Dios puede explicar la re-creación de un pueblo que una vez vivió según la naturaleza humana pecaminosa en un pueblo que vive por Cristo (5:15-17; *cf.* 4:4-6). El medio de esta re-creación es la redención del pueblo de Dios que se produce por medio de su reconciliación con Dios por medio de Cristo (5:18b). Esto también viene de Dios. Él es el sujeto y el objeto indirecto de 5:18-19a: *Dios* reconcilia el mundo *con él*. La reconciliación es iniciativa de Dios y obra suya, mientras que la dirección de la reconciliación apunta también a Dios. Él no se reconcilia con nosotros como si fuéramos el punto de referencia y Dios fuera el transgresor (¡!); somos reconciliados con Dios.

El medio de esta reconciliación es Cristo, Aquel cuya muerte la hace posible (*cf.* "por medio de Cristo" en 5:18 = "en Cristo" en 5:19). Pero Dios usa el ministerio de otros para implementar la reconciliación en el mundo. Por esta razón, el objeto directo de la reconciliación de Dios es primero Pablo ("nosotros" en 5:18), luego el "mundo" (5:19), este último es probablemente una referencia a que la reconciliación de Dios incluye a los gentiles y también a los judíos (*cf.* Ro 11:12, 15, Ef 2:16).

Una vez más, Dios es la fuente de reconciliación, mientras que Pablo es su instrumento para llevarlo a buen término. La obra divina de reconciliar el mundo a sí mismo *precede* la propia reconciliación de Pablo con Dios, así como que se le haya concedido al apóstol el ministerio y el mensaje de reconciliación *precede* su consiguiente llamado a que otros sean reconciliados con

Dios (5:18-20). Es fundamental ver que el mandamiento del versículo 20 se base en las realidades anteriores, y cumplidas de los versículos 18-19 y 21. Este punto de vista se ve respaldado en que la comprensión que Pablo tiene de la salvación como reconciliación deriva muy probablemente de su propia experiencia del llamado a la conversión en el camino de Damasco. Al revelarle a Pablo su gloria en Cristo (*cf.* 4:4-6), Dios reconcilió al rebelde Pablo consigo mismo y le dio un ministerio de reconciliación entre los gentiles (*cf.* 2:14; 5:16, 18-19 con Gá 1:12-16).[14]

Enseguida se aclara, por tanto, que el centro de la formulación que Pablo hace del evangelio en 5:18-19 es el concepto de la reconciliación. El uso de esta metáfora para expresar la relevancia de la actividad salvífica de Dios es único de Pablo.[15] Algunos han argumentado que su uso del término *reconciliación* (nombre: *katallage;* verbo: *katallasso*) en 5:18-21 deriva directamente de su uso secular durante ese periodo como término diplomático y político que se refiere a la armonía establecida entre enemigos por los tratados de paz.[16] En esta opinión, Pablo adopta este trasfondo grecorromano como contrapartida ideal a su concepto de sí mismo como "embajador de Cristo" (verbo: *presbeuo;* nombre: *presbys*). Como tal, se envía a Pablo a anunciar que Dios ha establecido un "tratado de paz" con sus enemigos declarando una amnistía general con respecto al pecado (es decir, el "ministerio/mensaje de reconciliación" de Pablo, 5:18b, 19b). Pablo efectúa esta paz y reconciliación divinas como alguien por medio de quien Dios hace su llamado (5:20).

De ahí que, para aclarar su llamado, Pablo use un término secular, diplomático ("reconciliación") y una función ("embajador") para explicar la relevancia de su ministerio, que es una extensión de su propia reconciliación como anterior enemigo de Dios (5:18). Lo que hace posible esta reconciliación es la muerte de Cristo como sustitución del pecado, puesto que, en la medida en que Cristo el justo se hace pecador y muere por el pueblo de Dios, según Isaías 52:13–53:12 (*cf.* 2Co 5:21). Los defensores de esta opinión argumentan, además, que no se hace referencia explícita al sistema sacrificial en Isaías 52:13–53:12, ni tampoco se describe a Cristo en 2 Corintios 5:21 como expiación del pecado. De ahí que "reconciliación" en 5:18-21 debe tener un minucioso trasfondo político que Pablo *mismo* reúne con el entendimiento no de culto, pero sí veterotestamentario, de la muerte de Jesús como sustitutoria.

---

14. Para el desarrollo de esta tesis, ver Kim, "2Cor 5:11-21", 368-71. Como Kim señala (368), los plurales en primera persona ("nosotros/nuestro") en este pasaje, excepto la declaración general del v. 21, se refieren *a Pablo en su oficio apostólico*.
15. Para los textos específicos, ver Ro 5:10, 11; 11:15; 2Co 5:18, 19, 20; Ef 2:16; Col 1:20, 22.
16. Hay una extensa representación de esta tesis en Cilliers Breytenbach, *Versöhnung: Eine Studie zur paulinischen Soteriologie* (WMANT 60; Neukirchen-Vluyn: Neukirchener Verlag, 1989).

Aunque semejante interpretación no es imposible, otros han argumentado de forma más persuasiva que el telón de fondo para la manera como Pablo entiende su identidad en este pasaje no deriva principalmente del lenguaje diplomático de su época. Más bien procede de la perspectiva profética de Isaías, del modo en que el Antiguo Testamento y el judaísmo entienden el sacrificio expiatorio, y del contraste entre el ministerio de Pablo y el de Moisés.[17]

En cuanto a este último punto, Thrall ve en la descripción de Pablo que se le había encomendado el mensaje apostólico ("palabra") de reconciliación en 5:19, una alusión que contrasta con Salmos 105:26-28, donde Moisés y Aarón tienen el encargo de llevar las "palabras" de las señales del juicio de Dios a Faraón.[18] En 2 Corintios 5:19 como en 3:7-11, Pablo está contrastando su ministerio de justicia, con su mensaje de reconciliación, con el ministerio de juicio de Moisés. La visión que Pablo tenía de sí mismo como alguien que actúa de "embajador" de Cristo alude, pues, al contraste entre los ministerios de Pablo y Moisés en 2:16–3:13. Esto queda confirmado por el hecho de que Josefo y Filón también usan el lenguaje de "reconciliador" y "embajador" para describir a Moisés (*cf.* Josefo, *Ant.* 3.315; Filón, *Vida de Moisés* 2.166; *Cuestiones sobre Éxodo* 2.49; *El heredero,* 205).[19]

Todavía más importante, como el entendimiento que Pablo tiene de la muerte de Jesús está documentado de manera relevante en este pasaje por Isaías 52:4–53:12, como también el retrato paulino de su propio papel como apóstol en 5:20 deriva fundamentalmente de este mismo contexto. Pablo no habla como un mero "diplomático" político, sino como profeta. Como tal, lleva las buenas nuevas de la paz que Dios ha establecido según el amanecer del reinado de Dios anunciado en Isaías 52:6-10 (*cf.* la referencia paralela a la "paz" en Is 53:5, el uso paulino de 52:6 en Ro 10:15, y su cita directa del pasaje paralelo, Is 49:8, en 2Co 6:2). El rey ha venido a establecer el reino de Dios, pero lo ha hecho como el siervo sufriente que entrega su vida por su pueblo. En respuesta,

---

17. Se puede ver una sinopsis de ambas opiniones, relevante bibliografía de apoyo y una postura crítica de Breytenbach en Peter Stuhlmacher, "Cilliers Breytenbachs Sicht von Sühne und Versöhnung", *Jahrbuch für Biblische Theologie 6* (1991): 339-54. La adaptación del lenguaje de la "reconciliación" en un contexto judío helenístico, que Breytenbach no se toma suficientemente en serio, se ve en el uso de la terminología de la reconciliación (*katallage*) para describir a Dios reconciliándose con su pueblo en *2 Mac.* 1:5; 5:20; 7:32-33; 8:29; Filón, *Vida de Moisés* 2.166; *JosAs* 11:18; Josefo, *Guerra* 5.415; *Ant.* 7.153, como indica I. H. Marshall, citado en Kim, "2Cor. 5:11-21", 361.
18. Margaret E. Thrall, *The Second Epistle to the Corinthians,* 436, siguiendo la obra de Bachmann y M. Wolter.
19. Acerca de estas y otras referencias paralelas al papel de los ángeles y hasta del sumo sacerdote como "embajadores" ver Stuhlmacher, "Sühne", 346. Mi comprensión de Pablo como profeta y de 5:21 (ver más abajo) sigue la obra de Stuhlmacher.

Pablo implora a su pueblo en nombre de Cristo que se reconcilien con Dios, sabiendo que está haciendo un llamado a través de su ministerio profético.

Sin embargo, el Siervo Sufriente de Isaías 53 no basta para explicar la necesidad de la muerte de Cristo como rey de Israel ni su eficacia para crear la paz. Además de un telón de fondo "político", la comprensión veterotestamentaria y judía de la expiación con Dios, por medio de un sacrificio sustitutivo, es el trasfondo fundamental para comprender *tanto* la "reconciliación" de 5:18-20 *como* que Cristo fuera "hecho pecado" (RVR1960; en NVI, "lo trató como pecador") en 5:21. Este telón de fondo se pone a la vista a través de la referencia paulina a que Cristo hubiera sido "hecho ... pecado" en 5:21. Como su designación paralela "en cuanto al pecado" en Romanos 8:3 (*cf.* Is 53:10), esta descripción refleja la interpretación de la LXX de ser hecho un "sacrificio para el pecado" u "ofrenda por el pecado" de Levítico 4:13-14, 20-21, 24; 5:6-7, 10-12; 6:18; 9:7; 14:19; 16:15. En concordancia, esta descripción de la muerte de Cristo como sacrificio por el pecado indica que la muerte/sangre de Cristo es el medio por el cual Dios satisface la necesidad de expiación prefigurada en los sacrificios del pacto de Sinaí (*cf.* Ro 3:25-26; 4:25; 5:8; 8:3; 1Co 6:11; 11.23-26; 15:3-5; Col 1:19-20 a la luz de Lv 10:17; 16; 17:11).

El vínculo explícito entre el sistema sacrificial del Antiguo Testamento y la muerte de Cristo se encuentra en el hecho de que Jesús, como Siervo Sufriente de Isaías 52:13–53:12, lleva los pecados del pueblo de Dios como su rescate (*cf.* Mr 8:36-37; 10:45; 14:24 contra el telón de fondo de Is 43:1-4; 53:4-8, 10-12). La referencia de Pablo a Cristo como aquel que no "cometió pecado" (lit. "no conoció pecado"), a quien Dios sin embargo "hizo pecado", recuerda así la muerte del "siervo justo" que no pecó de Isaías 53:9, 11. Por tanto, sin lugar a duda, "se debe deducir que la eficacia de su muerte surge de su vida sin pecado".[20] En su muerte sacrificial como Hijo de Dios sin pecado, Jesús paga el castigo por nuestro pecado.

Además, es este mismo concepto veterotestamentario de expiación el que aclara la relación entre la muerte de Cristo (5:21) y estar reconciliado con Dios (5:18-20). Solo cuando se contempla la muerte de Cristo, aquel que no conoció pecado, como sacrificio expiatorio por nuestro pecado se hace evidente por qué Dios es capaz de pasar por alto los pecados de su pueblo sin comprometer su propia integridad y justicia (*cf.* Ro 3:21-26). Como resultado de la muerte de Cristo, este no solo toma sobre sí nuestro pecado, sino que nosotros tomamos su justicia. Cuando Dios nos ve en Cristo, ve su perfección que ya se nos ha concedido como regalo, aunque nuestro perfeccionamiento en él aún está por llegar en la consumación de la era, cuando veamos a Cristo cara a cara (*cf.* 3:18).

El proceso de nuestra transformación progresiva al carácter de la gloria de Dios en esta vida (5:15) es sencillamente el resultado de la gloria de Dios

---

20. Paul Barnett, *The Second Epistle to the Corinthians*, 314.

en Cristo que ya nos ha sido dada por medio del Espíritu (*cf.* 4:4; Gá 5:5-6; Tit 3:3-8). En resumen, la muerte expiatoria de Cristo (2Co 5:21) lleva a cabo una nueva creación (5:17) haciendo posible que Dios "no [tome] en cuenta sus pecados" (5:19b; *cf.* la alusión a Sal 32:1-2), que, a su vez, posibilita que su Espíritu viva en medio de ellos sin destruirlos (2Co 3:7-18). La consecuencia es la "paz" con Dios de la que se habla en Isaías 53:5, que es el equivalente conceptual de la "reconciliación" aludida en 5:19.

El argumento de Pablo en 5:18-20 ha clarificado que ser reconciliados con Dios implica alinearse con Pablo y su mensaje. Los corintios no pueden afirmar haber recibido la gracia de Dios y, al mismo tiempo, rechazar el ministerio paulino, ya que Pablo es aquel por medio del cual Dios hace su llamado (5:20). Como resultado, a Pablo le preocupa en 6:1 que aquellos corintios que siguen poniéndose del lado de sus oponentes con su "otro" Jesús, su "espíritu diferente" y su "evangelio diferente" (11:4), puedan haber aceptado la gracia de Dios "en vano". Por tanto, los insta a no recibir la gracia de Dios en vano, regresando al evangelio de Pablo. Solo la perseverancia "con más y más gloria" constituye una evidencia de que el Espíritu ha transformado verdaderamente el corazón de la persona (3:18). Solo aquellos que siguen viviendo por Cristo como Aquel que murió y resucitó por ellos (5:15) pueden confiar ante el juicio de Cristo (5:10). Los que empiezan confiando en Cristo pero luego caen ante otro mensaje demuestran que su recepción inicial de la gracia de Dios, aunque pudo haber parecido genuina, no lo era en realidad.

Como uno de los "colaboradores de Dios", a través de los cuales Dios mismo está haciendo su llamado a los corintios (5:20; 6:1), Pablo mismo es un medio divinamente designado para vencer este peligro de caer. Así, en 6:2, Pablo identifica su propia proclamación apostólica del evangelio a la iglesia con el papel de Isaías hacia Israel en Isaías 49:8. Pablo, como Isaías, está anunciando la liberación final de Dios y la advertencia de las consecuencias que resultan de ella. Pero, a diferencia de Isaías, para quien la liberación divina estaba aún por llegar, Pablo anuncia que ya estaba aquí. Este uso de la Escritura en 2 Corintios 6:2, junto con su declaración de cumplimiento, es una de las afirmaciones más firmes del estratégico papel de Pablo en la historia de la redención. Pablo, como Isaías, habla en nombre de Dios, y habla por medio del apóstol. De hecho, la referencia a que Dios "hace su llamado" (*parakaleo*) por medio de Pablo en 5:20 puede recordar este mismo verbo en Isaías 40:1 (LXX, *parakaleite*, "consuelen").

Además, en el contexto original de Isaías 49:8, el profeta se está dirigiendo a Israel, quien, en el exilio, es el siervo sufriente de Yahvé, "en ti seré glorificado" (Is 49:3). Y es que, "en el momento propicio" [de Dios] (es decir en el día futuro de su salvación), Israel se convertirá en "un pacto para el pueblo" (es decir, el medio por el cual Dios llevará a cabo su salvación escatológica entre los gentiles; ver Is 49:8; *cf.* 42:6-7).

Por tanto, es igualmente impresionante que Pablo describa aquí a los corintios como el pueblo del nuevo pacto/la nueva creación, como el cumplimiento de la expectativa de Israel. Como parte de la historia de la estructura de redención establecida en 3:6-18, el pueblo del nuevo pacto aquí retratado como parte del pueblo de Dios restaurado después del exilio, está experimentando ahora *en respuesta al evangelio de Pablo*, el "día de salvación" prometido en Isaías 49:8. Como tal, ellos también, al ser una extensión del ministerio de Pablo, se están convirtiendo en el medio por el cual se está produciendo esta salvación en el mundo (*cf.* 2Co 10:15-16).

De ahí que rechazar a Pablo y su mensaje sea ser expulsado de la esfera de la obra salvífica de Dios, ya que el apóstol está ahora trabajando en colaboración con Dios como instrumento de su salvación escatológica, aquí resumida como "la gracia de Dios" (5:20; 6:1; *cf.* 2:15-16; 3:14-15). Por esta razón, por el temor de Dios (5:11) y por el amor de Cristo (5:14), Pablo "implora" (5:20, NIV) e "insta" (6:1, NIV) a los corintios para que respondan a su mensaje (*cf.* 10:1-2).

Finalmente, la drástica posibilidad y el urgente llamado en 6:1, con su fundamento bíblico en Isaías 49:8, se basa en 6:2b mediante la repetición paulina de la solemne expresión "Les digo [lit. miren] que éste" que recuerda a 5:16-17, enfatizando así su conclusión en cuanto a que el día de salvación que le fue prometido a Isaías ha llegado en realidad.[21] En otras palabras, apartarse del mensaje de Pablo es desviarse de la verdad del mismo modo en que Eva fue engañada en el jardín (11:3; *cf.* 4:4). Si el evangelio de Pablo es la inauguración de la nueva creación, dudar de su verdad puede describirse como la caída después de la primera creación. Por el contrario, como "nueva creación" en Cristo, los corintios deben testificar mediante su separación del mal que las consecuencias de la caída han sido revertidas en sus vidas (*cf.* 6:14–7:1).

Para poder comprender este texto en nuestra época, debemos recuperar la raíz del evangelio que motivó así a Pablo. El temor de Dios que lo empujó a persuadir a otros fue igualado por el propio amor de Cristo como aquello que obligó al apóstol a considerar más importante

---

21. Ver Victor Paul Furnish, *II Corinthian,* 315, que señala que la expresión "Les digo" (*idou*) aparece con frecuencia en la LXX para presentar solemnes pronunciamientos, en especial cuando se dan las promesas divinas y en las tradiciones apocalípticas, donde suele introducir visiones y anuncios escatológicos concernientes al "fin". Como ejemplo, señala a la misma afirmación de "nueva creación" de Ap 21:5 con el telón de fondo de Is 42:9; 43:19; 65:17-18. Furnish (312) también indica que el uso que Pablo hace de "este es el momento" (*nun*) vuelve a señalar 2Co 5:16, que recuerda a Is 48:6 ("desde ahora ... cosas nuevas"), y que el apóstol utiliza en 2Co 6:2 y en Ro 3:21; 5:9, 11; 8:1; 11:30; 13:11; Gá 2:20; 4:9 para aludir al tiempo de fe y salvación.

la necesidad de otros del evangelio que su propia comodidad (5:11-15). En 5:18b-21, Pablo detalla de esta forma los dos medios por los cuales Dios da lugar a la nueva creación en Cristo. (1) Dios reconcilió a Pablo con él por medio de Cristo (*cf.* 4:4-6), porque la muerte de este hizo posible que el Señor "no tomase en cuenta los pecados" de los hombres contra ellos (5:18b, 19b, 21). (2) Dios dio a Pablo como apóstol "el ministerio de la reconciliación" (5:18b), que tenía lugar por medio de su predicación del "mensaje de la reconciliación" (5:19b), ambos basados en el acto anterior de reconciliación de Dios en Cristo (5:19a). El primero es la base de esta; el segundo, su entidad.

Como "embajador de Cristo" (5:20) y "colaborador de Dios" (6:1), la propia vida y el ministerio de Pablo como apóstol representan y proclaman la "nueva creación" del "nuevo pacto", ya inaugurado en Cristo (5:18b, 19b). Esto es lo que le da su misión en 5:20–6:2 (*cf.* "así que", 5:20a). Además, como en el primer éxodo, el centro de la "nueva creación" como una redención del mundo del "segundo éxodo" es la manifestación de la gloria de Dios en medio de su pueblo. La largamente esperada restauración de su pueblo está empezando a tener lugar ahora en la iglesia y a través de ella (6:2). Como continuación del remanente a lo largo de la historia de Israel, esos judíos y gentiles que han sido reconciliados con Dios por medio de Cristo (5:18) hallan ahora la gloria del Señor en él (*cf.* 3:7-18 con 4:4-6 con 5:18-19a).

Esta es la razón por la que Pablo puede resumir en 5:21 el resultado de la muerte expiatoria de Cristo en términos de la "justicia de Dios". Como se ha señalado en relación con 3:9, la justicia de Dios es su carácter justo, como demuestra la coherencia de sus actos hacia su creación de acuerdo con las promesas de su pacto. De forma específica, esas acciones derivan de su compromiso inquebrantable de glorificarse manteniendo sus estándares morales en el juicio, revelando su soberanía en la elección y mostrando su gracia al suplir las necesidades de su pueblo. La justicia de Dios incluye así sus actos de redención y transformación de su pueblo en medio de este siglo malo y culmina en el juicio de los impíos así como en la restauración de los justos en el siglo venidero (*cf.* 3:9, 18; 5:10, 17).

Dada la pecaminosidad del propio pueblo que Dios quiere redimir, su justicia se revela de forma más increíble al enviar a su Hijo para ser un sacrificio sin mancha por los pecados de este pueblo (5:21). La cruz de Cristo suple de esta forma la principal necesidad del pueblo de Dios, esto es, su necesidad de misericordia de un Dios justo. En la cruz, Cristo carga con su pecado; gracias a la cruz, ellos obtienen la justicia del Señor.

Así pues, la "justicia de Dios" es tanto una cualidad legal que describe su carácter justo como un concepto dinámico que define su forma de actuar en el mundo. Obtener la justicia de Dios *en Cristo* (5:21) es por tanto ser declarado legalmente justo, de acuerdo con sus justos estándares, gracias a la muerte de

Cristo en sacrificio en nuestro favor. No obstante, también es disfrutar de la nueva forma de vida como una "nueva creación" que la muerte de Cristo por nosotros hace posible, fundamento sobre el cual seremos declarados justos en el juicio que aún ha de venir (5:10, 15).

Estos dos aspectos de la justicia de Dios están orgánicamente relacionados. El Señor actúa de forma justa porque él es justo. Nosotros también obramos así porque él nos ha hecho justos. Como tal, su justicia se expresa en su obra reconciliadora sobre la base de la muerte de Cristo en la cruz. Sin embargo, esa justicia se ve igualmente en su compromiso de transformar a su pueblo reconciliado conforme a su propia imagen según se ve en el "rostro de Cristo" (esto es, por medio de su santificación; 3:18; 4:4, 6). La reconciliación con Dios permite a su pueblo hallar su gloria sin ser destruido, siendo de este modo transformado en esa misma gloria (3:7-18; 8:9).

El carácter del ministerio. Cuando reflexionemos en las implicaciones de este pasaje en nuestra era de la privatización y la subjetividad, debemos recordar que no centra la atención en la validez de la experiencia personal, sino en la evaluación del ministerio apostólico. Aunque gran parte de la perspectiva de Pablo en este pasaje es común a todos los creyentes, el apóstol está representando la experiencia cristiana a través de su propio llamamiento apostólico. La idea principal de 5:11-14 en este sentido es que las experiencias privadas y espirituales (incluso las lenguas y las visiones) no cuentan como base para el ministerio ni constituyen un criterio para su valoración. Los oponentes de Pablo legitimaron su ministerio y exigencias de apoyo económico apelando justamente a esas experiencias. Sin embargo, Pablo apeló a su devoción por hacer lo posible para ganar personas para Cristo, incluso rechazando su dinero a pesar de la pobreza y la humillación que ello implicaba, ya que la realidad del juicio de Dios y del amor de Cristo, no su propia comodidad y reputación, era lo que gobernaba su vida.

La perspectiva de Pablo sigue vigente hoy. Como Barnett lo expresó:

> La evaluación del ministerio debe buscarse en el ámbito público, no en el privado. Si en privado [Pablo] está "loco", es "por Dios" y no afecta a su legitimidad como ministerio apostólico [...]. No hará ninguna reivindicación "horizontal" o pública de legitimidad como ministro basándose en una conducta extática "vertical".[22]

Como consecuencia, Barnett concluye:

> [...] deben discernirse principios importantes y perdurables en estos versículos. Por un lado, se debe dar libertad al ministro o

---

22. Paul Barnett, *The Second Epistle to the Corinthians*, 278-79, 285.

creyente para ser o no extático; se trata de un asunto de don divino. Por otro, en relación con el reconocimiento de la autenticidad *de los ministros*, la práctica del discurso o el comportamiento extático en sí no tiene peso. Sin embargo, para el discernimiento del auténtico ministro resulta fundamental su compromiso de persuadir a las personas a "volverse al Señor", a "ser reconciliados con Dios". Si el ejemplo de Pablo debe considerarse como una referencia, habría que destacar que su vida está centrada en Dios y los demás, pero no en sí mismo.[23]

El carácter del evangelio. Si este pasaje habla del ministerio, la atención de dicho ministerio se centra en el evangelio de la muerte de Cristo en nuestro favor. En nuestra época de "decisionismo" y nuestra era de la "creencia fácil", es fundamental que recuperemos nuestra confianza en el poder de la cruz como el fundamento del ministerio y el mensaje cristianos. Los perfiles del evangelio (*cf.* 5:14-15, 19, 21) dejan claro que la muerte expiatoria de Cristo no es únicamente un acto legal con respecto a la santidad de Dios (*cf.* Ro 3:21-26), sino también escatológico, a través del cual el Señor destruye el dominio del pecado sobre la vida de su pueblo. Las personas reconciliadas viven una vida de reconciliación. La muerte de Cristo da lugar ya aquí y ahora a la "nueva creación" prometida por Dios.

El "por consiguiente" de 5:14c refleja la convicción de Pablo de que las consecuencias de la muerte de Cristo no constituyen un potencial que nosotros hacemos real con nuestra fe, sino una realidad que Dios produce en la vida de su pueblo. La idea de Pablo no es que Cristo murió realmente por todos, por lo que todos mueren *potencialmente*. El apóstol da por sentado que las consecuencias de la muerte de Cristo son personales, poderosas y efectivas, no generales, posibles y contingentes.[24] El poder de la cruz es una buena noticia. La muerte de Cristo cumple su propósito. "Cristo es un Redentor que redime realmente".[25] Como consecuencia de su muerte en su favor, ¡todos los que están en Cristo *son* una nueva creación!

---

23. *Ibíd.*, 285-86, el énfasis es mío.
24. Esta comprensión de la muerte expiatoria de Cristo, como eficaz y "limitada" al pueblo de Dios, tiene una larga historia en la iglesia. Para el estudio de este énfasis desde San Agustín hasta Calvino, véase Jonathan H. Rainbow, *The Will of God and the Cross: An Historical and Theological Study of John Calvin's Doctrine of Limited Redemption* (Princeton Theological Monograph Series 22, Allison Park, Pa.: Pickwick, 1990). La tesis central de Rainbow es que "Calvino, el teólogo predestinacionista, heredó una tradición milenaria que enseñaba la redención limitada" (p. 8). Si en este texto las consecuencias de la muerte de Jesús no se "limitan" al pueblo de Dios, la única conclusión coherente sería argumentar por una salvación universal, algo que Pablo no hace nunca.
25. J. I. Packer, "Introductory Essay" a John Oen, *The Death of Death in the Death of Christ* (Edinburgh: Banner of Truth Trust, 1967, reed. 1852), 1-25 (p. 5). El ensayo

Al proclamar el evangelio también es importante acentuar, junto con Pablo, que el acto de reconciliación realizado por Dios en Cristo precede a nuestra respuesta (*cf.* Ro 5:6-11; Gá 3:25). La afirmación de Pablo en 2 Corintios 5:20 es un mandato basado en la reconciliación que Cristo ya ha conseguido para aquellos que respondan de forma positiva, no una "oferta" que actualizamos cuando la aceptamos. El pueblo de Dios responde al ofrecimiento de reconciliación del Señor que ya se ha materializado por medio de la muerte de Cristo; no es el pueblo quien lo hace real con su propia decisión de tener fe. El llamamiento a reconciliarse es el instrumento que Dios utiliza para dar lugar a la reconciliación en la vida de aquellos que responden al mismo. En este texto, como en tantos otros, la iniciativa y la soberanía de Dios, así como nuestra responsabilidad, actúan unidas (*cf.* Fil 2:12-13). No se trata de una discusión abstracta y anticuada entre calvinistas y arminianos; es el propio evangelio lo que está en juego. Como J. I. Packer lo expresa de nuevo:

> Lo que importa es que deberíamos entender el evangelio bíblicamente [...]. Y ahora podemos ver lo que ha ido mal. Nuestra moneda teológica se ha devaluado. Nuestra mente se ha visto condicionada a pensar en la cruz como una redención que no llega a redimir, y en Cristo como un Salvador que no llega a salvar, y en el amor de Dios como un débil afecto que no puede apartar a nadie del infierno sin ayuda, y en la fe como la ayuda humana que Dios necesita para este propósito. Como consecuencia, ya no somos libres para creer el evangelio bíblico o predicarlo [...]. En lugar de ello, nos involucramos en un tipo de doble sentido desconcertante sobre la salvación, diciéndonos en un momento que todo depende de Dios y poco después que todo depende de nosotros [...].
>
> Queremos magnificar la gracia salvadora de Dios y el poder salvador de Cristo. Por tanto, declaramos que el amor redentor del Señor se extiende a todo hombre, y que Cristo ha muerto para salvar a todos los hombres, y proclamamos que la gloria de la misericordia divina debe medirse con estos hechos. Entonces, a fin de evitar el universalismo, tenemos que depreciar aquello que hemos ensalzado anteriormente, y explicar que, después de todo,

---

de Packer es una presentación clásica de la importancia fundamental de afirmar la doctrina bíblica de que Cristo murió por el pueblo de Dios en particular, y no para el mundo en algún sentido general y potencial. La obra de Owen es un desarrollo extensivo de esta afirmación. Packer argumenta que la doctrina de una expiación universal (es decir, que Cristo murió por todas las personas) no es bíblica y es una negación del evangelio, ya que rechaza el poder de la cruz, "reduce el amor de Dios a un deseo impotente y convierte toda la economía de la gracia 'salvífica' ... en un monumental fracaso ... tan lejos de magnificar el mérito y el valor de la muerte de Cristo, la abarata, porque hace morir a Cristo en vano" (p. 12).

nada de lo que Dios y Cristo han hecho puede salvarnos a no ser que añadamos algo a ello; el factor decisivo que nos salva realmente es nuestra propia creencia. Lo que decimos llega a esto, que Cristo nos salva con nuestra ayuda; y lo que eso significa, cuando uno piensa en ello, es esto, que nos salvamos a nosotros mismos con la ayuda de Cristo, un anticlímax vacío.[26]

La conclusión a extraer es clara. Al transferir el evangelio de Pablo a nuestra época presente también debemos hacer hincapié en la naturaleza poderosa, efectiva y transformadora de la muerte de Cristo. No hacerlo pervierte la cruz en una simple posibilidad creada por un acontecimiento importante de la historia antigua. Debemos tener cuidado de no reducir la muerte de Cristo a una transacción entre Dios y Jesús en el cielo, cuyo propósito es ayudar a las personas solo si cooperan. Ser reconciliados con Dios en Cristo es un acto de restauración soberana y poder creativo tan magnificente y milagroso como la creación del mundo (*cf.* 4:4-6 con 5:17).

Para Pablo, la reconciliación es una expresión de la "nueva creación" de Dios por medio de la cual él transforma las motivaciones de su pueblo y, por tanto, su estilo de vida (*cf.* 5:14-16). El objetivo de esta reconciliación con Dios transformadora de vida es acomodar al pueblo del Señor en la nueva creación cuando esta comience en toda su gloria en el gran y terrible "día del Señor". Así pues, el conocimiento que Pablo tenía del juicio venidero enmarca este pasaje como su fundamento teológico (*cf.* 5:11 con 6:2). Él sabe que solo aquellos que son "justos" heredarán el reino de Dios, y se ve sujetado por las buenas noticias de que el propio Señor ha abierto el camino a los que están en Cristo "para que en él reciban la justicia de Dios" (5:21).

En otras palabras, debemos recuperar la naturaleza dinámica de la justicia de Dios. Esta no se revela únicamente en el hecho de que él ya considere justo en Cristo a su pueblo pecador, sino también librándolo de este siglo malo y conformándolo a su justicia en espera del juicio y la liberación que aún habían de venir. La justa provisión de Dios en Cristo es tanto su misericordia como su poder. El propósito definitivo de la cruz y la resurrección es el derramamiento del Espíritu. En este pasaje, las diferentes consecuencias que resultan de la reconciliación llevada a cabo por Cristo se interpretan las unas a las otras. Así pues, ser una nueva creación (v. 17) significa no vivir para uno mismo (vv. 14-15a, 18-19), algo que encontramos en el núcleo de lo que es convertirse en la justicia de Dios (v. 21).

En nuestra época de nominalismo cristiano, debemos dejar claro el sentido activo de lo que significa ser una nueva creación, vivir bajo el poder de

---

26. *Ibíd.*, 13-14. El ensayo de Packer puede encontrarse ahora en su *A Quest for Godliness: The Puritan Vision of the Christian Life* (Wheaton: Crossway, 1990), 125-48.

la justicia de Dios. Adolf Schlatter (1852-1938), uno de los más importantes expertos del siglo XX en el Nuevo Testamento, hizo hincapié en esta misma idea. Desgraciadamente, su obra se ha ignorado durante demasiado tiempo. Robert Yarbrough ha resumido y ampliado recientemente las importantes perspectivas de Schlatter:

> Como experto en el Nuevo Testamento y analista incisivo de la historia intelectual, Schlatter argumentó que la Reforma protestante no había llegado lo suficientemente lejos. Rechazó acertadamente la teología de los méritos del catolicismo romano medieval. Sin embargo, fue incapaz de ir lo bastante lejos en la dirección positiva del amor absoluto de Dios, un amor que se expresaba en una obediencia gozosa, y costosa cuando era necesario [...].
>
> Schlatter declara que la manera de entender que tenían los reformadores [la justicia de Dios revelada en el evangelio según Ro 1:17] estaba controlada por la cuestión candente: como somos pecadores desesperadamente perdidos, ¿qué tipo de justicia da el evangelio? Su respuesta: una justicia imputada, que concederá a los pecadores la misericordia que nada más puede dar.
>
> Schlatter hace hincapié en que esta respuesta no es errónea. Sin embargo, no va lo suficientemente lejos. "La justicia de Dios" no puede reducirse a "la misericordia de Dios". Dos cosas resultan si esta reducción tiene lugar.
>
> En primer lugar, la necesidad del pecador define el ministerio salvador del evangelio. Sin embargo, eso es regresar a la orientación tan centrada en el hombre de la que los reformadores estaban tratando de huir [...] esta formulación no es apropiada para la celebrada expresión de Pablo "la justicia de Dios". Schlatter destaca: "Para Pablo, la obra de Dios surge de la obra de Dios", no de la necesidad humana ni solo con el bienestar humano en mente. El evangelio introduce la poderosa presencia *positiva* de la actividad edificadora del reino de Dios, por su propia mano y por medio de su pueblo, activado por el evangelio, no solo el preciado pero *limitado* efecto de conferir misericordia a las almas necesitadas.
>
> Segundo, el acento en la necesidad del hombre y lo que el evangelio proveía para suplir la misma tenía una consecuencia práctica trágica [...]. Un conocimiento mental, una simple aceptación doctrinal, sustituían a la recepción del evangelio y la transformación de vidas [...]. La fuerza viviente, activa, transformadora del reino de Dios, "la justicia del Señor", fue cortocircuitada, y su poder se vio reducido en gran manera [...].

El problema es que se han contentado con una débil doctrina de la fe, una copia insulsa de la robusta "justicia de Dios" de Pablo liberada en la vida de los creyentes [...]. Y si se cree la palabra que proclama la justicia, lo que surge es amor y acción [...]. Donde esa acción está ausente, existen buenas razones para suponer que el corazón sigue languideciendo en incredulidad. Puede haber aceptación, puede haber afirmación emocional, puede haber obediencia selectiva a los imperativos del evangelio. Puede haber incluso demostraciones impresionantes de actividad religiosa [...]. Pero cuando Jesús hizo un llamamiento a tomar la cruz y seguirle, probablemente tenía en mente algo más radical que conducir hasta un santuario con aire acondicionado, decir amén en el espectáculo y volver a la vida real de la televisión dominical y la diversión en familia (después de un suntuoso festín en el abarrotado nuevo restaurante que todos se mueren por probar) [...]. La justicia de Dios es integral, universal, transformadora de vidas.[27]

El carácter de la reconciliación. Si este pasaje habla del ministerio y si el centro de atención de este es el evangelio de la muerte de Cristo en nuestro favor, entonces el eje del evangelio es la reconciliación con Dios. En nuestra época de autoayuda y nuestra era de tecnología y técnica, es importante tener en mente que el Señor es tanto el iniciador como el objeto de esta reconciliación. Nuestra propensión es considerar que el evangelio es nuestra oportunidad de reconciliarnos con Dios demostrándole lo mucho que le amamos, en lugar de verlo como acto de Dios en Cristo por el cual él nos reconcilia con él al poner de manifiesto su propio amor por nosotros. El evangelio no es nuestra oportunidad de tener una relación correcta con Dios, sino la declaración del Señor de que él ya nos ha justificado ante él. El evangelio no nos llama a hacer algo por Dios que pueda salvarnos; anuncia lo que Dios ha hecho para salvarnos de forma que podamos confiar en él. Seyoon Kim ha resumido las afirmaciones de Pablo sobre la reconciliación:

> Pablo nunca emplea la terminología para indicar que Dios se ha reconciliado (o que se reconcilia) con los seres humanos, sino siempre para sugerir que el Señor reconcilia a los seres humanos con él o que estos son reconciliados con Dios [...]. El uso distintivo de la terminología parece sugerir que Pablo hace de forma deliberada una corrección fundamental del concepto judío helenístico de la reconciliación entre Dios y los seres humanos: el Señor no es quien necesita reconciliarse con los seres humanos, estos

---

27. Robert W. Yarbrough, "Biblical Authority and the Ethics Gap: The Call to Faith en James y Schlatter", *Presbyterion* 22 (1996): 67-75 (pp. 72-74). El resumen de Yarborough y las citas están sacadas de Schlatter, *Romans: The Righteousness of God*, trad. ing. Siegfried S. Schatzmann (Peabody, Mass.: Hendrickson, 1995), 22-23.

son quienes necesitan reconciliarse con Dios; y no son el arrepentimiento, las oraciones u otras buenas obras de las personas los que dan lugar a la reconciliación entre Dios y los seres humanos. El Señor reconcilia a todas las personas con él por su gracia.[28]

Además, en 2:5-11 vimos que la reconciliación con Dios implica reconciliarse con aquellos que nos han ofendido. En los capítulos 8–9 quedará claro que la reconciliación con Dios expresa en sí un compromiso concreto de suplir las necesidades materiales de otros. En el contexto de 5:11–6:2, morir con Cristo lleva inextricablemente a vivir para los demás como una expresión de hacerlo para Cristo. El principio de 5:14-15 es por tanto aplicable a un amplio abanico de objetivos y actividades, no solo a experiencias extáticas (*cf.* 11:7-12; 12:14-18; Fil 2:1-3).

De la misma forma, el entendimiento de Pablo de su propio ministerio apostólico como un medio esencial a través del cual el mundo es reconciliado con Dios se aplica directamente a todos aquellos llamados al ministerio de predicar, enseñar y evangelizar. También se aplica en principio a *todos* los creyentes siempre que estén en una situación en la que sean capaces de dar testimonio de lo que Dios ha hecho en Cristo. El pueblo de Dios es el instrumento necesario por medio del cual el mundo se reconcilia con Dios. Una vez más, no puede eludirse el principio operativo de Pablo de que una nueva vida con Dios en el cielo debe expresarse en una nueva forma de vida en el mundo.

Por esta misma razón, la seriedad de la súplica de reconciliación de Pablo solo puede recuperarse si mantenemos la hipótesis subyacente de este pasaje, concretamente, que "el día de salvación" (6:2) es también el de la ira de Dios. Resulta imposible comprender la esperanza del pueblo de Dios sin su convicción de que el Señor actuará un día para salvarlo del dolor, el sufrimiento y la injusticia provocados por el pecado. Desde la perspectiva bíblica que expone el pensamiento de Pablo, la vindicación de los justos se produce en parte a través del juicio de los impíos (Jl 2:28–3:21; Zac 9:1-17; Mal 3:1-5; 4:1-6; Mt 3:1-12; 2Ts 1:3-10). Ser salvo no es simplemente un estado mental o un sentimiento. La salvación es el gran acto de liberación de Dios en favor de su pueblo, en el cual "lucha por él" para rescatarlo de la opresión del pecado de este mundo (*cf.* Éx 14:13-14 con Gá 1:4). Este acto de liberación divina en el éxodo inicia y comunica la historia de la redención (*cf.* Is 64:1-4). Y nótese el "temor" y la "fe" que este acontecimiento tenía el propósito de producir en la vida del pueblo de Dios:

> Los israelitas, sin embargo, cruzaron el mar sobre tierra seca, pues para ellos el mar formó una muralla de agua a la derecha y otra a la izquierda. En ese día el SEÑOR salvó a Israel del poder

---

28. Kim, "2 Cor. 5:11-21", 362-63.

de Egipto. Los israelitas vieron los cadáveres de los egipcios tendidos a la orilla del mar. Y al ver los israelitas el gran poder que el Señor había desplegado en contra de los egipcios, temieron al Señor y creyeron en él y en su siervo Moisés. (Éx 14:29-31)

La historia de redención marcada por el éxodo de Egipto culmina en la primera y segunda venidas de Cristo, descritas en nuestro pasaje como el gran acto del "segundo éxodo" de Dios que inaugura y consuma la "nueva creación". La maravilla del evangelio es que el objetivo del primer éxodo, que quedó incumplido en Israel como un todo (su temor y fe iniciales en Éx 14:31 dan pronto lugar a la incredulidad que produce finalmente la idolatría del becerro de oro en 32:1-8), está siendo cumplido ahora por el pueblo del nuevo pacto (ver 2Co 3:6-18). Al mismo tiempo, no podemos eludir el hecho de que todos aquellos que estén fuera de esta relación de pacto quedarán expuestos a la ira de Dios (Ro 1:18-32).

Predicar el temor de Dios. Ni la justicia de Dios ni la condición pecadora del mundo han cambiado desde la época de Pablo. A lo largo de este pasaje, la teología de Pablo (Dios como Juez y Salvador), la antropología (la humanidad desde el punto de vista mundano y como una nueva creación) y el conocimiento propio (Pablo como embajador profético de Cristo) destacan la centralidad y la necesidad de proclamar el evangelio. Para ser redimidas *por Dios*, las personas pecadoras deben oír el llamamiento apostólico a reconciliarse *con Dios* (5:20; 6:1-2). El paralelismo entre 5:18 y 5:19 nos recuerda que el foco de atención del *ministerio* de la reconciliación es el *mensaje* de reconciliación.

Recuperar este énfasis es crucial en una época en que muchos están alejándose de un enfoque en la Palabra hacia expresiones de fe más litúrgicas, espectaculares y empíricas. El reconocimiento de que la reconciliación tiene lugar en respuesta a la redefinición de lo que Dios ha cumplido en Cristo debería prevenirnos para que no perdamos nuestra insistencia en el "sacramento de la Palabra". Lo que aparta a la mayoría de las personas de la predicación de las Escrituras no es la predicación en sí, sino su pobre calidad, que a su vez lleva a una expresión anémica de alabanza.

Un antídoto para la debilidad de la predicación contemporánea es la conciencia de que nuestro mensaje es todo lo que hay entre el cielo y el infierno. De hecho, el significado contemporáneo de este pasaje debe incluir la constatación del hecho de que el temor del Señor impulsó el ministerio y mensaje de Pablo, aunque el amor de Cristo obligó a ello. En nuestra cultura gravitamos rápidamente hacia el amor de Cristo. Sin embargo, la magnitud del mismo en este pasaje solo salta a la palestra frente a la realidad del juicio de Dios. Enmarcar nuestro evangelio dentro del temor de Dios es, por tanto, una responsabilidad para con el texto y algo relevante para nuestro mensaje.

Ciertamente, no es fácil recuperar esta conciencia en nuestra cultura. Porque, aunque tanto el carácter de Dios como el nuestro sigan siendo hoy iguales que en la época de Pablo, lo que ha cambiado es el medio de "necesidad sentida" en que el evangelio se expone con más frecuencia en el mundo occidental. La noción de la ira de Dios y la necesidad de expiación frente al juicio divino son extrañas para nuestra visión del mundo, en la que el Señor, si es que se piensa en él en algún momento, se considera un osito de peluche benigno. La advertencia de una generación anterior de "¡Arrepentirse o arder!" nos impacta por dura y cruel. Incluso para aquellos que aceptan como cierta la amenaza del juicio de Dios que este llamamiento expresa, el simbolismo de la metáfora es simplemente demasiado contundente y elocuente para nuestro gusto. Esta amenaza del juicio del Señor rara vez se pronuncia actualmente sin burlarse de ella. Puede que sea cierto que Dios juzgará al mundo, pero es uno de los secretos mejor guardados de la Biblia.

Sin embargo, debemos tener presente que el recordatorio de Pablo del juicio venidero de Dios no era un intento de asustar a las personas para que huyesen al cielo (aunque el temor de Dios producido por el Espíritu pueda realmente dar lugar al arrepentimiento de una persona). En lugar de eso, se dio a los de dentro de la iglesia como un medio para estimularlos en su vida de fe (*cf.* 1Ti 5:20). Los incrédulos no temen a Dios (Sal 14:1; Ro 3:18). Tan solo los creyentes, que ya han experimentado la presencia de Dios, tienen miedo a perderla (Sal 51:10-12). El temor de Dios, predicado como parte fundamental del evangelio, es el regalo misericordioso del Señor para que su pueblo se mantenga perseverante (Pr 3:7; 8:13; Mt 10:28; Hch 5:11; 2Co 7:1; Fil 2:12; Heb 4:1; 11:7; 1P 1:17). Los que temen el juicio de Dios se arrepienten de su pecado de forma que, al confiar de nuevo en el Señor, no tienen nada que temer (Ro 8:15; 1Jn 4:18). Solo el temor de Dios lleva a no tener miedo (Lc 12:32; Heb 12:28). La iglesia, "fortalecida por el Espíritu Santo", "vivía en el temor del Señor" (Hch 9:31). "El temor del Señor es el principio del conocimiento" (Pr 1:7; 9:10).

¿Dónde se está expresando este mismo sentido de la urgencia y la seriedad en nuestras iglesias actuales? Nuestro Dios es tan pequeño, y nuestro sentido del ego tan grande. Tememos tan poco a Dios que rara vez sentimos la gravedad de nuestro pecado. Y somos tan poco conscientes de la gravedad de nuestro pecado que en raras ocasiones tememos a Dios. Dentro de este círculo vicioso, nuestra "necesidad sentida" más acuciante no es la reconciliación con Dios debido a nuestro pecado, sino con nosotros mismos por nuestra baja "autoestima". Como consecuencia, cuando oímos la palabra de juicio de Pablo y su petición de reconciliación, nuestra primera respuesta es evaluar nuestros sentimientos hacia Dios. Nuestra incomodidad cultural con el pensamiento del juicio de Dios nos ha llevado a hacer hincapié en el amor y el perdón del Señor hasta un extremo defectuoso. Se dice que "gustamos" a Dios independientemente de lo que digamos, sintamos o hagamos, hasta llegar prácticamente a la exclusión de su ira.

Las consecuencias negativas de eliminar la ira de Dios de nuestro retrato de él son de largo alcance. Como Jerry L. Walls pregunta: "¿Podemos ser buenos sin el infierno?".[29] En otras palabras, una ambivalencia impregna el intento de mantener las categorías tradicionales del bien y del mal sin el contexto del juicio y la redención en el que encuentran acomodo.

> Es el dilema al que se enfrentan los que confirman las convicciones morales tradicionales pero niegan el marco teológico que históricamente las dotó de significado y motivación. Sin el marco, no queda claro si o por qué son ciertas estas convicciones del bien y del mal o por qué deberían seguirse.[30]

En vista de este dilema, la idea de Walls es una ampliación de la presuposición de Pablo en nuestro pasaje:

> No creo que exista ninguna noción apropiada de autoridad o motivación morales en los principios seculares. Más específicamente, creo que necesitamos a Dios, el cielo y, sí, incluso el infierno, para que la moralidad tenga sentido. De hecho, necesitamos definir nuestro propio ser a la luz de estas realidades eternas. Si no hay Dios ni cielo ni infierno, simplemente no hay razón que persuada a ser moral.
>
> [...] Estos son recursos que nos permiten dar una explicación satisfactoria [...] de por qué no solo deberíamos comportarnos moralmente, sino también ser morales. Porque estos son los mejores, si no los únicos, recursos para dar sentido a por qué ser moral es siempre lo mejor para nuestros intereses.[31]

Debemos ser cuidadosos aquí. El asunto no es la moralidad en el estricto sentido de la conducta ética dentro de la sociedad, sino la grandiosa moralidad de relacionarse correctamente con Dios en primer lugar y ampliar seguidamente a los demás nuestra relación reconciliada con el Señor. El juicio de Dios no es un instrumento utilitario que deba emplearse de forma pragmática para "conseguir" que las personas actúen de la forma correcta. La justicia es la respuesta natural al conocimiento de un Dios justo, ya que su juicio es la

---

29. "Can We Be Good Without Help?" *Christianity Today* (16 junio 1997), 22-26.
30. *Ibíd.*, 22.
31. *Ibíd.*, 22-23.

expresión natural y fundamental de su carácter santo. Hablar del infierno no es abogar por el moralismo, sino respaldar el llamamiento del evangelio.

Perspectivas del pasado. No existen dudas de que en nuestra época somos miopes cuando se trata de percibir el sentido de la ira y el juicio justos de Dios. La única vía de escape de nuestra miopía teológica puede ser saltar atrás en el tiempo. Las perspectivas del pasado nos permiten centrarnos de nuevo en el presente proveyendo para nosotros una lente a través de la cual podemos vernos. Aunque estamos frecuentemente demasiado cerca para vernos con claridad, podemos conseguir una renovada claridad de visión si observamos nuestra propia situación desde una distancia.

Hace más de cien años, el gran predicador bautista C. H. Spurgeon (1834-1892) sintió la misma tensión que nosotros cuando consideró el juicio de Dios. Por ejemplo, cuando se detuvo en la advertencia de Salmos 7:12, "Si el malvado no se arrepiente, Dios afilará la espada", Spurgeon admitió:

> [...] si consulté mis propios sentimientos no debería mencionarlo; pero no debemos considerar nuestros sentimientos en la obra del ministerio, como tampoco lo haríamos si fuésemos médicos de cuerpos humanos. En ocasiones tenemos que utilizar el cuchillo, cuando sentimos que habría mortificación sin él. Con frecuencia debemos hacer profundos cortes en la conciencia de los hombres, con la esperanza de que el Espíritu Santo los lleve a la vida. Afirmamos, pues, que existe una necesidad de que Dios afile su espada y castigue a los hombres, si estos no se arrepienten.

Así pues, como Earnest Baxter antes que él, Spurgeon respondió a este texto predicando un sermón que llamaba al arrepentimiento con el título "Arrepentirse o arder". Sus primeras palabras reflejan que pocas cosas han cambiado desde su época:

> "Si el malvado no se arrepiente, Dios afilará la espada". Por tanto, entonces, Dios tiene una espada, y castigará al hombre debido a su iniquidad. Esta generación mala se ha esforzado para quitar a Dios la espada de su justicia; han intentado demostrarse a sí mismos que Dios "limpiará a los culpables", y de ninguna manera "castigará la iniquidad, la transgresión y el pecado". Hace doscientos años, la tensión predominante en el púlpito era el terror; era como el monte Sinaí, desde él tronaba la terrible ira de Dios, y de los labios de un Baxter o un Bunyan se oían los sermones más terribles, atestados de advertencias de juicio venidero. Puede que algunos padres puritanos hayan ido quizá demasiado lejos y hayan dado una gran prominencia a los terrores del Señor en su ministerio; pero la era en la que vivimos ha intentado olvidar

totalmente los mismos [...] y si decimos fiel y honestamente a nuestros oyentes que el pecado debe traer tras él la destrucción segura, se dice que estamos tratando de asustarlos para que sean buenos [...] el clamor del siglo es que Dios es misericordioso, que Dios es amor. Ay, ¿Quién dijo que no lo era? Pero recuerden, es igualmente cierto, Dios es justo, ¡severamente e inflexiblemente justo! No sería Dios si no fuese justo; no podría ser misericordioso si no fuese justo, porque la mayor misericordia para el resto de la humanidad exige el castigo de los impíos.[32]

Yendo atrás otro siglo, escuchemos de nuevo el temor de la soberanía absoluta y de la ira de Dios, tan extrañas hoy, en el ruego de Jonathan Edwards a los pecadores no arrepentidos en su sermón del 8 de julio de 1741: "Pecadores en las manos de un Dios airado", el sermón más famoso nunca predicado en América:

El Dios que te sostiene sobre el abismo del infierno, como uno sujeta una araña, o algún insecto repugnante, sobre el fuego, te aborrece y ha sido terriblemente provocado por tu maldad: su ira hacia ti arde como el fuego; él te mira como indigno de cualquier otra cosa que no sea ser echado en el fuego; sus ojos son demasiado puros para soportar tener que mirarte; eres diez mil veces más abominable en sus ojos que la serpiente venenosa más odiosa en los nuestros. Lo has ofendido infinitamente más que un terco rebelde a su príncipe: y sin embargo, no es otra cosa sino su mano la que te sostiene para que no caigas en el fuego en cada momento. No debe atribuirse a ninguna otra cosa el hecho de que no estés ya desde anoche en el infierno; que hayas podido despertarte de nuevo en este mundo, después de cerrar los ojos para dormir. Y no hay ninguna otra razón que explique por qué no has caído al infierno cuando te levantaste por la mañana, salvo que la mano de Dios te ha sostenido. No se puede esgrimir otra razón de por qué no has ido al infierno, ya que te has sentado aquí en la casa de Dios, provocando a sus ojos puros con tu forma impía y pecadora de asistir a su solemne adoración. Sí, no hay nada más que pueda decirse como razón por la que no caes ahora mismo al infierno.

¡Oh pecador! Considera el terrible peligro en el que te encuentras: es un gran horno de ira, sobre el que te sujeta la mano de Dios, cuya ira se ha promovido y encendido contra ti, de la misma forma que contra muchos de los condenados en el infierno. Cuelgas de un hilo muy fino, con las llamas de la ira divina ardiendo cerca, preparadas para chamuscarlo en cualquier momento, y romperlo;

---

32. "Sermon XXVII: Turn or Burn", Charles Haddon Spurgeon, *Spurgeon's Sermons*, Vol. 2 (Grand Rapids: Baker, reed. de la colección de 1883), 426-441 (pp. 426-27).

y no tienes interés en un Mediador, y nada a lo que agarrarte para salvarte, nada para apartar las llamas de la ira, nada por ti mismo, nada que nunca hayas hecho, nada que puedas hacer, para inducir a Dios a salvarte un momento.[33]

La esperanza del evangelio. Frente a este trasfondo, la esperanza del evangelio arde con gran luz. Dios es aquel que no solo juzga al mundo en su ira, sino que también derramó su juicio sobre su propio Hijo a fin de reconciliar al mundo consigo mismo. A pesar de nuestro pecado, ¡seguimos pudiendo salvarnos! ¡Podemos ser perdonados! ¡Podemos ser libres de su poder! ¡Podemos ser contados como justos a la vista de Dios y hechos justos como una nueva creación! Esta es la nueva perspectiva desde la que Pablo ve a todos los seres humanos, no quiénes son en su pecado, sino quiénes pueden ser en su Salvador (5:16a). Incluso Cristo ya no debe verse más clavado en una cruz, sino resucitado en su gloria (5:16b). Del mismo modo que la muerte de Cristo llevó a su vida resucitada, su sacrificio por nosotros también nos conduce a una nueva forma de vida (5:15; *cf.* Ro 6:1-23).

Lo que hace tan buenas estas noticias, por supuesto, es que todo esto no se consigue con nuestros esfuerzos, sino por medio del acto soberano de Dios de crear nuevamente. El Señor no nos reconcilia con él por nuestros distintivos o logros, sino por las características únicas de aquel que fue hecho pecado aunque no conoció pecado (5:21). Nosotros no alcanzamos a Dios, él es quien extiende su mano. No somos llamados a realizar grandes declaraciones para Dios; más bien, él la declarado una palabra de reconciliación para nosotros, una palabra de su propio amor redentor, un amor que se extiende desde la travesía del mar hasta la cruz del Hijo de Dios. En palabras de Pablo, "Todo esto proviene de Dios, quien por medio de Cristo nos reconcilió consigo mismo y nos dio el ministerio de la reconciliación" (5:18). El enfoque centrado en Dios del evangelio de Pablo *es* el evangelio. No nos salvamos nosotros mismos; de hecho, no podemos hacerlo, el Señor lo hace como el único que puede hacerlo.

"El verdadero núcleo del evangelio es que lo da todo y lo exige todo. La tarea del predicador es mantener unidas estas ideas de forma que hombres y mujeres se vean liberados de la carga de la culpa y también libera para seguir a Jesús".[34] Aquellos que han sido reconciliados con Dios en Cristo son llamados a ser agentes de esta misma reconciliación con los demás. Ser "colaborador" de Dios (6:1) no es, por tanto, ser socio del Señor al mismo nivel que él en el plan de salvación, sino un instrumento dependiente de él, a través del cual

---

33. De *The Works of Jonathan Edwards,* Vol. 2 (Edimburgo: Banner of Truth Trust, 1974 [reed. de 1834], 7-12, 10. Edwards predicó este sermon en Enfield, Connecticut, durante el Gran Avivamiento.
34. Lesslie Newbigin, *Truth to Tell: The Gospel as Public Truth* (Grand Rapids: Eerdmans, 1991), 72-73. Para ver cómo entiende Newbigin las implicaciones de la naturaleza pública de este evangelio, ver el Significado Contemporáneo de 6:3-13.

se ilustran y dan a conocer el poder de su gracia y la promesa de su perdón. No trabajamos con Dios; él hace su llamamiento por medio de nosotros. No contribuimos a la causa de Dios; compartimos con otros lo que él ha hecho por nosotros, a través del ministerio pastoral de ser "embajadores de Cristo", como Pablo, o de vivir el evangelio como parte del pueblo de Dios, como los corintios (*cf.* 2:5-11; 8:1-15; 9:6-15).

El temor al juicio de Dios y la naturaleza fascinante del amor de Cristo se expresan en la proclamación y representación del evangelio, que son una expresión de no vivir más para uno mismo, sino "por aquel que murió por ellos y fue resucitado". Los que han muerto a sí mismos en Cristo han sido resucitados ahora con él, no solo a una vida de experiencias espirituales (con lo importantes que estas son), sino, mejor aún, a una nueva vida de reconciliación con Dios y los demás. Como Daniel Bloesch ha observado:

> Es necesario distinguir entre un pietismo teocéntrico u orientado a la Biblia y un resurgimiento antropocéntrico u orientado a la cultura. El primero pone el acento en la venida de Dios al hombre, mientras que el segundo habla más de la decisión del hombre por Cristo. El primero sostiene que la salvación se materializa en una vida de obediencia, no simplemente en una experiencia de crisis. Para el pietista clásico, los principales frutos de la salvación son la adoración de Dios y el amor por el prójimo. Para el seguidor del mencionado resurgimiento, los frutos más preciados de la salvación son el éxtasis y el entusiasmo.[35]

El pasaje de 2 Corintios 5:11–6:2 nos recuerda así nuestros compromisos fundamentales como seguidores de Cristo: (1) con un conocimiento del juicio de Dios (5:11), (2) con la proclamación de las correspondientes buenas nuevas del evangelio de Cristo (5:14-15, 21), y (3) con la pasión por los demás que surge como consecuencia (5:14, 21). Recuperar estos fundamentos no será fácil en nuestra era saturada y pluralista.

> El ajetreo de la vida cotidiana evita que muchas personas que se consideran religiosas, y que reconocen el sentido de la religión en su vida, piensen de forma consciente que son representantes de Jesucristo. Una cuarta parte de los adultos (el 27%) dicen que "siempre" son conscientes de que lo son; una sexta parte (el 17%) dicen que "frecuentemente" recuerdan que tienen esa responsabilidad; y un 25% es consciente de ese privilegio "en ocasiones". El 30% restante de la nación declara que raramente o nunca creen serlo.[36]

---

35. Donald G. Bloesch, *Theological Notebook. Vol. 1: 1960-1964* (Colorado Springs: Helmers & Howard, 1989), 164.
36. George Barna, *Index of leading Spiritual Indicators* (Dallas: Word, 1996), 3, basado en una encuesta de enero de 1993.

Lo que necesitamos no es exprimir más experiencias religiosas efímeras en nuestra acelerada vida. Más bien, debemos entender de forma más profunda la seriedad de una vida vivida en el "temor del Señor" (*cf.* 5:11), entrelazada con el gozo más intenso de conocer el "favor de Dios" (*cf.* 6:2). Concretamente, ello significa tomar tiempo para centrarse *en Cristo* como el medio y el modelo de nuestra nueva vida *en él*. La forma de evitar "recibir la gracia de Dios en vano" es disponerse a conocer mejor a Cristo, esto es, tanto su papel dentro de la historia redentora como la enseñanza y el ejemplo de su vida. Porque nuestra nueva creación tiene lugar "en Cristo" (5:17), hemos sido reconciliados con Dios "por medio de Cristo" (5:18, 19, 21), y, como Pablo, somos "embajadores de Cristo" (5:20). Que el propio apóstol tenía este mismo enfoque puede comprobarse en el hecho de que interpreta cristológicamente sus motivaciones para el ministerio: Pablo es conmovido por Cristo como *Juez* en 5:11 y como *Salvador* en 5:14. Como consecuencia, implora a sus lectores que se reconcilien con Dios "en nombre de Cristo" (5:20).

Sin embargo, conocer a Cristo como Juez y Salvador y ser consciente de que la reconciliación con Dios viene a través de la predicación del evangelio también significa, como Barnett nos recuerda, que "cada día en la vida del ministro apostólico es el día del juicio".[37] La reconciliación de los justos (5:21) es, al mismo tiempo, el día de juicio para aquellos que reciben la gracia de Dios "en vano" (6:1). El llamamiento del evangelio a la reconciliación con Dios divide a la humanidad. Incluso dentro de la iglesia, el llamamiento de Pablo a los corintios nos recuerda que la perseverancia es la marca de la conversión genuina. Haber confesado a Cristo en el pasado no significa nada si no va acompañado de una búsqueda continua de una vida para Cristo en el presente. Aquellos que comienzan con él pero se apartan después ponen de manifiesto que no han "muerto" y resucitado como una "nueva creación" en Cristo. Su recepción previa de la gracia de Dios es, por tanto, "en vano" (6:1).

No obstante, como también deja claro la súplica de Pablo a los corintios, nunca es demasiado tarde para volver a Dios (5:20; 6:2). El llamamiento del apóstol a la reconciliación a un pueblo caprichoso es el medio por el que Dios rescata a su pueblo del juicio. La confianza de Pablo es que aquellos que no han aceptado la gracia de Dios en vano responderán, se arrepentirán y volverán al Señor. Además, lo que valía para Pablo en su época vale para nosotros en la nuestra: hoy es el día de la salvación escatológica (6:2). Y como Newbigin ha señalado, este mensaje es más necesario en Occidente que en cualquier otro lugar:

> Si uno está mirando a la situación global del cristianismo en el mundo contemporáneo, ocuparse de la cultura europea es la cuestión más urgente, y por dos razones: en primer lugar porque es

---

37. Barnett, *The Second Epistle to the Coringhians*, 281.

la cultura occidental moderna, posterior a la Ilustración, la que, bajo la apariencia de la "modernización", está sustituyendo a las culturas más tradicionales por todo el mundo, y en segundo lugar porque [...] esta cultura tiene un poder único para erosionar y neutralizar la fe cristiana.[38]

Pablo declara a la iglesia occidental: "Así que somos embajadores de Cristo, como si Dios los exhortara a ustedes por medio de nosotros: 'En nombre de Cristo les rogamos que se reconcilien con Dios'. Al que no cometió pecado alguno, por nosotros Dios lo trató como pecador, para que en él recibiéramos la justicia de Dios" (5:20-21).

Apéndice

Hubbard (en "¿Estaba Pablo loco?") señala que el punto de vista por el que aboga este comentario en relación a 5:13 es el consenso al que se ha llegado actualmente, aunque no sin dificultades. El mayor problema es que el verbo empleado habitualmente en contraste con estar cuerdo es *mainomai* ("estar loco"), no *existemi* (*cf.* su uso en 1Co 14:23), y no es seguro que *mainomai* y *existemi* sean sinónimos cuando se utilizan en referencia al éxtasis religioso (pp. 42-43). Así pues, el propio Hubbard rechaza la opinión plasmada aquí, argumentando que 5:13 refleja una acusación contra Pablo, no la propia descripción positiva del apóstol de su compromiso a mantener en privado delante de Dios sus experiencias extáticas. Para desarrollar lo que esta acusación pudo haber sido de una forma que evite la dificultad diciendo que se trataba de una experiencia espiritual excesiva, Hubbard, 59-61, ofrece una nueva lectura de los antecedentes del texto, interpretando el lenguaje de 5:13 frente al trasfondo de la literatura retórica y la práctica grecorromanas. Hubbard sostiene que 5:13 refleja la acusación de que Pablo empleó una forma de hablar excesiva en su predicación pública, basada en el uso de *existemi* por parte de Aristóteles en este sentido en su *Retórica*, 1408b (aunque Aristóteles también lo utiliza para referirse a alejarse de la temática de uno, *cf. Retórica* 1418a). Por tanto, Hubbard parafrasea 5:13 de la siguiente forma: "Si, como algunos de ustedes se quejan, mi discurso fuese tosco y excesivo, atribúyanlo a la responsabilidad de Dios; si soy razonable y lúcido, atribúyanselo a ustedes" (p. 61). Según Hubbard, la idea de Pablo es que,

---

38. Citado de Lesslie Newbigin, *Word in Season* tal como se encuentra en el perfil que Tim Stafford hace de la vida de Newbigin, "God's Missionary to Us", *Christianity Today* (9 diciembre 1996), 32.

"En su visita anterior, su presencia personal no impresionó a los corintios, pero sus escritos, como estos reconocieron, son enérgicos y directos (10:10)" (p. 61). La clave de 5:13 es por tanto 1 Corintios 2:1-5 (pp. 61-62). Pero, ¿era el problema de la predicación pública de Pablo su uso excesivo del estilo poético, esto es, que era "demasiado métrica y rítmica en su comunicación", tal como Aristóteles utiliza el término (*cf.* Hubbard, 59)? Cuando Pablo se negó a utilizar la retórica profesional en Corinto, ¿empleó una poesía excesiva y un estilo de lenguaje totalmente emocional en su lugar? Como indican las propias notas de Hubbard, el uso que Aristóteles hace del término no se refiere a una falta de pulido retórico, sino a un exceso, ¡de forma que uno acaba perdiéndose en la *excesiva* retórica! Por el contrario, la predicación de Pablo, no encasillada en la retórica profesional, seguía siendo contundente, efectiva, razonable, lúcida, clara y directa (1Co 1:17-19; 2:14-16a). Además, resulta difícil imaginar que hablar por Dios llevase a una falta de claridad y persuasión. Pero lo más clarificador contra la sugerencia de Hubbard es que la forma de hablar anterior de Pablo en Corinto no se produjo *por causa de Dios*, sino por la de los *corintios* (*cf.* 1Co 2:5). Además, aunque Dios *fuese* el objeto del anterior estilo de discurso de Pablo en Corinto, el apóstol defiende el juicio de Dios en sus cartas tanto como lo hace en su proclamación pública (*cf.* 1:23; 11:11), de forma que resulta difícil interpretar que la idea de Pablo fuese que un cambio en la audiencia, de Dios a los corintios, produjese un cambio de estilo. En realidad, ni la audiencia del apóstol ni su estilo han cambiado. La primera, es decir, su listón de juicio, en persona o en carta, sigue siendo solo Dios (*cf.* 2:17; 12:19). Y las cartas de Pablo no siguen los modelos de la retórica contemporánea más que su predicación (ver el comentario de 10:10). La diferencia entre el ministerio público de Pablo en Corinto y sus cartas no era su estilo, sino el enfoque de su mensaje en sí, ya que en estas Pablo tuvo que advertir a los corintios sobre el juicio venidero contra los que persisten en su rebelión.

2 Corintios 6:3-13

🕊

Por nuestra parte, a nadie damos motivo alguno de tropiezo, para que no se desacredite nuestro servicio. **⁴ Más bien, en todo con mucha paciencia nos acreditamos como servidores de Dios: en sufrimientos, privaciones y angustias; ⁵ en azotes, cárceles y tumultos; en trabajos pesados, desvelos y hambre. ⁶ Servimos con pureza, conocimiento, constancia y bondad; en el Espíritu Santo y en amor sincero; ⁷ con palabras de verdad y con el poder de Dios; con armas de justicia, tanto ofensivas como defensivas; ⁸ por honra y por deshonra, por mala y por buena fama; veraces, pero tenidos por engañadores; ⁹ conocidos, pero tenidos por desconocidos; como moribundos, pero aún con vida; golpeados, pero no muertos; ¹⁰ aparentemente tristes, pero siempre alegres; pobres en apariencia, pero enriqueciendo a muchos; como si no tuviéramos nada, pero poseyéndolo todo. ¹¹ Hermanos corintios, les hemos hablado con toda franqueza; les hemos abierto de par en par nuestro corazón. ¹² Nunca les hemos negado nuestro afecto, pero ustedes sí nos niegan el suyo. ¹³ Para corresponder del mismo modo —les hablo como si fueran mis hijos—, ¡abran también su corazón de par en par!**

Sentido Original

Según 5:18–6:2, reconciliarse con Dios implica alinearse con Pablo y su mensaje. Rechazar su "ministerio de la reconciliación" (5:18) es hacer lo mismo con el evangelio (esto es, el "mensaje de la reconciliación", 5:19), indicando de ese modo que el destino escatológico de la persona ha sido determinado (6:1-2; *cf.* 2:15-16; 3:14-15). Esta declaración es tan fuerte como el apóstol que la pronuncia. Por tanto, en 6:3-13, Pablo vuelve a una apología directa de la legitimidad de su ministerio del Espíritu, la justicia y la reconciliación (*cf.* 3:3-6, 7-11; 4:1; 5:18). Aunque no queda claro en la mayor parte de las traducciones al castellano (incluyendo la NVI), los versículos 3-10 tienen relación directa con la afirmación principal de 6:1: "les rogamos".[1] Como tal, el catálogo de sufrimiento de Pablo delinea la *forma* en la que él obra conjuntamente con Dios al realizar el llamamiento de no aceptar en vano la gracia de Dios. Lo hace no presentándose a los demás como una piedra de tropiezo *en*

---

1. Los participios *didontes* ("que presenta/da") y *synistantes* ("que elogia") en 6:3-4 se entienden mejor relacionados con *parakaloumen* ("instamos") de 6:1.

nada,[2] sino recomendándose "en todo". La recomendación de Pablo de sí mismo en 6:4 respalda su exhortación *a otros* en 6:1.

Como la lista de 6:3-10 apoya la exhortación de 6:1, la decisión interpretativa fundamental aquí es si la referencia de Pablo a la "paciencia" en 6:4a es un encabezamiento descriptivo para todo lo que sigue, o si se trata simplemente de otro elemento de la propia lista. En otras palabras, ¿es la "paciencia" la categoría general especificada en lo que sigue? ¿O es simplemente el primero de los diversos miembros de la lista, todos los cuales modifican esa recomendación propia?

En respuesta a esta pregunta, diversas traducciones puntúan el texto de forma diferente. Existen tres razones por las que debe preferirse la puntuación escogida por la NVI, que separa la "paciencia" del resto de la lista: (1) Pablo modifica "paciencia" con "mucha", en contraste con las designaciones absolutas que siguen; (2) la "paciencia" es una virtud singular, abstracta, mientras que lo que sigue es una lista de adversidades en plural; y (3) resulta difícil ver cómo podrían las dificultades recomendar a Pablo en sí mismas y por sí mismas si no estuviesen relacionadas con la virtud positiva de la paciencia. Como declaración general, Pablo se recomienda como un siervo de Dios por su "mucha paciencia" (*cf.* 12:12). Específicamente, la paciencia de Pablo tiene lugar en medio de las adversidades que siguen.

Así pues, la recomendación de Pablo en 6:3-10 centra de nuevo su atención en su paciencia habilitada por Dios en medio de la adversidad, que representa tanto la "muerte" de Cristo (= el sufrimiento de Pablo) como su "resurrección" (= la paciencia de Pablo; *cf.* 1:3-11; 2:14-16a; 4:7-12). Al mismo tiempo, esta paciencia "acredita" a Pablo como siervo *de Dios*, quien, como Isaías, es un mediador de la palabra de Dios a su pueblo (6:1-2). En cambio, los que carecen de esa recomendación divina solo pueden caer en la *suya propia* (para otras recomendaciones de sí mismo por parte de Pablo, *cf.* 4:2; 12:11; para la práctica negativa de la misma y la diferencia entre los dos, *cf.* 3:1; 5:12; 10:12, 18).

La lista de las cosas por las que Pablo debe mostrar "mucha paciencia" se desglosa en cuatro unidades distintas:

(1) una enumeración de dificultades, introducidas por "en" y todas en plural (vv. 4b-5)

(2) una enumeración de virtudes, introducidas por "en" y "con", todas en singular (vv. 6-7a)

---

2. El griego *en medeni* de 6:3 es ambiguo. Aunque podría leerse "entre cualquiera" (*cf.* NVI "en el camino de cualquiera"), su paralelo con "en toda cosa/forma" de la cláusula siguiente va contra esta traducción.

(3) una enumeración de circunstancias cambiantes, los "altibajos" de la adoración y la culpa, introducidas todas con "por" y plasmadas en parejas opuestas (vv. 7b-8)

(4) una enumeración de la liberación divina en la que el sufrimiento de Pablo es la plataforma para exhibir el poder transformador de Dios, introducida por la preposición "por" y expresada en una relación adversativa (p.ej., "como moribundos, pero aún con vida"; vv. 8b-10).

Como descripciones de la frase preposicional "con mucha paciencia", cada una de estas afirmaciones forma parte de la recomendación de Pablo de sí mismo en 6:4; es decir, lo hace "en ... en ... por ... por ...". Además, como expresiones del poder de Dios en su vida, los elementos positivos mencionados no son atributos naturales o virtudes generadas por uno mismo, ni la consecuencia del dominio propio y los pensamientos positivos. En lugar de ello, la vida de Pablo es el producto del poder de la "resurrección" de Dios y de su presencia (*cf.* las referencias al "Espíritu Santo" y el "poder de Dios" en 6:6-7).

Todas estas frases también respaldan las conclusiones y la exhortación de 6:11-13 que Pablo expresa como padre espiritual de sus "hijos", los corintios (*cf.* 1Co 4:14-15; 2Co 3:2; 11:2; 12:14-15). Su uso de la imagen de un padre para describir su relación con los corintios refleja la suposición de que, como el pueblo del nuevo pacto, la iglesia es la familia de Dios (*cf.* Mr 3:31-35). Como padre suyo en la fe, el modelo de vida de Pablo por causa de los corintios (vv. 4-10) apunta al hecho de que ha conducido su ministerio con una integridad abierta y un afecto genuino (6:11; *cf.* 3:2, 12).[3]

En consecuencia, Pablo deposita la responsabilidad del conflicto en Corinto directamente a los pies de aquellos corintios que siguen rebelados contra él (6:12). Todo lo que el apóstol quiere es un intercambio justo, su amor por el de ellos (6:13a). Si ha existido una ausencia de sinceridad, integridad o compromiso familiar, ha sido por parte de ellos, no de Pablo. Así pues, ellos, no él, deben "abrir su corazón" (6:13).

Al mirar atrás, queda claro que la exhortación profética a reconciliarse con *Dios* en 5:20 y 6:1 es análoga al llamamiento personal en 6:11-13 a hacer lo propio con el mismo *Pablo* como portavoz de Dios y embajador de Cristo. Además, aquí también, como antes, la salvación de los corintios está en juego en su respuesta. Este hecho se hace evidente en la conexión entre 6:13 y 2:15-16, 6:1 y 13:1-10.

La convicción de Pablo de que la reacción de una persona a su ministerio sirve para indicar y abundar en cuál es su destino

---

3. Para declaraciones explícitas en cuanto a que Pablo asumió el sufrimiento, voluntaria e involuntariamente, en representación de los corintios, véase 1:3-7; 1:12-14; 1:23–2:4; 3:2; 4:5, 12, 15; 5:12; 7:3; 12:14-16, 19.

(2:15ss) conduce de forma natural a los ruegos de 6:1 y 13:1-10. Como consecuencia, la "prueba" de fe es si los corintios se mantendrán o no leales a Pablo, no porque este sea independiente del evangelio o se encuentre por encima del mismo, sino porque está convencido de que es su personificación y representante verdadero y genuino. Así pues, para Pablo, lo que se está poniendo en entredicho en este momento no es *su* ministerio, sino la autenticidad de la fe de los propios corintios.[4]

Nuestro pasaje se estructura, pues, en cinco partes: (1) una afirmación indicativa de la idea general de Pablo (6:3-4a), respaldado seguidamente por (2) una descripción específica de su estilo de vida apostólico y su forma de ministrar (6:4b-10), que a su vez lleva a (3) una conclusión relativa a la legitimidad de su relación con los corintios (6:11) y (4) una conclusión relativa a la ilegitimidad de la relación de los corintios con Pablo (6:12), seguida por (5) las implicaciones imperativas que derivan de ellas (6:13). Habiéndose "acreditado" como "servidor" de Dios recordando a sus lectores en los versículos 4-10 la evidencia que sostiene su reivindicación apostólica, en 11-13 Pablo extrae para ellos las consecuencias lógicas de su ministerio. Lejos de poner en entredicho su legitimidad, el sufrimiento de Pablo es el vehículo por medio del cual Dios se está dando a conocer entre los corintios.

Como tal, el sufrimiento de Pablo es también la prueba de la integridad de su mensaje, de la pureza de sus motivos y de la verdadera naturaleza de su amor por sus "hijos" espirituales (6:11). Por tanto, el problema de Corinto no está en Pablo, sino en los propios corintios (6:12). Así pues, el apóstol se dirige a ellos a fin de dar a todos el beneficio de la duda en cuanto a la autenticidad de su fe, haciendo al mismo tiempo un llamamiento a aquellos que siguen rebelándose contra él a responder con el mismo amor que él ya ha mostrado por ellos (6:13).

El problema al que tuvo hacer frente Pablo es muy parecido al que encuentran muchos ministros contemporáneos en su proclamación del evangelio. Ahora, como entonces, el sufrimiento y la debilidad ponen en entredicho el poder del Espíritu. Pero Pablo es implacable en su respuesta: la mayor demostración del poder de Dios no es la ausencia de dolor ni la presencia de un milagro, sino la fiel paciencia de Pablo en medio de la adversidad, por medio de la cual Dios "enriquece a muchos" (6:10). El llamamiento culminante de esta sección en

---

4. Scott J. Hafemann, *Suffering and Ministry in the Spirit*, 75.

6:13 surge de la realidad de la presencia de Dios en la vida de Pablo, una realidad que transforma radicalmente el sentido de sus circunstancias.

Al citar sus experiencias de paciencia tanto en los buenos tiempos como en los malos como un testimonio de la condición "abierta" de su "corazón" y de su "afecto" hacia los corintios (6:11), Pablo no está detallando una serie de decisiones frías y calculadas para perseverar por causa de los corintios. No hay que sentir pena por el apóstol. No es un masoquista. Los corintios son su "orgullo" (1:14; *cf.* 7:4; 8:24; 9:2) y una gran fuente de gozo en su vida (*cf.* 7:7). Su ministerio crece de "la profundidad del amor" que les tiene (*cf.* 2:4), de forma que estaría incluso dispuesto a morir por ellos (*cf.* 7:3). Y Pablo no está dando un reportaje. Sus palabras en esta sección están llenas de emoción. Como padre de los corintios, su llamamiento en este pasaje es pastoral y su tono, afectivo. Uno puede oír la emoción en su voz cuando llama por nombre a los corintios en 6:11 y salta de su "plural apostólico" a la primera persona del singular en 6:13. En resumen, Pablo está hablando desde su "corazón".

Sin embargo, debemos tener cuidado en nuestra cultura subjetivista de no permitir que la apología sincera de Pablo se interprete como fundamentalmente emocional, confundiendo de esa forma su forma con su contenido. No se está dirigiendo a los corintios como alguien a quien han herido sus sentimientos, sino como su apóstol, su padre en la fe. Aunque llenos de emoción, los llamamientos de Pablo derivan de su concepto de sí mismo como agente y embajador de la obra salvadora en Cristo. Al abogar por su propia legitimidad, no está intentando recuperar su ego, sino rescatar a los corintios del juicio. El evangelio está en juego. Por esta razón, no se defiende por una necesidad personal de reafirmar su autoestima o de gustar a los demás, sino debido a su reconocimiento de que su ministerio es el medio a través del cual Dios está haciendo su llamamiento al mundo (*cf.* 5:20).

Debemos dejar claro, por tanto, que la referencia de Pablo a su "corazón" en este pasaje, como en otras partes de su apología, habla del contenido de su carácter y los motivos de su ministerio tal como se muestran en su vida (*cf.* 3:2; 5:12). Para Pablo, el "corazón" no se refiere a una fuente secreta de sentimientos, sino al centro de valores que determina el carácter de una persona. Debido al fascinante "amor de Cristo", el "corazón" de Pablo debe vivir por aquel que murió por él (5:12-15). Su corazón no está abierto únicamente por el grado de sus sentimientos, sino por la profundidad de su paciencia en favor del evangelio y por causa de los corintios.

Tanto la muerte de Cristo por Pablo como la vida de Pablo por Cristo, vivida en sufrimiento por causa de los corintios (*cf.* 4:5), son hechos históricos abiertos al escrutinio; no son experiencias "religiosas" privadas que solo puedan evaluarse como un asunto de opinión subjetiva. Todos pueden "leer" lo que nos empuja en las páginas de nuestro comportamiento (*cf.* 3:1-2; 4:1-2).

Las demostraciones de profunda pasión por parte de Pablo en favor de los corintios no lo recomendaban en y por sí mismas. Su recomendación divina es el registro público de las formas en que la "muerte" y la "liberación" de Pablo representan las de Cristo.

De la misma forma, la exhortación del apóstol en 6:13 a que los corintios le abriesen su corazón (*cf.* 7:2) no es principalmente un llamamiento pidiendo experiencias renovadas de buenos sentimientos hacia él, aunque sin duda engloba tales emociones. Amenazar a los corintios para que se comprometiesen a algo que no deseaban no sería honroso para el evangelio de Dios ni para su mensajero. Para confiar en el evangelio de Pablo, uno debe tener cierto aprecio y afecto por el apóstol. Aun así, su objetivo final no es que ellos tengan sentimientos renovados hacia él como persona, sino una nueva fe en el evangelio que él predica y representa (*cf.* 1:24; 4:7-12). No está tratando de gustar más a los corintios; está llamándolos al arrepentimiento. No está llevando a cabo una encuesta de personalidad; más bien, está convocándolos a responder a las evidencias que tienen ante sus ojos.

Así pues, a fin de evitar interpretar que Pablo está simplemente sincerándose ante los corintios en este pasaje en un intento de que respondiesen de la misma forma, debemos ser conscientes de que es una reafirmación fundamental de su apología de su ministerio apostólico. Hablar desde el corazón no es llamar la atención hacia el estado de las emociones de uno, tomadas de forma aislada, sino hacia el carácter de la vida de la persona como un todo, entendido como la consecuencia de los valores de uno. Porque, como Barnett ha destacado:

> [El] evangelio exige que su abanderado personifique sus verdades centrales de la muerte y la resurrección. Así pues, la autoridad moral para el ministerio de Pablo, que este defiende repetidamente ante los corintios, es que la muerte de Jesús se repite, por así decirlo, en "muerte" en los sufrimientos acarreados por el ministerio, y en "resurrección" liberadora de esos sufrimientos por el poder de Dios (1:8-10; 4:7-12; 6:3-10; 7:5-6; 12:7-9).[5]

Como continuación del tema del sufrimiento apostólico de Pablo, el significado contemporáneo de la apología de Pablo en 6:3-13 es como mínimo triple. (1) Nos recuerda de nuevo que el llamado al ministerio es un llamamiento a vivir para los demás como una representación de Aquel que murió por ellos (5:15). Ese llamado implicará tener paciencia y no prestar atención a

---

5. Paul Barnett, *The Second Epistle to the Corinthians*, 318.

las circunstancias cambiantes y las opiniones de los demás. A través de esta paciencia, el ministro ejemplifica tanto el amor de Cristo por su pueblo como lo que significa vivir por él a cambio. En palabras de K. Prümm, esta sección es la "tarjeta de identidad apostólica" de Pablo.[6]

Actualmente, como entonces, la calidad de la vida de la persona y su disposición a soportar el sufrimiento por causa del evangelio son expresiones de su amor por Cristo. Pablo no se retrae de basar directamente sus llamamientos en su carácter en Cristo. No tiene miedo de volver los focos hacia sí mismo. En lugar de necesitar recomendarse con cartas de otras personas o con una jactancia generada por él mismo (3:1; 5:12), su vida como siervo de Dios acredita su mensaje y confirma su llamamiento (*cf.* 3:1-6; 4:1; 10:16-18). La recomendación que cuenta es la fidelidad a Dios en la vida de la persona, demostrada en una paciencia fiel. Por tanto, Pablo puede proclamar una vez más que su modelo de vida (6:4-10) no da a nadie "motivo alguno de tropiezo" (6:3).

(2) Aunque aquellos a los que Dios llama al ministerio representarán frecuentemente al evangelio en su disposición a sufrir por causa de otros (*cf.* 4:1-18), este pasaje nos recuerda vívidamente que la aflicción como tal no revela a Dios en el mundo. El sufrimiento y la opresión en sí mismos no indican que uno esté representando a Cristo en la tierra. Pablo no tiene una noción romántica del sufrimiento; él sufrió demasiado como para pensar eso. De hecho, el sufrimiento por sí mismo es la consecuencia del pecado. Experimentarlo es participar en el mal de nuestro mundo caído.

Por sí solo, el sufrimiento no es una virtud noble y purificadora. Más bien, lo que distingue el de los justos del que vemos cada día en el mundo es el poder transformador de la presencia sustentadora de Dios en su vida. Los llamados por el Señor a sufrir en favor de otros como extensión de su amor no lo son al masoquismo, sino a una misión. No se les insta a ser dignos de lástima por Dios (el Señor transforma su sufrimiento en un escenario de profundo gozo), sino mediadores para el mundo. La abnegación por causa de Cristo no es un sacrificio, sino el camino para ganar la propia vida (*cf.* Mr 8:34-38).

(3) La amonestación de Pablo en 6:13 ilustra que un ministerio auténtico del evangelio espera una respuesta genuina. El apóstol no está inmerso en un concurso de popularidad con sus oponentes. Cuando pide el afecto de los corintios, está luchando por la vida de estos. Así pues, su confianza en la verdad de su mensaje y en la transparencia de su testimonio lo lleva a esperar que aquellos que conozcan a Dios abran también su corazón a él.

---

6. K. Prüm, *Diakonia Pneumatos: Der zweite Korintherbrief als Zugang zur Apostolischen Botschaft. II/I: Theologie des zweiten Korintherbriefes, Apostolat und christliche Wirklichkeit* (Rome/Freiburg/Wien: Herder, 1960), 184.

Sin embargo, actualmente, tales definiciones del evangelio como una "verdad pública" que hace una declaración particular sobre los demás se ven con escepticismo. En Occidente se desconfía por regla general de los motivos y el mensaje de cualquiera que declare representar a Dios y su Palabra. En este sentido, las reflexiones de Lesslie Newbigin, después de casi cuatro décadas como misionero en la India (1936-1974) y veintitrés años ahora en Inglaterra, son instructivas. Al volver a Birmingham, Inglaterra, este gran misionero descubrió lo siguiente:

> [El ministerio aquí] es mucho más duro que cualquiera de las cosas que encontré en la India. Existe un frío desprecio del evangelio contra el que es más difícil luchar que contra la oposición [...]. Inglaterra es una sociedad pagana y el desarrollo de un encuentro verdaderamente misionero con esta durísima forma de paganismo es la mayor tarea intelectual y práctica a la que debe hacer frente la iglesia.[7]

Como Newbigin también observó, cuando la iglesia confirma el evangelio como verdad pública está desafiando a toda la sociedad a despertarse de la pesadilla del subjetivismo y el relativismo, para escapar de la cautividad del ego que solo piensa en sí mismo, y aceptar el llamamiento dirigido a todo ser humano a buscar, reconocer y proclamar la verdad.[8]

Por supuesto, no todo es erróneo en el postmodernismo. Sin duda, su hincapié en el condicionamiento cultural que impacta a cada persona indica la necesidad de ser cautos para no ser arrogantes ni confiar excesivamente en nuestros compromisos. Sin embargo, en lugar de caer presa de su escepticismo en relación con el conocimiento, el desafío del postmodernismo nos llama a mantenernos comprometidos con la dura tarea del estudio y el doloroso trabajo del examen de conciencia antes de declarar que representamos a Cristo y a las Escrituras, y después hacerlo con humildad. Además, la insistencia del postmodernismo en las formas en que la interpretación y las reivindicaciones de la verdad se utilizan a menudo como declaraciones de poder ligeramente veladas debería tomarse en serio. Debemos escrutar nuestras propias presuposiciones y agenda teológicas, éticas y políticas antes de predicar la Palabra a otros, buscando al mismo tiempo la santidad ejemplificada en el Verbo que se hizo carne.

Sin embargo, la necesidad de ser autocríticos no debería conducir al silencio. Pablo, plenamente consciente de sus propias faltas, sigue llamando a los corintios al arrepentimiento (6:11-14). Frente a reivindicaciones de la verdad

---

7. De Newbigin, *Unfinished Agenda*, según se cita en el detallado perfil de su vida realizado por Tim Stafford, "God's Missionary to Us", *Christianity Today* (9 diciembre 1996), 25.
8. Newbigin, *Truth to Tell*, 13.

rivales, Pablo aporta pruebas de la autenticidad de su propia posición, con la seguridad de que Dios le ha confiado tanto el ministerio como el mensaje de reconciliación (5:18-19; 6:3-10). Frente a este trasfondo, la negativa contemporánea a realizar declaraciones absolutas sobre los demás es frecuentemente una falsa humildad que exalta nuestra identidad privada o subcultura por encima de las afirmaciones reveladoras de las Escrituras. Como consecuencia, la falsa humildad del postmodernismo politiza realmente todo discurso, de forma que, al final, el único árbitro de la verdad pasa a ser el individuo o la subcultura que se halla en el poder en ese momento, ya que el relativismo del postmodernismo pone en entredicho la validez del discurso habitual.

Frente a este desafío, Newbigin ha razonado lo siguiente:

> La respuesta apropiada a la carga de subjetividad es la misión al mundo, pero no como proselitismo sino como una exégesis [...] que aprendemos cuando vamos. Esta es la única forma en que confirmamos que el evangelio no es solo "verdadero para nosotros", sino para todos. La acción misionera de la Iglesia es la exégesis del evangelio.[9]

Lo que Newbigin quiere decir con esta "exégesis" del evangelio es una disposición a aplicar el señorío de Cristo a cada sector de la sociedad en todas las culturas, con la conciencia de que las implicaciones del evangelio pueden no siempre estar claras. El llamamiento a aceptar el evangelio de Pablo con un "corazón abierto" no es "un ascenso con un solo sentido, sino un encuentro con dos sentidos en el cual aprendemos más sobre el significado del evangelio".[10]

Es igualmente importante afirmar que ese aprendizaje *es* posible. Cuando proclamemos el evangelio, debemos evitar tanto la objetividad como la subjetividad falsas. Pablo supone que el examen de su vida llevará a esos corintios en los que Dios está obrando a cambiar su mente. En respuesta, confirmamos que ese conocimiento y una respuesta legítima al mismo son realmente posibles para la persona que está personalmente comprometida a buscar la verdad por el Espíritu de Dios. A su vez, nosotros también, como Pablo, debemos estar dispuestos a exponer abiertamente nuestro mensaje ante el listón de la evaluación pública, asumiendo por tanto el riesgo de equivocarnos.[11]

Además, debemos estar también dispuestos a cuestionar públicamente las ideas de otros. La iglesia no puede "continuar aceptando la seguridad ofrecida en un pluralismo agnóstico en el que somos libres de tener nuestra propia opinión dado que estamos de acuerdo en que solo se trata de opiniones

---

9. *Ibíd.*, 33-35.
10. *Ibíd.*, 35.
11. Esta es la tesis central de Newbigin en respuesta a los desafíos contemporáneos del postmodernismo; *cf. Ibíd.*, 32-33; 52-53; 56-57, 59.

personales".[12] La petición de Pablo a los corintios en este pasaje, aunque personal, no es privada. Se basa en un argumento público, con una base común, que da validez a su mensaje. Como tal, pone en entredicho los intentos modernos y posmodernos de relegar la "religión" al ámbito de lo puramente subjetivo. Lejos de caer meramente en la especulación privada o simplemente en compartir sus sentimientos, Pablo habla sobre la base de la revelación propia de Dios en el espacio y el tiempo (5:18, 20-21) y frente al trasfondo del juicio universal de Cristo (*cf.* 5:10).

(4) Finalmente, este texto nos recuerda que cuando Pablo habla, lo hace desde una posición de debilidad ante los corintios, no desde una plataforma de poder sobre ellos. Aunque la mayor parte de la iglesia había vuelto a Pablo en la época en que escribió 2 Corintios, su llamamiento actual a los que seguían cerrados a él, como la carta "con muchas lágrimas" anterior (*cf.* 2:1-4), reposa en última instancia en la naturaleza persuasiva de su recomendación. Bajo la obra de convicción del Espíritu Santo, el único poder de Pablo es la persuasión del evangelio representado en su vida y la de aquellos que se unen a él en el ministerio de la justicia (6:7; *cf.* 3:9), algo que sigue vigente en la actualidad.

---

12. *Ibíd.,* 59.

2 Corintios 6:14–7:1

No formen yunta con los incrédulos. ¿Qué tienen en común la justicia y la maldad? ¿O qué comunión puede tener la luz con la oscuridad? ¹⁵ ¿Qué armonía tiene Cristo con el diablo? ¿Qué tiene en común un creyente con un incrédulo? ¹⁶ ¿En qué concuerdan el templo de Dios y los ídolos? Porque nosotros somos templo del Dios viviente. Como él ha dicho: "Viviré con ellos y caminaré entre ellos. Yo seré su Dios, y ellos serán mi pueblo". Por tanto, el Señor añade:

¹⁷ "Salgan de en medio de ellos
y apártense.
No toquen nada impuro,
y yo los recibiré".
¹⁸ "Yo seré un padre para
ustedes,
y ustedes serán mis hijos y mis hijas,
dice el Señor Todopoderoso".

⁷:¹ Como tenemos estas promesas, queridos hermanos, purifiquémonos de todo lo que contamina el cuerpo y el espíritu, para contemplar en el temor de Dios la obra de nuestra santificación.

Aunque se pasa frecuentemente por alto, este pasaje es realmente la culminación cuidadosamente estructurada, minuciosamente argumentada y teológicamente rica de la segunda unidad más importante de la carta de Pablo (2:14–7:1). Su compacta línea de pensamiento se divide en tres secciones: (1) el mandato de 6:14a, con su primera línea de respaldo en 6:14b-16b; (2) la segunda línea de apoyo en la cadena de citas del Antiguo Testamento en 6:16c-18b; y (3) el mandato de 7:1b, con su propio respaldo cercano en 7:1a.

Así pues, el mandato de 6:14 se expresa de nuevo con palabras diferentes en 7:1, ambos respaldados por el argumento de las Escrituras, que tiene su propio imperativo en 6:17. Por tanto, en esta sección, todo refrenda esta exhortación, dada en tres formas. La idea principal del pasaje es el llamamiento de Pablo a los corintios de "no formar yunta con los incrédulos" (6:14), que constituye la aplicación específica de la exhortación más general a purificarse "de todo lo que contamina el cuerpo y el espíritu" (7:1). Esto, a su vez, es la aplicación de Pablo de la orden del Antiguo Testamento de "no tocar nada impuro" (6:17).

Sin embargo, debido al estilo diferente, el vocabulario único y los temas inusuales encontrados en este pasaje,[1] los expertos han rechazado recientemente su origen,[2] su función dentro del argumento continuo de Pablo[3] y su significado.[4] Sin embargo, ninguno de los argumentos contra la autoría paulina de este pasaje es decisivo, especialmente porque el tema del texto procede de las Escrituras. Este uso del Antiguo Testamento explica por qué estaría este pasaje tan lleno de conceptos y vocabulario habitual en el judaísmo de la época de Pablo. Además, no existen pruebas de que 2 Corintios haya existido en algún momento sin esta sección.

De hecho, una vez se interpreta el trasfondo escritural del pensamiento de Pablo en 6:14–7:1 frente a su razonamiento anterior de las Escrituras en el capítulo 3, el propósito integral del pasaje se hace visible. Lejos de ser una digresión en su pensamiento, estos versículos desempeñan un papel estratégico en la apologética continua de Pablo llevando a una conclusión la perspectiva del nuevo pacto introducida en 2:14–3:18. Del mismo modo que 6:3-10 amplía el argumento de Pablo de su sufrimiento en 2:14-17, así también 6:14–7:1 expande la perspectiva del pacto desarrollada por primera vez en 3:1-18. Y de la misma forma que el argumento de Pablo relativo a su sufrimiento en 2:14-17 y 6:3-10 conduce a la exhortación de 6:11-13, su razonamiento de la historia redentora en 3:1-18 y 6:14–7:1 también lleva hasta las exhortaciones de 6:14 y 7:1. En la presente sección, Pablo hace explícitas las consecuencias lógicas de formar parte del pueblo del nuevo pacto de Dios para la controversia presente en Corinto. La amonestación y el argumento de su sufrimiento y las citas bíblicas de 2:14–3:18 y 6:3–7:1 enmarcan de esta forma su apología en 2:14–7:1.

---

1. Seis de los cincuenta *hapax legomenon* del Nuevo Testamento que se encuentran en 2 Corintios aparecen en este pasaje: "formen yunta" (*heterozygeo*); "común" (*metoche*); "armonía" (*symphonesis*), "diablo" (*belial*); "concuerdan" (*synkatathesis*); y "nada impuro" (*molysmos*). También se argumenta con frecuencia que Pablo no usaría la frase "el cuerpo y el espíritu" (7:1) de una forma puramente no teológica, significando algo como "externamente e internamente" o "toda persona humana", como quiere decir aquí.
2. Es decir, ¿es paulino y se ha escrito para este contexto, es paulino procedente de otro contexto, pero adaptado por Pablo para esta carta, o es no paulino, posiblemente de Qumrán, y ha sido interpolado por otros?
3. Es decir, ¿es esencial para el argumento de Pablo, es una digresión de él, o está mal colocado y es perjudicial dentro del mismo?
4. Es decir, ¿de quién deberían separarse los corintios, por qué y con qué propósito? Para una de las presentaciones más claras de estas cuestiones, ver Victor Paul Furnish, *II Corinthians*, 375-83. Furnish mismo argumenta que 6:14–7:1 no fue compuesto por Pablo, sino que fue incorporado por el apóstol mismo cuando escribió esta carta (p. 383).

El mandato (6:14a)

Como hemos observado arriba, esta sección comienza con un mandato, del mismo modo que la anterior finalizó con otro. Como "creyentes", los corintios no debían "formar yunta", en el sentido de ser enganchados con alguien cuyo yugo no encaja (*cf.* RVR1960: "yugo desigual"), o "aliarse"[5] con los "incrédulos" (6:14a).[6] Pero, ¿quiénes son esos "incrédulos"? Muchos interpretan que son los no cristianos en general (como en 1Co 5:10; *cf.* 6:6, 12-20; 7:12-15; 14:22-24). Otros consideran que son más específicamente los gentiles paganos de Corinto con quienes los "fuertes" habían participado anteriormente en fiestas idólatras (como en 1Co 8:1–11:1; ver 10:27).[7]

---

5. En la LXX, la raíz del verbo traducido "formar yunta con" (*heterozygeo*) figura en su forma adjetival (*heterozygos*) en Lv 19:19, donde se refiere a una prohibición de cruzar animales. Aunque los lectores suelen indicar a la prohibición de uncir a un buey y un asno juntos para arar como antecedente de 6:14, la palabra no figura allí. James M. Scott, "The Use of Scripture in 2 Corinthians 6:16c-18 and Paul's Restoration Theology", *JSNT* 56 (1994): 73-99, halla solo un uso metafórico de la palabra fuera de Pablo donde significa "aliar" (p. 75; ver Plutarco, *Cimón* 16.10). Estoy en deuda con el profundo análisis que Scott hace del uso del Antiguo Testamento en este pasaje para gran parte de lo que sigue, que apunta a la autoría paulina y al lugar integral que ocupa dentro del argumento de 2 Corintios.

6. Basado en una opinión antigua de la diferencia entre el tiempo presente y el aoristo cuando se usa en imperativos y prohibiciones (es decir, el aoristo se tomó como indicativo, "empieza/no empieces", aunque el tiempo presente significaba "sigue haciendo/deja de hacer lo que estás haciendo ahora"), a menudo se mantiene que la forma de la prohibición en tiempo presente en 6:14a indica que los corintios *ya* estaban metidos en un "yugo" así con los incrédulos. Un estudio reciente ha mostrado, sin embargo, que esta distinción es errónea. La fuerza del aoristo en los mandamientos consiste sencillamente en considerar la acción en su totalidad, mientras que las perspectivas en presente son un proceso constante. Solo el contexto puede introducir las ideas de no comienzo (es decir, un aoristo ingresivo; *cf.* Mt 6:13; Lc 6:29) o detener lo que uno ya está haciendo (es decir, un presente progresivo; *cf.* Mt 19:14; Jn 2:16). En 2Co 6:14 Pablo está simplemente prohibiendo a los corintios que se unan en el mismo yugo con los incrédulos como forma de vida, hayan empezado a hacerlo o no. Para un debate del imperativo griego y la prohibición, ver Daniel B. Wallace, *Greek Grammar Beyond the Basics* (Grand Rapids: Zondervan, 1996), 714-25.

7. Paul Barnett, *The Second Epistle to the Corinthians,* 342 interpreta, pues, que el significado de 6:14 es: "Que los corintios se separen de los cultos del templo local". Como lo entiende Barnett, "Retirarse de los cultos gentiles será su forma de responder al llamado que Pablo les está haciendo, demostrando que de verdad son una iglesia apostólica" (p. 341). Esta interpretación supone que la preocupación de Pablo es que los cristianos corintios siguen estando implicados en la asistencia a tales cultos idólatras y que los "incrédulos" son los gentiles no conversos que participaban en ellos. Esta opinión debe su popularidad contemporánea a la influyente obra de Gordon D. Fee, "II Corintios vi. 14-vii.1 and Food Offered to Idols", *NTS* 23 (1977): 140-67, quien argumentó a favor de la correspondencia entre 1Co 8:1–11:1 y 6:14–7;1, basándose en su vocabulario similar.

No obstante, ambas interpretaciones solo pueden ser acertadas si 6:14–7:1 se distancia de su contexto *presente*, en el que Pablo ha estado luchando por la legitimidad de su ministerio apostólico y en el que no se han mencionado previamente los problemas anteriores a los que se enfrentaron los corintios. En 2 Corintios el asunto no es la relación entre los cristianos y el mundo incrédulo. El apóstol tampoco estaba preocupado aquí, como en 1 Corintios, por la participación de los corintios en los rituales y la idolatría del templo de la ciudad. Más bien, interpretado desde la perspectiva de su contexto inmediato, el mandato de Pablo en 6:14 es la aplicación específica de su orden más general en 6:13. "No formar yunta con los incrédulos" (6:14) es una forma de que los corintios "abran también su corazón de par en par" a Pablo.

Dada la polémica situación en la que Pablo se ve inmerso, "abrirse" a él implicará necesariamente cerrarse a todos aquellos que se oponen a él, a quienes el apóstol etiqueta ahora como "incrédulos". Esta afirmación es chocante, porque "incrédulos" no es una palabra que el apóstol haya empleado nunca para describir a los cristianos verdaderos descarriados (p.ej., aquellos de los que se ocupa 1Co 3:10-15). En su lugar, "incrédulos" se refiere a aquellos que están manifiestamente fuera de la esfera del pueblo de Dios, aunque profesen lo contrario (*cf.* 1Co 6:6; 7:12-15; 10:27; 14:22-24; 2Co 4:4; 1Ti 5:8; Tit 1:15-16).

Así pues, para dejar claro en términos que no den lugar a dudas precisamente qué es lo que está en juego al apoyar a sus oponentes, Pablo emplea en 6:14-16 y 7:1 gran parte de la terminología que utilizó anteriormente para describir la necesidad de romper con la idolatría dominada por el demonio (*cf.* 1Co 10:16-21 con 2Co 6:14; 1Co 8:7 con 2Co 7:1). Sin embargo, ahora describe la absoluta incompatibilidad entre los que creen (y apoyan por tanto el ministerio de Pablo) y los que están poniendo en entredicho el apostolado de Pablo. Su tesis es dura. En definitiva, los creyentes de Corinto deben reconocer a sus oponentes como "incrédulos" y apartarse de ellos. En cambio, si se niegan a obedecer este mandato, ellos también serán considerados incrédulos (*cf.* 13:5).[8]

Respaldo número uno.
La identidad de la Iglesia (6:14b-16b)

La necesidad de apartarse de aquellos que se oponen a Pablo se fundamenta primero en una serie de cinco preguntas retóricas, que esperan una respuesta negativa (6:14b-16a). Consideradas en conjunto, refuerzan la incompatibilidad básica entre, por un lado, justicia, luz, Cristo, ser creyente y templo de Dios, y,

---

8. *Cf.* Ralph P. Martin, *2 Corinthians*, 194, 197: Pablo está clasificando a algunos de los corintios con los incrédulos "para hacer que despierten a su condición y peligro si se niegan a unirse a él", de manera que su llamado va dirigido aquí a "un recalcitrante grupo de Corinto". Para un debate de otras propuestas básicas concernientes a este pasaje, ver Construyendo Puentes.

2 Corintios 6:14–7:1

por otro lado, maldad, tinieblas, Belial, ser incrédulo e ídolos. El hecho de que en 6:14 se contraste la "justicia" con la "maldad" (lit., "ilegalidad") demuestra una vez más que para Pablo, "justicia" es un concepto que incluye una relación con Dios en Cristo (*cf.* 6:15a) *y* su consecuencia en una vida de "luz" (6:14c) como "creyente" (6:15b).[9] Aquí, la "luz" no es un concepto místico, sino una denominación moral que se refiere a la nueva vida de obediencia a Dios, engendrada por la confianza en Cristo y permitida por el poder del Espíritu.

Esa "justicia" o "luz" es producida por una reconciliación con Dios que se expresa tanto en la conversión como en una vida convertida de transformación continua en la imagen de Dios (*cf.* 3:9, 18; 4:4-6; 5:21). En contraste, la "oscuridad" (6:14c) del "incrédulo" (6:15b) tiene relación con Satanás, ya que, como 4:4 declara, "Belial" es la fuente absoluta de la incredulidad (*cf.* 2:11; 11:14; 12:7).[10]

El nombre utilizado para Satanás en 6:15 (RVR 1960), "Belial" ("Beliar" en algunos manuscritos), no aparece como nombre personal en el Antiguo Testamento ni el resto del Nuevo, aunque sí lo hace como nombre propio de Satanás en la literatura de Qumrán y el judaísmo apocalíptico.[11] Su creación proviene de la práctica judía habitual de referirse a aquel y sus demonios personificando imágenes o términos negativos de las Escrituras. "Beliar/Belial" es una extensión de un equivalente hebreo que significa "inutilidad" o "traicionero" (*cf.* Dt 13:13; 15:9; Jue 19:22; 1S 2:12; 2S 16:7; 22:5; 1R 21:13; Sal 18:4). Pablo consideraba sin duda que la obra de Satanás a través de sus oponentes era traicionera (*cf.* 2Co 11:13-15).

Además, es significativo para el pasaje que nos ocupa, en el que Pablo está hablando de apartarse de sus oponentes, que el nombre "Beliar/Belial" se utiliza frecuentemente en contextos que acentúan la actividad de Satanás como

---

9. *Cf.* Ro 6:19, donde este mismo contraste entre justicia y maldad se refiere a dos de las formas globales de vivir en la que la fe propia en Cristo y la obediencia a Dios no puede separarse. Para el mismo contraste entre "luz" y "tinieblas" como categorías morales de motivos y conducta, ver Ro 2:19; 13:12; 1Co 4.5; Ef 5:11-14; 1Ts 5:4-5.
10. Los contrastes "dualistas" en vv. 14-15 están con frecuencia asociados con los que se encuentran en Qumrán, donde maldad frente a "justicia", y "luz" frente a "oscuridad" se contrastan a menudo (para lo primero, ver 1QH 9:26-27; 1QS 1:4-5; para lo segundo, ver 1QS 1:9-11; 1QM 1:1-13; *cf.* también *T. Naph.* 2:10; *T. Levi* 19:1). Tanto la iglesia primitiva como la comunidad del Qumrán usaron estas categorías bíblicas para indicar su demarcación del mundo y de otros judíos como verdadero pueblo de Dios (*cf.* is 9:2; 29:15). Esta similitud entre la idea sobre su identidad propia de la comunidad de Qumrán y la de la iglesia primitiva deriva del hecho que la congregación de Qumrán y la iglesia primitiva son las dos únicas comunidades judías que se describen a sí mismas de forma explícita como el pueblo del "nuevo pacto". Sin embargo, esto no demuestra dependencia la una de la otra.
11. Ver, p. ej., 1QM 13:1-4; 1QS 1:18, 24; 1QH 14:21; CD 4:12-15; *Jub.* 1:20; *T. Reub.* 4:11; *T. Levi* 8:12 (donde Belial se opone del mismo modo al Mesías); 18:4; 19:1; *Syb. Or.* 3:63-64.

enemigo de Dios. De hecho, como Pablo está considerando aquí la santidad de la iglesia, resulta impactante que, en la mayoría de sus usos subyacentes en el Antiguo Testamento, "Belial" "sea un término visceral que describe a individuos o grupos que se involucran en los crímenes más atroces contra el orden social o religioso israelita, así como en sus actos".[12] La preocupación de Pablo por advertir a los creyentes corintios sobre sus enemigos, que están dividiendo la iglesia como consecuencia de encontrarse bajo la influencia engañosa de Satanás (*cf.* 2:11; 4:3-6; 11:3, 15), pudo haberle llevado a escoger esta denominación más inusual y específica para el diablo.

Si el uso de Pablo de "Beliar/Belial" denota la oposición de Satanás contra Dios, especialmente contra su pueblo, entonces la elección del apóstol de la palabra empleada para "templo" en 6:16 (*naos*) destaca la presencia de Dios. *Naos* se refiere al propio espacio sagrado de adoración (*cf.* Mr 14:58; 15:29; Jn 2:19-20), donde la presencia de Dios se manifiesta dentro del "lugar santísimo", en lugar de al edificio más general o complejo del templo, el *hieron*, que se traduce frecuentemente "templo" (*cf.* Mr 11:11; 12:35; 13:1). Naturalmente, comenzando con las estipulaciones del pacto dado en el monte Sinaí, el lugar santísimo no puede concordar con los ídolos (2Co 6:16a).[13] Pablo respalda esta idea en 6:16b: los corintios no deben tener nada que ver con la "idolatría" precisamente porque (*cf.* el "porque" [*gar*] de 6:16b) son el "templo del Dios viviente".

El hecho de que esta referencia al templo constituya la culminación de la cadena de contrastes de Pablo, y la única que tiene su propio respaldo, destaca su importancia. La razón más probable para este especial énfasis es que la última pregunta retórica del apóstol recuerda la subestructura del "nuevo pacto" de su apologética como un todo, algo que comenzó en 2:14. En ningún pasaje del Antiguo Testamento se identifica a Israel con el templo. Sin embargo, el paralelismo entre la expresión "templo del Dios viviente" en 6:16 y la referencia anterior del apóstol al "Espíritu del Dios viviente" indica que puede equiparar la iglesia con el templo porque, bajo el nuevo pacto, los propios creyentes son ahora la "ubicación" del Espíritu Santo de Dios en la tierra (*cf.* el mismo paralelismo de 1Co 3:16).

Como consecuencia del derramamiento del Espíritu en cumplimiento de Ezequiel 36:26-27 (*cf.* 2Co 1:22; 3:3-6, 8, 17-18; 4:13; 5:5), la iglesia, en cuanto a sus miembros individuales (1Co 6:19) y a su vida comunitaria (1Co 3:16),

---

12. S. D. Sperling, "Belial", *Dictionary of Deities and Demons in the Bible* (Leiden/New York: Brill, 1995), 322.
13. La prohibición contra los ídolos es un tema común en el Antiguo Testamento, con un desarrollo correspondiente en el Nuevo Testamento (*cf.* Éx 20:4; 23:24; Lv 26:1; Dt 4.16, 23; 5:7-10; 27:15; 32:16, 21; Jos 23:7, etc.; para "idolatría" en los escritos de Pablo, ver Ro 1:22-25; 1Co 5:10-11; 6:9; 10.7, 14, 19; 12:2; Gá 4:8; 5:20; Co 3:5; 1Ts 1:9). Como hemos visto en cuanto a 2Co 3:7-14, la idolatría de Israel con el becerro de oro quebrantó el pacto e inició su historia de corazón duro.

es ahora el lugar de la presencia de Dios en el mundo. La aplicación por parte de Pablo de la prohibición de la idolatría en el Antiguo Testamento a los corintios se basa en la identificación del templo con el pueblo de Dios en Cristo ya que ellos, como Moisés, pueden estar en la presencia del Señor sin ser destruidos (2Co 3:6, 18).

La idea que Pablo expresa es clara. Mientras Israel cayó como pueblo en la idolatría y la desobediencia (*cf.* la visión de Ez 8:3-18 como la base del juicio de Israel en el exilio), el Mesías ha llevado a la iglesia de vuelta a la gloria de la presencia de Dios y ha comenzado el proceso de transformarla en su imagen misma (2Co 3:16-18). La separación descrita en 6:14-16a que debe caracterizar al pueblo de Dios bajo el nuevo pacto es por tanto la contrapartida positiva de la historia de sincretismo de Israel bajo el antiguo. Así pues, Pablo se asombra al ver que los creyentes coquetean con la idolatría y la maldad. Aquí, como en 1 Corintios 3:16-17, la identificación de la iglesia con el templo contiene en consecuencia una advertencia de destrucción divina contra todos aquellos que dañen al pueblo de Dios, ya que los corintios, como templo del Señor, son "santos" (*cf.* 1Co 3:17 con 2Co 7:1). Los justos que pertenecen al Mesías han sido liberados de su idolatría y maldad y llevados de vuelta a la presencia de la gloria de Dios.

Respaldo número dos.
La historia de redención (6:16c-18)

Una vez respaldado su mandato de 6:14 al apuntar a la identidad del "nuevo pacto" de los corintios en 6:14b-16b, en 6:16c el apóstol inicia una segunda línea de apoyo directamente de las Escrituras. Su orden de apartarse de los incrédulos no es una expresión de arrogancia o miedo autodefensivo. Es la aplicación inmediata de las expectativas de las Escrituras en relación con la realidad del nuevo pacto. Nótese que la cadena de citas de los versículos 16c-18 se introduce en 16c con una sola fórmula de cita, "Como él ha dicho", y se cierra en 18c con otra correspondiente, "dice el Señor Todopoderoso". Así pues, la función de los versículos 16c-18 no es apoyar el hecho de que los creyentes sean el templo de Dios (6:16b). Se introducen como una *única* cita, compuesta por seis pasajes del Antiguo Testamento que, cuando se leen como un todo, respaldan el mandato de 6:14 y su reafirmación en 7:1:[14] "No formen

---

14. Así también Scott, "Use of Scripture", 76, 83, que señala el mismo uso de las Escrituras en Ro 3:10-18, donde Pablo también combina seis textos del Antiguo Testamento en una sola cita introducida con "como está escrito". Allí también, su uso de las Escrituras tiene la misma estructura triple que se encuentra aquí: empezando y acabando declaraciones axiomáticas con una "parénesis de concretización" en medio. Como observa Scott, el "dice el Señor" intermedio en 2Co 6:17, sirve para dividir las citas en dos mitades de tres líneas cada una.

yunta ... Como él ha dicho ... Como tenemos estas promesas [esto es, como se explica en 6:16c-18], purifiquémonos ...".

La primera referencia del Antiguo Testamento se toma principalmente de la promesa del pacto de Dios en Levítico 26:11-12, que sin embargo se declaró inicialmente en segunda persona ("Estableceré mi morada *en medio de ustedes*"), no en tercera, como ocurre en 2 Corintios 6:16 ("Viviré *con ellos*"). Esta alternancia se debe a la refundición de Levítico 26:11-12 con la promesa del nuevo pacto de Ezequiel 37:27 ("Habitaré *entre ellos*"). Al interpretar Levítico 26:11-12 en términos de Ezequiel 37:27, ¡Pablo refleja su convicción de que las promesas originales del pacto y la expectativa profética de su materialización después del juicio del exilio están comenzando a cumplirse ahora! Además, al combinar estos textos, Pablo une la ley y los profetas para explicar esta idea, unificados dentro de un marco de promesa-cumplimiento, antiguo pacto-nuevo pacto.

Esta circunstancia se ve confirmada por el hecho de que la fórmula del pacto que encontramos tanto en Levítico 26:11-12 como Ezequiel 37:27, Dios como el Dios de Israel, e Israel como el pueblo de Dios, aparece únicamente en dos contextos básicos dentro de las Escrituras. Primero lo hace con respecto al pacto de Sinaí instituido después del éxodo, en el que Dios estableció su propósito de vivir en medio de su pueblo, aunque este pacto se quebrantó en el incidente del becerro de oro (*cf.* Éx 6.7; Dt 29:12-13; 2S 7:24; 1Cr 17:22; Jer 7:23; 11:4). Después, aparece en relación con la promesa de un nuevo pacto, hecho realidad por la redención de Israel del exilio en el "segundo éxodo", en el cual Dios cumplirá finalmente su propósito de vivir en medio de su pueblo (*cf.* Jer 24:7; 30:22; 31:31-34; Ez 11:20; 36:28; 37:23, 26-27; Zac 8:8; 13:9). Así pues, la combinación de Pablo de Levítico 26:11-12 y Ezequiel 37:27 refleja intencionadamente esta correspondencia entre el pacto de Sinaí del primer éxodo y el nuevo pacto del "segundo".[15]

En 6:17-18, Pablo extrae la conclusión escritural (nótese "por tanto" que fluye de una relación de pacto con Dios: tres mandatos de Isaías 52:11 (RVR 1960: "apartaos ... salid ... no toquéis cosa inmunda") y las tres promesas consiguientes de Ezequiel 20:34, 2 Samuel 7:14, e Isaías 43:6 ("y yo los recibiré. Yo seré un padre para ustedes, y ustedes serán mis hijos y mis hijas"). En su contexto original, Isaías 52:11 va dirigido a Israel, al que llama como pueblo sacerdotal a apartarse de Babilonia junto a su redención de la cautividad de su "segundo éxodo". La aplicación de Pablo de estos mandatos a los corintios

---

15. Esto queda confirmado por la traducción que la LXX hace de Lv 26:11, que vierte "pacto" en lugar del hebreo "morada". Además, Scott ("Use of Scripture", 82) indica que Lv 26:12 suele usarse en forma tipológica en la tradición judía en el contexto del regreso del exilio y la restauración del pacto roto (*cf. Jub.* 1:17, que combina Lv 26:12 con Zac 8:8 para aludir al nuevo pacto).

refleja de nuevo su convicción de que la restauración prometida del pueblo de Dios ya está empezando a tener lugar en el establecimiento de la iglesia en Corinto.

En Romanos 10:15, Pablo presenta la proclamación apostólica del evangelio como el primer cumplimiento del anuncio en Isaías 52:7 de la liberación de Israel del exilio. Aquí en 2 Corintios 6:17-18, Pablo retrata a la iglesia como el pueblo de esta restauración (*cf.* también el uso de Is 52:15 en Ro 15:21). Así pues, si los corintios forman parte del pueblo del nuevo pacto de Dios, ellos también, como Israel, deben apartarse de los incrédulos que los rodean. En cumplimiento de Isaías 52:11, Pablo considera que los corintios son sacerdotes que desempeñan el papel de Israel (*cf.* Éx 19:6), de forma que Pablo los llama a apartarse de lo que es impuro. Sin embargo, ahora, los "impuros" no son incrédulos ajenos al pueblo de Dios, sino un grupo de ellos que está amenazando a la iglesia desde dentro.

El razonamiento de Pablo en 6:14-17 ilustra que es simplemente imposible identificar a los corintios como un pueblo sacerdotal que es el templo de Dios sin extraer las implicaciones morales que forman parte indisoluble de ello. Los triples mandatos escriturales de 6:17a-c conducen directamente a las tres promesas de 6:17d-18 que, como los primeros, también son una combinación de textos del Antiguo Testamento, en esta ocasión Ezequiel 20:34b, 2 Samuel 7:14 e Isaías 43:6.

En su contexto original, Ezequiel 20:34 es la promesa de bienvenida de Dios a aquellos que vuelven a casa desde el exilio. Del mismo modo que Isaías 52:11 llama al pueblo de Dios a "salir" del mundo como una consecuencia del "segundo éxodo", Ezequiel 20:34 promete que Dios los "reunirá" de nuevo cuando lo hagan.[16] Su consiguiente combinación con la promesa de un Mesías davídico en 2 Samuel 7:14 apunta a la expectativa judía de que la redención del exilio tendría lugar a través del reinado del largamente prometido "hijo" de David, que también se identifica como "Hijo" de Dios.

De acuerdo con su expectativa, Pablo cita en 6:18 la fórmula de adopción de 2 Samuel 7:14, pero lo hace ahora en plural ("hijos") para referirse a los corintios, conforme a los textos anteriores. Finalmente, el apóstol lo combina con la referencia a las "hijas" de Isaías 43:6, donde la restauración del "segundo éxodo" de Israel se expresa en términos de hijos e hijas (*cf.* 49:22; 60:4). Como consecuencia de unir estos dos textos, la promesa de Dios de ser el "padre" del "hijo" de David, que vino a que lo viesen como Mesías, se amplía para incluir a todo el pueblo de Dios cuyos miembros, en Cristo, llegaron a ser "hijos e hijas" de Dios. Esta ampliación de 2 Samuel 7:14 en términos de

---

16. Para el uso del verbo "recibir" (*eisdechomai*) en 6:17 como promesa de liberación del exilio, ver Jer 23:3; Ez 11:17; 20:34; 22:19; Os 8:10; Mi 4:6; Sof 3:19, 20; Zac 10:8, 10 (*cf.* Scott, "Use of Scripture", 85 n. 51).

Isaías 43:6 refleja la tradición judía de interpretación en la que el pueblo de Dios, reunido de nuevo (Ez 20:34), llegó a ser considerado como los hijos e hijas adoptivos del Señor.[17]

De hecho, "yo seré un padre para ustedes, y ustedes serán mis hijos y mis hijas" es la fórmula de "adopción" empleada en las Escrituras para indicar la relación de pacto entre Dios y su pueblo. Al utilizarla, Pablo está reflejando las expectativas judías de que el pueblo de Dios sería "adoptado" un día como sus hijos en virtud de su lealtad e incorporación al "hijo adoptado" de Dios, el Mesías.[18] Como cumplimiento de las mismas, se promete a los corintios, ya incorporados a Jesús como "Hijo" mesiánico de Dios, que ellos también, como "hijos e hijas" del Señor, participarán un día en la consumación de la salvación de Dios (para el uso correspondiente del concepto de "adopción" [*huiothesia*], cf. Ro 8:15, 23; 9:4; Gá 4:4-5; Ef 1:5). Quiénes son los corintios en medio de la historia (2Co 6:16) se empareja con quiénes promete Dios que serán al final de la misma (6:18).

De nuevo, la idea de Pablo es tan dura como clara. Como los corintios ya forman parte del pueblo del nuevo pacto de Dios en cumplimiento de las esperanzas de los profetas (6:16c-e), deben apartarse de los incrédulos que los rodean (6:17a-c) en espera de la liberación final de Dios (6:18). La promesa de una relación de pacto continua y una redención final (6:18) solo se da a aquellos que guardan las estipulaciones del pacto (6:17), que en este caso implica demostrar su identidad del pacto apartándose de la impureza (6:14-16). En otras palabras, el reino está aquí, pero aún no en toda su plenitud.

Así pues, 6:16c-18 refleja la misma estructura de pacto y la tensión "ya/aún no" que caracteriza la teología de Pablo. Como miembros del mismo pacto, Dios y su pueblo se pertenecen el uno al otro en la misma familia, cada cual con sus propios roles y responsabilidades. En este contexto, se hace hincapié en la responsabilidad de los hijos de Dios de apartarse de aquellos que están dentro del pacto pero en realidad no pertenecen a él y, por tanto, lo vuelven impuro.

Sin embargo, el llamamiento de Pablo a los corintios no se fundamenta en sus capacidades, sino en el presente ejercicio de la soberanía de Dios para liberar y proteger a su pueblo como su Padre. Este concepto se ve reflejado en su elección del título "Señor Todopoderoso" para terminar sus citas, que solo aparece aquí entre los escritos de Pablo (pero cf. Ap 1:8; 4:8; 11:17; 15:3;

---

17. *Ibíd.*, 88.
18. *Ibíd.*, 87-88, donde señala que *Jub.* 1:24 aplica la fórmula de la adopción de 2S 7:14 a Israel como extensión de la fórmula del pacto utilizada en *Jub.* 1:17. Del mismo modo, la fórmula de la adopción de 2S 7:14 corresponde a la fórmula del pacto usada en 2S 7:24, y Jer 31.1 (fórmula del pacto) corresponde a 31:9 (fórmula de adopción). En el Nuevo testamento, cf. Ap 21:3 (fórmula del pacto) con 21:7 (fórmula de adopción).

16:7, 14; 19:6, 15; 21:22). Sin embargo, Pablo pudo haber empleado este título simplemente porque aparece en 2 Samuel 7:8, 27 (Septuaginta), el contexto más general del que se ha tomado 7:14.

Reiteración del mandato y su respaldo (7:1)

En 7:1, Pablo termina esta sección reiterando su mandato, con un resumen de su respaldo como marco: "Como tenemos estas promesas ... [por tanto] purifiquémonos ... para completar ... la obra de nuestra santificación".[19] Así pues, el mandato de 6:14a se reitera con palabras diferentes en 7:1, estando ambos respaldados por el argumento de las Escrituras en el medio, que tiene su propio mandato en 6:17. Todo en este pasaje apoya esta exhortación única, dada en dos formas. Y como revela de nuevo este argumento cuidadosamente estructurado, heredar las promesas de Dios en el *futuro* se basa en guardar sus mandatos en el *presente*, lo que a su vez es producido por la santidad que *ya* se ha concedido a aquellos que forman parte del pueblo de Dios (*cf.* 1:1). La obediencia está motivada por el futuro; la esperanza es el motor de la moral.

Por un lado, las "promesas" de 7:1 se refieren de forma más directa a 6:17d-18. Estas promesas del pacto se concedieron en primer lugar a Israel a través de Abraham y ahora se están cumpliendo, aunque todavía no en toda su plenitud, en la experiencia del Espíritu por parte de la iglesia (*cf.* 1:20; también Ro 4:13-17; 9:4; 15:8; Gá 3:14, 16, 21). Habiendo recibido este depósito del Espíritu, la iglesia espera con confianza su recepción final como hijos e hijas de Dios. Dentro del marco de la convicción de Pablo de que la redención del "segundo éxodo" del pueblo de Dios ya está empezando a tener lugar en la iglesia (2Co 6:16-18), el mandato del apóstol en 7:1 debe interpretarse desde esta misma perspectiva del "nuevo pacto". Aquellos que esperan en la redención *futura* de Dios se purifican en el *presente*. Específicamente, el simbolismo de la "purificación" en 7:1 recupera la imagen sacerdotal de Isaías 52:11 en 2 Corintios 6:17.[20]

---

19. Formalmente, 7:1 está formado por una conjunción que indica que funciona como la conclusión de su párrafo ("por tanto", *oun*), dos cláusulas de participio, cada una de las cuales resume una idea que respalda el argumento de su párrafo ("teniendo estas promesas" y "perfeccionando" o "produciendo una santidad completa por medio del temor de Dios") y un mandamiento que restablece la idea principal de su párrafo ("Limpiémonos de toda contaminación del cuerpo y del espíritu" como reformulación más general de 6:14: "No formen yunta o no se emparejen mal con incrédulos"). Además, este mandamiento está como en un sándwich, entre los dos participios, uno de cada lado, para que la relación entre lo que Pablo acaba de decir y cómo se relaciona con el mandamiento que saca de él quede clara: "[Por tanto] Como tenemos estas promesas, queridos hermanos, purifiquémonos de todo lo que contamina el cuerpo y el espíritu, para completar en el temor de Dios la obra de nuestra santificación".

20. *Cf.* esp. Jer 23:15; *2 Mac.* 5:27, donde el simbolismo de la purificación parece aludir a la purificación de la contaminación de los ídolos.

Por otra parte, la referencia de Pablo a "completar en el temor de Dios la obra de nuestra santificación" resume sus afirmaciones anteriores relativas a la incompatibilidad entre el pueblo de Dios y los idólatras, con su implicación de que contaminar el templo de Dios es caer bajo su juicio. Del mismo modo que la propia proclamación del evangelio por parte de Pablo se veía empujada por su "temor de Dios" (5:11), aquellos que reciben este evangelio también deberían vivir a la luz de esta misma realidad.[21] Por esta razón, Pablo se dirige a los corintios en 7:1 como *agapetoi* (lit., "amados"), una forma específicamente cristiana de hablar directamente a alguien en contextos de exhortación.[22] Subraya que la obediencia mencionada no es el intento del creyente de ganar el amor de Dios, sino la estipulación del pacto o respuesta que fluye de que el Señor ya lo ame en Cristo (*cf.* su uso en 2Co 12:19; también Ro 12:19; 1Co 10:14; 15:58; Fil 2:12; 4:1). Nótese también que Pablo se incluye en las promesas y el mandato de 7:1 ("como tenemos ... purifiquémonos ..."), expresando así su solidaridad con su iglesia.

Así pues, como en 6:14-16a, en 7:1 Pablo emplea también el duro lenguaje utilizado habitualmente contra la idolatría pagana y lo aplica a sus oponentes. Este uso metafórico de la purificación no es exclusivo de Pablo. En Qumrán, purificarse no solo puede referirse a un acto real de pureza ritual, sino también, en cumplimiento de Ezequiel 36:26, a la obediencia a los preceptos de Dios como lo que "purifica" a la persona (*cf.* 1QS 3:8-9). De la misma forma, la exhortación del apóstol a que el pueblo de Dios "se purifique" recuerda sus afirmaciones anteriores en 3:3, donde la promesa de que la obra purificadora del Espíritu permitirá al pueblo de Dios obedecer sus estatutos (de Ez 36:26-27) se aplica a los corintios bajo el nuevo pacto. Por tanto, la amonestación final de Pablo en 7:1 recuerda su argumentación inicial en 2:14–3:6. De acuerdo con la realidad global del nuevo pacto delineada en 3:7-18, Pablo amplía ahora su enfoque más allá de cualquier asunto particular y dirige su mandato a "todo lo que contamina el cuerpo y el espíritu", esto es, a cualquier cosa que impacte en la vida del creyente (*cf.* 1Co 6:17-19; 7:34).

Dentro de la polémica situación en la que Pablo se ve inmerso, la aplicación específica de este mandato general en 6:14, 17, y 7:1 es huir de todo aquello que podría apartar a la persona de "reconciliarse con Dios" (5:20) y de aceptar la gracia de Dios en vano (6:1). *Positivamente*, esto significa tener un "corazón abierto" hacia Pablo (6:13; *cf.* 7:2-4); *negativamente*, esto significa apartarse de aquellos que rechazan al apóstol y su evangelio (6:14; 7:1), es decir, cerrar el corazón a los oponentes de Pablo con su "evangelio diferente"

---

21. La traducción de la NIV de *phobos* en 7:1 como "reverencia" es demasiado débil y pasa por alto la conexión con 5:11.
22. La traducción de la NVI de esta palabra como "queridos hermanos" es demasiado débil y poco teológica, porque pierde la referencia implícita de la relación del pacto de 6:17-18.

(*cf.* 11:4). Porque nada menos que el verdadero evangelio del nuevo pacto, la presencia genuina del Espíritu y la identidad legítima del pueblo de Dios se encuentran en la balanza.

El hecho de que uno responda o no al llamamiento de Pablo en 6:14–7:1 revelará públicamente si uno se ha reconciliado o no con Dios como un creyente genuino (*cf.* 13:5-10). En cambio, como Thrall ha señalado, como los corintios son la carta de recomendación de Pablo (3:2), si estos "no son capaces de mantener la santidad propia del pueblo del pacto de Dios (*cf.* Lv 19:2), la validez del mensaje y del ministerio del nuevo pacto quedarán entredicho".[23] Dentro de este marco se hace evidente que 6:14–7:1 no es una inserción posterior en el argumento de Pablo, sino una aplicación oportuna de su perspectiva del pacto.

El "temor de Dios" que motiva la perseverancia del creyente en la santidad no es por tanto, simplemente un deseo de ganar recompensas o una actitud de "reverencia a Dios". Más bien, como su alusión a 5:10-11 indica, hace referencia al juicio de Dios entre creyentes e incrédulos, ya que el "temor del Señor" es la marca distintiva de los sabios (Sal 2:11; 5:7; Pr 1:7, 29; 8:13). No deberíamos minimizar nuestra respuesta apropiada al justo y soberano "Señor Todopoderoso" a una simple reverencia por quién es él. Cuando hallamos a Dios, nos damos cuenta de que somos pecadores.

Primer paso: formar yunta. Como hemos visto, la idea principal de este pasaje es el llamamiento de Pablo a los corintios de no "formar yunta con los incrédulos" (6:14), que es la aplicación específica del mandato más general de "purificarse de todo lo que contamina el cuerpo y el espíritu" (7:1). El primer paso desde la época de Pablo a la nuestra es luchar con el significado de "formar yunta". Hemos argumentado arriba que "formar yunta" no es un término técnico que se refiera específicamente a un acto de vinculación legal o cultural (como casarse o alistarse en el ejército, aunque tales hechos puedan de hecho representar ese "formar yunta"). Más bien, se trata de una metáfora que se refiere a cualquier tipo de participación conjunta, formal o informal, que conforma significativamente la identidad de la persona. "Formar yunta" es adoptar la identidad de aquellos con los que la persona se une con un objetivo o tarea común. Es ser el "aliado" de alguien.

Por ejemplo, los que están involucrados en política "forman yunta" cuando adquieren su identidad como miembros del mismo partido; los deportistas lo hacen cuando pertenecen al mismo equipo; los ciudadanos lo hacen por sus

---

23. Margaret E. Thrall, *The Second Epistle to the Corinthians*, 1:472.

compromisos geográficos y civiles; los trabajadores lo hacen por su función, adquiriendo su identidad por ser fontanero o agente de bolsa; los miembros de una clase social lo hacen por su estatus económico común, las oportunidades de su estilo de vida y sus expectativas. Sin embargo, una participación casual, no definida, no constituye ese tipo de yugo. Ir a una convención política no lo convierte necesariamente a uno en republicano, del mismo modo que jugar a un deporte periódicamente no hace que nadie sea miembro de un equipo, ni arreglar un grifo te transforma en fontanero.

Determinar si alguien "forma yunta" con otras personas es por tanto una opinión subjetiva que depende del grado, el significado, el propósito, el nivel de identificación propia implicado en la participación de uno. Una persona puede ser un republicano de clase media de Chicago, fontanero durante la semana y miembro del equipo de *softball* de los Aces. O esa misma persona podría vivir como la clase media, aunque fuese rica; apoyar a un candidato republicano en las elecciones, aunque fuese independiente; vivir en Chicago, pero ser de Boston; arreglar un grifo sin ser fontanero; y jugar al béisbol sin pertenecer a un equipo. Decidir qué "yuntas" llevamos es un asunto de discernimiento. La pregunta fundamental es: ¿qué asociaciones determinan quién soy yo?

Paso dos: definir quiénes son los incrédulos. Esto nos lleva hasta la segunda pregunta interpretativa suscitada en este texto: ¿Quiénes son los "incrédulos" de 6:14 y qué es la "idolatría" en cuestión? En otras palabras, ¿con quién *no* deberíamos identificarnos, y en qué *contextos*? La respuesta a estas preguntas determinará cómo se aplica este pasaje en nuestra situación contemporánea.

Los expertos actuales han visto tres respuestas diferentes a estas preguntas. (1) Algunos argumentan que los "incrédulos" y los "ídolos" en este pasaje son términos generales que se refieren simplemente a aliarse de forma indebida con aquellos que no siguen a Cristo. Este pasaje se aplica entonces a todas las áreas de la vida, desde la adoración y el trabajo hasta el matrimonio y la educación, a fin de mantener una pureza en el mundo, alejada de cualquier contaminación idólatra. Como Furnish lo expresa, "los creyentes deben evitar cualquier alianza con el mundo que pudiese ser indigna de una comunidad que se considera el templo del Dios viviente".[24] Aunque hemos visto que "incrédulos" se refiere a aquellos que no siguen a Cristo, cuando se interpreta de esta forma, nuestro pasaje crea una tensión irresoluble con 1 Corintios 5:9-10, donde Pablo reconoce la necesidad de participar en los asuntos de este mundo. De hecho, Pablo nunca insta a los cristianos a apartarse de los "incrédulos" en los asuntos comunes de la sociedad. Además, en este contexto Pablo no está preocupado por las relaciones en el mundo, sino dentro de la iglesia (*cf.* 5:11-13).

---

24. Furnish, *II Corinthians*, 373.

(2) En el otro extremo, algunos interpretan que "incrédulos" e "ídolos" se refieren específicamente al problema de comer carne ofrecida a los ídolos, tratado en 1 Corintios 8-10. Desde esta perspectiva, Pablo está llamando una vez más a los corintios a abstenerse de los alimentos ofrecidos conscientemente a los ídolos y de participar en la adoración a estos. El apóstol prohíbe la carne ofrecida a los ídolos porque viola la conciencia de otros; prohíbe la participación en banquetes celebrados en templos paganos porque pone en peligro el propio compromiso cristiano de los corintios así como su identidad como templo del Dios viviente (*cf.* 8:7-13; 10:14-30). Interpretado de esta forma, el pasaje sigue siendo una advertencia concreta contra la participación en la adoración no cristiana. Sin embargo, aunque existen paralelismos en la terminología entre 2 Corintios 6:14–7:1 y 1 Corintios 8–10, esta interpretación no hace justicia al contexto de 2 Corintios. No hay nada en este pasaje que indique que Pablo siga estando preocupado por los espiritualmente fuertes en Corinto, que estaban comiendo los alimentos ofrecidos a los ídolos. Más bien lo está por aquellos que se han rebelado contra su autoridad y evangelio.

(3) La posición que adoptamos aquí es que Pablo se preocupa de instar a los corintios a alinearse con su ministerio apartándose de aquellos que siguen poniéndose del lado de sus oponentes. Explica este concepto identificando a los que seguían rebelados contra él como "incrédulos", a pesar de que reivindicaban lo contrario, y enmarcando este asunto en términos de idolatría y del templo de Dios. Por esta razón, Pablo urge a los corintios de fe auténtica a apartarse de aquellos "incrédulos" cuya vida, bajo la influencia engañosa de "Belial", se caracteriza por la maldad y la oscuridad de la incredulidad (*cf.* 11:3-4, 13-15). El llamamiento en 6:14–7:1 a que "el templo del Dios viviente" se aparte de los "incrédulos" y la idolatría es análogo a la advertencia anterior de Pablo con respecto a la destrucción del templo de Dios (1Co 3:16-17) y su llamado a no asociarse con nadie que lleve el nombre de "hermano" y sea culpable de inmoralidad o idolatría (1Co 5:11).

En consecuencia, el asunto en 6:14–7:1 no es idéntico a los relativos al discipulado cristiano reseñados en 1 Corintios (esp. 1Co 6:1-20; 7:10-16). Pablo no se preocupa aquí por la necesidad de perseverancia entre los creyentes dentro de la iglesia, ni por las relaciones entre creyentes e incrédulos fuera de la misma. En lugar de ello, se centra en la separación de los *incrédulos* que están intentando dividir la iglesia desde su interior. Por tanto, 2 Corintios 6:14–7:1 no habla de apartarse de los hermanos creyentes que no comparten todos nuestros compromisos teológicos o nuestras perspectivas del ministerio. Solo Dios, al final, puede decidir quién de nosotros está edificando con madera, heno y paja (*cf.* 1Co 3:10-15).

En otras palabras, la preocupación de Pablo aquí es que los fieles en Corinto se aparten de aquellos que no se identifiquen *en absoluto* con Cristo, a pesar de su profesión exterior. Más allá de sus palabras, siguen siendo idólatras porque niegan al Hijo con su adoración de la salud y la riqueza, e incrédulos porque hacen lo propio con el poder transformador de vidas del Espíritu, sustituyéndolo por un deseo de éxtasis espiritual y milagros (*cf.* 3:3, 18; 11:4). En este sentido, Pablo insta al mismo tipo de separación de la idolatría y los templos paganos en 6:14–7:1 como en 1 Corintios 10:14-22. Sin embargo, ahora, los paganos no se hallan en los templos de los ídolos corintios, sino dentro de la propia iglesia.

Esto significa que la amonestación de Pablo en 6:14 no se refiere a los asuntos civiles, como si los cristianos debiesen hacer negocios solo con cristianos, vivir en vecindarios cristianos, comer solo con cristianos en restaurantes cristianos, jugar únicamente en equipos deportivos cristianos y asistir solamente a escuelas cristianas. Las anteriores son todas asociaciones secundarias que ni siquiera están disponibles en la mayor parte del mundo y no definen necesariamente la identidad principal de la persona como miembro del pueblo de Dios. De hecho, ese involucramiento será necesario, inevitable e incluso esencial para la difusión del evangelio (*cf.* 1Co 5:9-10; 9:19-23; 10:32-33). Pablo no concibe una separación entre creyentes e incrédulos en contextos sociales y civiles, ni siquiera en los matrimonios "mixtos" que tienen lugar tras la conversión de uno de los cónyuges, mientras el no creyente lo consienta (*cf.* 1Co 7:12-15; 10:27).

Nuestro pasaje no constituye un llamamiento a crear un gueto cristiano, sino un emplazamiento a purificar la comunidad cristiana. *Pablo no está considerando la vida de la iglesia en el mundo, sino la vida del mundo en la iglesia.* Porque como hemos visto, la pureza de 7:1 se refiere a las expresiones cultuales y morales de la vida cristiana. Lo que contamina "el cuerpo y el espíritu" es la transigencia del evangelio dentro de la vida del pueblo de Dios. En 6:14–7:1, Pablo está preocupado por la enseñanza, la forma de vida y las falsas expresiones de adoración que *contaminan la pureza del pueblo de Dios* y que, por tanto, como la participación en los templos paganos, deben evitarse.

Paso tres: la iglesia como el templo de Dios. El tercer paso es comprender las consecuencias lógicas del hecho de que Pablo considere a la iglesia "el templo del Dios viviente" (6:16) en términos de la "adopción" de sus miembros como hijos de Dios (6:18). De hecho, esta identificación es la clave de la pasión de Pablo en este pasaje. Su llamamiento a la separación y la pureza solo tiene sentido si la iglesia entiende que *no* es una institución más que desempeña un papel fundamental dentro del tejido de la sociedad. Tampoco es un servicio social que suple las necesidades que ve en sus prójimos. Semejante domesticación de la iglesia no podría ser más extraña para la visión que Pablo tenía del pueblo de Dios o para su estatus como minoría privada de derechos en el mundo romano en que vivía el apóstol. Más bien, como pueblo del nuevo pacto de Dios, la iglesia es la "familia de Dios" unida por una identidad común en Cristo y reunida alrededor de su adoración común y su temor del "Señor Todopoderoso".

Trasladarse de la época de Pablo a la nuestra en este sentido exige tomarse este concepto muy en serio. Las relaciones horizontales de la iglesia los unos con los otros derivan de una relación vertical común con Dios. Una vez transformados por la presencia de Dios en medio de ellos (6:16; *cf.* 3:18), el pegamento que mantiene unidos a los creyentes es su "temor de Dios" conjunto, no su clase social, su raza o su causa (6:17). Los imperativos de 6:14, 6:17 y 7:1 fluyen todos de la realidad indicativa de ser ya el "templo *de Dios*" (6:16b), y llevan hasta la promesa indicativa de ser hijos e hijas *de Dios* (6:17d-18). Sin estas realidades, los mandatos de Pablo degeneran en un separatismo autoprotector y aislante por un lado, o en una casuística legalista por otro. A fin de conectar el contexto del apóstol con el nuestro, es crucial el marco con el que estaba familiarizado: la iglesia es el pueblo de Dios, creado por su presencia, que vive en relación con él y existe para el propósito de glorificarlo.

Paso cuatro: recuperar la perspectiva del pacto. El cuarto paso para trasladar este pasaje a nuestra época es recuperar la perspectiva de pacto y escatológica expresada una vez más en este pasaje (ver arriba 3:3-18). La conciencia de que la etapa final de la historia redentora ha comenzado debería alimentar nuestro trabajo para purificar la iglesia. Los últimos días del plan revelado de Dios para el mundo están aquí. En medio de este siglo malo, el Señor está estableciendo puestos avanzados del reino en espera del retorno de Cristo. Dios tiene un plan para el mundo, ¡el cual es la iglesia! Los creyentes deben tener una perspectiva mayor de quiénes son. El famoso verso de J. B. Phillips., "Tu Dios es demasiado pequeño", necesita una secuela, "Tu iglesia es demasiado pequeña", no en términos de números, sino de su concepto de sí misma. El pueblo del nuevo pacto tiene una importancia cósmica como pueblo de los últimos días del plan revelado de Dios para el mundo. Por consiguiente, la vida entre las dos venidas de Cristo es la clave del énfasis que Pablo pone en la necesidad de obedecer.

Muchos comentaristas se sienten incómodos con la insistencia de Pablo en que la recepción *futura* de las promesas divinas de 6:17d-18 y 7:1 depende de nuestra obediencia *presente* a los mandatos, indicando así aparentemente algún tipo de "teología de las obras". Nada más lejos de la realidad. Pablo no está abogando por una especie de sinergia en la que cooperamos con Dios haciendo nuestra parte, ahora que él ha hecho la suya. La salvación es su obra, pasada, presente y futura. Desde la perspectiva de Pablo, las promesas mencionadas en este pasaje ya han empezado a cumplirse en la vida del pueblo de Dios, aunque todavía no se hayan consumado. Deberíamos purificarnos de toda contaminación (7:1b) por las promesas que el Señor nos ha hecho (7:1a).

Sin embargo, estas promesas tenían su fundamento en la realidad descrita en las preguntas retóricas de 6:14b-16b. Dios no promete lo que promete porque su pueblo lo vaya a obtener por medio de su obediencia, sino porque ya pertenece a la iglesia. Sus promesas son para su pueblo. Pablo no dijo: "Obedezcan el mandato a fin de *convertirse* en pueblo de Dios"; él dijo: "Obedezcan el mandato porque *son* el pueblo de Dios". Esta es la razón por la que la obediencia es una expresión de la misma gracia y del mismo poder que salvaron a su pueblo para que la pusiese en práctica.

Como indican las referencias a la iglesia como el templo de Dios, Pablo está pensando aquí en clave de pacto. Los actos de liberación de Dios en el pasado, que constituyen la base del mismo, llevan hasta sus mandatos para el presente, que conforman sus estipulaciones. A su vez, guardar estas estipulaciones está vinculado con las promesas de Dios para el futuro, que son las bendiciones del pacto. Así pues, mientras vivimos en el presente, fundamentados sobre lo que el Señor ha hecho en el pasado, nuestro centro de atención está en el futuro. El llamamiento a la fe no insta a recordar el pasado, sino a confiar en Dios en el presente.

La obediencia es, por tanto, la consecuencia de lo que Dios ya ha hecho por nosotros, impulsada por lo que promete hacer aún por nosotros. La necesidad de obedecer es otro aspecto de la justicia en Cristo que forma nuestra identidad como templo del Espíritu Santo (6:14-16). Se entiende entonces que heredar las promesas de Dios dependerá de nuestra obediencia, porque esta es la expresión de haber empezado ya a heredarlas. Además, el depósito de estas promesas es el propio Espíritu Santo, que nos capacita para la obediencia a la que somos llamados. Lo que Dios ya ha hecho por nosotros en Cristo y por medio de su Espíritu afianza nuestra esperanza en lo que hará cuando Cristo vuelva (1:22; 3:3, 6, 8, 18; 6:16).

Así pues, nuestras esperanzas para el futuro y nuestra capacidad de obedecer en el presente se fundamentan en los actos de Dios en el pasado. Cristo murió en la cruz a fin de que podamos ser la justicia del Señor y heredar esta morada eterna, habiéndonos concedido un anticipo de su gloria en el Espíritu (3:9; 5:21; 6:14). Esta esperanza determina cómo vivimos ahora. Como en todas las personas, aquello que anhelamos determina cómo actuamos. Todo comportamiento humano se ve impulsado por lo que creemos que va a ocurrir o lo que queremos que acontezca en el futuro. Toda acción se orienta hacia un objetivo. El pasado hace posible el presente, pero el futuro determina el aspecto real del presente. En resumen, el fundamento de la fe son los actos redentores de Dios en el pasado; el enfoque de la fe es su redención prometida, aún por llegar; la vida de fe depende de que Dios supla nuestras necesidades entretanto. La esperanza es el motor de la moral.

Este movimiento del pasado al futuro y al presente refleja de nuevo la tensión existente en el Nuevo Testamento entre lo que "ya" ha tenido lugar en Cristo y lo que "aún no" ha acontecido. Los cristianos son "salvados en esperanza" (Ro 8:24). El pueblo de Dios ya experimenta la presencia del Señor gracias a su obra salvadora en Cristo (2Co 6:16). Al mismo tiempo, espera el tiempo en que el reino se establecerá en toda su gloria (6:17d-18). El vínculo entre esta experiencia presente y la expectativa futura es la pureza cada vez mayor del pueblo de Dios, ya que se basa en lo que él ha hecho ya, y viene motivada por las promesas derivadas de ello (7:1).

En Cristo, las promesas de Dios ya han sido concedidas a su pueblo como muestra de una gracia incondicional. No obstante, su disfrute continuo y futuro está condicionado por la obediencia de las estipulaciones del pacto que fluyen de sus actos de liberación anteriores. No guardar estos mandatos es negar la realidad de la presencia y el poder de Dios otorgados bajo el nuevo pacto. Pablo nos insta a esforzarnos por ser santos debido a la santidad que ya hemos experimentado por medio de Cristo. De hecho, guardar estos mandatos es en sí una expresión de la obra capacitadora de la gracia de Dios en nuestra vida. En lugar de "extinguir el Espíritu", para la vida de la iglesia resulta fundamental una recuperación de la reflexión teológica seria sobre la naturaleza de nuestra relación de pacto con Dios y nuestro lugar en la historia redentora. En este pasaje, Pablo nos conduce hasta esta reflexión.

La perspectiva argumentada aquí es, por tanto, distinta a la de aquellos que no interpretan la referencia de Pablo en 7:1 a "completar ... la obra de nuestra santificación" como un proceso de transformación moral. En lugar de ello, la consideran simplemente como una separación del culto a los ídolos o permanecer en la fe, definida como una aceptación mental de la verdad de unos datos históricos. Estas opiniones no pueden aceptar que el crecimiento en santificación sea el camino necesario a través del cual se purifican los creyentes. Temen que la interpretación del texto defendida aquí introduzca un legalismo insípido en el evangelio de la gracia.

Sin embargo, este temor es infundado. Además, estas interpretaciones no pueden explicar el paralelismo existente entre el proceso de transformación en 3:18 y 7:1, o entre el "temor del Señor" en 5:11 y el "temor de Dios" en 7:1 (*cf.* también Ef 5:21; 6:5; Fil 2:12). Estos paralelismos indican que la santidad considerada aquí debe implicar un progreso real viviendo de acuerdo con la voluntad de Dios, que se manifiesta en obras por las cuales seremos juzgados como parte de la "nueva creación" (2Co 5:17). Como tales, los corintios dan testimonio con su separación del mal de que las consecuencias de la caída de la humanidad en Génesis 3 y de la idolatría de Israel en Éxodo 32 están siendo revertidas en su vida.

Teniendo esto en cuenta, 6:14–7:1 no es una inserción posterior en el argumento de Pablo, sino una aplicación conveniente de esta perspectiva de pacto. El llamamiento a apartarse de los incrédulos, como los llamamientos a confirmar la lealtad a Pablo y a su ministerio (*cf.* 6:11-13 y 7:2), se fundamenta en las fórmulas del pacto y sus consecuencias lógicas, según se citan en 6:16-18. A la luz del nuevo pacto, la suposición operativa de Pablo es que resulta sencillamente imposible estar en la presencia de Dios y no manifestar una vida transformada (*cf.* 1Co 6:9-11, 19-20; 2Co 3:18; 5:17).

Significado Contemporáneo

Esforzarse por la pureza. Cuando extraemos el significado de este pasaje, el acento de 7:1 en purificarse de "*todo* lo que contamina el cuerpo y el espíritu" es impactante. En 6:14–7:1, Pablo estaba preocupado por las enseñanzas y las formas de vida que *contaminan la pureza del pueblo de Dios*. Como la participación anterior de los corintios en los templos paganos, los creyentes deben evitar esos contaminantes a toda costa. Para los corintios, obedecer este llamamiento implicaba apartarse de aquellos que seguían oponiéndose a Pablo y su ministerio. Actualmente, también, cualquier compromiso, relación o práctica que impacte de forma adversa a nuestra identidad como miembros del pueblo de Dios debe apartarse de la iglesia. Más aun, es importante tener en mente que en este pasaje, "pureza" no es una denominación ceremonial, sino moral. En 6:14, "justicia" se contrasta con maldad. Lo que se está considerando es principalmente el carácter del cristiano.

Cuando nos esforzamos para conseguir esa pureza, debemos pensar de nuevo en las formas en que las personas "forman yunta" en una sociedad de aislamiento individual y moralidad privada. Determinar si uno está en un mismo yugo con otros puede resultar difícil en una cultura cada vez menos basada en la comunidad y cada vez más insegura de los absolutos morales. En nuestra época, vivimos solos en una cultura de masas. Lo único que nos mantiene unidos son los medios de comunicación, siempre presentes y generalizados. Como consecuencia, nuestros "yugos" no se experimentan de forma concreta con individuos o grupos específicos, sino que se establecen privadamente con valores inmateriales. En la sociedad occidental actual, "los yugos con los incrédulos" se establecen más fácilmente a través de la televisión y el centro comercial que con un vecino. La mayoría de nosotros ni siquiera sabemos cómo se llaman nuestros vecinos, aunque sí conocemos el nombre y las historias familiares de decenas de personalidades del cine, los deportes, la música y la televisión.

En este pasaje, los paralelismos entre "formar yunta" y compartir cosas "en común", "tener comunión", crear "armonía" y estar "de acuerdo" con los incrédulos no deberían limitarse, por tanto, a una reducida categoría de conducta que solo se aplica al matrimonio y a adorar de formas no cristianas. Tampoco deberían interpretarse como una categoría general que incluye acuerdos entre cristianos y no cristianos en áreas de participación cultural común. Pablo no está abogando por la creación de un gueto cristiano. Más bien, en palabras de Hauerwas y Willimon, hace un llamamiento a la formación de una "colonia" cristiana, esto es, "una isla de una cultura en medio de otra", una colonia de extraños que residen en un entorno hostil que, en la más sutil pero mortal de las formas, nos corrompe y controla como cristianos".[25]

Como Pablo, los pastores actuales deberían en consecuencia ser "llamados a ayudarnos a reunir los recursos necesarios para ser la colonia de la justicia de Dios".[26] En el meollo de este llamamiento se encuentra la preservación de la comunidad cristiana por medio del cultivo del carácter cristiano y la erradicación de la maldad. La preocupación de Pablo es que los creyentes, que llevan el nombre de Cristo, no mantengan relaciones de valores compartidos que corrompan y destruyan finalmente el carácter del pueblo de Dios.

Además, el sufrimiento del apóstol por causa de los corintios demuestra que su llamamiento a la separación, que nos impacta hoy por duro e intransigente, es en realidad una reflexión de su profundo amor por los corintios (cf. 6:11-13; 7:2-4). Porque, como Hauerwas y Willimon observan de nuevo:

> [...] ¿cómo se hace frente a la falsedad sino en una forma que siempre parezca severa a quien está enredado en el engaño? El coste de *no* enfrentarnos a nuestro engaño también es alto: nada menos que la muerte de nuestra vida juntos. La antigua *Didajé* comienza así: "Existen dos caminos, uno de Vida y uno de Muerte, y hay una gran diferencia entre ambos". La postura ética de esos primeros cristianos [...] era una aplicación concreta de sus afirmaciones teológicas. Se instaba a la iglesia a ser una colonia,

---

25. Stanley Hauerwas y William H. Willimon, *Resident Aliens: Life in the Christian Colony* (Nashville: Abingdon, 1989) 12, 139-40. Escrito desde la perspectiva de las iglesias históricas, este estudio es una llamada de alerta con respecto a la adaptación cultural que se ha deslizado también en el evangelicalismo. Semejante transigencia se puede ver en la corriente que se da entre los seminarios evangélicos de producir ministros que, como los resultantes de los seminarios liberales, "son agentes de modernidad, expertos en el arte de la adaptación congregacional al statu quo cultural, facilitadores inspirados cuyos años de formación los han entrenado para capacitar a los creyentes para que se despeguen de las percepciones profundas, de los hábitos, historias y estructuras que hacen que la iglesia sea la iglesia [...]. La congregación observa embobada cómo el pastor se las arregla para hacerlo todo, excepto planificar la adoración, predicar bien, enseñar y edificar a la congregación [...]. Los nuevos pastores están entrenados para ayudar al individuo para que sea un poco menos desdichado dentro del statu quo social, como los doctores y los abogados ..." (116).
26. *Ibíd.*, 140.

una comunidad alternativa, un signo, una señal al mundo de que Cristo ha hecho posible una forma de vida juntos diferente de cualquier otra cosa que el mundo haya visto. *No* hacer frente a las mentiras y el engaño, a la avaricia y el egoísmo [...] significaría la muerte de esta iglesia.[27]

Por el bien del pueblo de Dios, Pablo no puede tolerar transigencia alguna con la idolatría por parte del templo del Señor por el que ha entregado su vida. El llamamiento del apóstol a la separación surge de su profundo entendimiento de la diferencia transformadora de vidas entre estar en el mundo y estar en la iglesia (6:14-16). Por contra, aunque nos encontremos ante una iglesia que comparte yugo con la idolatría del materialismo de su cultura y con la soberbia de su laxitud moral, hemos perdido este poder moral y espiritual debido a nuestras opiniones insustanciales de Dios y nuestra consiguiente indisposición a sufrir por otros y por el evangelio. Como consecuencia, nuestras preocupaciones contemporáneas por la debilidad de la iglesia, habitualmente enmarcadas en términos de crecimiento numérico, constituyen frecuentemente velados ruegos especiales por el bien de nuestro propio estatus y para cumplir nuestros objetivos.

Así pues, no hay nada más significativo para este pasaje que la persuasión de Pablo de que la iglesia es el lugar de la presencia de Dios dentro de la historia de la redención. Sin embargo, actualmente, la iglesia es a menudo una simple "conspiración de cordialidad", en la que rechazamos la confrontación mutua debido a una tibia definición del "amor" que "mantiene a cada cual tan distante de los demás como sea posible [...]. Eso explica por qué, para muchas personas, la iglesia se vuelve sofocantemente superficial. Todos quieren hablar de todo aquí excepto de lo que importa [...]. La soledad y el desarraigo de la vida moderna, la forma en la que todos somos alienados, también infecta a la iglesia".[28] Sin embargo, Pablo ama demasiado a los corintios como para conformarse con menos que su aceptación como hijos de Dios. Una vez reconciliados con el Señor, los creyentes deben ser conocidos por su "justicia" como el "templo de Dios". Los cristianos son un pueblo que adora solo a Dios y que confía únicamente en él para su futuro.

Así pues, a fin de determinar los reductos de idolatría en nuestra vida juntos como pueblo de Dios, debemos evaluar cuidadosamente la influencia de nuestros compromisos diarios, nuestras prácticas sociales y, lo que es más importante, aquellos valores que compartimos con nuestra cultura. Con mucha

---

27. *Ibíd.*, 131-132. Hauerwas y Willimon expresa estas ideas basándose en la narración de Ananías y Safira en Hch 5:1-11. Como concluyen: "Aquí, luchando por ser veraces en el asunto de las posesiones, la iglesia se vivía como una comunidad disciplinada de veracidad" (132).

28. *Ibíd.*, 138.

frecuencia, la idolatría a la que hacemos frente es la asfixiante codicia de nuestra sociedad. En ella, la felicidad deriva de tener más posesiones y la seguridad procede del aumento de nuestra estabilidad financiera. Como creyentes, saneamos esa codicia convirtiendo el poder y la presencia de Dios en un medio para llegar a algún otro fin. Como todo lo que necesitamos para ser felices es Jesús *y* la familia cristiana, Jesús *y* las bendiciones materiales, Jesús *y* un ministerio creciente, Jesús *y* el cónyuge de mi prójimo, Jesús *y* cualquier otra cosa que no tenemos ahora, nos disponemos a seguir a Jesús como un medio para conseguir esos otros fines. ¡Esta perversión hace que servir a Jesús sea el camino para satisfacer nuestra idolatría!

Sin embargo, como pueblo de Dios, nuestro yugo es solo con el "Dios viviente" (6:16). Debemos tener cuidado aquí. Habitualmente, no son nuestras etiquetas de identidad autoescogidas las que indican con quién compartimos el yugo (p.ej., "soy evangélico, calvinista, bautista"). Más bien, las "etiquetas" que nuestro comportamiento muestra a los demás ofrecen una buena pista de los diversos "yugos" que llevamos y de con quién formamos yunta. ¿Demuestra nuestra vida pública y privadamente que pertenecemos a la "colonia" de la iglesia, con su diferente subcultura de la justicia, o a la cultura dominante del mundo que nos rodea?

No debemos crear iglesias que prediquen la gloria de Cristo mientras cultivan al mismo tiempo estilos de vida que se centran en conseguir los placeres de este mundo. No podemos declarar la soberanía de Dios y al mismo tiempo promover el uso de las estrategias de autoayuda de nuestra cultura como camino hacia la salvación. No podemos predicar el poder de Dios y hacer un guiño al pecado. La exaltación arrogante de nuestro ego humano y el amor al dinero constituyen los pilares gemelos de la maldad y la oscuridad que el enemigo de Dios está utilizando actualmente para introducir los ídolos de la salud y la riqueza en la iglesia. Que Dios nos conceda la fuerza para ser solamente su pueblo.

Intentar ser la iglesia. Por tanto, no es suficiente con controlar nuestra vida privada. En este pasaje, Pablo se preocupa principalmente por la pureza de la iglesia comunitaria como templo y familia de Dios. Como el apóstol, no debemos retraernos de ejecutar la disciplina de iglesia cuando es evidente que la idolatría sin arrepentimiento se produce dentro del cuerpo de Cristo. Esto no es fácil en la sociedad moderna. Debido al concepto debilitado que la iglesia tiene de lo que significa ser el pueblo y la ubicación de la presencia de Dios en el mundo, ahora existen límites conceptuales y éticos porosos entre la iglesia y la cultura. Y disciplinar a la iglesia se hace aún más difícil por la actitud de consumidor, que permite a los miembros saltar de congregación en congregación si no se sienten cómodos en la suya.

Sin embargo, esas dificultades no deben disuadirnos de trabajar duro para sustentar nuestra identidad como pueblo de Dios en un lugar particular que, debido a su presencia en nuestra vida, puede vivir de una forma que el mundo considere peculiar. Aquellos que abandonan el vivir para los placeres de este mundo porque palidecen en comparación con hacerlo para Cristo parecerán extremadamente extraños a aquellos para quienes este mundo es todo lo que hay (*cf.* 4:16-18). Nuestra libertad de la idolatría es nuestro testimonio al mundo.

> El cristianismo es principalmente un asunto de política, tal como define el evangelio la política. El llamamiento a formar parte de este es un llamado gozoso a ser adoptado por un pueblo extraño, a unirse a un fenómeno contracultural, una nueva *polis* llamada iglesia. El desafío del evangelio no es el dilema intelectual de cómo hacer compatible un sistema de creencias arcaico con los modernos. El desafío de Jesús es el dilema político de cómo ser fiel a una comunidad extraña, formada a partir de una historia de la presencia de Dios con nosotros [...]
>
> Esta iglesia sabe que su forma más creíble de dar testimonio (y la cosa más "efectiva" que puede hacer por el mundo) es la creación real de una comunidad de fe viva, visible, que respira [...]
>
> La estrategia social más creativa que podemos ofrecer es la iglesia. Aquí mostramos al mundo una forma de vida que este nunca podrá conseguir a través de la coerción social o la acción del gobierno. Servimos al mundo mostrándole algo que él no es, concretamente, un lugar en el que Dios está formando una familia con extraños [...]
>
> La única forma en la que el mundo puede saber que está siendo redimido es que la iglesia apunte al Redentor siendo un pueblo redimido. La forma en la que el mundo sabrá que necesita redención, que se encuentra roto y caído, es que la iglesia lo capacite para reaccionar con dureza contra algo que es una alternativa a lo que él ofrece.[29]

Este reconocimiento de la necesidad desesperada de recuperar una expresión viviente de lo que significa ser la comunidad de la presencia de Dios está creciendo actualmente más allá de todos los límites de la iglesia. Por ejemplo, la preocupación expresada arriba por los metodistas Hauerwas y Willimon se repite en la obra reciente de Everett Ferguson. Cuando resume lo que significa ser el pueblo de Dios, Ferguson, un erudito perteneciente a la Iglesia de Cristo, toma sus primeros ejemplos de Hans Küng, el teólogo católico liberal, ¡para concluir citando al especialista en ética anabaptista John Howard

---

29. *Ibíd.*, 30, 47, 83, 94.

Yoder!³⁰ Partiendo de Küng, Ferguson extrae la idea fundamental de nuestro pasaje: "La iglesia debe apartarse de la conducta característica del mundo. Como eres el pueblo de Dios (2Co 6:16), debes vivir como tal (2Co 6:17) a fin de ser verdaderamente el pueblo de Dios (2Co 6:18)".³¹ Partiendo de Yoder, Ferguson respalda su propia observación de que la perspectiva de Pablo de la iglesia como "pueblo verdadero ... encontrado en Dios por medio de Jesucristo (Gá 3:28; Col 3:11)" trasciende todos los "falsos (y potencialmente pecaminosos) principios de unidad alrededor de los cuales se organizan las personas" (p.ej., ciudadanía, raza, ocupación, posición económica, doctrina política, clase social, educación, etc.).³² En palabras de Yoder:

> Esta nueva comunidad cristiana en la que los muros no se rompen por el idealismo humano ni el legalismo democrático, sino por la obra de Cristo, no es solo un vehículo del evangelio ni el fruto del mismo; son buenas nuevas. No es simplemente el agente de la misión o la circunscripción de una agencia misionera. Ella *es* la misión.³³

Las palabras de Yoder nos recuerdan que la preocupación de Pablo por la pureza de la iglesia corintia no debe interpretarse como un deseo de aislamiento. Es una separación por causa de la misión. Del mismo modo que la vida de Pablo representaba la cruz y mediaba el Espíritu (*cf.* 2:14–3:14; 4:1-18), el carácter de la comunidad del pacto también representa al evangelio en el mundo. Manifestamos la suficiencia absoluta de la soberanía de Dios y nuestra satisfacción en su presencia por la forma en que vivimos. En este sentido, nuestro estilo de vida es parte de nuestra adoración. Alabamos a Dios amándolo sobre todas las personas y cosas.

Así pues, las amonestaciones de Pablo en 6:14–7:1 no son únicamente las de un pastor; también son las de un misionero. La misión de la iglesia no es simplemente difundir un mensaje, como si el objetivo del evangelio fuese el de informar, sino repetirse dentro de cada grupo de personas existente en el globo terráqueo. En este pasaje, Pablo no está hablando como alguien cuyos sentimientos están heridos, sino como el apóstol misionero a los gentiles. Los corintios no son alumnos que toman notas en una clase de teología (aunque la formulación doctrinal de la iglesia sea importante), sino un reducto de la presencia de Dios desde el que Pablo espera lanzar más incursiones a territorio

---

30. Everett Ferguson, *The Church of Christ: A Biblical Ecclesiology for Today* (Grand Rapids: Eerdmans, 1996), 90-91, refiriéndose a Hans Küng, *The Church* (Londres: Burns & Oates, 1968), y John Howard Yoder, "A People in the World: Theological Interpretation", en James Leo Garrett Jr., *The Concept of the Believers' Church* (Scottdale, Pa.: Herald, 1969).
31. Ferguson, *The Church of Christ*, 90 (refiriéndose a Küng, *The Church*, 122).
32. Ferguson, *The Church of Christ*, 90.
33. *Ibíd.*, 91 (citando a Yoder, "People", 274), el énfasis es mío.

enemigo (*cf.* 10:12-18). Así pues, una parte de la razón por la que el llamamiento de Pablo a la pureza en la iglesia nos parece tan extraño actualmente es que hemos perdido su celo misionero por el mundo. Que Dios nos use para dar testimonio de su poder y amor suficientes como "Señor Todopoderoso".

Vivir como una comunidad redimida. ¿Cómo podemos entonces empezar a recuperar para hoy las amonestaciones de Pablo y responder a ellas? (1) Debemos recuperar nuestro sentido de la historia de la redención. Como hemos visto, los llamamientos de Pablo en 6:14 y 7:1 se basan en su perspectiva del lugar de la iglesia en los propósitos y planes salvadores de Dios. Nuestra vida forma parte de su historia. De hecho, "en el momento en que la vida se conforma sobre el supuesto de que no somos participantes en la historia continua de creación y redención de Dios, estamos actuando con incredulidad en lugar de con fe".[34] Esta recuperación exigirá un esfuerzo concertado de estudio bíblico y teológico, así como un patrón de predicación que se tome en serio el canon bíblico y el discurrir de la historia. Porque, como William A. Dyrness señala, en Occidente tenemos problemas para conceptualizarnos como parte de una historia continua, ya que culturalmente "nuestro optimismo incurable ha sustituido a la historia por la expectación [...]. Los americanos de clase media parecen haber perdido todo sentido de relación narrativa con el pasado".[35]

Sin una perspectiva de la obra redentora de Dios al crear una comunidad de fe, la iglesia tendrá problemas para sobrevivir a la presión de nuestra cultura y sucumbirá ante el poder del pensamiento positivo, la asunción del progreso y el "optimismo incurable" e idólatra del ser humano, que impregna nuestra mentalidad. La fe no hunde sus raíces en la última experiencia mística del mercado, sino en la historia redentora que se extiende desde el momento en que Adán y Eva se cubren y el llamado de Abraham hasta el éxodo de Egipto y la venida de Cristo.

(2) Debemos recuperar nuestra perspectiva de la iglesia como un "pueblo peculiar". Ello exigirá un esfuerzo concertado de análisis cultural, así como una disposición a considerarnos misioneros "multiculturales" en nuestra propia cultura. Con este fin, debemos resistirnos a llevar este texto al terreno del moralismo. La división que Pablo hace en el mundo no es entre aquellos que están intentando hacerlo bien y los que no; se trata de una separación

---

34. Hauerwas y Willimon, *Resident Aliens,* 36-37. Tal como lo expresa: "La iglesia no existe para preguntar qué es necesario hacer para que el mundo siga girando suavemente y para motivar a nuestra gente a que lo haga. La iglesia no debe ser juzgada por lo útiles que somos como 'institución de apoyo' y nuestros clérigos como miembros de una 'profesión de ayuda'. La iglesia tiene su propia razón de ser, escondida dentro de su propio mandato, que no se encuentra en el mundo. No somos empleados del emperador" (39)
35. William A. Dyrness, *How Does America Hear the Gospel?* (Grand Rapids: Eerdmans, 1989), 139.

fundamental entre los que pertenecen a Cristo, personas fortalecidas por el Espíritu, y aquellos que siguen muertos en su pecado porque están viviendo bajo el gobierno del espíritu que, como "Belial", está obrando ahora contra Dios en los hijos de desobediencia (*cf.* 2Co 4:4; Ef 2:2). Esta es la razón por la que el pueblo de Dios, que se encuentra ahora en el lugar santísimo, no debe tener acuerdo con los ídolos (2Co 6:16).

La raíz del pecado es traer un ídolo al lugar santísimo (esto es, a nuestra vida) al adoptar los valores y objetivos de la cultura impía en que vivimos. El primer mandamiento, "No tengas otros dioses además de mí" (Éx 20:3), es probablemente una referencia espacial a llevar ídolos falsos al templo a fin de adorarlos junto a Yahvé, el único Dios verdadero que había rescatado a su pueblo de Egipto (20:1-2). De forma parecida, la tentación de la idolatría entre el pueblo de Dios actualmente no es negar totalmente al Señor, sino dejar de confiar en su suficiencia absoluta y su soberanía, por lo que seguimos necesitando a Dios y algo más para salir adelante y ser felices: Dios y un trabajo mejor, Dios y un cónyuge mejor, Dios y un mejor jardín, Dios y el chalet de mi vecino, Dios y unas vacaciones.

Una vez más se nos recuerda lo que Pablo nos dice en Efesios 5:5 y Colosenses 3:5: la codicia es la raíz del pecado, ya que el primer mandamiento y el último son, en realidad, el mismo. Si nos decimos a nosotros mismos que seríamos felices si tuviésemos lo que tienen tal o cual persona seremos unos idólatras que niegan la suficiencia de la presencia, el poder y el amor de Dios para satisfacer nuestra alma (ver la sección Significado Contemporáneo de 3:4-6 y la sección Construyendo Puentes de 5:1-10).

(3) Lo más importante es que debemos recuperar un enfoque centrado en Dios que exalte su suficiencia en todo lo que hacemos y decimos dentro de la iglesia. Solo el Señor puede liberarnos de la idolatría satisfaciendo los anhelos más profundos de nuestro corazón. No es accidental que, aunque Pablo esté describiendo todo el estilo de vida del creyente y no solo una reunión para adorar como tal, su lenguaje a lo largo de este pasaje sea sin embargo el del templo y la adoración. Nuestra disposición a abandonar la felicidad ofrecida por los ídolos de nuestra cultura es un acto de adoración que exalta a Dios a través de nuestra dependencia únicamente de él. También es el imán natural que atrae a otros a Dios exhibiendo la majestad transformadora de vidas de su justicia, luz moral y misericordia salvadora (6:14-15). La presencia de Dios se ve en la vida libre de ídolos de su pueblo, que como templo de Dios está siendo transformado en su propia imagen en virtud de su gloria (6:16; *cf.* 3:18).

Al final, esa adoración sincera y de corazón, expresada en la separación de los ídolos, no puede fingirse ni manufacturarse. La estructura de pacto del argumento de Pablo en 6:16-18 y 7:1 ha subrayado de nuevo que solamente aquellos que pertenecen a Cristo valorarán y anhelarán ahora las promesas del

Señor para el futuro, y que únicamente aquellos que anhelen las promesas de Dios para el futuro tendrán la motivación de purificarse en el presente. El camino a la santidad, por tanto, no es tanto fuerza de voluntad como adoración. La exaltación del carácter de Dios lo es, ya que pone de manifiesto el valor de ser su pueblo, y da lugar al miedo a perder sus promesas, que mantiene al pueblo del Señor perseverando en la fe. Al mismo tiempo, esa adoración centrada en Dios descubrirá a aquellos cuya doctrina y forma de vida denigran la santidad del Señor, el valor de sus promesas y la importancia salvadora de Cristo.

Así pues, como en última instancia es el "temor de Dios" el que mueve la preocupación de Pablo por los corintios, su moral no puede reducirse en ningún caso a un programa de "autoayuda" de sentido común organizado (*cf.* 5:11 con 7:1). Más bien, sus amonestaciones constituyen la expresión de saber que Dios camina entre nosotros como nuestro Dios (6:16). Por esta razón, "Todo ministerio puede evaluarse por medio de criterios fundamentalmente litúrgicos: ¿hasta qué punto capacita el acto del ministerio a las personas para estar con Dios?".[36] Sin embargo, debido a que la iglesia contemporánea ha sido tan frecuentemente incapaz de ser el lugar donde su santidad se manifiesta por medio de nuestra vida libre de ídolos, la preocupación de Pablo por purificar la vida de la iglesia de la idolatría se ha vuelto casi ininteligible en la actualidad. De hecho, hace más de treinta años, Langdon Gilkey preguntó: "¿Cómo puede la iglesia ministrar al mundo, que es su tarea, sin perderse a sí misma, que es el peligro que siempre corre".[37] En vista del razonamiento de Pablo en 6:14–7:1, el análisis de la situación por parte de Gilkey tiene la respuesta:

> A nuestro alrededor vemos a la iglesia bien aclimatada a la cultura: exitosa, respetada, rica, llena y creciendo. Pero, ¿se encuentran en ella lo trascendente y lo santo? En el área de la fe vemos una indiferencia generalizada hacia la Biblia y una ignorancia de sus contenidos, así como un fuerte resentimiento si se pronuncia una palabra bíblica de juicio contra la vida de la congregación. En la adoración, encontramos la notable ausencia de cualquier sentido de la sagrada presencia de Dios y del objetivo de la adoración [...]. En el aspecto moral, son más evidentes los ideales culturales de la amistad y la comunión que los difíciles estándares del cristianismo del Nuevo Testamento o del histórico.[38]

Las palabras de Pablo en este pasaje no son una inyección en el brazo de la iglesia anémica. Pablo nos recuerda que lo que está en juego en cómo vivimos con Dios y con los demás no es nada menos que la herencia de las promesas

---

36. Hauerwas y Willimon, *Resident Aliens*, 138-39.
37. Langdon Gilkey, *How the Church Can Minister to the World Without Losing Itself* (Nueva York: Harper & Row, 1964), 1.
38. *Ibíd.*, 3.

del Señor. Para ser aceptados como sus hijos en el día en que Cristo juzgue al mundo, debemos vivir como tales ahora. Esto significa cultivar una pureza de devoción a nuestro Padre celestial que nos aparta de cualquier persona o cosa que ponga en peligro nuestra vida como seres que confían solo en Dios para su futuro.

El miedo de perder al Señor nos mantiene cerca de él. El temor a caer bajo su juicio en lugar de ser recibidos en su presencia como hijos suyos nos mantiene perseverantes. Por supuesto, ese temor de Dios, fundamentado en su gracia, solo tiene sentido para aquellos en quienes él mora realmente, sobre los que Cristo reina ya, y entre quienes la luz de la justicia divina ya está brillando. Solo los creyentes temen verdaderamente a Dios, ya que únicamente aquellos que ya han comenzado a disfrutar de su presencia pueden sentir el horror de lo que sería estar sin él. El temor de Dios es el principio de la sabiduría, del mismo modo que constituye el comienzo de la pasión por la santidad en medio del pueblo del Señor. Aquellos que temen su juicio porque aman su presencia apartan de su vida la inmundicia de la idolatría que ofende a Dios y de la maldad, tanto de forma individual como colectiva.

Que Dios nos conceda un fresco atisbo de su gloria y una visión renovada del esplendor de sus promesas, para que podamos perfeccionar nuestra santidad temiéndole únicamente a él.

2 Corintios 7:2-16

Hagan lugar para nosotros en su corazón. A nadie hemos agraviado, a nadie hemos corrompido, a nadie hemos explotado. ³ No digo esto para condenarlos; ya les he dicho que tienen un lugar tan amplio en nuestro corazón que con ustedes viviríamos o moriríamos. ⁴ Les tengo mucha confianza y me siento muy orgulloso de ustedes. Estoy muy animado; en medio de todas nuestras aflicciones se desborda mi alegría. ⁵ Cuando llegamos a Macedonia, nuestro cuerpo no tuvo ningún descanso, sino que nos vimos acosados por todas partes; conflictos por fuera, temores por dentro. ⁶ Pero Dios, que consuela a los abatidos, nos consoló con la llegada de Tito, ⁷ y no sólo con su llegada sino también con el consuelo que él había recibido de ustedes. Él nos habló del anhelo, de la profunda tristeza y de la honda preocupación que ustedes tienen por mí, lo cual me llenó de alegría.

⁸ Si bien los entristecí con mi carta, no me pesa. Es verdad que antes me pesó, porque me di cuenta de que por un tiempo mi carta los había entristecido. ⁹ Sin embargo, ahora me alegro, no porque se hayan entristecido sino porque su tristeza los llevó al arrepentimiento. Ustedes se entristecieron tal como Dios lo quiere, de modo que nosotros de ninguna manera los hemos perjudicado. ¹⁰ La tristeza que proviene de Dios produce el arrepentimiento que lleva a la salvación, de la cual no hay que arrepentirse, mientras que la tristeza del mundo produce la muerte. ¹¹ Fíjense lo que ha producido en ustedes esta tristeza que proviene de Dios: ¡qué empeño, qué afán por disculparse, qué indignación, qué temor, qué anhelo, qué preocupación, qué disposición para ver que se haga justicia! En todo han demostrado su inocencia en este asunto. ¹² Así que, a pesar de que les escribí, no fue por causa del ofensor ni del ofendido, sino más bien para que delante de Dios se dieran cuenta por ustedes mismos de cuánto interés tienen en nosotros. ¹³ Todo esto nos reanima. Además del consuelo que hemos recibido, nos alegró muchísimo el ver lo feliz que estaba Tito debido a que todos ustedes fortalecieron su espíritu. ¹⁴ Ya le había dicho que me sentía orgulloso de ustedes, y no me han hecho quedar mal. Al contrario, así como todo lo que les dijimos es verdad, también resultaron ciertos los elogios que hice de ustedes delante de Tito. ¹⁵ Y él les tiene aún más cariño al recordar que todos ustedes fueron obedientes y lo recibieron con temor y temblor. ¹⁶ Me alegro de que puedo confiar plenamente en ustedes.

 Así como la experiencia de Pablo al esperar a Tito en 2:12-13, presentó su apologética en 2:14–7:1, así la resolución de esta narrativa en 7:2-16 presenta la siguiente sección principal de la carta paulina en 7:2–9:15: *la aplicación de la apologética de Pablo a los arrepentidos de Corinto.*

Dada la polémica que seguía rugiendo en la iglesia, en 2:12–7:1 Pablo se dirigió a los corintios en conjunto, centrándose principalmente en su defensa. La mayor parte de la iglesia, sin embargo, ya se había arrepentido en respuesta a la carta anterior del apóstol (*cf.* 1:23–2:4; 7:5-16). En 7:2–9:15, Pablo se dirige, pues, a esta mayoría, centrándose principalmente en las responsabilidades de dicha mayoría como cristianos. En la primera sección, Pablo era el apologeta que defendía la fe, pero aquí es el pastor que amonesta a su rebaño. De ahí que, aunque sus argumentos previos se basaban en gran medida en su legitimidad como apóstol, los de 7:2–9:15 derivan en gran parte de la legitimidad de la vida de los corintios como creyentes (ver comentarios sobre 7:3 y 4). Empezando en 7:2, tenemos al ministro legítimo que habla libremente a quienes él reconoce como creyentes legítimos. Al volverse a su iglesia, ahora restaurada en la comunión con él, vemos lo que a menudo se llama "el corazón del pastor".

El comentario de Pablo a los arrepentidos (7:2-3)

La amonestación de Pablo en 7:2-3 forma el punto principal de 7:2-16, con 7:4-16 presentando un argumento extenso en apoyo de este mandamiento. Aunque la división de la NVI respalda esta lectura, la mayoría de los comentaristas argumentan que 7:2-3 (o 4) pertenece a lo que precede y no a lo que sigue, y que tampoco es un texto transicional que forme un puente entre las dos secciones.

Esta no es una idea sujeta a discusión. La forma en que uno decida esta cuestión no solo es decisiva para interpretar el capítulo 7, sino también para comprender el flujo del argumento en los capítulos 6–8 como conjunto. La dificultad radica en decidir si 7:2-3 (o 4) proporciona la exhortación que pone conclusión a lo que precede, de modo que 7:4 o 5 inicia una nueva unidad de pensamiento, o si la nueva unidad empieza ya en 7:2-3 y es respaldada con lo que sigue. Lo que dificulta esta decisión es que la exhortación de 7:2-3 parece innecesaria o fuera de lugar si Pablo se está dirigiendo a los arrepentidos de 7:4-16, sobre todo en vista de la *positiva* descripción que de ellos se hace en 7:6-12. La amonestación de Pablo en 7:2, "hagan lugar para nosotros en su corazón", parece paralela a 6:13, que iba dirigida a aquellos que estaban *negándole* el afecto al apóstol (*cf.* 6:11-12). A pesar de ello, 7:7-16 describe a personas que están llenas de anhelo, celo y obediencia con respecto a su apóstol. ¿Por qué necesitarían *ellos* un mandamiento y un recordatorio así de la legitimidad paulina?

Esta confusión se resuelve si tenemos en mente que la preocupación de Pablo en 6:14–7:1 consistía en que los "creyentes" de Corinto deberían "abrir el corazón de par en par" al apóstol (6:13), separándose de aquellos que siguen rebelándose contra él (ver comentarios sobre 6:14–7:1). Este sigue siendo el caso en 7:2, donde una vez más la forma en que se "haga lugar" para Pablo tiene que ser apartándose de los incrédulos. Sin embargo, en 6:11-13, Pablo hablaba "*como* a sus hijos" con la esperanza de que ellos respondieran como tales, mientras que en 7:2-16 el apóstol está hablando a los que ya han demostrado encontrarse entre el pueblo de Dios por su arrepentimiento. Por esta razón, el vocabulario de Pablo en 7:2 es distinto al de 6:13 ("de par en par" frente a "hagan lugar para nosotros"[1]). Aunque 6:13 era un llamado al *arrepentimiento* dirigido a la iglesia en conjunto (*cf.* 6:11-12), 7:2 es para aquellos cuyo corazón ya está "abierto de par en par". Finalmente, los vínculos temáticos entre 7:2-4 y su respaldo en 7:5-16 confirman que 7:2-4 mira a los versículos 5-16 y no a los anteriores 6:11–7:1.[2]

En 6:11–7:1, Pablo le dio al conjunto de la iglesia los medios para demostrar que lo aceptaban a él y su evangelio. En 7:2, apela a los que se han arrepentido de verdad a que sigan hasta el final, efectuando así la separación que él acaba de ordenar. El contenido de los mandamientos sigue siendo el mismo, pero su audiencia ha cambiado. Como los creyentes debían abrir su corazón a Pablo y a su evangelio (6:13), en 7:2 el apóstol destaca a los arrepentidos dentro de la iglesia, porque confía en que obedecerán en el presente, así como han obedecido en el pasado (*cf.* 7:15-16).

Al hacer la transición desde dirigirse a la iglesia en conjunto en 6:11–7:1 a dirigirse a los que Pablo sabe que son creyentes dentro de ella, el apóstol solo está sacando las implicaciones de lo que significa para los creyentes de Corinto ser sus verdaderos "hijos espirituales" (*cf.* 6:13; 12:14-15; también 1Co 4:14-15). Para hacer lugar a Pablo será necesario purificar a los que siguen en rebeldía contra él. Ambos no pueden coexistir en los afectos de los

---

1. La traducción de la NVI, "Hagan lugar para nosotros *en su corazón*" es una reducción injustificada del verbo *choreo*, que significa sencillamente "tener espacio para, retener, contener" (*cf.* BAGD, 889). El único respaldo que se da en BAGD, 890, a la sugerencia de que en 7:2 el verbo tiene un sentido figurado, "la apertura de corazón", es el versículo paralelo de 6:13. Sin embargo, allí el verbo es diferente (*cf. platuno*, "ampliado", "ensanchado") y se define mediante las referencias al corazón de Pablo en 6:11 y sus afectos en 6:12, mientras que aquí el verbo queda sin definir.

2. *Cf.* "ánimo" o "consolar" (*paraklesis/parakaleo*) en 7:4 y en 7:6, 7 y 13; "alegría"/"alegrar" (*chara/chairo*) en 7:4 y en 7:7, 9, 13b, y 16, que funciona como inclusión desde el v. 4 al v. 16; "aflicciones"/"acosar/oprimir" (*thlipsis/thlibo*) en 7.4 y en 7:5; y "orgullosos"/"orgulloso" (*kauchesis/kauchaomai*) en 7:4 y 7:14.

creyentes corintios (6:11-13) o en la iglesia en conjunto (6:14–7:1). Aquellos a los que reconoce como cristianos, Pablo los llama a ser cristianos. El corazón de Pablo está a favor de la pureza de su gente.

Pablo respalda su mandato con una triple aserción (7:2b). Los corintios deberían hacer lugar para Pablo, porque debería quedar claro a estas alturas que "a nadie hemos agraviado, a nadie hemos corrompido, a nadie hemos explotado". Estas declaraciones al estilo *staccato* resumen claramente su argumento hasta aquí, en respuesta a las críticas que han surgido contra él.

Una vez más, el uso que Pablo hace del plural en 7:2 refleja su oficio apostólico, mientras que el cambio al singular en lo que sigue refleja su implicación personal en la situación (*cf.* el plural en 7:13a con el singular en la declaración paralela de 7:16). La conducta de Pablo ha estado por encima de cualquier reproche, tanto en lo personal (1:12–2:11; 5:12-13; como ahora en 7:8-12; *cf.* 11:7-11; 12:13-18).[3] Su preocupación por la pureza de los corintios hace juego con la de su propia vida ante ellos.

En el versículo 3, Pablo asegura a los fieles que al darles este mandamiento no los está condenando de nuevo, como hizo con anterioridad en su "carta con muchas lágrimas" (2:4). A diferencia de aquellos a los que se dirige en 6:11-13, Pablo no tiene la menor duda sobre la postura de ellos con respecto a él o a su evangelio (*cf.* 7:12-16). La razón de la confianza de Pablo se nos da en 7:3b, que recuerda su anterior afirmación en 3:2. Lejos de condenarlos, el apóstol ya ha declarado que los corintios arrepentidos están "escritos en su [de Pablo] corazón" como su "carta de recomendación" (3:1-2). Aquí, Pablo les recuerda que esa "carta" ha sido "leída por todos" en su disposición a "vivir y morir" (trad. lit.) por amor a ellos como su padre espiritual (*cf.* el paralelismo entre 7:3 y 3:2; *cf.* también 1:6; 6:11-12a).

La inversión que Pablo hace del orden normal de "vida y muerte" (¡nótese que la NVI revierte el orden de Pablo!) alude, con toda probabilidad, a la muerte y la resurrección de Cristo, ya que están representadas en los propios sufrimientos y resistencia de Pablo en nombre de los corintios (*cf.* 1:8-11; 4:10-12; 5:14-15; 6:2-10). Su disposición a sufrir por amor a ellos expresa la profundidad de su amor por los corintios como correligionarios que comparten un destino común (*cf.* 2S 15:21; Ro 8:38-39). Lejos de condenarlos, Pablo está sencillamente sacando las implicaciones de lo que significa para los corintios ser sus "hijos espirituales" (*cf.* 2Co 6:13; 12:14-15; también 1Co 4:14-15). De ahí que, así como los sufrimientos de Pablo muestran su amor por los corintios como apóstol de ellos (2Co 2:17–3:3; *cf.* 11:7-11; 12:15), así también la

---

3. Ver el uso de este mismo verbo, *pleonekteo* ("sacar ventaja de, ser más listo que, engañar, explotar"), en 2:11 para describir la estrategia de Satanás de "ser más listo" que los creyentes, y en 12:17-18 para describir la negación de Pablo en cuanto a que él y Tito los "explotaron" con la ofrenda. Para su otro único uso en el NT, *cf.* 1Ts 4:6.

disposición de ellos a romper con sus oponentes mostrará el amor que sienten por él como gente suya.

La disposición de Pablo a causa de los arrepentidos: consuelo y alegría (7:4)

En el versículo 4, Pablo inicia su extenso argumento en apoyo de 7:3 al reiterar su propia disposición en respuesta a los arrepentidos de Corinto. Actúa así en una cadena de deducciones tomadas de sus argumentos de apertura que forman juntas una frase típica para lo que sigue.[4] A Pablo no le asusta llamar a los corintios a que emprendan acción, porque está convencido de su postura genuina como cristianos. De ahí que, como mediador del Espíritu bajo el nuevo pacto, tiene "gran confianza" (*parresia*, mejor, "denuedo verbal") en cuanto a ellos.[5] Como indica el paralelo en 3:12, él está hablando con valentía en 7:2-3, porque está convencido de que aquellos en los que el Espíritu está obrando responderán a los mandamientos del evangelio (*cf.* 3:3-18; 5:17). Al final, nadie puede hacer nada contra la verdad (*cf.* 13:8). Esta convicción queda confirmada en lo que concierne a los corintios mediante el informe de Tito (ver 7:7-12).

Por consiguiente, la valentía de Pablo lo lleva a estar "muy orgulloso" (lit., "gran orgullo") de los corintios, dado que son la evidencia del carácter de su ministerio facultado por el Espíritu (*cf.* 1:14; 3:3, 8; también 7:14; 8:24; 9:2-3; 10:12-18). La capacidad de enorgullecerse de los corintios como nueva creación lleva a Pablo a sentirse "grandemente animado" (lit., "lleno de consuelo") como resultado de este testimonio público del poder de resurrección de Dios en funcionamiento en y a través de su vida.[6] El resultado del consuelo de Pablo es una vida llena de gozo (lit., "que rebosa de gozo") en medio de sus aflicciones, algo que en sí mismo es una expresión del mismo poder de resurrección (7:4d; *cf.* el paralelo exacto en 1:4; también 4:11, 15-18; 6:10; 13:9). Pablo les da órdenes a los corintios (7:2), porque los ama (7:3), y los ama por la confianza, orgullo, aliento y gozo que tiene en ellos como hijos suyos espirituales (7:4).

---

4. Victor Furnish, *II Corinthians*, 392-93. Sin embargo, Furnish ve 7:4 como el principio de una nueva unidad de pensamiento con la sección anterior que se extiende desde 6:11 a 7:3.
5. En vista del uso de este mismo término en 3:12, la traducción que la NVI hace de *parresia* como "confianza" es posible, pero no probable. En la época de Pablo, este término casi técnico se usó para referirse a una "valentía de discurso" o "franqueza" que derivaba de la naturaleza positiva del propio mensaje (Pablo habla la verdad) y de la confianza entre orador y audiencia (la relación de Pablo con los corintios queda reparada).
6. El desarrollo de este tema en 7:7, 13 es una extensión de su pensamiento en 1:3-7; 2:14; 4:7-14. Compárese también su uso en 8:4, 17 para describir a otros en quienes Dios está obrando.

El consuelo y el gozo de Pablo a causa de Dios (7:5-7)

El extenso argumento de Pablo en 7:5-15 respalda 7:4 detallando cómo obró Dios en las circunstancias del pasado reciente para alentarlo en lo referente a los corintios. De manera específica, el apóstol regresa a la historia que inició en 2:12-13 con el fin de mostrar cómo usó Dios su sufrimiento como medio tanto para la salvación de los corintios como de su propia felicidad (*cf.* 1:3-6).

Como vimos en 2:13, la angustia de Pablo por el retraso de Tito en regresar de Corinto hizo que él siguiera hasta Macedonia con la esperanza de recibir noticias sobre la respuesta de la iglesia a su carta "con muchas lágrimas". La descripción que Pablo hace en 7:5 de este mismo sufrimiento desarrolla la falta de paz que ha experimentado mientras aguardaba y buscaba a Tito. Los "conflictos" externos (*cf.* 2Ti 2:23; Tit 3:9), probablemente como resultado de sus luchas en Macedonia (*cf.* Fil 1:30; 3:2), no eran los únicos que causaron la inquietud de Pablo, sino también los temores internos concernientes al destino de su colaborador y al futuro de los corintios (*cf.* 11:28).

Cuando Tito llegó por fin, quedó de manifiesto que estaba a salvo y que Dios había usado la carta de Pablo y el ministerio de Tito para beneficio de los corintios. De ahí que esta doble dosis de buenas nuevas, provocada por la mano divina, consoló a Pablo (7:6) y Tito (7:7; *cf.* 7:13-15). El consuelo llegó por medio de Tito, ¡pero su origen es Dios!

A pesar de su sufrimiento por Tito y los corintios (7:5), Dios usó la llegada de Tito, *y aún más* el consuelo que Tito había recibido de los corintios, por su cambio de actitud hacia Pablo, para aumentar su gozo más que nunca (7:6-7). Experimenta alegría y consuelo cuando otros progresan en su fe (*cf.* 1:24), y por medio del ministerio de Tito los corintios acababan de pasar de rechazar a Pablo a anhelar su regreso (*cf.* 7:11), sentían una profunda tristeza por su pasada rebeldía y un nuevo celo por su ministerio. La razón completa para este énfasis sobre Tito quedará clara en 7:14 y en la transición del capítulo 7 a los capítulos 8-9.

La descripción que Pablo hace en 7:6 de Dios como aquel "que consuela a los abatidos" es, pues, la razón suprema de que el gozo de Pablo creciera más aún en respuesta al arrepentimiento corintio y al consuelo de Tito. Por otra parte, esta descripción de Dios recuerda la que Pablo hace en su apertura de 1:3-4, que proporciona la estructura para entender su sufrimiento como apóstol. Dios es aquel que consuela a los justos sufrientes. Por otra parte, la referencia a "los abatidos" (lit. "los humildes") recuerda a Isaías 49:13, y esto nos lleva de vuelta al uso anterior que el apóstol hizo de 49:8 en 2 Corintios 6:2.[7] Así como Isaías convoca a toda la creación a regocijarse por la liberación del

---

7. *Cf.* Is 49:13 LXX (*tous tapeinous tou laou autou parekalesen*) con 2Co 7:6 (*ho parakalon tous tapeinous*).

pueblo de Dios del "segundo éxodo", Pablo se alegra también de que, por su arrepentimiento, la mayoría de los corintios hayan demostrado ser parte de su redención.[8] Haciendo caso al anterior llamado del apóstol al arrepentimiento, ya han respondido al "día de salvación" que se declara en 2 Corintios por el bien de los que siguen en rebeldía.

El paralelismo entre 7:6 y 6:2, por una parte, y 7:6 y 1:3-4 por otra, refleja la convicción de Pablo en cuanto a que su propio sufrimiento es el medio por el cual el mensaje de salvación anunciado por Isaías y cumplido por Cristo se está haciendo real entre los corintios. Por consiguiente, el consuelo y la alegría de Pablo no son meras expresiones de alivio personal por su amigo y su iglesia, aunque ciertamente le produjeron ese efecto (*cf.* los pasajes paralelos en 1Co 16:17; 1Ts 3:6-7). Y más importante aún es que son expresiones de la presencia y el poder de Dios, ya que Pablo reconoce que Dios es quien está detrás de la llegada de Tito y del cambio entre los corintios (2Co 7:6; *cf.* 7:13a). Por esta razón, se regocija incluso más, ya que ve que Dios está produciendo la redención de la nueva creación declarada en Isaías 49:8-13. El gozo de Pablo al encontrarse con Tito y escuchar las noticias sobre los corintios es una alegría provocada en última instancia por la teología de Pablo.

El consuelo y el gozo de Pablo a causa de los corintios (7:8-13b)

La segunda razón para la alegría aumentada de Pablo se nos da en los versículos 8-15. Aquí, Pablo relata el envío, la tristeza y la santificación producida por la carta "con muchas lágrimas" que escribió en respuesta a su "dolorosa visita" (2:1, 4). Los versículos 8-13a, en particular, aclaran su consuelo por los corintios, mientras que los versículos 13b-15 respaldan su gozo por Tito.

En 7:8-13b, Pablo cuenta cómo su alegría se ve más aumentada aún al recibir noticias de Tito en cuanto a que su ministerio había llevado fruto entre los corintios. Aunque su carta de represión era un reflejo de su propia angustia y su amor por los corintios (*cf.* 2:4), Pablo lamentó inicialmente haber enviado su firme denuncia del desafío de ellos, ya que sabía que les causaría tristeza (ver 7:8). Como parte de sus "temores por dentro" (7:5), se preguntaba si no

---

8. Así lo ve Paul Barnett, *The Second Epistle to the Corinthians,* 369-70. De este modo, el vocabulario de consuelo de Pablo "trae a la mente el consuelo que Dios da a su pueblo por medio del profeta Isaías (LXX Is 40:1; 49:13; 51:3, 12, 19; 52:9; 61:2; 66:13); el 'consuelo [es decir, consolación] de Israel' (Lc 2:25) describía la tan esperada era mesiánica. Se da por sentado que el extenso uso que Pablo hace de semejante lenguaje en 2 Corintios implica que esa era ha llegado, una opinión que se expresa de manera explícita en otro lugar de la carta (ver sobre 3:3, 6; 6:2). La frase 'Pero Dios ... consuela a los abatidos' no es una mera reflexión edificante sobre el carácter lleno de gracia de Dios expresado en esta acción; también simboliza la acción divina hacia su pueblo bajo el nuevo pacto".

habría sido demasiado severo y si, como se había jactado, los corintios responderían realmente. Además, era probable que quienes seguían en rebeldía contra Pablo interpretasen esta carta como el intento hipócrita de asustar a los corintios y "jactarse de su autoridad" sobre ellos (*cf.* 10:8-11). No obstante, sus temores eran infundados, como deja ver su disposición a disciplinar a quien había liderado la acusación contra Pablo (*cf.* 7:12 con 2:5-6).

Por tanto, a pesar del dolor que causó la carta, Pablo ya no lamenta haberla enviado, sino que se regocija (7:7, 9), ya que la tristeza que causó "por un tiempo" (7:8) no era el fin en sí mismo, sino que condujo al arrepentimiento de ellos (7:9). "Arrepentimiento" incluye tanto el remordimiento que viene de reconocer que uno ha ofendido a Dios como la consiguiente resolución de dar marcha atrás en la conducta, como se ve en los primeros pasos en esa nueva dirección. Por consiguiente, aunque sus consecuencias sean a largo plazo, el arrepentimiento se indica mediante un cambio inicial tanto en la actitud como en la acción.[9]

No obstante, Pablo es consciente de que no todas las experiencias de "sentirse mal" conducen al arrepentimiento. Las personas se sienten culpables por todo tipo de razones. El motivo del remordimiento corintio condujo al arrepentimiento, porque se habían "entristecido tal como Dios lo quiere", es decir, experimentaron el tipo de remordimiento genuino que conduce a un cambio real en el estilo de vida (7:9b; *cf.* Ro 8:27; Ef 4:24 para la misma expresión que se usa aquí). Estar entristecido conforme a la voluntad de Dios es sentir el profundo dolor que viene de saber que nuestras actitudes y actos han dañado nuestra relación con Dios. La "tristeza piadosa" hace que uno se sienta mal por estar perdiéndose algo de Dios.

Como expresión de su arrepentimiento, los corintios regresaron a Pablo y "nosotros de ninguna manera los hemos perjudicado fueron dañados [lit., no sufrieron pérdida alguna]" (7:9c). Esto no se refiere a la preocupación de Pablo por cualquier daño emocional que les pueda haber hecho (él sabía que su carta les causaría tristeza), sino a que la respuesta de ellos les había evitado el juicio de Dios que amenaza a todos los que "aceptan la gracia de Dios en vano" (6:1; *cf.* 5:10-11; 7:1). La declaración de Pablo en 7:9 refleja una vez más la identidad entre la relación de los corintios con Pablo y su relación con Dios (*cf.* 2:14; 3:3; 4:7-12; 5:13, 20; etc.). Y es que "Pablo consideró la conducta inadecuada de ellos hacia él y su apostolado como una afrenta a Dios. Maltratar al representante de Dios colocaba a los corintios en una posición

---

9. Con frecuencia se indica que Pablo no suele usar el término "arrepentimiento"/"arrepentirse" (*metanoia/metanoeo*), (además, 7:9-10; *cf.* Ro 2:4; 2Co 12:21; 2Ti 2:25, y el cognado "no arrepentido" de Ro 2:5). No obstante, su contenido está presente por todas partes como presuposición para el ejercicio de la "obediencia de fe" que fluye del llamado del evangelio mismo.

precaria, porque implicaba una actitud incorrecta hacia el evangelio".[10] Oponerse a Pablo, embajador de Cristo, era rechazar a Cristo (*cf.* 5:18–6:2).

Los versículos 10-12 respaldan la declaración de Pablo en el versículo 9c de que los corintios no sufrirían el juicio de Dios (del que Pablo mismo es un instrumento; *cf.* 2:15-16a; 13:2; también 1Co 4:21; 5:3-5; 16:22). La razón se da en 2 Corintios 7:10a: Su arrepentimiento para con Pablo conduce a salvación, porque no fue la "tristeza del mundo" que producía muerte. La tristeza del mundo es el dolor de ver que los actos propios resultan en perderse algo que el mundo tiene que ofrecer. La tristeza del mundo hace que uno se sienta mal porque quiere más del mundo. Este tipo de tristeza hace que nos centremos más aún en lo heridos que estamos, ayudando así a producir la muerte que viene de vivir para uno mismo y no para Cristo (*cf.* 5:15). Sin embargo, lo que estaba en juego en la anterior rebeldía de los corintios no eran sus sentimientos ni sus fortunas, sino su futuro con Dios.

Pablo se preocupaba profundamente de la relación de los corintios con él, no solo porque se había encariñado con ellos, sino porque era el padre espiritual de ellos en el evangelio. De modo que, así como la rebeldía de ellos le había causado un gran dolor, cuando se arrepintieron él sintió gran gozo, ya que su principal meta como apóstol del *nuevo* pacto no consistía en llevar el juicio de Dios, sino el gozo de experimentar la justicia de Dios (*cf.* 1:24; 3:9; 13:9-10). Como apóstol, la felicidad de Pablo estaba vinculada a la redención de aquellos a los que Dios le había enviado. Por su arrepentimiento, los corintios habían demostrado ser parte de este número.

La confianza de Pablo en que los corintios han experimentado realmente una "tristeza piadosa" que conduce al arrepentimiento no se basa en ilusiones, sino en la séptuple expresión del arrepentimiento de ellos perfilada en 7:11. Encabezando la lista y con la mayor relevancia para el argumento de Pablo está el renovado "empeño" (*spoude*) con respecto a su ministerio.[11] Lo que uno desea es una señal segura de quién es. Las demás respuestas de los corintios son corolarios de esta sinceridad, incluida su indignación contra el ofensor y contra ellos mismos por haberle respaldado, su temor ("alarma" en la NIV es demasiado débil) ante el juicio de Dios (*cf.* 5:11, 20), y el anhelo de ellos ("preocupación" en la NIV es demasiado débil) para Pablo y su ministerio. La

---

10. Ralph P. Martin, *2 Corinthians*, 30.
11. En la sintaxis griega del versículo 11, "franqueza" o "empeño" (*spoude*) se origina en lo que le sigue, por una cuestión de énfasis. La importancia de la sinceridad de los corintios como señal de su fe genuina para el argumento de Pablo en 2Co se confirma por el hecho de que "franqueza" o "empeño" (*spoude*) y sus cognados se usan ocho veces en los caps. 7–8 (*cf.* 7:11, 12; 8:7, 8, 16, 17, 22 [2x]), y solo cinco veces en todos los demás escritos paulinos combinados (Ro 12:8, 11; Fil 2:28; 2Ti 1:17; Tit 3:13).

consecuencia de la sinceridad de ellos es que han "demostrado su inocencia en este asunto" (7:11c).

La expresión "demostrar/recomendarse uno mismo" (*synistemi heauton*), usada aquí para describir a los corintios, es la misma expresión que Pablo usó en otro lugar para describir su propia recomendación de sí mismo (*cf.* 4:2; 6:4). Cuando se usa de forma positiva, como aquí, se refiere a demostrar la validez de las afirmaciones propias en virtud de los propios actos como expresión visible del sello de aprobación de Dios (*cf.* 10:12-18).[12]

Como Pablo, los arrepentidos de Corinto pueden señalar sus propias actitudes y actos como prueba de que Dios está obrando en su vida. Habiendo demostrado un arrepentimiento genuino, demuestran ser "inocentes en este asunto" (7:11c). El término traducido "asunto" (*pragma*) puede utilizarse en un sentido técnico para referirse a un caso legal (*cf.* 1Co 6:1) y lo más probable es que conlleve "una connotación casi legal en nuestro pasaje".[13] En su rebeldía pasada contra Pablo, los corintios corrían el peligro de ser condenados delante de Dios. Pero la mayoría había demostrado ahora su "inocencia" (7:11), no por su propia fuerza, sino a causa de la provisión de Dios a su favor, enviando primero a Cristo a la cruz y ahora llevándolos al arrepentimiento y la reconciliación con Dios que lleva a la salvación de su ira (5:16–6:2; 7:10).

Dado que es la "tristeza piadosa" la que lleva al arrepentimiento, Pablo sabía que tenía que enfrentarse a los corintios por el bien de su propia salvación (7:12). Lo hizo recordándoles que estaban "delante de Dios", es decir, en su presencia como juez (*cf.* 2:17; 4:2; 5:10-11; 8:2; 12:19). Pablo no intervino de esta forma porque reconociera que entre los corintios había un potencial en espera de hacerse realidad.[14] Más bien lo hizo porque una confrontación así por amor a Cristo que contiene necesariamente la amenaza del juicio de Dios es la forma de probar la genuinidad de la fe. El llamado al arrepentimiento, en vista del juicio de Dios, es el medio divinamente ordenado de producir arrepentimiento entre aquellos en quien Dios está obrando.

Lo que llevó a Pablo a escribir la "carta severa" fue su seguridad en cuanto a que Dios estaba obrando entre los corintios, no su confianza en ellos. Pablo la escribió porque tenía razones para creer que proporcionaría el estímulo necesario para demostrar la genuinidad de ellos *delante de Dios*, a la vez que les exponía a *ellos mismos* su verdadera condición (7:12, 14). Su preocupación

---

12. Lo opuesto a esto es el "*auto*elogio" (*heauton synistemi*), en el que uno está obligado a sustituir tan dura prueba de la aprobación de Dios por las propias afirmaciones sin fundamento o las de otros en las cartas de recomendación (*cf.* 3:1; 5:12; 10:12, 18; 12:11).
13. Furnish, *II Corinthians*, 389.
14. A diferencia de Martin, *2 Corinthians*, 215.

no consistía en el destino de aquel que lo había ofendido (*cf.* 2:5)[15] ni con su propia situación como ofendido, sino con la salvación de los corintios (*cf.* 2:4). Lo que estaba en juego no era su popularidad, sino el evangelio apostólico, lo cual explica su cambio al "plural apostólico" en 7:12.

Al final, la confianza de Pablo en los corintios queda confirmada. Han superado la prueba. Como resultado, se siente alentado en medio de sus aflicciones (el "esto" del versículo 13a no solo se refiere de nuevo al versículo 12, sino que retoma los versículos 5-6, creando así una *inclusio* que se remonta al principio de esta unidad más amplia de pensamiento).

El consuelo y el gozo de Pablo a causa de Tito (7:13b-15)

Así como la descripción que Pablo hace de su consuelo y su gozo por el arrepentimiento de los corintios en 7:8-13a explica 7:6, y también el relato de su consuelo y su gozo sobre la felicidad de Tito en 7:13b-15 explica 7:7, así el tema del consuelo de Pablo que conduce a su gozo se repite en cada una de las principales transiciones en este capítulo (*cf.* vv. 4, 6-7 y 13). Además, las tres transiciones están interrelacionadas. Los versículos 6-7 y 13 explican la declaración del tema general en el versículo 4 en el que se hace evidente que el consuelo de Pablo a través de los corintios por una parte, y por medio de Tito por la otra, vienen en última instancia de Dios. De modo que cada sección principal del capítulo está marcada por un énfasis en el gozo de Pablo como resultado del aliento que recibió por la obra de Dios en la vida de los corintios y, más aún, en la vida de Tito (vv. 2-4, 4-5, 8-13a y 13b-15).

La razón de que Pablo se alegre tanto por Tito se da en 7:13b-15. En 7:13b Pablo enfatiza, como lo hizo en el versículo 7, que su gozo aumenta muchísimo (NIV "especialmente") por la alegría de Tito. Al principio, semejante énfasis sobre Tito es desconcertante. La razón se aclara, sin embargo, en 7:14, donde nos enteramos de que Pablo se la había jugado por amor a los corintios. Se había arriesgado a sentirse incómodo por haber declarado de antemano que responderían positivamente a su carta "con muchas lágrimas" y al ministerio de Tito, aunque este mismo tenía ciertas reservas sobre llevar la carta a Corinto. A pesar de todo, "los elogios que hice ... delante de Tito"[16] demostraron

---

15. La identidad del ofensor y la naturaleza de su ofensa durante la "dolorosa visita" de Pablo (*cf.* 2:1) siguen sin resolver. Los intentos por identificar al ofensor con el hombre de 1Co 5:1-5 o 1Co 6:1-11, o con una ofensa contra Timoteo a la luz de 1Co 16:10-11 no han sido convincentes. Tampoco existe ningún consenso sobre si el ofensor era uno de los oponentes de Pablo desde fuera de la iglesia o un miembro de esta, aunque el llamado a la reconciliación de 2:5-11 hace que sea altamente probable que fuera un miembro de la congregación.
16. Esta expresión (*epi* con un genitivo) se refiere a hablar "delante de Tito" como juez de la afirmación de Pablo (*cf.* Mr 13:9; Hch 25:9; 1Co 6:1 para esta misma expresión). Además, dada la naturaleza mixta de la iglesia en ese tiempo, el "todos ustedes" de

ser ciertos. Además, el gozo de Pablo había aumentado, porque la respuesta de obediencia a él por parte de los corintios (*cf.* 2:9) y la recepción que le brindaron a Tito como emisario de Pablo "con temor y temblor" también incrementaron los afectos de Tito por ellos (7:15).

Con respecto a la anterior respuesta, la "obediencia que viene de la fe" es la descripción paulina clave del objetivo de su ministerio entre los gentiles (*cf.* Ro 1:5; 15:18; 16:19). La obediencia de los corintios es la manifestación externa de su confianza genuina en Cristo; es imposible tener lo uno sin lo otro. Con respecto a la segunda respuesta, Pablo es el único autor del Nuevo Testamento que usa la expresión "con temor y temblor" para describir la reacción de los creyentes ante el hecho de formar parte de la gran salvación de Dios. Utiliza esta expresión en Filipenses 2:12 y Efesios 6:5 en relación con la obediencia del creyente, y en 1 Corintios 2:3 para describir su propia actitud en la predicación del evangelio. Si la obediencia es la acción que crece porque el evangelio ha echado raíces, entonces el "temor y temblor" es su actitud correspondiente. Quienes reconocen que la obediencia es el fruto de la fe genuina no se toman el pecado a la ligera. Frente al juicio de Dios (*cf.* 5:9-10), la perseverancia en la fe es una cuestión de vida y muerte.

La fuente probable de la frase "temor y temblor" es Isaías 19:16, que se refiere al terror futuro que caerá sobre Egipto cuando se dé cuenta de que Dios se alza contra ellos (*cf.* Éx 15:16; Dt 2:25; 11:25; Sal 55:5). Sin embargo, cuando Dios golpee a los egipcios en los días venideros, no será para destruirlos, sino para que "se vuelvan al Señor" para que puedan "responder a sus ruegos y los sane" (Is 19:22; *cf.* Éx 12:23). A diferencia del primer éxodo, en el que Moisés fue enviado a juzgar a Egipto, en este "segundo éxodo" el Señor "les enviará a un salvador y defensor que los librará. De modo que el Señor se dará a conocer a los egipcios, y en aquel día ellos reconocerán al Señor" (Is 19:20-21; *cf.* Éx 9:14-16; 10:1-2; 14:4, 17, 31). En este cambio de rumbo, los asirios también estarán incluidos, señalando así hacia delante, a la gran restauración de las naciones después de que el exilio llegue a su fin (Is 19:23-24).

El uso que Pablo hace de Isaías 19:16 en 2 Corintios 7:15 sigue para expresar su convicción de que el ministerio del evangelio cumple la proclamación de este "segundo éxodo" venidero (*cf.* 2Co 6:1-2; 6:17). La prometida redención de las naciones, incluso de aquellas que oprimieron a Israel, se está inaugurando ahora en el arrepentimiento de los corintios y la acogida a Tito "con temor y temblor".

7:13b y el "ustedes" de 7:14-15 no son referencias a toda la iglesia, sino a la mayoría arrepentida a la que Pablo se está dirigiendo en ese momento (*cf.* 2:6).

En conclusión: confianza y gozo (7:16)

El enfoque a lo largo de este pasaje ha estado sobre el consuelo y el gozo de Pablo, a causa de los corintios, en especial porque esto resultó en la propia consolación, felicidad y renovado afecto de Tito hacia los arrepentidos. Mediante un resumen, Pablo declara su gozo en 7:16 como resultado de su renovada confianza en los corintios y marca así un punto de inflexión clave en la carta.

Por una parte, 7:16 reafirma 7:4, concluyendo así el argumento de 7:4-16, mientras que retoma a la vez el tema del gozo de los versículos 7, 9 y 13 (7:4 y 16 están respaldados por los vv. 5-15; los vv. 7:4 y 16 apoyan 7:2-3). Por otra parte, 7:16 proporciona la transición a los capítulos 8–9 aclarando que la razón para el énfasis sobre Tito a lo largo de este pasaje no se debe tan solo a su papel al juzgar la confianza de Pablo en los corintios (7:14), sino también a su próximo papel en la colecta para Jerusalén. Tito es quien llevará ahora la responsabilidad de completar la ofrenda que empezó en Corinto más de un año antes, pero que quedó paralizada como resultado de los problemas que surgieron entre Pablo y su iglesia (*cf.* 8:6). Ahora que una mayoría de los corintios se ha reconciliado con Pablo, se puede seguir adelante con la colecta.

La confianza recuperada en los corintios había vuelto a encender su determinación por completar la colecta (*cf.* 7:11, 12, 16 con 8:6, 24; 9:3). Las amonestaciones de la carta que llamamos "Segunda de Corintios" están remplazando ahora las de la carta "con muchas lágrimas" como la siguiente oportunidad para que los corintios manifiesten su fe siendo obedientes en cuanto a la ofrenda. De ahí que el gozo de Pablo al contemplar el regreso de Tito a Corinto para organizar la colecta presagie la alegría que espera tener en el día del juicio, cuando los hechos de los corintios demuestren, de una vez y para siempre, que no han recibido la gracia de Dios en vano (*cf.* 1:14; 5:10; 6:1-2).

Construyendo Puentes

En muchos sentidos, este pasaje vuelve a establecer las cuestiones suscitadas en 2:12-13 y 2:14–3:3, así que el lector debería consultar esos textos para ver los principios implicados en llevar este pasaje al siglo XXI. Al aplicar este pasaje destacan cinco puntos adicionales.

(1) Lo más importante es que el relato que Pablo hace de su historia reciente con los corintios resalta que enfrentarse al pecado y llamar al pueblo de Dios al arrepentimiento son los principales instrumentos de santificación en la vida de un cristiano. En nuestra cultura pluralista, terapéutica y privada, este tipo de intervención es incómoda y cada vez menos común. El argumento de Pablo

aclara, sin embargo, que semejante actitud profética es un aspecto esencial del evangelio y que el valor de adoptar dicha actitud es la expresión fundamental del amor o del liderazgo cristianos. Pablo es un mediador del Espíritu, no un vendedor. Es un proclamador del evangelio, no un orador motivacional. La herramienta de su oficio es la Palabra de Dios, y no los consejos de autoayuda.

(2) El argumento de Pablo en este pasaje resalta una vez más el paralelismo funcional entre la obra de redención de Dios y el ministerio de reconciliación de Pablo, efectuándose el primero por medio del segundo. Al compartir sus sentimientos con los corintios, Pablo no está hablando como terapeuta, sino como apóstol. Su objetivo no consiste en identificarse con los corintios, sino en mostrarles lo grave que ha sido el pecado de ellos. Barnett ha expuesto bien esta idea al comentar sobre 7:8-12:

> Es significativo que la reacción de los corintios frente a Pablo en este asunto esté inextricablemente conectada con la relación de ellos con Dios y su salvación. Haber rechazado la autoridad paulina en esta cuestión habría sido, en última instancia, rechazar su salvación [...] arrepentimiento y reconciliación con respecto a que no se puede separar a Pablo de la restauración de ellos para con Dios[...].
>
> Una vez más se nos confronta con la cercanía de la relación entre el evangelio y el apóstol que lo proclamó [...].
>
> Rechazar al apóstol —como estaban haciendo en realidad los corintios con su pasividad hacia el ofensor— era ni más ni menos vivir como si el "día de salvación" no hubiera llegado [*cf.* 5:18–6:2]. Pero el arrepentimiento hacia Pablo, colaborador de Dios y embajador de Cristo (5:20; 6:1), y, por tanto, el arrepentimiento hacia Dios, confirmó a los corintios en su salvación.[17]

Aunque ya no estamos en la "era apostólica", el evangelio sigue estando encarnado en aquellos que lo proclaman. No obstante, Barnett nos advierte correctamente que no establezcamos un vínculo demasiado directo entre Pablo y el predicador moderno.

> Hermenéuticamente [...] es cuestionable afirmar que la autoridad de Pablo (10:8; 13:10) se traslada de un modo casi idéntico a las generaciones posteriores de ministros del evangelio. Con seguridad, el rechazo de la palabra de Dios puede implicar rechazar al portador de la misma como parece ser el caso con los corintios. Pero los ministros y los pastores deben tener cuidado de que en realidad se trate de un rechazo hacia la palabra y no de alguna

---

17. Barnett, *Second Epistle to the Corinthians*, 372, 375 n.15, 377-78.

falta en ellos. Semejante racionalización no es desconocida. En cualquier caso, Pablo era un apóstol de Cristo (12:12), un revelador de la gloria de Dios (4:2, 6), de un modo que no puede aplicarse a otros fuera de esa generación. La autoridad del pastor deriva de los apóstoles y está cualificada en ese sentido.[18]

Este alto llamado, junto con su advertencia, es de importancia tanto para aquellos a los que Dios ha llamado a ministrar en su nombre como para aquellos a quienes les son enviados. No seguimos a Pablo como persona, sino como apóstol de Jesucristo. Los corintios no obedecieron a Tito porque fuera personalmente atrayente, sino porque representaba a Pablo. Del mismo modo, al adecuar hoy el mensaje paulino, los ministros deben apropiarse de su ejemplo de liderazgo "practicando lo que predican", ya que, como en el caso de Pablo, el evangelio está en juego en su vida. Esto significa que no deben pervertir su ministerio en contiendas de personalidad. Tampoco pueden los ministros afirmar la misma autoridad intrínseca que Pablo tenía. Los ministros de hoy llevan su autoridad apostólica solo en la misma medida que representan el evangelio apostólico. Aunque los parroquianos deban honrar a quienes proclaman el evangelio, no deben confundir la persona del ministro con el mensaje.

(3) El análisis que Pablo hace de la situación en Corinto resalta el poder del evangelio. No minimiza que la reprimenda de su carta "con muchas lágrimas" les causó a los corintios un dolor personal y emocional. Pero 7:8 deja claro que no está ofreciendo una disculpa. Tampoco está hablando como consejero preocupado por los sentimientos de los corintios y deseoso de compartir abiertamente sus propias emociones mediante el ejemplo.

Algo fundamental para aplicar este pasaje en nuestra "cultura terapéutica" contemporánea es aceptar la distinción paulina de 7:20 entre "tristeza que proviene de Dios" y "tristeza del mundo". La primera es un dolor sincero por nuestra rebeldía contra Dios que conduce a un giro radical decisivo en nuestra orientación y conducta (es decir, arrepentimiento). Es un dolor que nos lleva a ver nuestra vida como la ve Dios y a cambiar en consecuencia. La tristeza piadosa no se refiere a usar a Dios en nuestros dolores, sino al dolor que viene de reconocer nuestro pecado.

> En contraste con la tristeza que es de Dios está la del mundo [...]. Esta es de una clase que incluía dolor y pesar, similar a la tristeza piadosa. Sin embargo, el resultado en este caso no es el arrepentimiento, sino la muerte [...]. La tristeza que viene del mundo se produce a causa de la desagradable consecuencia del pecado. La persona que exhibe esta respuesta de tristeza mundana puede procurar evitar futuras acciones similares y sus consecuencias.

---

18. *Ibíd.*, 375-76.

Pero en ningún caso se ve la persona dirigida a *Dios,* porque ese individuo no siente un remordimiento profundamente arraigado por las acciones emprendidas contra *Dios.* Más bien se trata de un pesar por haber actuado neciamente o por haber sido sorprendido en un fallo, como la confesión del rey Saúl: "me he portado como un necio" (1S 26:21). El arrepentimiento implica la totalidad de la persona, su conocimiento, sus sentimientos, su voluntad [...] y es más que una reacción emocional ...". El reconocimiento del pecado no es por sí mismo arrepentimiento; puede ser desafío. Tampoco es tristeza por arrepentirse del pecado, si se queda solo en la mente; puede ser remordimiento o desesperación. El abandono del pecado en sí mismo puede no ser más que prudencia".

El criterio a la hora de evaluar el mérito de la "tristeza" de un individuo radica en su efecto.[19]

Para apreciar el planteamiento de Pablo debemos, por tanto, entender su objetivo. No consiste en dar consejo sobre cómo llevarnos mejor en este mundo, como si el mensaje de Cristo fuera el equivalente espiritual de la tecnología. Nótese cómo describe Pablo el mundo en otros lugares: como haber sido vendidos como esclavos del pecado. La meta del apóstol tampoco es ayudar a sustentar mejor la autoestima para que puedan sobrellevarse mejor entre sí, como si el evangelio fuera el sinónimo espiritual de la terapia. Aparte de Cristo, Pablo insiste en que las personas son esclavas del pecado. Más bien, el propósito del evangelio es producir una vida reconciliada con Dios que crea una vida piadosa (1:22; 3:18; 4:4-6; 5:17; 7:1).

Para Pablo, la "muerte" es fundamentalmente una separación de Dios que lo mantiene a uno en los trastornos del pecado y "cegados" a su gloria, tanto ahora como en la era venidera (4:2, 4). "La tristeza que viene del mundo" con su enfoque en los valores y promesas de este mundo, produce la misma muerte de la que procede (2:16; 7:10b). En firme contraste, "la tristeza que viene de Dios" produce el arrepentimiento que conduce a salvación, porque Dios es su fuente y, de ese modo, lleva a la vida (2:16; 7:10a).

(4) El impresionante grado en que el gozo de Pablo domina esta sección resalta, una vez más, la motivación adecuada para la vida cristiana. El apóstol está lleno de alegría por la obra de Dios en medio de sus propias aflicciones (vv. 4, 16), por la llegada de Tito (vv. 5-6), por el arrepentimiento y la reconciliación de los corintios (vv. 8-13a) y por el gozo de Tito (vv. 7, 13b-15). Al relacionar la felicidad de Pablo con nuestro contexto cultural, debemos subrayar, sin embargo, que su consuelo y su gozo no son meramente personales

---

19. Martin, *2 Corinthians,* 232-33, citando a Strachan, el énfasis es mío. Martin señala los contrastes entre Esaú (Gn 27:38; Heb 12:16-17) y David (Sal 51:12-19) o entre Judas y Pedro (Mt 27:3; Lc 22:31-34) como ilustraciones de los dos tipos de tristeza (233).

ni circunstanciales, sino profundamente teológicos. Así como el objeto de la verdadera tristeza es Dios, el apóstol también rebosa de regocijo, por lo que Dios ha estado haciendo a través de sus propias circunstancias de aflicción, a través de su ministerio a los corintios y por medio de la vida y el servicio de Tito (*cf.* 7:4, 6, 7, 13).

(5) Finalmente, el argumento de Pablo revela aquí su convicción de que Dios está obrando soberanamente en y a través de los altos y bajos de la vida de consuelo y aliento a su pueblo. Cuando Pablo ve el mundo, ve la mano de Dios. Lo que transpiraba en Corinto no era meramente el desarrollo de las circunstancias, sino el progreso del plan de Dios. Para Pablo, Dios es el actor supremo en la respuesta de los corintios a la carta de Pablo (7:6-7, 9, 11; *cf.* Construyendo Puentes de 1:3-11).

Si pasamos por alto el énfasis que Pablo pone en Dios, nos perdemos la idea de este pasaje. Cada una de estas declaraciones sobre él mismo o sobre los corintios acaba siendo una afirmación sobre Dios. Los sentimientos de consuelo de Pablo son la consolación con que Dios le conforta (7:6); la tristeza de los corintios es una "tristeza que viene de Dios según su intención (7:9-11); el nuevo conocimiento de sí mismos de los corintios tiene lugar "delante de Dios" (7:12); y el arrepentimiento de ellos es el instrumento divino para alentar a Pablo (*cf.* la "pasiva divina" del v. 13a).

Por esta misma razón, dado que Dios es aquel que obra en última instancia en su ministerio, Pablo podría estar confiado en cuanto a la mayoría de los corintios incluso antes de que recibieran su carta de reprimenda, de manera que se jactó ante Tito con antelación sobre la respuesta de ellos. Así de confiado estaba:

> Porque sabía que, al haber recibido ellos la palabra de Dios, el Espíritu de Dios estaba activo en ellos (1:18-22; 3:2-3, 18) y que Cristo Jesús estaba "en" ellos (13:5). Habían "recibido la gracia de Dios" (6:1). La confianza de Pablo no estaba, pues, en los corintios, sino en Dios que estaba tan evidentemente obrando en la vida de ellos por medio del Espíritu.[20]

Las emociones. Este texto está lleno de referencias a las emociones, desde la confianza y el afecto a la tristeza, el dolor y el anhelo. Inicialmente, semejante énfasis en las emociones parece relacionarse fácilmente con nuestras sensibilidades contemporáneas. De hecho, Roger Rosenblatt apodó el año 1997 "El año gobernado por las *emociones*", ya que "incluso los acontecimientos relativamente pequeños y locales recordaban o implicaban un grupo

---

20. Barnett, *Second Epistle to the Corinthians*, 384-385.

de respuestas más elevado".[21] Como observó: "En los pasados doce meses, cada pocas semanas ocurría algo que invitaba a una reacción pública emocional de dolor, pánico o euforia en masa, con frecuencia exageradamente desproporcional a la relevancia del suceso".[22] Semejante emocionalismo, escribió, es el resultado del péndulo cultural que regresa a medida que el siglo llega a su fin:

> No hace tanto tiempo, se pensaba que la separación de uno mismo y de los demás era la pesadilla de la vida moderna, y era un pensamiento tan universal que se estaba volviendo aburrido mencionarlo. Estar emocionalmente entumecido a la experiencia, a vivir despersonalizado, era ser infeliz. No es así últimamente. *Con la notable excepción del fundamentalismo religioso*, los pasados veinticinco años han visto la agresiva búsqueda de la despersonalización, el aislamiento de golpe de las emociones de una forma tan deliberada y completa que muchas personas, en especial los jóvenes, hablan de envidiar a las máquinas, algo que tiene poco que ver con aquellas generaciones anteriores que a nada temían más que a convertirse en máquinas [...].
>
> Durante al menos dos décadas, lo que estaba bien era ser "*cool*". Luego, de repente, ya no lo era. Como con todas las tendencias culturales extremas, algo tenía que romperse, y lo que empezó a mostrarse a mediados de la década de los noventa fue un deseo insistente por volver a sentir pasión y demostrar que los demás importaban. En 1995, el psicólogo Daniel Goleman publicó *Emotional Intelligence: Why It Can Matter More Than IQ* [Inteligencia emocional. Por qué puede importar más que el CI]. El superventas fue aceptado en los círculos educativos, porque el CE (coeficiente emocional) ofrecía una forma de contrarrestar el CI (coeficiente intelectual) como estándar de inteligencia. Pero era también una señal de que el público en general podía estar preparado (de hecho, ansioso) para regresar al emocionalismo flagrante de los años sesenta, aunque disparado por nuevas y distintas causas.
>
> ¿Qué causas había disponibles? No había Guerra de Vietnam por la que protestar, ni revolución sexual, ni cultura de droga que adoptar (vive libre y muere), ninguna brecha generacional que mereciera la pena explotar. La brecha era ahora una tienda de ropa, la contracultura se había reducido a unos pocos históricos medios que encontraban apasionante proclamar que Dios estaba muerto y que la familia era prescindible. En cuanto a la oposición

---

21. "The Year *Emotions* Ruled", *Time Magazine* (22 de diciembre, 1997), 64-68 (p. 64).
22. *Ibíd.*, 64.

contra la tecnología, parecía fuera de cuestión. Ya se había tomado la decisión de unirse a nuestras máquinas en lugar de superarlas.

Sin causa manifiesta alguna que exhibiera las emociones de las masas, cualquier cosa que sucediera podía valer.[23]

A pesar de ello, el contraste entre las emociones descritas en nuestro pasaje y los "grupos histéricos"[24] que Rosenblatt observó al final de nuestro siglo no podía ser más pronunciado. Hambrienta del verdadero gozo nacido del dolor piadoso y del arrepentimiento (la propia versión de Pablo sobre el "fundamentalismo religioso" que Rosenblatt eximió de la reciente búsqueda de la despersonalización), nuestra cultura va dando cada vez más bandazos en busca de cualquier estímulo a la emoción que podamos encontrar. Nuestro instinto de autoprotegernos siendo unos desapegados no nos dio lo que prometía, y en su lugar produjo un aislamiento y una soledad que hizo que el remedio fuera peor que la enfermedad.

Con demasiada frecuencia, la iglesia queda demacrada de igual manera cuando se trata de experimentar un gozo profundo y duradero en medio de la adversidad, porque ya no logramos nuestra identidad viviendo dentro de la comunidad de fe. Lo que amamos y, por tanto, lo que nos entusiasma ya no está envuelto en el progreso del pueblo de Dios. La base de nuestro contentamiento no es el crecimiento de nuestra iglesia conforme a la semejanza de Cristo, sino el nivel de confort de nuestras circunstancias personales. Por el contrario, cuando se trata de sentir dolor por el pecado nos sentimos famélicos, porque aquello que odiamos y, por consiguiente, lo que nos produce remordimiento, ya no gira en torno a la realidad de quién es Dios en medio nuestro. Lo que nos entristece ya no es el aguijón de nuestro pecado, sino la frustración de nuestros sueños fallidos y de la falta de libertad para conseguir lo que queramos.

Gozo. En contraste con el inhóspito paisaje de las emociones modernas, resulta impresionante ver cuántas veces se refiere Pablo a su propia felicidad y a la de Tito en este pasaje. Pero no debería sorprendernos. Como observó Rosenblatt, los "fundamentalistas religiosos" (es decir, los que sostienen que lo que creen no solo es verdad para ellos, sino para todos) están marcados por su compromiso emocional con la vida. Es natural ser emocional cuando la vida tiene significado.

Lo que *sí* sorprende es que Pablo parezca más preocupado por lo que piensa Tito y por cómo se sienten ambos con respecto a los corintios que por los corintios mismos. Este tipo de reacción revela sencillamente lo lejos que nos encontramos de la perspectiva paulina. Hoy nos resulta difícil creer que la felicidad de alguien pueda estar tan envuelta en el bienestar de otros que hablar

---

23. *Ibíd.*, 66 (el énfasis es mío).
24. *Ibíd.*, 64. "La culpabilidad de la masa social, que solía considerarse una salida conveniente de la responsabilidad individual, estaba presente" (65).

de *su* situación condujera naturalmente a hablar del *propio* dolor o alegría de uno mismo. El gozo de Pablo y Tito se fundía con la condición de los corintios. El enfoque de este texto está en el gozo que viene por la participación de otra persona en la salvación. Jonathan Edwards resume esta lógica bíblica:

> En un sentido, hasta la persona más benévola y generosa del mundo busca su propia felicidad haciendo bien a otros, porque coloca su felicidad en sus buenos actos. Podríamos decir que su mentalidad es tan amplia que se deja engañar. Así, cuando otros son felices, se siente feliz; participa con ellos y es feliz con la felicidad de ellos.[25]

Este es el milagro, realizado por Cristo, de un corazón cambiado. Como lo expresa John Piper:

> El milagro del hedonismo cristiano es que superar los obstáculos para amar por la gracia de Dios se ha convertido en algo más atractivo que cualquier forma de confianza en uno mismo [...].
>
> Cuando una persona se deleita en la manifestación de la gloriosa gracia de Dios, esa persona deseará ver la mayor cantidad posible de manifestaciones en otras personas [...].
>
> *El amor es la abundancia de gozo en Dios que con alegría hace frente a las necesidades de los demás.*[26]

Este reconocimiento radical de que el "placer pleno y duradero" deba hallarse en última instancia tan solo en el disfrute de la gloria y la gracia de Dios no es natural. Sucede solo como el resultado de una transformación sobrenatural (*cf.* 3:18; 5:17). El creyente se ha convertido a Dios como fuente del verdadero gozo. Además, dado que nuestro propio bienestar está seguro en Dios, la expresión externa de esta conversión es la búsqueda de nuestra propia felicidad en el bienestar de *otros*. Dado el amoroso compromiso de Dios para suplir *nuestras* necesidades en sí mismo (de modo que amamos a Dios confiando en él para que lo haga), somos libres para amar a nuestro prójimo buscando *su* bienestar.

De ahí que, en pasajes como Romanos 15:1-3; 1 Corintios 10:24, 33; 13:5; y 2 Corintios 5:15, Pablo "no quiere decir que no debemos buscar el gozo de edificar a otros, sino que debemos dejar que *este* gozo nos libere de las

---

25. Citado por John Piper, *Sed de Dios. Meditaciones de un hedonista cristiano* (Barcelona: Andamio, 2001), 108.
26. *Ibíd.*, 143-44, el énfasis es mío. En resumen: "¿Cómo se puede evitar buscar nuestro propio gozo en los actos de amor, cuando tu gozo consiste en ser amado? (*Sed de Dios,* 110). Piper expone una variedad de pasajes bíblicos en su análisis, incluidos 2Co 8:1-4, 8 y 9:6-7, al que regresaremos en nuestros capítulos siguientes. Conociendo esta realidad que Dios nos da de la naturaleza humana, Jesús apeló a nuestro deseo de ser felices como impulso motivador detrás del discipulado (*cf.* Mr 8:34-38).

ataduras a los placeres personales que nos hacen indiferentes al bien de los demás. El amor no busca su gozo *personal, limitado,* sino que busca su propio gozo en el bien —la salvación y edificación— de los demás".[27]

Esto es especialmente importante, ya que, como Pablo mismo experimentó en Corinto, el amor es a menudo doloroso y costoso, está lleno de riesgo y de abnegación. Sin embargo, nunca hay "sacrificio" en amar a otros. Dándoles a los demás no podemos dar más que Dios, ya que, ni más ni menos, él nos ha dado a sí mismo. Como da testimonio la experiencia de Pablo, cuando amamos a Dios con todo lo que somos y a nuestro prójimo como a nosotros mismos, "la ganancia tiene mayor peso que el dolor".[28]

> El obstáculo que nos retrae de obedecer el primer mandamiento (vertical) es el mismo que nos retrae de obedecer el segundo mandamiento (horizontal). No es que todos tratemos de agradarnos a nosotros mismos, sino que a todos se nos agrada demasiado fácilmente. No creemos a Jesús cuando dice que hay más bendición, más gozo, mayor placer duradero en una vida entregada a ayudar a otros que en una vida entregada a nuestra comodidad material. Y por tanto, el mismo anhelo de contentamiento que debería conducirnos a la sencillez de vida y a realizar obras de amor, hace que nos contentemos en cambio con las cisternas rotas de la prosperidad y el confort.
>
> [...] Una vida entregada a las comodidades materiales y a las emociones es como tirar el dinero. Pero una vida invertida en obras de amor produce dividendos de gozo sin par e interminables.[29]

Pablo, como Jesús, tenía pues la "santa avaricia de gozo en Dios" que lo llevó a soportar el sufrimiento por amor a otros que tan a menudo va envuelto en amor.

Dolor. El gozo que se describe en este pasaje es el reflejo del arrepentimiento. Irónicamente, el gozo nacido del arrepentimiento le debe, pues, su existencia misma al dolor que ha motivado ese cambio de actitud y de acción. A su vez, la fuente y el objetivo de dicha "tristeza *piadosa*" es *Dios* (7:9-11). "Piadoso" es más que un adjetivo que se incluye para dar efecto. La cadena de la experiencia cristiana se extiende desde el gozo al arrepentimiento, al dolor y hasta *Dios*. Que Dios sea o no el certificado de nuestro dolor marca toda la diferencia en el mundo ... y en la eternidad. Lamentablemente, la visión reducida de Dios que impregna una parte tan grande de la teología moderna hace que sea cada vez más difícil discernir si nuestro dolor es el remordimiento genuino

---

27. Piper, *Sed de Dios*, 114.
28. *Ibíd.*, 130.
29. *Ibíd.*, 128-129. Para respaldo de este idea, Piper cita Mt 6:19-20 y Lc 12:33.

por nuestras ofensas contra un Señor santo o si no es más que una mera incomodidad o la respuesta transitoria a una pérdida temporal de oportunidades.

Esta dificultad se agrava por nuestra sustitución contemporánea de sentimentalidad por el dolor que surge conforme a la voluntad Dios. Como resultado de esta confusión, la autoridad pastoral y la intervención exhibida en este pasaje salen de escena. Por ejemplo, el presidente de un comité de investigación de púlpito me preguntó recientemente si conocía a alguien con un "cierto conjunto de aptitudes" que le permitiera "hablar a la congregación" sin darle la impresión de que les estaba diciendo lo que tenían que hacer. Esta es la visión "osito de peluche" del pastor como alguien que dispensa consuelo sin confrontación, para el que las Escrituras no contienen más que mera información histórica y consejo útil.

Resulta difícil de creer que nos hayamos apartado tanto del retrato bíblico del ministerio reflejado en el pasaje que tenemos ante nosotros, con su gozo por el arrepentimiento y la tristeza por el pecado, con su integridad en medio de la polémica y el consuelo en medio de la adversidad, y con su voz profética y su amoroso corazón, todo ello impulsado por el compromiso a proclamar el evangelio aun cuando lastime. Pero se ve fácilmente por qué, dadas las poderosas fuerzas culturales que subyacen a la redefinición contemporánea del oficio pastoral. Como lo han descrito Hauerwas y Willimon con gran percepción:

> Uno puede entender fácilmente por qué los pastores están tan dispuestos a asumir la descripción general de ser una de las "profesiones más útiles". Después de todo, la mayoría de nosotros, cristianos profesantes, desde los liberales hasta los fundamentalistas, nos mantenemos como ateos prácticos en la mayoría de nuestra vida. Y esto se debe a que pensamos que la iglesia se sostiene por los "servicios" que provee o por la cantidad de "comunión" y "buen sentimiento" de la congregación. Por supuesto que no hay nada de malo en los "servicios" y el "buen sentimiento"; lo que es incorrecto es que se hayan convertido en fines. Cuando esto ocurre, la iglesia y el ministerio no pueden evitar el sentimentalismo que, a nuestro parecer, es la corrupción más perjudicial de la iglesia de hoy.
>
> Después de todo, el sentimentalismo no es sino la forma en que vivimos nuestra incredulidad. El sentimentalismo, esa actitud de estar siempre dispuesto a entender, pero no a juzgar, nos corrompe a nosotros y al ministerio. Esto ocurre con las iglesias conservadoras y también en las liberales [...]. Sin Dios, sin Aquel cuya muerte en la cruz desafía todos nuestros "buenos sentimientos", que está detrás y delante de nuestras angustias humanas, lo único

que nos queda es el sentimiento, el empalagoso residuo del teísmo en vías de desaparición.[30]

No es de sorprender, pues, que en medio de nuestra hueca espiritualidad sean tan débiles los pilares de la pasión cristiana en este pasaje. Rara vez sentimos gozo por el arrepentimiento de los demás, porque muy pocas veces sentimos dolor por el pecado. Nuestro gozo queda empalagosamente dulce y en la superficie según el grado en que nuestro dolor permanezca dirigido hacia nosotros mismos cuando lo experimentamos. Consumidos por nuestras circunstancias materiales, nos resulta difícil preocuparnos bastante de nuestros problemas reales para sentir el remordimiento que tiene a Dios como punto focal.

Arrepentimiento. Nuestra única esperanza es que Dios nos conceda una medida de su gracia para que podamos reconocerle y, de este modo, reconocer nuestro propio pecado para que podamos arrepentirnos. Nuestra necesidad es, pues, orar, incluso cuando la oración parece extraña, en especial las oraciones de confesión y arrepentimiento. Estamos tan ciegos a nuestra propia infidelidad, y la visión de la santidad de Dios es tan tenue, que tales plegarias de "tristeza piadosa" son difíciles de imaginar, y mucho más de pronunciar. Con todo, Dios es paciente con su pueblo. Como ilustra nuestro pasaje con tanta claridad, Dios nos lleva al arrepentimiento usando la vida y las palabras de otros para instruirnos.

Una respuesta a nuestra necesidad de instrucción tal vez se encontraría en las palabras de apertura del *Libro de la Oración Común* anglicano. Este "manual" para ser cristiano empieza cada día con una confesión de pecado cuya profunda simplicidad proporciona el antídoto para nuestra preocupación por nosotros mismos y una senda hacia el gozo verdadero y duradero. Su patrón y contenido sigue siendo instructivo y un punto de partida para nuestras propias expresiones de "tristeza que viene de Dios".

> Omnipotente y misericordiosísimo Padre:
> Hemos errado, y nos hemos extraviado de tus caminos
> como ovejas perdidas.
> Hemos seguido demasiado los designios y deseos de
> nuestro propio corazón.
> Hemos faltado a tus santas leyes.
> Hemos dejado de hacer lo que debíamos haber hecho;
> y hemos hecho lo que no debíamos hacer.
> Mas tú, oh Señor, compadécete de nosotros;
> libra a los que confiesan sus culpas;
> restaura a los que se arrepienten,
> según tus promesas declaradas al género humano

---

30. Hauerwas y Willimon, *Resident Aliens*, 120-21.

en Jesucristo nuestro Señor.
Y concédenos, oh Padre misericordiosísimo, por su amor,
que de aquí en adelante vivamos
una vida sobria, santa y justa,
para gloria de tu santo Nombre. Amén.[31]

Dios. Es significativo que esta confesión de *El libro de oración común* culmine con una oración pidiendo el poder capacitador de Dios para el arrepentimiento. En el corazón de la "tristeza piadosa" hay un reconocimiento de nuestra propia incapacidad de complacer a Dios, si se nos deja la tarea a nosotros. Si vamos a vivir una vida auténtica cristiana, debemos compartir la confianza que Pablo tenía en que Dios concederá por gracia a su pueblo el arrepentimiento que conduce "a salvación" (7:9-10, 14). Y es que, al final, solo Dios puede salvarnos. El primer paso es suyo, no nuestro.

La transformación de nuestro sentimentalismo en una "tristeza piadosa" por nuestros pecados y por los de otros tendrá lugar solo a medida que Dios nos revele la gloria de su soberana majestad y el reino de su justicia. La conversión de nuestra satisfacción superficial en gozo duradero solo puede ocurrir al encontrarnos con el contentamiento que viene de vivir en su presencia. El consuelo, la tristeza, la jactancia, el orgullo, el gozo y la confianza de Pablo, como el refresco y la felicidad de Tito, y el dolor, el anhelo, el celo, el fervor y la indignación de los corintios, todos le deben su origen a que Dios ha invadido sus vidas (*cf.* 3:12-18).

Predicación. Finalmente, las reflexiones de Pablo nos recuerdan que el vehículo escogido por Dios para revelar su salvífica presencia es la instrucción, el ejemplo y la preocupación de aquellos que son llamados a proclamar su Palabra. Dios se movió en Corinto a través de la predicación de Pablo, ya fuera en persona o en sus cartas, respaldado por su vida y vestido de su amor y su preocupación. Por mucho que valoremos nuestra relación con Dios por medio de Cristo, valoraremos a los que la hacen posible a través de su paciente estudio de las Escrituras, su lucha por vivirlas delante de nosotros y su disposición a enfrentarse a nuestro pecado.

El pasaje que tenemos delante pone de manifiesto que el anhelo y el celo del pueblo de Dios dependen del elevado llamado de los pastores-maestros. Por tanto, es más que adecuado que le demos a Pablo la última palabra. En cuanto al pastor: "Ten cuidado de tu conducta y de tu enseñanza. Persevera en todo ello, porque así te salvarás a ti mismo y a los que te escuchen" (1Ti 4:16). Y en cuanto a los ancianos en general: "Hermanos, les pedimos que sean considerados con los que trabajan arduamente entre ustedes, y los guían y amonestan en el Señor" (5:17; ver también 1Ts 5:12-13).

---

31. *El libro de oración común* (Nueva York: The Church Pension Fund, 1989), 243.

2 Corintios 8:1-15

Ahora, hermanos, queremos que se enteren de la gracia que Dios ha dado a las iglesias de Macedonia. ²En medio de las pruebas más difíciles, su desbordante alegría y su extrema pobreza abundaron en rica generosidad.³ Soy testigo de que dieron espontáneamente tanto como podían, y aún más de lo que podían, ⁴ rogándonos con insistencia que les concediéramos el privilegio de tomar parte en esta ayuda para los santos. ⁵ Incluso hicieron más de lo que esperábamos, ya que se entregaron a sí mismos, primeramente al Señor y después a nosotros, conforme a la voluntad de Dios. ⁶ De modo que rogamos a Tito que llevara a feliz término esta obra de gracia entre ustedes, puesto que ya la había comenzado. ⁷ Pero ustedes, así como sobresalen en todo —en fe, en palabras, en conocimiento, en dedicación y en su amor hacia nosotros —, procuren también sobresalir en esta gracia de dar.

⁸ No es que esté dándoles órdenes, sino que quiero probar la sinceridad de su amor en comparación con la dedicación de los demás. ⁹ Ya conocen la gracia de nuestro Señor Jesucristo, que aunque era rico, por causa de ustedes se hizo pobre, para que mediante su pobreza ustedes llegaran a ser ricos.

¹⁰ Aquí va mi consejo sobre lo que les conviene en este asunto: El año pasado ustedes fueron los primeros no sólo en dar sino también en querer hacerlo.¹¹ Lleven ahora a feliz término la obra, para que, según sus posibilidades, cumplan con lo que de buena gana propusieron. ¹² Porque si uno lo hace de buena voluntad, lo que da es bien recibido según lo que tiene, y no según lo que no tiene.

¹³ No se trata de que otros encuentren alivio mientras que ustedes sufren escasez; es más bien cuestión de igualdad. ¹⁴ En las circunstancias actuales la abundancia de ustedes suplirá lo que ellos necesitan, para que a su vez la abundancia de ellos supla lo que ustedes necesitan. Así habrá igualdad, ¹⁵ como está escrito: «Ni al que recogió mucho le sobraba, ni al que recogió poco le faltaba».

El rasgo más llamativo de esta nueva sección es su cambio aparentemente abrupto en el asunto que se estaba tratando. A lo largo de 1:1–7:16 Pablo se ha dedicado a alentar a los arrepentidos y a discutir con los rebeldes en cuanto a la legitimidad de su ministerio y su mensaje. En 8:1–9:15

Pablo pasa, de repente, a desafiar a las iglesias de Corinto y alrededores para retomar su participación en la colecta para los cristianos pobres de Jerusalén (ver Ro 15:25-28; 1Co 16:1-4; también la Introducción). Para complicar más las cosas, el capítulo 9 parece repetir mucho de lo que ya se había dicho en el capítulo 8.

A causa de este repentino cambio de enfoque, muchos lectores suponen que el hilo de pensamiento de Pablo se quiebra al final del capítulo 7, y que no lo retoma hasta los capítulos 10–13. Se considera que los capítulos 8–9 son un paréntesis dentro de sus más amplias y urgentes preocupaciones apologéticas. De hecho, algunos eruditos argumentan que la ruptura entre los capítulos 7 y 8 es tan grande que los capítulos 8 y 9 no se pueden considerar parte de la carta original de Pablo. Desde esta perspectiva, Pablo (o, menos probablemente, alguna otra persona) compuso estos dos capítulos como una o dos cartas administrativas independientes con la intención de emprender las disposiciones necesarias para completar la colecta en Corinto y sus aledaños. Un editor posterior las habría insertado en el documento compuesto que ahora llamamos "2 Corintios" (ver Introducción).

En contraste con dichas teorías de partición o paréntesis, el debate "pragmático" en 8:1–9:15 es, en realidad, una aplicación lógica y necesaria de estos argumentos previos. La "generosidad estimulada" (*cf.* título de la NVI para 8:1) en estos dos capítulos no es algo que Pablo añada al arrepentimiento que acababa de bosquejar, como si los corintios tuvieran un obstáculo más que saltar con el fin de demostrar que son "inocentes" (7:11). Tampoco es un aparte del mismo, un "añadido" opcional para los que se toman su fe realmente en serio. En vez de esto, su generosidad a la hora de contribuir a la ofrenda debe ser una expresión del evangelio mismo en la vida de aquellos que ya han demostrado el tipo de "tristeza que proviene de Dios [que] produce el arrepentimiento que lleva a la salvación, de la cual no hay que arrepentirse" (7:10).

De manera específica, los capítulos 8–9 perfilan los contornos de la "obediencia" que la mayoría de los corintios deberían seguir demostrando en respuesta a la carta "con muchas lágrimas" de Pablo (*cf.* 1:24–2:6; 7:9–16). En otras palabras, ¡no aportar a la colecta es exponer la falsa naturaleza de la fe que profesa! Como culminación de su ministerio entre ellos, que la colecta esté completa será la indicación final del estatus renovado del apóstol en la iglesia. Como 2:5-11, 6:14–7:1 y 7:2-4, los capítulos 8–9 explican, pues, cómo se manifiesta el arrepentimiento entre los corintios. La confianza de Pablo en 7:16 conduce a sus expectativas en cuanto a la colecta.[1]

---

1. Aunque no seguimos su opinión de que los capítulos 8 y 9 eran cartas separadas que más tarde se insertaron en el *collage* de los fragmentos que componen "2 Corintios", Hans Dieter Betz, *2 Corinthians 8 and 9*, 132, denomina con razón la retórica de 8:1-15 más "consultiva" que como de una carta de recomendación propiamente dicha. De acuerdo

Como continuación de 1 Corintios 16:1-4, cuyo cumplimiento quedó interrumpido por la crisis sucedida en el seno de la iglesia corintia, 2 Corintios 8–9 constituye uno de los cuatro pasajes paulinos que tratan de la ofrenda para los creyentes en Jerusalén (ver también Ro 15:25-32 [escrita desde Corinto]; Gá 2:9-10). Ahora que la mayoría de los corintios se habían arrepentido y volvían a estar en control de la iglesia, había llegado el momento de volver a ofrendar. La intención de Pablo era que la colecta estuviera lista para su tercera visita (2Co 8:11, 24; 9:4).

Solo podemos imaginar cuál sería la razón de la pobreza en Jerusalén en aquel tiempo; tal vez sería el resultado de la persecución (*cf.* Hch 11:19) o la consecuencia de malas cosechas en la región durante la mitad de la década de los 40 A.D. (11:27-30). Cualquiera que fuera la razón, el prototipo para la colecta de Pablo parece ser el alivio de la hambruna que se envió con anterioridad a Jerusalén desde Antioquía, con Pablo y Bernabé como delegados que la acompañaron (*cf.* 11:29-30; 12:25; Gá 2:1). El propósito principal de la colecta fue, una vez más, llevar ayuda económica a los creyentes de Jerusalén (Ro 15:25-26, 31; 2Co 8:4, 13-15, 19-20; 9:1, 12-13). Después de todo, parte de la carga apostólica de Pablo consistía en recordar a los pobres (Gá 2:10).

Sin embargo, la colecta era más que simple caridad. Tenía un propósito teológico profundo, tanto para los corintios como para la iglesia en su totalidad. Para los corintios, era el medio por el cual la obra de Dios, de la gracia santificadora, seguiría en sus vidas. Participar en la ofrenda era un medio de llegar a ser más como Jesús (*cf.* 8:8-10). Para la iglesia en conjunto, la colecta era un acto de comunión que consolidaría la unidad entre judíos y gentiles como un solo pueblo de Dios (8:13-15; *cf.* 9:12-15). Que los gentiles compartieran de buen grado con los judíos la abundancia de la provisión de Dios era una demostración tangible del nuevo pacto de la nueva creación (8:15). Además, participar en la ofrenda era un medio por el cual los gentiles podían reembolsar la "deuda" que tenían con los judíos por las bendiciones espirituales que habían recibido a través de ellos, en cumplimiento de las promesas hechas a Abraham (*cf.* Hch 24:17; Ro 15:7–9, 27).[2]

---

con el análisis de Betz, es similar en forma y contenido a las cartas administrativas antiguas de nombramiento que acompañaban a los envíos reales (*cf.* Hch 9:12; 15:23-29; 22:5) (133). Para nuestro propósito es importante enfatizar, con Betz, que el enfoque de 8:1-15 no está en recomendar a *Tito*, sino en motivar a los *corintios*. Para otros ejemplos de pasajes de recomendación integrados dentro de cartas de un género y un propósito diferentes, *cf.* Ro 16:1-2; 1Co 16:15-16, 17-18; Fil 2:29-30; 4:2-3; 1Ts 5:12-13a; Flm; Heb 13:17; 3Jn 12 (según Kim, como lo cita Betz, 135 n. 28).

2. Aunque se argumenta con frecuencia, es dudoso que Pablo viera la ofrenda como el cumplimiento de Is 2:2-3; 60:5-6 y Mi 4:1-2, en los que en los últimos días los gentiles suben en multitudes a Jerusalén llevando presentes. Tampoco parece que Pablo pensara que la ofrenda de los gentiles haría que los judíos se sintieran celosos, ganándolos para Cristo y anunciando así la Parusía (*cf.* Ro 11:4, 25-26). Para la presentación clásica

Como resultado, la colecta ilustra la relevancia de la teología paulina de la gracia tanto para el individuo (los cristianos han recibido de Dios y dan a los demás) como para la vida de la iglesia (los cristianos han aceptado a Dios y se aceptan unos a otros). Completar la colecta sería, pues, el remate del servicio apostólico de Pablo, que pondría fin a su ministerio al este de Roma (Hch 19:21; Ro 15:18-29; 1Co 16:1-2, 6; Gá 2:9).

El ejemplo de los macedonios (8:1-7)

Pablo inicia su exposición usando la experiencia pasada de los macedonios (8:1-5) como ejemplo para los corintios (8:6-7). La "gracia que Dios ha dado a las iglesias de Macedonia" (v. 1), que se define después en los versículos 2-5, es la misma "gracia" deseada también para los corintios (v. 6), para que ellos también, como los macedonios, pudieran destacar en esta "gracia" (v. 7; *cf.* 9:15, donde la "gracia" aparece de nuevo, enmarcando así todo el argumento con ese tema). "Gracia" (*charis*) es un término inclusivo que se refiere a los dones, o bondades, no merecidos de Dios que fluyen en su totalidad de su primordial expresión de "gracia", a saber, la misericordiosa reconciliación de los pecadores consigo mismos en Cristo (*cf.* 5:18-21, que se define como "gracia" en 6:1).

La introducción de Pablo en 8:1, "queremos que se enteren", indica que su próxima referencia a la gracia de Dios experimentada por los macedonios —los de la región de Filipo, Tesalónica y Berea— no es una información nueva para los corintios, sino un recordatorio de lo que ya saben (*cf.* el uso de esta misma introducción en 1Co 11:3; 15:1; 2Co 1:8; Gá 1:11). El propósito de Pablo no es el de informar a los corintios, sino sacar de ellos la implicación de lo que los macedonios habían experimentado. El contenido específico de la gracia de Dios que aquí se está considerando se da en 2 Corintios 8:2b, con

---

de estas opiniones, ver Johannes Munck, *Paul and the Salvation of Mankind* (Atlanta: John Knox, 1959), 303-8. Según este criterio, Pablo lo ve como aquel de quien depende la consumación de la era mesiánica (*cf. Ibíd.*, 33, 41, 49, 61, 66, 129-130, 247). Aunque un gran grupo de gentiles acompañara a Pablo (Hch 20:4, 16, 22 y 24:17 puede referirse a los delegados asociados a la colecta), no hay relación explícita en ningún texto del Nuevo Testamento entre la colecta y esta expectativa del Antiguo Testamento. Pablo mismo expresó grandes preocupaciones en cuanto a si se aceptaba su ministerio, como para considerarla paralela a la gran peregrinación de los gentiles al monte de Sión, y sus peores temores se materializaron (Ro 15:30-32; *cf.* Hch 21:21, 27-36; 22:22-24). Finalmente, el orden de redención en el Antiguo Testamento es lo opuesto al que se presenta en esta opinión: en Is 2:2-3; 60:5-6; Mi 4:1-2, la conversión de Israel como pueblo conduce a la venida de los gentiles y no viceversa. Para Pablo, la gran conversión de Israel y la posterior conversión de las naciones descritas en estos textos sigue aún por llegar. En el presente, solo un remanente tanto de los judíos como de los gentiles está siendo salvo. Para una exposición concisa de este criterio, siguiendo la obra de John Murray, ver Daniel P. Fuller, *The Unity of the Bible*, 437-42.

la prueba de que se trataba realmente del don de Dios perfilado en 8:2a-5. La gracia de Dios recibida por los macedonios era su capacidad de "abundar" en "rica generosidad"[3] hacia otros en medio de sus propias aflicciones (v. 2b).[4] ¡Solo la gracia de Dios puede contar para que semejante generosidad surja del terreno de su "extrema pobreza" por una parte y, *al mismo tiempo,* de su "rebosante alegría" por la otra!

La generosidad de los macedonios es también la prueba de que superaron la "prueba" producida por sus aflicciones (8:2; lit., "en medio de las pruebas más difíciles"). Este tipo de generosidad en medio de la prueba con alegría (¡!) confirma que la fe de uno es real (para *dokime* [prueba, resultado de una prueba], *cf.* 2:9; 9:13; 13:3). Dar a los demás con gozo y alegría en tiempos de bonanza, incluso en medio de la propia pobreza y sufrimiento, es la señal de haber recibido la gracia de Dios (*cf.* 1:24; 2:3; 6:10; 7:4, 7, 9, 13, 16). Aunque los macedonios dieron con generosidad, la "riqueza" que se desbordó hacia los demás no fue el importe que los macedonios pudieran dar, sino su gozo en lo que Dios había hecho por ellos (*cf.* Mc 12:42-44; Fil 4:4; 1Ts 1:6).[5]

En 8:3-4, Pablo afirma que la pobreza y el gozo de los macedonios se combinaron para producir semejante riqueza de generosidad, porque su ofrenda excedía su capacidad y la hicieron "espontáneamente", es decir, sin ser manipulados ni coaccionados (v. 3), ya que fue el resultado de sus "ruegos con insistencia" para que se implicaran en la colecta (v. 4). La terminología usada para la colecta en los versículos 3-4 es relevante. Participar en la colecta se define como "gracia" (*charis;* NVI, "privilegio"), que se equipara a "compartir" (*koinonia; cf.* Ro 15:26), mientras que a la colecta misma se la llamó "servicio" o "ministerio" (*diakonia*) a los santos.

---

3. Formalmente, la expresión es "ricos con respecto a la generosidad" (NVI, "rica generosidad"). Para el significado de *haplotes* como "un solo sentir/sinceridad" (2Co 1:12; 11:3; *cf.* Ef 6:5; Col 3:22) o "generosidad" (2Co 9:11, 13; *cf.* Ro 12:8; Stg 1:5), ver BAGD, 85-86, que sugiere que el significado "generosidad" es discutible, sugiriendo como alternativa "sincera preocupación". Pero el sentido de "generosidad" tiene que mantenerse. Para el uso de *perisseuo* (NVI, "abundar", o, mejor aún, "desbordar"), ver 2Co 8:2, 7-8 (*cf.* 8:14; 9:1 para cognados); 9:8, 12.

4. Sobre la persecución de los macedonios, *cf.* Fil 1:27-30; 1Ts 1:6; 2:14; 3:3-4, 7; 2Ts 1:4-10. Para los macedonios en Hechos, ver Hch 16:9-1–17:15; 18:5; 19:21-22, 29; 20:1-4; 27:2.

5. Lo que Pablo dice aquí sobre los macedonios ya lo ha afirmado sobre sus propias aflicciones (2Co 1:4-6, 8; 2:4; 2:14 [metafóricamente]; 4:8, 17; 6:4; 8:13), su gozo basado en Dios en medio de ellos (1:3-7, 8-11, 12, 24; 2:3, 4, 7; 6:10; 7:4, 7, 9, 13, 16; 10.8; 12:9, 10; 13:9), y su propia sinceridad inspirada en la gracia (1:12). En 8:1-2 Pablo está estableciendo también un paralelismo implícito entre los macedonios y su propio ejemplo: "Imiten a los macedonios como ellos me imitan a mí como yo imito a Cristo" (*cf.* 8:9; *cf.* 1Co 11:1).

Como esos términos también se encuentran con significados seculares, en documentos administrativos de aquella época,[6] Pablo está haciendo posiblemente un juego de palabras, infundiendo en ellas unas connotaciones específicamente cristianas. Lo que los macedonios "administraron" fue la gracia de Dios en un ministerio del evangelio. Esto parece probable en vista del uso que Pablo hace de *diakonia* en 3:7, 8, 9; 4:1; 5:18; 6:3; y 11:8 para referirse a su ministerio como apóstol. El "privilegio" al que se alude en 8:4 sería, pues, la asociación de creyentes al compartir el evangelio y su ministerio.

Del mismo modo, el uso del nombre *paraklesis* en 8:4 ("con insistencia"), que también puede significar "consuelo", recuerda el uso de Pablo de este mismo tema en cuanto a sí mismo en 1:3-7 y 7:4-13, en lo que se refiere al aliento o consuelo que caracteriza a aquellos en los que Dios está obrando. Aquí también describe a otros en los que Dios está obrando.

Finalmente, la "cristianización" que Pablo hace de este lenguaje administrativo también se refleja en su designación de los receptores de la colecta como "santos" (*cf.* 1:1; 9:1, 12; también Ro 1:7; 8:27; 12:13; 15:25-26, 31; 1Co 1:2; 6:1-2; 13:33; 16:1, 15; Ef 1:1, 15, 18; Fil 1:1). De ahí que, aunque Pablo está hablando sobre algo que ocurrió administrativamente, no lo está haciendo como administrador, sino como apóstol.

El contexto apostólico de este pasaje se hace explícito en el versículo 5, donde Pablo traza la razón principal por la que los macedonios dieron con tanta generosidad. No es de sorprender que la explicación vuelva a ser teológica. No solo participaron en la colecta, como cabía esperar, sino que también se entregaron a Dios y a Pablo de acuerdo con la voluntad de Dios.[7] La mayor expresión de la gracia de Dios en la vida de una persona no es la demostración hacia otros, sino su respuesta a él y a su causa. Para Pablo, lo más importante no es que los macedonios dieran su dinero a otros, sino que dieron su vida a Dios (*cf.* 5:15; *cf.* Hch 15:26; Ro 12:1-2) y a Pablo como apóstol de Dios (2Co 6:11-13; 7.11-12; *cf.* 12:14; Ro 16:4; 2Ti 4:11). De hecho, dado que él

---

6. Ver Betz, *2 Corinthians 8 and 9*, 46. Para este uso de *charis*, *cf.* Hch 25:3. Para *koinonia* como "asociación" o "comunión", ver 2Co 9:13; Gá 2:9; Fil 1:5; 4:14-15; para *diakonia* como "caridad", *cf.* Hch 6:1; 11:29; 12:25.

7. El versículo 5 es difícil de traducir, a causa del verbo omitido en la primera cláusula. Formalmente se traduce "y no solo como esperábamos, sino que se entregaron primero ellos mismos al Señor y a nosotros a través de la voluntad de Dios". La NVI interpreta correctamente el versículo 5 como que su entrega al Señor y a Pablo no fue como se esperaba. *Cf.* la NRSV: "y esto [es decir, dar para la colecta], no solo como esperábamos; se entregaron ellos primero al Señor y, por la voluntad de Dios, a nosotros". En otras palabras, la negación vuelve a referirse a su participación en la colecta, pero con el fin de establecer una comparación positiva con lo que sigue: "y esto *no* como lo habíamos esperado, sino que se dieron ...".

es el apóstol que llevó el evangelio a Macedonia, ambas cosas no pueden separarse: entregarse al Señor significa para los corintios entregarse a Pablo.

Por supuesto, las dos cosas no son iguales. Que los macedonios se entregaran "primero" al Señor no es una referencia a una secuencia temporal, sino a la prioridad de la lealtad a Dios (a diferencia de la NVI; la palabra después no está necesariamente implícita en el texto). Además, la designación "por la voluntad de Dios" (NVI, "conforme a la voluntad de Dios") se suele usar con respecto al apostolado de Pablo. De ahí que el acto de ellos al entregarse al apóstol *por la voluntad de Dios* sigue siendo otro indicativo del estatus de Pablo como representante nombrado (*cf.* Ro 1:1-7; 1Co 1:1; 2Co 1:1; Gá 1:14, 15; Ef 1:1; Col 1:1; 1Ti 1:1). Como indican estas claves lingüísticas, la participación de los macedonios en la colecta es un reflejo de la obra divina en sus vidas, así como un sello de aprobación sobre el ministerio paulino del nuevo pacto (*cf.* 2Co 3:3-6).

A primera vista, la transición desde los versículos 1-5 al 6 no queda clara. El lector debe tener en mente que los versículos 3-5 miran hacia atrás, como respaldo de la aseveración del versículo 2, de manera que el que Pablo esté instando a Tito a que regrese a Corinto en 8:6 no deriva directamente de que los macedonios se entregaran a Dios y a Pablo en 8:5. Más bien, los macedonios ilustran las formas en que la gracia de Dios se manifiesta en la vida del pueblo de Dios. El versículo 6 deriva, pues, de los versículos 1-2, que se apoyan en los versículos 3-5.

En otras palabras, alentado por la respuesta de los macedonios a la *gracia de Dios en su* vida (vv. 1-2), Pablo envía a Tito de regreso a Corinto para "que llevara a feliz término esta obra de *gracia* entre *ustedes*" (v. 6). Que los macedonios "instaran" (*paraklesis*) a Pablo para que les permitiera involucrarse en la colecta (v. 4) llevó a "apremiar" (*parakaleo,* un verbo relacionado) a Tito para que completara la colecta en Corinto (v. 6). Pablo quiere que Dios haga por los corintios lo que ha hecho por los macedonios. Los corintios habían iniciado la colecta en el pasado, pero la rebeldía de ellos la había llevado a su fin. Con el reciente arrepentimiento había llegado, una vez más, la oportunidad de dar su dinero a Jerusalén y de entregarse a Dios y a su apóstol. Y es que, como ha testificado la experiencia de los macedonios, esto es lo que pasa cuando la gracia de Dios hunde su raíz en la iglesia.

Resulta difícil determinar si el "ya la había comenzado" de Tito en 8:6 se refiere a una visita durante el año anterior para empezar la colecta, de manera que sus actos están también detrás de 1 Corintios 16:1-2, o si se refiere a la visita mencionada en 2 Corintios 7:5-6. Esto último es preferible, ya que no se menciona a Tito en 1 Corintios y 2 Corintios 7:14 parece indicar que era su primera visita (*cf.* 8:6, 10; 9:2; 12:17-18). El "ya" de 8:6 se refiere, pues, al anterior éxito de Tito como portador de la carta llena de lágrimas (*cf.* 2:4).

En este caso, el "comienzo" de Tito fue la gracia de Dios expresada en la restauración corintia; la finalización de esta "gracia" será su renovación del compromiso con respecto a la colecta.

Que Pablo "rogara" a Tito regresar a Corinto no alude, por tanto, a un apasionado intento de persuadir a Tito, sino a una ferviente petición de llevar a cabo una tarea oficial.[8] En 8:6, Pablo les está dejando claro a los corintios que, al llevarles su carta a ellos, Tito ha sido comisionado para llevar su reciente arrepentimiento (el acto previo de la gracia de Dios) a su consumación mediante el estímulo a participar en la colecta (el acto presente de la gracia de Dios).

El punto principal del ejemplo macedonio se hace explícito en el versículo 7. Al igual que los macedonios, los corintios también "se superan" o "abundan" en su experiencia de la gracia de Dios. Así como los primeros respondieron "abundando" (*perisseuo* en 8:2) en generosidad, los corintios deberían rebosar (*perisseuo*) en la "gracia de dar" (el añadido que hace la NVI, "de dar", hace que el contenido de la gracia sea explícito).[9]

De acuerdo con 8:7, la gracia abundante de Dios hacia los corintios se ve en sus dones espirituales de "fe ... palabras ... conocimiento".[10] Esta lista es paralela al anterior reconocimiento de los dones espirituales de los corintios en 1 Corintios 1:5; 1:7; 12:8-10, donde también se veían como prueba de que a los corintios no les faltaba nada de Dios. Además, Pablo señala ahora la "sinceridad" de ellos hacia él como prueba de la gracia divina en la vida de ellos (*cf.* 2Co 7:11-12) y, a su vez, de su amor por ellos (*cf.* 2:4; 6:11; 11:11; 12:14-15).[11] Esta reciprocidad de amor da testimonio de la restauración de los corintios (*cf.* 2:9; 6:12-13; 7:7, 13-16).

---

8. Para el uso de *parakaleo* ("instar, exhortar") en alusión a una petición urgente, ver 2:8; 5:20; 6:1; 9:5; 12:18; para el nombre, *cf.* 8:17 y 1Co 16:12; 1Ts 2:3. Betz, *2 Corinthians 8 and 9*, 54, argumenta que el verbo en 8:6 tiene el sentido técnico de "nombrar", como se usaba en los textos administrativos para aludir al nombramiento de representantes legales o políticos. Aunque la extensión del tono administrativo de este pasaje puede debatirse, la observación de Betz en cuanto a que Tito está siendo *nombrado* como delegado de Pablo, y que no se le está *rogando* que lo sea, es buena. Para el "acto de gracia" como referencia a la colecta, ver 1Co 16:3; 2Co 8:7, 19.
9. Esta relación temática entre los macedonios y los corintios se oscurece por el uso que la NVI hace de tres palabras diferentes en este contexto para representar la misma raíz (*perisse*): "desbordante" y "abundar" en 8:2, y "sobresalen" en 8:7.
10. Acerca de "fe" como don espiritual de la fe que obra milagros, ver 1Co 12:9-10; acerca de "palabras" como discurso carismático, ver 1Co 12:10, 28; 14:9, 19, 39; para el don de conocimiento como percepción espiritual especial, ver 1Co 1:5, 8; 8:1-7, 10; 12:8; 13:2, 8; 14:6.
11. Contra la NIV y la RSV (en inglés), la variante textual "en nuestro amor por ustedes" (*cf.* NRSV y NASB en inglés) es la interpretación más difícil, de ahí que se prefiera a la variante "en su amor hacia nosotros" (*cf.* Bruce M Metzger, *A Textual Commentary on the Greek New Testament* [Stuttgart: United Bible Societies, 2ª ed., 1994] 512-13).

Como en otros lugares, aquí también vemos cómo empieza a destacar la estructura paulina de pacto: la realidad indicativa de lo que Dios ya ha hecho para redimir y proveer para su pueblo fundamenta y necesita los imperativos que fluyen de él (*cf.* 5:6-10, 21; 6:1; 7:1; 8:8, 24). Para sobresalir en los dones espirituales hay que tener una base y vivencia de sobresalir en dar. Haber recibido gracia de Dios lleva a expresar gracia hacia los demás. En la medida en que los corintios son como los macedonios en la posesión de riqueza de dones espirituales (probablemente sentirían la tentación de considerarse más bendecidos espiritualmente que los macedonios; *cf.* 1Co 1:5 con 4:8), ellos deberían ser como ellos en la "riqueza" de su generosidad. El ejemplo de los macedonios recuerda a los corintios que la realidad de su espiritualidad se verá en su generosidad.

El ejemplo de Jesús (8:8-10)

Pablo acaba de dar un mandamiento implícito en 8:7 y, de inmediato, lo califica en el versículo 8. Al hacer un llamamiento a los corintios a que se superen dando para la colecta, Pablo no está hablando "de acuerdo con unas órdenes" (trad. lit.). La NVI traduce esto como si quisiera decir que Pablo no está dando órdenes a los corintios (pero *cf.* RSV, NRSV, NASB). Esta versión refleja una interpretación común de este pasaje en el que participar en la colecta se considera algo deseable, pero no una obligación. Como tal, la colecta funciona como demostración o prueba de amor a Pablo, por cuanto Pablo se limita meramente a *aconsejar* a los corintios en referencia a lo que *deberían* hacer, pero no les da *órdenes* en cuanto a lo que *deben* hacer. La prueba es, pues, si los corintios seguirán el consejo de Pablo o no. Esta interpretación suele señalar el énfasis en la colecta como acto de "gracia", suponiendo que, como tal, no puede ordenarse. En lugar de ello, se considera que la declaración de Pablo en 9:5 indica que la colecta debe seguir siendo una respuesta espontánea y libre por parte de los corintios. Los que adoptan esta postura dan por sentado que la participación en la colecta no puede ser voluntaria si se ordena, así como la "gracia", para ser "gracia", debe ser un acto libre.

En contraste con esta interpretación, la idea de 8:8 no es la de negar que Pablo les está dando una orden, ¡algo que sí hace explícitamente en el versículo 11! Más bien, lo que Pablo quiere decir es que la necesidad de completar la colecta (implicada en 8:7; explícita en 8:12; *cf.* 9:7) no es un mandamiento directo *de Cristo*, sino su propio "consejo" u "opinión" (8:10) en cuanto a las implicaciones de la gracia de Dios en la vida de ellos. De ahí que el detalle con el que Pablo desarrolla su argumento en los capítulos 8-9 derive de que, como en 1 Corintios 7:6, 25, el apóstol no recibió mandamiento específico alguno con respecto al asunto a partir de las enseñanzas de Jesús ni del Cristo exaltado. Como en 1 Corintios 7:1-40, Pablo mismo debe mostrar, pues, el vínculo inextricable entre el evangelio que se le ordenó predica (*cf.* Ro 16:25-26; 1Ti 1:1; Tit 1:3) y las implicaciones que él mismo sacó de él.

Lejos de negar que está dando una orden a los corintios, la cualificación de Pablo en el versículo 8 demuestra que lo que está diciendo es su *propio* imperativo como apóstol autorizado de Jesucristo (*cf.* 10:8; 13:10). La idea de 8:8 es, por tanto, la opuesta a Filemón 8-9, donde Pablo se refrena de mandarles "en Cristo", incluso aunque tenga todo el derecho como apóstol de hacerlo. ¡Aquí ejerce ese derecho!

Pablo no tiene una orden directa de Cristo en cuanto a la colecta, pero sí tiene el ejemplo de los macedonios por una parte (8:1-8) y el de Jesús por la otra (8:9). Dado que los macedonios han ilustrado gráficamente qué aspecto tiene la experiencia de la gracia de Dios en la vida de los creyentes, Pablo puede usar la "sinceridad" de ellos a la hora de dar como criterio para "probar"[12] la naturaleza genuina del "amor" recientemente recuperado de los corintios (8:8). Esta prueba constante de fe forma parte de la vida misma de la fe; este desafío no cuestiona la naturaleza genuina de la fe, sino que la lleva a la luz (*cf.* 2:9; 7:12; 13:5).[13]

Además, el propósito de la prueba de Pablo es positivo y no negativo. No los está tentando a hacer lo incorrecto, sino que les está dando el estímulo de hacer lo que está bien. La referencia a los macedonios en 8:1-8 no pretende crear una competición entre iglesias, sino a hacer que los corintios se unan a sus hermanos y hermanas en llegar a ser como Cristo. Por tanto, la obediencia al mandato de Pablo no debe ser un acto obligatorio. Debe ser, más bien, la expresión de unas ansias voluntariosas de hacer lo que se espera. La obediencia genuina es un acto de deber impulsado por el deleite. La mayor forma de honrar a quien ordena no es obedecer por obligación, sino hacer lo que se nos pide con gozo, habiéndose entregado voluntariamente a su autoridad (*cf.* 8:5, 11; 9:7).

Señalar a los macedonios para ilustrar esta verdad es una cosa; señalar a Jesús es otra bastante distinta. Al volver su atención a Cristo en 8:9, Pablo quiere recordarles a los corintios ("ya conocen") que Jesús mismo es *el* ejemplo de cómo la gracia se expresa, con gozo, en el amor. Las referencias de Pablo a que Jesús era "rico" y "pobre" no indican su estatus económico, sino su preexistencia con el Padre (*cf.* Gá 4:4; Fil 2:6) y su entrada a las humildes circunstancias de este mundo, incluida la muerte (*cf.* Ro 15:3; Fil 2:7-8; 1Ti 3:16). Descodificado, esto significa que Jesús se sometió a su encarnación (es decir, al convertirse en "pobre"), a pesar de su posición en el cielo (es

---

12. Para el uso de *dokimazo* en referencia a poner a prueba o examinar algo, *cf.* Ro 14:18; 16:10; 1Co 11:19; 2Co 10:18; 13:7; para la idea de probar algo para demostrar su genuina naturaleza, *cf.* Ro 2:18; 12:2; 14:22; 1Co 11:28; 2Co 13:5; Gá 6:4.
13. En cuanto a la prueba de fe, ver 1Co 3:13; 11:28; 16:3; Gá 6:4; Fil 1:10; 2:22; 1Ts 2:4; 5:21.

decir, el hecho de que fuera "rico"), con el fin de que pudiéramos ser salvos (nuestra justificación por medio de la cruz de Jesús significa que nos volvemos "ricos" a través de su "pobreza"; *cf.* Ro 10:12; 11:12; 2Co 5:21; 6:10).

La encarnación de Jesús ilustra que la "gracia" expresada en amor es la disposición a ceder los derechos propios por suplir las necesidades de los demás. La "gracia de nuestro Señor Jesucristo", que suele ser una bendición (ver 13:14; *cf.* Ro 16:20; 1Co 16:23; Gá 6:18; Fil 4:23; 1Ts 5:28; 2Ts 3:18; Flm 25) se emplea, por tanto, en 2 Corintios 8:9 como ejemplo de Pablo definitorio de lo que significará para los corintios ser como Jesús en esta circunstancia: considerar las necesidades de los santos en Jerusalén más importantes que las propias. Lo que Cristo ha hecho por los corintios (la "gracia de Cristo" como bendición), los corintios tienen que hacerlo por los judíos (la "gracia de Cristo" como modelo).

Animados por la forma en que los macedonios han copiado a Cristo, en 8:10 Pablo les extiende a los corintios, por implicación, el mismo llamado a participar en la colecta, ahora designada como su "opinión" o "juicio" (*gnome;* quizá "declaración";[14] el "consejo" de la NVI lleva la connotación incorrecta). El paralelo clave es 1 Corintios 7:25, que muestra de nuevo que, para Pablo, hablar de su "opinión" no significa que lo que está diciendo no tenga consecuencia real ni obligación. Por el contrario, la "opinión" de Pablo es su propia deducción de lo que sabe de Cristo y el evangelio según la dirección del Espíritu (*cf.* 1Co 1:10). En realidad, dado que la "prueba" del versículo 8 se equipara ahora a su "opinión" apostólica en el versículo 10, la suposición de Pablo es que su amonestación guiada por el Espíritu será recibida por aquellos en los que mora el Espíritu (*cf.* 1Co 2:12-13, donde el propósito del Espíritu consiste en facultar a los creyentes para que acepten los dones concedidos por Dios).

En consonancia con esta suposición, Pablo expresa en el versículo 10b la base por la que da a los corintios su "consejo" en cuanto a la colecta. El versículo 10b empieza con *gar* ("ya que, porque"), omitida desafortunadamente por la NVI. El versículo 10 se lee, de forma literal: "Estoy dando mi opinión sobre este asunto, porque [*gar*] esto es beneficioso[15] para ustedes, como para quienes empezaron el año pasado no solo a dar, sino a desearlo [dar]". El uso de dos puntos después del versículo 10a rompe el flujo de pensamiento. Pablo ha expresado su opinión sobre esta cuestión precisamente por el deseo de los corintios de participar en la colecta "el año pasado" (es decir, antes de que

---

14. Ver BAGD, 163.
15. Para este mismo verbo (*symphero*, ayudar, conferir un beneficio, ser ventajoso o provechoso) y sus cognados ver 12:1; también 1Co 6:12; 7:35; 10:23, 33; 12:7 (*cf.* BAGD, 780).

tuviera lugar la crisis),[16] que ya había resultado en que algunos ofrendaran (cf. 1Co 16:1-2), proporcionando así los primeros indicios de que se habían convertido de verdad. Como resultado, para completar lo que habían empezado, sería provechoso para ellos como prueba continua de la gracia de Dios en sus vidas. No completar la colecta señalaría que le estaban dando la espalda a su membresía antes profesada en el pueblo de Dios.

Entendido de este modo, el argumento de Pablo no es de simple conveniencia (es decir, más vale acabar lo que uno ya ha empezado que no hacerlo),[17] sino otra expresión de su convicción de que la fe genuina persevera. El deseo corintio de dar en el pasado no puede sustituir la falta de deseo del presente. Si lo que empezó con anterioridad era genuino, debe continuar y seguirá adelante como parte de su fe restaurada.

También resulta impresionante que la comparación "no solo ... sino también" de 8:10 recalque la prioridad de la intención de la persona sobre sus actos. Por mucho que uno parezca poder realizar actos de amor que no fluyen del amor y que, por tanto, resultan inútiles (cf. 1Co 13), el énfasis de Pablo no está en la acción en sí, sino en el deseo que la impulsa. Llama a los creyentes a retomar la colecta, porque tiene todas las razones para creer que el deseo inicial de ellos de contribuir era una expresión del amor que nace del Espíritu (cf. Gá 5:22). Y es que lo que cuenta al final es que el acto de dar sea un acto de gracia para con los demás, como la encarnación de Cristo, y que fluya desde la gracia de Dios, como la ofrenda de los macedonios.

Las expectativas de Pablo con respecto a los Corintios (8:11-15)

La orden implicada en 8:7 y 10 se hace explícita en el versículo 11. Es la única orden formal que se encuentra en los capítulos 8–9: Los corintios deben completar la colecta para que la obra del Espíritu en sus vidas, tal como se ve en su "buena gana" para dar, pueda cumplirse. Aquí también, completar la colecta va unido a su deseo de participar. La importancia de esta sincera motivación se ve en la repetición del tema de la "buena voluntad" a lo largo de estos dos capítulos (cf. 8:3, 12-14), que suscita la pregunta de cómo determinar cuáles son los medios que uno tiene realmente (cf. 9:5-11).

El versículo 11 deja claro, pues, que existe una obligación de dar, pero que no pide que uno sobrepase el límite de sus posibilidades.[18] Al comparar a los corintios con los macedonios, que tenían peor situación y a pesar de ello habían

---

16. La designación "desde el año pasado" (trad. lit.) se refiere al último año del calendario; podría ser desde un tiempo tan breve como uno o dos meses antes a uno mucho más extenso de veintitrés meses.
17. A diferencia de Betz, *2 Corinthians 8 and 9*, 63.
18. Victor Furnish, *II Corinthians*, 406, apunta a Pr 3:27-28 para la misma idea.

ido *más allá* de sus medios (*cf.* 8:3), Pablo no está intentando manipular a los creyentes de Corinto para que actúen de igual modo. Más bien, la calificación que Pablo hace de que la cantidad que se da no tiene por qué exceder la capacidad de la persona (en contraste con los macedonios) sirve para enfatizar el punto fundamental de que allí donde está el corazón, la voluntad debe seguirlo. Son la condición del corazón y las circunstancias de la vida del individuo las que deberían determinar cuánto dará la persona, y no el intento de medirse comparándose con las prácticas de otros. Como Pablo clarifica en este pasaje, el deseo genuino actúa. No se trata del importe que se da (pero *cf.* 9:5-11), sino de la expresión de buena disposición. La acción sin la actitud correcta no sirve para nada, pero una actitud genuina resulta inevitablemente en acción.

El énfasis de Pablo en el versículo 11 sobre la prioridad de la actitud del individuo en cuanto a la cantidad ofrendada, así como el vínculo inextricable entre la actitud y la acción, se basa en el versículo 12, que a su vez está respaldado por los versículos 13-15 (v. 13 también empieza con *gar*, "ya que", omitida en la NVI). Mediante el énfasis, Pablo vuelve a declarar en el versículo 12 que lo que hace que la dádiva sea aceptable a Dios es la "voluntariedad" para dar de acuerdo con los medios que uno cuente, y no la cantidad que se da. Los corintios no necesitaban esperar a poder dar más, como si el tamaño de la ofrenda la hiciera aceptable a Dios. El ejemplo de los macedonios ilustra que una dádiva proporcional significa que hasta los pobres pueden hacer una gran contribución (*cf.* Lc 12:48).

La razón por la que Pablo hace hincapié en una dación proporcional es porque el propósito de la colecta no consiste en aliviar a los santos de Jerusalén empobreciendo a los corintios. La meta es, más bien, crear una "igualdad" entre ellos con respecto a sus necesidades básicas (v. 13), que se define como una reciprocidad a la hora de suplir las necesidades los unos de los otros (v. 14; *cf.* Hch 2:44-45; 4:32-37; Gá 6:10; para el otro único uso neotestamentario de "igualdad" *cf.* Col 4:1).

Una pregunta clave en cuanto a 8:14 es, por tanto, si Pablo imagina que un día los creyentes de Jerusalén actuarán en reciprocidad supliendo las necesidades económicas de los corintios. Aunque esto es posible, parece poco probable, dada la disparidad económica entre los grupos. Pablo se está refiriendo posiblemente a la contribución actual de los gentiles a Israel, como expresión de su comunión e identidad espiritual (*cf.* 9:14) y a la constante "contribución" espiritual de Israel a los gentiles como parte de la redención escatológica del mundo (*cf.* Ro 11:11, 12, 25-26, 30-32). Si esta es la intención de Pablo, la referencia al periodo presente no es meramente temporal, sino también una referencia al presente periodo de la historia de la redención (*cf.* Ro 3:26; 8:18; 11:5; *cf.* Gá 1:4). Dentro del pueblo escatológico de Dios, cada uno da lo que tiene: los gentiles pueden apoyar económicamente a los judíos, mientras que estos últimos pueden respaldar a los gentiles con liderazgo y con el ministerio del evangelio (cf. Ro 15:27).[19]

La participación de los corintios en la colecta debería llevar a una igualdad fruto de dar de manera proporcional y recíproca. El respaldo final de Pablo (v. 15) a esta expectativa es la experiencia de Israel con el maná en el desierto tal como se resume en Éxodo 16:18. Lejos de ser un relleno meramente ilustrativo de su argumento, el regreso del apóstol a las Escrituras en este punto resalta la importancia de la colecta misma y del énfasis de Pablo en la igualdad de provisión que espera de ellos. Como otra aplicación más de la tipología del Éxodo que se ha desarrollado a lo largo de 2:14–7:16, Pablo afirma que la "igualdad" de provisión en el acontecimiento de Éxodo va emparejada a una igualdad bajo el nuevo pacto. La promesa de Dios de proveer para su pueblo, como se encarna en el maná y las codornices, se ha reconfirmado en Cristo (cf. 2Co 8:9 con 1:20) y se aplica a los corintios como pueblo de Dios del "segundo éxodo".

No obstante, mientras que la igualdad del "primer éxodo" fue establecida milagrosamente por Dios *para el pueblo,* por la dureza de sus corazones (cf. Éx 16:18, 28), ahora la está estableciendo *el pueblo mismo*, por medio de su *propia* participación dirigida por el Espíritu. Dios suplió las necesidades físicas de Israel con maná y codornices, pero no cambió la condición espiritual de ellos; bajo el nuevo pacto, Dios está cubriendo las necesidades espirituales de los corintios para que *ellos* pudieran proveer para las necesidades físicas de otros (cf. 2Co 9:8-11). La expectación de Pablo en 8:11 es, pues, una expresión más de su confianza en el poder transformador de la presencia de Dios bajo el nuevo pacto (cf. 3:3, 6, 18). Por esta razón, Pablo deja el importe de la ofrenda a elección de los corintios, convencido de que, como nueva creación en Cristo (5:17), la cantidad que ofrenden será de acuerdo a la calidad de sus corazones cambiados (5:15).

De ahí que todo lo que Pablo dice en 8:1-15 esté pensado para fundamentar su orden explícita de completar la colecta según permitan sus recursos (v. 11). De manera retórica, la orden de Pablo se encuentra, a modo de sándwich, entre

---

19. De nuevo, hay quien se toma 8:14 no como una referencia a compartir los recursos financieros, sino a la conversión de los gentiles (es decir, la "abundancia" espiritual de ellos; cf. 1Co 1:7) como aquello que contribuye a la conversión de los judíos (es decir, lo que los judíos necesitan en el presente es Cristo), y estos a su vez producen la salvación final de las naciones (es decir, la necesidad futura de estas; ver más arriba, nota 2). Para esta opinión sobre 8:14, ver Martin, *2 Corinthians,* 261. Sin embargo, es difícil tomar el v. 14, de forma contextual, como una declaración puramente teológica. Martin reconoce que "se debe admitir que convertir la dádiva monetaria corintia, designada para ayudar a los que sufrían hambre en Jerusalén, en la esperanza escatológica de recompensas espirituales en la culminación de los siglos parece un exagerado cambio de pensamiento ..." (261).

el ejemplo de los macedonios y el de Jesús por una parte (8:1-10) y las Escrituras por la otra (vv. 12-15). Así como 6:14–7:1 refleja el estatus de los corintios y las obligaciones como pueblo del nuevo pacto de Dios expresados de forma negativa ("Apártense de los incrédulos"), así también 8:1-15 refleja este mismo estatus y obligación, ahora expresados de forma positiva ("Den a los creyentes"). La renovada disposición de los corintios a participar en la colecta será una reflexión innegable de su arrepentimiento y restauración a Cristo.

La dimensión vertical. Al estudiar el debate de Pablo sobre la ofrenda por los santos en Jerusalén, el número de palabras que usa sorprende al lector: la ofrenda es una *logeia* (colecta, 1Co 16:1-2), *eulogia* (bendición, 2Co 9:5), *leitourgia* (servicio sacerdotal, 9:12; *cf.* Ro 15:27), *koinonia* (comunión, sociedad, participación, Ro 15:26; 2Co 8:4; 9:13; *cf.* el verbo relacionado en Ro 15:27), *diakonia* (servicio, ministerio, 2Co 8:4; 9:1, 12, 13), y, más importante, una expresión de *charis* (gracia, 1Co 16:3; 2Co 8:1, 4, 6, 7, 9; *cf.* 8:19; 9:8, 14). Para Pablo, el sencillo pero profundo acto de dar el dinero propio conlleva una multitud de significados.

Por tanto, es aún más sorprendente que las elecciones de términos de Pablo para describir la colecta "derivan todos ellos del vocabulario de relaciones humanas con Dios y los actos sagrados de adoración", y *ninguno de ellos hace una mención directa al dinero.*[20] Cualquier aplicación de los pensamientos de Pablo sobre "dar" deben, por tanto, enfatizar (y estar convencidos de) la justificación teológica paulina para dar. De no ser así, las personas detectarán con rapidez que nuestras advertencias en lo relativo a dar no son más que una petición de dinero finamente velada. La principal preocupación del apóstol no es el "presupuesto", sino el resultado de la gracia genuina en la vida de los creyentes.

Debemos mantener claramente enfocada esta dimensión vertical de la generosidad. Para Pablo, la base para dar a los demás no es lo que *ellos* hayan hecho o harán para nosotros, sino lo que *Dios* ya ha hecho por nosotros en Cristo. El fundamento para dar es la gracia de Dios. Así como el lenguaje de la pobreza y la riqueza de Cristo en 8:9 es metafórico, también lo es la referencia en 8:9 a que el creyente se vuelve "rico". Aunque tener que decir esto ya es una acusación incómoda contra la iglesia moderna, no existe justificación alguna para un "evangelio de sanidad y riqueza" en este pasaje. Dar a otros no es plantar una "semilla de fe" que devolverá mayores dividendos materiales. Dar es la expresión de fe misma, el contentamiento con lo que Dios ha dado y dará según su propio cuidado providencial.

---

20. Martin, *2 Corinthians*, 251. Esto mismo es verdad en cuanto a Fil 4:16-20.

Al mismo tiempo, debemos ser cuidadosos para considerar la encarnación de Cristo como un prototipo para los creyentes y no una orden. No nos volvemos literalmente "pobres" para que otros sean justificados. Tampoco deben los creyentes abandonar por completo su riqueza para seguir el ejemplo de Cristo. En ningún lugar le dice Pablo a sus congregaciones cuánto tienen que dar ni tampoco que den hasta que su estatus económico se vea reducido. La idea de Pablo en 8:13 es exactamente lo contrario. Y, en 8:9, el ejemplo de Cristo no sirve para respaldar un llamado universal a volverse literalmente pobre por el bien de un ministerio itinerante.

Sin embargo, en 6:10, Pablo se aplica a sí mismo como apóstol el principio de imitar a Cristo en su pobreza literal, con el fin de hacer a otros espiritualmente ricos, de manera que algunos creyentes están llamados realmente a una vida de pobreza como esa. Pero esto debe ser un asunto de llamamiento personal y no un principio universal. En lugar de volvernos "como Cristo" al actuar en nuestro contexto del mismo modo en que Cristo actuó en el suyo: renunciar a nuestros recursos físicos por los demás, a causa de nuestra riqueza espiritual en Dios. La referencia de Pablo a Cristo sirve para apoyar por qué la dación voluntaria y proporcional a los demás es un acto necesario de amor como el de Cristo para quienes afirman ser cristianos (8:8; *cf.* Ef 5:1).

La gracia que hay tras el acto de dar. Nuestra interpretación de este pasaje ha enfatizado que la actitud que uno tiene al dar es más importante que la cantidad de la dádiva. Pablo no establece nunca un estándar *para* dar, sino *de* dar. Hace hincapié en que la generosidad de los macedonios derivó de su gozo; no fue al contrario. La progresión de pensamiento en 8:2 es desde la gracia al gozo de dar y no al revés. Su dádiva fue una expresión de la gracia de Dios, no la propia virtud moral o espiritual; dieron a otros, porque ya estaban experimentando un "gozo desbordante" de Dios. Dado que la gracia de Dios es el trampolín para que demos, incluso nuestras dádivas redundan para la gloria de Dios. Él es el único dador verdadero.

Sin embargo, nuestra tentación consiste en convertir el dar en una exhibición de nuestra benevolencia en lugar de que sea dar de nuestro contentamiento satisfecho en Dios. Resulta fácil sucumbir a esta tentación, ya que al proceder así logramos el crédito para nuestras dádivas, en lugar de que Dios reciba la alabanza por hacerlas posibles. Dar no es una forma de mostrarle a Dios lo mucho que podemos hacer por él, pero sí es una forma de ilustrar cuánto ha hecho Dios por nosotros.

Lamentablemente, se suele interpretar con frecuencia que Pablo está diciendo que "ordenarle" a los corintios que den destruye la naturaleza voluntaria y entusiasta de la colecta como expresión de "gracia". Pero enfrentar los mandamientos de Dios contra su gracia de esta forma reduce la gracia a una abstracción divorciada de su impacto necesario en la vida de sus destinatarios. Como resultado, la advertencia de Pablo se convirtió en "consejo", no en órdenes, ya que estas se consideran el enemigo de una respuesta que es voluntaria (8:3), de buena gana (8:11, 12), generosa (8:2), entusiasta (8:7, 8) y desbordante (8:2, 3, 7, 14). En otras palabras, lo que hace que la colecta sea una cuestión de "gracia" es que se les deja libertad a los corintios para participar o no, como deseen, mientras que una orden haría que dar fuera obligatorio.[21] Otros que consideran 8:8, 10 como una calificación del argumento de Pablo (es decir, que no es una "orden" sino una "opinión") atribuyen su consejo a su "estilo permisivo de escritura", mostrando "cómo sentía la necesidad de tratar con tacto a aquellas personas que acababan de regresar a su lado".[22] El versículo 10 refleja, pues, "la vacilación de Pablo por no parecer demasiado enérgico", mientras que la orden del versículo 11 es meramente una "suave acusación".[23]

En firme contraste, hemos argumentado que en los versículos 8 y 10 Pablo no se está echando atrás en su orden, sino que tan solo está indicando que su acusación es su propia amonestación como apóstol y no una palabra que ha recibido directamente del Señor o de las Escrituras. Pablo no está tratando a los corintios con "guantes de seda" por su reciente arrepentimiento. Es justo lo contrario. Aquí también, como en el capítulo 7, su orden es el medio por el cual demuestra la naturaleza genuina del arrepentimiento.

Por consiguiente, es crucial que no enfrentemos la gracia de Dios a sus órdenes como parte de una falsa dicotomía que considera la fe y la obediencia como dos formas distintas de relacionarse con Dios. Pablo no ve conflicto alguno entre la gracia de Dios y sus mandatos. Estos últimos expresan cómo la experiencia de su gracia se manifestará en la vida cotidiana. Toda orden de Dios es una promesa divina disfrazada. Dios ordena lo que ordena, porque promete lo que promete. La obediencia a sus mandamientos se hace posible confiando en sus promesas.

Por eso la obediencia a las órdenes de Dios es la expresión diaria de nuestra dependencia de su provisión prometida en nuestras vidas. Lo que convierte nuestra creciente obediencia en un acto de gracia divina (es decir, el favor y la bendición inmerecidos) es la *prioridad* de "la gracia de nuestro Señor Jesucristo" como la base absolutamente suficiente de nuestra reconciliación y justicia (8:9), el *poder* del Espíritu como el don de la gracia que posibilita nuestra obediencia (*cf.* 1:22; 3:3, 6-18), y la *promesa* de perdón como la expresión de la gracia

---

21. Para un ejemplo de este planteamiento, ver Paul Barnett, *The Second Epistle to the Corinthians*, 388-89, 401, 404, 406, 409, 434 (sobre 9:5), 437 (sobre 9:7). En cuanto a 8:10, concluye que, aunque este es un "consejo apostólico serio" (siguiendo a Furnish), "no obstante, dicho 'consejo' no es obligatorio; de otro modo la respuesta de ellos no podría ser 'de la gracia'" (409 n. 28). De ahí que, para Barnett, el énfasis de Pablo en la prioridad de "querer" sobre "hacer" en 8:10 refleja este mismo contraste (411).
22. Martin, *2 Corinthians*, 262.
23. *Ibíd.*, 264, 265.

en la misericordia que rodea nuestra santificación progresiva, pero no perfecta (2:7-10; 7:9-10). Los indicativos del versículo 7a conducen al imperativo del versículo 7b, y no al revés. Y en los versículos 10-11 es el deseo creado por la gracia el que conduce a dar, y no nuestra ofrenda la que crea nuevos deseos.

Da lo que tienes. A la luz de la fuerza plena del mandamiento de Pablo en este pasaje, también es importante enfatizar, como cuestión de principio, que Pablo hace hincapié en una ofrenda proporcional. Esta es una importante calificación, porque se asegura de que todos sienten la fuerza de la orden paulina, independientemente del estatus económico. Dado que una entrega como la de Cristo depende de experimentar la gracia de Dios y no de nuestros recursos personales, el importe dado en comparación con el que den otros no significa nada (pero ver 9:6-11 para determinar lo que es un importe adecuado). La actitud subyacente a la acción lo es todo.

Además, la aplicación universal de la orden de Pablo queda respaldada por las características sociológicas de las iglesias primitivas. Desde los comentarios de Celso en el siglo II, se ha argumentado con frecuencia que la iglesia primitiva la constituían las clases inferiores de los iletrados, oprimidos, esclavos y pobres.[24] Estudios recientes han demostrado, sin embargo, que "la conclusión más adecuada sobre los cristianos primitivos es [...] que representaban a todas las clases sociales excepto la aristocrática y que la iglesia reflejaba las diversas clases sociales que se encontraban en la sociedad en general".[25]

De acuerdo con esta imagen general, Pablo había dado instrucciones a sus lectores en 1 Corintios 16:2: "El primer día de la semana, cada uno de ustedes aparte y guarde algún dinero conforme a sus ingresos, para que no se tengan que hacer colectas cuando yo vaya". Como indica Meeks, "esto denota la economía de gente humilde, no indigente, pero que no manejaba capital alguno. Esto también encajaría en la imagen de artesanos bastante ricos y comerciantes como cristianos típicos".[26] Y es que, como observa Meeks, "el

---

24. Ver Orígenes, *Contra Celso* 1.62; 3.44, 55, tal como lo expone Wayne A. Meeks, *The First Urban Christians: The Social World of the Apostle Paul* (New Haven: Yale Univ. Press, 1983), 51. En la categorización del estatus de los corintios, estoy siguiendo la exposición de Meek, 58-59, 64.
25. Derek Tidball, *The Social Context of the New Testament: A Sociological Analysis* (Grand Rapids: Zondervan, 1984), 98. Ver, p. ej., la presencia del rico Gayo y el prestigioso Crispo en la iglesia (1Co 1:14), Erasto con su alto estatus civil (Ro 16:23; 2Ti 4:20), los artesanos independientes y los propietarios Priscila y Aquila (Ro 16:3-5; 1Co 16:19), y la descripción de la mayoría de esas personas en 1Co 1:26, algunos de los cuales debían de ser esclavos (*cf.* 1Co 7:20-24).
26. Meeks, *First Urban Christians,* 65. Sin embargo, por la calidad fragmentaria y opaca de nuestras fuentes con respecto a la naturaleza del estatus y la clase social en el mundo antiguo en general y en la iglesia en particular, la advertencia de Meek se recibe sin problemas: "No podemos sacar un perfil estadístico de la constitución de

extremo superior e inferior de la escala social grecorromana están ausentes de la imagen".[27] Al aplicar este texto podemos confiar en que Pablo le está hablando a una iglesia con el mismo tipo de diversidad económica reflejada en la mayoría de las nuestras.

La ofrenda como adoración. Finalmente, debemos ser cuidadosos a la hora de aplicar este pasaje y otros parecidos para no convertirlos en una lección sobre la moralidad de la generosidad. "La amonestación implícita en esta declaración no es 'Hagan lo que Cristo hizo'; tampoco es 'Hagan por los demás lo que Cristo ha hecho por ustedes'. Más bien es 'Hagan lo que sea adecuado para el estatus de ustedes como quienes han sido enriquecidos por la gracia de Cristo'".[28] Pablo no está defendiendo un deber abstracto, moral, sino una teología. Su objetivo al provocar a los corintios para que den es verificar la naturaleza genuina de su amor como cristianos (8:8, 11). Por esta razón enfatiza la sinceridad que debe caracterizar en ellos el hecho de dar. Y es que "el antiguo pensamiento sobre la recaudación pública de fondos manifestaba una preocupación particular por mantener la naturaleza voluntaria de las suscripciones. Esto hallaba su causa en el frecuente abuso de imponer presión sobre los contribuyentes".[29]

Este énfasis es tan importante en nuestros días como lo era en la época de Pablo. Tampoco importa hoy demasiado la cantidad de dinero (8:12); la motivación lo significa todo (8:7, 11.12; *cf.* 9:5). Esto se vuelve impresionantemente claro cuando comparamos este pasaje con las famosas palabras de Pablo en 1 Corintios 13:3: Aunque diéramos todo lo que poseemos, si no tenemos amor, de nada nos aprovechará, sino que nos preparará para el juicio de Dios. Dar a los demás puede ser o no un acto de amor, dependiendo de que esté motivado por el rebosante gozo que fluye de haber sido hecho "rico" por Cristo (8:1, 5-7, 9, 10-12). De ahí que nadie haya captado los principios teológicos que están en funcionamiento en este pasaje con mayor pasión y precisión que John Piper, al que merece la pena escuchar en todo su detalle con respecto a la naturaleza del amor cristiano tal como se expresa en nuestro pasaje:

El amor es la abundancia de gozo en Dios

> 2 Corintios 8:1-8 muestra que Pablo piensa en el amor genuino sólo en relación con Dios [...]. Lo importante para lo que nos proponemos es advertir que en 8:8 dice que esto es una prueba de su *amor* [...].

---

  las comunidades paulinas ni tampoco describir por completo el nivel social de un solo cristiano paulino" (72).
27. *Ibíd.*, 73.
28. Furnish, *II Corinthians*, 418.
29. Betz, *2 Corinthians 8 and 9*, 59.

Al hacer referencia al profundo amor de los macedonios, Pablo pretende fomentar *también* entre los corintios un amor genuino [...]. Pero *aquí* hay un amor verdadero, mientras que *allí* [1Co 13:3] no era amor en absoluto. ¿Qué convierte la generosidad macedonia en un genuino acto de amor?

La naturaleza del amor genuino se puede ver en cuatro cosas:

Primero, es una obra de *gracia* divina [...].

La disposición es un don, una obra de gracia divina.

En segundo lugar, esta experiencia de la gracia de Dios llenó a los macedonios de gozo [...].

En tercer lugar, por la gracia de Dios *abundaron* en generosidad para hacer frente a las necesidades de los demás [...].

En cuarto lugar, los macedonios pedían la oportunidad de sacrificar sus escasas posesiones para los santos de Jerusalén [...]. *Querían* dar. ¡Ése era su gozo!

Ahora podemos ofrecer una definición de amor que tiene a Dios en cuenta y que también incluye los sentimientos que deben acompañar a los actos externos de amor: *El amor es la abundancia de gozo en Dios que con alegría hace frente a las necesidades de los demás* [...].

Por eso, una persona puede dar su cuerpo para ser quemado y no tener amor. ¡El amor es la abundancia de gozo *en Dios*![30]

William Dyrness ha observado lo siguiente:

En muchos aspectos, la identidad estadounidense se ha establecido sobre términos materiales. Nos definimos por nuestra relación con nuestro entorno material, tal vez más que por nuestra relación con otras personas (o incluso con Dios). Que esto haya resultado en una gran prosperidad material y en un gran logro tecnológico es algo que podemos reconocer directamente. Pero [notamos] también un lado oscuro: los estadounidenses tienden invariablemente a dotar los medios materiales con un valor supremo o final. Poseer una casa, por ejemplo, se ve como uno de los fines de la vida, más que un medio para otros fines.

---

30. John Piper, *Sed de Dios. Meditaciones de un hedonista cristiano* (Barcelona: Andamio, 2001), 116-9.

A acumular un patrimonio se le concede un significado que va más allá del uso que se le pueda dar.[31]

La idea que Dyrness expone es que este trasfondo cultural ha impregnado nuestra predicación del evangelio. En sus propias palabras:

> Comunicar el evangelio en los Estados Unidos reflejará invariablemente estos énfasis. Por una parte, tenderá a afirmar la búsqueda de los logros. Podría enfatizar que Dios nos ama y procura ayudarnos a realizar nuestro potencial o nuestros dones (él "tiene un maravilloso plan para nuestra vida"). Por otra parte, alentará una clase de fe que no es un sinsentido, una "fe que funciona" [...] en general afirmará la bondad y el valor de la persona y del orden creado. Como norma, los cristianos de los Estados Unidos sentirán la necesidad de la afirmación en lugar de la necesidad de la liberación.[32]

La pregunta que se debe suscitar es si esta adaptación a nuestra cultura no es un sincretismo que compromete al evangelio mismo. ¿Es Dios el gran "defensor de mis metas", el asistente que tiene que ayudarme a descubrir todo mi potencial? ¿Consiste el llamado tan solo en darme una confirmación de mi deber dentro de la sociedad como parte de un orden establecido de mutua interdependencia? ¿Acaso mi dádiva es una expresión de mi inherente bondad como persona? El pensamiento descuidado sobre este ámbito fundamental de nuestras vidas como cristianos abrirá la puerta a una invasión del materialismo estadounidense que se sirve a sí mismo y al moralismo que se autocongratula.

La mezcla heterogénea de valores. Esta confusión de nuestra cultura con el evangelio me golpeó con nueva fuerza recientemente mediante una serie de folletos que recibimos en nuestra iglesia que trataban el tema de "dar con inteligencia".[33] No es de sorprender que aparecieran en nuestros boletines a lo largo de varias semanas hacia finales del año, cuando la mayoría de las personas sacan el mayor provecho a su ofrenda. Lo que me sorprendió fue, sin embargo, su mezclado mensaje. Nos recordaban que dar con regularidad es una característica cristiana *y* que al final del "año fiscal" "pueden existir motivaciones impositivas para hacer un donativo ahora y recibir una deducción benéfica adicional". Además, las numerosas perspectivas sanas y bíblicas esparcidas por el material no habían sido integradas con su contenido "práctico" en ningún tipo de estructura teológica coherente. En lugar de ello, los folletos estaban llenos de "cápsulas de sabiduría" sobre la ofrenda.

---

31. William Dyrness, *How Does America Hear the Gospel?* (Grand Rapids: Eerdmans, 1989), 132-33.
32. *Ibíd.*, 133.
33. ¡He eliminado el nombre de mi iglesia para proteger a los inocentes! El *copyright* de los folletos era de Willing Way, Inc., 1996, 1997.

A causa de esta falta de valoración bíblica y de fundamento teológico, había mucho en ese material con un saborcillo a pragmatismo estadounidense de autoayuda. Por ejemplo, al final del folleto principal se nos decía convenientemente que "dar con sensibilidad es una evidencia externa de la gracia de Dios en la vida del cristiano" (con referencia a 2Co 8:7). Sin embargo, resultó difícil cuadrar esto con la lógica para dar presentada al principio. Después de llamarnos a "considerar a Dios como Dador original y a su dádiva", el folleto prometía: "Tu vida cristiana se verá enriquecida y será mucho más exitosa si tienes la perspectiva adecuada del dador". Cierto, pero "enriquecida" y "exitosa" ¿en qué sentido? El folleto no lo decía por ninguna parte. Así que, en el contexto de dar dinero y sin una explicación cuidadosa centrada en Dios, uno puede imaginar con facilidad qué definición se dará de manera natural a todos estos términos de tanta importancia.

Además, en medio del primer folleto se nos exigía correctamente que diésemos de buena gana y de forma proporcional (citando 2Co 8:11-12) y recordando que "los cristianos que dan demuestran la existencia de Dios al mundo". Pero también se nos decía que, como parte de la "esencia de dar", nosotros "transferimos tesoros de la tierra al cielo" (citando Mt 6:19-21; Fil 4:17-18). De nuevo, esto podría ser una útil perspectiva bíblica. Pero, sin un marco teológico, tales afirmaciones ambiguas dan la impresión de que dar con generosidad en la tierra es parte de una política de inversión eterna en la que almacenamos "tesoro" material en el cielo. No se hacía referencia alguna a dar como instrumento por el cual aprender a reconocer que el reino de Dios y su justicia son el verdadero y único tesoro que merece la pena tener. Dar no es un modo de transferir un tesoro terrenal al cielo (como si estar en la presencia de Dios no fuera suficiente), sino una forma de demostrar que los tesoros terrenales no pueden compararse a los del cielo. Según Mateo 6:19-21, no debemos trasladar nuestro tesoro, ¡sino buscar uno nuevo! Lo que esto ilustra es que cuando la reflexión bíblica está ausente, la motivación piadosa brilla por su ausencia.

Los folletos presentados en las semanas siguientes exhibían esta misma falta de evaluación bíblica. Uno de ellos preguntaba y respondía a la pregunta "¿*Cómo* puedo dar?". Las respuestas eran, por este orden: "En efectivo o mediante cheque" (más valorado, porque es "sencillo y fácil" y "de fácil uso"), "acciones, bonos, etc." (muy apreciados porque uno evita el impuesto sobre ganancias de capital), "gangas", "propiedad", "aportación del jefe", "regalo empresarial", "con alegría", "proporcionalmente", "con regularidad". Lo que me molestaba no era la llamada a ejercer sabiduría en la administración de nuestros activos. Lo preocupante era que dar "con alegría" y "de buena gana" estaba al mismo nivel conceptual que las "gangas" y que las condiciones del corazón no se hallaran al principio de la lista, sino al final (junto con "proporcionalmente" y "con regularidad").

Además, no había narrativa teológica para situar estas respuestas en ningún tipo de contexto. Este planteamiento tan diverso para responder a la pregunta sobre cómo dar deja la impresión de que existe toda una gama de formas de dar y que deberíamos escoger aquella que nos encaje mejor, ya sea el "efectivo" por una parte o "de buena gana" por la otra, siempre que demos.

El otro folleto preguntaba y contestaba la pregunta "¿*Por qué* dar?". Al hacerlo, marcaba las respuestas siguientes, en este orden aparentemente aleatorio: "Adora a Dios", "Alaba a Dios" (uno se pregunta cuál era la supuesta distinción entre adorar y alabar a Dios), "Ama a Dios", "Invierte en cambiar vidas", "Participación familiar", "Paga tus cuotas" (con la explicación de que se espera que uno contribuya por los servicios prestados por la iglesia), "Ve cómo trabaja tu inversión", "Integridad en la administración", "Dar rompe las cadenas del dinero y del materialismo" (algo que puede ser verdad o no, por supuesto), "Dios lo ordena", "Dar bendice al dador" y "¡Lo disfrutarás!". Aunque en este caso la adoración de Dios estaba en primer lugar, seguían alentándonos a hacer nuestra elección de las motivaciones, ya sea pagando nuestras cuotas, haciendo una inversión o sencillamente disfrutando de que nuestro dinero estuviera bien administrado mientras era bendecido. ¡Vaya trato!

Es asombroso que, cuando se trata de dar, la iglesia dedique tan poco tiempo y energía teológica a tratar nuestros más queridos valores culturales, a saber, la acumulación materialista del dinero y el idolatrado estatus y seguridad que traen las posesiones materiales. Cuando hablamos de dar somos muy rápidos a la hora de adoptar las estrategias motivacionales y las costumbres de nuestra cultura. Que Pablo dedique espacio en su carta de restauración y apologética a favor de la verdad a la cuestión de la colecta debería ser un sobrio recordatorio de la relevancia de este aspecto de nuestra vida cristiana. En ningún lugar se desafía nuestro materialismo de un modo tan directo ni se evaden las cuestiones con mayor frecuencia que cuando se trata de expresar la genuina naturaleza de nuestra fe y la unidad de la iglesia por medio de nuestra generosidad.

Aprender de los macedonios. El ejemplo de los macedonios sigue siendo instructivo hoy. En una inversión radical de los papeles de los valores del mundo, la abundancia de la *pobreza* de ellos, alimentada por la *riqueza* de su gozo en Dios, condujo a una *riqueza* de generosidad. Por lo general pensamos que los "recaudadores de fondos" alientan a quienes se pueden permitir dar más; en las iglesias macedonias, los que no tenían nada rogaron dar. ¿Por qué? La respuesta de Pablo es la gracia de Dios. De hecho, el "también" de 8:7 muestra que dar es un don espiritual de gracia exactamente igual que los demás dones carismáticos que los corintios habían recibido. Dar no es meramente una expresión de compasión por los necesitados. Tampoco es sencillamente un reflejo de nuestra propia preocupación. Más bien, el don espiritual de dar a los demás debe reflejar nuestro propio gozo en la grandeza del don de

Dios para nosotros en Cristo. Como hemos visto, el gozo de los macedonios condujo a dar, y no a la inversa. Por esta razón, a lo largo de la exposición de Pablo, ¡a la colecta se la denomina "gracia" y "ministerio!".

Según Pablo, dar no está, pues, motivado por intentar convencer a las personas de cuán "inteligente", "responsable" y "agradable" es dar. Al participar en la colecta, los macedonios no estaban intentando pagar sus cuotas ni hacer una sabia inversión financiera. Más bien saboreaban y buscaban el reino de Dios. Solo los mayores tesoros del reino de Dios pueden liberarnos de aferrarnos a los tesoros conflictivos de este mundo (*cf.* el llamado de Jesús a "comparar y comprar" en Mt 6:19-21). Solo la más profunda satisfacción que viene de gastarse por los demás puede derrotar el impulso pecaminosamente natural de usar a los demás para nuestros propios fines. Y negarnos a nosotros mismos por el bien los demás es algo que solo se puede dar cuando nuestras propias necesidades de seguridad están suplidas en el Cristo que se entregó por nosotros (8:9). De ahí que, en lugar de centrarnos meramente en formas más eficaces de anunciar los beneficios y las obligaciones de dar, necesitamos orar para que el Espíritu de Dios se derrame sobre su pueblo. En vez de grandes campañas para recaudar fondos, necesitamos una imagen más amplia de Dios.

La exposición que Pablo hace sobre la colecta deja claro cuánto nos ha adormecido la ética materialista y egoísta que nos rodea. La mitología de nuestra cultura de "merecer lo que hemos ganado" ha conducido a menudo a un cristianismo culturalmente condicionado. Bajo el encanto de nuestro materialismo, esta sensación de merecer lo que hemos ganado se expresa "recompensándonos" mediante el gasto de lo que nos sobra en lujo. Como resultado, descubrimos que es casi imposible ser contracultural en lo que respecta al dinero.

Carecemos de modelos de ese tipo de gozosa ofrenda "macedonia" que procede de la profunda experiencia de la gracia de Dios. Como resultado, luchamos contra un nominalismo que ahoga la ofrenda voluntaria y sacrificial por considerarla un ejemplo indeseable de fanatismo religioso. ¿Qué podría ser más "fanático" en nuestra época que vivir por debajo del nivel propio de ingresos por dar tanto dinero como sea posible? En el mundo de hoy, que los macedonios dieran de su pobreza sirve de llamada de aviso en medio de nuestro dormitar autocomplaciente.

Escuchemos a William Law. Este tipo de nominalismo no es nada nuevo. A principios del siglo XVIII, William Law (1686–1761) afrontó la misma falta de piedad dentro de la iglesia a la que nos enfrentamos hoy, a pesar (o, como él argumentó, "a causa") de la cultura "cristiana" que dominaba gran parte de Inglaterra en aquella época. En 1728, él respondió publicando *A Serious*

Call to a Devout and Holy Life.³⁴ En él, Law emitió una súplica llana, pero profunda, a considerar lo que significa conocer a Dios en *todos* los aspectos de la vida. Exigió que se hiciera un examen coherente, ya que, por definición, la persona devota "convierte todas las partes de su vida común en partes de piedad, haciéndolo todo en el nombre de Dios y bajo las normas conformes a su gloria" (cap. I, 1).³⁵

Law reconoció que la cuestión del dinero era fundamental para esta preocupación por la piedad. Como Pablo, percibió que nuestras actitudes y acciones hacia nuestras posesiones revelan la realidad de la gracia de Dios en nuestras vidas. No es accidental que cuando Pablo pasó a aplicar su evangelio a los arrepentidos tocara de inmediato el tema de la colecta. Como dijo Jesús: "Porque donde esté tu tesoro, allí estará también tu corazón [...] No se puede servir a la vez a Dios y a las riquezas" (Mt 6:21, 24). Así también, después de que Lay perfilara la naturaleza, la obligación y los obstáculos a la devoción en general (caps. i-v), la primera cuestión específica que trata para desarrollarla a continuación en detalle durante tres capítulos enteros es "la gran obligación y las ventajas de hacer un uso sabio y religioso de nuestro patrimonio y nuestra fortuna" (cap. vi, 50). Y es que, como observa Lay, nuestras actitudes hacia el dinero y el uso que hacemos de él influyen en casi todos los ámbitos de nuestra vida: "Porque la forma de usar nuestro dinero, o gastar nuestro patrimonio, entra tanto en el negocio de cada día y constituye una parte tan grande de nuestra vida común que esta debe ser, en gran medida, de la misma naturaleza que nuestra forma común de gastar nuestro patrimonio" (cap. vi, 50).

De modo que la preocupación teológica de Lay es inminentemente práctica: la forma en que gastamos nuestro dinero determina el carácter de nuestras

---

34. William Law, *A Serious Call to a Devout and Holy Life: Adapted to the State and Condition of all Orders of Christians,* Introducción de G. W. Bromiley (Grand Rapids: Eerdmans, 1966). Aunque Law mismo permaneció en la Iglesia de Inglaterra toda su vida, J. H. Overton observó en la introducción a la edición de 1898 que el gran Avivamiento Evangélico que comenzó en 1738 "debió sus primeros ímpetus a este libro más que a cualquier otro" (ix). Law escribió su *Serious Call* a los que profesaban ser cristianos pero mostraban poca evidencia de serlo en los asuntos cotidianos. Como señala Overton, el propósito del llamado de Law "a vivir más cercanamente" era "convencer sus mentes del absurdo de creer una cosa y hacer otra" (xii). En lo que sigue, todas las citas están tomadas de esta edición y citadas primero por el número original de capítulo y, a continuación, por el número de la página en la edición de Eerdmans. Los énfasis son míos.
35. "Si queremos ser nuevas criaturas en Cristo, debemos demostrar que lo somos, teniendo nuevas formas de vivir en el mundo. Si debemos seguir a Cristo, debe ser en nuestra manera normal de pasar cada día. Por tanto, las virtudes y carácter del cristianismo no son nuestros a menos que sean las virtudes y carácter de nuestra vida ordinaria [...]. Si nuestra vida común no es el curso común de la humildad, abnegación, renuncia del mundo, pobreza de espíritu y afecto celestial, no vivimos la vida de cristianos" (cap. i, 7).

vidas, así como este carácter determina la forma en que gastamos nuestro dinero. En resumen, sabemos quiénes somos por cómo gastamos nuestro dinero. En palabras de Law:

> Cada exhortación de las Escrituras a ser sabios y razonables, satisfaciendo solo aquellas necesidades que Dios quiera satisfacer; cada exhortación que sea espiritual y celestial, insistiendo en un cambio glorioso de nuestra naturaleza; cada exhortación a amar a nuestro prójimo como a nosotros mismos, a amar a toda la humanidad como Dios la amó, es una orden de ser estrictamente religiosos en el uso del dinero. (cap. vi, 53)

Como Pablo en 2 Corintios 8:9, el llamado de Law era a aplicar la cruz a nuestro dinero.

> La gran conquista de los cristianos sobre el mundo está por completo contenida en el misterio de Cristo sobre la cruz. Fue allí, y desde ese momento, donde enseñó a todos los cristianos cómo debían salir del mundo y vencerlo, y lo que debían hacer con el fin de ser sus discípulos [...].
>
> *Y el estado del cristianismo no implicaba otra cosa que una conformidad completa y absoluta con ese espíritu que Cristo mostró en el misterioso sacrificio de sí mismo en la cruz.* (cap. xviii, 196)

Además, como Pablo en 2 Corintios 8:6-7, Law vio que esa conformidad con Cristo en dar no era una opción ni meramente un buen consejo, sino el resultado necesario de lo que significaba en sí mismo ser cristiano.

> Por tanto, todo hombre es *cristiano en la misma medida en que participa de este espíritu de Cristo.*
>
> [...] la necesidad de esta conformidad a todo lo que Cristo hizo y sufrió por nosotros es muy clara en todo el tenor de las Escrituras.
>
> [...] Si "sufrimos con él, también reinaremos con él".
>
> Fue por esta razón que el santo Jesús dijo de sus discípulos y, en ellos, de todos los creyentes verdaderos: "No son de este mundo como tampoco yo soy de este mundo". (cap. xvii, 196-198)

Así, exactamente como Dios llama al cristiano a perdonar a su hermano "setenta veces siete" (Mt 18:21-22, RSV), Law vio que esta "norma de perdonar" también era "la regla de dar". En sus propias palabras: "es tan necesario dar hasta setenta veces siete como vivir en el ejercicio continuo de toda buena obra, al máximo de nuestro poder, como también es necesario perdonar hasta setenta veces siete y vivir en el ejercicio habitual de este carácter perdonador" (cap. vi, 56).

Law sabía que la escapatoria a semejante llamado es nuestra propensión a gastar lujosamente en nosotros mismos para no ser "capaces" de dar a los demás. Law se dirigió, por tanto, a la vena yugular de nuestros valores comprometidos con el fin de cortar la naturaleza vital del materialismo: gastar innecesariamente en nosotros mismos a expensas de los demás es una negación de nuestra salvación misma. Para Law, como para Pablo en 8:8, la prueba de la fe genuina era la buena disposición a dar y la adopción de un estilo de vida que hace que sea posible dar.

> El mejor uso de nuestro dinero es estar siempre haciendo el bien con él y también lo es usarlo de forma óptima en cualquier tiempo particular, de manera que aquello que es una razón para un acto de caridad también lo es para una vida caritativa. (cap. vi, 56-58)

En verdad, este es un "llamado serio". Law se dio cuenta de que estaba viviendo en una época peligrosa. Vio claramente que los valores del mundo secular, "con sus pasiones de sensualidad, narcisismo, orgullo, codicia, ambición y vanagloria" (cap. xvii, 200) se habían infiltrado en el "mundo cristiano" nominal. Law reconoció, asimismo, que para los fieles esto suponía una amenaza incluso mayor que una persecución directa:

> Y, de hecho, al profesar el cristianismo, el mundo está tan lejos de ser un enemigo menos peligroso de lo que era con anterioridad, *que, por medio de sus favores ha destruido a más cristianos de los que destrozó la más violenta de las persecuciones.* (cap. xvii, 200)

Por consiguiente, no es de sorprender que la prueba de fuego para comprobar si uno ha capitulado ante la autoridad del "mundo cristiano" secular es el dinero: "¿Cómo se puede incapacitar más a un hombre con respecto al espíritu de Cristo que mediante el valor erróneo que se le atribuye al dinero y, a pesar de todo, cómo puede estar más equivocado en cuanto al valor que le da que siguiendo la autoridad del mundo cristiano?" (cap. xvii, 202). La forma en que gastamos nuestro dinero no es un asunto inocuo:

> El dinero que se gasta de esta forma no se despilfarra ni se pierde, pero sí se gasta en malos propósitos y efectos miserables, en la corrupción y el desorden de nuestros corazones, y en hacernos menos capaces de vivir según las sublimes doctrinas del evangelio. Es como quedarnos con dinero de los pobres para comprar veneno para nosotros. (cap. vi, 52-53)

En esto debemos tener cuidado. El llamado de Law es inflexible: debemos vivir de manera que podamos dar. Pero no es en absoluto una invitación al "sacrificio" autodestructivo ni al martirio sin gozo. Su extenso tratado sobre la devoción y la felicidad deja claro que la verdad es justamente lo contrario. En él argumenta que "una gran devoción llena nuestra vida de la mayor paz y felicidad que se puedan disfrutar en este mundo" (cap. xi, 102). Según Law, "el serio llamado a una vida devota y santa" es un serio llamamiento a ser feliz. Como él lo expresa:

> ... cuanto más levantemos nuestros ojos a él en cada una de nuestras acciones, más nos conformaremos a su voluntad, actuaremos más conforme a su sabiduría e imitaremos su bondad; por tantas cosas, cuanto más *disfrutemos* de Dios, más participaremos de la naturaleza divina y elevaremos, y aumentaremos, *todo* lo que es *feliz* y *cómodo* en la vida humana. (cap. xi, 102)

Entendiéndolo de esta forma, la fe cristiana enseña a los creyentes cómo usar todo lo que Dios les ha concedido, para que "puedan tener siempre el placer de recibir un beneficio correcto de ello" (cap. xi, 110). De manera específica, dice:

> ... *este mundo es incapaz de proporcionarle ninguna otra felicidad*, y que todos los esfuerzos por ser feliz rodeado de montañas de dinero o acres de tierra, con ropa elegante, una cama lujosa, un carruaje majestuoso, imagen y esplendor, solo son *vanos* esfuerzos, *ignorantes intentos por alcanzar cosas imposibles;* estas cosas ya no pueden proporcionar el más mínimo grado de felicidad. (cap. xi, 110)

Por tanto, si se nos dice:

> "vende todo lo que tienes y dáselo a los pobres" es porque no hay otro uso natural o razonable para nuestras riquezas, ninguna otra manera de conseguir que nos hagan felices. (cap. xi, 112)

El argumento de Pablo en 8:1-15 es razonable, porque está basado en la realidad de la gracia de Dios que satisface por completo. Los macedonios no son unos necios por dar de su pobreza. Pero tampoco son grandes héroes religiosos. En este pasaje no se les está alabando a ellos, sino al Dios que produjo la voluntad de ofrendar dándoles primero el gozo en sí mismo en medio de la pobreza que ellos sufrían en este mundo.

2 Corintios 8:16–9:15

🕊

Gracias a Dios que puso en el corazón de Tito la misma preocupación que yo tengo por ustedes. ¹⁷ De hecho, cuando accedió a nuestra petición de ir a verlos, lo hizo con mucho entusiasmo y por su propia voluntad. ¹⁸ Junto con él les enviamos al hermano que se ha ganado el reconocimiento de todas las iglesias por los servicios prestados al evangelio. ¹⁹ Además, las iglesias lo escogieron para que nos acompañe cuando llevemos la ofrenda, la cual administramos para honrar al Señor y demostrar nuestro ardiente deseo de servir. ²⁰ Queremos evitar cualquier crítica sobre la forma en que administramos este generoso donativo; ²¹ porque procuramos hacer lo correcto, no sólo delante del Señor sino también delante de los demás. ²² Con ellos les enviamos a nuestro hermano que nos ha demostrado con frecuencia y de muchas maneras que es diligente, y ahora lo es aún más por la gran confianza que tiene en ustedes. ²³ En cuanto a Tito, es mi compañero y colaborador entre ustedes; y en cuanto a los otros hermanos, son enviados de las iglesias, son una honra para Cristo. ²⁴ Por tanto, den a estos hombres una prueba de su amor y muéstrenles por qué nos sentimos orgullosos de ustedes, para testimonio ante las iglesias.

⁹:¹ No hace falta que les escriba acerca de esta ayuda para los santos, ² porque conozco la buena disposición que ustedes tienen. Esto lo he comentado con orgullo entre los macedonios, diciéndoles que desde el año pasado ustedes los de Acaya estaban preparados para dar. El entusiasmo de ustedes ha servido de estímulo a la mayoría de ellos. ³ Con todo, les envío a estos hermanos para que en este asunto no resulte vano nuestro orgullo por ustedes, sino que estén preparados, como ya he dicho que lo estarían, ⁴ no sea que algunos macedonios vayan conmigo y los encuentren desprevenidos. En ese caso nosotros —por no decir nada de ustedes— nos avergonzaríamos por haber estado tan seguros. ⁵ Así que me pareció necesario rogar a estos hermanos que se adelantaran a visitarlos y completaran los preparativos para esa generosa colecta que ustedes habían prometido. Entonces estará lista como una ofrenda generosa, y no como una tacañería.

⁶ Recuerden esto: El que siembra escasamente, escasamente cosechará, y el que siembra en abundancia, en abundancia cosechará. ⁷ Cada uno debe dar según lo que haya decidido en su corazón, no de mala gana ni por obligación, porque Dios ama al que

2 Corintios 8:16–9:15

da con alegría. ⁸ Y Dios puede hacer que toda gracia abunde para ustedes, de manera que siempre, en toda circunstancia, tengan todo lo necesario, y toda buena obra abunde en ustedes. ⁹ Como está escrito:

«Repartió sus bienes entre los pobres;
su justicia permanece para siempre».

¹⁰ El que le suple semilla al que siembra también le suplirá pan para que coma, aumentará los cultivos y hará que ustedes produzcan una abundante cosecha de justicia. ¹¹ Ustedes serán enriquecidos en todo sentido para que en toda ocasión puedan ser generosos, y para que por medio de nosotros la generosidad de ustedes resulte en acciones de gracias a Dios. ¹² Esta ayuda que es un servicio sagrado no sólo suple las necesidades de los santos sino que también redunda en abundantes acciones de gracias a Dios. ¹³ En efecto, al recibir esta demostración de servicio, ellos alabarán a Dios por la obediencia con que ustedes acompañan la confesión del evangelio de Cristo, y por su generosa solidaridad con ellos y con todos. ¹⁴ Además, en las oraciones de ellos por ustedes, expresarán el afecto que les tienen por la sobreabundante gracia que ustedes han recibido de Dios. ¹⁵ ¡Gracias a Dios por su don inefable!

La importancia de la colecta dentro del argumento de 2 Corintios (por no mencionar dentro de la teología de Pablo) suele subestimarse. Lejos de ser una digresión en el pensamiento de Pablo, la idea práctica de 2 Corintios en conjunto se expresa en estos capítulos: aquellos corintios que no han aceptado la gracia de Dios en vano (6:1-2), como queda constancia en el arrepentimiento de ellos (7:9-11), han de prepararse para la tercera visita del apóstol (*cf.* 13:1), mediante la purificación de la iglesia (6:14–7:1) y completando la colecta (8:1–9:15).

Existe, asimismo, un importante motivo apologético que subyace a estos capítulos: Pablo quiere demostrar su integridad con respecto a esta considerable suma de dinero (7:2; 8:20; 11:20; 12:15-18) y preparar el camino para trasladarlo a Jerusalén, ya que no se garantizaba en absoluto que llegara a buen puerto (ver Ro 15:30-31; *cf.* Hch 21:15-26; 24:17). En lo referente a la colecta para Jerusalén, tanto el estatus de los corintios como la reputación del apóstol están, pues, en juego (*cf.* 1Ti 5:8).

En 8:1-15, Pablo argumentaba de forma teológica y eclesiológica para que se retomara la colecta. Ahora, en 8:16-24, Pablo elogia a la delegación de tres hombres que está enviando a Corinto para administrarla: Tito, el delegado jefe

(vv. 16-17) y otros dos hermanos anónimos (vv. 18, 22). El principal propósito de esta recomendación es la amonestación correspondiente en 8:24 para que sus lectores respondan ante ellos y su tarea de la forma adecuada. Sin embargo, por mucho que el apóstol sea siempre un teólogo pastoral, su recomendación no es meramente una cuestión de detalle administrativo. Más bien está impregnada de argumentación teológica y bíblica, mientras que en su conjunto se desarrolla bajo la rúbrica de alabanza a Dios (8:16a), que una vez más es la fórmula literaria y teológica que Pablo usa para iniciar una nueva sección de su carta (*cf.* 1:3 y 2:14).

El párrafo 9:1-15 respalda directamente el mandato de 8:24, perfilando por qué debe completarse la colecta en Acaya antes de que llegue Pablo y apoyando esta necesidad de manera teológica (Ro 15:26 indica ¡que Acaya sí respondió!). De ahí que, en lugar de ser un fragmento de una carta separada posteriormente incorporada a lo que ahora llamamos 2 Corintios, el capítulo 9 requiere el capítulo 8 para que se pueda entender. La referencia a los hermanos en 9:3 amplía 8:16-23, y la necesidad de completar la colecta antes de la llegada de Pablo requiere la obligación declarada en 8:7-15 (*cf.* 9:5 con 8:20; 9:1-2 con 8:24).

Pablo quiere que la colecta esté preparada antes de que él regrese, con el fin de evitar cualquier posibilidad de que su presencia coaccione de algún modo la colecta (*cf.* 10:2-6; 13:1-4). Pablo no quiere que las personas participen en la ofrenda por un temor sobrevenido de ser juzgados por Dios, sino por la gracia continuada de Dios en sus vidas. La preocupación del apóstol es demostrar que dar no es una forma de *permanecer* en la iglesia bajo amenaza de castigo, sino la forma de manifestar que *pertenecen* a la iglesia porque confían continuamente en lo que Dios ha hecho, está haciendo y hará por ellos.

La expectativa de que Dios será alabado por medio de la generosidad de su pueblo (9:11), que es la idea principal de 9:1-15, refleja también este mismo enfoque teocéntrico. Por esta razón, el debate de Pablo sobre la colecta acaba donde empieza 8:16, con acción de gracias a Dios (9:15). De ahí que no participar de buena gana en la colecta como acto de adoración a Dios no lo saque a uno de la iglesia; sencillamente indica, para empezar, que uno no forma parte del pueblo de Dios.

La necesidad de enviar la delegación (8:16-24)

Como su paralelo en 2:14, la alabanza que Pablo eleva a Dios en 8:15 presenta una nueva unidad literaria. Además, así como 2:14 introducía la autorrecomendación de Pablo, 8:16 da paso a la que hace de Tito y de los dos hermanos de Macedonia. Así como tener a los corintios en su "corazón" recomendaba a Pablo en 2:14–3:3 (*cf.* 3:2), la "preocupación" (o mejor, el "entusiasmo", *cf.* NRSV) en el "corazón" de Tito con respecto a los corintios era su recomendación (8:16). Estos paralelismos apoyan la decisión de la NVI de interpretar el "mismo" entusiasmo o preocupación de 8:16 como referencia a que Tito comparte la misma inquietud de Pablo por los corintios, en lugar de establecer una comparación entre la preocupación de Tito y la de los corintios por Pablo (cf. 7:11-12; 8:7) o la de los macedonios (8:8). El punto de comparación es Pablo.

La prueba de la ilusión de Tito era su disposición a aceptar la misión que le encomendó Pablo y el entusiasmo y la "iniciativa" con que la emprendió (8:17). A la luz del argumento de Pablo en 8:1-15, este celo por completar la colecta es un celo por el bien de los corintios mismos. Aunque dicha disposición a servir se menciona con frecuencia en cartas helenísticas como la cualidad más importante para los administradores,[1] la idea de Pablo en 8:16-17 es que, como con los macedonios (cf. 8:1), *Dios* es quien pone el deseo de ayudar a los corintios en el corazón de Tito. No se elogia a Tito por sus propias cualidades innatas, sino por la forma en que Dios ha obrado en su vida. Por esta razón a Tito se le elogia, pero a Dios se le alaba (cf. Mt 5:16).

Los versículos 18-21 tienen que ver con el envío del segundo hermano, que permanece anónimo. Aunque todos los intentos de identificarlo quedan como pura conjetura, las sugerencias van desde Lucas (cf. Col 4:14; 2Ti 4:11; Flm 24), Bernabé o Apolo (Hch 18:24-28), a uno de los hombres enumerados en Hch 19:29; 20:4. La designación que Pablo hace de esta persona sencillamente como "el hermano" (8:18) indica que es cristiano, pero que dentro de la delegación tiene probablemente un estatus inferior a Tito. Mientras que este último fue enviado por propia recomendación de Pablo, al hermano se le envía por su reputación entre "todas las iglesias" de Macedonia, Acaya y Asia (cf. 11:28; también Hch 20:3-4; 1Co 7:17; 14:34). Se le alaba por su "servicio al evangelio" que se refiere posiblemente a su trabajo como evangelista (cf. Ro 1:9; 10:14-15; Ef 4:11; 1Ts 3:2; 2Ti 4:5), aunque pueda denotar simplemente su apoyo por la obra de evangelización de otros (como en Fil 1:5; 4:3).

Como estas designaciones indican, aunque este "hermano" es enviado por Pablo, no es su mensajero personal, sino un delegado escogido de las iglesias. La palabra traducida como "escogieron" en 8:19 es un término técnico para la elección de alguien a mano alzada en la asamblea (cf. Hch 14:23; Tit 1:9). Pablo está prestando su autoridad apostólica a la decisión de la iglesia local (para este mismo procedimiento, ver 1Co 16:3). Como 2 Corintios 8:19 indica, las iglesias le encomendaron a este hermano viajar a Jerusalén con Pablo llevando la colecta antes de que se decidiera enviarlo también a Corinto (aquí, de nuevo, se hace alusión a la colecta literalmente como una "gracia" [*charis*]; cf. 8:1, 4, 6, 7, 9, 9:8, 14, 15).

---

1. Hans Dieter Betz, *2 Corinthians 8 and 9,* 58 nn. 140.41, 70.

Pablo está ampliando, pues, el nombramiento de este hermano para incluir que vaya por delante a Corinto con el fin de ayudar a completar la colecta. La presencia de este respetado hermano ayudará a certificar la integridad de la empresa tanto delante de Dios (8:20) como, más importante aún (ya que Dios conoce su integridad), delante de los demás (ver en 8:21; cf. Pr 3:4; Ro 12:17). Pablo envía la delegación para protegerse de toda sospecha en cuanto a que esté de alguna manera usando la colecta para llenarse los bolsillos (cf. 2Co 2:17; 4:2; 6:3; 7:2-4; 11:7-12; 12:16-18).[2]

Por tanto, es relevante, aunque no sorprendente, que en un pasaje que detalla el envío por parte de la iglesia de unos delegados para asegurarse de la pureza de la ofrenda, encontremos de nuevo la comprensión de sí mismo que Pablo tenía. Relaciona todo lo que hace con su papel de apóstol. En consecuencia, en 8:19-20 afirma sobre la colecta "ministrada por nosotros" (lit.), usando la misma frase griega que se encuentra en 3:3 para describir su ministerio del Espíritu en el nuevo pacto (la NVI oscurece este paralelismo con su traducción "la cual administramos"). Para Pablo, la colecta no es sencillamente un asunto práctico ni una mera aplicación de su mensaje, es una parte integral de su ministerio del evangelio. Esto se refleja en el propósito de la colecta tal como se declara en 8:19: "para honrar al Señor y demostrar nuestro ardiente deseo de servir.

En otras palabras, la colecta es un aspecto fundamental del ministerio de Pablo, precisamente porque glorifica a Dios y demuestra la realidad del Espíritu por medio de la entusiasta disposición de Pablo a suplir las necesidades de los demás (cf. 13:18; 4:15; 9:12-13; Ro 15:7; 1Co 10:31; Fil 1:11; 2:11). De hecho, esto último lleva a cabo lo primero. Una vez más, Pablo mismo sirve de modelo de la misma cualidad de "buena gana" otorgada por el Espíritu y que honra a Dios a la que él llama a los corintios (cf. 2Co 8:11-12; 9:2).

El tercer miembro de la delegación se introduce en 8.22. La descripción que Pablo hace de él como "*nuestro* hermano" sugiere que él también, como Tito, ha sido nombrado directamente por Pablo, y no por las iglesias, aunque su

---

2. Como trasfondo al compromiso de Pablo con la colecta y sus planes para que los enviados gentiles la acompañaran a Jerusalén, los comentaristas suelen apuntar a la expectativa del Antiguo Testamento en cuanto a que, junto con la restauración final de Israel, los gentiles irán al monte de Sión para llevar regalos. Pero no hay alusión o referencia alguna a estos textos en los capítulos 8–9 ni tampoco se hace mención a ninguna expectativa escatológica. Más bien, los gentiles acompañan a Pablo sencillamente para asegurar la integridad fiscal de la colecta. Un paralelismo más adecuado es la práctica de enviar a emisarios de la más alta reputación con las ofrendas anuales de los judíos de la Diáspora para el tesoro del templo (cf. Filón, *Embajada a Gayo* 216; *Comentario especial a la ley* 1.78; Josefo, *Antigüedades* 16.172). Para esta idea y el paralelo lingüístico de 8:20, ver Victor Paul Furnish, *II Corinthians*, 423; Paul Barnett, *The Second Epistle to the Corinthians*, 426 n. 65.

responsabilidad no consiste en representar a Pablo *per se,* sino en las preocupaciones de las congregaciones (*cf.* 8:23b). Como Tito en 8:16-17 y Pablo mismo en 8:19, la cualidad clave de este hermano era su "celo" o su "ardiente deseo de servir". Cuando Pablo le asigna a alguien que represente el ministerio del evangelio, busca esta señal tangible de la obra del Espíritu (*cf.* su presencia en los macedonios en 8:8). El mayor fruto del Espíritu es el amor, ya que el amor es "la abundancia de gozo en Dios que con alegría hace frente a las necesidades de los demás".[3] De hecho, según 8:22b, el celo de este hombre por servir a los corintios había sido alimentado mucho más por el celo renovado, inducido por el Espíritu, de los corintios arrepentidos (*cf.* 7:11-12; 8:7). El amor engendra amor.

En 8:23-24, Pablo saca dos conclusiones; la primera concierne a la delegación (v. 23); la segunda, derivada de la primera, está dirigida a los corintios (v. 24). (1) Dado lo que Pablo ha dicho sobre Tito en 8:16-17, ahora lo describe como su "compañero y colaborador" (8:23), una "fórmula de autorización" que lo designa como representante mismo de Pablo.[4] "Colaborador" es la descripción favorita del apóstol en cuanto a sus compañeros en el ministerio.[5] En contraste, los dos hermanos de 8:18-22 son "representantes" designados (lit., "apóstoles"; *cf.* 1:1 en contraste con Fil 2:25) no de Pablo, sino "de las iglesias" (8:23). Como tales, son "un honor para Cristo" (lit., "una gloria de Cristo").

La equiparación que Pablo hace de los dos hermanos con la "gloria de Cristo" refleja su anterior aseveración en 3:18 y 4:4-6 en cuanto a que los que encuentran la gloria de Dios en el rostro de Cristo son transformados a esa misma gloria. Dado que Cristo es aquel que crea en ellos su entusiasta deseo por servir a los corintios, estos "apóstoles" como *el* apóstol Pablo (*cf.* 1:1) son manifestaciones de la gloria transformadora de vida de Cristo. Esto significa que rechazar su obra entre los corintios es rechazar la realidad de Cristo en su iglesia y entre los apóstoles de estas.

(2) Dado el estatus representativo de la delegación, Pablo concluye esta sección apelando a los corintios para que respondan de manera adecuada a su presencia y propósito entre ellos (8.24). La delegación que acaba de ser encomendada es, por supuesto, la misma que ha entregado la carta que están leyendo en ese momento (es decir, nuestra 2 Corintios) y están en la tarea de completar la colecta. Los corintios deben, pues, demostrar la realidad de su amor renovado por Pablo y su evangelio, cumpliendo con el llamado a contribuir. Así como los macedonios son un ejemplo para los corintios (8:1-7),

---

3. John Piper, *Sed de Dios. Meditaciones de un hedonista cristiano* (Barcelona: Andamio, 2001), 119. Esta era la idea culminante de Construyendo Puentes con respecto a 8:1-15.
4. Betz, *2 Corinthians 8 and 9,* 79-80.
5. Ver 1:24; Ro 16:3, 9, 21; 1Co 3:9; 16:10, 16; Fil 2:22, 25, 30; 4:3; 1Ts 3:2; Col 4:11; Flm 1, 17, 24.

estos últimos deben ser un ejemplo recíproco para los primeros, demostrando que la misma expresión de la gracia de Dios que ellos experimentaron se está reproduciendo ahora entre los corintios.

Pablo se ha jactado de que la mayoría de los corintios, habiéndose arrepentido genuinamente, responderían. Ahora ha llegado el momento de que ellos confirmen esa confianza viviendo lo que han confesado (*cf.* 8:2, 8; 9:13). Disciplinar a los suyos es una cosa, pero cruzar las fronteras éticas, sociales, religiosas y culturales para llegar a los judíos de Jerusalén será la prueba máxima de la sinceridad, el entusiasmo y la preocupación de ellos (7:11-12). Y es que, como se hará evidente en 10:12-18, uno se puede jactar legítimamente de las cosas para las que hay una prueba concreta de que Dios ha estado obrando. Esto explica por qué la jactancia de Pablo con respecto a los corintios en 8:24 es la razón suprema para la alabanza a Dios con la que comienza esta sección: él presume de ellos, pero esto es al mismo tiempo una declaración de acción de gracias a Aquel que hace que sus vidas sean posibles.

La necesidad de completar la colecta con antelación (9:1-5)

A pesar de la división del capítulo en nuestras Biblias, 9:1-5 es un apoyo directo para la amonestación de Pablo en 8:24, no la presentación de un nuevo tema, y mucho menos el comienzo del fragmento de una carta separada (nótese el *gar* ["porque"] en el texto griego, lamentablemente no traducido en la NVI).[6] Pablo llama a los corintios a responder a la delegación de tres hombres (8:24), porque su tarea consiste en asegurar que su anterior deseo de dar se cumplirá antes de que él llegue (9:3) y que su ofrenda misma expresará la bendición de Dios en sus vidas (9:5). Su idea en 9:1-2 es, por tanto, que su mandato en 8:24 no concierne a la participación en la colecta como tal, ya que ellos han demostrado su ilusión o entusiasmo por hacerlo (en 8:7-15, la cuestión es su generosidad y que se complete el proyecto, y no su deseo de participar *per se*). Más bien, la carga de Pablo es que los corintios respondan de manera positiva a la delegación completando la colecta antes de que él mismo regrese.

En realidad, Pablo ve que "no hace falta" escribir a los corintios sobre "esta ayuda para los santos" mismos (9:1). Esta calificación es más que un elemento meramente retórico que pretende ganar la buena voluntad de ellos. Pablo ya se ha jactado del deseo de ellos de dar en respuesta a la iniciación de la colecta por parte de Tito el año anterior, antes de que comenzara todo el problema (8:6, 10, 24; *cf.* 7:4, 14). De hecho, la anterior disposición de ellos ha de-

---

6. Con frecuencia se indica que Pablo usa la construcción *peri de* ("ahora en lo que respecta a") para introducir un nuevo tema o sección en sus cartas (*cf.* 1Co 7:1, 25; 8:1; 12:1; 16:1, 12; 1Ts 4:9; 5:1). Pero aquí tenemos *peri gar* ("porque en cuanto"), que presenta un subtítulo dentro del argumento en curso.

mostrado ser un ejemplo para los mismos macedonios que ahora están dando ejemplo para los de "Acaya" (9:2; *cf.* 8:1-7).

Lo más probable es que Pablo emplee la designación geográfica de "Acaya" aquí para que encaje con su correspondiente referencia a los "macedonios", especialmente porque Corinto era la capital senatorial provincial de Acaya. La preocupación de Pablo no es solamente la iglesia central de Corinto, sino también todas las iglesias o creyentes en el entorno más amplio (*cf.* 1:1; 11:10; también 1Co 16:15).[7] Su idea en 2 Corintios 9:2 es que su renovada disposición (*paraskeuazo*, un término militar que describe la preparación para acciones militares; *cf.* 1Co 14:8)[8] debería llevarse a buen término, ya que el deseo de ellos debe ir acompañado por la acción para que se considere genuino (*cf.* 8:11-12).

A pesar de la disposición de ellos, pasada y presente, Pablo ha enviado a los tres hermanos[9] con el fin de asegurarse de que su orgullo en cuanto a la colecta, que es el fruto visible de su ministerio entre ellos, no sea "vaciado" (9:3; NVI, "resulte vano". El verbo utilizado aquí (*kenoo*) pertenece a la misma raíz que el nombre usado en 6:1 para referirse al peligro de que los corintios acepten la gracia de Dios "en vano" (*kenos*).[10] Este paralelismo no es accidental. Como hemos visto, si no se completa la colecta (*cf.* 8:8), lo que está en juego es la naturaleza genuina del renovado arrepentimiento de los corintios. El arrepentimiento debe llevar fruto.

Esto significa que el carácter de los corintios pronto será evidente para todos. Y es que lo que en 1 Corintios 16:3-4 era solo una posibilidad ahora es algo decidido. Una delegación de macedonios acompañará a Pablo con la colecta, y esto significa que también estarán con él cuando regrese a Corinto de camino a Jerusalén (2Co 9:4; *cf.* 8:19; Hch 20:2-4; Ro 15:25-28). Esta es, pues, la base principal para la preocupación de Pablo en cuanto a que la colecta haya

---

7. A diferencia de los que, como Betz, *2 Corinthians 8 and 9*, 52, argumentan que el capítulo 9 va dirigido a dos grupos de iglesias que no son las del capítulo 8. En su opinión, "Pablo también parece haber tenido una relación excepcionalmente buena con los cristianos de Acaya. Hasta donde podemos decir, la crisis corintia se limitaba a Corinto, mientras las demás iglesias acayas mantenían una relación sin problemas y leal con el apóstol. Por esta razón, Pablo recurrió a ellos cuando necesitó ayuda para llevar a su fin la colecta para Jerusalén. Confió en que los acayos serían suficientemente sabios para asegurarse de que la colecta no fuera tan solo en éxito financiero, sino también espiritual ...".
8. *Ibíd.*, 92.
9. El "estoy enviando" de la NIV refleja el uso que Pablo hace aquí del tiempo aoristo (*epempsa*, "envié"), para describir un acontecimiento que es pasado en el momento en que la carta se está leyendo, ya que los hermanos están ahora en Corinto con esta carta. Para este mismo uso del "aoristo epistolar", ver 8:17 (gr. "vino" = "está viniendo"), 18 (gr. "enviamos" = "estamos enviando"), 22 (gr. "enviamos" = "estamos enviando").
10. *Cf.* el uso que Pablo hace de estas mismas palabras en Ro 4:14; 1Co 1:17; 9:15; 15:10, 14, 58; Gá 2:2; Ef 5:6; Fil 2:7, 16; Col 2:8; 1Ts 2:1; 3:5.

acabado antes de que él llegue. Es muy consciente de la vergüenza que tanto él como ellos sentirán si estos macedonios, ante los que Pablo se ha jactado de la iglesia en Acaya, sorprenden a los corintios desprevenidos (9:4b).[11]

El propósito positivo de Pablo al enviar a los hermanos con antelación a su llegada se aclara en 9:5: Si la colecta está completa antes de que él llegue la sospecha que en la actualidad está recayendo sobre sus motivos se disipará (*cf.* 8:20) y nadie podrá decir que a los corintios se les sacó la colecta bajo amenaza del juicio. En otras palabras, la colecta seguirá siendo lo que se denomina aquí y lo que debería de ser: una "bendición" (*eulogia*; NVI, "generosa colecta"), y no algo que se da a regañadientes (9:5).

La elección que Pablo hace del término "generosa" en 9:5 para describir la colecta refleja su argumento anterior en 8:6-9 en cuanto a que la ofrenda corintia tiene que ser una respuesta a la gracia de Dios en sus vidas. Al mismo tiempo, señala hacia una explicación posterior en 9:6-15 sobre la naturaleza específica de esta respuesta (*cf.* esp. 9:6, 8, 14). Por el contrario, su antónimo, *pleonexia* (que la NVI traduce "como una tacañería") se refiere a la avaricia de la codicia o de la idolatría que solo se separa del dinero cuando se ve obligada a hacerlo (*cf.* esta terminología en Ro 1:29; 1Co 5:10-11; 6:10; Ef 4:19; 5:3; Col 3:5; 1Ts 2:5). El propósito de Pablo al enviar la delegación es conservar lo primero y evitar manchar la colecta con lo segundo.

En 9:5, Pablo está señalando consecuentemente a dos formas opuestas de dar: el tipo de generosidad que fluye de experimentar la bendición de Dios y de la confianza en la suficiencia de la gracia de Dios, frente al tipo de avaricia indiferente y autosuficiente que busca con egoísmo guardarse cuanto sea posible para sí mismo. La generosidad entiende que todo es un don de gracia y que se puede depender de Dios para el futuro (*cf.* 1Co 4:7; 2Co 4:14, 18); esta es la senda de la salvación. La avaricia considera que todo es la merecida recompensa de acaparar para no sentir inseguridad, y es satisfacción de sí mismo, actos fundamentales de incredulidad en la fidelidad y la bondad de Dios (8:7-8; 9:6-8, 11; *cf.* Lc 12:13-34). Algunos argumentan que en 9:1-5 Pablo está haciendo que una iglesia compita con la otra; otros suponen que está intentando meramente evitar que los corintios queden mal. Pero, como indica 9:5, el apóstol está preocupado por sus almas.

La razón teológica y el propósito de la colecta (9:6-15)

En 8:1–9:5, Pablo trató la necesidad de completar la colecta; en 9:6-15, se ocupa de la razón por la que esta participación debe caracterizarse por la

---

11. Siguiendo a Furnish, *II Corinthians*, 427-28; Ralph P. Martin, *2 Corinthians*, 284-85, quien, en contra de la NVI, argumenta que el griego de 9:4 no debería traducirse "haber estado tan seguros", sino más bien "en este proyecto" o "al emprender" (*cf.* NRSV), o "finalmente". *Cf.* esta misma terminología en 11:17; Heb 1:3; 3:14; 11:1; Jer 23:32 (LXX); Ez 19:5 (LXX), donde nunca significa "confianza".

generosidad y el gozo. En resumen, dar debe ser un acto generoso y gozoso, porque solo el dar de esta manera es una expresión de fe en Dios como aquel que provee el medio de gracia para ser justos (9:8–11a). Como resultado, esto produce su aprobación (9:6-7) y conduce a la gratitud hacia él (9:11b). En última instancia, esta generosidad impulsada por la gracia redunda en la gloria de Dios (9:11b-15) cuando se suplen las necesidades de los demás.

En el argumento paulino en curso, 9:6-15 sirve, por tanto, para respaldar 9:5, que es el punto principal de 9:1-5, expresando la base teológica de la colecta (la abundante gracia de Dios) y su propósito (la alabanza de la gloria de Dios). Para poder hacerlo, el objetivo de 9:6-15 consiste en aclarar por qué las ofrendas de los corintios deben ser una expresión de "bendición" y no algo que se arranca a unos corazones avariciosos mediante la amenaza del inminente juicio de Dios.

El argumento de Pablo empieza en 9:6 con una declaración proverbial, de un tipo que cuenta con variantes comunes en la tradición sapiencial de Israel: "Recogen lo que siembran".[12] Pero Pablo extiende este principio básico en una estructura quiástica (ABBA) que enfatiza los respectivos grados de recompensa asociados a plantar y segar respectivamente. Al hacerlo, vuelve a usar la terminología de "bendición" (*eulogia*; NVI, "generosidad"), para describir la naturaleza de la ofrenda, haciendo así que el vínculo entre 9:5 y 9:6 sea explícito. Traducido formalmente, 9:6 se lee, pues, así: "Aquel que siembra escasamente, escasamente recogerá, y el que siempre con/por bendiciones, con/por bendiciones recogerá también".

La idea aquí no es cuánto se da, sino que uno dé con la mayor liberalidad posible, sabiendo que el "resultado" será de tipo parecido. Dado que la manera en que uno ofrende refleja el carácter del corazón, aquí existe un principio de retribución divina. Dios devuelve "bendiciones" a quienes dan como cuestión de "bendición", pero retiene sus bendiciones a quienes se las deniegan a otros.

La conclusión lógica que se debe sacar de esta máxima es el consejo de Pablo en 9:7: "cada hombre debe dar según lo que haya decidido en su corazón, no de mala gana ni por obligación" (para una ilustración de dar con alegría, ver Hch 11:29). La exhortación paulina se hace eco de Deuteronomio 15:10, una amonestación a prestar y dar libremente a los pobres sin renuencia y sin afligirse en su corazón, sabiendo que el Señor bendecirá tales acciones. El contenido original de este pasaje tiene que ver con el "año sabático de remisión", en el que, en memoria de su liberación, Israel debía perdonar todas las deudas (*cf.* 31:10-11). Este año de remisión, cada séptimo año, apuntaba al quincuagésimo año (después de siete veces siete años de remisión), el "año

---

12. Ver Job 4:8; 31:8; Sal 126:5; Pr 11:21 (LXX); 22:8; Jer 12:13; Mi 6:15; Sir. 7:3; Mt 6:26 par.; 25:24, 26; Lc 19:21; Jn 4:36-37; Gá 6:7-9; Ap 14:15-16.

del Jubileo" que era un símbolo de la redención suprema del pueblo de Dios (*cf.* Lv 25:8-55; *cf.* esp. vv. 38, 42, 55).

El uso que Pablo hace de Deuteronomio 15:10 es otra indicación más de que considera a la iglesia, como continuación del fiel remanente dentro de Israel, como el pueblo escatológico de Dios (*cf.* Lv 25:20-22, donde guardar el año de remisión, como el día de reposo, era un llamado a ejercer la fe en la provisión permanente de Dios). Por tanto, lo que se le había encomendado a Israel que hiciera cada séptimo año es ahora, bajo el nuevo pacto, ser el patrón *diario* de los que están en Cristo. El símbolo ha sido remplazado por su realidad, aunque todavía no en toda su plenitud. Al dar libremente a los pobres, la iglesia celebra continuamente su propio "año de remisión" recordando su liberación en la cruz, aunque, al mismo tiempo, anticipando su redención final en ese "año del Jubileo", cuando Cristo regrese. El reino está aquí, pero todavía no en toda su gloria.

La regla de la recompensa divina que fue la base para dar en 9:6 se restablece como cuestión de principio en 9:7c: Dios recompensa a aquellos que, por pertenecer al nuevo pacto en Cristo, dan libremente y con generosidad, "porque Dios ama al que da con alegría". Dicho de forma negativa, no hay aprobación divina para dar a otros meramente por deber. En lugar de eso, para que pueda contar a los ojos de Dios, la obediencia debe fluir de la feliz dependencia y del contentamiento en los dones que Dios da a su pueblo por gracia.

Aquí, lo más probable es que Pablo esté aludiendo a Proverbios 22:8 (en la LXX; este pasaje no aparece en el texto hebreo; *cf.* también Ro 12:8). Su declaración difiere un tanto de la LXX, que dice: "Dios bendice a un hombre alegre y dadivoso", aunque Proverbios 22:8 en esa misma versión también contiene una expresión de la máxima de la "plantación" y la "siega" tal como se encuentra en 2 Corintios 9:6. La elección que Pablo hace de "amar" en lugar de "bendecir" está probablemente influenciada por Proverbios 22:11 (LXX, "El Señor ama los corazones piadosos"), donde, como aquí, "ama" tiene el sentido de "aprueba" y donde, como en 9:7, también se encuentra el concepto del "corazón". De ahí que Pablo combine dos textos relacionados a partir del mismo contexto para exponer su idea: el Señor aprueba a aquellos que por su buena disposición a la hora de dar con alegría a los pobres demuestran que su corazón es santo (*cf.* Pr 22:9).

Los versículos 8-9 siguen siendo la base del llamado de Pablo a dar, indicando por qué Dios solo aprueba a los que dan con alegría (9:7c). Nótese 9:8: el fundamento y el enfoque de la fe es que Dios tiene poder para hacer lo que ha prometido (*cf.* Ro 4:21; 14:4). De manera específica, como expresión de su gracia, Dios es capaz de proveer para su pueblo todo lo que necesite con el fin de proveer para otros. Dar a los demás es, sencillamente una manera en que se muestra la confianza en las promesas de Dios, aunque con un vestido diferente. Como consecuencia de estas promesas, los creyentes tendrán siempre "todo lo necesario"[13] (*autarkeia*; lit., "contentamiento"; *cf.* 1Ti 6:6 y un adjetivo relacionado en Fil 4:11), una virtud que los cínicos y los estoicos de la época de Pablo valoraban mucho.

El ideal helenista, sin embargo, vinculaba este contentamiento a una confianza en uno mismo producida por la autodisciplina que conducía a un desapego pasivo de las circunstancias externas y de las personas. En impresionante contraste, el contentamiento cristiano, confiar en la provisión prometida de Dios lleva a hacer "toda buena obra" para beneficio de los demás. Entre los antiguos, el motivo para dar era mostrar superioridad moral. Para Pablo, el motivo era glorificar a Dios por su gracia (ver 9:11-13, 15; *cf.* 4:15; Hch 14:15-17; 17:25).

La cita en 9:9 de Salmos 112:9 pretende proporcionar respaldo bíblico a la afirmación de Pablo en el versículo 8, en especial a su aseveración de que, dada la provisión de Dios, su pueblo abundará en toda buena obra.[14] Este tipo de expectación concuerda por completo con la descripción del hombre justo de este salmo, cuya justicia se manifiesta en que provee para los pobres. Esta rectitud que ha demostrado ser genuina a través de la dadivosidad "permanece para siempre", es decir, más allá del día del juicio, exactamente como Pablo lo aseveró en 3:9 (*cf.* 5:21; 6:7).[15]

Sin embargo, ni Salmos 112:9 ni Pablo están abogando por obras de justicia disfrazadas. Este acto justo de dar a los demás no merece ni se gana la bendición de Dios. En su contexto original, la vindicación del hombre justo del salmo, en vista de sus "buenas obras", se basa directamente en las "buenas obras" del Señor manifiestas en las divinas provisiones de la redención y del alimento perfilado en Salmos 111. La "justicia" de aquel que da a los pobres "permanece para siempre" (Sal 112:9) *solo porque* la ha creado y la sustenta la "justicia" del Señor que también "permanece para siempre" (111:3). Toda justicia humana le debe su existencia a la justicia de Dios y es una expresión

---

13. El "todo lo que necesiten" de la NVI da la falsa impresión de que Dios promete a su pueblo bendiciones materiales.
14. *Cf.* 1Co 15:58. Para referencias paulinas a la "buena obra" en singular, ver Ro 2:7; 13:3; 2Ts 1:11; 2Ti 2:21; 3:17; Tit 1:16; 3:1. Para el plural, "buenas obras", ver Ef 2:10; 1Ti 2:10; 5:10, 25; 6:18; Tit 2:7, 14; 3:8.
15. Muchos comentaristas, como Barnett, *Second Epistle to the Corinthians,* 440 n. 26, mantienen que 9:9 no se está refiriendo al hombre justo de Sal 112:9, sino a Dios, ya que este es el sujeto de 2Co 9:8a y 10, y dado que Sal 111:3 habla de la justicia de Dios que permanece para siempre. De ahí que Barnett argumente que Pablo adoptara el lenguaje de 2Co de Sal 112:9, pero el contenido lo tomara de Sal 111:3. Pero una vez que se ve que 2Co 9:9 respalda 9:8c, no hay razón alguna para violar el contexto original de Sal 112:9.

de esta. Según 112:9, la persona justa es la que es generosa en sus dádivas a los pobres, *porque* teme al Señor y se deleita en sus mandamientos (*cf.* 112:1, 5).

De ahí que, aunque 2 Corintios 9:9 cita Salmos 112:9, 2 Corintios 9:8 refleja la idea expuesta en Salmos 111. El argumento de Pablo sigue exactamente el argumento de los dos salmos. En los creyentes "abunda en toda buena obra" (2Co 9:8), como declara el salmista, ya que la obra justa de Dios a favor de ellos asegura que la justicia de ellos que se manifieste en esta buena obra (junto con muchas otras), también perdurará para siempre (9:9; *cf.* Fil 1:6, 11; 4:17; 1Jn 3:7, 10, 17; Ap 22:11). La insistencia de Pablo en que la colecta se complete antes de que él llegue (2Co 9:5), respaldada por su llamado a dar de corazón (9:7) está, por tanto, fundada en su preocupación por la salvación de los corintios mismos.

Pablo resume la idea de 9:8-9 en el versículo 10 aludiendo a dos pasajes más de las Escrituras, Isaías 55:10 (él "dé semilla al que siembra, y pan al que come") y Oseas 10:12 ("Cosechen el fruto del amor"). El Dios que provee lo que necesitan los creyentes también se asegurará de que su provisión produzca sus consecuencias deseadas: La "semilla" de ellos aumentará y su "cosecha del fruto del amor", es decir, sus buenas obras, crecerán.

Este resumen es importante por dos razones. (1) Estos textos veterotestamentarios dejan claro que la "semilla" y la "cosecha" que Dios proporciona y promete que multiplicará no puede equipararse sencillamente a las provisiones materiales. El contexto tanto de Isaías 55:10 como de Oseas 10:12 es la provisión de la palabra de Dios (es decir, la semilla), que produce la redención final de su pueblo. La promesa de Dios en 2 Corintios 9:10 no consiste en hacer rico a su pueblo, sino en usarlos como instrumentos de su presencia para la salvación de otros. (2) Al exponer esta idea, el resumen de Pablo en 9:10 proporciona una transición desde el propósito de la colecta en cuanto a los corintios mismos, como la manifestación de la justicia de ellos en Cristo (9:8-9), a la relevancia de la justicia de ellos por otros, es decir, su "cosecha".[16] Es este último punto el que Pablo sigue perfilando en los versículos 11-14.

En el texto original, los versículos 10-13 forman una larga y compleja frase. Los versículos 11-14 respaldan el versículo 10 mediante el detalle de la forma en que Dios "aumentará" la "cosecha" de los corintios: Dios proveerá para los corintios "en todo sentido" para que puedan ser generosos con otros (vv. 11a, 12a, 13a). Esas personas, a su vez, darán gracias y orarán a Dios (vv. 11b, 12, 13b), porque Dios es aquel que hace que todo esto sea posible (v. 14b; *cf.* 1:11;

---

16. Otros suponen que esta "cosecha" se refiere a la redención final de los judíos en respuesta a la participación de los gentiles en la colecta (ver 8:10 y n. 2 más arriba; *cf.* Ro 11:12, 15). Pero en 2Co 9:11-14 Pablo dice explícitamente que la consecuencia de la colecta será la acción de gracias y las oraciones a Dios entre los judíos que *ya* son creyentes, y no en la conversión a gran escala de Israel que señalará el regreso de Cristo.

4:15 para este mismo principio, aquí aplicado a Pablo). La propia "cosecha de justicia" de los corintios aumentará a medida que sus vidas sean bendecidas siendo instrumentos para la alabanza de Dios y como beneficiarios del amor y de las oraciones de aquellos cuyas necesidades suplen. Y es que, como hemos visto, la justicia de Dios es su justo carácter, como se demuestra en la coherencia de sus acciones hacia su creación.

La justicia de Dios consiste, pues, en su compromiso inquebrantable de glorificarse manteniendo sus estándares morales en el juicio, revelando su soberanía en la elección y mostrando su amorosa misericordia al suplir las necesidades de su pueblo. De ahí que a los que están en rebeldía contra él su justicia se revela en juicio. Pero, para su pueblo, comienza con la redención y la transformación en medio de este siglo malo y culmina en la restauración final en la era venidera (*cf.* 3:9, 18; 5:21). En 9:10-14 vemos claramente que un medio orquestado por Dios para revelar su divina justicia en el seno de la iglesia es la creación de la clase de relaciones interdependientes entre el pueblo de Dios que fluye de su principal dependencia de Dios, por ser él quien suple sus necesidades.

Dado que Pablo está hablando de dar dinero a los que están en necesidad, en 9:11 usa la terminología de riqueza para describir el compromiso de Dios de suplir las necesidades de su pueblo ("serán enriquecidos"). Pero tanto el propio sufrimiento de Pablo como apóstol como su argumento a lo largo de 2 Corintios manifiestan que al hablar de dicha "riqueza" no tiene en mente la prosperidad material (*cf.* 1:5-6; 2:14; 4:8-10, 17-18; 6:10; 8:9, 14). Es posible que los corintios tuvieran recursos financieros en ese momento puntual, pero no hay promesa de Dios y, por tanto, garantía de que tales circunstancias vayan a seguir. De una cosa *pueden* estar seguros: Dios sustentará a su pueblo supliendo sus necesidades en sí mismo, proveyendo al mismo tiempo para ello de forma circunstancial, por el bien de los demás, como estime en su sabiduría (*cf.* 1:10; 4:13-14, donde se aplica este principio a Pablo).

En cuanto a que la ofrenda justa de los corintios es la manifestación de la justicia de Dios, en 9:12 Pablo puede describir la participación de ellos en la colecta como "el ministerio [*diakonia*] de este servicio [*leitourgia*]" (trad. lit.). *Diakonia* se refiere aquí a la administración de lo que se le encomienda a uno, a saber, la colecta, y recuerda el uso paulino anterior de esta misma terminología para referirse al ministerio de antiguo y nuevo pacto (*cf.* su uso en 3:7-9; 4:1; 5:18; 6:3). *Leitourgia* (*cf.* Ro 15:27, donde este término también se usa para la colecta) puede referirse a cualquier acto de servicio público (*cf.* Ro 13:6), incluidas las ceremonias específicamente religiosas dirigidas por sacerdotes (*cf.* esta connotación religiosa en Lc 1:23; Fil 2:17, 30; Heb 9:21; *cf.* también Fil 4:18).

La combinación de esta terminología en 9:12 refleja la convicción de Pablo con respecto a que dar a otros creyentes en Jerusalén es una parte esencial del ministerio del evangelio y una expresión genuina de adoración. De hecho, la colecta es un ministerio del evangelio precisamente porque produce adoración. Su propósito es la alabanza y la oración entre aquellos a quienes se ministra, los dos elementos esenciales que magnifican el carácter de Dios: alabamos a Dios por lo que ha hecho en el pasado y oramos por las cosas que él hará en el futuro para las cuales dependemos de él.

El versículo 13 indica la doble manera por la cual esta alabanza (vv. 11b, 12) y oración (*cf.* más abajo, v. 14) se producirán en realidad: "a través de la prueba/evidencia (*dokime*) de este ministerio" (trad. lit.; NIV, "por el servicio por el cual han demostrado haber superado la prueba"; *cf.* 2:9; 8:22; 13:3). Los corintios expresarán la naturaleza genuina de su propia fe por "la obediencia que deriva de [su] confesión del evangelio de Cristo" (trad. lit.),[17] aquí interpretado en términos de la generosidad de ellos. Así como el justo en Salmos 112:9 da a los pobres como resultado de su deleite en la justicia de Dios (2Co 9:9), la voluntariedad de los corintios a contribuir a las necesidades de los santos expresa su justicia (9:10), porque están obedeciendo a un mandato que deriva de "la confesión del evangelio de Cristo" (9:13). Al mismo tiempo, los judíos de Jerusalén alabarán a Dios por esta manifestación de su justicia en los corintios. Además, la participación de ellos en la colecta, aquí identificada como el "ministerio" de los corintios también es una evidencia concreta de la validez del ministerio paulino entre los gentiles (*cf.* 8:8, 24).

En 9:14, Pablo saca la segunda consecuencia de la generosidad de los corintios: los santos de Jerusalén orarán por ellos guiados por el anhelo creado por su unidad recién formada en el evangelio. Pablo espera un profundo vínculo entre aquellos en los que la "gracia incomparable" de Dios se ha derramado. El anhelo de los corintios por Pablo, por ejemplo en 7:7, 11 era, pues, la prueba de que la gracia de Dios estaba obrando en efecto en la vida de ellos.[18] Este es el paso final en su argumento en apoyo de 9:6, 10. Los que siembran con generosidad, a causa de la bendición de Dios, segarán abundantemente por la bendición de Dios, tanto en su propia vida como en otros. La colecta provocará esto "por la gracia incomparable de Dios" que, por medio de la ofrenda de ellos, se les ha concedido de manera demostrable (9:14b).

---

17. Esta trad. toma *tes homologías hymon* ("de la confesión de ustedes") como genitivo subjetivo; sin embargo, *cf.* NRSV que lo traduce como genitivo objetivo, "obediencia a la confesión". La traducción NVI, "acompaña la confesión de ustedes" es ambigua. Para los demás usos paulinos de "confesión", ver 1Ti 6:12-13; para el verbo, ver Ro 10:9-10; 1Ti 6:12; Tit 1:16.

18. *Cf.* el uso que Pablo hace de esta misma terminología de "anhelo" en Ro 1:11; Fil 1:8; 2:26; 1Ts 3:6; 2Ti 1:4 para describir su propio deseo y el de Epafrodito por aquellos en los que Cristo está siendo formado.

Esta referencia en 9:14 a la gracia de Dios que está obrando en los corintios retoma el hilo que Pablo ha entretejido a lo largo de esta unidad (*cf.* 8:4, 6, 7, 9, 16, 19; 9:8) y repite la idea con la que empezó (*cf.* 8:1), cimentando así los capítulos 8 y 9 conjuntamente. Además, el paralelismo entre 9:14 y 8:1 indica que Pablo está esperando que la gracia concedida a los corintios sea como la que recibieron los macedonios, ya que la "gracia" de Dios es la base de toda ofrenda (*cf.* de nuevo 9:8).

La razón para las expectativas de Pablo es que entendió profundamente que la "sobreabundante gracia" de Dios hacia su pueblo en 9:14 es la manifestación de su "excelsa gloria" tal como se describe en 3:10.[19] Allí, Pablo argumentó que la gloria de Dios bajo el nuevo pacto está "sobrepasando" la del antiguo, no en términos de calidad o cantidad, sino de su impacto transformador de vida cuando se encuentra con aquellos cuyo corazón y mente ya no están endurecidos (*cf.* 3:16-18; 5:15-17). La idea de Pablo aquí es que el impacto transformador de la "excelsa gloria" de la "sobreabundante gracia" de Dios, bajo el nuevo pacto, se ve en el hecho de que los corintios le den a otros.

Por esta razón, la incomparable gracia que Dios está derramando sobre los corintios se describe en 9:12-13 en términos del propio "servicio" de los corintios que no solo suple las necesidades de los santos, sino que también "redunda en abundantes acciones de gracias a Dios" (*cf.* 3:9b para este mismo uso del verbo, trad. "más será" en NVI). Como en 3:9b, aquí también el "ministerio" (*diakonia*) del evangelio se describe en términos de su función como aquello que "abunda" en su manifestación de la "gloria de Dios". Y donde se da a conocer la gloria de Dios, el resultado es la alabanza y la oración.

Por tanto, es adecuado que en 9:15 Pablo lleve 8:16–9:15 a su fin regresando a la acción de gracias con la que comenzó. Que la generosidad de los corintios con otros (8:24; 9:3; 9:5), algo que empieza en la gracia de Dios (8:4, 6, 7, 9; 9:8), redunde también en la propia bendición de ellos por parte de Dios (9:6-10) en respuesta a la alabanza y las oraciones de otros (9:11-14) es un "don" asombroso de gracia digno de alabanza (9:15). El don de Dios es "inefable"; excede nuestros intentos más profundos de describirlo (por mucho que lo intentemos), a la vez que evoca nuestra alabanza más profunda. Al final, la teología de Pablo conduce inevitablemente a la doxología.

---

19. Para las demás descripciones que Pablo hace de los "incomparables" dones de Dios hacia su pueblo, ver Ef 1:19 (su poder); 2:7 (la riqueza de su gracia); 3:19 (su amor que sobrepasa todo conocimiento).

La cuestión de dar en el mundo antiguo. En la época de Pablo, como en la nuestra, la participación en dádivas de caridad y la administración de los asuntos financieros eran asuntos de preocupación y conversación públicas. No es de sorprender, por tanto, que cada uno de los tres temas principales de Pablo encuentre eco en su cultura contemporánea: (1) una preocupación por la integridad de la colecta, como se refleja en la necesidad de enviar a la delegación (8:16-24); (2) una preocupación en cuanto a que la dádiva se haga sin coacción y con generosidad, como se ve en la necesidad de completar la colecta con antelación (9:1-5); y (3) una preocupación por mantener el propósito adecuado de la colecta, como se expresa en el énfasis que Pablo hace sobre el carácter teológico de la colecta como respuesta a la gracia de Dios (9:6-15).

Sobre la cuestión de la integridad, el orador y hombre de estado romano, Cicerón (106–43 A.C.), declaró que "lo principal en toda administración y servicio públicos es evitar incluso la más ligera sospecha de egoísmo".[20]

Con respecto a la motivación, la amonestación de Pablo en 9:5, 7 en cuanto a dar de una forma voluntaria y generosa que salga de un corazón lleno de gozo, aunque directamente alimentado por el Antiguo Testamento y la tradición judía, es paralela a la antigua sabiduría del mundo antiguo, en el que, para que fuera genuino, dar tenía que ser un asunto del corazón. Nótese, por ejemplo, la declaración de Hesíodo (siglo VIII/VII A.D.): "Porque cuando un hombre da de buena gana, aunque dé algo grande, tiene gozo por la dádiva y la satisfacción en su corazón, mientras que quien da lugar a la avaricia desvergonzada y le quita a otro, aunque lo que retenga sea pequeño, endurece su corazón".[21]

De manera similar, Séneca (m. 65 A.D.), contemporáneo de Pablo, declara: "Demos de una forma que habría sido aceptable si nosotros fuéramos los receptores. Por encima de todo, demos de buena gana, con prontitud y sin vacilación".[22] El primer apoyo de Séneca a este principio es que "no se siente gratitud alguna por un beneficio cuando este ha pasado demasiado tiempo en las manos de aquel que lo da, cuando el dador ha parecido arrepentido de dejarlo ir, y lo ha dado como quien se roba a sí mismo". Su razón para enfatizar la dádiva voluntaria y pronta es paralela al principio paulino de 9:5: "Porque, en el caso de un beneficio, el placer principal viene de la intención del dador, aquel que por su vacilación ha demostrado que hacía su dádiva de forma no

---

20. *De Oficiis* 2.21.75, citado en Furnish, *II Corinthians*, 434.
21. *Works* 357-60, citado por Betz, *2 Corinthians 8 and 9*, 105 n. 122.
22. Esta declaración y las que siguen de Séneca derivan de su obra, *De los beneficios* 2:1.1-2, como lo cita Betz, *2 Corintios 8 and 9*, 107; la última cita viene de Furnish, *II Corinthians*, 441.

voluntaria no ha "dado", sino que ha fallado a la hora de resistirse al esfuerzo de sacarlo". Por tanto, Séneca ordena que se dé con tanta prontitud como sea posible por el gozo que proporciona: "Aquel que actúa, pues, de buena gana no deja lugar a duda de que actúa voluntariamente; y, por consiguiente, actúa con gusto y su rostro muestra el gozo que siente".

De ahí que, como indica Betz, el concepto paulino de que "las ofrendas presentadas como sacrificios son la respuesta humana a las bendiciones recibidas de Dios, y que la respuesta humana expresa la expectación de recibir aún más" (*cf.* 9:8), corresponde a ideas que "se han convertido en algo corriente en la oratoria".[23] Claramente, cuando se trató de la conducta pública, Pablo compartió puntos de partida fundamentales con la cultura prevaleciente de su época, sobre todo porque era predominantemente religiosa en su cosmovisión y a menudo entendía el vínculo entre las acciones externas y los estados internos del ser.

La cultura moderna de la independencia y el aislamiento. Los paralelismos entre el método y la motivación para las dádivas caritativas del antiguo mundo y en el propio pensamiento de Pablo nos recuerdan que la conducta cristiana de todos los siglos tiene lugar dentro de una estructura cultural que se refleja, correcta o incorrectamente, en el mismo conjunto de cuestiones fundamentales, dado que las preocupaciones cristianas son básicas para la estructura de la sociedad. El mismo conjunto de preguntas confronta a los creyentes y a los incrédulos por igual. Existen, por supuesto, muchas excepciones a toda norma cultural. No obstante, comprender la cultura particular en la que vivimos es crucial para entender las implicaciones de lo que significa ser cristiano en nuestro mundo. Un análisis de este tipo informará a la iglesia en cuanto a dónde debe resistir los valores que la rodean, dónde ha transigido ya con ellos, dónde debe adaptarse a ellos por el bien del testimonio y dónde puede ampliarlos de forma provechosa. Lo fundamental para estas preocupaciones es la pregunta básica de si deberíamos dar de nuestros propios recursos a los demás y por qué, ya que esta pregunta va al corazón de nuestra forma moderna de entendernos a nosotros mismos.

Por consiguiente, en lo que se refiere a tratar el llamado cristiano a dar, es importante no perder de vista que las prácticas culturales dominantes en Occidente están en fuerte contraste con las del mundo antiguo en general (al menos en su reflexión filosófica; ignoramos en gran medida los puntos de vista de la gente normal de entonces) y de Pablo en particular. En la cultura contemporánea, el énfasis en la integridad personal tan esencial para el éxito de los proyectos públicos se mantiene en un segundo plano por detrás de la eficiencia pragmática. Y la preocupación de Pablo por la integridad de la colecta, que lo llevó a enviar la delegación a Corinto, se sustituye con frecuencia

---

23. Betz, *2 Corinthians 8 and 9,* 109, incluida nota 150.

por la inquietud de que todo se hiciera "legalmente" (para evitar demandas), independientemente de los motivos "escondidos" del corazón (que están más allá de todo litigio).

Incluso dentro de la iglesia, la generosidad a la hora de dar se ha convertido a menudo en una "ventaja fiscal", una oportunidad de autorrealización o una expresión de la "deuda que uno tiene con la sociedad" y no en una expresión de las bendiciones de Dios. La comparación que hace Pablo entre los corintios y otros en los que Dios está obrando como base para evaluar y alentar los actos morales (*cf.* 9:2-4) ha dado paso, consecuentemente, a una privatización de todos estos actos, del tipo "no es asunto tuyo." Hoy, en su mayoría, la iglesia ya no comparte la hipótesis de trabajo de que la gracia de Dios se expresa inevitablemente en la conducta pública de su pueblo. Como resultado, la comparación con otros entre el pueblo de Dios, como medio de autoexamen (*cf.* 9:2-4) ya no se considera adecuada.

Estas actitudes y acciones en el seno de la iglesia no son bíblicas, sino que derivan en gran parte de la manera de entender la independencia humana y el aislamiento que sigue recorriendo la cultura contemporánea. Con el amanecer del "mundo moderno", la cosmovisión predominantemente religiosa en la que Pablo vivía dio paso a un naturalismo penetrante que convertía a la humanidad en un mero producto de sus propias capacidades para manejar y hacer frente a su entorno. La humanidad fue separada de su Creador y empezó a competir consigo misma. Y, si acaso, el movimiento actual hacia el énfasis postmoderno sobre la inserción cultural de la humanidad solo ha servido para elevar esta sensación de separación de un Dios que está fuera de nosotros y de aquellos que no comparten nuestra ubicación social particular.

Como resultado, la suposición dominante en la época de Pablo de que todos han recibido dones de una deidad y de que forman parte de una comunidad más amplia ha sido sustituida por la convicción de que controlamos lo que poseemos, porque lo hemos ganado "por nosotros mismos". Como mucho, podemos admitir que las circunstancias de nuestro nacimiento y las oportunidades que nos permiten nuestra raza o nuestra ubicación social pueden haber jugado un papel a la hora de adquirir los beneficios de estatus y materiales que disfrutamos.

Pero incluso entonces somos rápidos a la hora de atribuir nuestra riqueza a nuestro propio esfuerzo, ya sea como la expresión de nuestra voluntad o como la encarnación de nuestros valores culturales. Cuando todo se ha dicho y se ha hecho, estamos convencidos de que poseemos más que los demás, porque trabajamos con más ahínco. Dios puede proveer la "materia prima", pero depende de nosotros que saquemos el mayor provecho de las oportunidades que él pone en nuestro camino.

El énfasis de la Ilustración sobre la independencia y el aislamiento de Dios y de los demás, ya sea que se exprese en la opinión moderna del individuo autónomo o en el énfasis postmoderno sobre la cautividad cultural, ha llevado a una manera de concebirse a sí mismos en la que los hombres y las mujeres contemporáneos consideran que los recursos que han "conseguido por su esfuerzo" son posesiones propias con las que pueden hacer lo que les plazca.[24] Añadamos a esto el sofocante materialismo de nuestra era y la cosmovisión de Pablo y sus palabras en este pasaje traspasarán nuestra cultura y nuestras iglesias como un *shock* eléctrico. En realidad, en ninguna otra parte el mito de haber "salido adelante por nuestros propios medios" es tan poderoso como en nuestras actitudes hacia la adquisición y disposición de nuestros recursos personales. Cualquier coincidencia básica que Pablo pudiera asumir con la cultura de su tiempo se ha evaporado.

El contexto contracultural de la generosidad cristiana. Sin embargo, incluso en sus días, Pablo no se estaba limitando a repetir como un loro el contenido de su cultura. Los paralelismos entre la cultura dominante de la época y sus propias convicciones cristianas sirven para destacar mucho más los aspectos distintivos del marco de referencia bíblico paulino. La cosmovisión religiosa de aquel tiempo hace que los rasgos únicos de su "religión" sean aún más visibles. Pablo no plantea el tema de dar desde el punto de partida de ser "religioso", sino desde su perspectiva como apóstol de Jesucristo, llamado a ser un ministro del nuevo pacto. Cuando habla de Dios, no se está refiriendo a un tipo de consciencia espiritual general de un ser más alto e indefinido ni tampoco a una forma propia de deidad favorita, sino al Dios de Israel que se dio a conocer de manera suprema en Jesús como el Cristo, el Hijo de Dios. Cuando Pablo habla de "bendiciones" no se refiere, pues, a cierto sentido no descrito de "pasarlo bien", sino a los actos específicos del único Dios verdadero a favor de su pueblo.

El Dios de Pablo no es una versión privada del yo. Tampoco son las visiones que el apóstol tiene de la deidad, igualmente válidas. Dios es Aquel que se ha revelado a sí mismo a nosotros desde *fuera* de nosotros. Por tanto, dar para las necesidades de los pobres de Jerusalén era algo arraigado en el carácter de Dios, como se manifiesta en sus obras a nuestro favor. Esta razón específicamente teológica es crucial cuando hablamos de la necesidad de dar. Debemos mantener en mente que, dentro de nuestro contexto, la relación que Pablo establece entre todos los aspectos de darle a Dios es inherentemente contracultural. Como observa David Wells:

---

24. Para un resumen lleno de conocimiento interno de las consecuencias culturales y religiosas de este concepto propio, que nos han concedido los efectos de la modernidad, ver David Wells, *Losing Our Virtue: Why the Church Must Recover Its Moral Vision* (Grand Rapids: Eerdmans, 1998).

> La nuestra es la primera civilización importante que se edifica a sí misma de forma deliberada y consciente sin cimientos religiosos. Por debajo de otras civilizaciones siempre ha habido fundamentos religiosos, vinieran del islam, del hinduismo o del cristianismo. Por debajo de la nuestra no hay nada, y no es de sorprender que nos enteremos de que el sesenta y siete por ciento de los estadounidenses no cree en la existencia de absolutos morales y que el setenta por ciento no cree en una verdad absoluta [...]. Estamos construyendo un mundo con la ingenuidad y la complejidad más maravillosas, pero se está levantando sobre un vacío espiritual.[25]
>
> [Como resultado] también hemos reescrito la pregunta religiosa. Esta pregunta siempre consistía en cómo podemos ser consolados en nuestro viaje por este valle de lágrimas. Sócrates halló consolación en lo bueno, lo hermoso y lo verdadero; el Nuevo Testamento la encuentra en la redención de Cristo; Marx y la teología de la liberación, en el viaje hacia un mundo más justo. Pero nosotros la encontramos sencillamente en nosotros mismos. Nos hemos convertido en nuestros propios pacientes y, a la vez, en nuestros terapeutas, profundamente comprometidos con el evangelio de la autorrealización.[26]

Enfrentados a los recientes intentos de llenar semejante vacío espiritual con el yo, es imperativo que cultivemos los principios de la contracultura cristiana si pretendemos vivir en formas que honran a Dios. Si no conseguimos hacerlo, los valores de nuestra cultura nos barrerán sencillamente al precipitarse en llenar el vacío. Esto es ciertamente verdad en lo referente a gastar nuestro dinero. Al pasar desde el día de Pablo al nuestro, las cuestiones son más dominantes y profundas que remplazar simplemente un conjunto de acciones por otro. No hay, por supuesto, nada incorrecto con las posesiones en y por sí mismas, aunque son una tentación extremadamente peligrosa (*cf.* 1Ti 6:3-10, 17-19). Tampoco es ilegítimo aplicarse una deducción fiscal por dar, preocuparse por hacer las cosas legalmente, o querer sentirse realizados. Más bien, lo que se necesita es hacer una evaluación de todo lo que hacemos, incluidas nuestras dádivas, desde una perspectiva *teo*lógica.

Dios el Dador. La estructura del argumento de Pablo en este texto deja claro que el punto de partida para aplicar este pasaje es el distintivo contexto teológico desde el que interpreta la sabiduría de esta tradición y de su cultura. Esta misma perspectiva teológica debe ejercer influencia sobre nuestras propias actitudes y acciones culturales. Incluso como Hans Dieter Betz, que

---

25. *Ibíd.*, 26.
26. *Ibíd.*, 107.

enfatiza sobre todo la similitud entre Pablo y su entorno grecorromano, concluye: "Tanto Pablo como Séneca estaban preocupados por el mismo grupo de ideas, pero las trataron de una manera bastante distinta, tanto en extensión como en concepto".[27] Y lo más importante es que Pablo difería de la corriente principal de la filosofía griega en que no pensaba que la meta consistiera en alcanzar la "libertad interior" de las posesiones con el fin de ser realmente autosuficiente.[28]

El objetivo de Pablo no era llegar a un desapego interior de las cosas materiales a través de algún tipo de autocontrol estoico, sino al reconocimiento de que Dios es el dador de *todas* las cosas. Tal vez no haya hoy nada más radical que afirmar que Dios, y no nuestro propio "yo", es responsable de todo lo que somos y tenemos. Nuestros recursos se originan en él como una bendición, y no en nosotros como una expresión de lo que merecemos. Esta percepción es tan profundamente transformadora como simple. Que Dios es el dador de todo es el fundamento de nuestra generosidad hacia los demás. La clave de la generosidad no es preocuparse menos de lo que tenemos en el mundo, sino interesarse más en los propósitos de Dios al concedernos sus dones.

La riqueza es un don de Dios, que se nos da gratuitamente como expresión de su compromiso con su pueblo; por tanto, quienes confían en él pueden darlo a otros gratuitamente. Los "dadores alegres" no lo son por naturaleza. Solo aquellos que entienden que han recibido grandes beneficios de Dios tienen tanto el medio material como la disposición interna a convertirse en dadores alegres.[29]

Dar como acto de gracia para la gloria de Dios. Como nuestra generosidad es una expresión de que Dios nos ha dado ya todas las cosas, debemos seguir la dirección de Pablo centrándonos en la gracia divina como base para dar. Esto entraña resistir a la tentación cultural de convertir la necesidad de dar en una oportunidad voluntaria "de hacer algo grande para Dios". Dar a los demás no debería convertirse en otra forma de contribuir para devolverle a Dios lo que ha hecho por nosotros. Dios no necesita nuestro dinero para hacer avanzar sus causas. No depende de nosotros. Dios nos da de su autosuficiencia soberana y su amor, no para recibir de vuelta, como si necesitara algo (Hch 17:24-25).

Tampoco deberíamos dar "para mostrarle a Dios lo agradecidos que estamos". Nuestra tarea no consiste en demostrar nuestra sinceridad hacia él. Los que reconocen que él es el dador de todas las cosas *son* agradecidos y Dios conoce nuestro corazón. En vez de esto, en el capítulo 9 la motivación para

---

27. Betz, *2 Corinthians 8 and 9,* 107.
28. *Ibíd.,* 110.
29. *Ibíd.,* 111.

dar está tan radicalmente centrada en Dios como en su fundamento. Lejos de ir nuestra contribución de vuelta a Dios o a nuestra forma de demostrarle la profundidad de nuestra gratitud, dar a los demás es una respuesta de lo que *Dios* ya ha hecho por nosotros en el pasado y una demostración de nuestra continua confianza en lo que él ha prometido hacer por nosotros en el futuro. Dar es un acto de fe en respuesta a la gracia de Dios. Como tal, dar no es una decisión nuestra de participar en los proyectos de la iglesia, sino una expresión de que *somos* la iglesia, es decir, de que le pertenecemos a Dios y, por tanto, los unos a los otros.

Por esta razón, la integridad es una cuestión clave para Pablo. Por ello puede denominar la colecta misma como un acto de "gracia" y esta se convierte para él en parte del "ministerio" del evangelio. Y es que en ella el propio carácter justo de Dios se está exhibiendo en la justicia impulsada por la fe de su pueblo (*cf.* 8:16, 19, 23; 9:9, 11-14). Para Pablo, la participación en la colecta no era un resultado "práctico" de la fe como algo que se hace además de confiar en Dios; era una expresión de la fe misma. Pablo quería que los corintios vieran que no podían afirmar confiar en Dios y después dar a regañadientes solo cuando se vieran amenazados o comprometidos.

La realidad del Espíritu debe verse precisamente en su entusiasmada disposición, como la de Tito, por suplir las necesidades de los demás. Pablo es, pues, el modelo de la misma glorificación de Dios, del "entusiasmo" que da el Espíritu que les pide a los corintios (*cf.* 8:11, 12; 9:2). Porque, al final, la participación de buena gana en la colecta es un ministerio, porque refleja y glorifica la ávida participación de Dios en nuestras vidas (8:16; 9:15).

El contexto de dar en el nuevo pacto. Dado que la meta de la vida es la gloria de Dios, Pablo no está interesado en la teología en un sentido desapegado o especulativo. Tampoco entra en un análisis cultural con el propósito de hablarle a la sociedad en general. Pablo habla como un apóstol a la iglesia. Al actuar de este modo, plantea el hecho de dar como lo hace con todos los aspectos de la vida cristiana, desde dentro de la estructura bíblica del nuevo pacto. Considera todo lo que forma la vida, incluso dar dinero a los pobres de Jerusalén, a través de la lente de lo que Dios ha hecho, está haciendo y hará por su pueblo como resultado de la vida, la muerte y la resurrección de Cristo.

Que el argumento de Pablo en 9:6-15 presupone la estructura del nuevo pacto se hace evidente en que su referencia a la "gracia incomparable de Dios" en 9:14 recuerda su anterior referencia a la "gloria incomparable" del nuevo pacto en 3:10 y la "incomparable grandeza" de la luz del conocimiento de la gloria de Dios en el rostro de Cristo, en 4:6. También escoge la misma terminología en 4:17, donde el "eterno peso de gloria" [RVR 1960] traduce literalmente a "que supera más allá de lo superable". Describir algo como "incomparable" es, pues, para Pablo, equivalente a describirlo como parte de la realidad del nuevo pacto.

Teniendo en cuenta este contexto, el "servicio" (*diakonia*) de la colecta se describe como aquello que "abunda" en su manifestación de la gloria de Dios, porque la gracia que revela como parte del nuevo pacto es "sobreabundante". La implicación es clara. No contribuir significa que uno está ciego a la realidad de la gloria incomparable de Dios, que ahora se está mediando bajo el nuevo pacto (3:10, 14-18; 4:3-4). Por el contrario, dado que los temas del capítulo 9 derivan de las realidades del nuevo pacto, dar a otros, en especial la ofrenda intercultural e interétnica se convierte en una manifestación de la gloria de Dios en el rostro de Cristo (4:4, 6).

Como los creyentes, como hijos e hijas en Cristo, son el templo del Espíritu de Dios a través del cual la gloria incomparable de la gracia de Dios está siendo revelada ahora en el mundo (*cf.* 3:18; 4:15; 5:15, 17; 6:14-18), no es de sorprender que en el presente contexto Pablo desarrolle estos temas del nuevo pacto en directa relación con el ministerio de los corintios. En 9:14, aquello que es "incomparable" se refiere a la gracia de *Dios* que ha sido dada a los corintios. El paralelismo en 9:13 demuestra, sin embargo, que esta gracia incomparable es al mismo tiempo una referencia a la "obediencia de los *corintios* a la confesión [de ellos] del evangelio de Cristo" (ver comentarios sobre esto en la sección de Sentido Original), en este caso, su generosa dádiva.

Además, en 9:12 esta "gracia incomparable" *hacia* los corintios se describe en términos del *propio* "ministerio de servicio" de los corintios *hacia otros*. Por supuesto, el principio de que la incomparable suficiencia de la gracia de Dios se demuestra en una buena disposición a suplir las necesidades de otros no es idea de Pablo, sino una extensión de la enseñanza de la sabiduría de las Escrituras de Proverbios 22:8 (LXX; *cf.* 2Co 9:7) y Salmos 112:9 (*cf.* 2Co 9:9).

El contexto del nuevo pacto de estas máximas generales empieza a destacar, ya que Pablo aplica estos dos textos a los corintios en cumplimiento de la promesa de la salvación escatología desde Isaías 55:10 (ver 2Co 9:10). Aquí también, como en 3:3-18; 5:11–6:2; 6:14–7:1, la forma en que Pablo entiende su propia situación y la de su congregación está fundamentada en su convicción de que, en Cristo, Dios ha inaugurado la nueva era de la nueva creación bajo el nuevo pacto eterno (*cf.* Is 55:10 con el contexto de 55:1-5). Como parte de esta nueva creación, la "semilla del sembrador y el pan para el que come" de 55:10 se identifica en 55:11 como la palabra de Dios que, habiendo sido enviada, no regresará sin cumplir la tarea que le ha sido asignada.

Con frecuencia, nuestras peticiones de dinero parecen anémicas, porque hemos perdido de vista la gravedad de lo que Dios está haciendo ahora en el mundo en y por medio de su pueblo. Cuando el pueblo de Dios da a otros dentro del cuerpo de Cristo, ellos median su gloria tal como se está revelando ahora bajo el nuevo pacto. Al hacerlo, la Palabra de Dios está encarnada y se proclama hasta los confines de la tierra. Dar debe ser un puesto de avanzada del reino de Dios. De ahí que la única forma de hablar de dinero bíblicamente es hablar sobre el dinero en relación con Dios y sus propósitos.

Dios y el dinero. Si nuestro análisis es correcto, el fundamento de la petición de dinero de Pablo es la historia de la redención. Su llamado a los corintios para que den está impulsado por su convicción de que bajo el nuevo pacto Dios está revelándose ahora a sí mismo en y a través de la vida de su pueblo. Como templo de Dios (6:16), "Dios se glorifica más en nosotros cuando más satisfechos estamos en él [...] 'Brindaremos más gloria al Señor si conseguimos mucha gracia de él. Si tengo mucha fe, de manera que puedo tomarle la palabra a Dios [...] honraré grandemente a mi Señor y Rey'".[30] Una gran expresión de satisfacción en la gracia de Dios que le proporciona gran gloria se da gratuita y generosamente a los demás.

Por esta razón, la teología pastoral de Pablo con respecto a aquellos corintios que ya se han arrepentido llega a su clímax con la colecta. Y es que, como revela su exposición sobre la colecta, la razón y el propósito del ministerio apostólico de Pablo encaja con el propio designio de Dios a lo largo de la historia, a saber, la manifestación (*cf.* 3:7-18) y la alabanza (*cf.* 9:12-15) de la gloria de Dios. En 9:15, Pablo no solo acaba, pues, esta sección del mismo modo en que la inició en 8:16, sino también como presentó cada sección importante de su carta: con alabanza a Dios (*cf.* 1:3 y 2:14a). A su vez, lo adecuado de nuestros propios intentos de establecer un puente desde el contexto de Pablo al nuestro puede medirse por el grado en que nuestra conversación sobre dinero resonará para la gloria de Dios por quién es *él*, lo que *él* ha hecho, lo que *él* está haciendo y lo que *él* hará como Señor soberano de la historia y Salvador de su pueblo.

El significado contemporáneo de estos temas principales es directo. Alimentado por una comprensión bíblica de Dios y de nuestro propio papel dentro de la historia redentora, el hecho de dar a otros creyentes debería caracterizarse por una integridad que sobrepasa el reproche, una generosidad dispuesta que refleja la gracia de Dios, una proclamación del evangelio y el gozo.

Integridad. Pablo podría haber gestionado él mismo la colecta. Su decisión de enviar la delegación en su lugar nos recuerda, por tanto, que la iglesia debe

---

30. John Piper, *Gracia venidera* (Miami: Vida, 2008), p. 9 del original en inglés, citando a Charles Spurgeon.

suplir los estándares de la honestidad y responsabilidad que no solo se encuentran en las Escrituras, sino también en la sociedad que nos rodea. Nótese el hincapié que Pablo hace en este punto en 8:21, donde "también delante de los demás" recibe el énfasis sobre actuar de acuerdo con las normas de la sociedad, ya que "las cartas de Pablo comparten las prácticas administrativas y la terminología legal de la época".[31] Esto se debe a que "la integridad y la credibilidad de las iglesias como agencias administrativas dependía en alto grado, en aquel tiempo, de hasta qué punto fueran capaces de conformarse a las prácticas corrientes en la gestión de los asuntos oficiales".[32]

Lo mismo se puede decir hoy, en una época en la que muchas personas son justamente escépticas en lo que concierne a los motivos de la "religión organizada". Barnett resume esta idea muy bien:

> De manera edificante, el ejercicio paulino del "ministerio de servicio [...] para los santos" se llevaba adelante con cuidadosa planificación (8:10; 1Co 16:1-4), con prudente atención al detalle (8:16-24), con sensibilidad a los asuntos de integridad (8:20), con la perseverancia frente a la dificultad y la decepción (8:8-12) y, no menos importante, en la inquebrantable devoción [hacia] la doctrina [de] la gracia de Dios (8:1–9:15 *passim*).[33]

La generosidad. El Nuevo Testamento no enseña una doctrina del diezmo (es decir, de dar obligatoriamente el diez por ciento de los ingresos propios). Tampoco define Pablo lo que constituye dar con generosidad. No proporciona ni siquiera un número como objetivo ni unas directrices generales. La única regla consiste en dar con libertad y generosidad como expresión de nuestra confianza continuada en la gracia de Dios (9:5-8). Pablo supone sencillamente que los creyentes darán todo lo que puedan para suplir tantas necesidades como puedan para glorificar a Dios tanto como puedan. La idea de 9:6 es que uno debería dar tan libremente como sea posible, sabiendo que la "restitución" será de igual clase. Existe aquí un principio de retribución divina, dado que la forma en que uno da refleja el carácter de su corazón. Dios devuelve bendiciones a aquellos que dan como cuestión de bendición, pero retiene sus bendiciones a aquellos que se las retienen a otros. No obstante, debemos ser cuidadosos aquí. La "restitución" no es material, consiste en las oraciones del pueblo de Dios y el disfrute de la gloria de Dios (*cf.* 9:12-15).

Al mismo tiempo, aunque dar es algo que debe hacerse libremente, no es opcional. El ministerio del evangelio requiere que este punto se exponga firme y coherentemente, en especial en una cultura que se ahoga en el materialismo.

---

31. Betz, *2 Corinthians 8 and 9*, 134.
32. *Ibíd.*
33. Barnett, *The Second Epistle to the Corinthians*, 450.

Desafortunadamente, muchos pastores no se atreven a mencionar con frecuencia que hay que dar, no sea que la congregación piense que la "iglesia solo quiere nuestro dinero". Semejantes temores están teológicamente fuera de lugar y suelen reflejar nuestra cobardía frente a los ídolos que reinan en nuestra época. Hablar de nuestra necesidad de dar es enfatizar que somos el pueblo de Dios a través del cual Dios se glorifica a sí mismo. La participación de los corintios en la colecta no era "por la iglesia", sino para evidenciar que ellos eran la iglesia. De hecho, dar a otros es la manifestación de la justicia de Dios, al margen de la cual no hay salvación (9:9-11). Que los creyentes pregunten a menudo cuánto deberían dar revela que no han captado todavía la perspectiva de Pablo. ¡Además, nuestro problema no es, por lo general, que estemos en peligro de perjudicarnos por dar demasiado!

Si la generosidad impulsada por la gracia es un termómetro de nuestra salud espiritual, Tim Stafford ha proporcionado un alarmante análisis de nuestra temperatura actual. Como él indica, el conjunto de los estadounidenses dan más a las organizaciones de caridad y un mayor porcentaje de sus ingresos que ninguna otra sociedad industrial (excepto Israel, quizás). Además, de todos los estadounidenses, los cristianos son los que más dan y más se prestan voluntarios:

> Más que los ingresos, la edad, la raza o la educación, la fe predice el dar y el voluntariado [...]. Los cristianos estadounidenses son la razón central de que se pueda describir a los estadounidenses como "generosos".
>
> Los cristianos —y no me refiero a los cristianos nominales, sino a los que creen y practican— son la espina dorsal de casi todas las causas benéficas de los Estados Unidos.[34]

Aunque solo el treinta y ocho por ciento de los estadounidenses asisten a cultos religiosos semanales, las contribuciones que hacen representan dos tercios de todas las contribuciones benéficas, mientras que las dos terceras partes de los donativos a organizaciones no religiosas también proceden de miembros de la iglesia. Y, de todos los estadounidenses cristianos, los conservadores o evangélicos son los más generosos.

Estas parecen ser buenas noticias, pero no deberíamos consolarnos demasiado con tales comparaciones. La mala noticia es que, aunque ciertamente "ricos" comparados con el nivel de vida de nuestros abuelos,[35] los cristianos

---

34. Tim Stafford, "Anatomy of a Giver", *Christianity Today* (19 mayo 1997), 20-24 (pp. 22, 24). La información siguiente está tomada del artículo de Stafford.
35. Stafford (*Ibíd.*, 21) destaca que, después de ajustar los números para la inflación y los impuestos, el estadounidense medio gana en 1997 casi cuatro veces lo que el americano medio ganaba en 1921, mientras que los ingresos reales casi se han duplicado desde finales de la década de 1950.

de hoy contribuyen solamente con un porcentaje de entre un 1,1% y un 3,4% de sus ingresos anuales a las organizaciones religiosas o no religiosas juntas (durante los pasados cuarenta años, la totalidad de los estadounidenses dio entre el 1,5% y el 2% de sus ingresos). Estas estadísticas muestran cuánto se ha apoderado el materialismo tanto de nosotros como de la cultura en la que vivimos (el treinta y uno por ciento de las familias estadounidenses dicen no dar dinero alguno).

Esto es aún más aleccionador teniendo en cuenta que este patrón de dar no solo incluye nuestra participación en el *United Way* [Fondos Unidos] y el *March of Dimes* [Marcha de los Centavos (fundación para bebés)], sino también nuestra implicación con las personas y la misión de la iglesia. Desde 1985 a 1993, la contribución media por miembro a las iglesias evangélicas disminuye, desde 651 dólares a 621 dólares al año, cuando se mide en dólares de valor constante, mientras que el porcentaje de ingresos que se da a las iglesias evangélicas bajó desde el 6,19% en 1968 al 4,27% en 1993.

En resumen, los cristianos gastan la inmensa mayoría de su dinero en sí mismos. Esto es más cierto en la clase media, ya que aquellos que ganan por debajo de veinte mil dólares o por encima de cien mil al año dan el más alto porcentaje de sus ingresos. En vista de estas tendencias y al reconocer el hecho innegable de que el "buen estadounidense" es el "Buen Estadounidense *cristiano*", Stafford suscita la pregunta de si somos más estadounidenses que cristianos. Tal como él relata, los estudios de los cristianos estadounidenses revelan lo siguiente:

> … creen en el esfuerzo y la decencia más de lo que creen en la conducta distintivamente cristiana. Solo apoyan la evangelización cuando la hace alguien que, con toda seguridad, no los incomodará. Dan con generosidad, pero no se sacrifican. Al haberse hecho más ricos, han podido vivir mejor, pero dan más o menos lo mismo proporcionalmente. Su riqueza se distingue de la de sus vecinos [...]. Piensan que la caridad empieza por su propio hogar; cada vez están menos deseosos de enviar dinero al extranjero para una causa misionera que perciben como distante y como un pozo sin fondo. Por encima de todo, los Buenos Estadounidenses no hablan de dinero. Su dinero es suyo, y pueden hacer con él lo que les apetezca. Es un asunto privado y no quieren hablar demasiado sobre él en la iglesia.[36]

Cuando se trata de dar nuestro dinero tenemos, pues, por una parte, el código de silencio y privacidad estadounidense. Por la otra, tenemos la exposición pública y extensa del apóstol Pablo sobre la colecta, forjada en la urgencia

---

36. *Ibíd.*, 24.

espiritual que rodeaba la disposición corintia a participar con generosidad en la dádiva intercultural para el respaldo de la iglesia.

Proclamación. La cuestión de dar dinero recuerda dos respuestas diametralmente opuestas entre los cristianos conservadores: una torpe timidez entre las principales corrientes evangélicas y una descarada "valentía" entre el movimiento de salud y riqueza. En el primer caso, a la principal corriente de evangélicos les ofende hablar "demasiado" del dinero, temiendo que pudiera contaminar la verdadera espiritualidad. La verdadera razón para procurar este silencio, sin embargo, es sutil pero clara: demasiado énfasis en la *necesidad* espiritual de dar como asunto de nuestra salvación se enfrenta directamente a nuestro materialismo y a la privatización individualista de nuestra vida. El llamado a dar es un llamamiento a huir de la adoración idólatra del Dólar y del Yo, confiando tan solo en la gracia de Dios para nuestra felicidad y seguridad. Hablar de dinero *es* hablar de Dios.

Para complicar más las cosas, la propensión a hablar menos de dinero se ve reforzada por nuestra incomodidad ante la forma en que se expresan constantemente en cuanto al tema de dar quienes defienden el evangelio de la salud y la riqueza. En el otro extremo descubrimos que, habiendo divorciado la espiritualidad del dinero, nos echamos atrás al ver cómo han *identificado* el dinero con la espiritualidad. Cuando decimos: "El predicador debería hablar sobre Dios", queremos decir que el predicador *no* debería hablar de dinero (ya que, para nosotros, dar es un asunto privado que nada tiene que ver con ser bendecido espiritualmente). Cuando dicen: "El predicador debería hablar de Dios", quieren decir que el predicador *debería* hablar de dinero (ya que, para ellos, dar dinero es la forma de conseguir dinero, que *es* la bendición espiritual). Explicado sencillamente, el evangelio de la salud y la prosperidad contempla con desprecio la falta de énfasis sobre el dinero entre la corriente principal evangélica como una falta de fe en la promesa de Dios para prosperar financieramente a su pueblo.

Con toda la razón, semejante teología nos parece repulsiva. Rechazamos la perversión de dejarse llevar por la senda de conseguir más dinero para nosotros, rindiéndose así al idólatra materialismo de nuestra cultura. No obstante, debemos ser cuidadosos a la hora de juzgar a los demás, porque al hacerlo estamos dispuestos a juzgarnos a nosotros mismos. La diferencia entre el silencio de la mayoría de los evangélicos y el ruido del evangelio de la salud y la riqueza suele ser con frecuencia tan solo un asunto de énfasis. Ambos extremos entienden que la generosidad es un asunto de fe. Pero mientras los evangélicos dan por gratitud por lo que Dios *ya* les ha dado, el movimiento de la salud y la riqueza da en señal de gratitud por lo que Dios *les* dará. Los primeros dan mirando hacia atrás, a lo que ya tienen; los segundos dan mirando hacia adelante, a lo que esperan recibir. Por regla general, los evangélicos enfatizan el pasado; el evangelio de la salud y la riqueza mira hacia el futuro.

Sin embargo, en ninguno de estos casos se presta atención a Pablo. Para él, la fe consiste en confiar en Dios para que supla nuestras necesidades en el *presente*, con el fin de que podamos dar para cubrir las necesidades de otros.[37] Como tal, la fe abarca el pasado y el futuro mientras los vivimos en nuestro día a día delante de Dios. Por ello, damos a otros como expresión de nuestra confianza en Dios para suplir *hoy* nuestras necesidades. No deberíamos limitarnos a dar lo que nos sobra del pasado, y tampoco deberíamos dar con la esperanza de conseguir más en el futuro. En vez de esto, al no preocuparnos por el mañana y confiar en Dios para que nos sustente en medio de la dificultad de hoy (Mt 6:34), somos libres para compartir nuestro pan diario con otros. De hecho, Pablo nos llama a dar de una forma libre y generosa, sobre todo por causa de nuestras riquezas, pasadas, presentes y futuras, *en Dios mismo*, aparte de nuestro estatus económico (recuerda a los macedonios), y sin pensamiento alguno sobre una futura recompensa económica (Pablo nunca promete una recompensa de este tipo por dar).

Irónicamente, pues, tanto el silencio prevaleciente con respecto a dar, que caracteriza a los evangélicos históricos y la igualmente constante discusión entre aquellos que defienden el evangelio de la salud y la riqueza surgen de la misma fuente. Ambos ven la ofrenda como una respuesta a la cantidad de dinero que Dios ha concedido o concederá a su pueblo. Además, dado que ambos grupos han espiritualizado el acto de dar, la gratitud, y no el dar, se convierte en el "verdadero" acto de fe. Esto permite que ambos grupos sigan sintiéndose cómodos con su propia espiritualidad (¡después de todo, nos sentimos agradecidos por nuestras bendiciones materiales!), a la vez que mantenemos o buscamos la riqueza en sí misma. Al final, ambos son guiados por la idólatra creencia de que el dinero, y no conocer a Dios y participar en la propagación de su reino, es la expresión real y tangible de su bendición y, por tanto, el ingrediente básico para hacernos sentir felices.

Gozo. En firme contraste con esta adoración al dinero se halla la convicción paulina de que la base y el propósito de dar consiste en mantener el gozo en

---

37. Esto no es una negación de la naturaleza esencial de la fe centrada en el futuro (la fe como depositar nuestra esperanza en las promesas de Dios), ni la fe en el presente que se basa en los actos de Dios en el pasado (confiamos en Dios hoy por lo que ha hecho por nosotros en el pasado, en especial en la cruz y en el derramamiento del Espíritu). Meramente reconoce que enfocarse en el futuro puede ocurrir solo en el presente y que la fe no es una ilusión, porque su confianza para el futuro se basa en lo que Dios ya ha hecho por nosotros en el pasado. *Cf.* 2Co 1:8-11: Pablo espera en el presente la liberación en el futuro, porque Dios le liberó en el pasado. A medida que el futuro se vaya desarrollando, la confianza que Pablo tiene en Dios seguirá basándose en lo que ya sucedió en el pasado ya que ahora abarca lo que está sucediendo en el presente.

Dios mismo (9:7). Dar a los demás con renuencia es una inseguridad que niega, de manera fundamental, aquello mismo que Pablo afirma en 9:8-11. Además, dar a los demás con el fin de lograr más dinero a cambio es un craso rechazo idólatra de la suficiencia absoluta de Dios en Cristo. Niega exactamente lo que Pablo afirma en 9:12-15.

Dado que el gozo y la seguridad en Dios deberían ser nuestros motivos para dar, es impresionante que Pablo no señale nuestra gratitud *per se* como la base para dar. Más bien es la gracia de Dios en nuestra vida la que constituye el fundamento de dar cuando esta acción está llena de fe. Damos por lo que Dios ha hecho para asegurar nuestro gozo en él y no por la forma en que percibimos el estar seguros en la gracia de Dios. Damos, porque somos felices en Dios, no porque nos sentimos agradecidos por ser felices en Dios. Un estudio de 2 Corintios 8–9 confirma, por consiguiente, estas útiles observaciones:

> ... la Biblia rara vez, por no decir nunca, motiva la vida cristiana con gratitud. Sin embargo, se presenta de forma casi universal en la iglesia como la "fuerza impulsora en la vida cristiana auténtica" [...]. La gratitud es un sentimiento cristiano hermoso y totalmente indispensable. Nadie se salva si no la posee. Pero pueden escudriñar la Biblia en vano en busca de conexiones *explícitas* entre la gratitud y la obediencia [...]. La gratitud no fue jamás diseñada como principal motivación para la obediencia cristiana radical [...] ¿Será acaso que la *gratitud por la gracia pasada* ha recibido presión para servir como poder para lograr la santidad, algo que solo *la fe en la gracia venidera* debía llevar a cabo?[38]

Si nuestra agradecida respuesta a lo que *ya* hemos recibido de Dios fuera el fundamento principal para dar a otros, nuestra buena disposición para dar se convertiría en un reflejo de nuestro propio carácter moral como personas que están agradecidas y no en un reflejo de Dios como Dador.

Si la gratitud fuera el motivo, el foco de atención recaería, pues, en intentar llegar a ser más agradecido con el fin de poder dar más, sumergiéndonos en nosotros mismos, ya que Dios ha hecho lo suficiente para hacer que seamos agradecidos por toda la eternidad. Además, si el motivo es la gratitud y no la fe, dar se convierte en un intento fútil de "pagarle a Dios" como deudores de la gracia, algo imposible ya que en primer lugar corta de raíz lo que significa la gracia de Dios. Desde la creación hasta la misericordia de la cruz, la gracia de Dios es algo que hemos recibido y que seguimos recibiendo "sin precio ni

---

38. John Piper, *Gracia venidera*, p. 11 del original en inglés (las cursivas están en el original). Ver la defensa bíblica de Piper en pp. 31-49 para rechazar la "ética del deudor" que intenta devolverle a Dios lo que se recibió como una cuestión de gracia.

pago".³⁹ Aunque ciertamente debemos y podemos estar tan solo agradecidos por la gracia de Dios, es nuestra confianza en la gracia divina la base de nuestro acto de dar.

> En la ética del deudor, la vida cristiana se describe como un esfuerzo por devolver la deuda que tenemos con Dios. Por lo general, reconocemos que no podremos pagarla nunca. Pero la "gratitud" exige que trabajemos en ella. Las buenas obras [como dar a otros] y los actos religiosos son los pagos a plazo que hacemos con respecto a la deuda infinita que tenemos con Dios.⁴⁰

En vez de derivar nuestro acto de dar de nuestra gratitud, Pablo apunta, pues, a nuestra continua confianza en la gracia continua de Dios como fuente de la generosidad. Su enfoque no está en intentar ser más agradecidos, sino en aprender a confiar más en Dios. Y, como reconoce Piper:

> Esto no es ser puntilloso ni es algo incidental; es sorprendente [...]. La gratitud es algo hermoso. No hay cristianismo sin ella. Se encuentra en el centro de la adoración [...]. Pero cuando se trata de describir la dinámica espiritual de cómo aparece la obediencia cristiana práctica [como dar dinero], la Biblia no dice que procede de la mirada agradecida que se echa hacia el pasado, sino que viene de la mirada de fe hacia el futuro.⁴¹

Con toda seguridad, la gratitud es la prueba de que Dios ha transformado el corazón humano. De hecho, el meollo del pecado es no glorificar a Dios dando gracias por todo lo que él ha hecho por nosotros (Ro 1:21). Pero la gratitud, como dar, es en sí misma una respuesta a la gracia de Dios y no la fuente de una obediencia llena de fe. La gratitud es en sí misma una virtud producida por la gracia y no la fuente de otras virtudes cristianas. Dios y solo él es la fuente de toda emoción y actividad cristianas.

Visto de este modo, nuestra disposición a dar se convierte en un reflejo no solo de nuestros sentimientos hacia Dios, sino de lo que él está haciendo por nosotros ahora y lo que promete hacer por nosotros en los días venideros. Dar, con el fin de honrar a Dios, debe ser un acto de dependencia de él. Como creyentes, nuestra confianza en Dios para el futuro hace posible que demos a los demás en el presente (*cf.* 9:8). Nunca daremos más de nuestro cómodo dos por ciento a menos que estemos convencidos de que Dios cuidará de nosotros mañana, tal como lo ha hecho en el pasado y como lo sigue haciendo en el presente. Por esta razón, Pablo apoya este llamado a dar indicando el gozo que lo acompaña y la justicia de la fe que se expresa por medio de él (9:9-10).

---

39. *Ibíd.*, 31.
40. *Ibíd.*, 33.
41. *Ibíd.*, 43.

Por esta razón, también, la amonestación a dar en 9:5 está respaldada en 9:6-15 no como referencia a lo que el acto de dar dirá sobre *nosotros* (es decir, que estamos llenos de gratitud), sino como una alusión a lo que nuestro acto de dar dirá sobre *Dios* (es decir, que su gracia es y será suficiente, independientemente de todo; *cf.* 12:9). La razón de que demos es la gracia continua y abundante de Dios y el propósito es la alabanza de la gloria de Dios tal como se manifiesta en el "don indescriptible" que es Dios mismo en Cristo. Nuestra capacidad de dar es una declaración sobre Dios.

Por tanto, 9:6-15 deja claro por qué las dádivas de los corintios deben entregarse como expresión de bendición y gozo en lugar de ser como algo arrancado a su avaricia mediante la amenaza del inminente juicio de Dios. Solo la dádiva generosa y gozosa es una expresión de la fe y del contentamiento que la aprobación de Dios produce (9:6-7). Como explica Pablo en 9:7, no hay aprobación divina para lo que se da a otros si no fluye de una dependencia feliz y de la satisfacción en Dios. Y es que como el poder y el compromiso de Dios de hacer lo que ha prometido proporcionan el medio continuo para ser justos a través del acto de dar (9:8-11a), solo la generosidad impulsada por la gracia, que se evidencia en nuestra disposición a suplir las necesidades de los demás, redunda en la gloria de Dios (9:11b-15).

En conclusión, acudimos de nuevo a John Piper, que ha sabido captar la relevancia contemporánea de 9:7 ("Dios ama al que da con alegría") para establecer una motivación a la hora de dar que honre a Dios, el único estímulo que cumplirá el "ministerio" y "la gracia" de dar:

> Aprovecho esto para decir que a Dios no le agrada que las personas hagan obras de beneficencia si no las hacen contentos. Cuando las personas no encuentran placer (la palabra que Pablo utiliza es "alegría") en sus actos de servicio, Dios no encuentra placer en ellos. Ama al dador alegre, al siervo alegre [...].

> El amor es la abundancia de gozo en Dios que con *alegría* hace frente a las necesidades de los demás. Es el impulso de una fuente que rebosa [...].

> El *gozo* cristiano se revela como contentamiento insatisfecho siempre que percibe la necesidad humana. Comienza a expandirse en amor para cubrir esa necesidad y conseguir el gozo de la fe en el corazón de la otra persona.[42]

---

42. Piper, *Desiring God*, 119-124 (el énfasis es mío).

2 Corintios 10:1-18

Por la ternura y la bondad de Cristo, yo, Pablo, apelo a ustedes personalmente; yo mismo que, según dicen, soy tímido cuando me encuentro cara a cara con ustedes pero atrevido cuando estoy lejos. ² Les ruego que cuando vaya no tenga que ser tan atrevido como me he propuesto ser con algunos que opinan que vivimos según criterios meramente humanos, ³ pues aunque vivimos en el mundo, no libramos batallas como lo hace el mundo. ⁴ Las armas con que luchamos no son del mundo, sino que tienen el poder divino para derribar fortalezas.⁵ Destruimos argumentos y toda altivez que se levanta contra el conocimiento de Dios, y llevamos cautivo todo pensamiento para que se someta a Cristo. ⁶ Y estamos dispuestos a castigar cualquier acto de desobediencia una vez que yo pueda contar con la completa obediencia de ustedes. ⁷ Fíjense en lo que está a la vista. Si alguno está convencido de ser de Cristo, considere esto de nuevo: nosotros somos tan de Cristo como él. ⁸ No me avergonzaré de jactarme de nuestra autoridad más de la cuenta, autoridad que el Señor nos ha dado para la edificación y no para la destrucción de ustedes.⁹ No quiero dar la impresión de que trato de asustarlos con mis cartas,¹⁰ pues algunos dicen: «Sus cartas son duras y fuertes, pero él en persona no impresiona a nadie, y como orador es un fracaso». ¹¹ Tales personas deben darse cuenta de que lo que somos por escrito estando ausentes, lo seremos con hechos estando presentes. ¹² No nos atrevemos a igualarnos ni a compararnos con algunos que tanto se recomiendan a sí mismos. Al medirse con su propia medida y compararse unos con otros, no saben lo que hacen. ¹³ Nosotros, por nuestra parte, no vamos a jactarnos más de lo debido. Nos limitaremos al campo que Dios nos ha asignado según su medida, en la cual también ustedes están incluidos. ¹⁴ Si no hubiéramos estado antes entre ustedes, se podría alegar que estamos rebasando estos límites, cuando lo cierto es que fuimos los primeros en llevarles el evangelio de Cristo. ¹⁵ No nos jactamos desmedidamente a costa del trabajo que otros han hecho. Al contrario, esperamos que, según vaya creciendo la fe de ustedes, también nuestro campo de acción entre ustedes se amplíe grandemente, ¹⁶ para poder predicar el evangelio más allá de sus regiones, sin tener que jactarnos del trabajo ya hecho por otros. ¹⁷ Más bien, «Si alguien ha de gloriarse, que se gloríe en el Señor». ¹⁸ Porque no es aprobado el que se recomienda a sí mismo sino aquel a quien recomienda el Señor.

Sentido Original

En 1:3–7:1, Pablo defendió su ministerio apostólico con el fin de fortalecer la fe de aquellos que se habían arrepentido recientemente. Al obrar así, sacó las implicaciones de su evangelio (*cf.* 6:14–7:1), estableciendo al mismo tiempo un fundamento parka su llamada final a los que seguían rebelándose contra él (*cf.* 5:16–6:2). En 7:2–9:15, Pablo aplicó, pues, su evangelio a los arrepentidos llamándolos a completar la colecta. Dar para los santos de Jerusalén sería la prueba de la propia experiencia que ellos tenían de la gracia de Dios para con ellos (*cf.* 9:6-11).

Contra este telón de fondo, la apelación de los corintios en 10:1 inicia la última de las tres secciones principales de su carta: *La aplicación de la apologética de Pablo a los rebeldes.* Así como los capítulos 8–9 aplican la apologética y el evangelio de Pablo a los arrepentidos, los capítulos 10–13 aplican esta misma apologética a aquellos que persisten en el rechazo hacia su ministerio.

La doble audiencia de 2 Corintios contribuye, pues, a su complejidad, ya que Pablo debe alentar a la mayoría fiel, aunque al mismo tiempo debe intentar ganarse a la minoría recalcitrante. Aunque el énfasis de uno pueda predominar sobre el otro en un pasaje concreto, ninguno de los grupos está fuera de vista en ningún momento. Al mismo tiempo, James Scott ha señalado con gran perspicacia que existe una progresión cronológica en 2 Corintios: los capítulos 1–7 reflexionan sobre acontecimientos pasados, los capítulos 8–9 preparan para que se acabe de reunir la colecta en el presente y los capítulos 10–13 miran hacia la tercera visita de Pablo en el futuro.[1] De ahí que, aunque cada una de las tres secciones principales prepara para su tercera visita, de alguna manera, los capítulos 10–13 confrontan de pleno el persistente problema planteado por sus oponentes. El embajador de la reconciliación (*cf.* 5:18–6:2) se convierte ahora en el guerrero contra la rebelión (*cf.* 10:1-6).

En respuesta a las acusaciones surgidas contra Pablo, el argumento de 10:1-18 se presenta en tres partes (ver los títulos más abajo). Claramente, este desarrollo es una extensión de su anterior apologética en cuanto a la naturaleza y el fundamento de su ministerio apostólico. Como tal, tanto la estructura como el contenido del argumento derivan de la declaración a modo de tesis de Pablo en 1:14–3:3. Resulta, pues, que 10:1-18 no representa una confrontación general intelectual entre Pablo y sus oponentes. Más bien está respondiendo una vez más a la crítica de ellos sobre su humillación personal como resultado de su sufrimiento (*cf.* 2:14-16).

En cierto sentido, los oponentes de Pablo tenían razón, por supuesto. Tanto su sufrimiento como la crítica de otros se habían visto exacerbados por su

---

1. James M. Scott, *2 Corinthians,* 208-9.

decisión de ganarse el sustento por sí solo en Corinto (2:17; *cf.* 1Co 9:1-18).[2] Tampoco ayudaba la "reputación" de Pablo a los ojos de muchos por su retirada cuando lo atacaron durante su anterior visita, por sus cambios de planes, por escribir la carta "con muchas lágrimas" (1:15–2:4), o por su negativa a emplear la retórica profesional de su tiempo (*cf.* 1Co 2:1-5; 2Co 10:10).

Aquí, como en 2 Corintios 2:14–3:3, la cuestión en 10:7-11 es una vez más si el sufrimiento de Pablo como apóstol corresponde a la naturaleza espiritual del nuevo pacto (*cf.* 3:1-3). La declaración resumen de 2:14–3:3 se convierte, pues, en la estructura para leer 10:1-18, como lo confirma el paralelismo estructural entre ambos pasajes. La exposición que el apóstol hace de su "debilidad" en 10:1-11 conduce al mismo tema de la jactancia personal de 10:12-18, así como su anterior referencia al sufrimiento en 2:14-17 llevó a este mismo tema en 3:1-3. En 10:1-18, sin embargo, Pablo extiende las ideas de 2:14–3:3 extrayendo sus directas implicaciones para los que siguen cuestionando su ministerio.

La batalla de Pablo por su autoridad (10:1-6)

Pablo empieza la última sección de su carta "apelando" de nuevo (10:1) y "suplicando" (10:2) a los corintios que respondan a su apologética a favor de su evangelio. Ahora, sin embargo, con el ojo puesto directamente sobre sus oponentes, su llamada anterior (5:20) y que instara (6:1) a que fueran reconciliados con Dios se convirtieron en una amonestación explícita para reafirmar su lealtad a Pablo mismo (usa los mismos verbos "apelar" y "rogar" en 10:1-2 y en 5:20; 6:1). Pablo hace que su identificación personal con su evangelio, implícita en sus anteriores capítulos, sea ahora explícita.

Al mismo tiempo, es impresionante que al presentar esta sección Pablo use el verbo "apelo" (*parakaleo*), ya que solo lo hace cuando su autoridad se considera inútil.[3] De ahí que, aunque se esté dirigiendo ahora directamente a la minoría rebelde, Pablo escribe sabiendo que el conjunto de los corintios está básicamente de su parte. Esto se confirma por el uso que hace de la expresión enfática "yo, Pablo", que es en sí misma una declaración de autoridad (*cf.* 12:13; Ro 9:3; 15:14; Gá 5:2).

Además, esta insistencia en su autoridad no es un intento de compensación por las críticas que se están levantando en su contra. En vez de eso, Pablo inicia esta sección final de su carta mediante la atrevida aseveración de su autoridad, porque está a punto de anunciar su tercera y última visita, que llevará el juicio de Dios sobre aquellos que en ese tiempo no se hayan arrepentido

---

2. Para argumentos a favor de esta interpretación, ver Abraham J. Malherbe, "Antisthenes and Odysseus, and Paul at War", *HTR* 76 (1983): 143-73.
3. Siguiendo a Ralph P. Martin, *2 Corinthians,* 302, basado en el estudio de Bjerkelund de *parakaleo* en los escritos de Pablo.

aún (*cf.* 10:6; 12:14, 20-21; 13:1-2, 10). Pablo está siendo ahora osado para no tener que ser "atrevido" cuando llegue (10:2), dado que el versículo 6 deja claro que dicho atrevimiento es el castigo de los desobedientes.

El hincapié en la autoridad paulina y la grave advertencia procedente del principio de esta sección han causado con frecuencia que los lectores se pregunten cómo pueden ser estos capítulos polémicos una expresión de esta llamada a los corintios "por la ternura y la bondad de Cristo" (10:1).[4] Esto es de lo más problemático cuando entendemos que 10:1 es una fórmula de juramento que pretendía respaldar la validez de sus amonestaciones siguientes (para el uso de esta misma fórmula, ver Ro 12:1; 15:30; 1Co 1:10; Flm 9).

Como indica 10:1b, la cuestión de cómo se dice que las acciones de Pablo se llevaban a cabo "por la ternura y la bondad de Cristo" no es nada nuevo. Ya en su propia época, sus oponentes lo habían acusado de doblez o cobardía, por la discrepancia entre las poderosas amenazas en su(s) anterior(es) escrito(s) y su aparente impotencia o "timidez" en lo tocante a llevarlas a cabo en persona. En la opinión de ellos, el cambio de conducta de Pablo, como su cambio de planes que se perfila en 1:15–2:4, era la prueba de que estaba viviendo "según los principios de este mundo" (v. 2). La traducción de la NVI le da aquí el sentido correcto al original que, traducido formalmente, dice: "caminando según la carne" (*cf.* la defensa de Pablo con respecto a lo que parecían ser sus "actos carnales" en 1:12-22). En otras palabras, los oponentes de Pablo tomaron su vacilación y la aparente contradicción entre sus palabras cuando estaba ausente y sus acciones cuando estaba presente como la prueba de que carecía del Espíritu (es decir, que "caminaba según la carne").

Desde la perspectiva paulina, la acusación de la que se informa en 10:1b es, desde luego, irónica (de ahí la correcta decisión de la NVI al usar "tímido" y "atrevido" entre comillas). El uso que Pablo hace aquí de "tímido" (lit. "humilde") tiene la connotación negativa de ser servil, humillado, menospreciado o degradado, aunque, por lo general, la humildad es una virtud positiva.[5] De acuerdo con sus detractores, que fuera "atrevido" cuando estaba ausente era una amenaza cobarde, aunque para el apóstol su atrevimiento era una expresión de su confianza procedente de Cristo (*cf.* su uso en 5:6, 8; 7:16). De modo que su meta consistía en mostrarles que su atrevimiento cuando estaba ausente era una expresión de la "ternura y bondad de Cristo del mismo modo en que también lo era su humildad cuando estaba presente.

---

4. Para expresiones representativas de la mansedumbre y la humildad de Cristo, ver Mt 5:5; 11:29; 18:4; Mr 9:35-37; Lc 18:14; Jn 13:14-17; Fil 2:8.
5. Para el uso positivo que Pablo hace de la humildad (*tapeinos, tapeinoo*) como virtud, *cf.* 7:6; 11:7; 12:21; Ro 12:16; Fil 2:8; 4:12. *Cf.* también Stg 4:5, 10; 1P 5:5-6; y los conceptos relacionados en Ef 4:2; Fil 2:3; Col 3:12; 1Ti 6:11.

Cierto es que Pablo había sido "tímido" frente a los ataques recibidos durante a su segunda visita, pero "osado" cuando, posteriormente, escribió su carta severa o "con muchas lágrimas" (*cf.* 1:13; 2:3-4, 9; 7:8, 12). Sus oponentes lo criticaban por su aparente contradicción, porque no entendían el papel de las advertencias mezcladas con misericordia en la vida de fe. En 10:1-2, Pablo reitera su estrategia apostólica, ya que su carta actual también contiene una fuerte apologética y acaba con un enérgico aviso a quienes persisten en su rechazo hacia él y su mensaje. ¡Y es que, irónicamente, al enfrentarse una última vez a aquellos que siguen en rebeldía contra él, Pablo está intentando en realidad *evitar* el tipo mismo de coherencia que sus oponentes parecen desear (es decir, que sea "atrevido" tanto en la carta como en persona, *cf.* 10:11)!

Esto significa que las firmes súplicas y las advertencias de Pablo no fluyen de la "ternura y la bondad de Cristo" en el sentido de un tono específico de voz o por no enfrentarse. Más bien, la humildad (o ternura) y la bondad de Cristo pueden verse en su paciente contención a la hora de pronunciar juicio, como lo hizo con anterioridad en 1 Corintios 5:1-5. Como Cristo, Pablo está dándoles a los corintios una oportunidad de arrepentirse (*cf.* 1Co 4:21; 2P 3:8-10). El telón de fondo mesiánico para sus actos se refleja en que la palabra traducida "ternura" (*prautes*) en 2 Corintios 10:1 también se usa en Salmos 132:1, de la LXX, y en Salmos 45:4 y Zacarías 9:9 para describir al rey mesiánico (*cf.* Mt 11:29; 21:5). Como Mesías davídico, nadie debería confundir la ternura de Cristo en su primera venida con una falta de resolución para juzgar cuando vuelva. Lejos de la timidez, su "ternura" es la lentitud para airarse; lejos de carecer de convicción, su "ternura" es su tolerancia, en contraste con ser vengativo (*cf.* Hch 24:4; Fil 4:5; 1Ti 3:3; Tit 3:2; Stg 2:17; 1P 2:18).

Del mismo modo, cuando Pablo estaba siendo atacado durante su anterior visita a Corinto, sintió que era mejor marcharse que traer el juicio de Dios sobre la iglesia (*cf.* 2:5; 7:12). Al actuar así, expresó la "ternura y la bondad" de Cristo. Lejos de ser un acto de cobardía, la "timidez" de Pablo en el pasado fue un acto de misericordia (*cf.* 1:23; 2:1). Su "debilidad" fue una expresión de la "debilidad" de Cristo. Además, los corintios eran conscientes de que, en su falta de madurez en el pasado, Pablo los había tratado tiernamente y con paciencia como padre amoroso y espiritual de ellos (*cf.* 1Co 3:1-2; 4:18-21).

Sin embargo, así como la ternura de Cristo no debe malinterpretarse y entenderse como hacer la vista gorda al pecado, el hecho de que Pablo se refrene no debe considerarse cobardía. Como rey mesiánico, Jesús vindicará su nombre mediante el juicio contra aquellos que hacen conjeturas sobre su misericordia no arrepintiéndose (*cf.* 5:10-11). Del mismo modo, mientras que los oponentes de Pablo veían su carta "con muchas lágrimas" como un intento cobarde por afirmar su autoridad a distancia, en realidad era un acto profético de advertencia dirigido a provocar el arrepentimiento de los corintios (*cf.* 2:5-11; 7:5-7,

13-16). Para un apóstol de Cristo, Pablo también vendrá a juzgar a quienes han dado por supuesta la gracia de Dios y se han burlado de sus advertencias (*cf.* 10:6; 13:10). Por tanto, en 10:1 Pablo "cita la estimación [de los oponentes] mientras retiene en un juego de ambigüedad de palabras la suya propia, que se basa en el modelo del Señor encarnado".[6]

A pesar de su vigor y su carácter controvertido, la defensa y las amenazas de Pablo en los capítulos 10–13 *son*, pues, también una expresión de la "ternura y la bondad de Cristo". Así como el principal propósito de Cristo en su primera venida fue establecer y extender misericordia al pueblo de Dios, Pablo no es "atrevido" en persona, porque le mueve esa misma intención. Considerado a la luz de la ternura y la bondad de Cristo, Pablo estaba siendo verdaderamente humilde al no juzgarlos en el pasado ni en 2 Corintios, sino advirtiéndolos por última vez. Como Cristo, Pablo desea que todos respondan para que él no tenga que ser "atrevido" juzgándolos cuando regrese en su tercera visita. Por mucho que considere que dicho juicio es una posibilidad real contra "algunos" (10:2; es decir, sus oponentes), el contenido específico de su llamada es que "ruega" a los corintios que se reconcilien ahora para que ninguno de ellos tenga que sufrir la ira de Dios.

Una vez más, pues, la relación que tuvieran con Pablo mismo se convierte en el criterio por el cual se aplicará el juicio. Impugnar su debilidad y sufrimiento, que en parte ha sido causado por los corintios mismos, es impugnar la debilidad de Cristo mismo, cuyo carácter el apóstol ha encarnado en Corinto. Lejos de vivir según los principios del mundo (10:2), ha estado actuando "en Cristo" y por el poder del Espíritu (*cf.* 1:5; 2:14, 17; 5:14).

En 10:3-6, Pablo se enfrenta a la acusación del versículo 2 en cuanto a que se conduce "según criterios meramente humanos, desarrollando una metáfora militar para respaldar su estrategia de escribir con atrevimiento desde lejos esperando no tener que actuar del mismo modo cuando llegue. De manera específica, Pablo está usando la estrategia profética de advertencia, al estilo de Cristo, con el propósito del arrepentimiento, en lugar de pronunciar juicio de inmediato. Actuando así, no está librando "batallas como lo hace el mundo" (lit., "según la carne"), aunque siga "viviendo en el mundo" (lit. "en la carne"; 10:3; *cf.* 1:12; 4:7–5:15; 6:4-10; 11:23-33; Gá 2:20; Fil 1:24).

Aunque Pablo admite que "vive en el mundo", su plan de batalla no es mundano (10:3), porque sus "armas" (10:4) no son del mundo; por implicación, son expresiones del poder del Espíritu (la NVI omite el "porque" [*gar*] al principio de 10:4a).[7] En lugar de reaccionar con una ira inmediata al ser ofendido,

---

6. Martin, *2 Corinthians*, 303.
7. Aunque útil en términos de interpretación, la traducción que la NVI hace de *sarx* como "mundo" en 10:3-4 en lugar de "carne" oscurece el contraste típico paulino

como lo haría el mundo, las armas que Pablo usa "tienen el poder divino" (es decir, el poder del Espíritu)[8] para producir el arrepentimiento genuino y la fe perseverante que escapa a la ira de Dios (10:4b; *cf.* 3:2-3; 6:14–7:1; 7:8-12).

En particular, las armas de Pablo son la multiforme proclamación de la verdad del evangelio en el poder del Espíritu, encarnada y mediada a través de su propia vida de sufrimiento como apóstol (*cf.* 2:14-17; 6:6-7; 1Co 1:18, 23; Ro 1:16; 1Ts 5:8; Ef 6:14-17). El propósito de "derribar fortalezas" es una alusión a los baluartes erigidos por los ciudadanos para proteger su ciudad de los invasores (10:4b; *cf.* Lm 2:2; *1 Mac.* 5:65; 8:19; Lc 19:43-44). La verdad del evangelio vencerá cualquier cosa o a cualquiera que se interponga en su camino.

La referencia metafórica de Pablo en 10:4 a demoler "fortalezas" (*ochyroma*) alude probablemente a Proverbios 21:22, donde se dice que el sabio destruye las fortalezas (*ochyroma*) en que confía el impío. Como el sabio de Proverbios, el propósito paulino es destruir las defensas de la confianza personal y autoexaltación erigidas por los alardes de los que se oponen al progreso del evangelio (*cf.* 10:12, 17-18; 11:4). Muchos comentaristas sugieren que estas "fortalezas" formaban parte de la poderosa retórica de los oponentes de Pablo a quienes, como los sofistas de su época, les preocupaba más impresionar a los corintios con su estilo de presentación que con la verdad de su contenido (*cf.* 10:10). Aunque su preocupación por el estilo por encima la sustancia constituía parte del problema, la cuestión no eran meramente sus métodos. Pablo está a la ofensiva principalmente porque sabe que sus oponentes predican un "evangelio diferente" por completo (*cf.* 11:4).

Lo peligroso del aspecto personal de ellos es que hace que su falso "evangelio" sea en extremo atractivo. De ahí que, como verdadero apóstol de Cristo, el objetivo de Pablo, como un ejército invasor que pone sitio contra su enemigo con el fin de destruir los baluartes de su ciudad, es destruir tanto la manera *como* el mensaje de ellos. Habiendo sido conquistado por Cristo mismo (2:14), Pablo libra ahora batalla en nombre de Cristo (10:3-4). Habiendo sido hecho ministro del nuevo pacto del Espíritu (3:4-6), el apostolado de Pablo es un ejército vencedor que puede derrotar a todos y cada unos de sus enemigos.

---

carne/Espíritu que se implica en vv. 2-4. En el concepto de Pablo, actuar o estar en la carne es, por definición, no tener al Espíritu (*cf.* 1:18-22; 3:2-3; 5:14–6:2).

8. La frase traducida por la NVI como "tienen el poder divino" es, lit., "poderosas para Dios" que se entiende mejor como semitismo con el significado de "divinamente poderosas". Acerca de esta opinión, ver Barnett, *The Second Epistle to the Corinthians*, 464 n. 46. Las otras opciones han de traducirse como dativo de ventaja ("poderosas para la causa de Dios") o como dativo de juicio subjetivo ("poderosas a los ojos de Dios"). Sin embargo, el contraste con "carnales" en el versículo 4a respalda mejor la idea de dos tipos de armas: las que no tienen el Espíritu y las que poseen poder divino.

El versículo 5 detalla las dos formas en que Pablo libra su guerra en nombre del evangelio. (1) Echa por tierra los "argumentos y toda altivez" (lit., las "alturas" desde las que los defensores se oponían al ejército que los asediaba) que sus oponentes han suscitado contra "el conocimiento de Dios" revelado por medio de su propia predicación y de su sufrimiento (*cf.* 2:14-17; 4:4-6; 8:7; 11:6; 13:8). Los argumentos que se tienen aquí a la vista son las objeciones que se están levantando contra su autoridad apostólica y su mensaje (los "argumentos" [*logismous*] de 10:4 recuerdan el "pensamiento" [*logizomenous*] de "algunos" en 10:2). Pablo los vence mediante una clara presentación del evangelio y sus implicaciones, rodeada de la apelación imperturbable a su propia vida como demostración de lo dicho.

(2) Una vez destruidas las defensas enemigas, Pablo lleva todo pensamiento del enemigo "cautivo" haciendo una evaluación a la vista de su propio ministerio de la cruz y de la resurrección de Cristo. De manera específica, argumenta a favor de su convicción y la respalda de forma evidente: como apóstol verdadero del Cristo crucificado y resucitado, revela el poder de Dios (*cf.* 2:17; 3:2-3; 4:1-6; 5:11-12; 11:2; 12:19; 13:3-4) en y por medio de su debilidad (*cf.* 1:3-11; 2:14-16; 4:7-12; 6:4-10; 11:23–12:10). Como resultado, su presentación y su encarnación de la verdad también revelan la naturaleza satánica de quienes se oponen a su "tesoro", porque viene en "vasija de barro" (4:7; *cf.* 2:11; 3:14; 4:4; 11:3). Esta es la doble estrategia de Pablo a lo largo de 1 y 2 Corintios.

Tras tirar por tierra las defensas de sus enemigos y llevar cautivos los contraataques de ellos, Pablo castigará a los que permanezcan en rebeldía. Pero solo lo hará una vez que los arrepentidos, por su obediencia, hayan demostrado estar de su lado (10:6). Nótese el énfasis en 10:6 sobre el hecho de que la obediencia de los corintios sea "completa" como requisito para aplicar el castigo. Pablo quiere darles todas las oportunidades para que se sometan al evangelio antes de ejecutar el juicio de Dios, y no lo hará hasta que todos los arrepentidos lo hayan hecho. Por esta razón ha retrasado su regreso en el pasado y por eso ha escrito esta carta (*cf.* 10:2). Confía en que, cuando reciban 2 Corintios, los creyentes genuinos que sigan sin arrepentirse sean llevados de vuelta a Cristo, y muestren su remordimiento uniéndose a la mayoría, apartándose de los rebeldes (6:14–7:1) y participando de buenas ganas en la colecta (caps. 8–9).

La elección que Pablo hace de esta metáfora bélica en 10:3-6 es en sí misma una indicación de la gravedad de la presente situación: está luchando por el destino eterno de los corintios.[9] Para ganar la batalla, pretende destruir las defensas del enemigo echando abajo los argumentos que esgriman contra el

---

9. La metáfora de la guerra/asedio de los vv. 3-6 es el uso más extenso del simbolismo militar de las cartas paulinas. Para otros usos de este tipo de simbolismo, ver 2:14; 6:7; Ro 13:12-13; 1Co 9:7; Fil 1:30; 2:25; Ef 6:10-17; 1Ts 5:8; 1Ti 1:18; 2Ti 2:3; Flm 2.

conocimiento de Dios (vv. 4b-5a). De manera específica, su objetivo en estos cuatro últimos capítulos consiste en entender cómo sus enemigos contradicen la persona y el mensaje de Cristo (10:5b). No obstante, aunque el problema pueda haber sido la naturaleza del evangelio, la idea explícita de la contienda en Corinto era la legitimidad de Pablo como apóstol (*cf.* 10:1-2, 7-11). Por esta razón, Pablo pasa de hablar sobre sí mismo en 10:1-3 a hablar sobre Dios y Cristo en 10:5, con el fin de recalcar una vez más la identificación de su propia persona y mensaje con el conocimiento de Dios y Cristo revelados por medio de ellos (*cf.* 2:14-16a; 4:7-12; 5:18–6:2; etc.).

El propósito de la autoridad apostólica (10:7-11)

En esta sección Pablo explica su exhortación de 10:1-2 en vista de la guerra que está librando en la actualidad contra los enemigos del evangelio. Al hacerlo, saca tres implicaciones de su batalla contra los que se oponen a su ministerio: (1) la implicación para los *corintios* (v. 7), que respalda (2) la implicación de cómo debería verse a *Pablo* (v. 8), que, a su vez, apoya (3) la implicación del argumento paulino para sus *oponentes* (vv. 9-11). Concretamente, esta sección emite una orden a los corintios (v. 7a) que conduce a una orden con respecto a Pablo (v. 7b), que a su vez respalda a una orden a los oponentes de Pablo (*cf.* v. 11), aunque de manera indirecta.

Esta interpretación del pasaje se basa en tomar el verbo "fijarse" del versículo 8 como imperativo ("¡Fíjense!"), y no como una frase indicativa ("Miráis", como en la RVR 1960), o en una interrogativa ("¿Se fijan?", como en la KJV inglesa). Aunque los tres significados son posibles y es difícil elegir, en otros lugares Pablo siempre usa esa forma del verbo "fijarse" (*beplete*) como orden (*cf.* 1Co 1:26; 8:9; 10:18; 16:10; Gá 5:15; Ef 5:15; Fil 3:2; Col 2:8; *cf.* el singular en Col 4:17). Además, dentro de este contexto, el indicativo o interrogativo esperaría un contraste en 2 Corintios 10:7b y no una declaración de respaldo.[10] Finalmente, como extensión de su "súplica" a ellos en 10:2, lo más probable es que Pablo no esté describiendo simplemente o cuestionando lo que los corintios *están* haciendo, sino que está aclarando lo que desea que *hagan*. Habiéndoles rogado que eviten el juicio en 10:1-6, ahora los llama a

---

10. Siguiendo a Victor P. Furnish, *II Corintios,* 465. El más firme argumento contra esta interpretación es que cuando se usa *blepete* como imperativo en otros lugares, siempre aparece primero en su cláusula, mientras que cuando es una declaración indicativa se coloca en otro lugar (como en 10:7; *cf.* Mt 11:4; 13:17; 24:2). Para este argumento a favor de tomarlo como una declaración, ver Timothy B. Savage, *Power Through Weakness,* 184 n. 109. Sin embargo, aquí el orden inusual de las palabras puede reflejar sencillamente el énfasis de Pablo sobre el hecho de que deben examinar las cosas *según lo que parecen.* La frase traducida por la NVI "lo que está a la vista" (lit. "según el rostro") es la misma frase vertida como "cara a cara" en 10:1, refiriéndose ambas a lo que es claramente evidente.

hacerlo mediante la evaluación de las cosas tal como las ven los corintios mismos en lugar de escuchar a los oponentes del apóstol.

Cuando se compara la vida de Pablo con la de otros en Corinto que afirman ser de Cristo (10:7b), la transparencia de su unión con Cristo se convierte en su apoyo para la orden de 10:7a: "Fíjense en lo que está a la vista".[11] Al establecer esta comparación, Pablo sigue teniendo en vista su apostolado. Hablar de ser cristiano es, para él, hablar de ser un apóstol, ya que su llamamiento a seguir a Cristo y a ser un apóstol eran una misma cosa. No obstante, interpretar el versículo 7b como una mera referencia a su papel de apóstol en comparación con otros apóstoles es demasiado limitada. Cuando lo único que se tiene en mente es el oficio, Pablo usa las designaciones explícitas "apóstol de Cristo" o "siervo de Cristo" (*cf.* 11:13-5, 23 y las comparaciones en 11:5; 12:11).

El uso de "alguno" en 10:7b es una designación genérica que, muy probablemente, se refiere a los oponentes de Pablo o a todos los que en Corinto cuestionan su integridad como cristiano, y no a todas las personas en general (*cf.* este mismo uso en 1Co 3:12, 18; 8:2-3; 14:37). El propósito de esta referencia es indicar que quienes ponen en duda su apostolado en realidad están cuestionando también su estatus mismo como creyente. Pero la mediación que Pablo hace del Espíritu por medio de su estilo de vida de sufrimiento es una amplia prueba de la legitimidad de su ministerio y, por tanto, de pertenecer al Señor (*cf.* 1:1; 3:2-3; 4:7; 6:4). Si los corintios son hijos de Dios, entonces Pablo también debe de serlo ya que es el padre de ellos en la fe, y dado que ellos han recibido el Espíritu por medio de su predicación y ministerio. Si niegan a Pablo están negando que permanecen en Cristo (*cf.* 10.7 con 3:1-3).

Además, la legitimidad del ministerio de Pablo se confirma por su propia confianza en su autoridad como siervo del nuevo pacto. Esta confianza se deriva de la expectación que Jeremías mismo tenía del nuevo pacto (*cf.* 3:6), y a la que Pablo alude en 10:8 (*cf.* 13:10). En cumplimiento de la promesa de Jeremías, el Señor (es decir, Cristo) le dio a Pablo la autoridad de ser un ministro del nuevo pacto "para edificación y no para la destrucción" de ellos, mientras que, bajo el antiguo pacto, el énfasis del ministerio de Jeremías era justo lo opuesto (Jer 1:10; *cf.* 24:6; 42 [LXX 49]:10; 45[LXX 51]:4). Por esta razón, el papel de Pablo como ministro del nuevo pacto consiste en mediar el Espíritu ya que, como apóstol, su principal propósito es la salvación del pueblo de Dios y no su juicio (*cf.* 2Co 1:11, 23-24; 2:3; 3:6-11, 17-18; 4:6, 13-15; 5:13-15; 6:2).

---

11. Acerca de la expresión "[ser] de Cristo" como referencia a pertenecer a Cristo como creyente, ver Ro 14:8; 1Co 3:23; 15:23; Gá 3:29; 5:24; *cf.* Mr 9:41.

Aunque Jeremías y Pablo fueron llamados tanto a salvar como a juzgar, sus propósitos *principales*, dentro de la historia redentora, han sido invertidos. Como lo expresa la introducción a la promesa del nuevo pacto (Jer 31:27-28):

> "Vienen días —afirma el Señor— en que con la simiente de hombres y de animales sembraré el pueblo de Israel y la tribu de Judá. Y así como he estado vigilándolos para arrancar y derribar, para destruir y demoler, y para traer calamidad, así también habré de vigilarlos para construir y plantar", afirma el Señor.

Por esta razón, el tema de "edificar" se convierte en una descripción paulina común del llamado a edificar iglesias y fortalecer la fe de los creyentes (*cf.* Ro 14:19; 15:2, 20; 1Co 3:9-10, 12, 14; 8:1; 14:3, 5, 12, 26; 1Ts 5:11).

Por tanto,[12] como los corintios mismos son la prueba de la legítima posición de Pablo en Cristo (v. 7), no sentirá vergüenza ante el juicio de Dios si se jacta en demasía en cuanto a su autoridad apostólica (v. 8a; *cf.* 2:17; 12:19).[13] La jactancia de Pablo en los capítulos 10–13 no es el ejercicio de un ego incontrolado, sino la expresión de su amor y su llamado como "servidor del nuevo pacto" (3:2-6). Dado que el Señor es Aquel que le dio esta autoridad, no se avergonzará al invocarlo, porque solo estará usando parte del medio que Dios le ha ordenado para producir la conversión y la renovación del pueblo de Dios (*cf.* Ro 1:14-16). De ahí que, como ministro del nuevo pacto en cumplimiento de la promesa de Jeremías, Pablo declare que "todo lo que hacemos [incluida su defensa de sí mismo] ... es para su edificación" (2Co 12:19).

En los versículos 9-11, Pablo expresa el propósito de su jactancia y advertencias que llegarán en los capítulos posteriores. Es consciente de que sus oponentes lo han acusado de intentar asustar a los corintios con amenazas vacías desde una distancia segura (v. 9), en su(s) carta(s) anterior(es). De hecho, Pablo *había* amenazado con destrucción al destructor del pueblo de Dios (1Co 3:16-17) y exclusión del reino a aquellos cuyas vidas no muestran evidencia alguna de la gracia de Dios (6.9-11), por no mencionar el pedir juicio dentro del pueblo de Dios (5:1-5: 2Co 2:4-11; 7:8). Solo podemos imaginar, pues, la fuerza de su anterior carta "con muchas lágrimas", pero debió de haber sido considerable (*cf.* 2Co 8:8).

---

12. Tomando la conjunción *gar* de 10:8 no para introducir una cláusula de razón o causal con el significado "porque" (como en la NIV), sino como deductiva con el significado "por tanto" (*cf.* la traducción de la NRSV "ahora"; *cf.* BAGD, 152). La confianza delante de Dios no respalda lógicamente su confianza de pertenecer a Cristo, sino que deriva de ella.
13. Para referencias explícitas a la "jactancia" en los caps. 10–13, *cf.* 10:8, 13, 15, 16, 17; 11:10, 12, 16, 17, 18, 30; 12:1, 5, 6, 9; ver también en los caps. 1–9; 1:12, 14; 5:12; 7:4, 14; 8:24; 9:2, 3, 12.

Además, que Pablo esté siendo, una vez más, "atrevido" por carta podía hacerle el juego a sus oponentes. Sabe que la aparente contradicción entre sus cartas "duras y fuertes" y su debilidad y sufrimientos personales se habían utilizado contra él como prueba de que carecía del poder del Espíritu (v. 10). No obstante, ha dejado claro a lo largo de 2 Corintios que su decisión de apoyarse en Corinto, su ministerio en medio de su debilidad y sufrimiento, su cambio en los planes de viaje, sus "duras cartas" y su simple y "poco impresionante" manera de presentar el evangelio (recuérdese que parte de la insuficiencia de Moisés era su defecto al hablar, Éx 4:10; cf. 2Co 2:16; 3:4-5) son todas expresiones de su compromiso apostólico con los corintios.

Como parte de dicho compromiso, según 10:10, el discurso de Pablo podría considerarse un fracaso (cf. Gá 4:14, donde el mismo verbo describe a Pablo mismo a causa de su sufrimiento). Esto refleja la verdad de que Dios escoge "lo que no es nada" (1Co 1:28, donde aparece el mismo verbo) con el fin de que todos puedan confiar en el poder de Dios y en sus dones (2:5) en lugar de jactarse en sus propias particularidades (1:28-31).

Los oponentes de Pablo deberían ser advertidos de que, cuando llegue, estará más que preparado para llevar a cabo sus amenazas de juicio (10:11). Siendo como es un apóstol del nuevo pacto, su principal meta, a diferencia de la de Jeremías, es ser un instrumento del arrepentimiento de los corintios. Sin embargo, por mucho que haya también juicio bajo el pacto de Dios para aquellos que no se arrepientan, Pablo también llevará a cabo esta responsabilidad "secundaria". El contraste que empezó en 10:1-2 entre la presencia de Pablo y su ausencia se lleva, pues, a una conclusión en 10:10-11. La coherencia que sus oponentes pretenden desear se convertirá en una realidad cuando la aparente incoherencia de la misericordia de Dios, expresada en la paciencia de Pablo, le ceda el paso a su juicio final en Corinto.

La idea principal de los versículos 10:1-11 es el versículo 9. Pablo está rogando a esos corintios que siguen rebelándose que se reconcilien con él (10:1-2), porque está luchando una guerra con la autoridad del Espíritu en nombre del evangelio (10:3-6). Por consiguiente, los llama a examinar sus afirmaciones de autoridad en vista de lo que, para ellos, es claramente evidente (10:7-8), con el fin de que su carta no sirviera tan solo para asustarlos desde lejos (10:9). Y es que, a pesar de que sus oponentes lo acusen de hipocresía y cobardía (10:10), cuando llegue, Pablo *ejecutará* el juicio de Dios con el que los ha amenazado (10:11).

La base de la autoridad apostólica (10:12-18)

La cuestión fundamental que estaba en juego en Corinto era el evangelio mismo como lo había predicado y encarnado Pablo. Nadie podía discutir lo que Pablo había llevado a cabo: Había fundado la iglesia corintia y realizado señales y prodigios en medio de ellos. Lo que hacía que la cuestión de su ministerio apostólico fuera tan grave era que, a pesar de su papel en la fundación de la iglesia, sus oponentes afirmaban que ellos mismos y no Pablo eran quienes tenían ahora el derecho de ejercer la autoridad apostólica *en Corinto*. En su opinión, el sufrimiento de Pablo lo había descalificado como apóstol. Ellos eran los únicos que deberían guiar ahora a los corintios en su fe.

En 11:1–12:13, Pablo tratará la pregunta más fundamental de si sus oponentes deberían considerarse apóstoles. Pero, primeramente, habiendo discutido por la legitimidad de su ministerio apostólico en general, debe restablecer su afirmación de autoridad apostólica sobre los corintios en particular (10:8). De otro modo, su llamado al arrepentimiento, en vista de su juicio venidero, se considerará irrelevante (10:9). Así pues, la carga en 10:12-18 es doble: (1) definir el criterio adecuado para determinar lo que es, en realidad, una jactancia en toda regla o la afirmación de autoridad apostólica en Corinto, y (2) demostrar que su jactancia, y no la de sus oponentes, se adapta a este criterio.

Pablo lleva a cabo estos propósitos introduciendo una comparación negativa entre la práctica del elogio de sus oponentes (10:12) y la suya propia (10:13-18).[14] Así como la exposición que Pablo hace de su sufrimiento en 1:3–2:13 lo había llevado a compararse *de forma positiva* con Moisés en 2:14–3:18, también la cuestión de su sufrimiento en 10:1-11 lo lleva a compararse *de forma negativa* con sus oponentes en 10:12-18. Pablo es como Moisés, pero con un ministerio diferente; no es como sus oponentes, aunque estos afirmen tener el mismo ministerio. Su declaración en 10:12 en cuanto a que carece del valor para compararse con sus oponentes es, muy probablemente, irónica: a pesar del "atrevimiento" que sus oponentes le atribuyen, no "osa" ponerse en la misma clase que ellos ni unirse en el tipo de jactancia de ellos.

En la época de Pablo, entrar en comparaciones era una práctica retórica común. Su indecisión no procede de la práctica misma; él lo hace sin reserva (*cf.* 1Co 15:10). Aquí, sin embargo, se niega a participar con aquellos que se elogian a sí mismos, porque su medio de comparación es defectuoso desde el principio: se miden por *sí mismos* y se comparan *consigo mismos,* revelando así que no tienen entendimiento (10:12).

Aquí debemos ser cuidadosos. El problema con los oponentes de Pablo no es que se estén jactando, como muchos sugieren, ya que para Pablo el acto de jactarse no es negativo en sí ni por sí mismo. Sea legítima o no la jactancia de ellos, depende por completo del *objeto y de la validez* de la jactancia en sí. Que se jacten demasiado, como otros argumentan en ocasiones, tampoco es el

---

14. El siguiente análisis del tema de la "jactancia" en 2 Corintios sigue estrechamente y con frecuencia reproduce mi anterior trabajo: "'Self-Commendation' and Apostolic Legitimacy in 2 Corinthians: A Pauline Dialectic?", *NTS* 36 (1990): 66-68.

problema. No parece haber un límite para jactarse de lo que es adecuado. Pablo mismo se jacta "libremente" de su autoridad (10:8). Tampoco se trata de la negativa del apóstol a unirse a ellos debido a que se jactan, ya que él también lo hace (*cf.* 2:17; 4:2; 6:4-10; 11:1-1–12:10 como se implica en 12:11; ver más abajo en la sección Construyendo Puentes).

A lo que Pablo sí objeta es al criterio que ellos usan en el intento de sustanciar su afirmación de la autoridad apostólica en *Corinto*, a saber, ellos mismos. Desde la perspectiva de Pablo, respaldar una afirmación de autoridad apostólica en Corinto, señalando las aptitudes propias, su poder espiritual y sus experiencias, o la pericia retórica, equivale a no tener entendimiento; tales factores son sencillamente irrelevantes para lo que se está tratando. Independientemente de las cualificaciones y experiencias que sus adversarios pudieran haber tenido (por el momento, Pablo admite la validez de semejantes reivindicaciones), sus oponentes carecen de la recomendación necesaria para establecer su autoridad sobre los corintios. Esta recomendación particular no procede de compararse a los demás; viene del Señor.

Por tanto, en las palabras de 10:13, traducidas de una manera formal, Pablo no se unirá a ellos en una jactancia que es "más de lo debido", sino que se jactará limitándose "al campo que Dios nos ha asignado según su medida, en la cual también ustedes están incluidos". La clave de este pasaje está en determinar lo que Pablo quiere decir con "medida" (*metron*) que Dios le ha concedido de acuerdo con el "campo" (*kanon*) divinamente asignado. Esta declaración entraña gran dificultad por la incertidumbre que existe con respecto al significado exacto de *kanon* y *metron* en este contexto, y en referencia a si se están usando como sinónimos o si se trata en realidad de dos entidades distintas.

Estas dos palabras pueden indicar el medio o el nivel por el cual se mide algo (p. ej., el "canon" o la "medida" utilizados para determinar qué libro pertenece a las Escrituras), o la cosa misma que ha sido medida (p. ej., el "canon" o la "entidad" del Nuevo Testamento). Estos dos términos se suelen tomar a menudo sencillamente como sinónimos. Interpretado de este modo, Pablo se está refiriendo al único medio de medir su ministerio[15] o la cosa concreta que se está midiendo.[16]

Aunque estas interpretaciones son posibles, que Pablo repita el término *metron*, junto con la modificación que hace de este con la segunda palabra

---

15. Esta interpretación se refleja en la traducción de la RSV, en la que ambas palabras se toman juntas y se traducen con el único término "límitaremos": "Nosotros, por nuestra parte, no vamos a jactarnos más de lo debido. Nos limitaremos al campo que Dios nos ha asignado según su medida".
16. Esta interpretación se refleja en la traducción de la NVI y NRSV en las que ambas palabras se toman juntas y se traducen con la única palabra "campo": "Nos limitaremos al campo que Dios nos ha asignado".

kanon, parece sugerir que, en este contexto, está estableciendo una diferencia entre ambos conceptos. Si *kanon* fuera meramente una reafirmación de lo que Pablo quiere decir con *metron*, la repetición de este último término en la siguiente cláusula subordinada relativa sería simplemente una tautología (es decir, "según la medida de la medida con respecto a la cual Dios nos asignó *una medida*"). Parece, pues, mejor entender *metron* en su significado común como una referencia a lo "lo que se cuantifica como resultado de una medición",[17] a la vez que retiene el sentido típico de "estándar" o "norma" para *kanon*. Tomado de esta manera, 10:13 se lee como sigue: Pablo solo se jactará "según lo que se mida por el estándar por el cual Dios nos asignó esa medida, a saber, esa medida en la cual también ustedes están incluidos".

En contraste con sus oponentes, que se miden por sí mismos (10:12), Pablo afirma en 10:13-15 que no se jactará más allá de unos "límites adecuados", es decir, más allá de lo que Dios le ha asignado. En vez de ello, se vanagloriará según la "medida" que se le ha concedido mediante la "norma" establecida por Dios mismo: que fue él quien alcanzó Corinto con el evangelio (10:13c, 14c; *cf.* 1Co 4:15). El "estándar de juicio" (*kanon*) que determinó la autoridad apostólica de Pablo en Corinto —y de ahí la validez de su jactancia a este respecto— es el simple hecho de que fue él quien fundó la iglesia corintia. Que los corintios recibieron el Espíritu a través de Pablo (*cf.* 3:1-3) indica claramente que él, y no sus oponentes, es aquel en quien Dios ha delegado la autoridad apostólica en Corinto. Como aclara 10:13bc, Dios mismo determinó quién llevaría el evangelio a Corinto. Dado que Pablo fue el seleccionado, solo él puede jactarse en esta "medida" divina o "límite". Por tanto, no va a ir "demasiado lejos" en la aseveración de su autoridad apostólica sobre ellos (10:14; la NVI deja el *gar* ["porque"] sin traducir).

De ahí que la premisa no expresada del argumento de Pablo es que esta función de fundar es el único "canon" adecuado e instituido divinamente para determinar la autoridad apostólica en una iglesia particular. La jactancia de Pablo se basa, pues, en su propia "obra" establecida por Dios (10:15a). Los tres contrastes negativos de los versículos 13–15a tienen, por consiguiente, un doble sentido. Estableciendo estas afirmaciones sobre sí mismo, el apóstol está afirmando al mismo tiempo que sus oponentes se "están jactando más allá de los límites adecuados" y que "están llegando demasiado lejos" (10:13a, 14a) en su intento por afirmar la autoridad apostólica en Corinto. No tienen prueba relevante alguna para respaldar semejante afirmación. A diferencia de Pablo, se están jactando "desmedidamente a costa del trabajo que otros han hecho" (10:15a).

---

17. K. Deissner, "μέτρον", *TDNT,* 4:632-34 (p. 632). Ver también H. W. Beyer, "κανών", *TDNT,* 3:596-602 (599 n. 12). Para su uso en otro lugar de los escritos de Pablo, ver Ro 12:3; Ef 4:7, 13, 16, donde también tiene este significado.

En marcado contraste, Pablo no necesita jactarse en el trabajo de otros. En vez de ello, su esperanza es que, según vaya creciendo en fe la iglesia de Corinto, su legitimidad y autoridad en aquel lugar "se amplíe grandemente" entre ellos (NIV, "nuestra esfera de actividad entre ustedes se expandirá enormemente") de acuerdo con su propio "canon" (NVI, "nuestro campo de acción")[18], es decir, de acuerdo con que Dios le haya concedido a Pablo el éxito misionero en Corinto (10:15b). Aquí está aludiendo, una vez más, al deseo de sus oponentes de conseguir cartas de recomendación de los corintios (cf. 3:1). Por el contrario, los corintios mismos son la recomendación de Pablo (3:2-3). Sus oponentes querían cartas que verificaran su propio poder espiritual; el poder espiritual de Pablo podía verse en la fe creciente de los creyentes en Corinto (cf. 1:24; 8:7; 13:5).

Nótese el énfasis en el "crecimiento" en 10:15. No basta con que los corintios hayan manifestado fe en el pasado. Deben perseverar en medio de los desafíos a los que ahora se enfrenta la iglesia. Pablo espera que el crecimiento en fe de ellos, manifestado en el rechazo hacia sus oponentes (6:14–7:1) y en la participación en la colecta (caps. 8–9), lo envíen aprobado y recomendado. Desea que la consolidación de su trabajo en Corinto conduzca a una expansión de su ministerio apostólico más allá de Acaya (10:16, con casi toda probabilidad una referencia a Roma y España; cf. Ro 15:24-29).[19]

No queda claro si Pablo quiere decir con esto que, a medida que la fe de ellos crezca, será capaz de usar Corinto como base de operaciones para su misión en Roma y España, o si no tiene derecho de expandir su ministerio en otro lugar hasta que su labor entre los corintios haya acabado. Esto último es lo más probable. Pablo no puede seguir adelante hacia el oeste, hasta que su trabajo en el este no haya quedado consolidado, y esto incluye el fortalecimiento de sus congregaciones y su unificación con Jerusalén por medio de la colecta.[20]

En 10:13 Pablo afirmaba que, en contraste con sus oponentes, su jactancia no sobrepasa las medidas que Dios ha establecido. En 10:14-16 apoyó esta afirmación recordándoles a los corintios lo que constituye el canon de la autoridad apostólica. En 10:17-18 sustenta este canon declarando el correspondiente objeto de legítima jactancia: siendo el Señor el único que determina la medida

---

18. La NVI oscurece la idea del v. 15b traduciendo *kanon* como "nuestro campo de acción" y convirtiéndolo en el sujeto de la frase. En realidad forma parte de una frase preposicional adverbial que modifica al verbo "ampliar". El sujeto del infinitivo "ser engrandecido" o "ser ampliado" es Pablo mismo. La traducción formal de 10:15 es como sigue: "no jactándonos más allá de toda medida en el trabajo de otros, sino teniendo esperanza, a medida que crece la fe de ustedes, de ser aumentados/ magnificados en gran medida entre ustedes según nuestro canon".
19. Para el ministerio de Pablo como su "labor", cf. Ro 16:6, 12; 1Co 3:8; 15:10, 58; 16:16; Fil 2:16; 1Ts 5:12.
20. Para ampliar más sobre la relación que algunos eruditos ven aquí con Gn 10, ver el Apéndice de este capítulo (p. 429).

del ministerio de cada cual, el único objeto verdadero y la razón de su vanagloria es la aprobación que viene de la recomendación del Señor. Y el Señor recomienda a su pueblo como tal obrando en sus vidas. Su recomendación del apostolado de Pablo en Corinto era el hecho de que había llevado al gran misionero a Corinto como padre fundador de la iglesia en la fe. Por tanto, al final, la única jactancia genuina y base de autoridad es "jactarse en el Señor" (10:17, citando Jer 9:22-23 LXX). Y es que lo que importa no es la aprobación de los corintios (*cf.* 2Co 2:17; 12:19), sino la recomendación de Dios (10:18).

Por consiguiente, con el fin de entender el argumento paulino, debemos determinar lo que significa "jactarse en el Señor". La cita que Pablo hace de Jeremías 9:22-23 en 2 Corintios 10:17 es la contrapartida positiva de la idea negativa expresada en 10:14-16: la falsa jactancia es vanagloriarse en los logros propios autoproclamados e irrelevantes (presuponiendo por el momento la genuinidad de los mismos) o en los trabajos que otros han llevado a cabo. Por el contrario, la jactancia legítima es vanagloriarse "en el Señor". Jactarse en el Señor es celebrar lo que la gracia de Dios ha realizado en la vida de uno. Esta acción divina a nuestro favor es la recomendación de Dios.

En este contexto, esto significa señalar que Dios ha establecido el territorio de misión paulino (10:13-16). Sin embargo, por lo general, jactarse en el Señor se refiere a gloriarse en que Dios ha concedido sabiduría, justicia, santificación y redención en Cristo a su pueblo (*cf.* otro uso que Pablo hace de Jer 9:22-23 en 1Co 1:31; *cf.* Ro 2:29). El llamado cristiano (2Co 10:7) se basa exclusivamente en esta misericordia divina, para que nadie pueda vanagloriarse de que el estatus espiritual, la fuerza o los dones propios son el resultado de la sabiduría o el poder propios (*cf.* 1Co 1:26-29; Ef 2:4-10).

Esta es la idea de Jeremías 9:23-24 (*cf.* 2S 2:10). Allí, Jeremías llama al sabio, al fuerte y al rico a que no se jacten en sus propias excelencias, sino en el Dios conocido por la misericordia, el juicio y la justicia que ejerce sobre la tierra, ya que estas son las cosas en las que él se deleita. La crítica que el profeta hace del sabio, el fuerte y el rico no es que sean sabios, fuertes y ricos *per se,* sino que actúan como si su sabiduría, su fuerza y su riqueza les viniera de sí mismos. Además, estiman que estas cosas tienen más valor que la misericordia, la rectitud y la justicia de Dios. La idea de Jeremías es que Dios es el origen exclusivo de los distintivos humanos y que a fin de cuentas solo sus actos son los que valen.

Siguiendo la amonestación de Jeremías, en 1 Corintios 1:31, Pablo se jacta en la actividad salvífica de Cristo como expresión de la misericordia, la justicia y la rectitud de Dios. La cuestión no es si uno se jacta o no (¡todos lo hacemos!), sino si el objeto de nuestra jactancia es Dios. La llamada a jactarse en Jeremías 9:23-24 es una invitación a reconocer a Dios por sus actos y sus provisiones de gracia.²¹ Por consiguiente, es impresionante, aunque coherente con el sentido original del texto, que en 2 Corintios 10:17 Pablo modifique Jeremías 9:23-24 sustituyendo "en el SEÑOR" por la lista de lo que el Señor da. Pablo introduce esta versión abreviada porque está siguiendo la convicción bíblica de que Dios es conocido por lo que hace y lo que da. Como resultado, las acciones de Dios en Jeremías 9:24 pueden equipararse con el Señor mismo.

En vista de este requerimiento del Antiguo Testamento, "jactarse en el Señor" no significa dejar de jactarse, sino que se haga solamente en lo que Dios mismo ha llevado a cabo en la vida de uno. Este tipo de jactancia es el que lo señala a uno como legítimo delante de Dios y de los demás. En 10:18, Pablo se está aplicando el mismo nivel de aprobación que ha aplicado a los demás y a los corintios (*cf.* 2:9; 8:2, 8, 22; 9:13; esp. 13:3-7). "Jactarse en el Señor" (10:17) es la contrapartida humana de ser recomendado por el Señor y, por tanto, "aprobado" por él (10:18).

Por consiguiente, cuando Pablo indica esto llevando el evangelio a Corinto, en realidad está jactándose en el Señor, dado que Dios es quien capacitó y determinó el ministerio paulino a este respecto (*cf.* 10:13b).

> Los oponentes de Pablo pueden ser capaces de señalar las grandes manifestaciones de poder espiritual y pericia retórica cuando se miden por sí mismos y se comparan consigo mismos (10:12), pero todas estas cualidades personales siguen siendo irrelevantes al tema que tenemos entre manos: ¿a quién ha recomendado el *Señor* para la autoridad apostólica en Corinto? Independientemente de su valor para demostrar la validez del ministerio apostólico de uno *per se* (presuponiendo la naturaleza genuina de los mismos), las jactancias de los oponentes quedan, pues, sencillamente vaciados [...] el *kanōn* ("canon") que están usando sus oponentes para medir la afirmación de ellos (¡y la suya!) con la autoridad apostólica es sencillamente ilegítimo.²²

Recomendándose a sí mismos, los oponentes de Pablo "no son sabios" (10:12). No llegan a entender la naturaleza de la aprobación divina. La reivindicación que hacen los oponentes de la autoridad *en Corinto* es meramente un ejercicio de *auto*recomendación, dado que carece de la acreditación divina adecuada para esa afirmación: haber llevado el evangelio a Corinto. Por esta razón, si los corintios siguen cayendo presa de la jactancia legítima de los oponentes

---

21. Este significado de Jer 9:23-24 y su relevancia como "texto clave" para la jactancia de Pablo en 2Co 10–12, esp. su jactancia en su debilidad en 11:1–12:10, lo ha presentado en detalle Ulrich Heckel, *Kraft in Schwachheit: Untersuchungen zu 2.Kor 10–13* (WUNT 2.Reihe 56; Tübingen: J.C.B. Mohr [Paul Siebeck], 1993), 162-214. Para la idea expresada más arriba, ver esp. sus pp. 165-67.
22. Hafemann, "Self-Commendation", 83-84.

de Pablo, se convertirán en los verdaderos "bobos" (*cf.* 11:1, 16-19, 21; 12:6, 11). Pablo está luchando por evitarles esto, porque sabe que ellos también, como él mismo, están delante del juicio de Dios (*cf.* Jer 9:25-26; 2Co 5:10).

Existen al menos cuatro principios en este texto que nos pueden ayudar a aplicar a nuestros propios campos de batalla la preocupación de Pablo por "librar batallas" contra sus oponentes: lo que está en juego, el propósito de la respuesta de Pablo, la forma de su respuesta y el criterio para la respuesta.

Lo que está en juego en la "guerra". Desde la perspectiva de Pablo, lo que está en juego entre él y los corintios es el evangelio, ya que rechazar su afirmación es equivalente a rechazar a Cristo. Pero tal como los corintios lo ven, el problema es Pablo mismo. Los eruditos del mundo social de la época de Pablo han señalado que lo que está en juego culturalmente en 2 Corintios 10 es el *honor* de Pablo, una de las virtudes fundamentales de ese periodo. Como ha observado Bruce Malina, el honor de uno se cuestiona cuando el respaldo de su afirmación no se corresponde con lo que el grupo social contemporáneo considera de buena reputación.[23] O, como lo ha expresado Arthur Dewey, el honor de una persona se cuestiona cuando "el individuo no ha equilibrado sus afirmaciones verbales con la realidad que entiende la sociedad".[24] De ahí que, al mantener los oponentes de Pablo que su debilidad y su sufrimiento no son razones honrosas para su afirmación de ser apóstol, el honor de Pablo se está cuestionando.

Como la disputa es una cuestión de honor personal, cuestionar el apostolado de Pablo también significaba cuestionar su identidad misma y su estatus social en la comunidad cristiana. Según la manera que tenían sus oponentes de entender el Espíritu, Pablo estaba viviendo "según los estándares de este mundo" (es decir, "según la carne", 10:2). "Había 'criterios objetivos' para determinar la validez de semejantes reivindicaciones de autoridad: cartas de recomendación, éxtasis, hacer milagros, competencia retórica e interpretativa" que Pablo "evidentemente no reunía".[25] En lugar de jactarse de su autoridad sobre los corintios, Pablo debería avergonzarse por su conducta.

La dinámica de honor y vergüenza en la época de Pablo nos recuerda que nosotros también determinamos lo que es "de buena reputación" según los

---

23. Bruce J. Malina, *The New Testament World: Insights from Cultural Anthropology* (Atlanta: John Knox Press, 1981), 27-29.
24. Arthur J. Dewey, "A Matter of Honor: A Social-Historical Analysis of 2 Corinthians 10", *HTR* 78 (1985): 209-17 (p. 210).
25. *Ibíd.,* 212-13.

estándares que derivan de nuestro propio contexto social. En la mayoría de nuestros círculos, el honor de un cristiano ya no se determina por la ausencia de sufrimiento en y por sí misma, ya que la realidad social de la mayoría de los creyentes de hoy no gira en torno de la manifestación de lo milagroso. La mayoría de las iglesias no esperan que sus pastores deban ser capaces de acreditar su mensaje y la legitimidad de su ministerio con un milagro ni tampoco miden los miembros de la congregación la profundidad de su propia espiritualidad por la presencia de milagros en sus vidas.

Cierto es que en algunas iglesias lo milagroso es una medida de la presencia y el poder del Espíritu. Para ellos, estar enfermo o tener dificultades económicas se debe, a fin de cuentas, a una falta de fe. Pero lo que esperan la mayoría de las iglesias es una correspondencia entre lo que el pastor predica y la forma en que vive. Un conflicto relevante entre ambas cosas sería un asunto grave, ya que nuestra comprensión de la realidad social del Espíritu, tanto para nuestros líderes como para nosotros mismos, incluye la integridad moral y la coherencia.

De nuevo, hay algunas iglesias en las que este no es el caso e, irónicamente, con frecuencia son las mismas que recalcan lo milagroso como señal del Espíritu. En su opinión, si uno puede realizar milagros, esa persona está obviamente "ungida por el Espíritu", independientemente de las pruebas irrefutables de su carácter. Entre los evangélicos se esgrime un argumento similar, en ocasiones, en términos de la salvación misma: si alguien ha repetido la "oración del pecador" y ha "aceptado a Jesús como su Señor y Salvador", es un cristiano, independientemente de las pruebas irrefutables del carácter.

Así que, al aplicar este pasaje, debemos determinar con cuidado lo que constituye una afirmación honorable de ser "espiritual". Esto es especialmente arduo, ya que todos los cristianos siguen aún en el *proceso* de santificación, de manera que esa perfección de carácter no puede ser el criterio. Por tanto, hace falta sabiduría para determinar cómo compaginar nuestros principios en Cristo y nuestra forma de vivir. La exposición de Pablo nos obliga a reflexionar profundamente sobre el criterio por el cual consideramos que una reivindicación de liderazgo cristiano, por no mencionar la identidad cristiana misma, es honorable. Este capítulo está impulsado por el hecho de que Pablo, como sus oponentes, creía que semejantes evaluaciones podían y debían hacerse. Como tal, proporciona un caso práctico para evaluar afirmaciones conflictivas de la aprobación de Dios.

El propósito de la batalla. El modelo de Pablo en este pasaje presenta una llamada a "probar los espíritus", así como una advertencia de que, al hacerlo, nuestro criterio y nuestros objetivos sean bíblicos. A este respecto hemos observado que, aunque Pablo está "haciendo una guerra" contra sus oponentes, en ningún lugar se dirige a sus adversarios de forma directa. El principal interés paulino no es la derrota de sus enemigos, sino la renovación de los corintios (10:8). Sabe que solo llegando a un claro entendimiento de los asuntos que están en juego para ellos podrán mantener su fe (10:15). Más que limitarse a derrotar a sus oponentes, Pablo quiere fortalecer a los corintios para el futuro, enseñándoles el discernimiento espiritual que necesitan con el fin de permanecer fieles al evangelio (ver de nuevo los amplios términos en los que defiende su ministerio en 10:3-6). Como Barnett ha observado: "Típico de su método pastoral, Pablo ha mantenido este asunto y las críticas en cuestión separados en la carta (vv. 1-2) con el fin de poder reflexionar teológicamente sobre ello, por amor a sus lectores".[26]

Pablo es un gran modelo aquí, cuando nos enfrentamos en la actualidad a conflictos y desafíos teológicos. Como el apóstol, nosotros también debemos examinar nuestros motivos y estrategia para mantener el enfoque adecuado de nuestra apologética: ¿van dirigidos a fortalecer a la iglesia para su misión o simplemente a sacar ventaja a nuestros oponentes con objeto de darle un empujón a nuestra propia reputación? A Pablo no le preocupa su honor por su propio beneficio, sino por el de los corintios.

La manera en que Pablo libra la batalla. Muchos eruditos sugieren que, en este pasaje, Pablo está parodiando la práctica de la autoalabanza tan común entre los maestros y sofistas de su tiempo. Al señalar el fuerte cambio de tono entre los capítulos 1–9 y 10–13 sugieren que corresponden a convenciones retóricas de la época, en las que se necesitaba una fuerte llamada emocional casi al final de un discurso para poder ganarse a la audiencia.[27] Como ejemplo, en el *De Corona,* 278, de Demóstenes leemos que se requiere vehemencia cuando los adversarios acosan a la gente de uno. "Era, asimismo, retóricamente obligatorio para Pablo recurrir a la *pathos,* la ironía, la invectiva, el sarcasmo, la parodia y cosas por el estilo, si realmente creía que sus conversos corrían peligro por causa de sus adversarios".[28] Y Pablo lo hace al final de su carta, ya que este es el "momento propicio" para influenciar a los corintios dejando una llamada emocional fuerte y duradera.[29] Witherington llega incluso a declarar que "la clave para entender el verdadero carácter del argumento es reconocer el planteamiento antisofista que Pablo hace sobre la autoalabanza".[30]

Ciertamente, tanto el planteamiento como el contenido paulino no tienen nada en común con dicha autoalabanza sofista. También es probable que parte

---

26. Barnett, *Second Corinthians,* 462.
27. Ver ahora Ben Witherington III, *Conflict and Community in Corinth: A Socio-Rhetorical Commentary on 1 and 2 Corinthians* (Grand Rapids: Eerdmans, 1995), 431, apoyándose en el trabajo de Danker, y Young y Ford.
28. *Ibíd.,* 431.
29. *Ibíd.*
30. *Ibíd.,* 434.

de la razón por la que los corintios han caído con tanta facilidad ante la teología y la práctica de los oponentes de Pablo es que el mensaje de ellos contribuye a la salud y la riqueza, la mentalidad del entretenimiento de la cultura grecorromana.[31] En modo alguno queda claro, sin embargo, que los oponentes del apóstol se hayan valido conscientemente del criterio sofista para evaluar la presencia y la oratoria de este. Tampoco se puede demostrar que esté ofreciendo una crítica filosófica de la mentalidad sofista empleando intencionadamente las prácticas retóricas de su tiempo. Su cambio de tono en los capítulos 10-13 puede ser sencillamente el resultado del "sentido común" teológico, puede deberse a que Pablo se da cuenta de la gravedad de la situación. Su profunda emoción refleja su consciencia de que el tiempo se acaba para los rebeldes y que es su última oportunidad de alcanzarlos para Cristo.

Al escribir los capítulos 10-13 Pablo no está empleando tranquilamente estrategias retóricas como artificio literario, sino reaccionando del único modo que sería natural dado su deseo profético de recuperar a sus lectores. El patetismo de su argumento no es el resultado de seguir a conciencia las reglas de la retórica, cuyo conocimiento es en sí mismo cuestionable.[32] Procede de la pasión de su corazón.

De hecho, Weima enfatiza correctamente que "incluso si Pablo hubiera conocido, o hubiera recibido formación en la retórica antigua, existe la evidencia de que escogió deliberadamente no implicarse en semejantes prácticas oratorias".[33] En realidad, como aclara 10:10, la forma poco profesional de la presentación pública de Pablo, en comparación con los filósofos populares y artistas de su época, no salió perdiendo frente a sus oponentes (*cf.* 11:6 para el reconocimiento de Pablo de no tener formación en retórica profesional). Finalmente, dado que no existen pruebas de que se pretendiera aplicar regla alguna de la retórica pública en primer lugar,[34] es poco probable que aquello

---

31. Ver el resumen del análisis cultural de Savage en la sección Construyendo Puentes de 4:1-18.
32. Para un resumen útil y crítico del método de analizar las cartas de Pablo según las antiguas reglas de retórica, véase Jeffrey A. D. Weima, "What Does Aristotle Have to Do with Paul? An Evaluation of Rhetorical Criticism", *CTJ* 32 (1997): 458-68. Como concluye Weima: "No hay pruebas concretas de que Pablo conociera o hubiera alguna vez recibido formación en retórica antigua" (464).
33. *Ibíd.,* 465. Para el respaldo textual de esta afirmación, ver una vez más 1Co 1:17; 2:1-5, 13.
34. Weima (*Ibíd.,* 463-54) indica que ni el manual epistolario relevante ni los manuales retóricos de la época de Pablo abogan por aplicar las reglas del discurso oral para escribir un discurso. En realidad, en los manuales de retórica, las cartas se contrastan "casi siempre" con la oratoria: interpretar las cartas de Pablo como si fueran discursos es, por tanto, mezclar géneros. Weima concluye, pues, (464) que "la evidencia tanto de los manuales epistolares como de los manuales retóricos cuestiona gravemente la práctica común de usar las antiguas reglas grecorromanas de retórica como una clave

2 Corintios 10:1-18

de lo que Pablo reniega en persona lo use acto seguido en sus cartas. Lo que hace que las cartas paulinas sean "duras y fuertes" no es su carácter retórico, sino su contenido.

Como Pablo supone que todos se jactan por algo, el verdadero debate entre él y sus oponentes no es de estilo, sino de sustancia. Pablo no es apasionado en este pasaje porque se preocupe tan solo con la forma de comportarse de sus oponentes, sino porque entiende que el evangelio está en juego. La cuestión no es un mero debate filosófico, sobre qué forma de vida y de ministerio corresponde mejor al evangelio, es decir, la debilidad y la falta de actuación oratoria o la imagen de fuerza y de cautivadoras presentaciones públicas de sus oponentes. La pelea es sobre el evangelio mismo.

En otras palabras, la pregunta fundamental es si el Espíritu se está manifestando en el ministerio apostólico. Sus oponentes insisten en que la debilidad física de Pablo y su falta de ostentosas técnicas retóricas son señales de que carece de la presencia del Espíritu. Las "duras" cartas de advertencia paulinas son un intento de compensar su falta de fuerza personal (10:2, 10). Para ellos, el poder del Espíritu debería verse en el poder de la persona. Para Pablo, su debilidad y su negativa a emplear métodos contemporáneos de entretenimiento son los instrumentos mismos por los cuales Dios da a conocer el poder del Espíritu a través del evangelio.

Entonces, ¿cómo destruye Pablo argumentos y toda altivez y lleva "cautivo todo pensamiento para que se someta a Cristo"? Proclamando el evangelio del Cristo crucificado y resucitado y encarnándolo en su propia vida de sufrimiento voluntario en beneficio del pueblo de Dios. Uno no "derriba argumentos" ni "lleva cautivos pensamientos" especializándose en filosofía *per se,* aunque esto pueda ser una forma útil de delinear con cuidado dónde se está declarando la guerra en cada momento. Más bien uno lo hace obteniendo una clara visión de quién es Cristo y lo que ha hecho en la cruz con el fin de que la propia vida de uno pueda reflejar el carácter de Cristo de palabra y de hecho (*cf.* 5:14-15). El sufrimiento de Pablo en el Espíritu y su proclamación de Jesús como Señor es lo que constituye su contraataque contra sus oponentes, reconociendo que Dios mismo debe ganar la batalla (*cf.* 2:14-17; 4:1-6; 6:7; 7:2-3). La batalla de 10:1-5 no es intelectual, sino espiritual, y el poder del Espíritu se ve en las vidas transformadas del pueblo de Dios (3:18; 5:17; 6:14–7:1; 7:8-13; caps. 8–9).

Las armas del ataque de Pablo. En la época de 2 Corintios, sin embargo, es sencillamente la palabra de Pablo contra la de ellos. De ahí que el fundamento de la apologética de Pablo sea su comprensión de lo que constituye una

---

para interpretar las cartas de Pablo. Como observa Traugott Holtz: "La aplicación de la teoría retórica a la literatura epistolar se afirma metodológicamente sobre pies inestables".

recomendación divina (10:12-18; *cf.* 3:1-3) y no el estilo en el que escribe. El arma suprema de su guerra no consiste en comparar personalidades o pasiones, pericia o experiencias, sino en desafiar a los corintios para que examinen la obra de Dios en la *historia*, tanto con respecto a Cristo como al Mesías, que inaugura el nuevo pacto, y a Pablo como ministro suyo.

Así, el tema de "recomendarse uno mismo" frente a "ser recomendado uno mismo", por la "recomendación de Dios" es, en muchos sentidos, el corazón de la apologética de Pablo a lo largo de 2 Corintios (*cf.* 3:1; 4:2; 5:12; 6:4; 12:11). Y es que Dios recomienda a sus siervos obrando en y a través de sus vidas según las afirmaciones que se están haciendo. Dios recomienda la afirmación de ser cristiano, moviendo a los creyentes al arrepentimiento que transforma vidas; Dios recomienda a aquellos que afirman ser apóstoles en un lugar concreto, moviéndolos a establecer la iglesia. Por esta razón, el tema de la "recomendación" inicia y concluye la defensa de Pablo con respecto a su ministerio apostólico en 2:14–6:13 (*cf.* 3:1; 6:4) y, al mismo tiempo, aparece en las dos transiciones estratégicas de esta sección (*cf.* 4:2; 5:11-12). Del mismo modo, el tema de recomendarse uno mismo enmarca los capítulos 10–13, donde se introduce el "discurso del necio" de 11:1–12:10 (10:12-18 y 12:11), y donde también concluye.

También hemos visto una aparente incoherencia en la forma en que Pablo desarrolló este tema. En 3:1-3 y 5:12, el apóstol niega estarse implicando en recomendación propia alguna, solo para recomendarse a sí mismo en 4:2 y 6:4-10. Este mismo conflicto aparente se da entre la crítica que Pablo hace de sus oponentes por recomendarse a sí mismos en 10:12-18 y su propia recomendación de sí mismo. Entonces ¿cómo podemos reconciliar la aparente contradicción en la apologética paulina entre lo que afirma y lo que niega?

Dadas las dos formas distintas en las que Pablo mismo usa el tema de la recomendación de uno mismo, el conflicto entre él y sus oponentes no puede haber rodeado simplemente a quienes se han recomendado a sí mismos. No es como si la mera práctica de recomendarse a sí mismo fuera incorrecta en y por sí misma, siendo siempre una expresión de orgullo o jactancia en sentido negativo. Si así fuera, Pablo se convertiría en su propio peor enemigo. Tampoco puede la diferencia entre la autorrecomendación de Pablo y la de sus oponentes ser el contenido distintivo de ellos (p. ej., el poder de los oponentes frente a la debilidad de Pablo). Además de jactarse en su debilidad, Pablo también ha apuntado a la pureza de sus motivos y acciones (1:12; 4:2; 6:12; 7:2), su autoridad y su poder (10:7-11), su predicación gratuita (2:17; 11:10) y sus señales y prodigios (12:11-12). Más bien, la distinción entre la recomendación que Pablo hace de sí mismo y la autorrecomendación de sus oponentes se expresa en 10:18: solo aquel a quien el *Señor* recomienda es aprobado en sus afirmaciones. La jactancia de Pablo en cuanto a su autoridad es meramente lo que corresponde a la recomendación del Señor sobre la que reposa.

La cuestión crucial de 10:12-18 es, pues, lo que constituye una recomendación divina. El problema con los oponentes de Pablo ha sido el intento de ellos por recomendarse a sí mismos sin el "canon" divinamente concedido o la certificación que los respalde. Ellos han reivindicado autoridad sobre los corintios sin el "sello de aprobación" de Dios para semejante jactancia. En vez de esto, han introducido logros irrelevantes y capacidades para respaldar sus afirmaciones. En contraste, cuando Pablo señala que fue él quien llevó el evangelio a Corinto, está siguiendo la amonestación veterotestamentaria de jactarse en el *Señor*, ya que Dios es quien capacitó y determinó que tendría ese éxito (10:13). "Jactarse en el Señor" o implicarse en la adecuada "autorrecomendación" no es dejar de gloriarse, como se argumenta de forma común, sino jactarse solo en lo que Dios mismo ha llevado realmente a cabo en la propia vida de uno en relación con lo que se está afirmando.[35]

Basándose en el principio de 10:18, las declaraciones aparentemente contradictorias en cuanto a la recomendación pueden ahora juntarse. En 3:1, Pablo niega estar presentando una *auto*rrecomendación o que necesite la prueba que corrobore las cartas de recomendación ya que puede apuntar a su sufrimiento (2:14-17) y a su mediación del Espíritu (3:2-3) como recomendación que el Señor hace del ministerio paulino (3:4-6). En 5:12, Pablo niega que al buscar la aprobación de los corintios se esté implicando en una *auto*rrecomendación, ya que su propio trabajo en el Señor testifica de que ha sido llamado por Dios y que le está agradando (*cf.* 5:9, 11).

A pesar de ello, en 4:2 y 6:4-10 Pablo se recomienda a sí mismo señalando dos tipos de conducta y resultados que son la prueba de la atestación divina de su ministerio apostólico (6:4) y su mensaje (4:2) *en general*. De la misma manera, en 10:12-18 señala la prueba que confirma su reivindicación específica de la autoridad apostólica *en Corinto*. Además, hemos visto que Pablo marca esta distinción entre una "recomendación" legítima y otra ilegítima de forma lingüística. Cuando la recomendación que se tiene en vista es negativa, adelanta el pronombre reflexivo (*cf. heauton synistanein* en 3:1; 5:12; 10:12, 18); cada vez que puede lo coloca detrás del verbo (*synistanein heauton* en 4:2, 6:4; 7:11; ver también 12:11). En nuestra propia discusión hemos seguido esta convención distinguiendo entre una "*auto*rrecomendación" y la "recomendación positiva de *uno mismo*").

---

35. Para la demostración de este principio con respecto a los corintios, ver 7:9-12, donde se han recomendado a sí mismos en virtud del arrepentimiento dado por Dios y el castigo del ofensor (*cf.* 2:5-11).

La culminación del tema de la recomendación en 10:1-18 proporciona un fuerte ímpetu para reconsiderar la escisión que se suele proponer entre la justificación por fe y la insistencia de Pablo en cuanto a que el juicio es por obras. Lo que es cierto para Pablo como apóstol también lo es para todos los cristianos. Pablo argumenta de manera coherente basándose en la prueba externa del Espíritu en la vida del creyente para probar la genuinidad con que se mantiene delante de Dios, así como argumenta aquí a partir de la prueba externa de su trabajo apostólico en Corinto para probar la legitimidad de su autoridad sobre esa iglesia (*cf.* p. ej. Ro 1:5; 8:3s.; 15:18; Gá 5:16-26; 1Ts 1:3-6; Fil 1:6, 11; 2:12-13; ver comentarios sobre 2Co 13:5).

En el pensamiento de Pablo, seremos juzgados según nuestros actos, ya que son la expresión de nuestra fe y el fruto del Espíritu en nuestras vidas (5:10; *cf.* Ro 2:6-13, 25-29; 1Co 4:3-5; Gá 6:4-5). Desde nuestra perspectiva, la fe en las promesas de Dios se desarrolla en obediencia a los mandatos de Dios; desde la perspectiva divina, el derramamiento de su Espíritu produce una nueva forma de vida. Por esta razón tan importante, en la medida en que nuestra jactancia en nuestras obras sea, en cada punto, una jactancia en el *Señor*, un énfasis semejante no degenera nunca en la jactancia personal. Para Pablo no existe una "creencia fácil", como tampoco hay justicia por obras. Para ser válido, es necesario que las señales seguras de la obra transformadora de Dios en nuestra vida estén en consonancia con nuestra jactancia en el Señor. Al mismo tiempo, la recomendación que el Señor hace de nosotros no debe convertirse nunca en una *auto*recomendación.

La lucha de Pablo para "llevar cautivo todo pensamiento ... a Cristo" (10:5), que tipifica este capítulo, suele aplicarse erróneamente en nuestro contexto. La cuestión que se está considerando no es la lucha privada de Pablo con su propia "vida interior", por importante que sea, para tener la seguridad de que estamos pensando en formas que honran a Cristo. Pablo no está luchando por controlar su inquietud, su lujuria, su arrogancia o sus pensamientos tentadores. Tampoco es una crítica de filosofía o búsquedas intelectuales como tales, aunque contenga la advertencia implícita de que todas las afirmaciones de la verdad deben estar sujetas a las restricciones del evangelio y su cosmovisión.

Más bien, la preocupación de Pablo en 10:1-18 tiene que ver con una disputa pública sobre el contenido del evangelio y la verdadera naturaleza de la recomendación que Dios hace de quienes los predican. Su defensa no es la expresión de un ego herido, sino la respuesta necesaria contra aquellos que niegan el evangelio con su estilo de vida y su enseñanza. Llevar cautivo todo pensamiento a Cristo es evaluar cada enseñanza en cuanto a quién es Jesús y lo que significa seguirle con el fin de asegurar que todo lo que se diga y se piense se conforme al carácter y a los propósitos de Cristo mismo.

La necesidad de apologética y de disciplina de iglesia. Como continuación de la propia "guerra" de Pablo, este pasaje nos llama a implicarnos en apologética y en la disciplina de la iglesia siempre que se esté negando o diluyendo el evangelio. La afirmación de Pablo en cuanto a que su ministerio futuro estaba vinculado al crecimiento espiritual de aquellos que, bajo su autoridad, ya han confesado a Cristo (10:6, 15) es un serio recordatorio de que la calidad, y no la cantidad, reina por encima de todo en el ministerio del evangelio.

En una reciente encuesta de opinión del Barna Research Group, el ochenta y dos por ciento de los estadounidenses dicen que se consideran cristianos, mientras que el cincuenta por ciento de estos que dicen ser cristianos se describen como "absolutamente comprometidos con la fe cristiana".[36] Y uno se pregunta qué significa el término "cristiano" en nuestro lenguaje. La apologética de Pablo en su pasaje nos recuerda que la salvación genuina está marcada por la perseverancia en la verdad. Él deja claro que los que confesaron a Cristo en el pasado, pero que ahora persisten en rechazar el evangelio de Pablo de palabra o de hecho, están bajo el juico de Dios. Hoy debemos luchar de nuevo por el reconocimiento de que una fe creciente, y no una decisión pasada, es la señal de la presencia del poder del Espíritu.

El argumento de Pablo también deja claro que la forma de combatir la negación del evangelio (10:5) y de fortalecer la fe de los creyentes (10:15) es presentar la base de la autoridad apostólica (10:7-11) y su recomendación divinamente concedida (10:12-18). Al enfrentarse a los que se oponen a él, la urgente llamada de Pablo (10:1-6) se basaba, por tanto, en el hecho obvio de su autoridad apostólica (10:7-11) y la innegable evidencia de la aprobación de Dios (10:12-18). Como resultado, la "manera" y las "armas de guerra" de Pablo nos presentan nuestra propia necesidad de fortalecer el fundamento de la autoridad bíblica (10:8, 13-15) y de buscar la aprobación divina, no autentificando nosotros mismos las afirmaciones de ser espirituales, sino con vidas de integridad que den testimonio del poder de Dios (10:17-18). Ambos son imperativos para la vida del pueblo de Dios.

La necesidad de la sustancia espiritual por encima del estilo. Defendiéndose a sí mismo, Pablo no argumenta de un modo u otro desde el estilo a la sustancia. Su argumento no es: "Soy débil y poco impresionante en mi discurso; *por tanto,* estoy legitimado". La preocupación de Pablo no consiste en enfrentar una forma de actuar en público a otra, como si el objetivo fuera

---

36. Según se informa en *Viewpoint* 2 (1988): 9.

simplemente contrarrestar a los sofistas que enfatizaban la imagen personal, la jactancia y la elocuencia. Pablo no está aquí involucrado en la polémica común de su época sobre el aspecto público de los sabios, aunque ciertamente creía que el derramamiento del Espíritu a través de su ministerio estaba inextricablemente ligado a su llamado a sufrir como apóstol (*cf.* 2:14; 4:7-12; 6:3-10).

En vez de ello, Pablo argumenta desde la sustancia hasta el estilo: "Dios me ha llamado (10:8) y me ha recomendado en Corinto (10:13-14); *por tanto,* mi debilidad y mi discurso deleznable son expresiones legítimas de mi apostolado, de la validez de mi mensaje y de mi autoridad en Corinto". Al final, su argumento a favor de la legitimidad no es retórico, filosófico ni cultural, sino probatorio. Reducir su argumento a un debate sobre las adecuadas maneras públicas de un ministro pierde la fuerza de la referencia que hace a su propio llamamiento como cristiano y a la evidencia de los corintios mismos. La idea de Pablo es que *su* legitimidad se basa en la obra de *Dios* en Cristo y por medio de su propio ministro.

Si nos saltamos este énfasis tan importante sobre Dios como aquel que recomienda a su pueblo, acabaremos evaluando ministerios y ministros basándonos en que lo que *nosotros* pensamos es un estilo efectivo y una forma adecuada. Para la mayoría, esto significará escoger líderes que tengan una personalidad pública enérgica y un "mensaje edificante", ya que con frecuencia tendrán un ministerio más popular. Después de todo, la suposición es que si el Espíritu de Dios está obrando poderosamente entre su pueblo, la iglesia "crecerá" en número. Por eso suponemos que aquellas iglesias que atraen a una gran multitud deben, por definición, tener un ministerio ordenado por Dios. Cuanto más grande es la iglesia, mayor es la bendición. Si una iglesia está creciendo en número, el pastor debe de estar haciendo algo *bien*. Nos resulta difícil no perder de vista que los oponentes de Pablo, con el evangelio transigente que tenían, eran sumamente atrayentes por su fuerza personal y su poderosa forma de hablar en público.

Para otros, sin embargo, aplicar la metáfora paulina de la "guerra" significará crear un estilo de ministerio que aparta a la gente de una forma casi intencionada. Aquí, la suposición consiste en que, dado el poder y la omnipresencia del pecado, todos los ministerios genuinos crecerán lentamente. Los que están en este campo tienen el convencimiento de que el remanente de los que creen de verdad siempre es pequeño. Por definición, las grandes iglesias suelen ser superficiales, poco espirituales. Solo un evangelio sin principios firmes puede atraer a una multitud. Después de todo, para que una iglesia sea grande debe de haber capitulado ante la cultura prevaleciente. Así pues, si una iglesia está creciendo en número de formas extraordinarias, debe de estar haciendo algo *mal*. Con todo, este pasaje no solo revela la obra de Dios recomendando a su pueblo, sino también la pasión de Pablo por alcanzar a los perdidos, sus expectativas de crecimiento espiritual de la iglesia y su plan para la expansión de su ministerio apostólico. Precisamente porque Dios está obrando, Pablo no supone jamás que las personas que han sido salvas sean "suficientes" o que hayan crecido ya "bastante" en su fe.

En contraste con estos dos planteamientos, el énfasis de Pablo consiste en que, aunque *él* está llevando a cabo la lucha (10.1-6), es *Dios* quien llama a su pueblo y produce el crecimiento (10:17). La soberana voluntad de Dios, y no nuestras técnicas, es la que determina el número del pueblo de Dios en un lugar concreto, grande o pequeño.

Aunque muchos de los corintios habían venido a la fe cuando Pablo fundó la iglesia de Corinto, de manera que él estaba listo para pasar a otro lugar, Dios le ordenó que siguiera hablando y le prometió la protección necesaria para hacerlo, porque *él* tenía a "mucha [más] gente en esta ciudad" (Hch 18:9-10). Como resultado, Pablo permaneció allí durante un año y medio. En cambio, los bereanos fueron más receptivos que los tesalonicenses (18:11-12), en Atenas solo unos pocos creyeron el mensaje de Pablo (17:34) y en Éfeso, cuando los efesios le pidieron a Pablo que se quedara más tiempo, Pablo declinó el ofrecimiento, diciendo: "Regresaré si es la voluntad de Dios" (18:21). Estos ejemplos ilustran que la marca de la bendición de Dios es la conversión genuina (2Co 10:13-14) y sustentó el crecimiento espiritual (10:15) del pueblo de Dios, y no el tamaño o la extensión del ministerio de la persona. Sea lo que fuere lo que, por su cultura, los corintios pensaran sobre los "estilos de ministerio", lo que Pablo expone es que *Dios* lo ha recomendado por medio de la propia conversión de ellos. Su jactancia es en Dios, como fuente de todas las cosas. Cualquier "evangelio" que contradiga esta jactancia debe cuestionarse.

Más que rebatir a partir de la "popularidad" o "pureza" de nuestro estilo a favor de la credibilidad de nuestro ministerio, debemos ser cuidadosos a la hora de aducir la única prueba que cuenta: ¿va acompañado de la obra genuina del Espíritu en la conversión (10:13-14) y la fidelidad creciente (10:15) del pueblo de Dios a nuestro evangelio y a nuestra forma de vivir? Hará falta discernimiento para resolver la distinción entre estilos de ministerio diferentes pero que honran igualmente a Dios por una parte, y evangelios diferentes por la otra. Esto no siempre será fácil, aunque, sin embargo, sí es necesario. Hoy, como en el tiempo de Pablo, es mucho lo que está en juego. El problema en Corinto no era meramente un desacuerdo sobre las preferencias culturales legítimas. Los corintios estaban siendo seducidos, sin darse cuenta de que la diferencia de estilo de los oponentes también revelaba un "evangelio diferente" (*cf.* 11:4, 6).

La necesidad de proclamar el evangelio. Recuperar la confianza de Pablo en cuanto a que Dios es el Señor de su iglesia es crucial para evaluar los ministerios en nuestra época y siglo. Es igualmente importante que recobremos la convicción paulina de que Dios hace su obra soberana *a través de su pueblo*. Como en el día de Pablo, hoy se necesita a gente que predique el evangelio con vidas moldeadas por su verdad y recomendadas por el poder de Dios (*cf.* 10:4-5). Por una parte, esto significará luchar contra la tentación de convertirse en lo que Hauerwas y Willimon llaman "una iglesia acomodacionista". Una iglesia así, "tan absorta en hacerle los recados al mundo", en realidad:

> [Le da al mundo] cada vez menos cosas en las que no creer. El ateísmo se desliza en la iglesia donde, en realidad, Dios no importa mientras nosotros nos ocupamos de ser cada vez mayores y mejores congregaciones (administración de la iglesia), confirmar la autoestima de las personas (adoración), capacitando a las personas para aliviar las angustias producidas por su materialismo (cuidado pastoral), y convirtiendo a Cristo en un tema digno de la reflexión poética (predicación). A cada paso, la iglesia debe preguntarse: "¿De verdad que, en nuestra vida juntos, lo que hacemos marca una diferencia mostrando que Dios está reconciliando al mundo consigo en Jesús?". Como todos saben, cuesta mantener tal pregunta ante nosotros. El ateísmo es el aire que respiramos.[37]

La insistencia de Pablo en que Dios no aprueba a quienes se recomiendan a sí mismos por sus propios logros, sino solo a aquellos a quienes él recomienda por medio de la manifestación activa de su propio poder, condena dicho ateísmo.

La necesidad de una proclamación del evangelio saturada de verdad, encarnada en la vida, también significará no caer en la trampa de convertirse en una "iglesia gueto". En lugar de darle al mundo poco en qué no creer, aunque se enorgullezca de estar llena de fe, una iglesia de este tipo le quita a otros toda oportunidad de creer. En lugar de "hacerle los recados" al mundo, esta iglesia se aparta de él. En lugar de volverse atea, la iglesia gueto procura contener a Dios dentro de sus propios muros, como los dioses territoriales del mundo antiguo. En lugar de confiar en Dios para que obre por medio del mensaje y de la manera de vivir de ellas como instrumentos de su gracia, los ciudadanos del gueto actúan como si la elección que Dios ha hecho de su pueblo significara que él les transformará el corazón mientras están sentados mirando desde detrás de las barreras de su subcultura aislada. Se dan palmaditas en la espalda por su fidelidad, sintiéndose peligrosamente satisfechos todo el tiempo con

---

37. Stanley Hauerwas y Wiliam H. Willimon, *Resident Aliens, Life in the Christian Colony,* 94-95.

su falta de evangelización, ya que viven con la ilusión de que Dios actúa de manera soberana en el mundo, aparte de su pueblo.

Los que están en el gueto temen, con razón, deslizarse en el ateísmo práctico y triunfante de los acomodacionistas que fabrican "creencia" mediante programas. Pero si el acomodacionista le teme demasiado poco al mundo, el morador del gueto le teme demasiado al mundo. Dentro del gueto, se va perdiendo el valor para escapar. Más bien, el temor los conduce a un quietismo autojustificativo que actúa como si la gracia soberana de Dios negara el llamado a compartir el evangelio con el mundo, de formas que lo pueda entender, por no hablar de la necesidad de hacer la guerra en nombre de los que ya han confesado a Cristo. La mentalidad del gueto no puede aceptar que en 10:15-16 Pablo esté anticipando el crecimiento y la purificación de una iglesia que sigue estando, en parte, en rebeldía contra él, y que sucederá precisamente a través de su propia enseñanza. Tampoco siente la pasión paulina de establecer aún más la iglesia mediante su predicación del evangelio a unos completos extraños.

En un extremo, la iglesia acomodacionista se caracteriza por una teología del libre albedrío que va cada vez peor en sus intentos de ganar a otros supliendo sus "necesidades percibidas". En el otro, la iglesia del gueto se caracteriza por un "hipercalvinismo" pasivo (aunque puedan no ser calvinistas en absoluto) que ha perdido de vista la desesperada necesidad de guerra espiritual (10:3-6) y de predicar el evangelio por todo el mundo (10:15-16). Si la iglesia acomodacionista intenta ofrecer lo que no tiene, tomando el lugar de Dios, la iglesia gueto se niega a ofrecer lo que posee, no asumiendo su lugar como pueblo de Dios. Siguiendo a Pablo, nuestro desafío (y no es uno fácil) consiste en permanecer fieles al evangelio como poder de Dios, mientras hacemos la guerra apasionadamente como soldados suyos en beneficio del evangelio, con el fin de proteger la iglesia y alcanzar el mundo.

Apéndice

Algunos comentaristas ven la demarcación de ministerios de Gálatas 2:7-10 detrás del argumento de Pablo en 2 Corintios 10:13-16. Argumentan que el "canon" que se está considerando es el "campo" de los gentiles frente a los judíos, de manera que el problema en Corinto es que los oponentes judíos de Pablo han entrado ilegalmente en su región gentil. Sin embargo, no hay mención alguna del "canon" de ser un "padre fundador" en Gálatas 2 o del acuerdo entre Pablo y los apóstoles pilares de 2 Corintios 10. La demarcación de Gálatas 2:7-10 no es geográfica, sino étnica, mientras que el "campo" de 2 Corintios 10:13-16 queda determinado por aquel que planta la iglesia, y por la ubicación o la distribución étnica de la iglesia. No es como si Pablo tuviera que hacer un recuento para ver quién podría ministrar en una congregación en concreto.

Además, incluso en las regiones predominantemente gentiles, Pablo va primero a las sinagogas y a los judíos, mientras que sus iglesias están formadas típicamente tanto por judíos como por gentiles (ver Hch 18:1-8, 18 acerca de esta práctica y de la naturaleza mixta de la iglesia corintia).

Los dos pasajes no tratan, pues, el mismo problema: Gálatas 2:7-10 concierne a esferas respectivas del ministerio, mientras que 2 Corintios 10:13-16 tiene que ver con la autoridad apostólica en una iglesia local en particular. En línea con esta última "medida" de autoridad, Pablo no intenta establecer su propia iglesia base en Roma, aunque sea la capital del mundo gentil (Ro 15:20-21). Además, el problema de 2 Corintios 10–13 no es tan solo la llegada de los oponentes de Pablo, sino su llegada con un falso evangelio (11:4), de manera que Pablo no quería tampoco que ministraran entre los judíos. El problema es que están edificando sobre el fundamento de Pablo con un evangelio diferente, es decir, su afirmación de autoridad apostólica para establecer un mensaje distinto. En contraste, Pablo no objetó a que Pedro y Apolo trabajaran en Corinto, solo a la forma en que los corintios usaban su trabajo para crear divisiones dentro de la iglesia (*cf.* 1Co 1:12-13; 3:4-9).

En tiempos más recientes, James Scott ha argumentado extensamente que 2 Corintios 10:13-16 refleja la forma de pensar judía de Pablo con respecto a la región corintia como parte de las "naciones" perfiladas en la "Tabla de Naciones" de Génesis 10 (*cf.* 1Cr 1:1–2:2; Ez 27; 38–29; Dn 11; Is 66:18-20). Basándose en esta manera de entender el mundo, Pablo defiende su derecho apostólico a una jurisdicción territorial sobre los corintios, ya que, como apóstol a los gentiles, Pablo había sido llamado a estas naciones, un llamado confirmado en el concilio apostólico.[38]

En opinión de Scott, Gálatas 2:7-9 refleja, pues, la decisión del concilio con respecto a que los apóstoles debían observar las jurisdicciones territoriales que se determinan según los tres hijos de Noé, en Génesis 10. Fue esta "Tabla de Naciones" la que le proporcionó a Israel la comprensión de su lugar central entre las

---

38. Scott, *2 Corinthians*, 8–9, 2006-7, basándose en su extensa obra, *Paul and the Nations: The Old Testament and Jewish Background of Paul's Mission to the Nations with Special Reference to the Destination of Galatians* (Tübingen: J.C.B. Mohr [Paul Siebeck], 1995). Para una opinión similar, ver Martin, *2 Corinthians*, 316-17.

naciones, tanto ahora como en el tiempo futuro. De ahí que, en la interpretación de Scott, todas las iglesias de la jurisdicción de Pablo, fundadas por él o no, están bajo su autoridad que se declara en Romanos 1:5-6. De manera específica, según esta tradición de la "Tabla de Naciones", "la iglesia corintia se encuentra en la franja de territorio (jafetita) desde Cilicia hasta España que le fue asignada por Dios a Pablo".[39]

Como tal, Corinto estaba en el punto medio de la misión paulina que se extendía hacia occidente (*cf.* Ro 15:19). Como resultado, los oponentes de Pablo estaban traspasando los límites de su comisión geográfica y nacionalmente, usurpando el territorio apostólico que Dios le había dado a Pablo.

Si Gálatas 2:7-10 refleja Hechos 10 o una reunión anterior entre los apóstoles es, por supuesto, una cuestión objeto de gran debate. Además, en Gálatas 2:9 es la gracia de Dios, y no los apóstoles pilares, la que le da a Pablo su ministerio y su jurisdicción. El contenido específico de su comisión no queda determinado por el entendimiento que ellos tienen del mundo, sino por los límites de la gracia de Dios en la vida de Pablo, tal como se ve en las iglesias que él establece.

El principal problema con esta opinión territorial es, por tanto, que en 2 Corintios 10:13-14 Pablo apunta, de igual modo, que ha sido él quien ha alcanzado Corinto con el evangelio como base para su autoridad divinamente concedida, y no una distribución geográfica anterior otorgada por el concilio de Jerusalén. Pablo también habría estado ignorando su autoridad apostólica en Corinto de no haber fundado allí la iglesia. Su esfera crece, porque su ministerio es bendecido por el derramamiento del Espíritu tal como se manifiesta en el establecimiento y en la consolidación de una iglesia, y no en virtud de una demarcación geográfica estática. Gálatas 2:7-10 trata principalmente sobre la gracia de Dios entre los judíos y los gentiles, y no sobre geografía.

---

39. Scott, *2 Corinthians*, 206.

2 Corintios 11:1-33

¡**O**jalá me aguanten unas cuantas tonterías! ¡Sí, aguántenmelas! ² El celo que siento por ustedes proviene de Dios, pues los tengo prometidos a un solo esposo, que es Cristo, para presentárselos como una virgen pura. ³ Pero me temo que, así como la serpiente con su astucia engañó a Eva, los pensamientos de ustedes sean desviados de un compromiso puro y sincero con Cristo. ⁴ Si alguien llega a ustedes predicando a un Jesús diferente del que les hemos predicado nosotros, o si reciben un espíritu o un evangelio diferentes de los que ya recibieron, a ése lo aguantan con facilidad. ⁵ Pero considero que en nada soy inferior a esos «superapóstoles».

⁶ Quizás yo sea un mal orador, pero tengo conocimiento. Esto se lo hemos demostrado a ustedes de una y mil maneras.

⁷ ¿Es que cometí un pecado al humillarme yo para enaltecerlos a ustedes, predicándoles el evangelio de Dios gratuitamente? ⁸ De hecho, despojé a otras iglesias al recibir de ellas ayuda para servirles a ustedes. ⁹ Cuando estuve entre ustedes y necesité algo, no fui una carga para nadie, ya que los hermanos que llegaron de Macedonia suplieron mis necesidades. He evitado serles una carga en cualquier sentido, y seguiré evitándolo. ¹⁰ Es tan cierto que la verdad de Cristo está en mí, como lo es que nadie en las regiones de Acaya podrá privarme de este motivo de orgullo. ¹¹ ¿Por qué? ¿Porque no los amo? ¡Dios sabe que sí! ¹² Pero seguiré haciendo lo que hago, a fin de quitar todo pretexto a aquellos que, buscando una oportunidad para hacerse iguales a nosotros, se jactan de lo que hacen.

¹³ Tales individuos son falsos apóstoles, obreros estafadores, que se disfrazan de apóstoles de Cristo. ¹⁴ Y no es de extrañar, ya que Satanás mismo se disfraza de ángel de luz. ¹⁵ Por eso no es de sorprenderse que sus servidores se disfracen de servidores de la justicia. Su fin corresponderá con lo que merecen sus acciones.

¹⁶ Lo repito: Que nadie me tenga por insensato. Pero aun cuando así me consideren, de todos modos recíbanme, para poder jactarme un poco. ¹⁷ Al jactarme tan confiadamente, no hablo como quisiera el Señor sino con insensatez. ¹⁸ Ya que muchos se ufanan como lo hace el mundo, yo también lo haré. ¹⁹ Por ser tan sensatos, ustedes de buena gana aguantan a los insensatos. ²⁰ Aguantan incluso a cualquiera que los esclaviza, o los explota, o se aprovecha de ustedes, o se comporta con altanería, o

les da de bofetadas.²¹ ¡Para vergüenza mía, confieso que hemos sido demasiado débiles!

Si alguien se atreve a dárselas de algo, también yo me atrevo a hacerlo; lo digo como un insensato. ²² ¿Son ellos hebreos? Pues yo también. ¿Son israelitas? También yo lo soy. ¿Son descendientes de Abraham? Yo también.²³ ¿Son servidores de Cristo? ¡Qué locura! Yo lo soy más que ellos. He trabajado más arduamente, he sido encarcelado más veces, he recibido los azotes más severos, he estado en peligro de muerte repetidas veces. ²⁴ Cinco veces recibí de los judíos los treinta y nueve azotes. ²⁵ Tres veces me golpearon con varas, una vez me apedrearon, tres veces naufragué, y pasé un día y una noche como náufrago en alta mar. ²⁶ Mi vida ha sido un continuo ir y venir de un sitio a otro; en peligros de ríos, peligros de bandidos, peligros de parte de mis compatriotas, peligros a manos de los gentiles, peligros en la ciudad, peligros en el campo, peligros en el mar y peligros de parte de falsos hermanos. ²⁷ He pasado muchos trabajos y fatigas, y muchas veces me he quedado sin dormir; he sufrido hambre y sed, y muchas veces me he quedado en ayunas; he sufrido frío y desnudez. ²⁸ Y como si fuera poco, cada día pesa sobre mí la preocupación por todas las iglesias. ²⁹ ¿Cuando alguien se siente débil, no comparto yo su debilidad? ¿Y cuando a alguien se le hace tropezar, no ardo yo de indignación?

³⁰ Si me veo obligado a jactarme, me jactaré de mi debilidad. ³¹ El Dios y Padre del Señor Jesús (¡sea por siempre alabado!) sabe que no miento. ³² En Damasco, el gobernador bajo el rey Aretas mandó que se vigilara la ciudad de los damascenos con el fin de arrestarme; ³³ pero me bajaron en un canasto por una ventana de la muralla, y así escapé de las manos del gobernador.

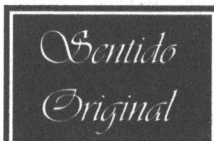

La pregunta fundamental que impulsa esta compleja sección es lo que constituye una prueba válida para establecer a un siervo de Cristo. Dado que Pablo responde a esta pregunta adoptando la imagen de un tonto (cf. 11:1; 12:11); con frecuencia se alude a todo el pasaje de 11:1–12:13 como "El discurso del necio" de Pablo. Sin embargo, en realidad el discurso mismo ocupa tan solo parte de 11:21b–12:10 (cf. las demás referencias a ser un "insensato" en 11:16, 17, 19; 12:6). Además, muchos comentaristas consideran la "tontería" de Pablo como un elemento literario o retórico diseñado para establecer su propia legitimidad como siervo de Cristo, burlándose o parodiando la jactancia de sus oponentes.

Ciertamente usa muchos elementos retóricos en este pasaje (p. ej., la ironía, el sarcasmo, juegos de palabras y parodias). A pesar de ello, no hay evidencia alguna de que elaborara su argumento según un género o una forma literaria distintos, ya fuera desde los que empleó en los debates entre los filósofos y los sofistas, o desde el arsenal de la oratoria profesional.[1] Pablo mismo niega estar usando esos tipos de planteamientos técnicos y académicos en su ministerio (cf. 11:6; cf. 1Co 2:1-5). En lugar de intentar clasificar el tipo de discurso retórico empleado por Pablo, el planteamiento más productivo para este pasaje es rastrear el flujo del argumento del apóstol

La mayoría de los comentaristas argumentan que la "tontería" de Pablo consiste en sí en su jactancia. Por nuestra parte, argumentaremos que la "necedad" paulina de 11:1–12:13 consiste *únicamente* en verse forzado a jactarse en su "fuerza", que, tras preparar a sus lectores extensamente para tan ridículo acto, no obstante lo lleva a cabo en 11:21b-23b y 12:1-4. Sin embargo lo hace con tanta renuencia y de una forma tan restringida y oblicua como le es posible. Además, la razón por la que Pablo considera semejante jactancia como una tontería no es porque esté pensando en el papel del necio en la comedia griega, en el estoicismo o en la retórica profesional. Más bien tiene en vista la imagen del necio, descrita en la tradición sapiencial judía, que se niega a reconocer o alabar a Dios, y la falsa jactancia del arrogante que es condenado por los profetas como una afrenta a la gloria de Dios.[2]

Por consiguiente, el criterio de Pablo para determinar lo que es "necedad" no es la filosofía griega ni el teatro, sino "no hablar como lo haría el Señor" (11:17; lit., "según la carne"). En otras palabras, la necia jactancia no se conforma al principio establecido en Jeremías 9:23-24, como ya se ha aplicado a los oponentes de Pablo en 2 Corintios 10:17-18. Por tanto, la jactancia en 11.21b-23a y 12:1-4 es necia, porque se centra en las experiencias espirituales

---

1. Sobre la cuestión del uso que Pablo hace de la retórica formal, ver de nuevo Jeffrey A. D. Weima, "What Does Aristotle Have to Do with Paul?", 458-68. Ver también Paul Barnett, *The Second Epistle to the Corinthians*, 494, quien argumenta acertadamente que este pasaje es una parodia irónica de la jactancia de los oponentes de Pablo, aunque el apóstol no está siguiendo conscientemente las formas específicas de la parodia o de los catálogos de sufrimiento hallados en la tradición cínica-estoica. De hecho, como Barnett, 495, observa, jactarse en la debilidad "parece no tener precedente literario".
2. Para el "tonto" en la tradición de la sabiduría, ver Job 1:22; 2:10; Sal 14:1; 53:1-2; 74:19, 22; 92:6; 94:8; Pr 9:13-18; 19:3; 27:1; Is 32:5-6; *Eclo.* 9:16; 11:4; *Sab. Sal.* 1:16–2:20. Para la falsa jactancia del arrogante, cf. Jer 9:23-24 con 2Co 10:17-18; también 1S 2:3, 10; Sal 74:4; *Judit* 7:2. Para el desarrollo de este contexto en el argumento de Pablo, ver Ulrich Heckel, *Kraft in Schwachheit: Untersuchungen zu 2.Kor 10–13*, 144-214. Heckel demuestra que el telón de fondo helenístico solo arroja luz sobre el rechazo general a la jactancia en el mundo antiguo que también es común en las Escrituras y en el judaísmo. Sin embargo, no puede explicar la jactancia positiva de Pablo en la gloria de Dios en respuesta a la jactancia inadecuada de sus oponentes (cf. Dt 10:21; 1Cr 16:35; 29:13; Sal 5:12; 32:11; 106; 47; 149:5; Jer 18:14.

distintivas y privadas en lugar de llamar la atención hacia el Señor como dador de todas las cosas en Cristo (*cf.* 1Co 1:26-31).³

El resto de la jactancia de Pablo se centra, sin embargo, en su "debilidad", que *no* es el acto de un necio, sino un aspecto esencial de su apología legítima de ser apóstol (11:23-33). Como veremos en el capítulo siguiente, la jactancia de Pablo en su debilidad también es el medio adecuado para glorificar la gracia y el poder de Dios en su ministerio (12:5-10). De modo que, si en algún momento se ve obligado a jactarse sobre sí mismo, lo hará con respecto a su debilidad (*cf.* 11:30; 12:5, 9). Por consiguiente, 11:23-33 y 12:5-10 son parte de la recomendación personal *positiva* de Pablo, como vimos en 1:3-11; 2:14-17; 4:7-12; 6:3-10.

Aunque la mayoría de los comentaristas toman toda la sección desde 11:21b a 12:10 como si Pablo se estuviera haciendo el tonto, para entender su argumento es crucial reconocer que su necedad solo se identifica con jactarse en lo mismo en que se jactan sus *oponentes* (es decir, en su pedigrí judío en 11:21b-23 y en sus visiones y revelaciones en 12:1-4). La cuestión es el objeto de la jactancia y no el acto mismo de jactarse (*cf.* 10:12-18).⁴ De hecho, la jactancia de Pablo en su debilidad, y no la jactancia *per se,* es la que desenmascara la necedad y la falsedad de sus oponentes.⁵

Existe, pues, una *doble* ironía en este pasaje. Por una parte, Pablo considera que jactarse en las mismas cosas que sus oponentes creen adecuadas es una tontería. Por otra parte, se jacta alegremente en las cosas que para sus oponentes

---

3. Heckel destaca la importancia de 11:17-18 para el argumento de Pablo en *Kraft,* 195, 198-202. Pero, como muchos otros comentaristas, Heckel no llega a hacer una clara distinción entre la necia jactancia de Pablo en sus distintivos judíos y su jactancia legítima en su debilidad. Por tanto, concluye que *toda* la jactancia de Pablo en 11:21–12:10 no es conforme al Señor, y, *al mismo tiempo,* sí lo es. Por ello, al final, Pablo no es realmente un tonto cuando se jacta, ni siquiera cuando lo hace en sus distintivos judíos, y esto es lo opuesto a lo que el apóstol mismo dice.
4. Esto es contrario a quienes, como Jan Lambrecht, S. J., "Strength in Weakness: A Reply to Scott B. Andrews' Exegesis of 2 Cor 11:23b-33", *NTS* 43 (1997): 285-90, argumentan (289) que "aunque toda jactancia es necia y peligrosa, existen niveles". Según la opinión de Lambrecht, jactarse en los títulos judío y cristiano de uno en 11:22-23 es actuar "según la carne" y es lo más peligroso; jactarse en la "total debilidad" de uno, como en 11:32-33, es menos tonto y peligroso, mientras que jactarse de las dificultades y las tareas está en un punto medio. Pero no hay indicación alguna de semejante gradación en los catálogos de Pablo, tan solo la distinción entre debilidad y fuerza. Además, dado que la jactancia del apóstol en su debilidad revela el poder de Cristo, no puede haber nada necio o peligroso en ello, ya que cumple el principio de 10:18.
5. Contra los que, como Barnett, *Second Corinthians,* 534, ven la jactancia de Pablo en sí misma como su "locura" o "necedad", "que es la 'locura' y la 'necedad' de Cristo mismo; y James M. Scott, *2 Corinthians,* 214: "Estas jactancias son doblemente necias, ya que la jactancia en sí misma es una tontería, y, según los estándares de los oponentes, el sufrimiento y la debilidad no cuentan como cualidades meritorias".

no son más que tonterías. Mientras sus adversarios recalcan su identidad étnica y sus experiencias espirituales, Pablo enumera sus sufrimientos. Llama tontería a lo que ellos creen sabio (es decir, la fuerza de su pedigrí judío y las experiencias reveladoras) y se jacta libremente en lo que ellos consideran tonterías (es decir, su debilidad). Interpretado bajo esta luz, 11:1-21a no es parte del "discurso del necio" mismo, sino que le prepara el camino estableciendo por qué ha sido necesario que Pablo se implicara en una jactancia tan tonta. A continuación, el apóstol concluye su discurso en 12:11-13 declarando, en primer lugar, por qué dicha jactancia no debería haber sido necesaria.

Aquí también, la "declaración a modo de tesis" de Pablo en 2:14–3:3 es fundamental para el desarrollo de su argumento.[6] Anteriormente, cuando se estaba dirigiendo a la mayoría arrepentida, el apóstol pasó de una exposición sobre su debilidad en 2:14-17 a su ministerio del Espíritu como fundador de la iglesia corintia en 3:1-3. Ahora se invierte el orden. Al dirigirse a los que siguen cuestionando su apostolado, pasa del "canon" de su función fundadora en 10:12-18 a una exposición de su debilidad en 11:1–12:13. El propósito de Pablo al actuar así es ofrecer una extensa apologética de su legitimidad como apóstol desvelando su anterior afirmación en cuanto a que "ser conducido a la muerte" es el medio mismo por el cual Dios se está revelando por medio del ministerio paulino (2:14-17; cf. 4:7-12; 6:3-19). Su objetivo consiste en enfrentarse decididamente a las acusaciones de los rebeldes, tanto los que están en el seno de la iglesia como sus oponentes de fuera de la iglesia; a los primeros se dirige de forma directa; a los últimos, indirectamente.[7]

En 11:23b-33 Pablo detalla las formas en las que "los sufrimientos de Cristo fluyen" en su propia vida como en una "vasija de barro" y en un "siervo de Dios" (1:5; 4:7; 6:4). Lo hace con el fin de abordar la afirmación de que, al carecer de recomendaciones de otros, no tenía otro recurso que recomendarse a sí mismo (cf. 2:16a; 3:1). Según sus oponentes, el apóstol no tenía recomendaciones porque no estaba a la altura del ministerio apostólico, tal como indicaba su sufrimiento. Sin embargo, es justo lo contrario. El sufrimiento de Pablo en *sí mismo*, como vehículo de la mediación del Espíritu y la encarnación del evangelio, es el aspecto esencial de su carta de recomendación (3:2-6; 4:2; 5:12; 10:18).

Por tanto, el argumento de Pablo en 11:1–12:13 no es nuevo, pero amplia el caso que ya ha demostrado con anterioridad en su carta (cf. 1:8-11 respaldando

---

6. Así también Barnett, *Second Corinthians*, 534, quien argumenta con razón que la jactancia de Pablo en la debilidad "debe interpretarse con el antitriunfalismo de la impresionante imagen del prisionero de guerra al principio de la digresión sobre el ministerio del nuevo pacto".

7. Se dirige a los corintios directamente en 11:4, 6, 7, 8, 9, 11, 19, 20; 12:11, 13; a los oponentes indirectamente en 11:4-5, 12-15, 20-23a, 26; 12:1, 11.

1:3-7; 4:7-12 respaldando 4:1-6; 6:3-10 respaldando 5:11–6:2; 10:12-18 respaldando 10:1-11). Lo que sí *es* nuevo es la forma enérgica en que ahora aplica este argumento a sus oponentes con el fin de recuperar a los que siguen estando bajo la influencia de ellos. Es el último intento de Pablo para rescatarlos y, por consiguiente, el más directo. De hecho, está tan desesperado por ellos que se une voluntariamente a sus oponentes al actuar como un tonto jactándose en sus rasgos distintivos judíos y en sus visiones celestiales (*cf.* 11:22; 12:1). Pero antes de hacerlo debe preparar a sus lectores para lo que él considera un acto tan necio y que deshonra tanto a Dios que es hablar como si estuviera loco (11:23).

La necesidad de la jactancia de Pablo (11:1-21a)

Las situaciones desesperadas necesitan medidas desesperadas. Pablo sabe que ahora es necesario que se jacte como sus oponentes. No obstante, ufanarse "como lo hace el mundo" (11:18) hace que se sienta sumamente incómodo. Esto se refleja en que su justificación para implicarse en semejante jactancia necia ocupa 11:1-21a, ¡mientras que su expresión inicial de necia vanagloria solo ocupa dos versículos (11:21b-23b)!

El peligro en Corinto (11:1-6). En 11:1-4, Pablo empieza la justificación de jactarse como un tonto mediante la expresión de su deseo de que los corintios le "aguanten" algunas cosas, ya que las hace por las razones que se dan en los versículos 2-4.[8] Ya que están "aguantando" a los falsos apóstoles con tanta facilidad, podrían aguantar también a Pablo (ver vv. 4, 19, 20). Esto es ironía. En realidad, Pablo no quiere que sean tan pacientes con la necedad. Pero si pueden "aguantar" a los oponentes, que son verdaderamente necios, entonces deberían ser capaces de "aguantar" a Pablo cuando se hace el tonto.

Al presentar esta súplica, Pablo no está expresando celos por ser rechazado. Como "padre" de ellos en la fe (*cf.* 1Co 4:15; 2Co 6:13; 12:14), respalda esta drástica petición recordándoles a los corintios que los tiene prometidos como esposa de Cristo (2Co 11:2). Lo que explica su "celo" es la relación "paternal" de Pablo con los corintios y el consiguiente "matrimonio" con Cristo, y no el rechazo de ellos hacia él o en sí mismo. Según las costumbres del compromiso nupcial judío en tiempos del Nuevo Testamento, el padre prometía su hija al futuro esposo y, por tanto, era responsable de la pureza de ella hasta que se celebrara el casamiento (*cf.* Dt 22:13-24). Del mismo modo, Pablo está luchando por la fidelidad de los corintios, a causa de la tentación actual que están sufriendo de cometer adulterio espiritual.

---

8. En 11:1, el pronombre de primera persona (*mou*) se entiende mejor como objeto del verbo "aguanten", tal como indica su posición en la frase y de acuerdo con este mismo uso en la frase siguiente, y no referido a "tonterías" (ver la NRSV, a diferencia de la NVI). La frase siguiente se traduce mejor como una orden y no como una declaración de hecho. Los corintios no aguantan a Pablo, pero sí a los falsos apóstoles (*cf.* 11:4, 20).

El retrato que hace Pablo de los corintios como comprometidos con Cristo en 11:2 nos recuerda la representación que en el Antiguo Testamento se hace del Israel comprometido con Dios (*cf.* Is 50:1-2; 54:1-8; 62:1-5; Jer 3:1; Ez 16:23-33; Os 2:19-20; para Israel como la "esposa" de Dios, *cf.* Is 49:18; 54:5-6; 62:5). Además, el uso que Pablo hace de esta metáfora refleja su convicción de que la iglesia está ahora viviendo entre su compromiso con Cristo y la consumación de su "boda", que está aún por llegar (*cf.* 4:14). Por tanto, Pablo está celoso por los corintios ya que los considera como el pueblo de Dios bajo el nuevo pacto (*cf.* el celo de Dios que provoca la redención final de su pueblo en Is 9:7; 26:11; 27:32; 42:13; 59:17; 63:15-16; Jl 2:18; Zac 1:14; 8:2). Como tal, a diferencia de la historia de adulterio de Israel hacia Dios (*cf.* comentarios sobre 2Co 3:7-18), deben mantenerse puros para Cristo (*cf.* 5:1-10; 6:16-18). Como los celos de Dios por Israel (*cf.* Éx 20.5; 34:14; Dt 4:24; 5:9; 6:15), el celo de Pablo con "celos *piadosos*" por los corintios.

Sin embargo, a pesar de su intervención, el apóstol teme que quienes siguen en rebelión puedan caer presa de la tentación de Satanás, como hizo Eva en el jardín (11:3; *cf.* 1Ti 2:14). Así como el diablo engañó a Eva cuestionando la suficiencia de las provisiones de Dios (Gn 3:1-13) también está procurando socavar la pureza de la devoción que los corintios sienten por Cristo, seduciéndolos con "otro Jesús", como si el Cristo del evangelio paulino no fuera suficiente. Satanás tienta al pueblo presentando a un salvador sustituto: en el jardín del Edén fue la falsa promesa de que podrían proveer para sí sin consecuencias; en Corinto fue la promesa de que el "Cristo" real les proporcionaría salud y riqueza. El argumento de Pablo pasa, pues, de retratar a los rebeldes de la iglesia como la contrapartida del Israel bajo la ley del versículo 2 (es decir, reduplicando la "caída" de Israel; *cf.* 3:14), a presentarlos como la contrapartida de Eva en la creación, en el versículo 3 (es decir, reproduciendo la "caída" de la humanidad; *cf.* 4:4).

La referencia a la caída revela que el peligro al que se enfrentan los corintios es verdaderamente grave. Es una advertencia de que, en realidad, sus oponentes son "siervos de Satanás" que procuran destruir el matrimonio de los corintios con Cristo, de la misma manera en que Satanás estropeó la relación de Eva con Dios (*cf.* 11:14-15).[9] Como en aquel jardín, el objetivo de engañarlos es crear una nueva forma de pensar entre los corintios que ya no está de acuerdo con la voluntad de Dios.[10] Pero los que son verdaderamente el pueblo de

---

9. Así también Ernst Baasland, "Christus und das Verlorene Paradies: *noēma* ein Schlüsselbegriff im 2.Korintherbrief?" *Text and Theology: FS Magne Sæbø*, ed. Arvid Tångberg (Oslo: Verbum, 1994), 67-94 (p. 73).
10. Siguiendo a Baasland, "Christus", 74. El foco del argumento de Pablo está puesto en la astucia de Satanás tal como la están imitando sus siervos en Corinto. Para una comparación del uso que Pablo hace de Gn 3 con su desarrollo en el judaísmo postbíblico, ver sus pp. 82-86.

Dios resistirán a esta tentación satánica a la idolatría y los conflictos (cf. 2:11; 6:14–7:1; también Ro 16:17-20). De este modo, muestran que son "nuevas criaturas" en Cristo que están siendo transformadas por la gloria de Dios en medio de ellos (2Co 3:18; 5:17). Como Pablo, la vida de ellos se caracterizará por la sinceridad y la pureza hacia Cristo (para la sinceridad como prueba de la gracia de Dios en la vida de uno, cf. 1:12; 2:17; sobre la pureza, cf. 6:6).

El instrumento del engaño de Satanás es lo que están haciendo los oponentes: predicar "a un Jesús diferente ... un espíritu o un evangelio diferentes"(11:4). Pablo usa el singular genérico en 11:3 ("si alguno llega a ustedes") y podría referirse al líder de la oposición, pero lo más probable es que sea una referencia colectiva a los oponentes en conjunto (cf. 3:1; 10:12). No hay consenso entre los eruditos con respecto al origen, la identidad y la teología de estos adversarios.[11] La clave a esta pregunta no es abrir una brecha entre "judaizantes" y "neumáticos" dentro de la iglesia primitiva. En vez de ello, la llamada de la exigencia judaizante en cuanto a que los gentiles guarden el viejo pacto residía en la promesa del Espíritu que lo sustenta (cf. 3:1-18 con Gá 3:1-5).[12] Los oponentes de Pablo prometían más del Espíritu (es decir, salud, riqueza y experiencias extáticas) a aquellos que observaran más de la ley (es decir, añadir las estipulaciones del antiguo pacto a las del nuevo). Y es que, en su opinión, Jesús sufrió para que no tuviéramos que hacerlo nosotros.

Por tanto, es importante mantener juntas las tres cuestiones de 11:4. La comprensión adecuada de la misión de Jesús, del papel del Espíritu (no sencillamente un "espíritu" humano, a diferencia de la NIV),[13] y de la relación entre el evangelio del nuevo pacto y el papel del antiguo van inextricablemente ligados. La cuestión central es qué llevó a cabo Jesús en su ministerio, cómo recibe uno el Espíritu y crece en él como resultado, y cuáles son las condiciones

---

11. Aunque se han sugerido muchas variaciones, las proposiciones básicas han identificado a los oponentes de Pablo como judaizantes o como algún tipo de neumáticos seudocarismáticos, ya sean gnósticos, supuestos hombres divinos o, sencillamente, un grupo que enfatizaba las experiencias espirituales. Para los problemas inherentes al intento de reconstruir la identidad de los oponentes de Pablo y una sólida proposición en cuanto al método para hacerlo (es decir, uno que se base en el texto en su punto de partida y sea minimalista en sus extrapolaciones), ver Jerry L. Sumney, *Identifying Paul's Opponents*, y mi revisión de su obra en *JBL* 111 (1992): 347-50. Sumney mismo concluye, con Käsemann, que los oponentes de Pablo son algún tipo de neumáticos.
12. Charles H. Cosgrove, *The Cross and the Spirit: A Study in the Argument and Theology of Galatians* (Macon, Ga.: Mercer Univ. Press, 1988), ha mostrado de la manera más clara que la discusión con los judaizantes en Gálatas giraba en torno a la base para la recepción y la experiencia continuada del Espíritu.
13. La inclusión del "Espíritu" entre "Jesús" y el "evangelio" sugiere que lo que está en juego es el fiel testigo del mensaje de salvación; cf. Linda L. Belleville, "Paul's Polemic and Theology of the Spirit in Second Corinthians", *CBQ* 58 (1996): 281-204 (294 n. 43).

para pertenecer por completo al pueblo de Dios. En resumen, la cuestión es "qué constituye una manifestación adecuada del Espíritu en el ministerio del evangelio. Un énfasis *erróneo* sobre lo milagroso por parte de los pretendidos superapóstoles (11:5) resultó en una interpretación del Espíritu como hacedor de prodigios más que como garantizador del kerigma".[14]

Mientras que Pablo predicaba y encarnaba el hecho de que el Espíritu de Dios se experimenta en y por medio del sufrimiento de este siglo, sus oponentes mantenían que el Espíritu de Dios, si de verdad está presente, lo libra a uno de semejante sufrimiento. Para Pablo, la cruz sigue siendo fundamental en el evangelio. Lleva en su cuerpo la *muerte* de Jesús (*cf.* 4:7-12). En el "evangelio diferente" de sus oponentes, la cruz es una mera cuestión de historia, ya que ha sido remplazada por el Señor resucitado.

Esto puede explicar el uso que Pablo hace de "Jesús" en 11.4 sin el título "Cristo", ya que el debate en Corinto giraba en torno a distintos conceptos de lo que Jesús había llevado a cabo en realidad en su ministerio terrenal como el Mesías. Los oponentes sostenían que Jesús trajo el reino en su plenitud; Pablo predicaba que el reino había sido inaugurado, pero que todavía no se ha consumado. En el simbolismo de nuestro texto, los oponentes afirmaban estar ya casados con Cristo, mientras que Pablo veía a la iglesia prometida, pero esperando aún el día de su boda.

Esta interpretación del conflicto entre Pablo y sus oponentes se confirma mediante su designación de que el mensaje de ellos proclama a un Jesús "diferente del que les hemos predicado nosotros", que recuerda el anterior argumento paulino en 4:5.[15] Allí Pablo aclaró que el verdadero evangelio del señorío de Jesús, en contraste con las exigencias monetarias y personales de sus oponentes, está encarnado en una "esclavitud" como la de Cristo a las necesidades de su pueblo. Por tanto, Sumney ha enfatizado correctamente que en 2 Corintios 10–13 "la cuestión central en Corinto es la forma adecuada de vida para los apóstoles".[16] De ahí que la crítica implícita de sus oponentes en 4:5 y 11:4, se hace explícita en 11:20. Los oponentes de Pablo no predican a Jesús como el Señor encarnado en el sufrimiento de su apóstol.

---

14. Belleville, "Paul's Polemic", 297, el énfasis es mío. En contraste con la posición adoptada aquí, Belleville identifica a los "superapóstoles" de 11:5 con los falsos apóstoles de 11:13. Rechaza, asimismo, la hipótesis de que los oponentes de Pablo eran "judaizantes", por la polaridad tradicional que se supone entre una llamada a obedecer la ley y las experiencias del Espíritu por una parte, y por la falta de referencias explícitas en esta carta a la circuncisión, y la ley por la otra.
15. Le debo esta percepción a Timothy B. Savage, *Power Through Weakness*, 156.
16. Sumney, *Paul's Opponents*, 162. Aunque Sumney cree que los capítulos 1–9 y 10–13 son cartas separadas, argumenta que la cuestión a la que se enfrenta Pablo en ambas era fundamentalmente la misma, a saber, la disputa sobre el "criterio adecuado para identificar a los apóstoles legítimos" (182).

Como resultado, la disposición de Pablo a ser un esclavo de todos se alza en claro contraste con que ellos hayan convertido a los corintios en *sus* esclavos. Que sus oponentes predican a "otro Jesús" se revela con claridad en la negativa de ellos a tomar su cruz por el bien de los corintios (*cf.* comentarios sobre 4:5). Más que seguir las pisadas del Señor crucificado y después resucitado (*cf.* 4:7-12 con 4:13-18), predican una figura "exaltada" de la que afirman equivocadamente que se refleja en las afirmaciones de superioridad que ellos hacen y en la exigencia de enseñorearse de los corintios. No obstante, los corintios "aguantan" alegremente semejante maltrato, porque el Jesús de los oponentes promete el poder del Espíritu sobre toda enfermedad y necesidad económica para quienes acepten su evangelio. Actuar así, sin embargo, es volverse atrás y dejar al verdadero Jesús, el evangelio y al Espíritu tal como lo predicó Pablo primeramente.

Teniendo en cuenta este contexto, el significado y el fluir del argumento de Pablo desde 11:4 a 11:5 ha sido tema de gran debate. La NVI opta por un bando traduciendo el versículo 5 como *contraste* del versículo 4 ("pero") y representando a aquellos con los que Pablo se compara como esos 'superapóstoles'". Interpretado de este modo, los "superapóstoles" del versículo 5 se equiparan a los oponentes del versículo 4, entendiendo el título en sí como irónico o sarcástico (nótense las comillas). Usando esta designación, Pablo está reflejando la opinión inflada que sus oponentes tienen de sí mismos, mientras que a él se le ve como volviéndose atrás en su anterior resolución de no compararse con sus oponentes. Como lo expone Witherington, esto le da "un carácter dialéctico a toda esta sección, ya que Pablo se niega a compararse con sus rivales y a continuación procede a la comparación".[17]

Desde esta perspectiva, los mercaderes de la Palabra de Dios en 2:17 y los que "se recomiendan a sí mismos" en 10:12-16 quedan equiparados con los "superapóstoles" en 11:5 (*cf.* 12:11), que, en ese momento, se identifican como los "falsos apóstoles", obreros estafadores y "servidores de Satanás" en 11:13-15. La idea de Pablo es que él no es inferior a sus oponentes, independientemente de que ellos se tengan por "superapóstoles".

Sería altamente inusual, sin embargo, que la conjunción que introduce el versículo 5 (*gar*) sirviera para indicar un contraste. Su función más común consiste en introducir una razón o apoyo (es decir, "ya que" o "porque"). Además, ¡es difícil imaginar que Pablo volviera atrás en su resolución de no compararse con otros o que intentara establecer su autoridad comparándose *positivamente* con los siervos de Satanás![18] Esta objeción adquiere una fuerza

---

17. Ben Witherington III, *Conflict and Community in Corinth*, 446.
18. Esta objeción la introdujo con fuerza Ernst Käsemann, "Die Legitimität des Apostels: Eine Untersuchung zu II Korinther 10–13", *ZNW* 41 (1942): 33-71, esp. 38-39, 41-43, 45-49. No ha sido bien recibida por quienes leen 11:5 como una comparación con

especial a la luz de 11:12, donde Pablo se niega a permitir que sus oponentes se comparen con él. Además, el texto griego no necesita traducirse como "esos superapóstoles", sino que se puede verter sencillamente como "los apóstoles de más alto rango"[19] o "superlativos" o "apóstoles eminentes" (*cf.* NASB). Interpretado de este modo, en 11:5 Pablo no se está comparando con sus enemigos, sino con la autoridad y con el estatus de los apóstoles destacados de la iglesia primitiva, a saber, con los reconocidos como los "apóstoles pilares" de Gálatas 2:9 y los que estaban dentro de su esfera de autoridad.

De ahí que, los "superapóstoles" de 11:5 y 12:1 no deban equipararse a los falsos apóstoles de 11:4 o 11:13-15. Pablo no está prosiguiendo con la explicación sobre sus oponentes y el "evangelio" de estos, que venía tratando en el versículo 4, sino que está cambiando de enfoque en el versículo 5, introduciendo la razón por la que los corintios están en tan gran peligro si aceptan a los oponentes del apóstol (11:2-4) y por qué deberían mejor "aguantar" a Pablo (11:4). Al darle la espalda, los corintios han de recordar que en su mensaje y su ministerio él no ha sido en modo alguno inferior a aquellos que se reconocen como los apóstoles más eminentes de la iglesia (superapóstoles), sino que tiene la misma autoridad y estatus que ellos. Quienes rechazan a Pablo están, pues, rechazando el único evangelio apostólico común (*cf.* 1Co 15:3, 8-11). Comparándose de forma positiva con los "apóstoles columna", Pablo está metiendo una cuña entre su evangelio y las posteriores afirmaciones de sus oponentes que pueden haber respaldado el mensaje que traían jactándose de haber venido con el sello de aprobación de la iglesia de Jerusalén. Sin embargo, en realidad Pablo es quien representa la tradición apostólica.

La igualdad de Pablo con los apóstoles destacados significa que, aun siendo amateur en el arte de la retórica profesional y pública, su conocimiento del evangelio no es de segunda fila (11:6). De hecho, él ha manifestado su conocimiento a los corintios "de una y mil maneras", es decir, tanto de palabra (a saber, su predicación) como por sus actos (a saber, su sufrimiento), una clara referencia que se remonta a 2:14. La declaración de Pablo en 11:6 también nos recuerda 1 Corintios 15:11, donde Pablo afirmó que no tenía la menor relevancia si los corintios habían oído el evangelio por boca de Pablo o de cualquier otro de los apóstoles, ya que todos representan el mismo mensaje. Esta alusión del versículo 6 a su "conocimiento" expone esta misma idea: su conocimiento está a la par del de cualquiera de los apóstoles, y él comparte la autoridad apostólica de estos en todos los sentidos.

---

los oponentes de Pablo. Para el respaldo más importante de la postura adoptada en el mundo angloparlante, ver las diversas obras de C. K. Barrett, esp. su "Paul's Opponents in II Corinthians" *NTS* 17 (1971): 233-54, y su *A Commentary on the Second Epistle to the Corinthians*, 30-35.

19. Así Martin, *Corinthians*, 342.

La necesidad de Pablo de jactarse en su debilidad (11:7-15). Anteriormente, Pablo pasó de una declaración general sobre su manifestación del conocimiento de Dios a través de su sufrimiento en 2:14 a su costumbre de autososteneerse en Corinto, como ejemplo específico de dicho padecimiento, en 2:17.[20] Ahora pasa de una afirmación general con respecto a que él media el conocimiento de Dios en 11:6 al ejemplo de "humillarse" por el bien de los corintios, predicando el evangelio gratuitamente, en 11:7-12 (*cf.* 12:13-18). De nuevo, su idea es que su práctica voluntaria de ganarse su sustento (es decir, humillarse a sí mismo), que sus oponentes consideran un "pecado" es,[21] en realidad, el medio que Dios ha utilizado para manifestarse a los corintios. Que Pablo se humillara a sí mismo condujo a elevar a los corintios por el amor que él sentía hacia ellos (11:7, 11; *cf.* 1Co 4:8-15; 9:12-23).

Pablo vuelve al asunto de su autosuficiencia económica en 11:17-12, porque su humillación voluntaria y su sufrimiento están en el centro del debate entre quienes siguen cuestionando su apostolado. Desde Platón hasta la época de Pablo, los filósofos sofistas y los oradores profesionales cargaban unos honorarios y cobraran por sus enseñanzas, ya que un mensaje gratuito o barato implicaba que el mensaje en sí no valía gran cosa (*cf.* la exposición sobre 2:17).[22] Podríamos denominarlo "el principio de Harvard" de cobrar según el estatus personal percibido (aunque la calidad real de la instrucción puede corresponder o no con la tarifa). De ahí que la negativa de Pablo a pedir apoyo económico a los corintios pudiera difamar su enseñanza. Él da su evangelio porque nadie pagaría por él. En opinión de sus oponentes, que Pablo se negara a aceptar dinero no es la expresión de un amor como el de Cristo por los corintios, sino el reconocimiento tácito de la naturaleza inferior de su apostolado.

Al mismo tiempo, que se gane la vida para mantenerse es una afrenta al orgullo de los corintios, que, con toda probabilidad, quieren que se les vea como benefactores o patrocinadores del apóstol, y que él sea su patrocinado. Pero, como apóstol, Pablo es el patrón de *ellos,* en representación de *su* verdadero Patrón, Cristo. Lejos de cuestionar su ministerio, su predicación gratis

---

20. Para la ardua labor de Pablo en el evangelio, *cf.* Hch 18:3; 20:34-34; 1Co 4:12; 9:18; 15:10, 2Co 6:5; 11:23, 27; Ef 4:28; 1Ts 2:9; 2Ts 3:7-8. El sufrimiento padecido por la práctica paulina de ganarse la vida incluía experimentar el desdén cultural que las clases superiores sentían por el trabajo manual.
21. La naturaleza exacta del "pecado" que le atribuían a Pablo sus oponentes no queda clara. Su negativa a exigir dinero por su ministerio podría haberse considerado como un abaratamiento del evangelio mismo (es decir, un pecado contra el evangelio), o como expresión de su vergüenza con respecto a lo que él predicaba (es decir, un pecado contra los corintios por representarlos falsamente).
22. Para encontrar un estudio de las actitudes hacia cobrar honorarios por la enseñanza, desde Platón a Luciano (125–180 A.D.), ver *Suffering and Ministry in the Spirit,* 106-25. Las líneas principales de mi comprensión de 11:6-12 se han desarrollado en *Suffering,* 145-54.

representa el don de Dios en Cristo. Que Cristo se humillara a sí mismo en la "pobreza" de su encarnación, sufrimiento y muerte (*cf.* 8:9) conduce a que Pablo se humille en la "pobreza" que resulta de mantenerse a sí mismo, por amor a los corintios (11:7).

Dada la precaria situación de los artesanos itinerantes de la época paulina, 11:8-9 informa que el ministerio de Pablo ganándose la vida en Corinto fue posible porque las iglesias macedonias suplementaban los ingresos de Pablo cuando era necesario. La generosidad macedonia como expresión de la gracia de Dios (*cf.* 8:1), combinada con el hecho de que Pablo se ganara la vida como una extensión del evangelio de Cristo (*cf.* 1Co 8:13; 9:19-22; 10:24, 33; 2Co 2:17) hizo posible que no "cargara" a los corintios. Por consiguiente, no hay base alguna para que sus oponentes lo acusaran de usar el ministerio de la colecta para servir a sus propios fines (*cf.* 12:16-18). Que "despojara" a otras iglesias para beneficiar su ministerio en Corinto no era una estafa, sino la expresión de un amor como el de Cristo, tanto por parte del apóstol como de aquellos que dieron.[23] Por esta razón, Pablo promete que seguirá su práctica de no apoyarse económicamente en los corintios: no pondrá piedra de tropiezo alguna en el camino del evangelio.

Las dos fórmulas de juramento de 11:10 y 11[24] afianzan la resolución de Pablo de seguir con su jactancia de predicar el evangelio gratuitamente en Acaya. Ninguna crítica puede detenerle de seguir haciéndolo (*cf.* v. 7), ya que su jactancia es una expresión de la verdad de Cristo en su vida. Puede equiparar su compromiso de predicar de forma gratuita con la verdad de Cristo, porque la humillación y el sufrimiento que su práctica de mantenerse a sí mismo entrañan deriva de su amor hacia los corintios, como Dios mismo puede atestiguar (*cf.* 2:4; 3:2; 5:14; 6:6; 8:7; 12:15).

Las atrevidas afirmaciones de 11:10-11 reiteran, pues, lo que Pablo ya ha argumentado en detalle en 1 Corintios 9:15-18. Allí, Pablo aclaró a los corintios

---

23. El dinero necesario para completar el salario de Pablo lo proporcionaban sin duda Silas y Timoteo (Hch 18:5; 1Co 4:12; 1Ts 2:9). Barnett, *Second Corinthians*, 515 notas 16, 18 indica que el verbo "despojar" (en el sentido de saquear al enemigo derrotado) y el nombre "ayuda" (en el sentido de las raciones o provisiones de un soldado, *cf.* 1Co 9:7; Lc 3:14) son, ambos, metáforas militares. Esto recalca la descripción que Pablo hizo de su ministerio como una guerra en 10:3-6. En Fil 4:15 se insinúa que Pablo no aceptó apoyo alguno de los macedonios mientras estuvo con ellos, sino solo después de haberse marchado de allí. El dinero de los macedonios fue, por tanto, una ofrenda de apoyo para su ministerio en otro lugar y no el salario por los servicios que les prestó a ellos. Para el deseo de Pablo de no ser una carga en el ministerio (ver 1Ts 2:9; 2Ts 3:8, 1Ti 5:16); para la práctica de pagar a pastores, ver 1Co 9:3-14; Gá 6:6; 1Ti 5:17-18; 2Ti 2:6.
24. Para otros ejemplos de juramentos en los escritos de Pablo, ver 1:18, 23; 2:10; 11:11, 31; *cf.* Ro 9:1; Gá 1:20.

que preferiría morir antes que abandonar esta práctica de ganarse su sustento, ya que renunciar a su derecho de ser mantenido económicamente era una parte esencial de esa "jactancia" por la que sería recompensado por Dios. Como esclavo de Cristo al que se le había encomendado el evangelio, no tenía más elección que predicar. Por esto no habrá recompensa alguna; predicar es el deber de Pablo. Pero su práctica de ganarse su sustento mientras predica va más allá del deber por amor al evangelio. Por tanto, lo que sus oponentes califican de "pecado" es (2Co 11:7) la cosa misma por la que Pablo espera ser recompensado por Dios. Y es que esta práctica del apóstol, mantenerse a sí mismo, demuestra más allá de toda discusión que ama a los corintios.

Existe una segunda razón por la que Pablo no deja de ganarse su sustento en Corinto. También es una forma de dejar al descubierto los motivos fraudulentos de sus oponentes. Que Pablo predique gratuitamente hace que sea imposible que sus adversarios comparen favorablemente su práctica misionera con la de ellos. Al hacerlo, elimina la "razón" de ellos (11:12, *aphorme*, un término militar que se refiere a la base desde la que se puede lanzar el ataque). En realidad, que Pablo sufra de buen grado, como lo hizo Cristo, por amor a los demás cuestiona la máxima del evangelio de la salud y de la riqueza en cuanto a que Cristo ha sufrido para que su pueblo ya no necesite hacerlo. Por esta razón, los oponentes están denigrando a Pablo; se dan cuenta de que esta práctica de ganarse el sustento cuestiona el propio ministerio de ellos. Su negativa a que lo mantengan, como prueba de su amor por la iglesia, destruye la capacidad de sus oponentes de exigir ser mantenidos bajo el pretexto de afirmar ser quienes de verdad aman a los corintios.

Muchos comentaristas argumentan que Pablo se involucra en la jactancia, porque los oponentes se están comparando con él con el fin de afirmar la superioridad que tienen. Sin embargo, en 10:12, se dice que los oponentes se están comparando *consigo mismos*, y no con Pablo. La táctica de ellos no consiste en compararse con Pablo, sino en generar recomendaciones los unos de los otros sin el tipo de prueba que contaba en Corinto (*cf.* 10:13-18). Como aclara 11:12, en realidad, los oponentes temen compararse con Pablo, a causa del claro testimonio que su práctica de mantenerse con su trabajo le presta a la sinceridad de sus motivaciones. Es Pablo, y no los oponentes, quienes inician por tanto la comparación en los capítulos 10–13.

En 11:12, Pablo sigue, pues, con la ofensiva dándole la vuelta a la crítica de sus oponentes y exponiéndola para que se vea tal como es: un intento de conseguir que Pablo transija en sus convicciones para que ellos no parezcan tan malos en comparación. La cuestión decisiva es qué evangelio y qué forma de vida son los verdaderamente motivados por amor: la disposición de Pablo a mantenerse a sí mismo por el bien de los corintios como "servidor" de todos (*cf.* 1Co 9:12, 17; 2Co 4:5), o el intento de sus oponentes de "esclavizar" a los corintios exigiéndoles que los mantengan (*cf.* 11:20). Pablo mantiene que su mensaje y su ministerio son el criterio cierto de la legitimidad por la cual deben ser medidos los oponentes, y no al revés.

Pablo debe establecerse a sí mismo como el criterio para el verdadero apostolado, a causa de la engañosa naturaleza de sus oponentes, que están "disfrazados de apóstoles de Cristo" (11:13). No es ningún malentendido inocente por parte de ellos. El verbo traducido como "disfrazar" resalta la idea de "cambiar de forma, transformar ... cambiar o vestirse de alguien o de algo".[25] Se entiende mejor aquí como "hacerse pasar por otra cosa". Los oponentes son "obreros *estafadores*" porque, aunque son apóstoles falsos o seudoapóstoles, fingen ser apóstoles verdaderos.[26]

A Pablo esto no le sorprende, porque Satanás también "se disfraza de ángel de luz" (11:14). Esta designación exacta para Satanás no se encuentra en el Antiguo Testamento ni en el judaísmo, aunque la idea está presente (*cf.* p. ej., Job 1:6-12; Is 14:12-15; *Vida de Adán y Eva* 9:1; *Apocalipsis de Moisés* 17:1-2). La idea de designar a Satanás como falso "ángel de luz" consiste en recalcar su naturaleza falsa como mensajero de Dios. Satanás se empeña en

---

25. BAGD, 513.
26. Scott, *2 Corinthians,* 205-9, 237, argumenta que, en vista de los paralelismos entre Moisés y Pablo establecidos en 2:16 y 3:4-18, la rebelión de Coré que se narra en Nm 16–17 (*cf.* Éx 19:6; 29:45; Dt 7:6; 14:2; 26:19; 28:9) debería ser el marco para comprender la opinión que Pablo tiene aquí de sus oponentes y a lo largo de toda la carta (*cf.* 1:24; 2:6-7, 15, 17; 3:1). Así como Coré y sus seguidores fueron considerados "intrusos" en Nm 16:40, y así como la tradición judía acusa a Coré de rechazar la Torá revelada (*Cf. Pseudofilón 16; Num. Rah.* 18:12b; b. Sanh. 110a), también los oponentes de Pablo procedían de fuera de la comunidad y predicaban un evangelio diferente. Por el contrario, con el fin de resistir a sus oponentes, Pablo, como Moisés, tiene que demostrar que es a él a quien el Señor ha llamado y enviado (*cf.* Nm 16:11, 28, 30). Además, cuando se le acusa de estar imponiendo su autoridad sobre los israelitas, Moisés declara que jamás ha tomado tributo de ellos (Nm 16:15). Del mismo modo, Pablo se niega a aceptar manutención económica de los corintios (11:7). Como Coré y sus seguidores estaban celosos de Moisés, afirmando una santidad y un sacerdocio iguales (Nm 16:3, 8-11), Pablo también se niega a permitir que sus oponentes se comparen de forma favorable con él (11:12). Scott sugiere incluso que la referencia de Pablo en 11:12 a "quitar todo pretexto" a sus oponentes "puede recordar" al momento en que la tierra se tragó a Coré y sus seguidores en Nm 16:31-35, aunque este parece un paralelismo improbable dadas las connotaciones militares de 11:12. Finalmente, Scott sugiere que si la rebelión de Coré intentó eliminar a Moisés y Aarón como mediadores de la revelación divina, dado que Israel había recibido una revelación directa en el Sinaí, entonces los oponentes de Pablo podrían haber mantenido que él es mucho más superfluo bajo el nuevo pacto. Las observaciones de Scott son interesantes, aunque, en ausencia de semejanzas verbales directas entre ambos pasajes, no puede establecerse con seguridad que sea su telón de fondo.

aparecer como el verdadero mensajero de la luz —es decir, Cristo—[27] en contraste con los verdaderos apóstoles que median la "luz del glorioso evangelio de Cristo" y la luz del conocimiento de "la gloria de Dios ... en el rostro de Cristo" (*cf.* 4:4, 6). Nótese el enfoque sobre Cristo. Los oponentes se disfrazan de "apóstoles de Cristo" aunque sirven a Satanás, que se presenta a sí mismo como aquel que revela verdaderamente la gloria de Dios. Como prisioneros del engaño de Satanás, estos oponentes predican a un "Jesús diferente".

Como resultado, así como Dios hizo que Pablo fuera competente para ser un "servidor" (*diakonos* del nuevo pacto, "ministerio [*diakonia*] que trae la justicia" (3:6, 9), también los "servidores" de Satanás se están disfrazando de "servidores [*diakonoi*] de justicia" (11:15). La engañosa y satánica afirmación es que la vida y la muerte de Cristo no son suficientes para obrar la justicia de Dios, sino que deben complementarse con las estipulaciones del antiguo pacto. La observancia del antiguo pacto además del nuevo se anuncia a bombo y platillo como la forma de experimentar la plenitud del Espíritu, cuya señal era la salud, la riqueza y las experiencias sobrenaturales.

Esta insistencia en la continua validez del antiguo pacto traía con ella, en realidad, la convicción de que el Cristo proclamado por los apóstoles es insuficiente para cumplir las promesas de Dios, es decir, representan a "otro Jesús" (*cf.* 4:4-6). El exagerado énfasis de los oponentes en el Cristo glorificado incluye, por tanto, una comprensión falsa de lo que Dios ha prometido al derramar su presencia en medio de este siglo malo; es decir, que ellos prometen un "Espíritu diferente" (*cf.* 3:3-6). Como resultado, son ministros de un evangelio que no puede salvar; es decir, proclaman un "evangelio diferente" (*cf.* 5:16–6:2) Los que predican un falso mensaje como este serán recompensados "según sus obras" (NVI, "corresponderá con lo que merecen sus acciones"; *cf.* 5:10; Ro 2:6; 3:8; Gá 6:7-9; Ef 6:8; Fil 3:18-19; Col 3:24; 2Ti 4:14), un recordatorio formal del principio de 1 Corintios 3:17: "Si alguno destruye el templo de Dios, él mismo será destruido por Dios".

La tontería de jactarse en la fuerza propia (11:16-21a). Pablo sabe adónde conduce su argumento, es decir, está a punto de jactarse en sus características humanas. Una vez más, las situaciones desesperadas exigen medidas desesperadas. Pero, antes de seguir por esta senda, Pablo vuelve a vacilar en 11:16-21a con el fin de aclarar lo inadecuada que es en realidad semejante jactancia. Entendida de esta forma, la declaración de Pablo en 11:16 se refiere a 11:1.[28]

---

27. Para "luz" como metáfora para Dios, el evangelio y la esfera del reino, *cf.* 6:14; Job 33:28-30; Sal 18:28; 27:1; 119:105; Is 9:2; 60:1, 19-20; Hch 26:18; Ef 5:11-14; 6:12; Col 1:12-13; 1Ts 5:5; 1Ti 6:16; 1P 2:9; 1Jn 1:5; 2:8. La designación también puede recordar la propia afirmación de Jesús en cuanto a que él era la luz del mundo (Jn 1:7-9; 3:19-21; 8:12; 9:5; 12:36, 46).

28. Contra Martin, *2 Corinthians,* 360, que entiende 11:1 como: "Aguántenme en mi necedad", mientras que 11:16 se interpreta como "No me tomen por necio" (ya que

A pesar de que está a punto de jactarse en sí mismo, nadie debería tomarlo por un verdadero "necio" al actuar así. Entiende lo que está haciendo y por qué debe hacerlo. Si los corintios lo toman por un necio, deberían hacerlo tan solo por permitir que se jacte "un poco" (es decir, lo justo para exponer su idea).

En realidad, 11:17 indica que Pablo es más que consciente de que su jactancia será la de un necio, ya que no será el tipo de jactancia que honra al Señor exaltando su gracia y sus dones. En palabras de Pablo, no será hablar "según el Señor" (NVI, "como quisiera el Señor"), es decir, de acuerdo con quien es el Señor (cf. 1:14; 10:17-18; Ro 5:11; 15:17-18; 1Co 1:26-31; Gá 6:14; Fil 3:3; 1Ts 2:19). En lugar de ello, la jactancia de los necios se enorgullece de sus propias características, las dotaciones espirituales o los líderes, como si todos estos no fueran dones de Dios (cf. 1Co 3:3; 4:5-7). Como resultado, la jactancia que es "de acuerdo con el Señor" es lo opuesto a la jactancia que es "según la carne" (NVI, "como lo hace el mundo"). Semejante jactancia está arraigada en los valores del mundo, desprovistos del Espíritu. No obstante, Pablo se siente obligado a conformarse a esta jactancia para recuperar a los corintios, ya que están aguantando alegremente a los oponentes de Pablo, los verdaderos necios (11:18-19a). Esta descripción en 11:18 de la jactancia que está por llegar y que es ufanarse "como lo hace el mundo" indica que el "discurso del necio" no puede extenderse hasta incluir la totalidad de 11:21-33, sino que debe limitarse a 11:21b-23b (es decir, su "jactarme un poco", 11:16). Es difícil imaginar que Pablo calificara de "carnal" o "mundana" su extensa jactancia en su debilidad, ya que es precisamente a través de su sufrimiento como se dan a conocer el poder y la gloria de Cristo en el Espíritu (cf. las declaraciones a modo de tesis de 2:14; 3:2-3; 12:5, 9-10).

En contraste con la necedad de Pablo, en 11:19, los corintios que siguen entusiasmados con sus oponentes se describen irónicamente como los "sabios". La ironía es que los que afirman ser "sabios" son los verdaderos necios por aceptar a tales necios. Una vez introducida esta ironía, Pablo la desarrolla aún más. Dado que los corintios son los "sabios", su aceptación de los verdaderos necios debe ser un acto de condescendencia (cf. 1Co 4:10). Sin embargo, si pueden aceptar a los oponentes del apóstol (los verdaderos necios), sin duda que en su "sabiduría" pueden aceptar también la necia jactancia de Pablo. Si la "fuerza" de los oponentes los cualifica para ser apóstoles, Pablo también debe ser aceptado bajo este criterio, ya que él también puede jactarse en su "fuerza". ¡Ciertamente, los corintios serán lo suficientemente "sabios" para ver esto!

Pablo sabe que los corintios ya lo están considerando como tal). Pero no existe prueba alguna de que ya consideren a Pablo como un necio, tan solo que han rechazado su debilidad, su persecución, su sufrimiento, que se mantenga él mismo y la teología de la cruz como el medio para experimentar el Espíritu. Es Pablo, y no sus oponentes, quien introduce el tema de la necedad en la exposición.

Pablo desenmascara su ironía en 11:20-21a. El progreso del abuso que los corintios han sufrido a manos de los falsos apóstoles detalla por qué no son verdaderamente sabios, sino necios, al haber aceptado a sus oponentes. Como hemos visto, la referencia a que los oponentes "esclavizan" a los corintios recuerda la catalogación que Pablo hace de su propio ministerio: ser esclavo *de los corintios* (*cf.* 1:24; 4:5). Así también, el hecho de que sus oponentes "exploten" (lit., "devoren") a los creyentes de Corinto para su propia ganancia recuerda la propia disposición de Pablo a ser gastado *por ellos* (*cf.* 2:17; 4:11, 15; 6:4-5; 12:14). Las insultantes "bofetadas" recibidas de sus oponentes se refieren muy probablemente a la forma en que estos han denigrado a los corintios como ciudadanos de segunda clase en el reino, a menos, por supuesto, que se pongan del lado de los oponentes que se enorgullecen de su herencia hebrea e israelita (*cf.* 11:22).

En claro contraste tenemos el orgullo de Pablo en su afecto por los corintios y su disposición incluso a morir con ellos (1:14; 6:12; 7:3-4, 14, 16; 11:11). Con otra frase de mordaz ironía, e incluso de sarcasmo, Pablo admite la "vergüenza" que siente por ser demasiado "débil" para actuar como sus oponentes (11:21a; *cf.* la anterior referencia a su debilidad física en 10:10). Su "debilidad" es la fuerza de su llamado y su carácter apostólicos; la supuesta "fuerza" de sus oponentes revela la debilidad de las afirmaciones de estos y la pecaminosidad de sus actitudes y actos.

La jactancia de Pablo en su debilidad y la jactancia del necio (11:21b-33)

La identificación entre la persona de Pablo y su proclamación se detalla en la doble jactancia de los versículos 21b-23b y los versículos 23c-33. No obstante, la primera es la jactancia de un necio y la segunda es la del verdadero apóstol de Cristo. Dado que jactarse en la fuerza propia es en realidad ser un necio, Pablo estaría "loco" si se refugiara en su pedigrí (11:23b). En línea con esto, su "discurso de necio" solo incluye su jactancia en su herencia judía de 11:21b-23b, enmarcada por declaraciones de su necedad en 11:21b y 23b.[29]

En cambio, Pablo, como el justo sufriente del Antiguo Testamento, no es ningún necio cuando se jacta en su sufrimiento. Su justa jactancia desenmascara la ridícula conducta de sus oponentes. La jactancia *genuina* de Pablo en su debilidad es lo que deploran sus oponentes; su *necia* jactancia en sus características distintivas es lo que ellos hacen. En ambos casos, su jactancia

---

29. A diferencia de Witherington, *Conflict and Community,* 444. Witherington argumenta que, aunque Pablo entre en una "pequeña necedad" que comienza en 11:1, no adopta "todo el manto del 'necio' hasta 11:12b", ya que su catálogo de sufrimiento pretende ser una comparación irónica con el *res gestae* del emperador Augusto, más que la verdadera y genuina jactancia de Pablo.

se convierte en una acusación de la de ellos mismos. La declaración de Pablo en cuanto a "atreverse" a jactarse en 11:21b es, pues, muy probablemente una referencia irónica a un eslogan de sus oponentes, que fanfarroneaban de ser lo bastante "atrevidos" como para jactarse de su etnia y sus logros. Ser unos atrevidos en este sentido es, por supuesto, ser un necio; por tanto, Pablo debe calificar una vez más lo que está a punto de hacer, no sea que los corintios crean que está dando crédito a semejante actitud.

La jactancia de un necio (11:21b-23b). La serie de motivos de jactancia paulina en los versículos 21-33 está organizada en orden ascendente de énfasis. En primer lugar, Pablo presenta sus "necias" reivindicaciones a la autoridad apostólica *in crescendo*, llegando a su culminación con la jactancia de ser un servidor de Cristo (v. 23). A continuación vuelve a su sufrimiento, desde sus tareas como apóstol hasta estar expuesto a la muerte; en esto, las expresiones generales que dio primero en 11:23c se explican en los detalles que siguen.[30]

En los versículos 22-23b, Pablo se enfrenta a la necia jactancia de sus oponentes elemento a elemento. Pablo también puede jactarse de su identidad étnica como judío (es un miembro de la nación hebrea; *cf.* Fil 3:5), en su identidad religiosa como miembro del pueblo escogido de Dios (es un israelita; *cf.* Ro 1:4; 11:1) y en su identidad como parte del remanente que ha recibido el Espíritu como verdaderos descendientes de Abraham (*cf.* Ro 9:6-9; 11:1-6; Gá 3:8, 16, 29). Si la herencia lo convierte a uno en apóstol, entonces Pablo puede reivindicar la herencia de los apóstoles judíos más reconocidos.

En realidad, si esta es la forma en que sus oponentes están preparados para argumentar, Pablo puede afirmar ser "más" siervo de Cristo que ellos. Nadie puede poner mayor colofón a su conocido pedigrí ni a su anterior vida de celo por la ley y las tradiciones farisaicas (11:23b; *cf.* Gá 1:14; Fil 3:4-6). Pero esta forma de argumentar es locura. Niega la base misma de la autoridad apostólica: el llamado del Cristo resucitado a adoptar el carácter del Cristo crucificado.

La jactancia del apóstol de Cristo (11:23c-33). Es impresionante que el texto griego de 11:23c siga sin indicación alguna de ruptura, si es que hay alguna. La naturaleza absurda y pecaminosa de semejante jactancia de uno mismo hace que Pablo corte de raíz y de forma abrupta, y se vuelva al sufrimiento perfilado en 11:23-33 como prueba y razón reales de su apostolado. Su referencia en el versículo 23 a sus principales tareas recuerda la forma en que se ha gastado él mismo en el ministerio (*cf.* 1Co 15:10), así como el sufrimiento que rodeaba el hecho de que se mantuviera con su propio trabajo por amor

---

30. Le debo esta percepción a Martin, *2 Corinthians*, 369. Ver también Barnett, *Second Corinthians*, 541, que señala que las cuatro categorías generales de sufrimiento, enumeradas en el v. 23b, resumen de antemano los detalles que están por llegar: las penalidades físicas y cristianas del v. 27, los encarcelamientos y los azotes de los vv. 24-25a y las experiencias de la muerte en los vv. 25b-26.

al evangelio (*cf.* 1Co 4:12; 9:15-23; 2Co 2:17; 11:7-9; 12:14). Estas dos cosas son "jactancias en el Señor" (*cf.* 10:17), dado que su disposición a trabajar y sufrir manifiesta la gracia y el llamado de Dios en su vida (*cf.* 10:18).

Del mismo modo, los diversos arrestos, encarcelamientos y castigos infligidos a Pablo mencionados en los versículos 23-26 los sufrió como apóstol por el evangelio (*cf.* 6:5; Hch 16:23-30). Sus más graves palizas (2Co 11:23) se refieren tanto al castigo hebreo de treinta y nueve "azotes" (v. 24) como al castigo de los gentiles de ser golpeado con palos (v. 25a). En cinco ocasiones recibió Pablo el castigo de la sinagoga, que, entre otras cosas, se propinaba por falsa enseñanza, blasfemia y grave infracción de la ley. Era el castigo físico más grave permitido por las Escrituras (*cf.* Dt 25:1-3). Que Pablo recibiera tal castigo cinco veces es algo que da testimonio de que la sinagoga seguía siendo un objetivo estratégico de su ministerio. Fue primero a los judíos, aun cuando con frecuencia lo acusaban y lo condenaban por falsa enseñanza o quebrantar la ley por su testimonio de Jesús como el Mesías y por su ministerio entre los gentiles (*cf.* Hch 9:20; 13:5, 14-43; 14:1; 17:1-3, 10-21; 18:4, 19; 19:8).[31]

Que Pablo se sometiera a esos castigos en lugar de apartarse de la comunidad judía es una indicación de que se veía como apóstol y de su asombroso amor por su pueblo (*cf.* Ro 1:16; 9:2-3). Sufrió por su misión a los gentiles, aunque no abandonó jamás su compromiso con su propio pueblo (*cf.* 1Co 9:19-23). Que viviera como gentil por el bien de su misión y que siguiera dentro de la comunidad judía "era incurrir en la práctica necesidad de castigo regular con el fin de mantener sus relaciones judías. Era un rumbo histórico, de una pieza con todas las demás terribles experiencias que Pablo tuvo que padecer por amor al evangelio".[32]

El ministerio de Pablo como apóstol judío a los gentiles también causó desavenencias dentro del tejido social judío y gentil en su totalidad. De ahí que los romanos castigaran a Pablo tres veces por alteración de la paz y lo golpearan con palos, una forma de castigo habitualmente reservada para los que no eran ciudadanos y para los esclavos (11:25a; *cf.* Hch 16:22-23; 35-38; 22:25-29; 1Ts 2:2).

---

31. De los tres crímenes más probables que merecieran semejantes azotes (la herejía doctrinal, la blasfemia y las graves ofensas contra las costumbres judías), Harvey argumenta que lo más probable es que Pablo fuese azotado por profanar el día de reposo, por trabajar en el Día de la Expiación, o por cometer ofensas contra la normativa referente a la comida y a la pureza ritual (*cf. m. Makk.* 3:2; 3:15; *m. Ker.* 1:1). Estas son las clases de crímenes judíos que se habrían producido a causa de su ministerio entre los gentiles, ver A. E. Harvey, "Fourty Strokes Save One: Social Aspects of Judaizing and Apostassy", *Aternative Approaches to New Testament Study*, ed. A. E. Harvey (Londres: SPCK, 1985), 79-96 (p. 84).

32. *Ibíd.*, 93.

Finalmente, la repetida exposición de Pablo a la muerte (v. 23c) incluye que fue apedreado en Listra (cf. Hch 15:5-19; la forma más común de ejecución de la Biblia,[33] sus tres naufragios y los múltiples peligros a los que se enfrentó en sus viajes misioneros (vv. 25b-26).[34] Una mención especial al hecho de que en el listado que Pablo hace de los diversos peligros que corrió, "los peligros que sufrió de falsos hermanos quedan solos y sin parangón al final de la lista, dándoles así preeminencia en el catálogo de riesgos en la vida de Pablo".[35] Al llamar una atención especial al peligro que suponían los falsos hermanos como ejemplo máximo de todos sus peligros, Pablo está recordándoles sutilmente a los corintios el grave peligro al que se enfrentan ahora aceptando a sus oponentes (cf. Gá 2:4 para la otra única referencia que Pablo hace a los "falsos hermanos", donde se refiere a los judaizantes, lo que apoya la tesis de que los de Corinto también lo sean).

En el versículo 27 Pablo regresa al sufrimiento causado por su práctica de mantenerse a sí mismo. Lo hace en una lista cuidadosamente estructurada de tres dobletes (trabajos y fatigas, hambre y sed, frío y desnudez) separados por referencias a pasar sin dormir y sin comer, consecuencia que recuerda su anterior catálogo en 1 Corintios 4:11-12 (cf. 5:10; 2Co 6:5; 1Ts 2:9; 2Ts 3:8). Pablo trabajó día y noche para poder ganarse el sustento y predicar (cf. Hch 20:9-11, 31), mientras que las incertidumbres de su trabajo y viaje significaban días de hambre y sed. Que no durmiera podría referirse a las largas noches que pasaba escribiendo y estudiando, así como a la consecuencia de su insistente preocupación por sus iglesias.[36] Que Pablo hubiera estado "desnudo" es probablemente una metáfora que representa la vergüenza de estar afligido y deshonrado, y ciertamente lo estaba ante los ojos del mundo (1Co 4:13; 2Co 6:8; cf. Gn 2:25;

---

33. Le debo esta observación a Scott, *2 Corinthians*, 218. Scott indica que el apedreamiento se usaba para la apostasía (Lv 20:2; Dt 13:10-11; 17:2-7), la blasfemia (Lv 24:14, 16, 23; 1R 21:10), la hechicería (Lv 20:27), violaciones del día de reposo (Nm 15:35-36), mal uso de las cosas consagradas (Jos 7:25), ser un hijo rebelde (Dt 21:21) y el adulterio (Dt 22:21-24). Cf. Jn 8:5; 10:31-33; 11:8; Hch 5:26; 7:58; Heb 11:37.
34. Para referencias a estos diversos "peligros", ver Hch 9:23-25, 29; 13:8, 45, 50; 17:5, 13; 18:6, 12; 19:9, 23-41; 20:3, 19; 21:11, 27, 30-31; Ro 15:31; 1Co 15:32; 2Co 1:8; Gá 2:4; 5:11; 1Ts 2:14-16, por no mencionar los peligros inherentes sencillamente a los viajes durante la época de Pablo. El apóstol sufrió a manos de los judíos o de los gentiles en Antioquía de Pisidia, Iconio, Listra, Tesalónica, Corinto y Éfeso, además de otros lugares que no se mencionan en sus escritos ni en Hechos, pero es un hecho del que no cabe duda.
35. Barnett, *Second Corinthians*, 545.
36. A. Plummer, *Second Epistle of St. Paul to the Corinthians* (ICC; Edimburgo: T. & T. Clark, 1978 [1915], 328, señala el prólogo de Eclesiástico y 2 Macabeos 2:26, donde el término para "sin sueño" en 11:27 (*agrypnia*) se usa para pasarse la noche escribiendo, mientras que *Eclo*. 38:26-30 lo usa para referirse a los obreros que trabajan de noche. En *Eclo*. 36(31): 1, 2, 20; 42:9 se usa para el insomnio causado por la angustia o la incomodidad.

3:7-11; Ez 16:8; Nah 3:5; Mi 1:11; Ap 3:18).[37] Aquí también, lo que otros consideraban vergonzante para Pablo era motivo de *jactancia*, porque eran expresiones legitimadoras de su llamado y compromiso con el ministerio.

En 11:28a Pablo concluye su lista de manera adecuada, resumiendo las demás aflicciones físicas que podría haber recogido en la frase "además de todo". En este punto pasa a las luchas personales en favor del evangelio "pasando por alto lo que habría mencionado con el fin de llegar a lo que necesita decirles a los corintios".[38] Como observa Barnett muy correctamente: "Esto sugiere que las privaciones enumeradas son ilustrativas y no exhaustivas, y que su angustia por las iglesias era el mayor sufrimiento de todos".[39] El catálogo de las aflicciones de Pablo no alcanza su punto culminante con ninguno de sus sufrimientos específicos, sino con la referencia a "cada día pesa más sobre mí la preocupación por todas las iglesias" (v. 28).

Esto también forma parte del sufrimiento apostólico de Pablo, ya que la presión que siente está producida por su identificación con los débiles y por su indignación contra aquellos que llevan a otros al pecado (v. 29). Por lo general, este tipo de preocupación o angustia se considera negativa, ya que expresa una falta de confianza en el cuidado del Señor y una carencia de satisfacción en la provisión de Dios (*cf.* Mt 6:25-34; Mr 4:19; 1Co 7:32-34; Fil 4:6; 1P 5:7). En estos casos, sin embargo, la angustia va dirigida hacia *uno mismo*. Por el contrario, la angustia de Pablo no es por sí mismo, sino por el bienestar de otros como expresión de su amor (*cf.* 1Co 12:25; Fil 2:20). Los corintios deben de haberse dado cuenta de que, en este contexto, él estaba hablando de ellos. El apóstol es enfático al recalcar que su preocupación continua por los corintios, un tema recurrente a lo largo de la carta, es más difícil que cualquiera de sus sufrimientos físicos (*cf.* 2Co 1:6; 2:4; 2:12-13; 4:12, 15; 7:3, 5; 11:2; 12:20-21; 13:9). La mayor jactancia de Pablo es su constante preocupación por el bienestar de ellos.

La idea principal de Pablo es clara. Al contrario de lo que sostienen su oponentes, Pablo no es "débil" por sus propias incompetencias, sino por su disposición a identificarse con aquellos a los que ha sido enviado con el evangelio (11:29). Su referencia a su debilidad en el versículo 29 nos devuelve a la comparación con sus oponentes establecida en 11:20-21. Mientras que ellos imponen su estatus sobre los corintios con el fin de explotarlos, Pablo renuncia al suyo para que la debilidad de ellos sea pareja a la de él. Dado que la marca de

---

37. Señalado por Martin, *2 Corinthians*, 380.
38. *Ibíd.*, 381. Martin traduce el v. 28a: "El resto, que he omitido por ser demasiado incidental" sugiriendo que lo que sigue "se encuentra en el punto más alto de la 'lista de pruebas'".
39. Barnett, *Second Corinthians*, 548 n. 41.

un verdadero apóstol es la disposición a sufrir por su gente como representante del Cristo crucificado (*cf.* 13:4), la debilidad de Pablo es su jactancia.

La contrapartida a la debilidad de Pablo es su fuerte enojo por el pensamiento de que alguien se aparte de Cristo (11:29bc).[40] La referencia a "arder" en el versículo 29 es, por tanto, una adecuada metáfora de la intensa cólera que experimenta por aquellos que están siendo desviados (*cf.* 1Co 7:9). Lejos de ser una defensa de sí mismo, la carta que los corintios están leyendo en esos momentos es otro ejemplo del ardiente celo de Pablo por la salvación de ellos (*cf.* 12:19). Su jactancia en 11:23c -29 no deja lugar a duda de que su debilidad, producida por su constante preocupación por el bienestar de su pueblo es el respaldo principal de su apostolado.

El argumento de Pablo concluye con el principio declarado en el versículo 30, que se ilustra por última vez con la historia narrada en los versículos 31-33: Si lo obligan a jactarse, lo hará de su debilidad. Por supuesto que en la lista de los versículos 23-29 ya ha expuesto este punto mediante la ilustración. Sin embargo, su naturaleza sorprendente lo lleva a recalcar la veracidad de su declaración con otro juramento más en el versículo 31. Como en 11:10, vuelve a jurar con el fin de testificar de la validez de su jactancia en su debilidad que es el instrumento divinamente ordenado de la revelación de Dios (*cf.* 2:14-17). Los juramentos que pronuncia antes en este capítulo los hace por la verdad de Cristo (11:10) y el conocimiento de Dios (11:11). Ahora une ambas cosas. Además, la interpretación del carácter de Dios en términos de su relación con "el Señor Jesús" refleja la cosmología especialmente cristiana de Pablo, en la que Jesús, bajo la autoridad del Padre, es el soberano directo sobre su pueblo.

Para ilustrar una última vez su jactancia, Pablo recuerda su experiencia en Damasco después de su conversión, cuando escapó del gobernador nabateo que estaba sirviendo bajo el reinado de Aretas IV (*cf.* Hch 9:8-25).[41] Aretas IV reinó en Nabatea desde el 9 A.C. hasta el 40 A.D., y su capital estaba en Petra. Era suegro de Herodes Antipas, quien perdió su popularidad al divorciarse de la hija de Aretas para casarse con Herodías. El gobernador que estamos considerando era, muy probablemente, el jefe de la comunidad nabatea de Damasco, aunque bajo jurisdicción romana, ya que no existe prueba alguna de que los nabateos tuvieran el control directo de la ciudad o de la región durante este período. Además, de haber tenido los nabateos el control de Damasco,

---

40. El "pecado" en mente en el v. 29 es el de "haber hecho tropezar" o "caer" (*skandalizo*) con la cruz de Cristo; *cf.* el uso de este verbo en Mt 5:29-30; 11:6; Mr 9:42-47; Ro 14:21; 1Co 8:13, etc., y el sustantivo correspondiente "piedra de tropiezo" (*skandalon*) en Ro 9:33; 14:13; 16:17; 1Co 1:23; Gá 5:11.

41. Esto corresponde a la fecha de la crucifixión, alrededor del 33 A.D., y la conversión de Pablo entre el 34–39. Pablo estuvo dos veces en Damasco, en su conversión y después de regresar de Arabia (*cf.* Hch 9; 22; 26:12-21; Gá 1:17).

con toda seguridad habrían arrestado abiertamente a Pablo y no se habrían visto limitados al recurso de vigilar la ciudad".[42]

La introducción de este incidente en este punto es abrupta y aparentemente fuera de lugar. Además, ninguno de los demás sufrimientos que Pablo enumera tiene todo este detalle o precisión. No es de sorprender, por tanto, que los eruditos hayan ofrecido diversas teorías con respecto a la razón por la que Pablo escoge este suceso en particular como remate de su lista de sufrimientos. Algunos sugieren que lo escogió por razones temáticas con el fin de enfatizar un "descenso" humillante, como contraste con el "ascenso" al cielo descrito en 12:1-4. Pero la transición en 12:1 hace que esto sea poco probable (ver la sección siguiente). Otros suponen que los oponentes de Pablo estaban utilizando este incidente contra él, de modo que lo eligió por razones polémicas. Aunque tal vez sea cierto, no explica cómo funciona el incidente en este contexto.

Otros aportan una razón teológica para 11:31-33, considerándolo como una alusión a Proverbios 21:22 (*cf.* 2Co 10:4-5), en el que Pablo contrasta su vida de debilidad con el sabio que "conquista la ciudad".[43] A pesar de todo, esta alusión no es lo bastante fuerte para ser convincente; en 11:32-33 Pablo está describiendo el acontecimiento en sus propios términos, y no en los de Proverbios". Y hay otros que lo comparan al honor militar romano, *corona muralis*, que se concedía por el valor al primer soldado que escalara la muralla durante el ataque a una ciudad. Leído teniendo en cuenta este contexto, Pablo está "parodiando las imágenes de lo que significa ser verdaderamente heroico en una cultura saturada de propaganda imperial romana [...] Pablo está diciendo que, mientras el héroe típico romano es el primero en llegar a lo alto del muro, él es el primero en caer desde arriba".[44] No obstante, la ausencia de motivos de guerra en 11:32-33 y la dificultad de ver cómo podría encajar la descripción que Pablo hace de sí mismo como un cobarde en su autodefensa (porque Pablo, siendo débil, no es lo contrario a ser un héroe) hacen que esta sugerencia sea insostenible.

Lo más probable es que Pablo aluda a esta experiencia, en este momento de su apología, porque, como resultado de su llamado-conversión en el camino de Damasco, fue el ejemplo inicial y fundamental de su debilidad

---

42. Mark Harding, "On the Historicity of Acts: Comparing Acts 9:23-5 with 2 Corinthians 11:32-3", *NTS* 39 (1993): 518-38 (p. 531). Harding señala que este es el consenso de la erudición actual, como se ve en la conclusión de Knauf con respecto a que el gobernador (gr. *Ethmarches*), como el cónsul, representaba los intereses nabateos en Damasco, que, con toda probabilidad, se centraban en torno a una colonia nabatea de comercio (531 n. 41).
43. Martin, *2 Corinthians,* 385, escribe: "Escalaron los muros de la ciudad de los poderosos; solo consiguió que lo bajaran en un cesto de pescado". En otras palabras, ellos fueron victoriosos, Pablo sufrió la derrota.
44. Witherington, *Conflict and Community,* 444, 459, siguiendo la obra de Judge.

recientemente concedida siendo apóstol. Como tal, se erige en firme contraste con la fuerza con la que había salido originalmente hacia Damasco para perseguir a los creyentes, la misma "fuerza" necia de la que sus oponentes siguen jactándose (11:22). Pero aquel que salió en dirección a Damasco para perseguir a los cristianos, salió de aquella ciudad como cristiano perseguido. Dado que su debilidad es ahora su fuerza, esta experiencia también proporcionó la plataforma para su creciente "poder" con respecto a predicar a Jesús como el Cristo (*cf.* Hch 9:16, 22). Por esta razón, Pablo estructura su frase para enfatizar que esta experiencia tuvo lugar en "Damasco", el lugar asociado a su llamado a la conversión (la NVI sigue correctamente al griego que tiene el sintagma preposicional "en Damasco" justo al principio de 2Co 11:32 para mayor énfasis).

Por consiguiente, al envolver su jactancia en su debilidad como consecuencia de su llamado a ser apóstol, Pablo proporciona un ejemplo definitivo y especialmente conmovedor de su sufrimiento. Como había ocurrido con su sufrimiento en Asia, narrado en 1:8, sus oponentes podrían muy bien haber usado este incidente en contra suya como ejemplo de su cobardía. Sin embargo, desde la perspectiva de Pablo, que escapara por los pelos de Damasco y que llegara a desesperarse por su vida (*cf.* 1:8-11) sirve para destacar la liberación y el sustento de Dios. Constituye un paradigma de su llamado a sufrir por amor a Cristo y al evangelio. En palabras de Heckel, la huída de Pablo de Damasco es la "contrahistoria de la visión que produjo el llamado de Pablo".[45] La lista de sufrimientos de Pablo en 11:23-29 no es nada nuevo; la debilidad fue lo que dio forma a su llamado desde el principio mismo de su apostolado.[46]

Las implicaciones de este pasaje derivan principalmente de la manera en que Pablo se veía como apóstol. En capítulos anteriores, cuando se introdujeron estos temas por primera vez (*cf.* las exposiciones sobre 1:3-11; 2:14-17; 4:7-18; 6:3-10), ya tratamos la mayoría de las cuestiones implicadas en pasar de la exposición de su sufrimiento y de la práctica de mantenerse a sí mismo hasta el día de hoy. Al aplicar este pasaje en particular, el intérprete contemporáneo debería tener en mente los dos temas esenciales que surgen de nuevo de este texto: el

---

45. Heckel, *Kraft*, 39.
46. Así también ya A. Schlatter, *Paulus, der Bote Jew: Eine Deutung seiner Briefe an die Korinther* (Stuttgart: Calwer Verlag, 19694 [1934]), 657: Pablo aportó este recuerdo con más detalles que todos los demás, "porque era una ilustración especialmente clara de la forma en que la debilidad y la fuerza, el peligro y la liberación estuvieron vinculados en su trabajo desde el primer momento".

contenido de la "necia" jactancia y lo que está en juego al hablar Pablo como un *amateur*.

El contenido de la "necia" jactancia. Pablo se jacta en su debilidad y este es el punto principal y central de esta sección. Han existido dos interpretaciones predominantes de este tema en las cartas de Pablo: (1) la interpretación psicológica, asociada a la obra de C. H. Dodd, en la que la jactancia de Pablo forma parte de su propia lucha por el reconocimiento, y (2) la interpretación teológica, asociada con Rudolf Bultmann, en la que la jactancia de Pablo indica la base de la confianza del creyente delante de Dios.[47] El argumento de Pablo en 11:1–12:13 implica claramente ambas dinámicas, ya que la naturaleza de la jactancia propia delante de los demás, de manera correcta o incorrecta, refleja la naturaleza de la relación que uno tiene con Dios. Pablo se jacta porque su legitimidad como apóstol se está viendo atacada, pero la naturaleza de su jactancia queda determinada por su comprensión de la forma en la que Dios recomienda a sus siervos (*cf.* 10:12-18).

Llevado por su experiencia "en Cristo" y por el contenido del evangelio mismo, la jactancia de Pablo en su debilidad no es simplemente una parodia de sus oponentes, como se suele argumentar. Es una expresión positiva de su propio llamado apostólico. Esta prioridad de la teología sobre la práctica es crucial para evaluar el contenido y la validez de la jactancia hoy, ya sea en nuestra vida personal y en nuestras iglesias o en la calidad de nuestros ministerios y ministros. Independientemente de las presiones culturales para que actuemos de otro modo, solo debemos jactarnos en lo que Dios ha hecho en y por medio de nosotros, dándole el crédito a él por *todo* lo que somos y hacemos, ya que todo es un regalo de él. No hay sinergias en la vida de fe, no añadimos nuestras contribuciones a lo que Dios ha hecho. Más bien, el principio bíblico cristalizado en Jeremías 9:23-24 proporciona tanto la práctica positiva como el contenido para la jactancia de Pablo y para dar la forma adecuada a la nuestra.

Esto significa que la "necedad" en la que Pablo se ve forzado a participar (11:1, 16-19, 21; *cf.* 12:6, 11) no consiste en el hecho de que se "jacte" *per se*.[48] Lo que convierte a Pablo en un "necio" es el *contenido* de aquello en que se jacta, es decir, cuando lo hace en su pedigrí judío, en una afirmación solo personal de ser apóstol o en las experiencias espirituales privadas (*cf.* 11:22-23a; 12:1-5). Como veremos, cuando concluye en 12:11-12 que se ha convertido en un necio se está refiriendo a las dos veces en que se ha sentido obligado a entrar en semejante jactancia sobre su "fuerza", la de su herencia espiritual y

---

47. Estas opiniones están analizadas por C. K. Barett, "Boasting (*kauchastai, ktl.*) in the Paulin Epistles", *L'apôtre Paul, Personnalité, style et conception du ministère*, ed. A. Vanhoye (BETL 73, Leuven: Leuven Univ. Press, 1986), 363-68.
48. Este resumen está tomado de mi obra anterior, "'Self-Commendation' and Apostolic Legitimacy in 2 Corinthians: A Pauline Dialectic?" 86-87.

de sus experiencias espirituales. Ambas son verdad objetivamente, pero ninguna es relevante para la cuestión que estamos tratando. En vista del principio resumido en 11:30 (*cf.* 12:9-10), tales cosas son sencillamente inútiles para establecer la validez de la autoridad apostólica de Pablo, ya que la gracia de Dios y el poder de Cristo se revelan en su debilidad.

Como resultado, señalar ese tipo de cosas es jactarse "según la carne" (11:18; NVI "como lo hace el mundo"), mientras que solo la obra del Espíritu puede autentificar la validez de uno como cristiano (10:7) y la genuinidad del ministerio (10:17-18). Jactarse en tales distintivos humanos y experiencias privadas es, por tanto, "haber perdido el juicio" (una locura; 11:23). Manifiesta el deseo de ponerse por encima (11:20) y puede aprovecharse de los demás (11:20). Niega que Cristo sea el que determina quiénes son sus siervos (11:23). Erige barreras entre los creyentes que se basan en distintivos humanos (11:22). Al final, si persiste, este tipo de jactancia en nosotros refleja un evangelio diferente (11:4).

Por tanto, jactándose en tales cosas, los oponentes de Pablo son los verdaderos necios. A su vez, al aceptar semejante jactancia, los corintios están siendo desviados de su devoción a Cristo como provisión suprema y totalmente suficiente de Dios (11:3). Por el contrario, el sufrimiento y el Espíritu son las verdaderas señales de la autoridad apostólica y las verdaderas marcas del evangelio. Con el fin de aplicar este pasaje es, pues, imperativo mantener en vista la distinción que Pablo hace entre una "jactancia necia" y la jactancia en la debilidad. La primera es irrelevante y arrogante cuando se trata de presentar reivindicaciones espirituales (*cf.* 11:21-23a; *cf.* 12:1-5), esto último es la contrapartida de jactarse en el poder de Dios (*cf.* 11:23b-33; *cf.* 12:5b, 9-10).[49]

Pablo habla como *amateur*. Como hemos visto, los oponentes de Pablo lo criticaban por no reflejar el estilo sofisticado y las deslumbrantes formas retóricas características de los animadores y oradores profesionales de la cultura grecorromana del siglo I. Es importante que entendamos exactamente lo que estaba en juego en esta cuestión si debemos responder hoy de manera

---

49. Ver Scott B. Andrews, "Too Weak Not to Lead: The Form and Function of 2Co 11:23b-22", *NTS* 41 (1995); 263-276 (p. 266), que destaca que, según los retóricos antiguos, los catálogos de dificultades contenían tres elementos: los artículos de la dificultad, la reacción ante las dificultades y las implicaciones resultantes para el estatus propio. Quienes soportaban el sufrimiento eran considerados nobles y dignos de alabanza. Y es que en la literatura filosófica antigua, la resistencia a las dificultades lo revelaban a uno como sabio o cabal, ya que este tipo de hombre estaba marcado por su "autosuficiencia" y la "libertad de pasiones" (p. 267). Sin embargo, en contraste con la opinión que aquí se presenta, Andrews argumenta que Pablo invirtió esta antigua perspectiva. Más que resistir o vencer las dificultades, algo que le habría procurado un noble estatus social, sugiere que Pablo se somete voluntariamente a la debilidad con el fin de rebajarse socialmente al nivel de un líder popular, afirmando así su autoridad en Corinto (pp. 275-76).

adecuada a las mismas presiones y queremos estar a la altura del "entorno mediático" popular al que Pablo se enfrentó. Como lo ha indicado Duane Litfin:

> Sencillamente, Pablo no se midió por los estándares de la retórica que los corintios habían llegado a esperar. Estaban acostumbrados a la refinada elocuencia de los oradores de la época, en comparación con los cuales la predicación de Pablo dejaba mucho que desear. Él era, como él mismo admitió en 2 Corintios 11:6, tan solo un "lego" en lo que se refería a hablar en público.[50]

> La formación en la retórica grecorromana constituía la corona de una educación liberal en el mundo antiguo, y los oradores que producía se convirtieron en las estrellas de cine de su tiempo. A las personas del siglo I les encantaba la elocuencia y trataban como a celebridades a quienes estaban capacitados para hacer uso de ella. La elocuencia era, quizás, su principal entretenimiento y era omnipresente por todo el Imperio romano. El público lo formaban ávidos y sofisticados oyentes que sabían lo que querían y lo que no les gustaba. Pero los oradores estaban dispuestos a arriesgarse a su disgusto con tal de ganar la aprobación de ellos y las recompensas que la acompañaban (61).

En resumen, con su objetivo en el entretenimiento documentado, "la educación retórica antigua estaba diseñada para formar al orador en el arte de la persuasión" (61). Por esta razón, el orador antiguo estaba siempre adaptándose a su audiencia con el fin de lograr sus metas. Como los resultados y la audiencia deseadas por el orador eran variables, su métodos eran igualmente variables (62). La educación retórica estaba, pues, diseñada para capacitar al orador a la hora de evaluar su audiencia y determinar los resultados deseados con el fin de adaptar sus esfuerzos a esa situación en particular. Por eso:

> ... la actitud del persuasor va dirigida por la audiencia y los resultados, y no se compromete metodológicamente [...]. Por esta razón, en la literatura retórica antigua se le presta tanta atención al estado de ánimo de la audiencia, a sus sistemas de creencia, a lo que les gusta y lo que no les gusta, y a lo que cuesta obtener respuestas particulares de ellos [...]. La antigua teoría y formación retóricas estaban diseñadas para dar esta enseñanza: la capacidad de moldear los esfuerzos propios según las exigencias de

---

50. Duane Litfin, "An Analysis of the Church Growth Movement", *Reformation and Revival* 7 (1998) 57-77. El análisis de Litfin en este artículo está basado en su extensa comparación de la retórica griega antigua al estilo y propósito de la predicación de Pablo (*cf.* su *St. Paul's Theology of Proclamation* [SNTSMS 79; Cambridge: Cambridge Univ. Press, 1994]). En lo que sigue, los números de página de las citas del artículo de Litfin se indican en el cuerpo del texto.

la situación concreta, para conseguir un resultado particular con una audiencia particular (62-63).

A la hora de aplicar el modelo de Pablo a nuestra situación contemporánea, la negativa paulina a utilizar los planteamientos retóricos de su tiempo por la razón que fuera adquiere gran relevancia. Se mantuvo deliberadamente como "amateur" en lo tocante a hablar en público, porque consideraba que su llamado era la proclamación y no la persuasión. Hizo todo lo necesario para que no se le confundiera con un animador ni con un orador profesional. "En las docenas de lugares de los escritos de Pablo en los que se refiere a su propia predicación, el apóstol usa escrupulosamente el lenguaje del heraldo [...] lenguaje que no tiene lugar en la literatura retórica, porque describe la conducta no retórica" (64-65).

Aunque la audiencia de Pablo pueda cambiar, sus métodos eran fijos, ya que los determinaba el mensaje que había recibido para proclamar (*cf.* 1Co 2:2). Independientemente de las respuestas que recibiera, su mensaje seguía siendo el mismo, ya que era el Espíritu Santo, y no su propio poder de persuasión, quien producía los resultados deseados. "Pablo estaba resuelto a depender de la dinámica espiritual de la cruz y no de la dinámica humana del persuasor" (64).

La preocupación de Pablo era "la posibilidad de obtener resultados falsos, centrados en el hombre [...] (1Co 2:5)" (64). Por consiguiente, sus "esfuerzos no están impulsados por los resultados ni por la audiencia, sino por la obediencia" (65). De hecho, como indica Savage, "en el siglo I, la cruz era sencillamente demasiado repugnante como para explotarla con vistas a unas ganancias personales".[51] ¡Qué diferente es hoy cuando la cruz de Cristo, con frecuencia reducida a una pieza de joyería fina, no se ha convertido más que un vago símbolo religioso y quienes representan al Cristo crucificado dan la impresión de ser refinados hombres del espectáculo.

Significado Contemporáneo

Como los corintios, nosotros también anhelamos gratificación y autonomía personal de inmediato y no tener que buscar nuestro deleite en aprender a depender de Dios en medio del sufrimiento y de la aflicción, la debilidad y el lamento. Como los oponentes de Pablo, nuestros líderes se ven atraídos por modelos de poder y prestigio cultural. Como todas las personas, gravitamos hacia las promesas de salud y riqueza, a mensajes que nos hinchan el ego en lugar de glorificar a Dios. En una palabra, nos hemos vuelto "mundanos". Como aclara David Wells:

---

51. Savage, *Power Through Weakness*, 168.

Este "mundo" [...] es la forma en que nuestra vida colectiva en la sociedad (y la cultura que la acompaña) está organizada en torno al yo en sustitución de Dios. Es la vida caracterizada por el engreimiento espiritual, el egocentrismo, la autocomplacencia, el autoensalzamiento, la autopromoción, con la correspondiente aversión por la abnegación adecuada para la unión con Cristo.[52]

Como "siervos" de Satanás (11:15), todos los que niegan el evangelio lo hacen al final vendiendo el "yo" o cualquier baratija de este mundo ofreciéndolos como algo más confiable, suficiente y satisfactorio que conocer a Dios y vivir para él.

Frente a estas tentaciones a pecar se encuentra el evangelio paulino de la gloria de Dios en el Cristo crucificado por una parte, y la jactancia de Pablo en su debilidad por la otra. Aunque ambos confrontan nuestro pecado, el mensaje de Pablo y su experiencia contienen también una gran promesa para el pueblo de Dios. Lo que Dios hizo por el apóstol también lo hará por todos los que se jacten en el Señor y en sus propias debilidades. Esto implicará, sin embargo, no perder de vista las prioridades de Pablo.

No el crecimiento de la iglesia, sino el crecimiento de la gloria de Dios. La jactancia de Pablo en su debilidad aún más enfatizada por su "loca jactancia" temporal nos interpela para que mantengamos nuestras prioridades personales y las de nuestro ministerio puras por el bien del evangelio. Las estrategias de gestión modernas, las técnicas de crecimiento personal y de la iglesia, y los mensajes terapéuticos se están infiltrando cada vez más en todos los ámbitos de la vida. Estos planteamientos saturados de "yo" no hacen más que dificultar el jactarse solo en Dios como aquel cuyo objetivo es glorificarse mediante la obra que realiza en y a través de la débil vida de su pueblo. El propósito divino de revelar que su autosuficiencia soberana y amorosa es absolutamente suficiente para su creación se va quedando borroso por nuestra "loca jactancia" propia.

Como resultado, somos tentados a sentir y actuar como si Dios pudiera haber hecho que nuestra vida y nuestro ministerio fueran posibles, pero ahora dependiera de nosotros hacer que tengan éxito. En lo más profundo creemos que el éxito del evangelio en nuestra propia vida y en el mundo que nos rodea depende de que creemos constantemente formas nuevas y culturalmente atrayentes para captar y satisfacer nuestros intereses siempre cambiantes. En lugar de aferrarnos al estudio de la autorrevelación de Dios en las Escrituras, atesorarlo y dedicarnos a él, buscamos lo que la industria editorial cristiana denomina el último "producto bíblico" del mercado. En lugar de seguir el

---

52. David F. Wells, *God in the Wasteland: The Reality of Truth in a World of Fading Dreams* (Grand Rapids: Eerdmans, 1994), 40.

ejemplo de Pablo, centrándonos en el contenido del evangelio y sus implicaciones, caemos en la trampa de pensar que el progreso del evangelio queda determinado por los propios poderes de persuasión del predicador. Después de todo, ¿a quién no le gusta un gran orador?

Hoy, como le ocurrió a Pablo, la presión que nuestros pastores sufren para tener éxito según los estándares de la cultura contemporánea también es intensa. Y, como fue para Pablo, esta presión tampoco llega hoy desde el mundo, sino de la mundanalidad que existe dentro de la iglesia. La tentación consiste en responder jactándose en la fuerza propia. Y es que en nuestro tiempo nos parece difícil, si no imposible, creer que Dios esté obrando a través de la proclamación de su Palabra si el número de personas que asisten a los cultos del domingo por la mañana no está creciendo de forma exponencial.

En nuestra cultura del "tamaño es éxito", el resistirnos a determinar la medida de la bendición de Dios por los números de nuestra congregación es algo que casi supera nuestra capacidad. Confundimos la capacidad de arrastrar a una multitud con el establecimiento de un pueblo conocido por su "compromiso puro y sincero con Cristo" (11:3). Por consiguiente, miramos el tamaño de nuestra zona de aparcamiento en lugar del corazón de nuestra iglesia para con Dios, para con su pueblo y para con el mundo perdido en el que vive. El resultado es, tal como indica Thomas N. Smith, que la "terrible rutina" de la competición y de la comparación en cuanto al tamaño de nuestras iglesias caracteriza una parte demasiado grande del ministerio moderno.[53] A pesar de ello, tal como nos recuerda:

> Cuidar de una iglesia más pequeña no es una mayordomía menos sagrada que desempeñar la misma labor en otra más grande. Al parecer, el irascible John McNeill le dijo a un joven ministro que se lamentaba del pequeño tamaño de su congregación: "No importa, muchacho. En el Gran Día esa será la menor de tus preocupaciones; ¡solo tendrás que rendir cuentas por ochenta almas!".
>
> [...] Los evangélicos no han empezado aún a discernir el potencial de la ambición, el reconocimiento, la popularidad, la fama y el poder de corromper a los hombres. Sin embargo, mientras el sexo y el dinero han matado a sus miles, la ambición y sus impíos hermanos han matado a sus diez miles.[54]

No existe la menor duda de que Pablo quería distanciarse de los oradores profesionales de su tiempo. No predicaba por dinero y no enseñaba por

---

53. Ver Thomas N. Smith, "A Shepherd's Heart: So You Pastor a Small Church. Congratulations!", *Viewpoint* 4/1 (2000); 7.

54. *Ibíd.*

entretener. Tampoco determinó su método por las necesidades y los gustos de su audiencia como si ser persuasivo en y por sí mismo fuera su meta. El método de presentación paulino quedaba determinado por su mensaje. Su meta principal consistía en proclamar y encarnar el evangelio, y no conmover a su audiencia. No obstante, en lugar de resistirse a los métodos de "éxito" de la época, como Pablo hizo (1Co 1:17; 2:1-5, 13), aunque fue gravemente criticado por ello (2Co 10:10; 11:6), muchas iglesias buscan un ministro que, como en la antigua retórica, se determine según las necesidades percibidas y los apetitos culturales de su audiencia. Si actuamos así, es posible que nuestra iglesia crezca, pero nosotros no. Por citar de nuevo a Duane Litfin:

> Deberíamos observar que el apóstol está trabajando aquí con un principio que tiene una aplicación más amplia que predicar solamente, un principio que está *aplicando* meramente a su ministerio de la predicación. Lo que Pablo está ideando aquí es un principio tan fundamental que merece moldear toda nuestra filosofía del ministerio. El planteamiento dirigido por los resultados y la audiencia que Pablo rechaza es uno que todos entendemos y damos por sentado. Es la quintaesencia estadounidense, y maravillosamente útil y práctico. En realidad, es la cosa más natural del mundo. Pero también es un acercamiento al ministerio que la propia teología del apóstol le pedía que rechazara, precisamente por ser tan "natural" (1Co 2:14). Es el producto de una forma meramente antropocéntrica de pensar y de hacer, y, como tal, no tiene nada que ver con la forma de obrar de Dios. Además, está cargada de potencial para obtener resultados falsos, meramente "naturales".[55]

Es verdad que tenemos una gran deuda con el "Movimiento de Crecimiento de la Iglesia" por su énfasis en la evangelización y por su insistencia en la comunicación culturalmente relevante. Sin embargo, Litfin nos advierte con razón:

> El Movimiento de Crecimiento de la Iglesia sigue siendo susceptible a las acusaciones porque ha aceptado en gran medida la postura del persuasor. Si al mirar no consideramos lo que se pueda encontrar meramente escrito en cualquier lugar de la literatura de crecimiento de la iglesia, sino *los énfasis constantes y distintivos del Movimiento del Crecimiento de la Iglesia,* lo que uno descubre es un hincapié característicamente pragmático y metodológicamente neutral en las estrategias que "funcionan" y que van dirigidas a la audiencia y orientadas a los resultados. A

---

55. Litfin, "An Analysis of the Church Growth Movement", 66 (las siguientes citas tiene el número de página en el texto).

> pesar de los inevitables desmentidos, es un planteamiento que parece mostrar señales que delatan la postura del persuasor [...].

> En su extremo pragmatismo no hacen más que evaluar estrategias que se basan en su capacidad para generar resultados (68, 71).

Dado que los oponentes de Pablo tuvieron tanto éxito en Corinto por "suplir las necesidades" de los corintios, Litfin es cuidadoso a la hora de señalar que los métodos de ese ministerio no son sencillamente herramientas neutrales, sino que deben arraigarse en nuestra comprensión de Dios mismo y de sus propias formas de obrar en el mundo (72).

> Pablo no abjura de la postura del persuasor porque fuera *inmoral*; la rechazaba porque se basaba *en una dinámica puramente humana que producía resultados humanos*. ¿Se ha enfrentado el Movimiento del Crecimiento de la Iglesia de forma adecuada a estas dos cuestiones? [...].

> Si Pablo estaba tan ejercitado en evitar métodos que producían meros resultados humanos, ¿por qué nosotros no lo estamos) (72-73).

No podemos dar por sentado que mientras evitemos los métodos inmorales, injustos o fraudulentos seremos libres de usar cualquier otro medio que "funcione".

> Para el cristiano existe una dimensión crucial añadida que el planteamiento dirigido a la audiencia y a los resultados ignora en gran medida. Es la inquietud de dejar fuera la obra de Dios apiñando indebidamente nuestros métodos humanos en el proceso [...].

> Por ejemplo, mientras que Pablo estaba horrorizado ante la idea de basar su acercamiento al ministerio en las percepciones pragmáticas de la teoría retórica clásica, el Movimiento de Crecimiento de la Iglesia no parece albergar una reserva semejante. En realidad, el movimiento parece con frecuencia haberse vendido a la contrapartida moderna más cercana a la retórica clásica, el mundo de la publicidad y el *marketing*, y se apoya constantemente en ellos para obtener consejos y elaborar estrategias (73-75).

Se estaba comparando a Pablo con sus oponentes que se anunciaban como los verdaderos apóstoles, señalando un "evangelio" y un modo de vida de autobombo. Pero Pablo resistió a esta presión de ceder ante las normas de su cultura, incluso cuando pareció por un momento que perdería su iglesia ante Satán. En vez de ello, se mantuvo firme en favor de la verdad e instituyó su propia base de comparación, a saber, su disposición a dar su vida por su pueblo; así demostró que él, como Cristo, amaba de verdad a los corintios (11:7-12).

Wells observa que la razón por la cual las iglesias son tan rápidas a la hora de adoptar las estrategias y las cosmovisiones encarnadas en el *marketing* moderno, con poco o ningún respeto por la verdad como su principal mensaje, es porque han sido convencidas de que "la iglesia debe definir sus cultos en términos de las necesidades contemporáneas, exactamente del mismo modo que debe hacerlo cualquier negocio secular".[56] En lugar de resistirse a su cultura y ofrecer otro principio de medida, la iglesia se ha convertido en una compañía dirigida al mercado y cuyo "negocio" consiste en vender relaciones con Jesús. Sin embargo, Wells nos advierte:

> Permitir que el consumidor sea soberano de esta forma consiente una mala costumbre. Nos alienta a hacer un constante inventario interno en la iglesia que no es menor al que se realiza en la plaza del mercado, preguntándonos perpetuamente si los "productos" que estamos ofreciendo suplen nuestras actuales "necesidades percibidas". En este tipo de entorno, la investigación de mercado ha descubierto que apenas existe ya fidelidad en el consumidor a unos productos y unas marcas en particular. El consumidor, como el comerciante, está todo el tiempo haciendo nuevos cálculos. Y así ocurre que las iglesias que han adoptado la estrategia de publicitarse han instalado, en realidad, puertas giratorias [...]. Las personas siguen entrando, cautivadas por las atracciones de la iglesia o solo para comprobar las mercancías, y después seguir circulando, porque sienten que sus necesidades reales o de otra índole no se están supliendo.

> [...] ¿Qué ocurrirá cuando las iglesias suplan todas las supuestas necesidades de sus consumidores para después darse cuenta de que no han llegado a suplir la genuina necesidad de significado? El significado se provee mediante el funcionamiento de la verdad —de manera específica, de la verdad bíblica— en la vida de la congregación.

> [...] Un negocio se encuentra en el mercado sencillamente para vender sus productos, no pide a los consumidores que se rindan al producto [...]. Los negocios ofrecen mercancías y servicios para facilitar la vida o hacerla más placentera; la Biblia señala el camino a la Vida misma, y la senda no siempre será fácil ni agradable.[57]

---

56. Wells, *God in the Wasteland*, 74.
57. Ibíd., 75-76.

La preocupación de Pablo en su jactancia era permanecer fiel a Jesús, a la obra del Espíritu y al mensaje del evangelio apostólico (11:4-6). Su ejemplo nos lleva, pues, a preguntar por qué, cuando "anunciamos" nuestra iglesia, no "promocionamos" la muerte de Cristo por los pecadores, no nos jactamos en Dios en lo que decimos y hacemos, no destacamos nuestras propias debilidades y no llamamos la atención al sufrimiento voluntario de nuestros modelos a imitar? ¿Por qué preferimos describirnos como gente de éxito y "normal"? La reafirmación del principio de Pablo en 11:30 es tan esencial hoy como lo fue para él: "Si debo gloriarme, me gloriaré en las cosas que muestran mi debilidad". El objetivo del ministerio no es alcanzar el crecimiento numérico, sino fomentar una creciente experiencia de depender de la gracia y del poder de Cristo, sabiendo que aquel que da la gracia recibe la gloria, que es el propio propósito de Dios en todo lo que hace como Dador de todas las cosas. Ron Man, pastor de adoración, saca pues una correcta conclusión:

> Como creyentes, nuestra motivación suprema en todos nuestros esfuerzos es su gloria ("Háganlo todo para la gloria de Dios", 1Co 10:31) [...].
>
> Si esto es así en toda nuestra vida, es incluso más importante tener esta perspectiva cuando abordamos la obra de la iglesia. Las teorías, las técnicas, las ideas, los sistemas, los gustos, las estructuras humanas, todo debe estar sometido a un entusiasmo irresistible y predominante por la gloria de Dios. ¡Con qué rapidez olvidamos de quién es la obra, la iglesia, el culto de adoración! ¡Con qué rapidez buscamos cómo suplementar la revelación de las Escrituras con ingenuidad humana, estudios demográficos y seminarios prácticos. ¡Qué ansias tenemos por encontrar ardides que atraigan a las personas y las hagan volver! ¡El foco que ponemos en la adoración debería dirigirse a reconocer, reflexionar, declarar y celebrar la gloria de Dios![58]

No una imagen nueva, sino la imagen de la integridad. Como corolario a la jactancia de Pablo en su debilidad, su negativa a emplear la retórica profesional también nos llama a examinar si hay un vínculo directo entre lo que decimos, lo que creemos y la forma real de nuestros ministerios. Tanto Pablo como sus oponentes estaban convencidos de que el "medio era el mensaje". Por esta razón se conducían de un modo tan distinto en público. De ahí que, en la medida en que el carácter de sus ministerios era tan sensiblemente distinto, también debían de predicar evangelios diferentes.

A pesar de todo, no se sabe si algo es bueno hasta que se prueba. El uso de la retórica que hacían los oponentes era meramente algo representativo de su

---

58. Ron Man, "Soli Deo Gloria. To Him Be Glory in the Church", *Viewpoint* 4/1 (2000), 5.

conjunto de valores. Desde la perspectiva de Pablo, el evangelio del Cristo crucificado y resucitado no podía mediarse a los corintios a través de un estilo de vida o una forma de presentación que prometiera implícitamente salud y riqueza, éxito y escapar al sufrimiento. Los valores contrarios encarnados en el estilo de ministerio de Pablo revelaban, pues, que por persuasiva que fuera la predicación de ellos en la retórica, en realidad solo era veneno. Proclamaban ser siervos de Cristo (11:13, 15), pero la forma en que se comportaban dejaba claro que servían a su propio ego. Además, su correspondiente desgana a la hora de servir a los corintios desenmascaraba la falsedad de su profesión. En lugar de suplir las necesidades de los corintios, los convirtieron en sus esclavos (11:18, 20).

Por esta razón, Pablo no responde a las acusaciones de sus oponentes argumentando a favor de la forma "correcta" de alabarse a uno mismo de manera inofensiva. No se trataba simplemente de si uno podía jactarse y de qué forma se podía llevar a cabo dicha jactancia en público. Tampoco se enzarzó Pablo con sus oponentes en la cuestión del estilo retórico *per se*, aun cuando ellos habían convertido sus estilos diferentes en el punto principal de disensión. Para Pablo, la cuestión decisiva no era la forma distinta de hablar. Él sabía que no estaba implicado en un mero concurso de personalidades en Corinto. Por importante que esto sea, el debate era al fin y al cabo sobre teología, no sobre técnica.

La forma de argumentar de Pablo en este capítulo refleja una vez más su convicción de que nuestras maneras públicas revelan inevitablemente nuestro carácter privado (*cf.* 1:12-14). Por tanto, centró su polémica en lo que revelaba su forma de predicar sobre el carácter de su persona y el contenido de su proclamación que él respaldaba señalando su práctica de mantenerse con su propio trabajo (*cf.* 2:17; 4:1-2). El núcleo central de la cuestión es que el evangelio que creemos se expresará invariablemente en la imagen que presentamos y viceversa, de manera que la integridad del evangelio y de su mensajero ha de ser nuestra principal preocupación. Un corazón recto produce las costumbres adecuadas incluso en el púlpito.

Cuando todo está dicho y hecho, la habilidad retórica no puede nunca compensar la incredulidad. Pablo se predica a sí mismo como esclavo de los corintios, porque predica al Cristo crucificado como la gloria de Dios (*cf.* 4:4-6). Así también, si nuestro enfoque permanece centrado en la fidelidad al evangelio, por importante que sea preocuparnos por presentar una imagen un estilo y una forma de vida apropiados, todo irá bien cuando lo planteemos con una medida de autoevaluación bíblica y formal. En la Biblia no hay capítulos "prácticos" sobre la técnica del ministerio público. Podemos tener la confianza, sin embargo, de que si procuramos amar a Cristo serviremos a los demás en formas que le honren a él y no a nosotros mismos.

Como resultado, al creer los oponentes de Pablo en "otro Jesús", se predican a sí mismos como señores y esclavizan a los corintios. Como indica Savage:

> Lejos de ser humildes siervos, en realidad, los oponentes los explotan, se aprovechan, son arrogantes e insultan a los miembros de la iglesia corintia (11:20). Es evidente que, en la mente de Pablo, los oponentes no están proclamando a Jesús como *Señor*, y eso es más que patente.
>
> [...] Las ambiciones egoístas de ellos representan la antítesis exacta de la autoentrega del evangelio de Cristo. Por esta razón, Pablo desata su más mordaz invectiva sobre los intrusos en Corinto. Son falsos apóstoles, obreros del engaño, ministros de Satanás (11:13-15).[59]

En nuestros días, con frecuencia no llegamos a penetrar en el argumento de Pablo, pensando que el principal propósito de este pasaje es llamarnos a pensar de nuevo en nuestra imagen pública. De hecho, el enfoque sobre el estilo y la circunstancia en este pasaje puede ser confuso. En última instancia, sin embargo, Pablo no está en absoluto preocupado por sí mismo. Él debe dirigir el haz de luz sobre sí mismo con el fin de exponer la oscuridad de sus oponentes. Que Pablo, como Cristo, se humille para exaltar a los corintios (11:7; *cf.* 4:5; 8:9) revela la naturaleza genuina de su apostolado. La sencilla retórica de Pablo, su disposición a ganarse su sustento y su sufrimiento diario por sus iglesias indica que su ministerio en Corinto, a diferencia del de sus oponentes, tenía por objeto beneficiar a los corintios y no a sí mismo. Actuando así, el rechazo del apóstol por las prácticas retóricas deslumbrantes y su jactancia en su debilidad ponen de manifiesto a los que "se disfrazan de servidores de la justicia" (11:15).

---

59. Savage, *Power Through Weakness*, 157.

2 Corintios 12:1-13

Me veo obligado a jactarme, aunque nada se gane con ello. Paso a referirme a las visiones y revelaciones del Señor. ² Conozco a un seguidor de Cristo que hace catorce años fue llevado al tercer cielo (no sé si en el cuerpo o fuera del cuerpo; Dios lo sabe). ³ Y sé que este hombre (no sé si en el cuerpo o aparte del cuerpo; Dios lo sabe) ⁴ fue llevado al paraíso y escuchó cosas indecibles que a los humanos no se nos permite expresar. ⁵ De tal hombre podría hacer alarde; pero de mí no haré alarde sino de mis debilidades. ⁶ Sin embargo, no sería insensato si decidiera jactarme, porque estaría diciendo la verdad. Pero no lo hago, para que nadie suponga que soy más de lo que aparento o de lo que digo.

⁷ Para evitar que me volviera presumido por estas sublimes revelaciones, una espina me fue clavada en el cuerpo, es decir, un mensajero de Satanás, para que me atormentara. ⁸ Tres veces le rogué al Señor que me la quitara; ⁹ pero él me dijo: «Te basta con mi gracia, pues mi poder se perfecciona en la debilidad». Por lo tanto, gustosamente haré más bien alarde de mis debilidades, para que permanezca sobre mí el poder de Cristo. ¹⁰ Por eso me regocijo en debilidades, insultos, privaciones, persecuciones y dificultades que sufro por Cristo; porque cuando soy débil, entonces soy fuerte.

¹¹ Me he portado como un insensato, pero ustedes me han obligado a ello. Ustedes debían haberme elogiado, pues de ningún modo soy inferior a los «superapóstoles», aunque yo no soy nada. ¹² Las marcas distintivas de un apóstol, tales como señales, prodigios y milagros, se dieron constantemente entre ustedes. ¹³ ¿En qué fueron ustedes inferiores a las demás iglesias? Pues sólo en que yo mismo nunca les fui una carga. ¡Perdónenme si los ofendo!

Como vimos en el último capítulo, la mayor parte de la jactancia de Pablo en 11:1–12:13 se centra en su debilidad. Como tal, *no* es "necio", sino que constituye un aspecto esencial de su apología de su apostolado (11:23-33). Esta jactancia es también el medio adecuado para glorificar la gracia y el poder de Dios en el ministerio de Pablo (12:5-10). Por tanto, 11:23-33 y 12:5-10 son parte de la autorrecomendación *positiva* de Pablo tal como se desarrolló con anterioridad en 1:3-11; 2:14-17; 4:7-12; 6:3-10. Por el contrario, la necedad de

Pablo *solo* se identifica con la unión temporal con sus oponentes en la jactancia por su pedigrí judío (11:21b-23b) y en sus visiones y revelaciones (12:1-4). La cuestión es el objeto de la jactancia de uno y no el acto de la jactancia en sí (*cf.* 10:12-18). De hecho, es la jactancia de Pablo en su debilidad y no su jactancia *per se*, la que desenmascara la necedad de sus oponentes. Por tanto, si la polémica situación lo obliga a jactarse sobre sí mismo, lo hará de buen grado con respecto a su debilidad (11:30; *cf.* 12:9-10).

En 11:21-33, cuando se ve obligado a jactarse de sus distintivos personales, Pablo se jactó en su debilidad. Lo que respaldó su reivindicación de ser un apóstol no fue su pedigrí étnico ni el servicio a Cristo, sino su sufrimiento por causa del evangelio y en beneficio del pueblo de Dios. En 12:1-10, Pablo aplica ahora el principio de 11:30 al otro objeto importante de la jactancia de sus oponentes, a saber, las experiencias espirituales de ellos. Pero antes de jactarse en su debilidad en cuanto a sus propias experiencias espirituales, se siente obligado una vez más a actuar como un necio, esta vez jactándose de sus revelaciones (*cf.* 11:167-21). Así como la jactancia de sus oponentes en el pedigrí que tenían había obligado a Pablo a jactarse como un necio en 11:22, ahora también es la vanagloria de ellos en el pedigrí espiritual que poseen lo que hace necesario que el apóstol se vanaglorie neciamente de sus propias "visiones y revelaciones del Señor" (12:1).

La jactancia de Pablo en su debilidad y la jactancia de un necio (12:1-6)

Pablo comienza, pues, exactamente como lo hizo en 11:30 (la NVI oscurece el paralelismo entre estos dos pasajes: empiezan ambos con la condición "si es necesario jactarse"), para completarla esta vez con una referencia a sus visiones y revelaciones. Sin embargo, dado que semejante jactancia es una necedad, inmediatamente la califica de inútil; es decir "no hay nada que ganar" en ello (*cf.* 11:23). Es la única referencia a una "visión" o "visiones" en los escritos de Pablo, y solo aquí y en la referencia paralela de 12:7 encontramos el plural "revelaciones".

La impresionante ausencia de referencias a visiones y revelaciones en las cartas de Pablo demuestra su falta de interés en compartir tales experiencias espirituales privadas. Las consideraba sin beneficio alguno para establecer su autoridad como apóstol o para edificar a la iglesia (*cf.* 1Co 13:1-2; 14:18-19).[1]

---

1. En otros lugares, "revelación" (*apokalypsis*) se refiere a la venida de Cristo (Ro 16:25), al regreso de Cristo y a la redención final (Ro 2:5; 8:19; 1Co 1:7; 2Ts 1:7), al conocimiento recibido para beneficio de los demás (1Co 14:6, 26), a la experiencia pública de Cristo en el camino de Damasco (Gá 1:12; Ef 3:3; *cf.* Hch 9:3-9; 22:12-19; 1Co 9:1; 15:8), a su instrucción para ir a Jerusalén (Gá 2:2) y al conocimiento del poder de Dios en nuestra redención pasada y futura (Ef 1:17). Para otras visiones de Pablo que se hayan recogido y revelaciones anteriores al momento de escribir 2 Corintios, ver

En realidad, que Pablo se quiera referir en 12:1 a sus visiones y revelaciones "sublimes" (12:7) y solo entonces narrar una de ellas es, en sí mismo, el reflejo de su convicción de que tales experiencias son tangenciales a una jactancia genuina en el Señor (cf. 10:17-18).

Esta misma vacilación a la hora de jactarse en sus visiones también se refleja en el uso que Pablo hace de la tercera persona para describir que fue llevado al cielo (12:1-5: "Conozco a *un hombre* en Cristo ... *este hombre* ... [*Él*] escuchó cosas indecibles ... De *tal hombre* podría hacer alarde").[2] Está intentando contar su experiencia, aunque sin narrarla al mismo tiempo. Quiere que los corintios solo lo evalúen basándose en lo que ellos mismos puedan ver y oír directamente de él, y no por informes personales de experiencias místicas privadas (12:6; cf. 1:12-14; 5:11-12; 10:13-15). Por esta misma razón, Pablo deja oscuras las circunstancias que rodearon esta experiencia y su contenido, y solamente les dice a los corintios que esto ocurrió "hace catorce años". Esto sitúa la experiencia alrededor del 42–44 A.D., suponiendo que 2 Corintios se escribiera en torno al 55-56 A.D. Durante ese tiempo, es muy probable que Pablo estuviera en Tarso o Antioquía, o sus alrededores, antes de su primer viaje misionero con Bernabé (Hch 9:29-30; 11:25-26; Gá 1:21).

En línea con el compromiso de Pablo de no hablar de tales cosas, no podemos asociar a esta visión ninguna experiencia o suceso conocidos. Las visiones más cercanas —es decir, la llamada a Jerusalén (Gá 2:22) y el llamado a sus viajes misioneros (Hch 13:1-3)— tuvieron lugar en el 47 A.D. aproximadamente. Además, estas palabras del Señor fueron declaraciones públicas de su llamado y su itinerario apostólicos, y no experiencias privadas de la presencia de Dios. En realidad, el hecho mismo de que durante catorce años hubiera guardado silencio sobre haber sido arrebatado al cielo demuestra que consideraba que este tipo de experiencias privadas no eran importantes para su ministerio. En los casi dos años que había pasado con los corintios, parece ser que nunca lo mencionó. Por el contrario, se refirió una y otra vez a su experiencia de la conversión como parte esencial de su predicación (cf. 1Co 9:1; 15:1-11; 2Co 2:14-16; 3:4-6; 4:5-6).[3]

Hch 16:9-10, 18:9-10 (recibidas al fundar la iglesia en Corinto, instruyéndolo a seguir predicando en aquella ciudad", 22:17-21; para las posteriores, ver 23:11; 27:23-24. Todas estas visiones y revelaciones recogidas tienen que ver con la revelación de su itinerario misionero y no con la iluminación privada de Pablo.

2. A diferencia de quienes argumentan que Pablo usa la tercera persona sencillamente para seguir los convencionalismos de la retórica de su tiempo en torno a la jactancia o de acuerdo con los convencionalismos asociados con visiones en los escritos pseudoepigráficos judíos. Tampoco sigo a C. R. A. Morray-Jones, "Paradise Revisited (2Co 12:1-12): The Jewish Mystical Background of Paul's Apostolate, Part 2: Paul's Heavenly Asdcent and its Significance", *HTR* 86 (1993): 265-92, que interpreta que el uso que Pablo hace de la tercera persona es para darle una "relevancia mística más profunda" (273).

3. Ulrich Heckel, *Kraft in Schwachheit*, 59.

La experiencia que Pablo describe en 12:2-4 fue un rapto personal al "tercer cielo" que se iguala a ser "llevado al paraíso" (para ver que aquí se usa [*harpazo*], ver Hch 8:39, 1Ts 4:17; Ap 12:5). El judaísmo del tiempo de Pablo podía considerar que la esfera celestial constaba de varios niveles (p. ej., tres, cinco, siete o diez).[4] En este caso, el paralelismo entre "tercer cielo" y "paraíso" indica que la referencia de Pablo es al más alto reino espiritual, donde uno se encuentra en la presencia misma de Dios.[5]

Aunque Pablo no está seguro de *cómo* tuvo lugar esta experiencia —es decir, si fue transportado allí "en el cuerpo" o si fue allí en una visión "fuera del cuerpo"— de lo que sí está convencido es de que *aquello* sucedió. Lo recalca mediante su doble testimonio del conocimiento de Dios sobre la mecánica del suceso, ya que la "pasiva divina" de los versículos 2 y 4 indica que Dios fue el agente que hizo que ocurriera. Pablo "fue llevado [*por Dios*] al tercer cielo", lo que quiere decir que "fue arrebatado [*por Dios*] al tercer cielo", al "paraíso". De ahí que, incluso aquí, Pablo pone especial cuidado en darle el crédito a Dios por su experiencia, jactándose así en el Señor incluso cuando está compartiendo algo que le ocurrió a él mismo.

En los estudios eruditos recientes, la experiencia de Pablo se ha asociado con la tradición judía de "misticismo *merkabah*" (*merkabah* es el término hebreo para el carro asociado con la visión de Ezequiel en Éx 1:15-20). Como resultado, la experiencia paulina también se ha comparado con la parábola rabínica posterior de los cuatro individuos que entraron en un "jardín" (*pardes*) del paraíso, pero solo uno, Rabbi Aqiba, regresó ileso.[6] Pero Pablo no usa el lenguaje

---

4. Para los conceptos del Nuevo Testamento y otros judíos sobre los niveles que hay en el cielo, ver Lc 23:43; Ap 2:7; *1 Enoc* 14:8-25; *2 Enoc* 8:1-.3; *Apoc. Moisés* 35:2; 37:5; 40:1; *T. Levi* 3:4; 18:10; *T. Abra* 10 B; *Asc. de Is.* 3:13; *4 Esdras* 4:7-8. La idea de un triple cielo (es decir, la atmósfera, el lugar de las estrellas y la morada de Dios) se basa, al parecer, en 1R 8:27; 2Cr 2:6; 6:18; Neh 9:6; Sal 148:4.
5. Basándose en el uso del plural en 12:1 ("visiones y revelaciones") y el uso de "y" en 12:3, algunos comentaristas sugieren que 12:1-4 informa sobre dos experiencias distintas, una en el tercer cielo y la otra en el paraíso. Sin embargo, el paralelismo entre 12:1 y 4, y la referencia de tiempo único en 12:2 contradicen esta opinión. La descripción del cielo como un "paraíso" se basa en el uso de la palabra persa para "paraíso" (*paradeisos*) en la LXX para referirse al jardín del Edén (*cf.* Gn 2:8-10; 13:10; Is 51:3; Ez 28:13; 31:8-9). El término significaba originalmente un recinto o el parque amurallado de un noble y ha llegado a significar sencillamente "parque"; para una útil discusión de este tema, *cf.* J. Jeremías, "παράδεισος", *TDNT*, 5:765-73.
6. En la tradición judía, *pardes* se usa para la morada de Dios dentro del templo celestial, que es el paralelo del Lugar Santísimo en el templo terrenal como extensión del jardín del Edén. Para las fuentes principales, ver *1 Hag.* 2:1, y *Hag.* 77b, *b. Hag.* 14b-15b, *Cant., R.* 1:28; *Hekbalot Zutarti* §§338-46, y *Merkabah Rabbah* §§671-73. Para una aplicación de esta tradición a 2Co 12:1-4, ver James M. Scott, *2 Corinthians*, 221-25. La opinión que se adopta aquí es, sin embargo, que aunque sus raíces puedan tener algo en común (p., ej. una básica experiencia apocalíptica de Dios en visiones y

del trono-carro en este pasaje. Además, en lugar de describir cualquier técnica que induzca al trance, como es común en el misticismo *merkabah*, sencillamente se refiere a la acción sobrenatural de Dios de transportarlo al cielo.[7] Su predicación no deriva de estas experiencias místicas, sino de su encuentro con Cristo en el camino de Damasco, desde que recibió las tradiciones de la iglesia primitiva y de las Escrituras.

Esto queda confirmado en el informe de Pablo en 12:4 en cuanto a que mientras estuvo en la presencia de Dios oyó "cosas indecibles que a los humanos no se nos permite expresar". Nótese una vez más que el uso que Pablo hace de la pasiva divina: "... a los humanos no se nos permite [*por Dios*] expresar". Estas cosas eran, pues, "indecibles" no porque fueran ininteligibles ni por una inferioridad en Pablo mismo como mediador, sino porque Dios le prohibió al apóstol que hablara de ellas. Actuando así, Dios se aseguró de que la base de la autoridad apostólica no se convirtiera en una experiencia extática y mística. Los corintios deben contentarse con lo que ven y oyen en el ministerio "terrenal" de Pablo. Esto se alza en firme contraste con sus oponentes que, evidentemente, estaban compartiendo sus revelaciones como clave para su evangelio y como base de su autoridad.

Habiéndose "jactado" de sus propias visiones y revelaciones en 12:1-4, aunque indirectamente, Pablo concluye en el versículo 5 que esto es lo más cerca que llegará de declarar su pedigrí espiritual, ya que no hay nada que ganar con semejante autopromoción basada en experiencias privadas (*cf.* 12:1). Si Pablo ha de jactarse de sí mismo, solo lo hará con respecto a sus debilidades (v. 5; *cf.* 11:30). Su razón para no jactarse en sus visiones y revelaciones no es, pues, que no tenga ninguna (en contra de las acusaciones de sus oponentes). Si tuviera que jactarse en tales cosas, no sería un "necio" por hacerlo, ya que estaría declarando algo que es cierto (12:6a). No obstante, se niega a jactarse

---

sueños, y una referencia común al cielo en términos de un paraíso jardín), más allá de tales elementos básicos ambas tradiciones divergen enormemente. Lo que los textos místicos del *merkabah* exponen *extensamente* (p. ej. la manera, el propósito, la técnica, los nombres y el lenguaje divinos, la función legitimadora y el carácter del templo y de la gloria celestiales, por no mencionar el simbolismo del carro mismo), Pablo ni los menciona. Los paralelismos conceptuales con Pablo, si es que hay alguno, deben por tanto sugerirse con la mayor cautela. Además, las formas más tempranas de la tradición mística judía son muy tardías, y solo se ha atestiguado de ellas en textos talmúdicos y medievales tempranos. Que preserven tradiciones que se extienden incluso al siglo I es una cuestión objeto de gran debate. Para una interpretación *no* mística de la más temprana forma de la tradición relativa a la parábola de los cuatro que entraron en el paraíso, ver Alon Goshen Gottstein, "Four Entered Paradise Revisited", *HTR* 88 (1995), 69-133. En realidad, Gottstein argumenta que la idea de la versión Tosefta de esta parábola es que una glotonería espiritual por las experiencias místicas harán que uno se aparte de la Torá (p. 116). En este sentido, la parábola rabínica *está* enseñando exactamente la misma idea que Pablo.

7. Le debo esta idea a Heckel, *Kraft,* 60.

en ellas, porque son inútiles en lo tocante a edificar a los demás o a establecer su autoridad apostólica.

En consecuencia, Pablo se frena y no entra en la jactancia para que nadie fanfarronee sobre él *más allá de lo que se pueda evaluar de forma objetiva* (*cf.* 5:12-13; 10:7, 11, 14, 17-18). Como vimos en 11:16-33, no es la jactancia en sí lo que es una necedad, sino jactarse en aquellas cosas que no son verdad, que no edifican a otros o que son irrelevantes para establecer la idea que estamos considerando; lo que cuenta es lo que otros puedan observar en cuanto a sus palabras y sus hechos (12:6). Lo que los corintios pueden ver y aquello de lo que pueden jactarse es la debilidad de Pablo en beneficio de ellos, a través de las cuales recibieron el Espíritu (12:5; *cf.* 2:14–3:3; 10:11-18). Lo que pueden oír y de lo que pueden jactarse es de su proclamación del evangelio (12:6; *cf.* 1:19; 2:17; 4:5; 5:11; 11:3-4; *cf.* 1Co 1:17; 2:1-5; 4:9-13).

La fuerza de Pablo en su debilidad (12:7-10)

En 12:7-10 Pablo vuelve su atención al objeto adecuado de su jactancia. Al hacerlo, los contrastes entre el informe sobre la tercera persona de los versículos 1-6 y el relato en primera persona de los versículos 7-10 son escuetos. Desde una descripción opaca de las revelaciones celestiales más altas posibles, Pablo pasa a la declaración específica de lo que Cristo dijo sobre las aflicciones terrenales de Pablo. Aunque se le prohibió hablar acerca de lo que vio en el cielo, puede citar literalmente a Cristo en cuanto a la vida de Pablo sobre la tierra. Como resultado, el silencio del apóstol sobre sus revelaciones se rompe tan solo con su jactancia en su debilidad, una jactancia que, una vez más, responde las acusaciones de sus oponentes (*cf.* 10:10). La fuerza de las visiones de Pablo sigue siendo "débil" cuando se trata de revelar a Dios, aunque su debilidad se convierte en el lugar del poder de Dios.

En 12:7a, Pablo declara explícitamente su preocupación: si compartiera sus experiencias privadas, otros irían más allá jactándose en su obra apostólica para glorificarlo como apóstol; por esta razón se ha refrenado. Sus revelaciones eran de tal magnitud[8] que Pablo sabía que jactarse en sus visiones, como hacían sus oponentes, conduciría a exaltarse a sí mismo de un modo que extirparía el

---

8. Es decir, 12:6b-7 debería leerse como sigue: "Yo me refreno para que nadie piense más de mí de lo que es justificable por lo que hago o digo, y [*kai*] a causa de estas revelaciones sublimes. Por tanto [*dio*], con el fin de evitar sentirme engreído, se me dio un aguijón en la carne, un mensajero de Satanás que me atormente para impedir que me vanaglorie". Esta interpretación sigue la puntuación representada en la NA27, que toma correctamente el principio del v. 7 con el v. 6 y empieza una nueva frase con *dio*. En contraste, la NIV conecta el principio del v. 7 con lo que sigue. Sin embargo, para hacerlo se debe ignorar la "y" (*kai*) del v. 7a y reorganizar el orden de las cláusulas del v. 7ab para que la frase empiece con el "por tanto" (*dio*) del v. 7b. Además, la NIV no traduce la segunda cláusula de propósito (*hina*) del v. 7 que repite palabra por palabra la primera para mayor énfasis. Evitar que Pablo se vanaglorie deriva directamente de

corazón mismo del evangelio. Por tanto, en lugar de provocar que anunciara sus visiones a bombo y platillo, el hecho de que sus revelaciones fueran "sublimes" impedía que se jactara de ellas, tanto por su bien (*cf.* 12:5) como por el de los demás (*cf.* Col 2:18)

Sin embargo, que Pablo se refrenara no era el resultado de su propia voluntad moral. En 12:7b deja claro que Dios evitó dicha vanagloria concediéndole "un aguijón en [o contra] su carne", es decir, "un mensajero de Satanás" enviado a golpearlo o a atormentarlo. Una vez más, Pablo usa en este versículo la pasiva divina: "Una espina me fue clavada [por Dios] en mi carne". Tanto el rapto de Pablo como su aguijón son obra de Dios. Como observa Ralph Martin, "La importancia del verbo pasivo, *edothē*, 'fue dado', difícilmente puede exagerarse. Dios es el agente invisible tras la amarga experiencia".[9] El uso que Pablo hace de la pasiva divina con respecto a recibir a este "mensajero", así como por su rapto al cielo puede pretender corregir la acusación de sus oponentes con respecto a que su "espina" era obra de Satanás solo y no de Dios. Desde la perspectiva de ellos, la incapacidad de Pablo para vencerlo cuestionaba su legitimidad.

La exacta naturaleza de esta "espina" o mensajero satánico ha sido asunto de mucho debate. No obstante, Ulrich Heckel ha demostrado de manera convincente que el "aguijón de la carne" de Pablo en 12:7 (RVR1960) y la referencia paralela a su "debilidad" (*astheneia*) en 12:9 se entienden mejor como referencia a alguna enfermedad personal.[10] Las demás opciones consisten en entenderlas como referencias a sus tentaciones internas (una opinión que ya no encuentra gran respaldo) o a que fuera perseguido por sus oponentes (una opinión que primero se encontró en la patrística, empezando por el siglo IV A.D.). Quienes favorecen esta última opinión enfatizan que no era un aguijón *en* la carne, sino un aguijón *contra* la carne.[11] También defienden un paralelismo entre el "mensajero de Satanás" en 12:7 y los "siervos" de Satanás en 11:15

---

la concesión del aguijón y de permitir que Satanás lo atormentara, algo que a su vez deriva de la magnitud de las revelaciones de Pablo.

9. Ralph P. Martin, *2 Corinthians*, 416.
10. Ulrich Heckel, "Der Dorn im Fleisch: Die Krankheit des Paulus in 2Kor 12, 7 und Gal 4, 13f.", *ZNW* 84 (1993): 65-92. Heckel (84) destaca que Pablo podría haber estado sufriendo ya de la misma enfermedad mencionada en 12:7 cuando dio su predicación original en Galacia, a la que hace referencia en Gá 4:13. Y es que si Pablo recibió el "aguijón de la carne" al mismo tiempo que recibió su visión, de acuerdo con 2Co 12:2 habían pasado ya catorce años cuando escribió esta carta, alrededor del 42 A.D. Para la imagen del aguijón como algo físico, *cf.* Sal 32:4, que es un salmo que Pablo cita en Ro 4:7-8 (la LXX de este versículo traduce lit.: "Me sentía atormentado cuando el aguijón me pinchaba"). Lucas 13:10-17 (*cf.* Mr 3:22-30) se refiere a una enfermedad por causa de un demonio (NIV, "lisiada por un espíritu"), que correspondería a la referencia que hace aquí Pablo a un demonio que causa enfermedad.
11. El texto dice, *skolops te sarki*, un dativo de desventaja; el locativo sería *en* + dativo. Para esta idea, ver Martin, *2 Corinthians*, 412-413, siguiendo a Plummer.

y apuntan al uso de la imagen de un "aguijón" en la versión LXX, Nm 33:55 y Ez 28:24 para referirse a los enemigos de Israel.[12]

Con todo, la imagen de la "espina" en el Antiguo Testamento no siempre se refiere a los enemigos de uno (*cf.* Os 2:6; *Eclo.* 43:19). Además, el paralelismo entre 2 Corintios 11:15 y 12:7 no es exacto. Los siervos de Satanás de 11:15 y la espina/mensajero (gr. *angelos*, ángel) de 12:7 tienen distintas funciones, para que la respuesta de Pablo a ellos sea también diferente. En 11:14-15, Satanás aparece como un ángel de luz y sus siervos son los oponentes de Pablo, a los que hay que *oponerse* (*cf.* 10:4-6; 11:4). En el capítulo 11, Pablo lucha, pues, contra sus oponentes como parte de la batalla escatológica entre Satanás y Cristo, mientras que en 12:7-10, Pablo *acepta* al mensajero de Satanás como el ángel demoníaco que hace lo que Dios ordena. Esto queda confirmado por el contraste entre 12:7-10 y 1 Tesalonicenses 2:18, donde la persecución conduce a estorbar la obra de Pablo, y no a una educación en dependencia y humildad. Además, en 2 Corintios 10-11, Pablo se enfrenta a *muchos* oponentes (ver 10:12-16; 11:5, 12-15, 18, 22-23; el uso del singular para referirse a los oponentes en 10:7, 11, 18; 11:4, 20 es colectivo), mientras que en 12:7-10 se enfrenta a un *único* mensajero.

Finalmente, el contexto de 2 Corintios contradice la idea de la "espina" de Pablo como una referencia a sus oponentes. En 11:13-15, no está hablando sobre oponentes en general, sino sobre un grupo específico de falsos apóstoles que llegaron a Corinto tras escribir 1 Corintios (es decir, a mediados de la década de los 50 A.D.). En 12:7-10, sin embargo, el aguijón de Pablo parece remontarse al 42 A.D. aproximadamente.[13] Este mismo énfasis sobre los catorce años sufriendo constantemente esta espina como una debilidad de Pablo habla en contra de aquellos que han argumentado que el mensajero era un demonio que atacó a Pablo durante su experiencia mística, porque no era digno de ver el trono de Dios.[14] Aunque, sin duda alguna, las dos unidades de 12:1-4 y 7-10 están temáticamente relacionadas, la "espina" (RVR1960, "aguijón") no debería limitarse a la experiencia visionaria de Pablo. El "aguijón" persistió durante catorce años; no fue la experiencia de una sola vez que acompañó su arrebatamiento al tercer cielo.[15]

---

12. Contra la opinión de que el aguijón era la enfermedad de Pablo, Paul Barnett, *The Second Epistle to the Corinthians*, 569-70, apunta también a los siguientes argumentos: (1) *angelos* es, en general, personal en otros usos de Pablo, (2) "zarandear" o "golpear con el puño" (12:7, "atormentara") es un acto generalmente realizado por una persona (Mt 26:67; Mr 14:65; 1P 2:20; pero ver 1Co 4:11, a la que él mismo señala como una excepción); (3) en otros lugares, el Nuevo Testamento usa el verbo de 12:8, "quitar" (*aphistemi*) para personas; y (4) la dificultad para imaginar cómo podría haber llevado a cabo Pablo los agotadores esfuerzos misioneros bajo semejante enfermedad continua.
13. Ver Heckel, "Dorn", 70, 74-75.
14. Para esta opinión, ver Scott, *2 Corinthians*, 228.
15. Le debo esta idea a Ben Witheringtton III, *Conflict and Community in Corinth*, 461.

Cualquiera que sea su referente exacto, Heckel ha argumentado con razón que el silencio de Pablo en 12:7 en cuanto a la naturaleza de su "espina" es intencionado. No le interesan los diagnósticos médicos de su debilidad, sino su origen teológico (enviado por Satanás pero dado por Dios), su causa (las grandes revelaciones de Pablo) y su propósito (afligir a Pablo con el fin de impedir que se vanaglorie).[16] De ahí que, en lugar de cuestionar su autoridad concedida por Dios, la debilidad constante de Pablo es en sí misma la prueba de las revelaciones que le han sido concedidas como apóstol, ya que son la base por la cual ha recibido un aguijón en la carne. En 12:7, Pablo le da la vuelta, pues, al argumento de sus oponentes. ¡Cuanto más llaman la atención sobre la gravedad de la debilidad de Pablo como un "carismático enfermo", más señalan ellos mismos la naturaleza exaltada de sus revelaciones!

Al principio, Pablo reaccionó a su "espina en el cuerpo" como habría cabido esperar en alguien que conocía la soberanía de Dios sobre el mal y el amor de Dios por sus hijos: oró para que el Señor quitara la espina (12:8). Pablo no es un estoico que ve el aguijón como una oportunidad para el autodominio y la resistencia. Tampoco es un teólogo masoquista que glorifica el sufrimiento en sí. Cuando golpea el sufrimiento, Pablo ora pidiendo liberación. Lo impresionante es que en 12:8 Pablo dirige su oración por la liberación a Cristo mismo, y que semejante práctica no es común para él.[17]

Pablo eleva su oración a Cristo a pesar de su propia afirmación en 12:7 en cuanto a que la fuente de su enfermedad es la voluntad de Dios. A pesar de ello, el contexto y el contenido de su oración convierten a Cristo en el receptor natural de su petición (cf. el énfasis en 11:31 sobre la soberanía de Cristo). Aquel al que el Padre levantó de los muertos, estableciéndolo como Señor, es Aquel al que Pablo le ora por su propia liberación del sufrimiento.

Que Pablo oró "tres veces" puede ser, sencillamente, la forma de enfatizar que la oración fue reiterada (cf. Sal 55:17, donde el salmista pronuncia su queja tres veces al día).[18] En este caso, Pablo está diciendo sencillamente que oró varias veces sobre el asunto. El problema con esta interpretación es que Pablo dejó de

---

16. Heckel, "Dorm", 80. En vista del silencio de Pablo en 12:7 y otros lugares, todos los intentos por determinar la naturaleza de la enfermedad de Pablo siguen siendo puramente especulativos. Las principales sugerencias han sido: la epilepsia, una enfermedad ocular, un problema en el habla, malaria, lepra, histeria o depresión (cf. "Dorn", 80-92). La suposición de Heckel, que es mejor, dice que Pablo sufría de migrañas incapacitantes, dado el vínculo entre el verbo usado en 12:7, *kolophizo* ("golpear" [la cabeza]), y el sustantivo relacionado *kolaphos* (zarandeo). Así lo entendía también Tertuliano (160-220), quien dice que heredó su interpretación de la tradición oral primitiva (Heckel, 76).
17. Que "al Señor" del v. 8 es el mismo que Cristo en el v. 9 se ve en el paralelismo del v. 9 entre "mi gracia", "mi poder" y "el poder de Cristo". Para otros ejemplos de oración al Señor resucitado, ver Hch 7:59-60; 1Co 1:2; 16:22; 1Ts 3:12-13.
18. Así Scott, *2 Corinthians*, 229.

orar después de la tercera vez. La referencia a "tres veces" se toma mejor, por tanto, como señalando un acontecimiento que ahora ha pasado y ya ha acabado, habiendo pasado por su principio, centro y final.[19] Interpretado de esta forma, la triple oración de Pablo es paralela a la triple oración de Jesús en el huerto de Getsemaní, que también culminó con la confianza de que la plegaria había sido contestada, aunque la copa de sufrimiento permaneció (Mr 14:32-41).

La respuesta de Dios a la oración de Pablo en 12:9a y la respuesta de Pablo en 12:9b-10 forman la conclusión tanto para la experiencia de la espina de Pablo en el cuerpo (vv. 7b-8) como para que se contuviera de jactarse en sus propias "revelaciones sublimes" (vv. 5-7a). En lugar de quitársela, Cristo declaró que su propia gracia sería suficiente para Pablo en medio de su sufrimiento, porque su debilidad proporcionaría la plataforma para perfeccionar el poder del Señor (v. 9a).

Los sufrimientos de Pablo no pueden superar la provisión de gracia de Dios (*cf.* 1:8-11). Por esta razón, se jactará "gustosamente" en su debilidad y no en sus revelaciones, para que el poder de Cristo pueda morar en él (v. 9b; *cf.* 1:9-10; 11:30; 12:5). La promesa de la gracia y el poder de Dios llevan a Pablo a sentirse complacido en sus sufrimientos (v. 10a) en lugar de orar continuamente para que le sean quitados, porque ahora sabe que "cuando" es débil, "entonces" es fuerte (v. 10b). *Así, la revelación del poder de Cristo en la debilidad de Pablo* (v. 9b) *y el consiguiente contentamiento* (v. 10a) *constituye el punto álgido de su argumento en este pasaje y, al hacerlo, proporcionará un resumen de la infraestructura de 2 Corintios en conjunto.* Comentar sobre estos versículos con nuestras palabras es arriesgarse a empañar la propia profundidad de ellos.

El contraste entre el aguijón de Pablo y la palabra de gracia de Dios es otra expresión más del principio establecido en Jeremías 9:23-24 y aplicado al ministerio de Pablo en 10:17-18. En 10:17-18, "jactarse en el Señor" hace referencia al ministerio apostólico paulino del Espíritu (*cf.* 3:1-3), mientras que en 12:9-10 se refiere al sufrimiento de Pablo (*cf.* 2:14-17). Así como el hecho de que él fundara la iglesia de Corinto es algo de que jactarse en el poder del Espíritu de Dios, también su ministerio en medio de la debilidad es motivo de jactancia en el poder de la gracia de Dios (nótese el paralelismo entre la gracia y el poder en 12:9; *cf.* 4:7-12; 6:3-10). La debilidad de Pablo deja claro que su ministerio apostólico, en toda su gloria, solo puede atribuirse al Señor (1:12; 3:4-6; 5:14, 18; 10:8).

Pablo es una vasija de barro (*cf.* 4:7). Su debilidad es la ocasión para la gracia suficiente y el poder de Dios. Su referencia en 12:9 a "que permanezca sobre mí el poder de Cristo" recuerda la anterior afirmación de 3:7-18 con respecto a que bajo el nuevo pacto la gloria de Dios está siendo revelada en

---

19. Le debo esta percepción a Heckel, *Kraft,* 84.

Cristo "sin el velo". Aquí también, Pablo está reflejando el contraste entre su propio ministerio del Espíritu y la gloria velada sobre el rostro de Moisés y en la tienda de reunión, el tabernáculo y el templo (*cf.* Éx 25:8; 40:34; Ez 37:27; Jn 1:14; 2Co 6:16; Ap 21:3). La declaración de Cristo y la respuesta de Pablo en 12:9 son otra afirmación de que el apóstol es un mediador de la presencia transformadora de Dios bajo el ministerio del nuevo pacto del Espíritu.

En lugar de cuestionar este ministerio, las diversas debilidades de Pablo (enumeradas en 11:23b-33 y ahora resumidas en 12:10) son, por tanto, su única jactancia legitimadora como apóstol, ya que son el medio por el cual Dios da a conocer su gloria en Cristo entre los corintios (*cf.* 1:3-11; 2:14- 16a; 3:7–4:6; 4:13-18).[20] Por esta razón, Pablo se jacta en aquellas mismas cosas que hacen que otros lo difamen. Su fuerza en 12:10b no es su fuerza personal, sino la que deriva de su capacidad concedida por Dios para resistir a la adversidad por amor al evangelio (*cf.* 4:7-18). Este es, pues, el más firme argumento de Pablo a favor de la legitimidad de su apostolado: Sus debilidades son la base del poder de Cristo. Y es que jactarse en su debilidad (11:30; 12:5, 9-10) es, al mismo tiempo, jactarse en lo que el Señor está haciendo por su gracia y su poder (Jer 9:22-23).

La naturaleza superflua de la jactancia de Pablo (12:11-13)

En 12:11, Pablo cierra su apología regresando a la idea con la que comenzó en 11:1. Se ha convertido en un necio jactándose en sus distintivos personales y en sus revelaciones privadas. Una situación desesperada ha exigido medidas desesperadas. Esta es la tragedia de la situación. La necesidad de igualar a sus oponentes en su jactancia no debería haber sido necesaria, en primer lugar, ya que los corintios mismos deberían haber elogiado a Pablo como su "carta de recomendación" (*cf.* 3:2; 5:12; 7:12; 10:7, 14; también 1Co 9:2). Deberían haber reconocido que tenía la misma posición que los apóstoles eminentes de la iglesia (*cf.* 2Co 11:5). Aquí también, la comparación positiva que hace de sí mismo con aquellos "superapóstoles" para respaldar su legitimidad indica que los apóstoles que tiene en mente en 12:11 no son sus oponentes, sino los destacados apóstoles "columnas" de Jerusalén. Ser igual a los "apóstoles" falsos y satánicos de 11:13-15 difícilmente habría cualificado a nadie para ser recomendado por la iglesia.

Que Pablo tiene a los apóstoles columna de la iglesia en mente se confirma mediante la renuncia que hace a continuación, al final de 12:11, cuando dice que esa igualdad está afirmada "aunque yo no soy nada". Muchos comentaristas piensan que al decir esto, Pablo está repitiendo literalmente, con ironía, una mofa de sus oponentes que lo han acusado de ser alguien que no cuenta para

---

20. El argumento de Pablo en 12:9-10 muestra la dificultad en mantener que su jactancia en su sufrimiento también forma parte de su "discurso del necio".

nada. Sin embargo, si en 12:11 Pablo se está comparando con aquellos que fueron apóstoles antes que él, entonces la renuncia pretende recordar a los corintios lo que les había enseñado previamente en 1 Corintios 15:8-9. Pablo no es "nada", porque era el "más insignificante de los apóstoles" al haber perseguido a la iglesia. No obstante, por la gracia de Dios en su vida, trabajó más duro que el resto (1Co 15:10; *cf.* 2Co 11:23-29), y los corintios mismos eran la prueba concreta de la recomendación que Dios hacía de su ministerio (*cf.* 2Co 3:1-2; 4:2; 6:4; 10:18). Pablo *no es* nada, porque todo lo que es y lleva a cabo es el resultado del poder de Dios en su debilidad (3:4-6; *cf.* 1Co 3:5-9). Pero, gracias a este mismo poder, Pablo tampoco es menos que los más eminentes apóstoles.

En 12:12, Pablo respalda su afirmación de igualdad confirmando que, además de sus debilidades, las "marcas distintivas de un apóstol" (lit., "las señales del apóstol") también habían acompañado su ministerio. La fuerza de su argumento deriva de su suposición de que esto también, como parte integrante de la fundación de la iglesia en Corinto por su parte, era de conocimiento común entre los corintios (*cf.* 3:2-3; 10:12-18; *cf.* 1Co 4:15).

Además, Pablo usa una vez más la pasiva divina en 12:12 (las marcas del apóstol "se dieron [por Dios]" para señalar que era Dios el que realizaba aquellas señales por medio de Pablo, acreditando así su ministerio apostólico del nuevo pacto. Las "señales" mismas son el derramamiento del Espíritu y las circunstancias que las acompañan, en especial la conversión y la dotación de los creyentes, como lo que caracteriza el ministerio genuino del nuevo pacto (*cf.* 2:17–3:3; 1Co 1:18–2:15; 15:1-11). Esta interpretación se confirma al haber sido hechas "con gran perseverancia", una referencia a la resistencia de Pablo en el ministerio en medio de su debilidad y su adversidad (*cf.* 6:4).

Además de las señales del apóstol, Pablo sigue hablando de *otras* "señales, prodigios y milagros" que acompañaban dichas señales. Esta distinción entre estos dos conjuntos de señales también indica que las señales anteriores no son milagros en el más estricto sentido de esa palabra (*semeion*).[21] Dicho de otro modo, aquello que marca [lit. las señales de] apóstol se llevaba a cabo (lit.) *con* señales, prodigios y milagros, una triple descripción de diversos actos milagrosos, no una referencia a tres tipos de milagros claramente diferenciados. La idea de Pablo es que el derramamiento del Espíritu, como señal principal del apostolado, se realizó entre los corintios y su autenticidad fue atestiguada

---

21. La NVI oscurece la diferencia entre las (lit.) "señales [*semeia*] del apóstol" y la referencia posterior a aquello que las acompaña pero que son claras "señales [*semeia*], prodigios y milagros". La interpretación de la NVI da la impresión de que las "marcas de apóstol" son esas "señales, prodigios y milagros" mismos. Pero el cambio al dativo en la segunda frase y el segundo uso de "señales" junto con "prodigios y milagros" indica que Pablo tiene en vista dos realidades diferentes.

por otras obras milagrosas (cf. Ro 15:18-19; nótese los milagros y los exorcismos de Pablo en Hch 13:11; 14:10; 15:12; 16:18; 19:11-12; 28:3-6, 8).

La certificación divina del derramamiento del Espíritu con señales, prodigios y milagros era una parte importante del ministerio apostólico (cf. Hch 2:22, 43; 4:30; 5:12; 14:3; Gá 3:1-5; Heb 2:4). No obstante, la señal clave del apostolado siguió siendo el establecimiento de la iglesia, ya que los falsos apóstoles pueden hacer falsas señales y prodigios, pero no pueden falsificar la obra del Espíritu en la conversión (cf. 2Ts 2:9 con 1:3-4; también Dt 13:1-4). Además, Pablo les recuerda a los corintios la multitud de "señales, prodigios y milagros" con el fin de "ligar al apóstol al gran acontecimiento redentor bajo el nuevo pacto, centrado en la muerte y la resurrección de Cristo". "Señales y prodigios" marcan el éxodo; "señales, prodigios y milagros" marcan la muerte y la resurrección de Jesús en la primera Pascua y su proclamación apostólica".[22]

Por tanto, Pablo no trata a los corintios en modo alguno como inferiores a cualquier otra iglesia, ya que los llevó al mismo evangelio que los apóstoles (11:15; 12:11; cf. 1Co 15:9-11). Del mismo modo, este evangelio era facultado por el mismo Espíritu y validado por los mismos milagros que confirmaron el "segundo éxodo", la redención en Cristo (2Co 12:13a). Y, lo que es más, como en el caso de Cristo, la validez y el poder del evangelio manifestado en estas señales se encarnaban en la disposición de Pablo a sufrir por el bien de los corintios, y el ejemplo más conmovedor de ello era que se ganaba su sustento por el bien de su testimonio (cf. 11:7-9; 1Co 9:7-18). En una declaración impregnada de ironía, Pablo reconoce, pues, que la *única* forma en que trató a los corintios como "inferiores" a otras iglesias fue que no los "cargó" económicamente, una "ofensa" por la que ahora pide ser "perdonado" (12:13b; cf. 2:17). Sin embargo, en realidad el único que ha sido ofendido es Pablo mismo (cf. 2:5-11; 7:12).

¿Cuál es la relevancia contemporánea de las visiones, revelaciones y arrebatamiento al cielo (12:1-4)? ¿Qué lección está enseñando la "espina en el cuerpo" (12:7-10)? La forma en que entendamos la función de las experiencias de Pablo dentro de su propio contexto cultural y teológico determinará en gran medida nuestra forma de responder hoy a esas preguntas cruciales.

---

22. Barnett, *Second Corinthians*, 581. Para la frase "señales y prodigios" en relación con el éxodo, ver Éx 3:20; 7:3; 8:23; 10:1-2; 15:11, Nm 14:22; Dt 4:34; 6:22; 7:19; 26:8; 29:3; 34:11; Jos 3:5; 24:17; Neh 9:10; Sal 78:43; 105:27-36; 135:9; Jer 32:21 (581 n. 18). Para este enlace en el Nuevo Testamento, ver Hch 7:36.

La relevancia de las experiencias de Pablo en el Espíritu. Al pasar de la época de Pablo hasta la nuestra, cada vez es más común responder esta primera pregunta describiendo a Pablo como modelo místico. No hay duda, por supuesto, de que tuvo profundas experiencias visionarias. Esto no debería negarse ni minimizarse. La cuestión importante, sin embargo, es el papel que desempeñaron en el ministerio de Pablo. Lo que se debe enfatizar es que Pablo nunca derivó su autoridad ni el contenido de su mensaje de tales experiencias sobrenaturales. Aun cuando la polémica situación en Corinto lo obligó a hablar sobre ellas, algo que él consideró el acto de un necio, se negó a mencionar el contenido de las mismas.

El evangelio de Pablo no procede de su experiencia en el cielo, sino de la historia de la redención registrada en las Escrituras, de la tradición cristiana primitiva con respecto a la vida, la muerte y la resurrección de Cristo, y de su propio encuentro con el Cristo resucitado en el camino de Damasco. Pablo no proporciona respaldo alguno a un planteamiento personalizado y subjetivo a la verdad del evangelio, por no mencionar el movimiento común de nuestra cultura que considera que la experiencia privada e inmediata tiene más valor que la revelación objetiva de Dios en el tiempo y el espacio. Por importantes que fueran dichas experiencias para Pablo en lo personal, sus visiones privadas nunca se convirtieron en el tema de su enseñanza ni tampoco se presentan como modelos para otros. En este sentido, Pablo no era un místico.

Esta conclusión es hoy polémica, no solo en los bancos de la iglesia sino también en las páginas de la erudición. Por ejemplo, Morray-Jones está convencido de que la fuente de las perspectivas de Pablo en 12:1-12 son las tradiciones místicas judías derivadas de la visión del carro (misticismo *merkabah*) que tuvo Ezequiel. Como resultado, argumenta que las "señales y los prodigios" de un apóstol (12:12) están "claramente relacionados en la mente [de Pablo] con las 'visiones y las revelaciones' por medio de las cuales le fue conferida esta autoridad".[23] Con este propósito, Pablo se está haciendo eco de la tradición mística en la que "el poder sobrenatural y la autoridad le son conferidos a alguien que alcanza la visión del *merkabah* y esta persona funciona como emisario de Dios y juez (¿escatológico?) tanto de Israel como de los ángeles [...]. El ascenso visionario al cielo que lleva a Pablo a jactarse parece ser, pues, de crucial importancia para su afirmación de autoridad apostólica y poder".[24] "El 'misticismo del *merkaba*' era, pues, un rasgo central de la experiencia y de la autocomprensión de Pablo".[25]

Con todo, la negativa de Pablo a jactarse de sus visiones, en contraste con sus referencias directas y repetidas a su experiencia en el camino de Damasco

---

23. Morray-Jones, "Paradise Revisited, Part 2", 274.
24. *Ibíd.*, 276-77.
25. *Ibíd.*, 283.

demuestra lo contrario a la tesis de Morray-Jones. Esto no es prueba alguna de que Pablo derivara cualquier aspecto de su enseñanza de una experiencia mística. Aunque sus visiones pueden haber sido un rasgo fundamental de su experiencia personal, las guardó para sí, considerándolas en el mejor de los casos como confirmatorias, aunque no determinantes, de su ministerio público. No fueron las experiencias privadas y visionarias las que establecieron su autoridad apostólica y constituyeron su manera de entender su papel (solo las menciona porque se ve obligado a hacerlo por los falsos apóstoles). Más bien, la "recomendación del Señor" (10:18) se ve en el llamado público de Pablo, su sufrimiento en público, su labor pública de la obra del Espíritu entre sus iglesias, y su realización pública de las señales de un apóstol, que los corintios pudieran ver y escuchar (12:6).

Morray-Jones define como absurda la opinión "de que las visiones de Pablo eran importantes para él en lo personal, pero irrelevantes para su afirmación apostólica o su creencia cristiana", un mero "programa escondido [...] para producir un retrato de Pablo que se ajuste a presuposiciones protestantes racionalistas" y a "una distorsión del contexto en el que aparece 2 Corintios 12".[26] A pesar de esta objeción, el contexto del capítulo 12 es claro: al mencionar su arrebatamiento al cielo, Pablo se ve obligado a hablar de algo que, de otro modo, habría quedado sin decir. La prueba de sus cartas en cuanto a la fuente de su instrucción apostólica es igualmente clara: procede de fuentes externas a él. Que enseñara o no alguna vez cosas que aprendió en sus experiencias místicas sigue siendo tema de especulación. Como su experiencia de hablar en lenguas (*cf.* 1Co 14:18-19), tales vivencias visionarias ocuparon un lugar secundario en su ministerio.

La razón del silencio de Pablo es que, cuando Dios se da a conocer para la salvación de su pueblo y para el juicio del mundo, no lo hace de un modo místico en las experiencias privadas del individuo. La revelación que Dios hace de sí mismo tiene más bien lugar de forma histórica, en los acontecimientos redentores que ocurren en el espacio y el tiempo tal como se interpretan y reflejan en las Escrituras. La Palabra de Dios es el registro y la interpretación de los actos de Dios. El punto culminante de la revelación de Dios es, por tanto, su revelación de sí mismo en el Verbo de Dios hecho carne. Como corolario, Pablo no se jacta en sus experiencias privadas, sino en el Cristo que murió por sus pecados y lo sostiene en medio de su sufrimiento. La necia jactancia en sus experiencias espirituales refleja, por consiguiente, y proporciona respaldo al estudio que Emil Brunner hace de la "Doctrina central de la fe cristiana", en la que caracterizaba el cristianismo como:

> El "opuesto absoluto" de cualquier religión que ve a Dios desvelándose de forma no mediada a la humanidad: "En una forma

---

26. *Ibíd.,* 284 (*cf.* n. 65, siguiendo a Tabor).

de religión se afirma que es fundamental que Dios se revele a sí mismo, de un modo directo, al alma humana; en la otra se afirma que es fundamental que Dios se revele por medio del Mediador. Esta es la distinción fundamental".

Requiriendo la fe personal en Jesucristo —prosigue Brunner—, el cristianismo afirma que "un acontecimiento real en el tiempo y el espacio [...] es la única revelación final, para el tiempo y la eternidad, y para todo el mundo [...]. La fe en el Mediador —en el caso que tuvo lugar una vez y para siempre, una expiación revelada— *es* la religión cristiana en sí misma [...]. En distinción de todas las demás formas de religión, la cristiana consiste en fe en el único Mediador ...". Y Brunner sigue añadiendo: El Mediador es "la prueba característica y definitiva del contraste entre la religión general y la fe cristiana".[27]

Aquí tenemos que ser cuidadosos. Negar que Pablo fuera un místico en lo tocante a conocer y comunicar la verdad del evangelio no implica negar que el núcleo central mismo del cristianismo es su carácter sobrenatural. No estamos argumentando a favor de un racionalismo protestante. En realidad, ha sido el racionalismo protestante el que ha hecho hincapié con mayor frecuencia en la prioridad de la experiencia religiosa privada como único foco de la verdad. Si uno niega los actos sobrenaturales de la autorrevelación de Dios en la historia y la veracidad de su Palabra inspirada, lo único que nos queda es la experiencia religiosa general. Negar la historia es quedarse tan solo con el corazón. Pero, como ha enfatizado Carl F. H. Henry a lo largo de su obra magistral sobre la centralidad de la revelación divina para la fe bíblica, el misticismo ha de ser rechazado como forma de experimentar la verdad de Dios, precisamente porque Dios se revela a sí mismo de una manera milagrosa en el tiempo y en el espacio. En palabras de Henry:

> En lugar de velar la persona de Dios con trascendente misterio o meras probabilidades, el Antiguo Testamento y el Nuevo por igual ofrecen y definen la revelación y la autoridad como su marca distintiva [...].
>
> Para producir [un] enfrentamiento relevante entre el cristianismo y el laicismo, el primero ha de reafirmar su reivindicación de lo sobrenatural que se ha revelado. Como los griegos antiguos y los romanos antes que ellos, los modernos reculan ante tales afirmaciones bíblicas; la Escritura los expone, porque ellos son rebeldes

---

27. Como cita y comenta Carl F. H. Henry, *God, Revelation and Authority. Vol. III: God Who Speaks and Shows, Fifteen Theses, Part Two* (Wheaton: Crossway, 1999 [1679]), 48, de la obra de Brunner, *The Mediator* (1947), 30, 40, 456.

pecadores y los llama a compromisos morales y espirituales que a ellos les molestan y a los cuales se resisten [...].

En vista de la revelación personal del Dios vivo, la religión judeocristiana desafía a la teología contemporánea a que rompa su silencio en lo que se refiere a lo sobrenatural [...]. El hecho que debería serenarnos es que, como desvelará la eternidad, los tanteos exploratorios del cientifismo moderno sobre el universo no ha hecho más que comprimir los parámetros de la realidad desviando el interés de lo Sobrenatural.

Harry Blamires observa que [la] "orientación sobrenatural" es "la señal suprema" de la mente cristiana". "El pensamiento secularista moderno [...] trata este mundo como la Cosa [...]. Cuando el secularismo entra en la mente cristiana, o esta última hará temblar momentáneamente esas (mundanas) raíces, o el secularismo seducirá la mente cristiana a una especie de antítesis que pase por alto lo sobrenatural [...]. Pensando de manera cristiana, la mente cristiana no puede escapar por un momento a un marco de referencia que se extienda hacia lo sobrenatural".

Para la religión judeocristiana, lo Sobrenatural es el único y exclusivo sobrenatural personal, el Dios vivo.[28]

La relevancia del sufrimiento de Pablo. Debemos, por tanto, ser muy cuidadosos y no convertir las experiencias espirituales de Pablo en un modelo de misticismo como fundamento de nuestra fe. Pablo se consideró un "necio" por jactarse en tales cosas. Del mismo modo, hemos de tener cuidado a la hora de distinguir su argumento en cuanto a su *legítima* jactancia del estoicismo de su época y de sus descendientes en la nuestra, "el poder del pensamiento positivo".[29] Pablo *no* fue ningún necio al jactarse en sus debilidades y Dios lo guardó del orgullo concediéndole precisamente "la espina en el cuerpo". Sin embargo, los estoicos antiguos o modernos repudian la realidad de las circunstancias externas afirmando un poder humano o semidivino dentro de ellos que puede "vencer" este tipo de "aguijones". Para los estoicos, este poder era generalmente una fuerza impersonal, como la "voluntad" divina o humana, o la propia esencia espiritual. Para el pensamiento positivo, este poder es la capacidad de vencer las circunstancias de uno luchando contra los pensamientos negativos que producen.

---

28. Carl F. H. Henry, *God, Revelation and Authority. Vol. VI: God Who Stands and Stays, Part Two* (Wheaton Crossway, 1999 [1983]), 33, citando a Harry Blamires, *The Christian Mind*, 67ss.
29. Esta sección se basa principalmente en la obra de Heckel, *Kraft*, 279-88.

En firme contraste, cuando Pablo se jacta en su debilidad, no se está implicando en el dominio propio del antiguo estoico ni en la reinterpretación de los sucesos propia del movimiento moderno del "poder del pensamiento positivo". Para Pablo, la debilidad no es el resultado de no controlar nuestras pasiones o de no ser capaces de luchar contra los pensamientos o las influencias. Para Pablo, la debilidad es un verdadero sufrimiento e impotencia, a causa de nuestra existencia bajo el poder real y las circunstancias del pecado. El yo no puede doblegar por sí solo al pecado. No se puede escapar a las debilidades sencillamente pensando de forma distinta. Lo que se necesita no es más fuerza de voluntad, sino el poder de la gracia de Dios. Al enfrentarse a su espina, Pablo no intenta pensar de manera positiva; ora. Su contentamiento no procede de una capacidad renovada para ejercer su voluntad, sino de recibir la gracia de Dios. No está procurando una virtud más alta de contentamiento, sino a un acto sobrenatural de liberación.

En realidad, al hacer frente a su sufrimiento, Pablo puede quejarse a Dios y clamar pidiendo ayuda, mientras que los estoicos y el poder del pensamiento positivo no pueden hacerlo.[30] La triple oración de Pablo por liberación es una expresión de su piedad; para los estoicos sería flaquear y no tener fuerza de voluntad. La respuesta a la oración de Pablo está en Dios mismo, mientras que la respuesta para el poder del pensamiento positivo está en el yo. Aunque los estoicos intentan salvarse confiando en sus facultades naturales, lo que Pablo necesita es la gracia de Dios. El poder del pensamiento positivo dice: "Yo soy más fuerte que el destino"; Pablo dice: "El poder de Dios es más fuerte que las circunstancias que él mismo ha orquestado". El objetivo de los estoicos es el dominio propio y esto es lo que lo contenta en medio de sus circunstancias; la meta de Pablo es la gloria de Dios y esto es lo que hace que se regocije en medio de su sufrimiento (12:10).

Que la fe de Pablo no debe confundirse con el dominio propio o el poder del pensamiento positivo significa que el sufrimiento es el medio de un fin y no la necesaria condición para este. Pablo no glorifica el sufrimiento como condición necesaria para la espiritualidad, aunque todas las personas sufrirán en diversos grados. En vez de esto, reconoce su presencia como una (no *la*) plataforma para la revelación de la gracia de Dios. Por eso puede orar por su eliminación.

Por este motivo también, la idea de Pablo en 12:10 es que *cuando* es débil, entonces es fuerte; no *si* es débil, entonces es fuerte. La debilidad es la base del poder de Dios, no su única y exclusiva condición. La experiencia del poder de

---

30. Heckel, *Kraft*, 96, 99 n. 226-27 apunta a los salmos de lamento como telón de fondo clave para el clamor de Pablo al Señor pidiendo liberación (p. ej., Sal 6:4-5; Jer 15:10-21; Lm 3:55-57; esp. Sal 6:2; 32:11; 106:47; en los que el lamento conduce a jactarse en Dios. La queja de Pablo es, por tanto, en sí misma una expresión de su fe.

Cristo no es una recompensa ni el pago por el sufrimiento, y tampoco debemos procurar el sufrimiento con el fin de experimentar su gracia. Jactándose en las dificultades y las persecuciones, Pablo no está estableciendo el fundamento para una teología del martirio como meta de la espiritualidad; se está jactando en la suficiencia de Cristo para toda situación.

Por tanto, es importante observar que los sufrimientos que Pablo enumera aquí son todos pasivos. Él no busca sufrir. Incluso su práctica voluntaria de sostenerse con su propio trabajo se suavizaba, cuando era posible, por las contribuciones de otras iglesias (*cf.* 11:8-9). Su idea no consiste en que cuanto más débil es, más fuerte es, lo que conduciría erróneamente a procurar el sufrimiento en beneficio de una espiritualidad supuestamente más profunda. Más bien, la idea de Pablo es que el poder de Cristo está presente *en* su sufrimiento, cuando, donde y como quiera que llegara dicho sufrimiento y se cruzara en su camino en la providencia de Dios.

Pablo reconoce la presencia del sufrimiento, y se presupone su papel esencial como parte de su llamado apostólico, pero no hay llamamiento universal a sufrir en la teología de Pablo. Incluso para el apóstol mismo, no es su debilidad como tal la que provee el sello de su apostolado, sino el poder de Cristo en funcionamiento en su debilidad, un poder manifestado en el establecimiento de la iglesia corintia. Es solo el poder de Cristo el que contenta a Pablo en su sufrimiento.

En 12:5, 7-10 Pablo no está enseñando una imitación de Cristo en su sufrimiento. El padecimiento no lo hace a uno cristiano ni apóstol; Cristo sí. Es crucial no confundir el papel del sufrimiento en la vida de Pablo como apóstol con el llamado universal a la humildad delante del Dios soberano. Su aguijón en la carne era la prescripción particular de Dios para evitar que fuera un engreído (12:7); tal vez no sea la nuestra. Es la necesidad universal de humildad tal como se expresa en la dependencia de la soberanía y el amor de Dios, no la debilidad y el sufrimiento *per se*, lo que Pablo tiene en mente en este pasaje.[31] No todos los que sufren son humildes y no todos los que son humildes sufren.

Significado Contemporáneo

Como hemos visto, cuando Pablo concluye en 12:11-12 que se ha vuelto necio, se está refiriendo a los momentos específicos en que se sintió obligado a jactarse de su "fuerza": con respecto a su herencia espiritual (11:22-23a) y

---

31. Ver Timothy B. Savage, *Power Through Weakness,* 167: "Es evidente en el AT que Dios habita 'con el contrito y el humilde de espíritu' (Is 57:15), 'estima a los pobres y contritos de espíritu' (66:2) y 'está cerca de los quebrantados de corazón' (Sal 34:18). "Donde hay humildad allí también estará el poder de Dios".

a sus experiencias espirituales (12:1-4). Como lo ha expuesto A. T. Lincoln: "De lo que se trata [...] específicamente en II Corintios 12 es de lo que tendrá que contar como prueba de la legitimidad de sus reivindicaciones del apostolado [...]. Pablo se apoyará en la evidencia que está claramente ante los ojos de los corintios (*cf.* también 10:7; 11:6)".[32] Lo que los corintios pueden ver es la perseverancia de Pablo en el sufrimiento por el bien del evangelio como testimonio de la gracia de Cristo.

No obstante, como los corintios, sentimos con frecuencia la tentación de intercambiar el evangelio de Pablo por una de las autosuficiencias estoicas y el poder de voluntad o el experimentalismo seudocarismático. Descubrimos que somos propensos a glorificar el sufrimiento como la senda a la espiritualidad en lugar de aceptarlo como parte del tejido vital ordenado por Dios en un mundo caído. Sin embargo, la experiencia de Pablo encarnaba la verdad de que tanto el aguijón en la carne como el poder de la presencia de Dios para soportarlo venían de la clemente mano de la soberanía de Dios para beneficio de su pueblo. La experiencia de Pablo, retratada con tanta profundidad en 12:9-10, no es un llamado a sufrir *per se*, sino una expresión de la promesa de Dios a todos los cristianos cuando estos, como Pablo, son conducidos a situaciones de debilidad y dificultad (*cf.* 2:14). La buena nueva del evangelio es que quienes se sientan débiles, pero se jacten en Dios, pueden esperar el mismo mensaje de Cristo que Pablo recibió: "Te basta mi gracia, pues mi poder se perfecciona en la debilidad" (12:9a).

La cuestión de si las experiencias de arrebatamiento como la de Pablo siguen sucediendo hoy o no es, por tanto, irrelevante. Si todavía suceden, quienes las experimenten deben guardarlas para sí. Tales experiencias solo tienen valor para quienes las viven. Nuestra única fuente de revelación divina sigue siendo la Palabra de Dios absolutamente suficiente, y el Verbo de Dios se hizo carne. Nuestra única jactancia, como la de Pablo, está en nuestra debilidad como plataforma para la exposición del poder y la gracia de Cristo.

¡No las experiencias, sino vaciarse! Este pasaje presenta al menos tres desafíos a la iglesia contemporánea. En primer lugar, la jactancia de Pablo en su debilidad, por la gracia todosuficiente de Cristo desafía nuestra propensión presente a crear celebridades cristianas basadas en sus "experiencias espirituales" y el "poder", así como a imitar su misticismo. Por su experiencia semana tras semana, entre el pueblo de Dios, el pastor Arturo Azurdia ha señalado los peligros de tal necedad para la vida de la iglesia local.

> Dos graves preocupaciones deberían suscitarse entre nosotros y están relacionadas con estas "experiencias del Espíritu Santo". Primeramente, desde la perspectiva *pastoral* necesitamos

---

32. A. T. Lincoln, "'Paul the Visionary': The Setting and Significance of the Rapture to Paradise in II Corinthians XII.1-10", *NTS* 25 (1979): 204-20.

preocuparnos de que el desarrollo espiritual de los cristianos bienintencionados puede volverse vulnerable a la ley de rendimiento decreciente. Es decir, el proceso de madurez de un cristiano será, por lógica, deficiente si la devoción por Jesucristo queda determinada por nuevas experiencias de éxtasis espiritual. ¿Por qué? Porque la sensación de estar dominado por Dios necesitará constante intensificación. La voluntad ordinaria da paso a la inusual. Esta se rendirá hasta el extremo. Y el extremo caerá en el ridículo. Con frecuencia, la consecuencia inevitable es el vacío espiritual.[33]

Azurdia sigue citando la útil percepción de Gardiner:

... quien busca la experiencia vuelve a pasar una y otra vez por el ritual, pero empieza a descubrir algo: la experiencia extática, como la adicción a la droga, requiere dosis cada vez mayores para satisfacer [...]. En última instancia existe una crisis y se toma una decisión; se sentará en el asiento de atrás y será un espectador, "finge" o sigue con la esperanza de que todo acabe siendo como debía. La decisión más trágica es abandonar y, al hacerlo, dejar atrás todas las cosas espirituales considerándolas fraudulentas. Los espectadores se frustran, los imitadores sufren su culpa, los que esperan son dignos de lástima y los que abandonan son una tragedia.[34]

Y lo más importante es que hay una preocupación doctrinal suscitada por el ejemplo de Pablo. Los que buscan dichas experiencias espirituales como el foco de su búsqueda de Dios lo hacen porque operan con una expectación en cuanto al ministerio del Espíritu Santo, es decir, "tienen el foco puesto en el cristiano en lugar de en Cristo".[35] El ejemplo de Pablo, sin embargo, revela que el papel del Espíritu Santo consiste en glorificar la absoluta suficiencia de la gracia de Cristo en medio de la adversidad misma y del sufrimiento, la debilidad y la persecución que parecería cuestionarla. Como lo resume Azurdia: "La vitalidad del Espíritu es su obra eficaz de glorificar a Jesucristo a través de hombres falibles que proclaman fielmente las escrituras cristocéntricas".[36] Para glorificar de forma eficiente a Dios "el predicador debe reconocer, pues, y hasta deleitarse en sus propias incapacidades humanas".[37] Y lo que es cierto

---

33. Arturo G. Azurdia, *Spirit Empowered Preaching: The Vitality of the Holy Spirit in Preaching* (Geanies House, Fearn, Rosshire, Great Britain: Christian Focus Publications, 1998), 49.
34. George Gardiner, *The Corinthian Catastrophe*, 55; citado por Azurdia, *Spirit Empowered Preaching*, 49.
35. Azurdia, *Spirit Empowered Preaching*, 50.
36. *Ibíd.*, 66-67.
37. *Ibíd.*, 143, comentando sobre 1Co 2:3-5; 2Co 4:7; 12:7-10.

para nuestros apóstoles y pastores también lo es para nosotros. La vida de Charles Haddon Spurgeon, cuyo poder en el ministerio estaba incrustado en una vida de sufrimiento emocional y físico, es un ejemplo profundo del principio de Pablo en cuanto a que el poder de Cristo se perfecciona en la debilidad de sus siervos. Spurgeon sufrió recurrentes episodios de depresión a lo largo de su vida adulta. A causa de su propia popularidad y de las posturas impopulares que adoptó contra el liberalismo teológico de su tiempo, también tuvo que soportar que otros lo dejaran constantemente en ridículo, incluidos otros pastores. A esto hay que añadir su necesidad de proporcionar incesantes cuidados a su esposa, que estuvo inválida durante la mayor parte de su matrimonio. Por si esto fuera poco, Spurgeon pasó una tercera parte de sus últimos veintisiete años de ministerio fuera del púlpito por su propia enfermedad física. Apenas existió una debilidad, un insulto, un problema o una dificultad (12:10) que Spurgeon no conociera personalmente.

No obstante, esta fue su respuesta al sufrimiento y a las debilidades como ministro:

> Se utilizarán instrumentos, pero la debilidad intrínseca de ellos deberá ser claramente manifestada; no habrá división de la gloria ni disminución del honor que se le debe al Gran Obrero. El hombre será vaciado de sí mismo y, a continuación, llenado del Espíritu Santo [...]. Mi testimonio es que quienes reciben del honor de su Señor en público tienen que soportar, por lo general, un castigo secreto o llevar una cruz peculiar, no sea que se vayan a exaltar a sí mismos y caigan en el ardid del diablo [...]. Nuestras depresiones nos susurran al oído este tipo de mensajes de humildad, pero beneficiosos; nos dicen de un modo que no se presta a equívoco que no somos más que hombres, frágiles, débiles, con tendencia a desmayar.[38]

Escucha este mismo testimonio con respecto a la vida del creyente en general por parte del monje alemán Tomás de Kempis (1379–1471):

> Bueno es que algunas veces nos vengan cosas contrarias, porque muchas veces atraen al hombre al corazón, para que se conozca desterrado, y no ponga su esperanza en cosa del mundo [...]. Por eso debería el hombre afirmarse del todo en Dios, y no tendría necesidad de buscar otras consolaciones.[39]

---

38. De Spurgeon, *Discursos a mis estudiantes,* citado en inglés por Azurdia, *Spirit Empowered Preaching,* 145-46, por quien supe la cantidad de tiempo que Spurgeon estuvo enfermo.
39. Tomás de Kempis, *La imitación de Cristo,* 1.XII, en *Obras de Fray Luis de Granada* (Biblioteca de Autores Españoles: Madrid, 1849) Tomo 3, p. 383.

¡No exaltándose a uno mismo, sino presentando a Dios! En segundo lugar, la jactancia de Pablo en su debilidad desafía nuestra preocupación con nuestro yo, ya sea de forma positiva o negativa. En cuanto a la negativa, el llamado de Pablo a llevar el tesoro de la gloria de Dios en una "vasija de barro" (*cf.* 4:7) no lo condujo a una vida de autocompasión. En cuanto a la positiva, su jactancia en su debilidad no provocó en él una actitud de sacrificio exaltador, en el que se pavoneaba delante de otros alardeando de la cantidad de cosas a las que había tenido que "renunciar por Dios". En vez de ello, su experiencia hizo que otros se unieran a él confiando y alabando al "Dios de toda consolación" (1:3, 6, 11). En cualquier lugar adonde Dios dirigiera a Pablo a la muerte, su sufrimiento reveló el conocimiento de Dios (2:14). De ahí que, sabiendo que Dios estaba usando el padecimiento de Pablo para revelar su gracia, el apóstol se jactó "gustosamente" en sus debilidades y se "regocijaba" en sus dificultades. A su vez, semejante gozo en medio de la adversidad magnificaba la suficiencia misma del Cristo que él proclamaba (12:9-10).

No debemos, pues, subvertir el entusiasmo de Pablo por el poder de Cristo y convertirlo en un moderno estoicismo del autocontrol, de la fuerza de voluntad y del pensamiento positivo. Jactándose de su debilidad, Pablo no se está vanagloriando en su paciencia y su capacidad de soportar la tribulación. Al jactarse "gustosamente" en sus dificultades, Pablo está confesando de palabra y de hecho su satisfecha dependencia de la gracia de Cristo. No se alaba el sufrimiento en sí mismo, sino porque lleva consigo esta promesa del poder de Cristo. Siempre nos quedaremos cortos a la hora de enfatizar que *Dios* se negó a quitar el aguijón de Pablo para poder enseñarle esta verdad fundamental: *cuanto más satisfechos estamos con Dios, más se glorifica él en nosotros*.[40]

Con ese fin, Dios no permitiría que Pablo se volviera autoritario, autodependiente, satisfecho de sí mismo o que se vanagloriara por las grandes revelaciones que había recibido. El sufrimiento nos despoja de las fuentes de felicidad de segunda clase, incluso experiencias y revelaciones espirituales concedidas por Dios, y nos lleva a depender solo de él para que satisfaga los anhelos más profundos de nuestro corazón. Por esta razón, el ejemplo de Pablo nos recuerda que nuestro ministerio público, la presencia en el púlpito, los programas y las vidas personales deberían comunicar, todos ellos, nuestra total dependencia de Dios y nuestra satisfacción en él y no llamar la atención a nuestra fuerza, nuestras experiencias y, si estamos en el ministerio, a nuestra "profesionalidad". Esto resultará difícil dada la presión cultural que nos rodea para que hagamos lo contrario. Pablo también era consciente de que no satisfacía las expectativas culturales de los corintios, pero se negaba a hacerlo por el bien del evangelio.

---

40. John Piper, *Sed de Dios*.

El ejemplo de Pablo en 12:1-10 ciertamente sigue la aplicación general que hemos sacado de él más arriba. Pero 12:11-13 deja claro que el principal enfoque de Pablo aquí está sobre su propio ministerio como apóstol (para la cuestión del dinero en el ministerio y la práctica de Pablo de ganarse su propio sustento, *cf.* nuestras anteriores exposiciones de 2:17; 11:7-12). La principal aplicación de este pasaje será, pues, para nuestros líderes y ministros del evangelio.

En este punto, volvemos, pues, nuestra atención directamente a la cuestión del estilo en el púlpito. Aunque no se mencione de forma explícita en 12:1-13, el contexto deja claro que la jactancia de los falsos maestros en sus experiencias espirituales era un aspecto y extensión esencial del uso que hacían de la retórica para exaltarse a sí mismos (*cf.* 10:10; 11:4-6). La recomendación de sí mismos era una mezcla compleja de palabra y hecho, con su jactancia en su "fuerza", sin duda emparejada a su "fuerte" personalidad como "oradores públicos" profesionales. Hoy, como en la época de Pablo, "jactarnos en nuestras debilidades" (12:5, 10) significará, por consiguiente, volver la espalda a cualquier intento de cultivar una "presencia retórica" fabricada en el púlpito, ya que actuar así nublará la presencia del poder de Cristo y su gracia con nuestra debilidad. Una vez leído Spurgeon acerca del papel del sufrimiento en la vida del ministro, es más que adecuado volver a él también para recibir consejo sobre la tarea pública de la predicación.

Dada la batalla de Pablo con sus oponentes por la imagen pública del pastor, resulta impresionante que las dos conferencias publicadas de Spurgeon sobre la predicación se enfoquen en la "postura" y las técnicas retóricas en el púlpito, no solo en la teología *per se* (¡aunque ciertamente enseñó gran cantidad de ella!). Como Pablo, Spurgeon retoma este tema, porque sabía lo relevante que puede ser la imagen del predicador para la promulgación del evangelio. Como observó Spurgeon, postura y acciones son en comparación pequeños aspectos del proceso de la predicación, pero "en el servicio de Dios, hasta las cosas más pequeñas deberían considerarse con un cuidado santo".[41]

Spurgeon mismo fue conocido por sus dramatizaciones, su ingenio y sus movimientos en el púlpito. Desde luego, no estaba en contra de usar un estilo que comunicara enérgicamente el poder y el entusiasmo de las Escrituras. Su preocupación, como la de Pablo, era que la persona del predicador sea genuina y que encaje en el contenido del mensaje en lugar de ser teatrero o retórico por su propio beneficio o con el fin de "impresionar". Como resultado, Spurgeon insistió en que sus estudiantes se despojaran de cualquier gesto o rareza que distraigan a los demás llamando la atención sobre sí mismos y no sobre el

---

41. C. H. Spurgeon, *Discursos a mis estudiantes* (El Paso: Casa Bautista de Publicaciones, 1982); 272-304 (p. 272) del original inglés. Los números de páginas de las citas de sus conferencias se proporcionan en el cuerpo del texto.

mensaje. En palabras de Spurgeon: "No les incumbe tanto a ustedes adquirir la acción correcta en el púlpito como deshacerse de aquello que no es correcto" (273).

Por su preocupación por la autenticidad y la efectividad en el púlpito, Spurgeon amonestó a sus estudiantes: "No deberíamos aconsejarles nunca que practiquen posturas delante del espejo ni emulen a los grandes eruditos ni imiten a refinados caballeros; sin embargo, por otra parte, no hay necesidad de ser vulgar ni absurdo" (274). Más bien, la idea es ser uno mismo cuando se predique, de manera que el entusiasmo del pastor por Dios se transmita de manera natural. Spurgeon estaba convencido de que fingir el entusiasmo o producir gestos intencionadamente "justo en el momento adecuado" contradice el poder inherente del mensaje y revela la falta de convicción del pastor. En vez de ello, el pastor "va a su trabajo con todo su corazón y se deja caer en las posturas más naturales de un hombre ferviente, y estos [...] gestos más adecuados no estudiados y en los que no pensaron ni por un momento son los mejores" (279). Resulta, pues, que "tal vez un hombre esté más próximo al punto de equilibrio adecuado en que los modos no suscitan observaciones ni de alabanza ni de censura, porque forman una pieza tan compacta con el discurso que no se considera en absoluto un elemento separado" (284).

Parte de la razón por la que Pablo estaba tan enojado con los falsos maestros era que la predicación no debe ser una actuación. Ya sea que se predique o se escuche la predicación de otros, debemos "detestar toda afectación [...] todo los trucos y los efectos de escenario son insoportables cuando se debe comunicar el mensaje del Señor. Más vale la ropa andrajosa y un discurso accidentado, sin arte, con maneras sinceras y no con fatuidad clerical. Es mucho mejor violar todos los cánones de la elegancia que ser un mero intérprete, un actor consumado, un actor sobre un escenario religioso" (301). Así como Pablo siguió siendo un "amateur" en cuanto a la retórica, Spurgeon enseñó a sus estudiantes que debían evitar "la aparición misma de gestos estudiados [...] las maneras que usen en el púlpito solo merecen el pensamiento de un momento, porque pueden estorbar el éxito de ustedes haciendo que las personas hagan observaciones sobre el predicador cuando ustedes quieren que todos los pensamientos de ellos sean para el tema tratado" (302).

Por "éxito" en el púlpito, Spurgeon se refiere a comunicar con éxito el *evangelio* y no al exitoso dominio de las técnicas retóricas: "Nada de esto debería ser para ganar honores para nosotros mismos, sino para la gloria de Dios y el beneficio de los hombres; si es así, no tienen por qué temer violar la norma de ser natural, porque no se les ocurrirá ser de otro modo" (302). De ahí que, por "natural", Spurgeon quiera decir sentirse espontáneamente maravillado de la gloria de Dios y con una sincera humildad por lo que Dios ha hecho por su pueblo: "Por encima de todo, estén tan llenos de la materia en cuestión, tengan tanto fervor y gracia que a las personas les importe poco la forma en la que transmitan la palabra; y es que si perciben que llega fresca desde el cielo y les parece dulce y abundante, prestarán poca atención al cesto en el que ustedes se la presenten" (303-304).

Por esta razón, Spurgeon mantiene que la cualidad más fundamental para el éxito en el ministerio es el fervor: "Los hombres prosperan en el servicio divino en la proporción en que sus corazones arden con el amor santo".[42] La aplicación de 2 Corintios 11:1–12:10 al ministerio es clara: "Que aquellos que son meros actores tengan cuidado, no sea que a la postre estén pecando contra el Espíritu Santo por sus interpretaciones teatrales [...]. La sinceridad fingida es uno de los trucos más detestables para cortejar la popularidad; aborrezcamos hasta pensar en ello".[43]

¡Mañana no, hoy! Finalmente, la jactancia de Pablo en su debilidad desafía nuestra definición misma de la espiritualidad. En vista de la propia muerte y resurrección de Cristo, no deberíamos considerar que nuestras propias experiencias más extraordinarias de la gracia y del poder de Cristo suelan llegar con frecuencia (aunque no siempre) a través de nuestras experiencias de sufrimiento y dificultades, y que esto sea una extraña providencia de Dios. En realidad, el testimonio de Pablo en cuanto a que el "poder de Cristo se perfecciona en la debilidad" (12:9) ha sido confirmado a lo largo de los siglos. "Meditation on Psalm 119:71 [Meditación sobre Salmos 119:71]" de John Piper, titulado "Luther, Bunyan, Bible and Pain" [Lutero, Bunyan, Biblia y dolor] es un conmovedor recordatorio de esta verdad.

> Desde 1660 hasta 1672, John Bunyan, el predicador inglés bautista y autor de *El progreso del peregrino* se encontraba en la cárcel del condado de Bedford. Podría haber sido liberado si hubiera accedido a dejar de predicar. No sabía qué era peor, el dolor de las condiciones o el tormento de escogerlo libremente, viendo lo que suponía para su esposa y sus cuatro hijos. Su hija Mary era ciega. Tenía diez años cuando lo encarcelaron en 1660.
>
> "Separarme de mi esposa y de mis pobres hijos ha sido con frecuencia para mí, en este lugar, como si me arrancaran la carne de los huesos [...] no solo porque sea demasiado aficionado a estas grandes mercedes, sino también por [...] traer a mi mente a menudo las muchas dificultades, miserias y necesidades que mi pobre familia tendría que afrontar si me apartaban de ellos, en especial mi pobre hija ciega, más próxima a mi corazón que todo lo que

---

42. C. H. Spurgeon, "Earnestness: Its Marring and Maintenance," *Lectures to My Students* (Grand Rapids: Zondervan, 1972), 305–20 (p. 305) [*Discursos a mis estudiantes* (El Paso: Casa Bautista de Publicaciones, 1982)].
43. *Ibíd.*, 308.

tenía; ¡pensar en las dificultades que podría atravesar mi cieguita me rompía el corazón en mil pedazos!".[44]

Pero este quebrantado Bunyan estaba viendo tesoros en la Palabra de Dios a causa de este sufrimiento que probablemente no habría hallado de ningún otro modo. Estaba descubriendo el significado de Salmos 119:71. "Me hizo bien haber sido afligido, porque así llegué a conocer tus decretos".

"En toda mi vida había tenido una entrada tan grande a la Palabra de Dios como ahora [en prisión]. Las Escrituras en las que con anterioridad no veía nada resplandecen sobre mí en este lugar. Jesucristo tampoco fue nunca antes tan real y tan patente como ahora. Aquí le he visto y le he sentido de verdad [...] He visto [cosas] aquí de las que estoy seguro no ser capaz de hablar mientras esté en este mundo [...]. Por la ternura que siente por mí [Dios] no habría soportado que yo hubiera sido importunado, y me habría fortalecido frente a todo con un versículo y otro, hasta tal punto que he dicho con frecuencia que si fuera lícito podría orar pidiendo mayor aflicción para obtener mayor consuelo".[45]

En otras palabras, uno de los dones que Dios nos ha regalado en el sufrimiento es que se nos ha concedido ver y experimentar las profundidades de su Palabra, algo que una vida fácil jamás produciría. Martín Lutero había descubierto el mismo "método" de ver a Dios en su Palabra. Dijo que existen tres reglas para entender la Escritura: orar, meditar y sufrir pruebas. Las "pruebas —dijo— son extremadamente valiosas: te enseñan no solo a saber y comprender, sino también a experimentar lo correcta, verdadera, dulce, hermosa, poderosa y consoladora que es la Palabra de Dios: es sabiduría suprema". Por ello, el diablo mismo se convierte en un maestro involuntario de la Palabra de Dios: "El diablo los afligirá [y] hará de ustedes verdaderos doctores, y los enseñará por medio de sus tentaciones a buscar y amar la Palabra de Dios. En cuanto a mí [...] debo dar las gracias a mis papistas por golpearme, presionarme y asustarme tanto por medio de la rabia del diablo hasta convertirme en un teólogo bastante bueno y llevándome a una meta que jamás habría alcanzado".[46]

Desde mi pequeña experiencia testifico que esto es verdad. La decepción, la pérdida, la enfermedad y el temor me envían a

---

44. John Bunyan, *Grace Abounding to the Chief of Sinners* (Hertfordshire: Evangelical Press, 1978), 123 [*Gracia abundante* (Terrassa: CLIE, 1983)].
45. *Ibíd.*, 123.
46. Martín Lutero, *What Luther Says,* Vol. 3 (St. Louis: Concordia, 1959), 1360.

profundizar más que nunca en Dios y en su Palabra. Las nubes de frivolidad se van volando y la gloria de las cosas invisibles brilla a los ojos del corazón. Que Bunyan y Lutero nos alienten a apoyarnos en la Palabra de Dios como nunca antes en los momentos de aflicción. Sé que hay periodos en los que no podemos pensar ni leer, por lo grande que es el dolor. Pero Dios nos concede espacios de cierto alivio entre esos momentos terribles. Vuelvan su mirada a la Palabra y demuestren la verdad de Salmos 119:71: "Me hizo bien haber sido afligido, porque así llegué a conocer tus decretos".[47]

Si nuestra debilidad es la plataforma para la revelación de la gracia y el poder de Cristo, entonces ¿qué le revelamos al mundo? En respuesta a esta pregunta, el mismo Spurgeon que tanto sufrió en sus propias carnes le dijo a su congregación que uno de los puntos centrales de 2 Corintios 12:9 es que la gracia de Dios es *ahora* suficiente para cualquier necesidad que podamos afrontar. Al final, la jactancia de Pablo en su debilidad nos invita a confiar en la suficiencia de Cristo hoy.

Resulta fácil creer en la gracia del pasado y del futuro, pero descansar en ella para la necesidad inmediata es fe verdadera [...]. En este momento, y en todos los momentos que se den entre ahora y la gloria, la gracia de Dios será suficiente para ustedes. Esta suficiencia se declara sin palabras que la limiten [en 12:9] y, por tanto, entiendo que el pasaje quiere decir que la gracia de nuestro Señor Jesús es suficiente para sostenerlos, suficiente para fortalecerlos, suficiente para consolarlos, suficiente para hacer que su problema sea útil para ustedes, suficiente para capacitarlos para triunfar sobre este, suficiente para sacarlos de él, suficiente para sacarlos de diez mil como este, suficiente para llevarlos a casa, al cielo. La gracia de Cristo es suficiente para concederles cualquier cosa que sea buena para ustedes; su gracia es suficiente para evitar cualquier cosa que pudiera perjudicarlos; su gracia es suficiente para darles cualquier cosa que deseen si es buena para ustedes; su gracia puede protegerlos de cualquier cosa que ustedes quisieran evitar si así lo dicta su sabiduría [...]. Aquí permítanme insistir en el agradable deber de asimilar personalmente la promesa en este momento, porque ningún creyente necesita estar aquí bajo ningún temor, ya que para él también, en este mismo instante, la gracia del Señor Jesús es suficiente.[48]

---

47. John Piper, *The Bethlehem Star* (Minneapolis: Bethlehem Baptist Church, January 19, 1999), 4.
48. C. H. Spurgeon, "Strengthening Words from the Saviour's Lips" [Palabras fortalecedoras de los labios del Salvador], un sermón sobre 2Co 12:9 predicado el

2 Corintios 12:14–13:14

Miren que por tercera vez estoy listo para visitarlos, y no les seré una carga, pues no me interesa lo que ustedes tienen sino lo que ustedes son. Después de todo, no son los hijos los que deben ahorrar para los padres, sino los padres para los hijos. ¹⁵ Así que de buena gana gastaré todo lo que tengo, y hasta yo mismo me desgastaré del todo por ustedes. Si los amo hasta el extremo, ¿me amarán menos? ¹⁶ En todo caso, no les he sido una carga. ¿Es que, como soy tan astuto, les tendí una trampa para estafarlos? ¹⁷ ¿Acaso los exploté por medio de alguno de mis enviados? ¹⁸ Le rogué a Tito que fuera a verlos y con él envié al hermano. ¿Acaso se aprovechó Tito de ustedes? ¿No procedimos los dos con el mismo espíritu y seguimos el mismo camino?

¹⁹ ¿Todo este tiempo han venido pensando que nos estábamos justificando ante ustedes? ¡Más bien, hemos estado hablando delante de Dios en Cristo! Todo lo que hacemos, queridos hermanos, es para su edificación. ²⁰ En realidad, me temo que cuando vaya a verlos no los encuentre como quisiera, ni ustedes me encuentren a mí como quisieran. Temo que haya peleas, celos, arrebatos de ira, rivalidades, calumnias, chismes, insultos y alborotos. ²¹ Temo que, al volver a visitarlos, mi Dios me humille delante de ustedes, y que yo tenga que llorar por muchos que han pecado desde hace algún tiempo pero no se han arrepentido de la impureza, de la inmoralidad sexual y de los vicios a que se han entregado.

¹³:¹ Ésta será la tercera vez que los visito. «Todo asunto se resolverá mediante el testimonio de dos o tres testigos». ² Cuando estuve con ustedes por segunda vez les advertí, y ahora que estoy ausente se lo repito: Cuando vuelva a verlos, no seré indulgente con los que antes pecaron ni con ningún otro, ³ ya que están exigiendo una prueba de que Cristo habla por medio de mí. Él no se muestra débil en su trato con ustedes, sino que ejerce su poder entre ustedes. ⁴ Es cierto que fue crucificado en debilidad, pero ahora vive por el poder de Dios. De igual manera, nosotros participamos de su debilidad, pero por el poder de Dios viviremos con Cristo para ustedes.

⁵ Examínense para ver si están en la fe; pruébense a sí mismos. ¿No se dan cuenta de que Cristo Jesús está en ustedes? ¡A menos

---

2 de Abril de 1876 ahora en *The Metropolitan Tabernacle Pulpit*, Vol. 22 (Londres: Passmore & Alabaster, 1877), 193-204 (pp. 196-97).

que fracasen en la prueba! ⁶ Espero que reconozcan que nosotros no hemos fracasado. ⁷ Pedimos a Dios que no hagan nada malo, no para demostrar mi éxito, sino para que hagan lo bueno, aunque parezca que nosotros hemos fracasado. ⁸ Pues nada podemos hacer contra la verdad, sino a favor de la verdad. ⁹ De hecho, nos alegramos cuando nosotros somos débiles y ustedes fuertes; y oramos a Dios para que los restaure plenamente. ¹⁰ Por eso les escribo todo esto en mi ausencia, para que cuando vaya no tenga que ser severo en el uso de mi autoridad, la cual el Señor me ha dado para edificación y no para destrucción.

¹¹ En fin, hermanos, alégrense, busquen su restauración, hagan caso de mi exhortación, sean de un mismo sentir, vivan en paz. Y el Dios de amor y de paz estará con ustedes.

¹² Salúdense unos a otros con un beso santo. ¹³ Todos los santos les mandan saludos.

¹⁴ Que la gracia del Señor Jesucristo, el amor de Dios y la comunión del Espíritu Santo sean con todos ustedes.

Segunda de Corintios 12:14-21 es la última sección de la extensa defensa que Pablo hace de su legitimidad como apóstol, que va desde 10:7 a 12:21. Una vez acabado su argumento, Pablo regresa en 13:1-10 a las exhortaciones con las que empieza en 10:1-6. Las amonestaciones de 10:1-6 y 13:1-10 enmarcan, pues, la apologética de 10:7–12:21. Además, estas dos últimas secciones de la carta de Pablo, ambas introducidas por una referencia a su tercera visita (12:14; 13:1), no presentan nuevo material, sino que concluyen la carta recordando exposiciones anteriores. De esta forma, Pablo destaca las que considera cuestiones centrales en el conflicto. En 13:11-14 acaba, pues, su misiva con una palabra final de exhortación y una bendición final.

Apelación final de Pablo con respecto a su legitimidad como apóstol (12:14-21)

En 12:14, Pablo retoma una vez más el tema de sus planes de viaje, anunciando explícitamente su tercera visita a Corinto (*cf.* 1:15–2:1; 9:3-5).¹ Su presente disposición a regresar refleja el cambio de situación en Corinto. Ahora que la mayoría se ha arrepentido en respuesta a su carta "con muchas lágrimas" (2:4, 9; 7:4-16), el apóstol regresará a consolidar a los fieles (6:14–7:1; 7:2),

---

1. La primera visita de Pablo fue su visita fundacional (descrita en Hch 18), la segunda fue la "dolorosa" visita que se narra en 2Co 2:1.

a completar la colecta como prueba de arrepentimiento (cap. 8-9) y a filtrar a los que siguen en rebeldía contra él (*cf.* 10:1-6; 13:1-4). Por consiguiente, los párrafos que tenemos delante son el último intento que Pablo hace por apartar a esta minoría rebelde del juicio venidero de Dios.

Dados estos propósitos, no es de sorprender que al anunciar su inminente visita Pablo enfatice una última vez su compromiso de ganarse con sus manos su sustento cuando está en Corinto (12:14-18; *cf.* 2:17; 11:7-12; 12:13). Por encima de todo, este tema encierra su vindicación como apóstol, aunque a la vez cuestiona las contrademandas de sus oponentes. Que Pablo fuera económicamente independiente era una expresión impresionante de su llamado a sufrir por el bien de sus iglesias (2:14; 4:7-12; 6:3-10; 11:23-33). Por esta razón, se niega a dejar de jactarse en esta práctica con el fin de exponer las motivaciones de sus oponentes (11:9-12, 20-21). Pablo mantenía que el hecho de que sus oponentes exigieran ser mantenidos revelaba el verdadero carácter de sus corazones (*cf.* 2:17; 11:12, 20). Para ellos, sin embargo, el autosostenimiento de Pablo revelaba que predicaba un mensaje de segunda clase, sin valor y creaba una "piadosa" pantalla de humo para su intento de defraudar a los corintios por medio de la colecta (7:2; 8:18-24).

De ahí que, a pesar de su crítica y de acuerdo con su principio de independencia económica por amor al evangelio (1Co 9:18), Pablo seguirá sin "cargar" a los corintios con sus necesidades monetarias cuando regresa para su tercera visita (12:14). A diferencia de sus oponentes, a él no le interesa beneficiarse económicamente de ellos. En lugar de ello, quiere [lit. busca] a los corintios mismos (12:14b). En firme contraste con los falsos apóstoles, Pablo no impone su autoridad y su estatus sobre los corintios por su *propio* beneficio material. En vez de ello, como esclavo *suyo*, trabaja para ganarse el sustento porque desea el bienestar de ellos (*cf.* 4:5). De manera específica, Pablo se está refiriendo al hecho de que todo su ministerio, incluida su próxima visita, va dirigido a consolidar la fe de los corintios por el bien de la propia felicidad de ellos (*cf.* 1:24).

En 12:14b-15a, Pablo respalda su afirmación en cuanto a que busca el bienestar de los corintios, no el suyo, regresando al simbolismo de la condición de padre para describir su relación con la iglesia. Al ser el padre espiritual de ellos, Pablo es responsable de dar a sus "hijos", y no al contrario, aunque esto signifique derramar su vida por ellos (*cf.* 1Co 4:14-15; 2Co 2:14; 3:3; 4:10-12; 6:11-12; 7:3).

James Scott llega al extremo de sugerir que la negativa de Pablo a aceptar el apoyo financiero de los corintios refleja la evaluación que hace de ellos considerando que, como creyentes, siguen aún en su infancia (*cf.* 1Co 3:1), dado que se puede esperar que los hijos ya crecidos provean para sus padres

(Éx 20:12; 21:17; Mr 7:8-13).[2] Esto explicaría la razón por la cual Pablo estaba dispuesto a recibir apoyo financiero de las iglesias que consideraba más maduras en su fe (*cf.* 2Co 11:8-9). También podría explicar por qué los corintios podían interpretar la negativa de Pablo a tomar el dinero de ellos como indicativo de que eran "inferiores" a sus demás iglesias (*cf.* 12:13).

La práctica paulina de ganarse el sustento no es, sin embargo, un menosprecio. Aunque sus continuas luchas muestran que los corintios no han crecido aún en Cristo, Pablo renuncia a su vida por los corintios, porque siente el amor de un padre por sus hijos (*cf.* 2:4; 6:13; 11:11). Y seguir manteniéndose él mismo no es trabajo pesado. Como padre de ellos en la fe, Pablo se desgasta "de buena gana" por los corintios (12:15a).

Con un codazo a sus oponentes, Pablo usa, pues, una pregunta retórica en el versículo 15b para sacar la única conclusión que posiblemente pueda deducirse de esta prueba concreta de su amor paternal hacia los corintios. Que Pablo los ame "más" que sus oponentes negándose a tomar el dinero de ellos no debería provocar que los corintios lo amasen "menos" a él que a aquellos que les *exigían* dinero. Los corintios deben rechazar el modelo de patrocinio fomentado por sus oponentes, en el que los falsos apóstoles pretenden "honrar" a los corintios confiando en el apoyo económico de estos, mientras que los corintios logran la satisfacción personal de ser sus benefactores. Los corintios no son los mecenas de Pablo; más bien él es el padre de ellos en la fe. No depende de los corintios como patrocinado suyo; ellos dependen de Pablo como hijos.[3] Si los corintios quieren demostrar la madurez de su fe entregando su dinero, deberían hacerlo contribuyendo a la colecta para Jerusalén (caps. 8–9).

En 12:16-18, Pablo insiste en su idea. Los corintios que siguen rebelándose contra él deben tomar ahora una decisión final. ¿Tienen razón en que la práctica paulina de ganarse el sustento no era más que una pantalla de humo para tapar su intento de timarlos, una acusación que Pablo parodia en 12:16 (*cf.* 8:20-21)? ¿Estaba Pablo sacándole provecho a la colecta para llenarse los bolsillos? Independientemente de la perspectiva de los corintios sobre la práctica paulina de ganarse su propio sustento ("En todo caso", v. 16), no pueden negar que Pablo no fue una carga para ellos pidiéndoles dinero (12:16a).

La cuidadosa administración del dinero por parte de Tito y que Pablo enviara al respetado "hermano" a Corinto también rebaten específicamente la

---

2. James M. Scott, *2 Corinthians*, 243-44.
3. Siguiendo el énfasis de Paul Barnett, *The Second Epistle to the Corinthians*, 585-86: "Que los corintios entiendan que su afán por ganarse su sustento trabajando con sus manos no está motivado por una falta de amor, como haciéndolos de menos. Por el contrario, su sacrificio expresa la profundidad de su amor (*cf.* 2:4; 8:7; 11:11) [...]. En su ministerio, Pablo reproduce los sufrimientos de Cristo al entregarse por las personas".

acusación de sus oponentes (12:17-18; *cf.* 8:6, 16-24).[4] Como Pablo es quien dio el encargo a Tito y al hermano, puede argumentar desde la integridad de ellos a la suya propia (12:18a). Las dos preguntas retóricas en 12:18 dejan claro que un examen de la conducta de Pablo y de las propias precauciones de Pablo contra la sospecha conduciría a los corintios a la única conclusión adecuada. La honestidad de Tito es meramente un reflejo del "mismo espíritu" y conducta en Pablo (*cf.* 7:2).

En 12:19 siguen las preguntas retóricas de Pablo. Esta vez conduce a sus lectores a una conclusión sorprendente, dada la extensión de la apologética que recorre 2 Corintios. Para que los creyentes de Corinto no malinterpreten sus propósitos, Pablo quiere dejar claro que su confianza en la integridad de su ministerio significa, en realidad, que su "apologética" no es en absoluto una *auto*defensa delante de ellos (12:19a). Al recordar su anterior argumento de 2:17, en 12:19b Pablo reafirma que, como uno "en Cristo", ha "estado hablando delante de *Dios*", una referencia al hecho de que el juez de su proclamación es Dios y no los corintios (*cf.* 5:10). Además, el apóstol confía en la aprobación de Dios (*cf.* 3:1-6; 4:1-6; 6:3-10; 10:12-18).

Por tanto, al defenderse, Pablo no ha estado buscando la aprobación de los corintios, sino luchando por fortalecer la fe de ellos (12:19c). Lo hace como resultado de su llamamiento a ser embajador de Cristo (5:20a). Dado que Dios está haciendo su llamado por medio de Pablo (5:20b), para que luche por su propia legitimidad, ya que como apóstol tiene que luchar por la fe de los corintios. Por el contrario, dada la identificación en su vida entre el mensaje y el mensajero, rechazarlo a él es rechazar el evangelio y, por tanto, ser rechazado por Dios mismo. Pablo está luchando, pues, por la fe de los corintios, ya que su meta suprema es permanecer fiel a Dios y a Cristo, que ama a su pueblo y le ha encomendado al apóstol el ministerio y el mensaje de la reconciliación (5:18-19). Controlado por el amor de Cristo y conociendo el temor al inminente juicio de Dios, Pablo defiende su ministerio delante de Dios por el bien de los corintios (5:11, 13-15).

La base de la preocupación de Pablo por el bienestar de los corintios es, por tanto, su temor a que la continuada rebelión de los que no se han arrepentido

---

4. Que Pablo no mencione al segundo hermano enviado con Tito se debe, probablemente, a que el primer hermano anónimo era muy famoso y su presencia era de la mayor importancia (*cf.* 8:17-19). No hay necesidad de ver una distinción entre 12:19 y el capítulo 8 con el capítulo 12, que se toman como parte de una carta posterior. El tiempo pasado de los verbos en ambos pasajes se entiende mejor como aoristo epistolar, un uso del aoristo que describe la acción presente de Pablo, en el momento de escribir, como en el pasado cuando se lee (*cf.* "rogué", "envié" en 12:18 con "rogamos" y "enviamos" en 8:6, 18). Por esta razón, la NVI traduce 8:18 en tiempo presente.

todavía, como demuestran sus pecaminosos estilos de vida,[5] conduzca a ser condenados por Dios a través de la mano de Pablo (12:20-21). Al parecer, la rebelión contra la autoridad de Pablo, alimentada por la llegada de sus oponentes, incluía una falta de disposición a arrepentirse del tipo de inmoralidad sexual que había sido un problema en Corinto desde el principio (*cf.* 1Co 5:1-2, 9-11; 6:9, 15-20). Que Pablo mencione estos pecados por primera vez al final de su argumento indica que tales pecados no eran el problema directo, sino sintomático de la cuestión más amplia a la que todavía se enfrentaba la iglesia: el continuo rechazo al evangelio apostólico de Pablo por un Jesús y un Espíritu diferentes (*cf.* 11:4). Esta aceptación fundamental de un mensaje extraño había llevado a la "continua vida de rebeldía" de los corintios.[6]

La referencia de Pablo a la inmoralidad sexual en este punto de su carta también sirve para recordarles a los corintios el castigo que vendrá. Así como Pablo hizo que la persona sexualmente inmoral fuera expulsada de la iglesia en 1 Corintios 5:1-13, el juicio por tales pecados habituales también será la expulsión de la iglesia, a su regreso. Dado que la iglesia es el templo del Espíritu Santo donde se encuentra ahora la gloria de Dios, sin velo, en el rostro de Cristo (2Co 3:7-18; *cf.* 1Co 3:16; 6:19), ser expulsado de la iglesia es ser entregado de nuevo a Satanás (1Co 5:5; 2Co 6:14–7:1).

Resulta, pues, que quienes se adhieren a los falsos apóstoles, los siervos de Satanás, serán entregados a Satanás para que sufran con él y con sus siervos el juicio que merecen (11:15). Al cerrar Pablo su última llamada, la situación en Corinto exige tan drástico veredicto que atribuye la continuación de este

---

5. Algunos comentaristas toman los pecados sexuales de 12:21 junto con los diversos pecados contra la comunidad descritos en 12:20 como ejemplos de los continuos problemas dentro de la iglesia. Otros argumentan que describen dos problemas separados, el último de ellos dirigido a Pablo durante su segunda visita y que, según se temía, se podría volver a producir cuando volviera de nuevo; el primero de los problemas es endémico de la iglesia. No es necesario que nos detengamos en la resolución de esta cuestión. En cualquier caso, los pecados descritos en estos versículos, tengan su origen en los corintios mismos o en la influencia de los falsos apóstoles, revelarían los corazones impenitentes de quienes estaban implicados en ellos, a quienes Pablo tendrá que responder en juicio.

6. Scott, *2 Corinthians*, 247, sugiere que como parte del "retrato que Pablo hace de sí mismo como una figura de Moisés que confronta una rebelión en Corinto como la de Coré", los pecados enumerados en 12:20 hallan paralelismos en la rebelión de Números 16–17 o se aplican a ella. En cuanto a la asociación de las disputas y los celos con la rebelión de Coré, ver Sal 106:16-18; Eclo. 45:18; Josefo, *Ant.* 4.14, sobre "estallidos de ira", ver *Eclo.* 45:18; sobre la calumnia, ver Nm 16:3, 13-14; Josefo, *Ant.* 4:15, sobre el orgullo o la arrogancia como "falta fundamental" de Coré, ver Nm 16:8-11; Josefo, *Ant.* 4:14-19, 23 (pp. 247-48). Dado que tales actitudes y acciones pueden ser características de cualquier insurrección y rebelión, la sugerencia de Scott sigue siendo especulativa, aunque tentadora, ya que no hay paralelismos verbales directos entre 2Cor 12:20-21 y Nm 16–17.

patrón de pecado sin arrepentimiento a la ausencia del Espíritu, testificando así de la naturaleza no regenerada de sus vidas como quienes siguen aún fuera del nuevo pacto. Al ser enfrentado a semejante pecado, solo el arrepentimiento indica que uno pertenece al cuerpo de Cristo, el templo del Dios vivo (12:21; *cf.* 6:14-16; 7:8-13).

Esto es lo que Pablo quiere decir con la referencia en 12:20 a no encontrar a los corintios como él quiere, a su regreso. Al continuar siguiendo a los falsos maestros y vivir en el pecado como resultado de ello, los rebeldes de entre ellos no están "completando en el temor de Dios la obra de su santificación" que es la obra del Espíritu en la vida de aquellos cuyo corazón ha sido creado de nuevo en Cristo (7:1; *cf.* 3:18; 5:17). Al mismo tiempo, cuando Pablo regrese, ellos tampoco lo hallarán a él como ellos quieren, es decir, todavía dispuesto a tolerar su pecaminosa rebelión contra el evangelio. Aquellos a los que Pablo no encuentre arrepentidos cuando vaya allí esta "tercera vez" no lo hallarán a él dispuesto a retirarse de nuevo con el fin de evitarles el juicio (*cf.* 1:23). Al escribir esta advertencia final es consciente de que, como apóstol, es el instrumento tanto de vida como de muerte (*cf.* 2:14-16a). También sabe que la forma como reaccionen los corintios hacia él revelará la condición de sus corazones.

No obstante, no todo está perdido para los que sigan rebelándose contra Pablo y su evangelio. El peligro que se ve en el patrón de la vida de ellos que se describe en 12:20-21 no tiene por qué ser la última palabra. La composición misma de 2 Corintios 10–13 demuestra que Pablo sigue comprometido a trabajar por el gozo de los corintios en la fe, dándoles otra oportunidad más para ser restaurados (*cf.* 1:24; 2:3). De hecho, lo hace aun cuando sabe que su paciencia y su misericordia continuas podrían significar otra experiencia de humillación para él (12:21a).

Cuando Pablo había estado con ellos en el pasado (10:1), la oposición en Corinto lo había acusado de ser "humilde" (*tapeinos*; NVI "tímido"), sobre todo por el humilde estado provocado por su práctica de mantenerse a sí mismo (11:7: *emauton tapeinom;* NVI, "humillarme"). Mientras esperaba noticias de Tito sobre la reacción de los corintios a su anterior llamado al arrepentimiento, Pablo había sido "humillado" de nuevo o "rebajado" (*tapeinos*; NVI, "abatido") por la grave situación de ellos (7:6). Ahora, teme que "Dios lo humille [*tapeinose*]" de nuevo, esta vez usando a Pablo como instrumento de aflicción por la excomunión de ellos (12:21).

La tristeza que Pablo sintió por el rechazo durante su segunda "visita dolorosa" (*cf.* 2:1, 5-11) irá acompañada por el lamento que sentirá por el inminente castigo de ellos. Verse obligado finalmente a juzgarlos cuando su principal misión es la salvación y el gozo de ellos (*cf.* 1:24; 10:8; 12:19; 13:10) sería otra experiencia más de humillación. No hay regocijo cuando Pablo contempla esta posibilidad y tampoco existe espíritu de venganza. En vez de ello, dado su amor por los corintios, tanto el que lo rechacen ellos a él como que él los tenga que rechazar a ellos se puede describir igualmente como ser humillado de nuevo delante de ellos. En este último caso, tal humillación se expresará en aflicción para todos los que siguen dando por sentada la gracia de Dios y la desdeñan (cf. 5:20–6:2).

La llamada final de Pablo para que se arrepienten los rebeldes (13:1-10)

En vista del juicio de Dios contra los impenitentes (12:21), en 13:1 Pablo presenta la última sección importante de su carta con un anuncio final de su inminente tercera visita (cf. 12:14 con 13:1). Al hacerlo, se refiere a los requisitos legales de Deuteronomio 19:15 para aceptar pruebas en un juicio: todo debe ser corroborado por "el testimonio de dos o tres testigos". La necesidad de afrontar estas acusaciones con motivo de su visita indica que su llegada iniciará un acto judicial dentro de la congregación contra todos los que sigan en rebelión contra él (cf. Mt 18:16-17; 1Ti 5:19 para la aplicación de este principio en la iglesia).[7]

La promesa de Pablo para cumplir este mandato legal es su palabra bíblica final a los corintios. Cuando llegue, presentará su caso contra sus oponentes y quienes los sigan, que, como aplicación de 6:14–7:1, será verificado por múltiples testigos de la congregación misma y todos los que sean hallados culpables serán castigados. Esta es, por supuesto, una dura declaración. Por esta razón, Pablo los advierte por adelantado como lo hizo en su segunda visita: cuando regrese, el periodo de paciencia llegará a su fin (cf. 13:2a con 1:23–2:2). Así como Dios no "escatimó" (*pleidomai*) ni a su propio Hijo el juicio requerido por el pecado (Ro 8:32), así también Pablo no "será indulgente" (*pleidomai*) con quienes rechacen a Cristo (2Co 13:2b). Como el regreso de Cristo, cuando Pablo vuelva será para juzgar. Según 13:2, este juicio tendrá lugar contra

---

7. Contra Victor P. Furnish, *II Corinthians,* 575, quien, como Calvino, Windisch, Bruce, Barrett, etc., rechaza la idea de que Pablo tenga un punto de vista tan solemne en mente. Furnish toma la referencia a Dt 19:15 meramente como "una especie de proverbio", con la inminente visita de Pablo como tercero de los tres testimonios. Según este criterio, el primer testimonio de los tres son sus dos primeras visitas, algo difícil, ya que la primera visita fue aquella en la que fundó la iglesia, no un tiempo de acusación y advertencia ni su segunda visita llena de tristeza (2:1) y su carta actual. Furnish mismo destaca, sin embargo, que esta opinión no satisface, estrictamente hablando, el requisito que él mismo (Pablo) cita. Siguen representando el testimonio de un solo testigo: Pablo" (p. 575). No obstante, Furnish sigue optando por esta opinión, tomando la idea de que Pablo ha advertido simplemente a los corintios dos o tres veces antes. Sin embargo, la cita directa que el apóstol hace de Dt 19:15, sus referencias a tales procedimientos formales en Corinto mismo (cf. 1Co 5:1-5; 6:1-6; 2Co 2:5-11) contradicen esta idea.

aquellos que han pecado antes, durante su dolorosa visita y contra cualquier otro que se haya unido a la causa de ellos desde entonces.[8]

El fundamento teológico de la advertencia de Pablo desvelada a lo largo de los capítulos 10–13 cristaliza en 13:3-4. Cuando llegue, Pablo no escatimará a los corintios, "ya que [ellos] están exigiendo pruebas de que Cristo está hablando por medio [de él]" (*cf.* 2:17; 5:20). Al creer que Cristo no era "débil", sino "poderoso" entre ellos, los corintios insistían en que los apóstoles de Cristo deberían manifestar también el mismo poder (13:3b).

Lo más probable es que esta referencia al poder de Cristo entre los corintios sea una cita de los oponentes de Pablo que han descrito la relación del creyente con el Cristo resucitado en términos de triunfalismo. Luego usaron esta imagen para criticar la debilidad de Pablo y justificar el propio énfasis de ellos sobre la salud, la riqueza y lo milagroso como expresiones del "poder" de Cristo en medio de ellos (*cf.* 1Co 4:8). Pablo da la vuelta a la tortilla y usa el propio énfasis de ellos en su contra. Si quieren ver el poder de Cristo, este vendrá en juicio, así como el regreso del Cristo resucitado significará el juicio del mundo.

Pablo no podría estar más de acuerdo en que el Cristo resucitado está actuando poderosamente en medio de los corintios. Cristo "vive por el poder de Dios" (13:4). Al mismo tiempo, Pablo no concederá que su sufrimiento y su resistencia como apóstol no sean, en la misma medida, una revelación del poder de resurrección de Cristo (1:3-11; 2:14; 4:7-15; 6:3-10; 11:23-33; 12:7-10). El apóstol contiene la gloria de Dios y la vida de Cristo en una vasija de barro (4:7). Por tanto, al afirmar el poder de resurrección de Cristo en 13:3 vuelve a introducir la cruz en 13:4 con el fin de recordarles a los corintios que Cristo también fue "débil" por el bien de su pueblo.

De manera específica, Pablo basa su referencia al poder de Cristo entre los corintios en 13:3 (*cf.* "es cierto que", *gar*, en el v. 4) describiendo la cruz de Cristo como contrapunto a la resurrección en 13:4: Cristo es poderoso entre los corintios, *porque* "fue crucificado en [gr. *ek*, "en" o "a causa de"] debilidad, pero ahora vive por el poder de Dios". Para Cristo también, como en el caso de Pablo, su "debilidad" es la plataforma para el poder de Dios que culmina en la resurrección.

La "debilidad" de Cristo en 13:4 se entiende mejor como referencia a su existencia humana, corporal, que adoptó voluntariamente con el fin de humillarse convirtiéndose en un siervo para el pueblo de Dios y muriendo en una cruz por los pecados de ellos (*cf.* 8:9; Fil 2:7-8).[9] Del mismo modo, y como

---

8. *Kai.* La traducción que la NVI hace en 13:2, "ni", no debe tomarse como preferible.
9. Siguiendo a Ulrich Heckel, *Kraft in Schwachheit,* 124-30. Heckel muestra cómo la historia de la interpretación ha intentado suavizar este texto, de manera que no se

consecuencia de la propia experiencia que Cristo tuvo de la muerte y la resurrección (13:4a), Pablo también es débil en Cristo, "pero ahora, por el poder de Dios ... viviremos con Cristo para ustedes (13:4b)."[10]

La traducción del final de 13:4 en la NIV como "servirles" (gr. *eis hymas*, "hacia ustedes"; NVI, "para ustedes") proporciona el matiz equivocado; en este contexto, la expresión del poder de Dios "hacia" los corintios no consiste ahora en servirles, sino en juzgarlos. Como buscan la prueba del poder del Cristo resucitado en la vida de Pablo, que el apóstol vive con Cristo por el poder de Dios se verá en que no dejará sin juicio a los corintios a su regreso. Así como el Jesús débil y crucificado dio paso al Cristo resucitado que vive por el poder de Dios y regresará otra vez en juicio, así también el Pablo sufriente dará paso al Pablo que "vive" para volver a Corinto en juicio. De este modo, Pablo describe su retorno a Corinto como participación en el poder de la resurrección ya manifestado en Cristo.

La descripción que hace Pablo de su regreso a Corinto en estos términos parece, de entrada, extraña a nuestros oídos. Con ello pretende recordarles a los corintios que el juicio que traerá en su tercera visita es una inauguración del juicio final que está por venir. "Vivir con Cristo" es claramente una designación escatológica que se refiere a experimentar la resurrección final.[11] Lo sorprendente es que Pablo declara que *ya* está experimentando la resurrección y lo hará de un modo dramático cuando vuelva a Corinto. Como hemos visto a lo largo de esta carta, su resistencia por el bien del evangelio en medio de la

---

identifica a Cristo mismo con la debilidad. Algunos han interpretado el v. 4 como una referencia a *nuestros* pecados/debilidad, de manera que la idea de Pablo se toma con el sentido de que Cristo muere de manera representativa, por nuestra debilidad (ya Ambrosiastro, Orígenes). A la luz de 1Co 1:18-25; 2:14, otros entienden que "debilidad" se refiere a los *incrédulos* que consideran la cruz como una locura (Crisóstomo). Los hay también que lo interpretan como que Cristo fue crucificado "*en* debilidad" en lugar de "*desde* la debilidad" (así Furnish, Käsemann, Bultmann, pero *cf.* "desde [el] poder de Dios" en el mismo versículo). Finalmente, otros lo entienden como referencia al libre albedrío y obediencia de Cristo, de manera que su debilidad es lo que viene de su obediencia a Dios, interpretando 2Co 8:9 y Fil 2:6-8 también de esta manera (Black, pero Heckel destaca que esta opinión no puede hacerle justicia a 10:10 y 12:7).

10. El movimiento del pensamiento de Pablo desde 13:4a a 4b es, en un principio, desconcertante, ya que 4b no puede servir como base de 4a, como si el sufrimiento y la experiencia del poder de Dios que vive *Pablo* se fundamentaran en la muerte y la resurrección *de Cristo*. Prefiero tomar la declaración de Pablo en 13:4b en el sentido de que su propia debilidad y el poder de Dios en su vida *derivan* de 13:4a; *por tanto*, Pablo también es débil y vivirá con él por el poder de Dios *para los corintios* (13:4b), de manera que podrá *darles* la prueba que están buscando (13:3a) no *siendo indulgente* (13:2). Leído de esta forma, 13:2 y 13:4b dicen básicamente lo mismo en términos diferentes.
11. Siguiendo a Heckel, *Kraft,* 133 y n. 70, apuntando a Ro 6:8; 8:17, 29; 2Co 4:14; Fil 1:23; 3:21; Col 3:4; 1Ts 4:14, 17; 5:10; 2Ti 2:11.

adversidad imita la resurrección de Cristo como inauguración o anticipo de la resurrección que está aún por llegar (*cf.* esp. 4:7-12; 6:3-10).

Los paralelismos establecidos entre Cristo y Pablo en 13:4 muestran, pues, cómo se perfecciona el poder de Cristo en el ministerio de Pablo (*cf.* 12:9). Su principal propósito como apóstol consiste en mediar, a través de su sufrimiento en Cristo, el conocimiento de Dios y el poder transformador del Espíritu dador de vida (2:14–3:18; 4:1-15). Esta es la forma en que Pablo media, por lo general, el poder de la resurrección de Cristo. Pero hacia aquellos que rechazan la cruz y el poder de Cristo tal como se encarna en su sufrimiento y su resistencia, el poder de la resurrección de Cristo se dará a conocer por medio de sus actos de juicio dentro de la iglesia. Si Pablo es un agente de la redención de Dios, también debe serlo de su juicio (*cf.* 2:15-16a; 4:4; 6:1-2). Aquellos que lo rechacen en su sufrimiento se enfrentaran a él en su juicio, así como quienes rechazan la cruz de Cristo tendrán que vérselas con Cristo en su gloria resucitada. El poder de Cristo es el poder de su resurrección que reivindica su debilidad y vence a sus enemigos (v. 4a).

En vista del inminente regreso de Pablo para traer el juicio de Dios a Corinto, sus mandamientos en 13:5 contienen de nuevo una severa advertencia. En el pasado, pospuso su regreso con el fin de dar tiempo a los corintios para arrepentirse, ya que su principal objetivo como apóstol del nuevo pacto es reunir al pueblo de Dios (*cf.* 1:23–2:4; 5:18-20; 10:8; 12:19). En su próxima visita, sin embargo, Pablo llevará a cabo *ambos* aspectos de su llamado apostólico siendo una fragancia tanto de vida *como* de muerte para aquellos a los que ponga en contacto con el evangelio (*cf.* 1Co 1:18 con 2Co 2:15-16a). Como los profetas del antiguo pacto, Pablo anuncia con antelación el juicio que viene con el fin de provocar el arrepentimiento de quienes son verdaderamente el pueblo de Dios (*cf.* 10:1-6). Lo hace llamando a los rebeldes de Corinto "a examinarse" o "probarse a sí mismos" para ver si de verdad están "en la fe" (13:5). El objetivo de la prueba es aclarar que Cristo está ciertamente en ellos (*cf.* 7:11-12; 8:7-8).

Pablo mismo cumple con el medio por el cual se lleva a cabo el examen. La lealtad a él como apóstol de ellos es el criterio que determina si Cristo está presente en la vida de ellos, ya que Pablo confía en haber superado él mismo la prueba (13:6).[12] Aceptar el mensaje de reconciliación de *Pablo* es aceptar el mensaje de reconciliación de *Dios* (*cf.* 5:18-20). Por esta razón, porque han respondido a Pablo y a su predicación en el pasado, les concede el beneficio de la duda en cuanto a que Cristo esté realmente en ellos (13:5b).

---

12. Nótese el uso que Pablo hace del plural apostólico en 13:6-9. Para su confianza como apóstol, *cf.* 1:1, 12-14; 2:17; 3:4-5; 4:1; 5:18–6:2; 7:2; 10:7, 14-18; 11:5, 23; 12:11-12, 19.

En vista de la actual rebeldía de ellos, los corintios deben confirmar, sin embargo, la realidad de su conversión respondiendo una vez más a la persona y la proclamación de Pablo. Su llamado al arrepentimiento se basa, por tanto, en la suposición de que aquellos en quienes Dios *está* obrando por su Espíritu *reconocerán* que la santidad, la sinceridad y la forma de vida de Pablo derivan, todos ellos, de la misma gracia de Dios que el apóstol los está llamando ahora a aceptar (*cf.* 1:12 con 6:1-12).

Esta suposición también significa que aquellos en los que Cristo está presente no continuarán en los estilos de vida de rebeldía caracterizados en 12:21. Donde está Cristo hay vida de santidad creciente. Encontrar la gloria de Dios en el rostro de Cristo es ser transformado por ella (3:18). Por el contrario, continuar con la vida de desobediencia es no superar la prueba de la presencia de Cristo. En 13:7, Pablo ora, pues, que los corintios "pasen la prueba" no haciendo "nada malo".

Expresado de forma positiva, esto significa mostrar apoyo al ministerio de Pablo manifestando la vida de la nueva creación que fluye de confiar en su evangelio (5:17). Pablo no ora así por el bien de su propia reputación, sino por el bien de ellos.[13] De hecho, desea esto para ellos, aunque el arrepentimiento de ellos en esa última hora haga parecer que él ha vuelto a fracasar, porque significará un cambio más de planes, de su anunciada venida en juicio a una llegada llena de aceptación mutua (13:7; *cf.* contra 1:23-24). Aunque semejante llegada pueda parecer como si Pablo no mediara el poder visible de Cristo, nada más lejos de la verdad. La principal "prueba" del poder del Espíritu en el ministerio de Pablo es la conversión y la transformación moral de los corintios. Esta es la verdadera "carta de recomendación" de Pablo (3:2-6, basada en 3:7-18).

La confianza de Pablo en 13:6 y su correspondiente oración por los corintios en 13:7 se ven reforzadas por la convicción de que la verdad del evangelio prevalecerá sobre todos los contendientes (13:8; *cf.* 4:2; 7:14; 11:10; 12:6). Ni siquiera lo inadecuado y las debilidades de Pablo pueden hacer nada contra

---

13. A diferencia de quienes, como Scott, *2 Corinthians,* 254, argumentan que "los corintios están en la posición de deshacer toda la misión de Pablo en el este (por no hablar de los proyectos perdidos para el oeste), si consideran que él ha fracasado en la prueba del apostolado [...]. En esta nefasta situación en la que la legitimidad del apostolado de Pablo depende de la reacción de los corintios para con él, Pablo recurre a la oración". En contraste con esta opinión, la legitimidad y el éxito misionero del apóstol dependen en última instancia del llamado de Dios, no de la aceptación de los corintios; de ahí que la preocupación de Pablo sea el bienestar de ellos y no lo que puedan pensar de él gente de afuera, ya que lo que piensen los corintios sobre Pablo es de suma importancia para el bienestar de ellos, ¡y no para el suyo! Además, la situación ya no es desesperada. El arrepentimiento de la mayoría ya ha restablecido la autoridad de Pablo en Corinto; ahora es cuestión de tratar con la minoría rebelde.

ello. *Por consiguiente*, Pablo se regocija cuando es "débil", pero los corintios son "fuertes" (tomando el *gar* de 13:9a, no traducido en la NVI, como deductivo). El apóstol está contento cuando, como extensión de la cruz, está siendo conducido al sufrimiento en beneficio de ellos (es decir, cada vez que es "débil"), de manera que, como expresión de la resurrección, sean consolados y alentados en su fe (a saber, que sean "fuertes"; *cf.* 1:4-7; 2:14; 4:10-12, 15; 11:29). Así como la debilidad de Pablo conduce a su propia fuerza en Cristo (12:10; *cf.* 1:8-11; 4:11), también su debilidad lleva a la fuerza de otros conforme van aprendiendo de las experiencias del apóstol para confiar en la gracia de Dios (1:3-7; 4:12).

Por esta razón Pablo prefiere ser "débil" para beneficio de ellos y ora por la "restauración" o "terminación" (*katartisis*)[14] de aquellos que han empezado con Cristo y ahora han sido desviados por los falsos apóstoles (13:9b). Pablo no siente placer alguno por tener que juzgar a los corintios. Por ello también escribe "todo esto" (13:10), una referencia a la carta presente, especialmente los capítulos 10–13 (*cf.* 10:1-6, 11; 12:19; 13:2).

El deseo de Pablo es no verse forzado a ejercer su autoridad con dureza cuando vuelva a Corinto (13:10b). Y es que, en cumplimiento de la promesa de Jeremías de que Dios "edifica" a su pueblo, el ministerio de Pablo bajo el nuevo pacto, en contraste con el de Jeremías bajo el antiguo, está predominantemente a favor de la "edificación ... no para destrucción" (13:10c, aludiendo a Jer 24:6; *cf.* Jer 1:10; 31:4, 28; 33:7). Pablo usó esta misma definición de su ministerio en 2 Corintios 10:8, de manera que comienza y termina la última sección importante de su carta reflexionando sobre la naturaleza del ministerio del nuevo pacto. El vínculo entre los capítulos 10–13 y las declaraciones a modo de tesis de 3:3-6 es claro.

Que los capítulos 10–13 estén enmarcados por la alusión a Jeremías 24:6 no es accidental. Pablo acaba intencionadamente la sección final de su carta recordando el propósito pastoral con el que empezó, con el fin de poner en perspectiva su tercera visita. Considera la necesidad y el propósito de sus exhortaciones como todo lo demás en su ministerio, a través de la lente de la historia redentora y de las Escrituras. Esto significa que su objetivo primordial como apóstol de Cristo es la edificación de la iglesia en cumplimiento de la promesa del nuevo pacto.

Al mismo tiempo, Pablo deja claro que el acto de liberación de Dios en Cristo incluye tanto la salvación de los justos *como* el juicio de los impíos (2:14-16a; 4:1-6; 6:14-17; 10:4-6; 11:15). El mensaje de la cruz es el poder de Dios a los que se salvan, pero locura a los que perecen (1Co 1:18-25). Por

---

14. *Cf.* BAGD, 417-18. La traducción de la NVI, "plenamente", no comunica adecuadamente que Pablo se está refiriendo aquí al arrepentimiento de los que siguen en rebeldía y a la restauración de la unidad de la iglesia.

tanto, si quiere juzgar, entonces Pablo también actuará de ese modo por la verdad del evangelio (2Co 13:8).

Palabras finales de Pablo de exhortación y bendición (13:11-14)

Como lo hizo en su apertura, Pablo cierra su carta siguiendo los convencionalismos comunes para la escritura de una carta antigua. En el pasado, los lectores modernos ignoraban en gran medida los finales de las cartas paulinas, considerándolas como simples normas estándares usadas para decir "adiós". En realidad, el estudio que Weima hace de las cartas helenísticas y semíticas ha demostrado que había numerosas formas epistolares que pertenecían a las terminaciones de cartas antiguas, aunque rara vez se usaban todas juntas.[15] Pablo también usa estos convencionalismos para acabar sus cartas.

Sin embargo, ahí terminan todas las similitudes. A diferencia de otras cartas antiguas en las que los cierres eran bruscos y solo se vinculaba al cuerpo de la carta de una forma general, Pablo extiende el final de la epístola de una forma significativa, empleándolo estratégicamente para repetir temas específicos de su misiva. Las terminaciones paulinas no son meramente formas de poner punto final a sus cartas; son recapitulaciones de sus argumentos. Tal como lo expresa Weima:

> Cada una de las terminaciones de las cartas de Pablo [...] están relacionadas de un modo u otro con las cuestiones clave tratadas en los respectivos cuerpos epistolares [...]. Los finales sirven de focos hermenéuticos, destacando las preocupaciones centrales del apóstol en sus cartas e iluminando nuestra compresión de estos temas y cuestiones clave.[16]

El cierre de 2 Corintios respalda esta tesis. Pablo acaba su carta con órdenes adicionales (13:11), saludos (13:12) y dos bendiciones de despedida, una de paz y otra de gracia (13:11, 13). En cada caso, su terminación destaca un tema principal de su carta.

---

15. Jeffrey A. D. Weima, *Neglected Endings: The Significance of the Pauline Letter Cloisings* (JSNTSup 101; Sheffield: Sheffield Academic, 1994), 55. Estos elementos incluían un deseo de despedida, un deseo de salud, salutaciones secundarias, un autógrafo, una fórmula coloquial, la fecha y una posdata. De estos, solo el deseo de despedida se consideraba esencial. Para los rasgos literarios de la terminación de Pablo, estoy siguiendo de cerca la obra de Weima, quien demuestra estos puntos a lo largo de las cartas paulinas; *cf.* su tratamiento de 2Co 13:11-13 (pp. 208-15).

16. *Ibíd.*, 238.

Como en 1 Corintios 16:13-14, aquí Pablo también empieza su cierre con cinco órdenes: regocijarse,[17] buscar la restauración,[18] alentarse los unos a los otros,[19] ser de una sola mente y vivir en paz. Los tres primeros mandamientos se centran en la relación de los corintios con Pablo como su apóstol; las dos últimas se refieren a la vida de ellos juntos como personas que han sido reconciliadas con Dios.

Las órdenes de regocijarse y buscar la restauración, en particular, retoman la referencia de Pablo en 13:9 a su propio gozo por el fortalecimiento de la fe de los corintios y a su oración por la restauración. En el primer caso, Pablo los llama a manifestar su unidad con él como su apóstol uniéndose a él en el regocijo por la fuerza que han adquirido por medio de su debilidad. En el último, la exhortación en cuanto a que han sido restaurados se convierte en el instrumento por el cual su propia oración a tal fin será cumplida. También el llamado de Pablo a que se alienten o amonesten los unos a los otros recuerda sus anteriores exhortaciones en 5:20; 6:1 y 10:1.

Debemos tener cuidado de no restar importancia a estos mandamientos, como si fueran meramente unas cuantas "observaciones finales" añadidas tan solo para cumplir con un propósito retórico o literario. Desde la perspectiva de Pablo hay mucho en juego al pronunciar estas exhortaciones. Además, la estructura de su cierre revela de nuevo la estructura de su teología. El paso desde las amonestaciones del versículo 11a hasta la bendición del versículo 11b demuestra que la presencia continua de Dios entre los corintios está inextricablemente vinculada a la purificación y el arrepentimiento de su pueblo (*cf.* 6:14–7:1). Incluso en el final de su carta, Pablo quiere dejar claro, una vez más, que la bendición de la presencia de Dios depende de la obediencia de su pueblo.

Esto no significa que la obediencia del pueblo de Dios se gane o merezca su presencia. Nótese cómo empieza Pablo sus exhortaciones finales recordándoles a los corintios que en Cristo todos son "hermanos", una referencia al prestigio de ellos como creyentes. Cumplir los mandamientos de 13:11 no lo convierte a uno en cristiano; más bien ser cristiano significa que uno cumplirá estos

---

17. *Chairete*. Esta interpretación es distinta de la de algunas versiones y comentarios que lo entienden con el significado de "adiós" o "despedida". Weima, *Ibíd.*, 210-11 n. 2 argumenta de forma convincente que aquí el verbo es un imperativo que quiere decir "regocíjense", porque es parte de una cadena de órdenes, su uso en 13:9 significa claramente "alegrarse" y su uso semejante como imperativo en 1Ts 5:16 también tiene este sentido.
18. *Katartizesthe*. Mi traducción sigue, una vez más, a Weima, *Ibíd.*, 210 n. 1, que lo toma como voz media y no pasiva. Como tal, puede significar "busquen [la/su] restauración" (NVI, también Ralph Martin), "enmienden sus caminos" (RSV) o "tranquilícense" (Barrett). La traducción de algunas versiones, "busquen la perfección", pasa por alto la referencia de este verbo a la situación en Corinto.
19. *Parakaleisthe*. El "hagan caso de mi exhortación" algunos lo toman como pasiva (la RSV y otros comentaristas, como Plummer y Furnish). Nosotros lo leemos como voz media; también Barrett, Martin, Bruce, et al., incluido Weima, *Neglected Endings,* 211 n. 2.

mandamientos. La obediencia del creyente es el vínculo entre la realidad de la presencia de Dios de que disfruta, como gracia, y la realidad continuada de la presencia de Dios en el futuro.

De ahí que ambas cosas sean cuestiones de gracia, ya que la bendición *futura* de la presencia de Dios se basa en una obediencia que ha sido producida por el hecho de que Dios bendijera a su pueblo en el *pasado*. Esto explica por qué Pablo llama "hermanos" a los corintios al principio de las dos primeras secciones importantes de la carta, donde se está dirigiendo principalmente a los arrepentidos (*cf.* 1:8 y 8:1), pero no en los capítulos 10–13, donde está hablando a los que están en rebeldía contra él. Los "hermanos", porque son "hermanos", no se rebelarán contra el evangelio, sino que responderán a su llamada. Teniendo en cuenta este trasfondo, resulta impresionante que Pablo acabe su carta dirigiéndose a toda la iglesia de esta forma. Está expresando su esperanza de que todos en Corinto puedan ser considerados "hermanos" suyos cuando él regrese.

La propia salutación de Pablo en el versículo 11 va emparejada a dos saludos finales en los versículos 12-13, y ambos continúan su énfasis en la unidad dentro de la iglesia haciendo hincapié en sus dimensiones locales y universales respectivamente. Las primeras llamadas de Pablo a que se saluden "unos a otros con un beso santo", una práctica única entre los creyentes que indicaba la mutua aceptación y la unidad como familia (*cf.* Ro 16:16; 1Co 16:20; 1Ts 5:26).[20]

A continuación, Pablo extiende un saludo a los corintios de parte de "todos los santos", enfatizando así la unidad de ellos con la iglesia en general. Tomadas en conjunto, estas salutaciones enfatizan implícitamente que rechazar las súplicas de Pablo no solo lo dejarán a uno fuera de la iglesia de Corinto, sino también fuera de la iglesia universal (*cf.* 6:18). Y es que el hecho de que Pablo hable en nombre de "todos los santos" también "alude a la propia autoridad apostólica [de Pablo] y, por tanto, indirectamente a la obligación que los corintios tienen de obedecer a sus exhortaciones en la carta".[21]

---

20. Ver William Klassen, "Kiss", *ABD*, 4:89-92, quien señala que "no se debe encontrar nada análogo a esto entre ninguna sociedad grecorromana ni tampoco en Qumrán [...]. En el periodo del segundo templo es bastante probable que, entre los judíos, el beso en público no se practicaba de manera general [...]. La sociedad grecorromana trataba el beso público, tanto entre heterosexuales como homosexuales, con suma reticencia", excepto en momentos de reunión de seres queridos después de una separación o para señalar ocasiones especiales de aceptación, gozo, honor o como saludo formal (p. 91). Pablo "fue el primer maestro ético popular conocido por instruir a los miembros de un grupo social variado a que se saludaran unos a otros con un beso" (p. 92). Por tanto, "el 'beso santo' es una declaración pública de la afirmación de fe. 'En Cristo no hay varón ni hembra, judío ni griego, esclavo ni libre' (Gá 3:28)" (p. 92).
21. Weima, *Neglected Endings*, 212.

Este énfasis sobre la unidad en el final de la carta de Pablo, que es particular de 2 Corintios, se lleva a cabo en dos deseos de despedida de Pablo (vv. 11b, 14), que para él se convierten en bendiciones de la bendición de Dios sobre la iglesia en su totalidad, ya que vive unida bajo el evangelio. En contraste con la fórmula hallada en sus demás cartas ("Que el Dios de paz ..."), la bendición de Pablo en 13:11b es la única que combina "amor" con el deseo de "paz". Del mismo modo, la dramática bendición de gracia en 13:14 es la única, de todas las cartas paulinas, trinitaria en estructura. También es la única que combina el deseo de gracia con los deseos de "amor" y "comunión", todos ellos procedentes de Dios (tomando los tres genitivos como genitivos de origen): gracia *del* Señor Jesucristo, el amor *de* Dios y la comunión de unos con otros *producida por el Espíritu Santo*.[22]

Pablo añade también "todos" al final para recalcar más aún la inclusiva unidad de la iglesia. Además, como con el uso directo que hace de "hermanos" en 13:11, este énfasis sobre el amor y la comunidad recuerda temas de los capítulos 1–9 que no se hallan en los capítulos 10–13.[23] Al actuar así, Pablo indica nuevamente de forma sutil su objetivo de incorporar al conjunto de la iglesia a quienes siguen en rebeldía contra él. Las bendiciones de Pablo recalcan, pues, las implicaciones de lo que significa estar en la presencia de Dios: la gracia de Cristo y el amor y la paz de Dios incluyen necesariamente la comunión de unos con otros producida por el Espíritu.

El final de la carta de Pablo en 13:11-14 es mucho más que un simple tópico piadoso incluido como convencionalismo literario necesario. Las amonestaciones finales, los saludos y las bendiciones, reflejan todos ellos la reconciliación por la que Pablo suspira (5:20–6:2; 6:13; 10:1-2; 11:2), ora (13:7) y trabaja como ministro del nuevo pacto (2:17; 6:3-10; 12:19), y por la cual ha escrito esta carta (13:10). En realidad, la estructura de esta bendición final recalca la bendición del nuevo pacto mismo, en el que la gracia de Cristo ha hecho posible que experimente el amor de Dios derramado en el Espíritu Santo.

No es accidental, pues, que la carta de Pablo alcance su punto álgido con una referencia a la comunión producida por el Espíritu. El derramamiento del Espíritu sobre el pueblo de Dios es *el* don del nuevo pacto (*cf.* 3:3-18). De modo que, al acabar, Pablo ora como ministro del nuevo pacto para que Dios conceda a todos los que están en la iglesia la unidad del Espíritu que él ha

---

22. Siguiendo la comparación de la estructura y el contenido de las diversas bendiciones provistas por Weima, *Ibíd.*., 80, 89, 209-10. Para las demás "bendiciones de paz", ver Ro 15:33; 16:20a; Gá 6:16; Fil 4:9; 1Ts 5:23; 2Ts 3:16. Para las demás "bendiciones de gracia", ver Ro 16:20b; 1Co 16:23; Gá 6:18; Ef 6:24; Fil 4:23; Col 4:18; 1Ts 5:28; 2Ts 3:18; 1Ti 6:21; 2Ti 4:22; Tit 3:15; Flm 25.
23. Le debo esta percepción a Weima, *Ibíd.* 214. Para las referencias más tempranas al "amor", ver 2:4, 8; 5:14; 6:6; 8:7, 8, 24; pero ver las formas verbales en 9:7; 11:11; 12:15. Para las referencias a la "comunión", ver 1:7; 6:14; 8:4, 23; 9:13.

mediado con tanto esfuerzo.²⁴ Y es que después de todo lo dicho y hecho, y a pesar de todos sus defectos y dolores de crecimiento, la iglesia sigue siendo el templo del Dios vivo.

La naturaleza sumaria de este pasaje final nos lleva de vuelta a los principios interpretativos y las perspectivas sugeridas a lo largo de nuestro estudio. Tal vez la idea más importante que se expone al final es que la llamada de Pablo al arrepentimiento, tanto aquí como a lo largo de su carta, y el vínculo directo entre este arrepentimiento y la bendición de Dios descansan sobre la confianza de Pablo en el poder del Espíritu desencadenado por medio del evangelio *tal como se proclama en este mismo escrito* (cf. 13:10). En resumen, de principio a fin, Pablo habla y escribe como ministro del nuevo pacto del Espíritu (1:22; 3:5-6; 13:14).

Claves para aplicar a Pablo. Al traer este pasaje desde la época de Pablo hasta la nuestra, es necesario que volvamos a captar su confianza en la autoridad de sus escritos y en el poder del Espíritu. Una clave para esta recuperación será una profunda comprensión de la relevancia de nuestro lugar como cristianos en el discurrir de la historia redentora. En vista de que la iglesia es el "templo del Dios viviente" (6:16), los lectores contemporáneos deben tomarse en serio que nada menos que la presencia misma de Dios entre su pueblo está en juego en las exhortaciones de Pablo (cf. 13:11, 13).

Con este fin debemos ser cuidadosos de no pintar a Pablo como un ególatra con exagerado sentido de su propia importancia, que no puede "sobreponerse" al hecho de que no todos se inclinen ante su autoridad. En 2 Corintios, Pablo no se está defendiendo, sino trabajando por el gozo y el fortalecimiento de la fe de los corintios (1:24; 4:5; 12:19).

Tampoco deberíamos convertirlo en un moralista preocupado por la reforma del carácter humano por el bien de la familia, la iglesia y la sociedad. El concepto propio de Pablo y su preocupación por los corintios no son el resultado de nuevas percepciones morales. Su objetivo no consiste en "mejorar" el mundo. Más bien, la vida y los escritos de Pablo son la consecuencia de haber llegado a estar frente a frente con el Cristo que "fue crucificado en debilidad" pero que ahora "vive por el poder de Dios" (13:4; cf. 4:6), y de experimentar

---

24. Como Weima, *Ibíd.*, 214-15 observa: "Cada uno de los convencionalismos finales de esta carta se ha escrito o adoptado de tal manera que se relacionan directamente con la preocupación de Pablo en la carta por sus conversos corintios para rechazar la influencia divina de sus oponentes y restaurar la paz y la armonía tanto en el seno de la iglesia como con él".

el poder del Espíritu que lo resucitó de los muertos (13:14c; *cf.* 1:22). Así también la gracia, el amor y la comunión que Pablo desea para los corintios en 13:11, 14 vienen de Cristo, de Dios Padre y del Espíritu Santo. En otras palabras, cuando se ha dicho y hecho todo, el deseo final del apóstol para los corintios es que Dios mismo pudiera estar con ellos. La teología paulina estaba impulsada por la realidad de la presencia del Dios vivo.

La perspectiva paulina del pacto. Dado el énfasis que Pablo pone en el poder transformador de la presencia de Dios, también es importante mantener en mente al aplicar este pasaje que la manera en que Pablo se *auto*defiende por el bien de los corintios nos recuerda que tampoco es un místico. Su experiencia del Cristo resucitado y el poder libertador del Espíritu en su ministerio no lo conducen a una espiritualidad privada con un código ético personal. Pablo no anuncia a bombo y platillo sus experiencias espirituales como modelo para los demás. Lo que enseña no deriva de sus "visiones y revelaciones" (12:1).

En vez de ello, la defensa final de Pablo, su llamado y sus bendiciones dejan claro que, a la hora de mediar la gloria de Dios a sus iglesias, el apóstol no estaba transfiriendo un banco de datos de información. La urgencia y la pasión de su escrito revelan que su teología y su autoridad derivan de un ardiente amor por su pueblo. Pablo no escribe como jefe de los corintios, sino como un padre dispuesto a dar su vida misma por su bienestar (12:14-15).

La presencia de Dios en el evangelio se media a los demás sobre todo por medio del amor de aquellos que han encontrado al Cristo vivo. Nuestra pureza doctrinal en lealtad a Pablo debe ir emparejada con un amor como el del apóstol, que se regocija cuando puede servir a otros por el bien del gozo y de la fe de ellos en Dios (13:9). Al esperar Pablo su tercera visita a Corinto no se está recreando ante la oportunidad de ajustar cuentas con sus enemigos. Más bien anhela la salvación de aquellos por los que ha sufrido tanto (13:4-5, 10).

Finalmente, aplicar 13:1-14 traerá consigo de forma adecuada situarlo dentro de su contexto más amplio, tanto en términos de 2 Corintios en sí como en la teología básica paulina del pacto. Hemos visto que este pasaje encarna y lleva el propósito de su argumento de los capítulos 10-13 a su punto culminante: proporcionar una última vez el medio de instigar la tristeza según la voluntad de Dios que conduce al arrepentimiento (*cf.* 7:8-11). La convicción de Pablo es que, "en Cristo", las consecuencias de la caída de la humanidad en el pecado (Gn 3) y de la idolatría de Israel con el becerro de oro (Éx 32-34) están siendo revertidas en la vida de aquellos que son verdaderamente miembros del "nuevo pacto" (*cf.* 2:14-3:18; 6:14-7:1). Si "Cristo Jesús está en [ellos]" (13:5), él se dará a conocer en el arrepentimiento de ellos y en su creciente obediencia, ya que ahora son una "nueva creación" (5:17) y el "templo del Dios vivo" (6:16; *cf.* 3:3; 7:2-16).

Por lo tanto, la transformación progresiva conforme a la imagen de Dios mismo marca la vida de aquellos a los que él ha "sellado como propiedad" suya y en cuyo corazón ha puesto su Espíritu (1:22; 3:18). La presencia y el poder de Dios producen la tristeza piadosa por el pecado que "lleva a la salvación, de la cual no hay que arrepentirse" (7:10). "Es necesario que todos comparezcamos ante el tribunal de Cristo, para que cada uno reciba lo que le corresponda, según lo bueno o malo que haya hecho mientras vivió en el cuerpo" (5:10). En ese tiempo, el pueblo de Dios se mantendrá firme en este juicio, ya que Dios mismo "es el que nos mantiene firmes en Cristo" (1:21).

La advertencia de Pablo en 13:1-10 es la aplicación final de esta perspectiva de pacto. El llamado a poner a prueba la fe personal, así como la exhortación a reafirmar la lealtad a Pablo (5:20—6:11-13; 7:2; 10:1-7), a apartarse de los incrédulos (6:14-15 y 7:1) y a participar en la colecta (caps. 8–9) están basados en la realidad de lo que Dios ha hecho por su pueblo al establecer el nuevo pacto en Cristo. La estructura del pensamiento de Pablo es que el nuevo pacto producido por la redención en Cristo es la inauguración de la nueva creación en la que Dios moró una vez en medio de su pueblo (3:7-18).

Los mandamientos de Dios —desde la orden de reconciliarse con Dios en Cristo (5:20) hasta las órdenes de perdonar a los demás (2:7) y ofrendar dinero (8:7, 11)— no son más que explicaciones y aplicaciones de lo que la gracia de Dios ha provocado y sigue fomentando en la vida del pueblo de Dios. Obedecer los mandamientos divinos equivale a la forma visible de confiar hoy en las provisiones de Dios en Cristo en las situaciones cotidianas. "Aceptar a Cristo" es obedecer el llamado de Dios a ser como Cristo. Como lo expresa Jonathan Edwards, los "actos de una vida cristiana", es decir, nuestra "obediencia evangélica", implican y son expresiones de fe. Por lo tanto:

> ... se pueden considerar como muchos actos de recibir a Cristo el Salvador [...] Cuando la obediencia del cristiano es verdaderamente evangélica y llevada a cabo por medio del Espíritu del Hijo enviado al corazón, está por completo relacionada con Cristo, el Mediador, y no es más que una expresión de la unión en fe a Cristo. Todas las obras evangélicas son obras de esa fe que se producen por amor; y cada acto semejante de obediencia, cuando es interno y un acto del alma, solo es un acto nuevo y eficaz de recepción de Cristo y de lealtad al glorioso Salvador.[25]

Por tanto, desde la perspectiva de Pablo como ministro del Espíritu que nos da vida (3:6), es sencillamente imposible estar en la presencia de Dios y no

---

25. Jonathan Edwards, "Five Discourses on Important Subjects, Nearly Concerning the Great Affair of the Soul's Eternal Salvation: Discourse I. Justification by Faith Alone". *The Works of Jonathan Edwards: Vol. One,* revisado y corregido por Edward Hickman (Edimburgo: Banner of Truth Trust, 1974 [1834], 622-54 (pp.. 640, 642).

manifestar una vida transformada (cf. 3:18; 5:17). Por el contrario, solo quienes están experimentando el poder transformador de la gloria de Dios en el rostro de Cristo (4:4-6) pueden considerarse miembros de la comunidad del nuevo pacto. Pablo supone sencillamente que aquellos a los que él llama "hermanos", si de verdad forman parte de la familia de Dios y, por tanto, merecen un "beso santo", *responderán* a sus mandamientos. Al hacerlo, *disfrutarán* de la "comunión del Espíritu Santo" que existe en el seno del pueblo de Dios (13:11, 12, 14). Esto significa que, para predicar el evangelio, Pablo debe también probar la fe de los corintios apelando a su obediencia (13:5). Esto mismo se aplica a todos los que predican hoy el evangelio.

Para Pablo, la realidad de que "Cristo Jesús está en ustedes" (13:5) significa que no hay gracia barata en el evangelio, ninguna creencia fácil en la definición bíblica de la fe, ningún perdón sin arrepentimiento en la cruz, ninguna impotencia en el Espíritu y ninguna ausencia de juicio en el futuro. Expresado de un modo positivo, aquellos en los que Cristo está presente pasarán la "prueba"; los que reivindican a Cristo sin tener en su vida el poder del Espíritu que produce arrepentimiento y obediencia, no superarán el examen.

La expectativa de piedad. En una era de decepción por la vida de los líderes de alto perfil de la iglesia, semejante esperanza parece poco realista, ya que las noticias diarias se burlan abiertamente de ello. Esta desilusión producida por los demás va emparejada a nuestro lento progreso en la fe, en la que algunos pecados parecen atormentarnos para siempre. También somos conscientes del absoluto nominalismo de la iglesia en general y de la superficialidad de tanta adoración contemporánea en la que el sentimentalismo semanal del "culto de alabanza" se ve espaciado por días de vida inexistente. Como resultado, los lectores modernos de Pablo se ven disuadidos con frecuencia por su entusiasmo espiritual y moral que requiere y espera una diferencia real en la vida cotidiana de aquellos con los que Dios se ha encontrado.

La convicción de Pablo en cuanto a que el poder de Dios está siendo desatado en el evangelio parece abstracta y utópica cuando se la confronta con la naturaleza diluida de lo que significa ser "cristiano" en nuestra cultura postcristiana. Durante la década de 1990, el 39% de los adultos de los Estados Unidos se autodenominaban cristianos nacidos de nuevo, el 68% afirmaban haber estado en la presencia de Dios en algún momento de su vida, el 65% decían haber hecho un compromiso personal con Jesucristo que seguía siendo importante para ellos y el 85% se consideraban cristianos.[26] ¿Se pueden tomar en serio las afirmaciones de Pablo? La práctica de la disciplina de la iglesia ¿es la reliquia de un pasado poco realista y de exagerado celo?[27] ¿Existe alguna esperanza a este lado del cielo?

En respuesta a estas preguntas, las cartas de Pablo ofrecen varias perspectivas importantes.[28] (1) Pablo reconocía que la santificación es una cuestión de progreso a lo largo de toda una vida y no de perfección alcanzable de la noche a la mañana (*cf.* Fil 1:25; Col 1:10; 1Ts 4:1; 2Ts 1:3). Cuando se trata de acabar la obra que él mismo ha comenzado en nuestras vidas, no podemos poner a Dios como parte de nuestro horario. Tanto la justificación *como* la santificación son una cuestión de gracia. A menudo, la lentitud del cambio es, en sí misma, parte de nuestra escuela de fe que nos enseña a depender por completo del Único que puede liberarnos de nuestro pecado. Con frecuencia es necesario tener paciencia frente al lento progreso de los demás, por no mencionar el nuestro propio. Si 2 Corintios revela algo sobre Pablo, es su sufrida paciencia para con el pueblo de Dios.

(2) A pesar de que 2 Corintios se escribió como preparación de la tercera visita de Pablo en la que planea juzgar a los que siguen en rebelión contra él, revela que finalmente la paciencia llega a su fin. Algunas de las personas a las que el apóstol se dirige en 12:20-21 *pueden* haber sido cristianos, aunque "niños pequeños en Cristo" (*cf.* 1Co 3:1-3). Si son "espirituales", Pablo espera por lo menos que crezcan, como se ve en las amonestaciones finales de 2 Corintios 13:11 (ver 1Co 1:10; 3:18-22; 4:7, 16; 5:1-2; 6:4-8, 18; 11:17-22; 14:20). Además, Pablo espera que los que ya son fuertes en la fe lleguen a ser aún más fuertes (p. ej. 1Co 8:11; 10:24, 31; 11:1; 14:1; 2Co 8:7-8, 24; 9:3, 13; *cf.* Ro 14:13-21). Hablar no cuesta nada; la perseverancia es la única prueba de una conversión genuina.

---

26. Según unas encuestas realizadas a mediados de la década de 1990 de las que informó George Barna, *Index of Leading Spiritual Indicators* (Dallas: Word, 1996), 5, 5, 8, 9.
27. En cuanto a la disciplina de la iglesia, Barnett, *Second Corinthians,* 596-97 deduce de 1 y 2 Corintios que había "una especie de procedimiento congregacional" implicado en esta disciplina (*cf.* 1Co 5:4; 2Co 2:5-6, 10). "Se escucharían las pruebas, con no menos de dos o tres testigos (13:1), tal vez precediendo un voto congregacional (*cf.* 2:5 [sic] 'la mayoría'). Tendría lugar un juicio (1Co 5:3), seguido por un 'castigo' (*cf.* 2:5 [sic]), al parecer, algún tipo de separación o exclusión del miembro descarriado (*cf.* 1Co 5:11, 13). Semejante procedimiento, como mejor podamos reconstruirlo a partir de datos fragmentarios dispersos por 1 y 2 Corintios, provocaría el arrepentimiento del pecador con vista a su restauración a la comunidad de fe (1Co 5:5; 2Co 2:10-11; Gá 6:1-2)".
28. Esta sección está adaptada de mi estudio "Paul's Understanding of Perseverance", *SBJT* 2 (1998): 68-71.

(3) La naturaleza formal de la conclusión de Pablo a 2 Corintios no deriva de un moralismo religioso ni de la creencia en el potencial humano, sino de la realidad transformadora de Cristo que Pablo mismo había experimentado (3:4-6; 4:6; 5.16–6:2; *cf.* Fil 2:12-13; 2Ts 2:14-15). Las expectativas que Pablo tiene con respecto a los corintios son expectativas con respecto a Dios. Las amonestaciones que les hace con expresiones de su confianza en lo que Dios puede hacer en la vida de los pecadores. Puede ser exigente porque, como el "peor de los pecadores" (1Ti 1:15), sabe por su propia vida que no hay engaño ni patrón de conducta que Dios no pueda vencer. Cada orden de Dios es una promesa de liberación disfrazada. Hay esperanza para todos los que confían en Cristo. La perseverancia no está reservada para un cristiano de élite, sino que se les promete a *todos* los que pertenecen a Dios. Una forma de vida reconciliada es la necesaria implicación de haber experimentado el amor, la paz, la gracia y la comunión que vienen de Dios Padre, de Cristo y del Espíritu Santo (13:11-14).

Esto significa que el "cristiano carnal" de 1 Corintios 3:1-4 no es una tercera clase de humanidad que existe en algún lugar entre ser un no cristiano y ser un "cristiano lleno del Espíritu". Así como la designación "cristiano lleno del Espíritu" es una tautología innecesaria (Ro 8:9, 14), el "cristiano carnal" es un oxímoron que no puede durar mucho tiempo. En 1 Corintios 3:3, Pablo coloca la conducta de aquellos que "actúan como meros hombres", que siguen siendo "niños en Cristo", en la categoría de los que no tienen en absoluto el Espíritu. Del mismo modo, los que se niegan a arrepentirse tras recibir 2 Corintios habrán fracasado en la prueba de la presencia de Cristo en ellos, a pesar de su profesión de fe (13:5). Afirmar ser cristiano a la vez que se permanece alegremente en el estado de inmadurez del pecado como niños pequeños, tal como se describe en 12:20-21, es una contradicción en los términos.

El pecado real, la redención real, la oración real. El reconocimiento del pecado real y de la promesa de una redención real es inherente a las amonestaciones finales de Pablo. Debemos recuperar este reconocimiento y promesa si debemos permanecer fieles al testimonio del evangelio en el mundo moderno-postmoderno. Si la iglesia ha de hablar a la cultura que nos rodea, cuyo "tejido moral se está pudriendo", David Wells ha observado correctamente:

> … habrá que ser lo suficientemente valiente para decir que gran parte de lo que se toma como normativo en el mundo postmoderno es realmente pecaminoso, y habrá que ejercer una nueva habilidad para aprender cómo hablar sobre el pecado a una generación que ya no contempla la posibilidad del pecado. Sin una comprensión del pecado […] no puede haber una creencia profunda del Evangelio.

En segundo lugar, la iglesia misma va a tener que volverse más auténtica moralmente, porque ahora se ve que la grandeza del evangelio se ha convertido en algo bastante trivial e inconsecuente en su vida. Si el evangelio significa tan poco para la iglesia, si la cambia tan poco, ¿por qué deberían creerlo los inconversos?

Una cosa es entender lo que significa la liberación de Cristo y otra muy distinta es ver cómo funciona en la vida con profundidad y realidad, ver su esplendor moral [...]. Esto es lo que hace que el evangelio sea tan atractivo. La iglesia evangélica de hoy, con algunas excepciones, no es muy inspiradora a este respecto [...]. En lugar de eso, gran parte de ella está repleta de trucos, artilugios, ardides y estratagemas de *marketing*, ya que se adapta descaradamente a nuestro mundo postmoderno vaciado y cegado. Respalda una gigantesca empresa comercializadora de productos cristianos, lo llena todo y atasca los buzones de correos, y siempre anda pidiendo dinero para alimentar un esquema empresarial tras otro, pero no resplandece moralmente. En su mayor parte está vacía de visión moral, y, sin la recuperación de esa visión, su fe se desintegrará muy pronto. Hay muy poco en ella que hable de la santidad de Dios. Y sin la visión por esta santidad y su realidad, el evangelio se trivializa, la vida pierde su profundidad, Dios queda transformado en un producto que se vende, la fe se convierte en una actividad recreativa que se lleva a cabo, y la iglesia en un club para los que son de ideas afines.[29]

Aquí es donde "la grandeza del evangelio" es tan crucial. A la luz de la crítica que Pablo hace de los corintios y su convicción en cuanto al poder transformador de la gloria de Dios en Cristo, el aguijonazo que nos da tal análisis no es una invitación a "intentarlo con más ahínco", sino a orar. La majestad del mensaje que Pablo predicó sobre Dios y la naturaleza radical de sus expectativas correspondientes para el pueblo de Dios puede verse en el sencillo hecho de que el apóstol acaba sus súplicas con oración. Conoce la magnitud de sus exigencias y sabe que no podemos suplirlas con nuestros propios recursos espirituales o morales. Por esta razón, Pablo derrama su vida por los corintios, al mismo tiempo que ora para que *Dios* los guarde de hacer lo malo, que *Dios* los restaure y que *Dios* les conceda los beneficios de su presencia (*cf.* 13:7, 9, 11-14). Al final, el apóstol sabe que solo Dios mismo puede producir el arrepentimiento al que él apela. Lo que se necesita es la "tristeza piadosa" que solo Dios puede crear (7:10).

---

29. David F. Wells, *Losing Our Virtue: Why the Church Must Recover Its Moral Vision* (Grand Rapids: Eerdmans, 1998), 179-80.

Hoy, nuestra tendencia es saltar estas referencias a la oración como meros tópicos de una piedad religiosa obligatoria. Lo hacemos porque esto es en lo que la oración se ha convertido tan a menudo para nosotros. En lugar de un grito de desesperación, la oración se convierte en un deber realizado para Dios. El poder de la presencia de Dios es una doctrina teológica, pero no una realidad teológica en nuestra vida. De rendir culto de labios a nuestra necesidad de Dios, pasamos rápidamente a la técnica más reciente, programas de autoayuda o grupos de crecimiento. Citando de nuevo a David Wells: "El problema fundamental del mundo evangélico de hoy es nuestra incoherencia cuando decimos que Dios está en la iglesia. Su verdad también es demasiado distante, su gracia demasiado ordinaria, su juicio demasiado benigno, su evangelio demasiado fácil y su Cristo demasiado normal".[30]

En claro contraste, Pablo acaba su carta orando, dado que solo Dios puede facultar a los corintios para superar la prueba que Pablo ha dado, porque la meta de esta es la presencia de Dios mismo. Por consiguiente, su palabra final es que el amor, la paz y la comunión a los que apela en los mandamientos de 13:11 proceden de la presencia de Dios por la que ora en 13:14. Pablo no da por sentada dicha oración. La eleva por la promesa del nuevo pacto bajo el cual el pueblo de Dios, en Cristo y por el poder del Espíritu, puede entrar en la presencia de Dios sin ser destruido (3:7-18). Si los corintios han de observar los mandamientos de 13:11, solo es porque Dios ha respondido las oraciones de 13:7, 9, 14.

El Dios verdadero. Aunque implícito, se hace evidente que la interacción entre las oraciones de Pablo y sus amonestaciones finales refleja la misma estructura del pacto que ha documentado su pensamiento a lo largo de 2 Corintios (*cf.* 3:6; 6:14–7:1). El anterior acto de gracia de Dios en la misericordia de la cruz por el cual él nos concede su presencia en Cristo, por medio del Espíritu, es la base totalmente suficiente de nuestra relación con él. Además, la presencia de Dios con su pueblo aquí y ahora trae consigo su promesa de sostenerlos por medio de esta vida y llevarlos a su presencia en la era venidera. Dios es fiel; no abandonará a su pueblo. Nuestra respuesta consiste en confiar en Dios para nuestro futuro, independientemente de lo que pueda cruzarse en nuestro camino. Como pueblo suyo, confiamos en él con respecto a nuestra vida.

Pablo vuelve a dejar claro al acabar su carta que la expresión de esta fe es siempre la obediencia a los mandamientos de Dios. Conocer a Dios es vivir una vida de obediencia y creencia o fe obediente. Estas dos cosas no pueden ir separadas. Tampoco se puede interpretar que nuestra obediencia pueda ganar o merecer la bendición de la presencia de Dios. La obediencia con fe a los mandamientos de Dios fluye de su presencia en nuestra vida que la hace

---

30. David F. Wells, *God in the Wasteland: The Reality of Truth in a World of Fading Dreams* (Grand Rapids: Eerdmans, 1994), 30.

posible y que nos es concedida por un acto de su clemente misericordia. La obediencia impulsada por la fe es, por tanto, la única evidencia de que "Jesucristo está en nosotros" (13:5).

Por el contrario, la fe obediente es la condición en que debemos ser hallados para que Dios permanezca con nosotros (13:4). La *continua* presencia de Dios con nosotros fluye de su *presente* morar con nosotros que la hace posible, cuya demostración es la obediencia dirigida por la fe. Esta es la razón por la que la bendición de Pablo en 13:11b se basa en la obediencia a la que se apela en 13:11a. Solo a aquellos que obedecen se les puede prometer el amor y la paz, porque solo ellos ya los han recibido. Como "nueva creación" en Cristo (5:17), "somos transformados a su semejanza con más y más gloria" (3:18).

En suma, Pablo ordena lo que ordena y ora como ora porque Dios está y se ve de manera coherente en su vida y su experiencia diarias. Como modernos y postmodernos, tal vez podemos aprender mejor lo que esto significa si escuchamos a alguien del pasado, como San Agustín, viendo que nuestra propia era de autonomía, egocentrismo y autosuficiencia nubla así nuestra visión. San Agustín era un hombre "premoderno", que sabía con una profundidad no siempre igualada en nuestro propio tiempo, que dependía por completo de Dios para todo, incluso para la obediencia que pudiera rendir a los mandamientos de Dios. La totalidad de la obra más famosa e influyente de San Agustín, sus *Confesiones,* es una desesperada oración pidiendo ayuda. En sus propias palabras:

> Toda mi esperanza, Dios y Señor mío, se funda únicamente en vuestra grandísima misericordia. Dadme lo que me mandáis y mandadme lo que quisiereis [...] menos, Señor os ama el que juntamente con Vos ama alguna otra cosa, que no la ama por Vos. ¡Oh amor, que siempre ardéis y nunca os apagáis! ¡Oh Dios mío, caridad infinita, encended mi corazón! [...] Dadnos lo que mandáis y mandad lo que queréis. Acordaos, pues, Señor de que somos polvo [...]. Ni el mismo que habló aquella [Fil 4:11-12], inspirado de Vos (que porque hablaba así me aficioné yo a él [San Pablo]), podía cosa alguna por sí mismo, porque él también era polvo... Confortadme a mí, Señor, para que yo lo pueda todo como él. Dadme lo que mandáis y mandadme cuanto queráis [...] cuando cumplimos vuestros mandamientos, Vos sois el que nos dais la gracia de cumplirlos.[31]

La oración de San Agustín refleja la convicción paulina de que Dios concede aquello que manda, mediante la misericordiosa revelación de la naturaleza

---

31. San Agustín, *Confesiones,* trad. Eugenio Ceballos (Madrid: Espasa Calpe, 1983, 10ª ed.), X.29-31.

absorbente e incomparable de su divino amor, un amor que eclipsa a otros objetos de deseo y los lleva a sus sombras. Para obedecer a Dios en todas las cosas, Dios no debe tener competidores. Uno debe amar todas las demás cosas por causa de Dios, glorificando al Dador y recibiéndolas como dones con acción de gracias y usándolas de acuerdo con su voluntad.

A pesar de esto, para amar todas las cosas por Dios, debemos conocer la supremacía del propio "amor ardiente" de Dios. Por esta razón, San Agustín, como Pablo, ora cuando se enfrenta a la necesidad de restauración y obediencia. San Agustín había aprendido lo que nosotros necesitamos aprender de nuevo: que tan "santo deseo" por Dios no puede fabricarse ni forzarse intencionadamente. Ese deseo por Dios no viene de nuestras técnicas o terapias más recientes, sino de encontrarse con la superioridad y la bondad deslumbrantes de Dios mismo. Solo si hemos experimentado a Dios primeramente, le desearemos lo suficiente como para confiar en él.[32]

San Agustín oró pidiendo el poder de obedecer, porque sabía que solo *Dios* podía revelarse a sí mismo de tal modo que el gozo y la paz que se encontraban en su belleza, santidad y amor expulsaran todos los placeres menores. La conformidad a la voluntad de Dios no deriva de nuestra fuerza de voluntad, sino de una sed y un amor nuevos creados por el encuentro con Dios mismo. En este sentido, somos prisioneros de Dios. Solo él puede dársenos a conocer; no puede ser manipulado por nuestros designios. Como se lo expresa San Agustín a Dios en su última confesión:

> ¿Pero qué hombre dará esto a entender a otro hombre? ¿Qué ángel a otro ángel? ¿Qué ángel al hombre? *A ti es a quien se debe pedir, en ti es en quien se debe buscar, a ti es a quién se debe llamar* (Mt 7:7-8): así; así se recibirá, así se hallará y así se abrirá.[33]

---

32. Nótese el resumen que San Agustín hace de su conversión en *Confesiones*, X.27, un pasaje que, según Chadwick, resume los temas centrales de las *Confesiones*: "... estas hermosas criaturas exteriores que Vos habéis creado [...] me alejaban y tenían muy apartado de Vos [...]. Pero Vos me llamasteis y disteis tales voces a mi alma, que cedió a vuestras voces mi sordera. Brilló tanto vuestra luz, fue tan grande vuestro resplandor, que ahuyentó mi ceguedad. Hicisteis que llegase hasta mí vuestra fragancia, y tomando aliento respiré con ella, y suspiro y anhelo ya por Vos. Me disteis a gustar vuestra dulzura, y ha excitado en mi alma un hambre y sed muy viva. En fin, Señor, me tocasteis y me encendí en deseos de abrazaros". Esto es una expansión poética del mismo pensamiento expresado por Pablo sobre su propia conversión en 2Co 4:6. La contrapartida negativa de esta percepción es que quienes rechazan el evangelio lo hacen porque están ciegos a la gloria de Cristo (2Co 4:3).
33. *Ibíd.*, XIII.53, el énfasis es mío. Estoy en deuda con John Piper por llamar mi atención sobre este tema del pensamiento de San Agustín. Hay un análisis profundo y conmovedor la manera como San Agustín entendía el papel del deseo y el gozo en Dios en la vida cristiana en Piper, "The Swan Is Not Silent: Sovereign Joy in the LIfe and Thought of St. Augustine", conferencia no publicada de The Bethlehem

El único antídoto para la preocupación con la tecnología y la técnica que dominan la iglesia contemporánea es regresar a la centralidad de Dios que recorre 2 Corintios, desde las primeras palabras de alabanza por el consuelo de la soberanía de Dios en 1:3 hasta la bendición final por la presencia divina en 13:14. La esperanza de la iglesia no es un nuevo programa, sino la invasión de Dios en nuestra vida. Ninguna otra cosa puede salvarnos del evangelio de la salud y la riqueza, que amenaza a tan gran parte del cristianismo contemporáneo, exactamente como lo hizo en el caso de los corintios en la época de Pablo. La única cura para el cáncer del materialismo moderno que ahora crece en nuestros corazones, con su insaciable deseo de placeres en continua multiplicación en la tierra, es el placer incomparable y profundo de conocer al Dios de amor y paz (13:11).

En realidad, el "entusiasmo" moral de Pablo es un entusiasmo por la grandeza absolutamente incomparable y transformadora de la gloria eterna de Dios que tiene mayor peso que todas las aflicciones y los afectos de este mundo (4:16-18). En nuestra estrecha modernidad, el Dios de Pablo parece demasiado grande para nosotros, porque nuestro dios es demasiado pequeño. Ojalá que las palabras finales de Pablo a los corintios en 13:14 se cumplan también en nuestra vida.

> Oh Salvador mío,
>   Ayúdame.
> Soy tan lento para aprender, tan propicio a olvidar, tan débil para escalar;
> me encuentro al pie del monte, cuando debería estar en las alturas;
> me producen dolor mi torpe corazón,
>   mi pobreza de amor,
>   mi indolencia en la carrera celestial,
>   mi conciencia mancillada,
>   mis horas perdidas,
>   mis oportunidades no aprovechadas.
> Estoy ciego aunque la luz brilla en torno a mí:
>   quita las escamas de mis ojos,
>   reduce a polvo el malvado corazón de incredulidad.
> Haz que estudiarte a ti sea mi mayor gozo,
>   meditar en ti,
>   sentarme cual María a tus pies,
>   inclinarme cual Juan sobre tu pecho,
>   apelar cual Pedro a tu amor,

Conference for Pastors (3 febrero 1998), 10-11. 15, disponible en cintas o en impresos de la Iglesia Bautista Bethlehem, Minneapolis, Minnesota.

contar cual Pablo todas las cosas como basura.
Dame más crecimiento para que pueda haber
    más decisión en mi carácter,
    más energía en mis propósitos,
    más elevación en mi vida,
    más fervor en mi devoción,
    más constancia en mi celo.
Tengo una posición en el mundo,
    no permitas que convierta el mundo en mi posición;
Que nunca busque en la criatura
    lo que solo se puede hallar en el creador.
Que la fe no deje de buscarte hasta que desaparezca de la vista.
Cabalga en mi vida, oh rey de reyes y señor de señores,
para que yo pueda vivir victorioso y en victoria alcanzar mi final.[34]

---

34. "A Disciple's Renewal", *The Valley of Vision: A Collection of Puritan Prayers and Devotions*, Arthur Bennett (Edimburgo: Banner of Truth Trust, 1975), p. 182. "La renovación de un discípulo", *El valle de la visión* (Edimburgo: EL Estandarte De La Verdad, 2014), p. 200. Banneroftruth.org.

Nos agradaría recibir noticias suyas.
Por favor, envíe sus comentarios sobre este libro
a la dirección que aparece a continuación.
Muchas gracias.

Vida@zondervan.com
www.editorialvida.com

www.ingramcontent.com/pod-product-compliance
Lightning Source LLC
Chambersburg PA
CBHW010430190426
43201CB00046BA/2319